Dallmayer
Die Station in Zivilsachen

Die Station in Zivilsachen

Grundkurs für Rechtsreferendare

von

Tobias Dallmayer

Richter am Oberlandesgericht
Hauptamtlicher Arbeitsgemeinschaftsleiter
am Landgericht Traunstein

10., überarbeitete Auflage 2018

C.H.BECK

www.beck.de

ISBN 978 3 406 72208 0

© 2018 Verlag C. H. Beck oHG
Wilhelmstraße 9, 80801 München
Druck: Druckhaus Nomos
In den Lissen 12, 76547 Sinzheim

Satz: Uhl + Massopust GmbH, Aalen
Umschlaggestaltung: Druckerei C. H. Beck Nördlingen

Gedruckt auf säurefreiem, alterungsbeständigem Papier
(hergestellt aus chlorfrei gebleichtem Zellstoff)

Vorwort zur 10. Auflage

Anliegen dieses Buches ist es, das Gerüst aufzuzeigen, mit dem man erfolgreich zivilrechtliche Klausuren des Zweiten Juristischen Staatsexamens meistert: mit einer Kombination aus notwendigem prozessualem Wissen und der erforderlichen Technik. Der Umstand, dass die in der 8. Auflage neu konzipierte „Station in Zivilsachen" nach nur zwei Jahren in eine neue Auflage geht, erfreut den Autor, (nach wie vor Arbeitsgemeinschaftsleiter und Korrektor von Klausuren des Zweiten Staatsexamens) in dreifacher Hinsicht: Zum ersten, weil die Art der Darstellung Anklang gefunden hat. Zum zweiten, weil sie die Möglichkeit bietet, obiges Anliegen zu optimieren und so dem Ziel jeglichen Lehrbuchs möglichst nahe zu kommen: den Lehrstoff komprimiert, klar und eingängig darzustellen. Und zum dritten, weil (ja, – das muss gesagt werden!) Fehler der Vorauflage beseitigt werden konnten.

Deutlich erweitert wurden in Teil 1, Kapitel 2 die *Tenorierungsbeispiele* (beim ersten Durcharbeiten des Buches empfiehlt es sich, dieses Kapitel zu überspringen!), in Teil 2, Kapitel 3 die *Klageänderung* – sie rechnet zu den komplexeren wie auch klausurrelevantesten Prozessfragen des Zweiten Examens – und in Teil 3 die *Anwaltsklausur*.

Zur Erinnerung: Sie befinden sich im letzten Abschnitt Ihrer beruflichen Ausbildung und sind bislang auf eine ganze Menge an Lehrbüchern gestoßen. Deshalb wissen Sie: Einiges von dem, was aufgezeigt wird, erschließt sich auf Anhieb, vieles dagegen erst bei einem zweiten und dritten „Durchgang". Deshalb: Sollten Sie bei einem Kapitel „stecken bleiben", wechseln Sie einfach zum nächsten!

Für Fehlerhinweise und Anregungen oder Diskussionsvorschläge unter dallmayer.zivilstation@online.de bin ich dankbar. Viel Erfolg bei der Ausbildung und im Examen!

Traunstein, im Juli 2018 *Tobias Dallmayer*

Literaturverzeichnis

Palandt, Kommentar zum BGB, 77. Auflage 2018
Thomas/Putzo, ZPO, 39. Auflage 2018
Zöller, Kommentar zur ZPO, 32. Auflage 2018

Inhaltsübersicht

1. Teil. Das Urteil 1
   1. Kapitel: Die einzelnen Elemente 1
   2. Kapitel: Weitere Tenorierungsbeispiele mit Erläuterungen 40

2. Teil. Typische zivilprozessuale Klausurthemen 51
   1. Kapitel: Versäumnisurteil 51
   2. Kapitel: Klagehäufung 67
   3. Kapitel: Klageänderung 79
   4. Kapitel: Eventualaufrechnung 98
   5. Kapitel: Widerklage 110
   6. Kapitel: Erledigung der Hauptsache 121
   7. Kapitel: Rechtskraft 139
   8. Kapitel: Veräußerung der in Streit befangenen Sache 148
   9. Kapitel: Streitgenossenschaft 154
  10. Kapitel: Beteiligung Dritter 163
  11. Kapitel: Prozessvergleich 175
  12. Kapitel: Arrest und einstweilige Verfügung 182

3. Teil. Besondere Klausurtypen: Anwaltsklausuren 201
   1. Kapitel: Allgemeine Hinweise 201
   2. Kapitel: Klageschrift 203
   3. Kapitel: Klageerwiderung 213
   4. Kapitel: Berufung 221

Sachverzeichnis 249

1. Teil. Das Urteil

1. Kapitel: Die einzelnen Elemente

Inhaltsverzeichnis

1. Kapitel: Die einzelnen Elemente	1
I. Rubrum (Urteilskopf)	3
1. Parteien, § 313 I Nr. 1 ZPO	3
2. Weitere Bestandteile	5
a) Betreff *(wegen)*	5
b) Bezeichnung des Gerichts (§ 313 I Nr. 2 ZPO)	5
c) Tag der mündlichen Verhandlung/Datum des Urteils	5
II. Tenor	6
1. Allgemeines	6
2. Einzelheiten	6
a) Hauptsachentscheidung	6
b) Kostenentscheidung	7
aa) Grundsätze der Kostenentscheidung	7
bb) Zwei Grundbegriffe aus dem Kostenrecht	9
c) Entscheidung über die vorläufige Vollstreckbarkeit	10
aa) Vorläufige Vollstreckbarkeit	10
bb) Sicherheitsleistung	10
cc) Abwendungsbefugnis	11
dd) § 713 ZPO	*11*
ee) Sonderfälle	*11*
ff) Prüfungsreihenfolge	*11*
3. Tenorierungsbeispiele mit Erläuterungen	12
a) Fall 1: Volles Obsiegen	12
b) Fall 2: Volles Obsiegen	13
c) Fall 3: Volles Unterliegen	14
d) Fall 4: Teilweises Obsiegen	14
e) Fall 5: Teilweises Obsiegen	15
f) Fall 6: Zwei Anträge	16
g) Fall 7: Haupt- und Hilfsantrag	16
h) Fall 8: Zug um Zug	18
III. Tatbestand	18
1. Allgemeines	18
2. Aufbau	19
a) Muster	19
b) Ergänzende Hinweise	20
aa) Unstreitiger Sachverhalt (Sachstand)	20
bb) Streitstand	20
cc) Prozessgeschichte	21
c) Fehlerquellen	22
IV. Entscheidungsgründe	23
1. Allgemeines	23
2. Aufbau	23
a) Muster	23
b) Fehlerquellen	24
c) Tipps	25
d) Punkteschmiede	25
V. Rechtsbehelfsbelehrung	26
1. Anwendungsbereich	26
a) Grundsatz	26
b) Ausnahmen	27
c) Keine Rechtsbehelfe	27
2. Inhalt, Form, Urteilsbestandteil	27
a) Inhalt und Form	27
b) Urteilsbestandteil	27
3. Folgen einer fehlerhaften Belehrung	27
a) Wiedereinsetzung bei Fristversäumung	27
b) Statthaftigkeit	27
4. Formulierungsbeispiel	27
VI. Anhang I: Tatbestand	28

	1. Einspruch nach Versäumnisurteil	28
	2. Klagehäufung	29
	3. Widerklage	29
	4. Klageänderung	30
	5. Einseitige Erledigung der Hauptsache	30
	6. Hilfsaufrechnung	30
VII.	Anhang II: Die Zulässigkeitsprüfung im Examen	30
	1. Vorbemerkung: Kann man bei der Bearbeitung der „Zulässigkeit" punkten?	30
	2. Allgemeines	31
	a) Prüfungsschema	31
	b) Gewichtung	31
	aa) Sachliche und örtliche Zuständigkeit	31
	bb) Partei- bzw. Prozessfähigkeit	32
	cc) Rügen der Parteien	32
	dd) Feststellungsinteresse	32
	ee) Besondere prozessuale Voraussetzungen	32
	ff) Zulässigkeitsmängel oder Zulässigkeitsprobleme	32
	3. Prüfung von Amts wegen	32
	a) Begriff	32
	b) Zeitpunkt und Umfang der Prüfung	32
	c) Beweislast	33
	d) Abgrenzung zur Amtsermittlung	33
	4. Klausurrelevante Einzelfragen und Fehlerquellen	33
	a) Zur wirksamen Klageerhebung	33
	b) Zur Zuständigkeit	34
	aa) Der besondere Gerichtsstand des § 29 ZPO	34
	bb) Weitere Zuständigkeitsprobleme	35
	cc) Doppelrelevante Tatsachen	36
	c) Zur Parteifähigkeit und Prozessfähigkeit	36
	d) Zur Prozessführungsbefugnis	37
	e) Zum Rechtsschutzbedürfnis und zum Feststellungsinteresse	38
VIII.	Anhang III: Der Streitwertbeschluss	38

Die Abfassung eines Zivilurteils gehört mit zum häufigsten Klausurtypus des Zweiten Staatsexamens. Das Urteil umfasst sechs Bausteine: *Rubrum – Tenor – Tatbestand – Entscheidungsgründe – Rechtsbehelfsbelehrung – Unterschrift*. Meist sind nicht alle Bausteine zu fertigen; auf den Bearbeitervermerk ist daher genau zu achten!

Rechtsgrundlage: § 313 ZPO

Landgericht Traunstein
Az: 6 O 387/18

Im Namen des Volkes

in dem Rechtsstreit

Fa. Peter Fleißig, Baumaschinen GmbH, Jahnstraße 40, 83278 Traunstein, gesetzlich vertreten durch den GF. Peter Fleißig, ebenda

– Klägerin –

Prozessbevollmächtigter: Rechtsanwalt Dr. Kranz, Bahnhofstraße 3, 83278 Traunstein

Fa. Sanitär, Watzmannstraße 8, 83278 Traunstein; Inhaber Peter Reinlich, ebenda

– Nebenintervenient –

Prozessbevollmächtigte: Rechtsanwältin Dr. Genau, Wasserburger Straße 4, 83278 Traunstein

Aktenzeichen (Az):
6. Kammer; O: 1. Instanz Landgericht Allgemeine Zivilsachen (Schönfelder Register); 387. Verfahren aus dem Jahr 2018

} *Rubrum*

1. Kapitel: Die einzelnen Elemente 3

gegen

Franz Meier, Lindenweg 33, 83278 Traunstein
— Beklagter —

Prozessbevollmächtigter: Rechtsanwalt Dorn, Herzog-Otto-Straße 1, 83278 Traunstein

wegen Forderung aus Werkvertrag

erlässt das Landgericht Traunstein, 6. Zivilkammer durch VRiLG Dr. Schnell, RiLG Dr. Müller und Ri'inLG Bauer auf Grund der mündlichen Verhandlung vom 7.3. am 28.3. folgendes

} *Rubrum*

Endurteil

I. Die Klage wird abgewiesen.
II. Die Klägerin trägt die Kosten des Rechtsstreits, der Nebenintervenient die der Nebenintervention.
III. Das Urteil ist vorläufig vollstreckbar.

} *Tenor*

Tatbestand

Entscheidungsgründe

Sachverhaltsschilderung
Rechtliche Begründung

Rechtsbehelfsbelehrung(en)
Unterschriften

I. Rubrum (Urteilskopf)

Das Rubrum im Zivilprozess bezeichnet man als Streitrubrum („gegen").

> **Tipps:** 1. Wenn Sie die „Rechtsgrundlage des § 313 ZPO", die auf S. 2 zitiert wird, nicht im Gesetzestext nachgelesen haben, befinden Sie sich in guter Gesellschaft. Erfahrungsgemäß werden beim Studium von Lehrbüchern die dort zitierten Vorschriften von rund 70 % der Studierenden und Referendare nicht im Gesetzestext aufgeschlagen und gelesen. Sie sollten jedoch beachten: Informationen kann Ihr Gedächtnis auf Dauer nur erfolgreich speichern, wenn sie an einem entsprechenden Anker (genauer: einem „assoziativen Aufhänger") festgemacht werden. Allein der Gesetzestext liefert einen solchen Aufhänger. Abgesehen davon: Ihre Ausbildung ist darauf gerichtet, *Gesetze* (samt der auslegenden Rechtsprechung) anzuwenden, nicht aber *Sekundärliteratur* wiederzugeben. Und zuletzt: Wenn Sie sich dazu entschließen sollten, beim Durcharbeiten dieses Buches die zitierten Vorschriften auch aufzuschlagen und zu lesen, werden Sie überrascht sein: So viel muss man sich nun auch wieder nicht einprägen, – es steht viel mehr im Gesetz als man gemeinhin annimmt.
>
> 2. **Für die Klausur:** Das Rubrum beginnt erst mit den Worten: *in dem Rechtsstreit*. Sollte deshalb in der Klausur laut Bearbeitervermerk das Rubrum erlassen sein, ist mit dem Namen des Gerichts samt Aktenzeichen und der Einleitung (*Im Namen des Volkes*) zu beginnen; im Anschluss daran kommt sogleich der Tenor der Entscheidung (mit der entsprechenden Urteilsüberschrift, zB *Endurteil*).

1. Parteien, § 313 I Nr. 1 ZPO

Die Bezeichnung der Parteien muss, auch in der Klausur, *vollständig*, dh mit Anschrift, erfolgen. Maßgeblicher Zeitpunkt ist der Schluss der mündlichen Verhandlung. **Einzelheiten:**

Minderjährige: Sie sind parteifähig (§ 50 I ZPO), regelmäßig aber nicht prozessfähig (§§ 51 I, 52 ZPO). Anzugeben sind die gesetzlichen Vertreter, also die Eltern (§§ 1626 I 2, 1629 BGB) bzw. ein Elternteil (insbesondere nach § 1629 I 4 BGB und § 1680 I BGB).

Bernd Zimmer, geb. 5.7.2003, gesetzlich vertreten durch seine Eltern Maria und Eduardo Zimmer, alle wohnhaft: Äußere Rosenheimerstraße 14, 83278 Traunstein

— *Kläger* —

Das wird oft verkannt: Ein noch nicht 16 Jahre alter Minderjähriger kann als prozessunfähige Partei nicht im Parteiweg vernommen werden (an seine Stelle treten seine gesetzlichen Vertreter, § 455 I ZPO), wohl aber als Zeuge (vgl. Reichold in Thomas/Putzo, 39. Auflage 2018 Rn. 7 vor § 373).

Parteirolle: Auf Vollständigkeit und den Genus ist zu achten. Eine GmbH ist also in weiblicher Form anzuführen. In der weiteren Entscheidung (Tenor, Tatbestand, Entscheidungsgründe) wird dann nur noch die im Rubrum aufgeführte Parteirolle (*Kläger, Beklagter*) verwendet, nicht mehr der tatsächliche Name. Eine mögliche Doppelrolle – *Klägerin und Widerbeklagte* – ist im weiteren Verlauf des Urteils, weil sprachlich zu umständlich, aufzugeben (vgl. zB BGH VIII ZR 1/11), dh in der weiteren Entscheidung heißt es nur noch *die Klägerin*.

> Fa. Peter Fleißig, Baumaschinen GmbH, Jahnstraße 45, 83278 Traunstein, gesetzlich vertreten durch den GF. Peter Fleißig, ebenda
>
> *– Klägerin und Widerbeklagte –*

Dritte: Nebenintervenienten werden bei *der* Partei angeführt, die sie unterstützen (vgl. Muster), werden aber, wie Parteien, nicht mehr mit dem Namen sondern als „Nebenintervenient" bezeichnet.

Personenmehrheiten: Bei mehreren Personen als Kläger oder Beklagte heißt es:

> 1. Franz Meier, Lindenweg 33, 83278 Traunstein
>
> *– Beklagter zu 1) und Widerkläger –*
>
> 2. Elisabeth Meier, Lindenweg 33, 83278 Traunstein
>
> *– Beklagte zu 2) –*
>
> Prozessbevollmächtigter zu 1) und 2): Rechtsanwalt Dorn, …

Gesellschaften: Bei **juristischen Personen** ist Partei die juristische Person als solche; daneben sind anzugeben der gesetzliche Vertreter und seine ladungsfähige Anschrift. Bei **BGB-Gesellschaften** – sie sind parteifähig – sind sämtliche Gesellschafter anzugeben, um Probleme im Zwangsvollstreckungsverfahren zu umgehen (BGH NJW 2011, 615: *„Die Zwangsverwaltung des Grundstücks einer Gesellschaft bürgerlichen Rechts darf nur angeordnet werden, wenn deren Gesellschafter sämtlich aus dem Titel hervorgehen und mit den im Grundbuch eingetragenen Gesellschaftern übereinstimmen."*, § 47 II GBO).

> Emsig GbR, bestehend aus den Gesellschaftern Peter Emsig und Bernd Lustig, gesetzlich vertreten durch den Geschäftsführer Ernst Emsig, Lindnerstraße 8, 83278 Traunstein
>
> *– Klägerin –*

Handelsfirma § 17 HGB: Die Angabe der Firma ist zwar ausreichend, es sollte jedoch zweckmäßigerweise (Inhaberwechsel!) der Firmeninhaber genannt werden: Partei ist, wer zur Zeit der *Klageerhebung* Firmeninhaber ist.

Beispiel: Die Firma „Schreinerei B. Reiter", Inhaber Bernd Reiter, wird verklagt. Während des Rechtsstreits veräußert Bernd Reiter die Schreinerei samt Firmennamen an Kurt Huber. Beklagter ist nach wie vor Bernd Reiter. Wäre bei der Bezeichnung des Beklagten allein die Firma angegeben, gäbe dies Anlass zu Missverständnissen. Deshalb formuliert man besser so:

> Fa. Schreinerei B. Reiter, Ludwigstraße 20, 83278 Traunstein, Inhaber Bernd Reiter
>
> *– Beklagter –*

Die Praxis ist im Hinblick auf die Bezeichnung der Parteirolle (*Klägerin* = *die* Firma oder *Kläger* = *der* Bernd Reiter) uneinheitlich. ME empfiehlt es sich – Partei ist die natürliche Person – an die tatsächliche Partei anzuknüpfen und nicht an *die* Firma (dann müsste es heißen: *Firma Schreinerei B. Reiter… Beklagte*).

2. Weitere Bestandteile

Landgericht Traunstein
Az: 6 O 387/18

Im Namen des Volkes

in dem Rechtsstreit

...

wegen Forderung aus Kaufvertrag ua

erlässt das Landgericht Traunstein, 6. Zivilkammer durch VRiLG Dr. Schnell, RiLG Dr. Müller und Ri'inLG Bauer auf Grund der mündlichen Verhandlung vom 7.3. folgendes

a) Betreff *(wegen)*. In der Praxis findet sich vielfach lediglich die Bezeichnung „wegen Forderung", die in der Klausur zu wenig aussagekräftig und daher zu vermeiden ist. Eine erschöpfende Bezeichnung wiederum ist nicht erforderlich; es genügt die Angabe *eines* Gegenstandes mit dem Zusatz „ua".

b) Bezeichnung des Gerichts (§ 313 I Nr. 2 ZPO). Die im Rubrum aufgeführten Richter müssen mit denen übereinstimmen, die das Urteil unterzeichnen.

Eine **häufige Fehlerquelle** in Klausuren bei der Bezeichnung des Gerichts ist das „blinde" Abschreiben der Formularsammlung. Es wird zum Beispiel verkannt, dass es beim Amtsgericht weder einen Vorsitzenden Richter, einen Einzelrichter oder eine Kammer gibt oder dass beim Landgericht nicht die Kammer, sondern der Einzelrichter entschieden hat. Richtig muss es in diesen Fällen heißen:

erlässt das Amtsgericht Traunstein durch RiAG Bernd Klug folgendes

erlässt das Landgericht Traunstein, 6. Zivilkammer, durch RiLG Dr. Müller als Einzelrichter folgendes

c) Tag der mündlichen Verhandlung / Datum des Urteils. Anzugeben ist *der* Tag, an dem die mündliche Verhandlung geschlossen wurde (§ 313 I Nr. 3 ZPO). Ergibt sich aus dem Protokoll, dass die mündliche Verhandlung mehrere Tage gedauert hat, ist (nur) der Tag anzugeben, an dem die Verhandlung geschlossen wurde. Dieser Zeitpunkt ist maßgeblich für die Beurteilung der materiellen Rechtskraft oder der Präklusionswirkung (§ 767 II ZPO). Auch der Tag, an dem das Urteil verkündet wird, sollte in der Klausur angegeben werden.

> **Klausurtipp:** In der Regel findet sich im Klausursachverhalt am Ende des Protokolls ein Hinweis auf den Verkündungstermin. Beispiel: In einem Protokoll vom 4.4. heißt es: „Termin zur Verkündung einer Entscheidung wird bestimmt auf den 25.4.". In der Klausur sind diese Daten wie folgt umzusetzen: *... erlässt das Landgericht Traunstein, 6. Zivilkammer, durch Richter am Landgericht Dr. Müller als Einzelrichter aufgrund der Verhandlung vom 4.4. am 25.4. folgendes...*

Sonderfälle:

- Entscheidung **n**ach Lage der Akten (zB § 331a ZPO):

erlässt das Landgericht Traunstein, 6. Zivilkammer, durch VRiLG Dr. Schnell, RiLG Dr. Müller und Ri'inLG Bauer nach Lage der Akten am 7.3. folgendes

- Entscheidung im schriftlichen Verfahren (§ 128 II ZPO):

erlässt das Landgericht Traunstein, 6. Zivilkammer, durch VRiLG Dr. Schnell, RiLG Dr. Müller und Ri'inLG Bauer nach der Sachlage am (bzw. aufgrund des Sachstands vom) 7.3. folgendes

II. Tenor

Rechtsgrundlagen: §§ 313 I Nr. 4 (Urteilsformel), 308 ZPO

1. Allgemeines

Der Tenor (die Urteilsformel) ist die Kurzfassung des Ergebnisses der Entscheidung. Er muss aus sich heraus verständlich und der Zwangsvollstreckung zugänglich sein. Letzteres folgt aus § 724 I ZPO, wonach die Zwangsvollstreckung auf der Grundlage einer **vollstreckbaren Ausfertigung** betrieben wird. Die vollstreckbare Ausfertigung wiederum besteht (§ 317 II 2 ZPO) lediglich aus Rubrum, Tenor, Rechtsbehelfsbelehrung und Unterschrift und weist (das wird im Referendariat regelmäßig verkannt) *keinen* Tatbestand und *keine* Entscheidungsgründe auf.

Weiterführender Hinweis: Immer wieder finden sich begriffliche Unsicherheiten, was die Abschrift, die beglaubigte Abschrift oder die Ausfertigung angeht. Die Ausfertigung wirkt im Rechtsverkehr wie das Original (§ 47 BeurkG). Die Abschrift ist lediglich eine Kopie; wird der Gleichlaut einer Kopie mit dem Original von einer Behörde bestätigt, spricht man von einer beglaubigten Abschrift.

Dem Tenor vorangestellt ist die **Überschrift**, die das Urteil als *Endurteil, Teilurteil, Anerkenntnisurteil, Verzichtsurteil, Vorbehaltsurteil, Versäumnisurteil, Zwischenurteil, Grundurteil oder Abänderungsurteil* bezeichnet. Im Examen wird es überwiegend ein Endurteil, Versäumnisurteil oder eine Mischentscheidung (*Teilversäumnis- und Endurteil*) sein. Der Tenor ist im Zweiten Examen vielfach eine **Fehlerquelle**. Zum einen wird nicht erschöpfend über den Streitgegenstand entschieden und vergessen, die Klage im Übrigen abzuweisen (vgl. unten, „Fehlerquellen"). Zum anderen finden sich häufig Widersprüche zum Ergebnis der Entscheidungsgründe.

Klausurtipp: Ist nach dem Bearbeitervermerk ein Tenor zu fertigen, schuldet der Klausurbearbeiter auch die entsprechende *Überschrift*. Zudem: Um Fehler im Tenor zu vermeiden, sollte für dessen abschließende Überprüfung ein zeitlicher Puffer eingeplant werden.

2. Einzelheiten

Der Tenor besteht üblicherweise aus **drei Teilen** (in drei römischen Ziffern): Hauptsacheentscheidung, Kostenentscheidung und Entscheidung über die vorläufige Vollstreckbarkeit. Im Hinblick auf die Bedeutung des Tenors in Examensklausuren werden zunächst die Grundlagen vorgestellt und klassische Tenorierungsbeispiele erläutert. Prozessuale Besonderheiten werden bei den einzelnen Kapiteln behandelt. Im Kapitel II (S. 38 ff.) finden sich speziellere Konstellationen, die beim ersten Durcharbeiten getrost „übersprungen" werden dürfen.

a) Hauptsachentscheidung. Der Streitgegenstand ist erschöpfend zu erledigen und es darf nicht mehr zugesprochen werden als beantragt. Die Entscheidung ist auszuformulieren; eine Bezugnahme auf Klageanträge ist unzulässig; der Rechtsgrund wird nicht angegeben.

Der Beklagte wird verurteilt, an den Kläger 3.000 EUR nebst Zinsen hieraus in Höhe von 5 Prozentpunkten über dem jeweiligen Basiszinssatz seit 4.3. zu zahlen.

Fehlerquellen:
- Der Streitgegenstand wird nicht erschöpfend erledigt: Hat K nicht 3.000 EUR eingeklagt, sondern 3.500 EUR, muss es nach „zu zahlen" noch heißen: *Im Übrigen wird die Klage abgewiesen.*
- Es wird mehr zugesprochen, als beantragt: Hat der Kläger keine Zinsen beantragt, dürfen sie auch nicht zugesprochen werden; es heißt dann lediglich: *Der Beklagte wird verurteilt, an den Kläger 3.000 EUR zu zahlen.*
- Der Rechtsgrund wird nicht angegeben. Falsch ist deshalb die Formulierung: *Der Beklagte wird verurteilt, an den Kläger 3.000 EUR Schadensersatz nebst… zu zahlen.*

Hat der Kläger mehrere Forderungen eingeklagt, werden sie zusammengefasst, was bei der Zinsberechnung Schwierigkeiten bereiten kann.

Beispiel: Der Kläger klagt eine Kaufpreisforderung über 4.000 EUR ein (Zinsen seit 1.2.) und eine Darlehensforderung über 2.500 EUR (Zinsen seit 7.6.). Das Gericht sieht die Kaufpreisforderung in vollem Umfang als begründet an, die Darlehensforderung nur in Höhe von 1.000 EUR. Der Tenor lautet:

> Der Beklagte wird verurteilt, an den Kläger 5.000 EUR zu zahlen nebst Zinsen in Höhe von 5 Prozentpunkten über dem jeweiligen Basiszinssatz aus
> – 4.000 EUR seit 1.2. und aus
> – 1.000 EUR seit 7.6.
> Im Übrigen wird die Klage abgewiesen.

Die Praxis macht vom Gebot des Zusammenrechnens und der Nichtangabe des Rechtsgrunds eine Ausnahme für *Nebenforderungen* (Hauptfall: vorgerichtliche Anwaltskosten); das erleichtert die Wertfestsetzung, da eine Nebenforderung den Gebührenstreitwert nicht erhöht (dazu Fall 1, S. 12).

> I. Der Beklagte wird verurteilt, an den Kläger 3.000 EUR nebst Zinsen hieraus... zu zahlen.
> II. Der Beklagte wird verurteilt, an den Kläger vorgerichtliche Anwaltskosten in Höhe von 334,75 EUR nebst Zinsen hieraus... zu zahlen.

b) Kostenentscheidung

Rechtsgrundlagen: §§ 91–107 ZPO (nachzulesen insbesondere §§ 91, 91a, 92, 96, 98); § 269 III 2 ZPO (Rücknahme); 344 ZPO (Säumnisverfahren); § 788 ZPO (Zwangsvollstreckung).

Das Thema „Kosten" ist bei Referendaren ausgesprochen unbeliebt, weil es sich um eine völlig neue und komplexe Materie handelt. In Examensklausuren sind aber nun einmal regelmäßig Kostenentscheidungen zu fertigen, abgesehen davon, dass Kosten in der gerichtlichen und anwaltlichen Praxis eine große Rolle spielen. Ein *Basiswissen* zu den Grundsätzen des Kostenwesens ist deshalb *unverzichtbar*. Sie können nicht erwarten, diese reichlich komplizierte Materie auf Anhieb zu verstehen. Andererseits: Nach dem zweiten intensiven Durcharbeiten des Abschnitts „Kostenentscheidung" und der Beispielsfälle zur Abfassung eines Tenors werden Sie den erforderlichen Einblick haben, – und mehr ist für das Zweite Staatsexamen nicht erforderlich!

aa) Grundsätze der Kostenentscheidung:
– Über die Kosten ist **von Amts wegen** zu entscheiden, § 308 II ZPO.
– **Einheitlichkeit:** Die Kostenentscheidung ergeht als einheitliche Entscheidung, also mit *einer* Quote über die *gesamten* Kosten. MaW: Es erfolgt keine gesonderte Entscheidung beispielsweise von Klage und Widerklage oder von einzelnen Prozessabschnitten (zB vor und nach einer Beweisaufnahme) oder Trennung nach Streitgegenständen (der Kläger obsiegt mit einer Kaufpreisforderung und unterliegt mit einer Darlehensforderung). *Ausnahmen* vom Grundsatz der Einheitlichkeit der Kostenentscheidung enthalten ua §§ 96, 344 ZPO.
– **Grundentscheidung:** Die Kostenentscheidung trifft eine Entscheidung nur dem *Grunde* nach in abstrakten Quoten (1/2 oder 50%). Der konkret zu erstattende *Betrag* wird im Kostenfestsetzungsverfahren durch den Rechtspfleger ermittelt und festgesetzt und stellt einen Titel für die Zwangsvollstreckung dar.

Gegenstand der Kostenentscheidung: Gegenstand der Kostenentscheidung sind die *Kosten des Rechtsstreits* iSd § 91 ZPO. Darunter fallen die Gerichtskosten und die außergerichtlichen Kosten; zu Letzteren rechnen Anwaltskosten, Gerichtsvollzieherkosten, Parteikosten etc. In der folgenden Übersicht (wie auch in der Klausur) erschöpfen sich die außergerichtlichen Kosten idR in den Anwaltskosten. Damit ergibt sich für den Gegenstand der Kostenentscheidung folgende Einteilung:

```
                    ┌─────────────────┐
                    │   Kosten des    │
                    │  Rechtsstreits  │
                    └────────┬────────┘
                   ┌─────────┴─────────┐
                   ▼                   ▼
         ┌──────────────────┐  ┌──────────────────────────────────┐
         │  Gerichtskosten  │  │ außergerichtliche Kosten =       │
         │                  │  │         Anwaltskosten            │
         │ Gebühren und     │  │                                  │
         │    Auslagen      │  │     Gebühren und Auslagen        │
         └──────────────────┘  └──────────────────────────────────┘
```

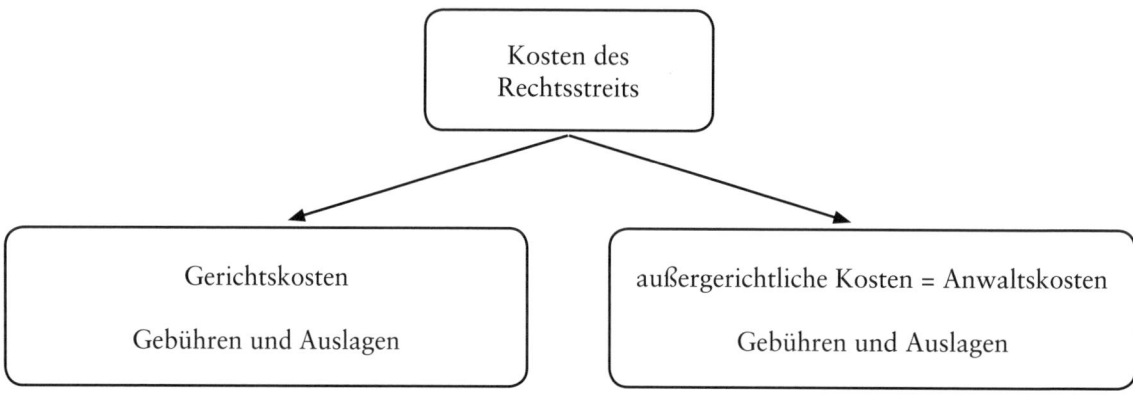

1. **Schuldner:** Rechtsgrundlage ist das GKG. Aus diesem ergibt sich, wer Kostenschuldner ist. Das ist stets der Kläger als Veranlasser der Kosten, egal, ob er gewinnt oder verliert (§ 22 I 1 GKG). Daneben derjenige, dem die Kosten auferlegt wurden (§ 29 Nr. 1 GKG, sog. Entscheidungsschuldner). Vgl. auch § 31 GKG bei mehreren Kostenschuldnern.	1. **Schuldner:** Anspruchsgrundlage für den Vergütungsanspruch des Anwalts ist der Vertrag mit dem Mandanten. Der Anwaltsvertrag ist regelmäßig ein Mischvertrag aus Elementen des Dienstvertrages und des Geschäftsbesorgungsvertrages (Palandt/Sprau, 77. Auflage 2018, § 675 Rn. 23).
2. **Umfang:** Die Höhe der Gerichtskosten ergibt sich unmittelbar aus dem GKG; sie setzen sich aus Gebühren und Auslagen zusammen.	2. **Umfang:** Die Höhe der Anwaltskosten ergibt sich, sofern nichts Gegenteiliges vereinbart wurde (Palandt/Weidenkaff, 77. Auflage 2018, § 612 Rn. 11; vgl. auch §§ 3a ff. RVG zur Vergütungsvereinbarung), aus dem RVG; sie setzen sich aus Gebühren und Auslagen zusammen.
3. **Zentrale Bestimmungen aus dem GKG** • §§ 22, 29, 31 GKG: Gebührenschuldner • §§ 39 ff. GKG: Wertvorschriften (§ 48 I 1 GKG: Brückennorm in die Wertvorschriften der ZPO) • §§ 61 ff. GKG: Wertfestsetzung • Anlage 1 zum GKG: Anzahl der anfallenden Gebühren/Auslagen	3. **Zentrale Bestimmungen aus dem RVG** • §§ 22 ff. RVG: Wertvorschriften • (§ 23 I 1 RVG: Brückennorm in das GKG mithin über § 48 I 1 GKG in die Wertvorschriften der ZPO) • §§ 32 f. RVG: Wertfestsetzung • Anlage 1 zum RVG: Anzahl der anfallenden Gebühren/Auslagen
4. **Gebühren:** Examensrelevant sind insbes. • Nr. 1210: Verfahren im Allgemeinen • Nr. 1410: Vorläufiger Rechtsschutz • Nr. 2110 ff.: Zwangsvollstreckung	4. **Gebühren:** Examensrelevant sind insbes. • Nr. 2300 ff. VV-RVG (Geschäftsgebühr) • Nr. 3100 VV-RVG (Verfahrensgebühr) • Nr. 3104 VV-RVG (Termingebühr) • Nr. 1010 VV-RVG (zus. Beweisgebühr) • Nr. 1000 ff. VV-RVG (Einigungsgebühr) (samt den entsprechenden Vorbemerkungen, zB für die Verfahrensgebühr: Vorb. 3 II, IV oder für die Termingebühr Vorb. 3 III).
5. **Auslagen:** Es kommt vor allem die Erstattung von Sachverständigenkosten oder Kosten für Zeugen in Betracht (Nr. 9005 Anlage 1 zum GKG).	5. **Auslagen:** Nr. 7002 VV-RVG (Auslagenpauschale für Post- und Telekommunikationsdienstleistungen) plus Nr. 7008 VV-RVG (Umsatzsteuer
6. **Gebührenhöhe:** Anlage 2 zum GKG	6. **Gebührenhöhe:** Anlage 2 zum RVG

Beispiel: Ein Klageverfahren hat einen Streitwert von 8.500 EUR; es wurde ein Hauptverhandlungstermin durchgeführt. Die Kostenscheidung lautet: *Der Beklagte trägt die Kosten des Rechtsstreits.*

1. Wie hoch sind die anfallenden Gerichtskosten und die Kosten des Anwalts?

Gerichtskosten: Anzahl der anfallenden Gebühren: Nr. 1210 Anlage 1 zum GKG: 3 Gebühren. **Höhe** einer Gebühr: Aus Anlage 2 zum GKG ergibt sich die Gebührenhöhe. Bei einem Streitwert von 8.500 EUR ist die Zeile – *Streitwert bis 9.000 EUR* – maßgeblich, so dass die Gebühr 222 EUR beträgt. Es fallen 3 × 222 EUR Gebühren an = 666 EUR (der Kläger schuldet bei Klageerhebung einen Vorschuss in dieser Höhe: § 12 GKG!). **Auslagen** sind nicht angefallen

Kosten des Anwalts: Anzahl der anfallenden Gebühren: 2,5 (Nr. 3100 VV-RVG: Verfahrensgebühr: 1,3; Nr. 3104 VV-RVG: Termingebühr: 1,2). **Höhe** einer Gebühr: Aus Anlage 2 zum RVG ergibt sich die Gebührenhöhe. Bei einem Streitwert von 8.500 EUR ist die Zeile – *Streitwert bis 9.000 EUR* – maßgeblich, so dass die Gebühr 507 EUR beträgt. Es fallen 2,5 × 507 EUR Gebühren an = 1.267,50 EUR. **Auslagen:** Nr. 7002 VV-RVG: Auslagenpauschale: 20 EUR; Nr. 7008 VV-RVG: Umsatzsteuer: 19 %. Insgesamt: (1.267,50 EUR+20 EUR) × 1,19 = 1.532,13 EUR.

2. Wie geht es weiter, dh wie kommen die Anwälte der Parteien und der Kläger zu ihrem Geld?

a) **Anwalt des Klägers:** Er hat aus dem mit dem Kläger geschlossenen *Anwaltsvertrag* einen privatrechtlichen Anspruch auf Begleichung seiner Kosten und könnte ihm die entsprechende Aufstellung (1.532,13 EUR) zusenden. Weil der Kläger seine Pro-

1. Kapitel: Die einzelnen Elemente

zesskosten aber aufgrund der im Tenor niedergelegten (auf § 91 ZPO beruhenden) *Kostengrundentscheidung* vom Beklagten erstattet verlangen kann (einen sog. *prozessualen Kostenerstattungsanspruch* hat), wird der Anwalt im Regelfall seine Vergütung im Namen des Klägers im Wege der **Kostenfestsetzung** geltend machen. Sie bietet die Möglichkeit, über den zu erstattenden Betrag einen zur Zwangsvollstreckung geeigneten Titel zu erlangen (den *Kostenfestsetzungsbeschluss*), und erspart den umständlichen Weg, die Kostenerstattung gesondert einzuklagen.

- Das **Verfahren der Kostenfestsetzung**, geregelt in §§ 104 ff. ZPO, beginnt mit der Stellung des schriftlichen Kostenfestsetzungsantrags beim zuständigen Gericht (das Gericht der ersten Rechtszugs, § 104 I 1 ZPO). Funktionell zuständig ist der Rechtspfleger (§ 21 Nr. 1 RPflG). Dem Antrag ist eine aufgeschlüsselte Kostenrechnung beizufügen. Der Anwalt wird also einen entsprechenden Antrag formulieren und die in obigem Beispiel dargelegte Aufschlüsselung seiner Kosten von insgesamt 1.532,13 EUR bei Gericht einreichen. Der Beklagte erhält die Möglichkeit der Stellungnahme.
- Der Rechtspfleger wird die vorgelegte Kostenaufstellung überprüfen, uU korrigieren, und dann eine entsprechende Entscheidung durch Beschluss erlassen. Dieser *Kostenfestsetzungsbeschluss* ist gemäß § 794 I Nr. 2 ZPO ein zur Zwangsvollstreckung geeigneter Titel.

b) **Anwalt des Beklagten:** Er hat aus dem mit dem Beklagten geschlossenen *Anwaltsvertrag* einen privatrechtlichen Anspruch auf Begleichung seiner Kosten (1.532,13 EUR) und wird diese gegenüber dem Beklagten geltend machen. Sollte der Beklagte die Zahlung verweigern, weil er sie für überhöht oder falsch hält oder gar zahlungsunwillig ist, kann sein Anwalt in eigenem Namen eine gerichtliche Kostenfestsetzung beantragen (§ 11 RVG; Abs. 2 S. 3 verweist insoweit auf die Kostenfestsetzung) und die Zwangsvollstreckung betreiben, braucht seine Kosten also nicht in einem eigenen Rechtsstreit einklagen.

c) **Kläger:** Er kann in erster Linie die **Erfüllung seines Hauptanspruchs** beanspruchen. Unterstellt, es handelt sich bei den 8.500 EUR um einen Zahlungsanspruch, hat der Kläger bereits einen zur Zwangsvollstreckung geeigneten Titel in der Hand, aus dem er – zahlt der Beklagte nicht freiwillig – vollstrecken kann (§ 704 I ZPO).

Bleibt noch der **Vorschuss auf die Gerichtskosten**, den der Kläger in Höhe von 666 EUR bezahlt hat und der Teil seines prozessualen Kostenerstattungsanspruchs ist. Hierüber wird von Amts wegen (*Kostenansatz* nach § 19 GKG) entschieden. Im Kostenfestsetzungsverfahren spielen die Gerichtskosten nur ausnahmsweise eine Rolle, wenn nämlich eine Partei, wie hier der Kläger, die Gerichtskosten als Vorschuss eingezahlt hat und aufgrund der Kostengrundentscheidung vom Gegner **erstattet** verlangen kann. Andernfalls (zB wenn der Kostenvorschuss nicht die gesamten Gerichtskosten abgedeckt hat) wendet sich die Staatskasse unmittelbar an den entsprechenden Schuldner.

Der Anwalt des Klägers wird also in seinem schriftlichen Kostenfestsetzungsantrag neben den Kosten von 1.532,13 EUR gleichzeitig die Erstattung der vom Kläger verauslagten Gerichtskosten in Höhe von 666 EUR beantragen und der Rechtspfleger wird diesem Antrag in seinem Kostenfestsetzungsbeschluss stattgeben.

bb) Zwei Grundbegriffe aus dem Kostenrecht: **Kostenerstattungsanspruch:** Dieser Begriff stößt im Anfangsstadium der Zivilstation vielfach auf Unverständnis. Auszugehen ist vom Wortlaut: Es geht um den Anspruch auf **Erstattung** von **Kosten**. Mit Kosten sind gemeint die Kosten des Rechtsstreits, die der obsiegenden Partei vom unterliegenden Verfahrensgegner zu ersetzen sind. Präziser spricht man deshalb vom **prozessualen Kostenerstattungsanspruch.** Zu erstatten sind die vom Gesetz anerkannten Kosten, insbesondere Gerichtskosten und Anwaltskosten. Vgl. das obige Berechnungsbeispiel: Der Beklagte muss die Kosten des Rechtsstreits tragen, dh der Kläger hat gegen den Beklagten einen prozessualen Kostenerstattungsanspruch, bestehend aus den Anwaltskosten (1.532,13 EUR) und den als Vorschuss bezahlten Gerichtskosten (666 EUR).

Vom prozessualen Kostenerstattungsanspruch (der konsequenterweise allein auf prozessualen Vorschriften beruht: vgl. §§ 91 ff. ZPO!) unterscheidet man den **materiellen Kostenerstattungsanspruch**. Er beruht auf materiell-rechtlichen Vorschriften (zB positive Vertragsverletzung § 280 I BGB; Schuldnerverzug, §§ 280, 286 BGB; Geschäftsführung ohne Auftrag, § 683 BGB; unerlaubte Handlung, §§ 823 ff. BGB) und ist gleichsam eine besondere Form des Schadensersatzes oder einer Aufwendung.

Beispiel: Der Schuldner, der einen Schadensersatzanspruch aufgrund eines Verkehrsunfalls hat, kann als Teil des Schadensersatzanspruchs auch Ersatz seiner Rechtsverfolgungskosten geltend machen (Palandt/Grüneberg, 77. Auflage 2018, § 249 Rn. 56), dh er hat einen Anspruch auf Bezahlung seiner vorgerichtlichen Anwaltskosten (vgl. hierzu auch S. 205).

> **Fehlerquelle:** Bei den vorgerichtlichen Anwaltskosten wird insbesondere § 286 BGB immer wieder falsch angewandt. Schaltet K einen Anwalt ein, um zB eine Kaufpreisforderung geltend zu machen, und setzt der Anwalt den Schuldner in Verzug, können die insoweit angefallenen Kosten von K *nicht* geltend gemacht werden. Grund: Erst *ab* Verzugseintritt kann der Verzögerungsschaden geltend gemacht werden (Palandt/Grüneberg, 77. Auflage 2018, § 286 Rn. 44).

Der *prozessuale* Kostenerstattungsanspruch wird über das Verfahren der Kostenfestsetzung nach §§ 104 ff. ZPO verwirklicht; der *materielle* Kostenerstattungsanspruch muss in einem selbständigen Rechtsstreit geltend gemacht werden.

Gebührenstreitwert: Mit Gebührenstreitwert (man spricht auch vom *Gegenstandswert* oder nur vom *Streitwert*) ist gemeint: Gebühren für Gerichte und Rechtsanwälte bei gerichtlichen Streitigkeiten werden nach dem Gebührenstreitwert berechnet. Dieser orientiert sich an dem in Geld ausgedrückten Wert des Gegenstandes eines Rechtsstreits. Die Gerichtskosten und das Anwaltshonorar werden dann anhand einer Tabelle berechnet, die jedem Streitwert eine feste Gebühr zuordnet (vgl. die Gebührentabellen zu Gerichts- und Anwaltsgebühren, Anlage 2 zum GKG bzw. RVG). Den Gebührenstreitwert für die Gerichtskosten und die Anwaltskosten regeln §§ 39 ff. GKG und §§ 22 ff. RVG (sog. *Wertvorschriften*).

MaW: Die Kosten eines Rechtsstreits kann man ohne den Gebührenstreitwert nicht berechnen. Deshalb wurde im obigen Berechnungsbeispiel auch angegeben: „… hat einen Streitwert von 8.500 EUR".

Die Ermittlung des Gebührenstreitwerts ist einfach, wenn es um eine Zahlungsklage geht; er ist dann mit der Höhe des Zahlungsanspruchs identisch. Ansonsten sind die Wertvorschriften des GKG bzw. des RVG maßgebend sowie die von der Rechtsprechung festgelegten Grundsätze. Beispiele: Bei einem Haupt- und einem Hilfsantrag bestimmt sich der Gebührenstreitwert nach § 45 I 2, 3 GKG, bei einem Zug-um-Zug-Antrag kommt es grundsätzlich nur auf die Hauptforderung an und nicht auf die Gegenforderung (BGH NJW 1982, 1048, vgl. Fall 7 S. 16).

Vom Gebührenstreitwert scharf zu trennen sind der Zuständigkeits- und der Rechtsmittelstreitwert. Der **Zuständigkeitsstreitwert** ist maßgeblich für die Beurteilung der Zuständigkeiten der Amtsgerichte und der Landgerichte und berechnet sich nach §§ 2 ff. ZPO. Der **Rechtsmittelstreitwert** ist maßgeblich für die Beurteilung, ob die Zulässigkeitsgrenzen für ein Rechtsmittel erreicht sind.

Verfahren. Bei Klageerhebung soll nach § 253 III ZPO der Zuständigkeits- und Gebührenstreitwert angegeben werden. Grund: Die Zustellung einer Klage erfolgt idR erst nach Zahlung eines *Vorschusses* in Höhe der erforderlichen Gebühr (§ 12 GKG, *Gerichtskostenvorschuss*: vgl. das obige Berechnungsbeispiel). Ein solcher Vorschuss kann problemlos anhand der Tabelle für die Gerichtskosten berechnet werden, wenn es sich um eine Zahlungsklage handelt. Bereitet die genaue Bezifferung des Streitwerts dagegen Schwierigkeiten (insbesondere bei Herausgabe-, Feststellungs-, Gestaltungsklagen), muss das *Gericht* nach § 63 I GKG mit Klageeinreichung den *Gebührenstreitwert* festsetzen. Diese Entscheidung kann von Amts wegen abgeändert (§ 63 III GKG) oder mit der Beschwerde angefochten werden (§ 68 GKG).

c) Entscheidung über die vorläufige Vollstreckbarkeit:

> **Rechtsgrundlagen: §§ 708–711 (vorläufige Vollstreckbarkeit); §§ 712–713 (Schutzvorschriften); § 717 II ZPO (Schadensersatzanspruch).**

So wie das Thema „Kosten" schreckt im Referendariat auch das Thema „vorläufige Vollstreckbarkeit". Während Kostensachen nun ohne Frage reichlich komplex und schwer zugänglich sind, ist die Materie der vorläufigen Vollstreckbarkeit deutlich einfacher. Das Zusammenspiel der einschlägigen Normen, insbesondere der §§ 708, 709, 711 ZPO bereitet keine Schwierigkeiten, hat man den vorliegenden Abschnitt *einmal* gründlich durchgearbeitet.

aa) Vorläufige Vollstreckbarkeit. Ein Kläger (Gläubiger), der ein zusprechendes Urteil erlangt hat, muss nicht bis zur Rechtskraft warten, um seine Forderungen einzutreiben: *Alle* Urteile sind *von Amts wegen* für *vorläufig vollstreckbar* zu erklären, §§ 708, 709 ZPO.

> **Zur Funktion der §§ 708 ff., 717 II ZPO.** Im Hinblick auf die wirtschaftliche Bedeutung eines Titels für den obsiegenden Kläger ist ihm die uU überlange Verfahrensdauer – bedingt durch Rechtsmitteleinlegung des Gegners – mit dem damit verbundenen Risiko einer zwischenzeitlich eintretenden Zahlungsunfähigkeit des Beklagten nicht zumutbar. Umgekehrt ist es dem Beklagten nicht zumutbar, erweist sich sein Rechtsmittel als begründet und die vorläufige Vollstreckbarkeit damit als unbegründet, seine „Vorleistung" nicht zurück zu erhalten bzw. den ihm entstandenen Schaden nicht ersetzt zu bekommen. In den §§ 708 ff., 717 II ZPO wird diesen Interessen der Parteien Rechnung getragen.

bb) Sicherheitsleistung. Wird das Urteil im Rechtsmittelzug aufgehoben oder abgeändert, hat sich die vorläufige Vollstreckung beim Beklagten (Schuldner) als unberechtigt erwiesen. Um dessen Rückforderung zu sichern, hat der Gesetzgeber in § 717 II ZPO einen verschuldensunabhängigen Schadensersatzanspruch installiert (der im anhängigen Rechtsstreit als sog. Inzidentantrag oder als privilegierte Widerklage bzw. in einem gesonderten Rechtsstreit als „normale" Leistungsklage geltend gemacht werden kann). Danach ist „*der Kläger zum Ersatz des Schadens verpflichtet, der dem Beklagten durch die Vollstreckung des Urteils entstanden ist, wenn ein für vorläufig vollstreckbares Urteil aufgehoben wird.*"

Um diesen verschuldensunabhängigen Schadensersatzanspruch zu sichern, darf der Gläubiger aus einem für vorläufig vollstreckbar erklärten Urteil nur vollstrecken, wenn er – das ist der Grundsatz – Sicherheit leistet (§ 709 S. 1 ZPO). Die Sicherheitsleistung errechnet sich aus der zu vollstreckenden Hauptsache (zB einer Geldforderung) samt dem Kostenerstattungsanspruch plus einem 5 bis 10 prozentigen Sicherheitszuschlag für die möglicherweise durch die Zwangsvollstreckung entstehenden Kosten. Die Sicherheitsleistung kann man im Tenor mit einem festen Betrag ausweisen (zB *Sicherheitsleistung in Höhe von 8.600 EUR*); § 709 S. 2 ZPO erlaubt aber bei *Geldforderungen* auch eine Angabe in Prozentsätzen: (zB *Sicherheitsleistung in Höhe von 110% des jeweils zu vollstreckenden Betrages*). Zur Art der Sicherheitsleistung vgl. § 108 ZPO (zB Bankbürgschaft).

In Ausnahmefällen wiegt das Interesse des Vollstreckungsgläubigers an einer sofortigen Vollstreckung ohne Sicherheitsleistung höher als das Interesse des Vollstreckungsschuldners an der Sicherung seines möglichen Schadensersatzanspruchs. Diese Ausnahmefälle sind in § 708 ZPO enumerativ aufgeführt (zB § 708 Nr. 2 ZPO: Sanktion für Säumnis oder § 708 Nr. 11 ZPO: Bagatellbeträge).

cc) Abwendungsbefugnis. Die Abwendungsbefugnis greift, wenn nach der Wertung des Gesetzgebers eine (vorläufige) Vollstreckung **ohne Sicherheitsleistung** in Betracht kommt (vgl. § 711 S. 1 Hs. 1 ZPO: *„In den Fällen des § 708 Nr. 4–11…"*). *Das Gericht hat dann dem Schuldner die Möglichkeit einzuräumen, die Vollstreckung abzuwenden durch eine Sicherheitsleistung in Höhe eines bestimmten Geldbetrags oder durch eine verhältnismäßige Sicherheitsleistung nach (§ 711 S. 1, 2 ZPO, – zu Einzelheiten Fall 3, S. 14).* Bei dieser Regelung hatte der Gesetzgeber folgendes Szenario vor Augen: Der Vollstreckungsgläubiger darf ohne Sicherheitsleistung sofort vollstrecken (Befriedigungsinteresse). Um ua zu verhindern, dass eine Vollstreckungsmaßnahme in der Öffentlichkeit erfolgt (der Gerichtsvollzieher führt einen entsprechenden Vollstreckungsversuch durch), kann der Titelschuldner für den zu vollstreckenden Betrag Sicherheit leisten. Damit ist gesichert, dass der Titelgläubiger sein Geld erhält (Befriedigungsinteresse); der Titelschuldner wiederum kann die Richtigkeit der Entscheidung im Rechtsmittelzug überprüfen lassen, ohne eine Vollstreckung befürchten zu müssen.

Diese Abwendungsbefugnis des Schuldners kann der Gläubiger allerdings nach § 711 S. 1 Hs. 2 ZPO (*„wenn nicht der Gläubiger vor der Vollstreckung Sicherheit leistet"*) **ausschalten,** in dem er seinerseits Sicherheit leistet, was insbesondere bei Herausgabetiteln in Betracht kommt.

Ergänzender Hinweis: Die Möglichkeit der Hinterlegung in § 711 ZPO hat keine praktische Bedeutung. Geld oder Wertpapiere können bereits nach § 108 ZPO hinterlegt werden; bewegliche Sachen können nur nach Maßgabe des § 372 BGB hinterlegt werden, wenn es sich um Kostbarkeiten handelt.

dd) § 713 ZPO. Eine Sonderstellung nehmen Urteile an, gegen die ein Rechtsmittel unzweifelhaft nicht in Betracht kommt; sie können nicht mehr abgeändert werden, weshalb Einschränkungen bei der Vollstreckbarkeit nicht gerechtfertigt sind. Entsprechend wird formuliert: *Das Urteil ist vorläufig vollstreckbar.*

Achtung: § 713 ZPO ist nicht anwendbar, wenn die bloße Möglichkeit einer Berufungs- bzw. Revisionsanschließung besteht (§§ 524, 554 ZPO), auch wenn die Anschließung kein *Rechtsmittel* darstellt. Gibt das Amtsgericht zB einer Klage über 1.000 EUR in Höhe von 700 EUR statt, ist der Kläger nur mit 300 EUR beschwert, kann keine Berufung einlegen. Dagegen kann der Beklagte Berufung einlegen (seine Beschwer beträgt 700 EUR) und der Kläger folglich Anschlussberufung (§ 524 ZPO). Das Urteil ist damit abänderbar und § 713 ZPO greift nicht.

ee) Sonderfälle. Sonderfälle bestehen bei Willenserklärungen, vgl. §§ 894 f. ZPO.

ff) Prüfungsreihenfolge. Für jede Partei die aus dem Tenor etwas vollstrecken kann, gilt: **Schritt 1:** Was kann vollstreckt werden? **Schritt 2: Zutreffende Rechtsgrundlage** für die Entscheidung über die vorläufige Vollstreckbarkeit.

Zu Schritt 1: Der Gesetzgeber spricht in den §§ 708 ff. ZPO vom *Gläubiger* und vom *Schuldner*, während im Tenor vom *Kläger* und *Beklagten* die Rede ist. Sie müssen deshalb zunächst feststellen, **wer** der Gläubiger ist (Kläger oder Beklagter), und anschließend, **was** vollstreckt werden kann (Geldforderung, Herausgabe einer Sache usw).

Zu Schritt 2: Die Ermittlung der zutreffenden Rechtsgrundlage samt Formulierungsbeispielen zeigt folgende Übersicht:

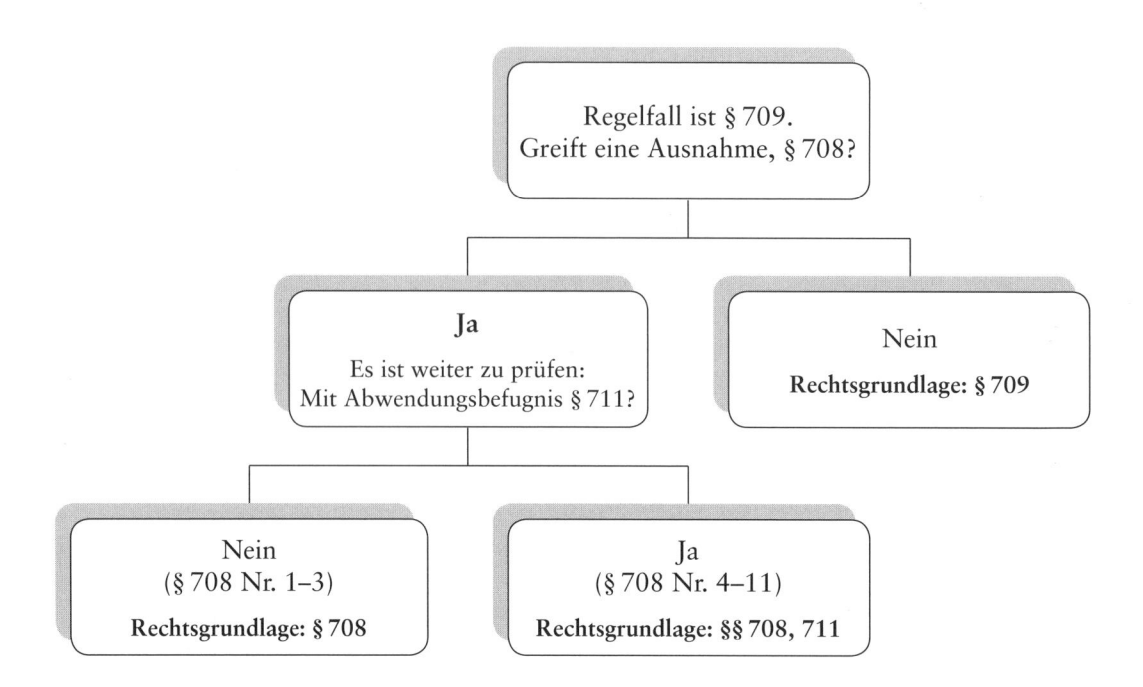

```
                    ┌─────────────────────────┐
                    │  Regelfall ist § 709.   │
                    │ Greift eine Ausnahme,   │
                    │         § 708?          │
                    └────────────┬────────────┘
                    ┌────────────┴────────────┐
        ┌───────────┴──────────┐   ┌──────────┴──────────┐
        │         Ja           │   │        Nein         │
        │ Es ist weiter zu     │   │ Rechtsgrundlage:    │
        │ prüfen: Mit          │   │ § 709               │
        │ Abwendungsbefugnis   │   └─────────────────────┘
        │ § 711?               │
        └──────────┬───────────┘
      ┌────────────┴────────────┐
┌─────┴──────┐            ┌─────┴──────┐
│    Nein    │            │     Ja     │
│ (§ 708     │            │ (§ 708     │
│  Nr. 1–3)  │            │  Nr. 4–11) │
│Rechtsgrund-│            │Rechtsgrund-│
│lage: § 708 │            │lage:       │
│            │            │§§ 708, 711 │
└────────────┘            └────────────┘
```

Die im Tenor zu treffende Formulierung dieser **drei möglichen Rechtsgrundlagen** ergibt sich, orientiert man sich am Gesetzeswortlaut, unproblematische aus den jeweiligen Normen:

1. **§ 708 ZPO:** *Das Urteil ist vorläufig vollstreckbar.*

2. **§§ 708, 711 ZPO:** *Das Urteil ist vorläufig vollstreckbar. Der Beklagte kann die Vollstreckung durch Sicherheitsleistung in Höhe von ... abwenden, wenn nicht der Kläger vor der Vollstreckung Sicherheit in gleicher Höhe leistet.*

    Geldforderung: *Das Urteil ist vorläufig vollstreckbar. Der Beklagte kann die Vollstreckung durch Sicherheitsleistung in Höhe von 110% des auf Grund des Urteils vollstreckbaren Betrages abwenden, wenn nicht der Kläger vor der Vollstreckung Sicherheit in Höhe von 110% des jeweils zu vollstreckenden Betrages leistet.*

3. **§ 709 ZPO:** *Das Urteil ist (für den Kläger) gegen Sicherheitsleistung in Höhe von ... vorläufig vollstreckbar.*

    Geldforderungen: *Das Urteil ist (für den Kläger) gegen Sicherheitsleistung in Höhe von 110 % des jeweils zu vollstreckenden Betrages vorläufig vollstreckbar.*

3. Tenorierungsbeispiele mit Erläuterungen

a) Fall 1: Volles Obsiegen. Klage auf Zahlung von 2.000 EUR nebst Zinsen hieraus in Höhe von 5 Prozentpunkten über dem jeweiligen Basiszinssatz seit Rechtshängigkeit plus vorgerichtliche, zu verzinsende Anwaltskosten iHv 255,58 EUR; Zustellung der Klage erfolgte am 5.2. Die Klage ist begründet.

> **Endurteil**
>
> I. Der Beklagte wird verurteilt, an den Kläger 2.000 EUR nebst Zinsen hieraus in Höhe von 5 Prozentpunkten über dem jeweiligen Basiszinssatz seit 6.2. zu zahlen.
>
> II. Der Beklagte wird ferner verurteilt, an den Kläger 255,58 EUR vorgerichtliche Anwaltskosten nebst Zinsen hieraus in Höhe von 5 Prozentpunkten über dem jeweiligen Basiszinssatz seit 6.2. zu zahlen.
>
> III. Der Beklagte trägt die Kosten des Rechtsstreits.
>
> IV. Das Urteil ist vorläufig vollstreckbar gegen Sicherheitsleistung in Höhe von 110 % des jeweils zu vollstreckenden Betrages.

Hauptsache: Der Grund (zB Kaufpreis) wird nicht genannt. Die Zinsentscheidung nach §§ 288 I 1, 291 S. 1 BGB wird vielfach fehlerhaft umgesetzt: Im Tenor muss ein **konkretes Datum** genannt werden (Zinsen *seit Rechtshängigkeit* sind nicht vollstreckbar; wegen § 187 I BGB analog wird auf den Tag nach der

Zustellung abgestellt!). Falsch auch: 5 Prozent über dem Basiszinssatz; richtig: 5 Prozent*punkte* über dem *jeweiligen* Basiszinssatz. Die vorgerichtlichen Anwaltskosten (Rechtsverfolgungskosten) werden in einer gesonderten Ziffer angeführt; auch für sie besteht Anspruch auf Verzugszinsen. Berechnung: Anzahl der Gebühren 1,3 (2300 VV-RVG) + Auslagenpauschale (Nr. 7002 VV-RVG) + Umsatzsteuer (Nr. 7008 VV-RVG) = 195 EUR + 20 EUR + USt = 255,58 EUR.

Kostenentscheidung: Rechtsgrundlage ist § 91 ZPO für volles Obsiegen (oder Unterliegen). Empfehlung: Bei der Tenorierung ist so exakt wie möglich am Normtext zu arbeiten. In § 91 ZPO heißt es *Kosten des Rechtsstreits* und entsprechend ist zu formulieren (in der StPO spricht man von Verfahrenskosten; das darf in der Klausur nicht verwechselt werden!)

Vorläufige Vollstreckbarkeit: Schritt 1: Wer kann was vollstrecken? Antwort: Wer = der Kläger; was = Ziff. I, II (Hauptsache) und Ziff. III (Kostenentscheidung). **Schritt 2:** Rechtsgrundlage? Greift die Ausnahme des § 708 ZPO? Nein, die Beträge übersteigen die Bagatellgrenze des § 708 Nr. 11 ZPO (Hauptsache bis 1.250 EUR). Rechtsgrundlage der Entscheidung über die vorläufige Vollstreckbarkeit ist damit § 709 S. 1 ZPO. Es ist eine Geldforderung zu vollstrecken; folglich genügt es nach § 709 S. 2 ZPO, dass „die Sicherheitsleistung in einem bestimmten Verhältnis zur Höhe des *jeweils zu vollstreckenden Betrages*" festgesetzt wird (damit ist gemeint: prozentual). Es kann lediglich der Kläger vollstrecken, dh die Formulierung *Das Urteil ist für den Kläger vorläufig vollstreckbar...*, erübrigt sich, ist aber auch nicht falsch.

> **Ergänzende Hinweise:**
> - Die Sicherheitsleistung nach § 709 S. 2 ZPO bezüglich des zu vollstreckenden Betrags (2.255,58 EUR plus Zinsen plus Kosten des Rechtsstreits) beträgt 100 %. Weil zu diesem Betrag, sollte sich herausstellen, dass die Zwangsvollstreckung zu Unrecht erfolgte, als Schadensersatz noch die – derzeit nicht exakt bezifferbaren – *Kosten der Vollstreckung* kommen, rundet man die 100 % maßvoll auf, üblicherweise zwischen 5 % bis 10 %.
> - In § 709 S. 2 ZPO ist vom *„jeweils"* zu vollstreckenden Betrag die Rede und entsprechend wird auch Ziff. IV des Tenors formuliert. Damit ist gemeint: Will der Kläger, aus welchen Gründen auch immer, nur einen *Teil* seiner Forderung vollstrecken lassen, muss er auch nur für *diesen Teil* 110 % Sicherheit leisten.
> - Zuständigkeitsstreitwert: Der Zuständigkeitsstreitwert beträgt 2.000 EUR gem. §§ 3, 4 ZPO. Rechtsverfolgungskosten (Gutachterkosten, Kostenpauschale, Detektivkosten etc) erhöhen den Zuständigkeitsstreitwert, – nicht aber vorgerichtliche Anwaltskosten. Grund: In § 4 ZPO heißt es, dass Nebenforderungen bei der Bestimmung des Zuständigkeitsstreitwerts nicht berücksichtigt werden. Eine Nebenforderung ist nach der Rechtsprechung eine Forderung, die von einer anderen Forderung abhängig ist und bei vorgerichtlichen Anwaltskosten besteht eine solche Abhängigkeit: Anwaltskosten können nur berechnet werden, wenn der Gebührenstreitwert feststeht und ohne Gebührenstreitwert können die vorgerichtlichen Anwaltskosten nicht bestimmt werden. Praktische Konsequenz: Die außergerichtlichen Anwaltskosten sind in einer eigenen Ziffer anzugeben.
> - Gebührenstreitwert: Der Gebührenstreitwert beträgt 2.000 EUR und zwar sowohl für das vorgerichtliche Verfahren (§ 23 I 3 RVG, § 48 GKG, § 3 ZPO) als auch für das gerichtliche Verfahren (§§ 39, 43, 48 GKG, § 3 ZPO).

b) Fall 2: Volles Obsiegen. Klage auf Herausgabe eines Pkw im Wert von 5.000 EUR. Die Klage ist begründet.

Endurteil

I. Der Beklagte wird verurteilt, an den Kläger den Pkw VW Golf (Fahrgestellnummer WX2213442455, amtliches Kennzeichen TS – UM 345) herauszugeben.

II. Der Beklagte trägt die Kosten des Rechtsstreits.

III. Das Urteil ist vorläufig vollstreckbar gegen Sicherheitsleistung in Höhe von 6.700 EUR.

Hauptsache: Damit das Urteil in der Zwangsvollstreckung umgesetzt werden kann, ist der herauszugebende Gegenstand hinreichend zu individualisieren.

Kostenentscheidung: Rechtsgrundlage ist § 91 ZPO.

Vorläufige Vollstreckbarkeit: Schritt 1: Wer kann was vollstrecken? Antwort: Wer = der Kläger; was = Ziff. I (Hauptsache) und Ziff. II (Kostenentscheidung). **Schritt 2:** Rechtsgrundlage? Die Ausnahme des § 708 Nr. 11 ZPO (Hauptsache bis 1.250 EUR) greift nicht. Rechtsgrundlage der vorläufigen Vollstreckbarkeit ist damit § 709 ZPO. Da keine Geldforderung zu vollstrecken ist, ist eine Sicherheitsleistung zu beziffern (§ 709 S. 1 ZPO). Orientierungsmaßstab ist der mögliche künftige Schadensersatzanspruch des Beklagten (vgl. Fall 1, ergänzende Hinweise). Die Sicherheitsleistung beträgt damit, maßvoll gerundet, 6.700 EUR (5.000 EUR Hauptsache plus 1.363,23 EUR Kosten).

Berechnung des Kostenerstattungsanspruchs: **Gerichtskosten** (der Kläger hat die Kosten vorgeschossen): Gegenstandswert: 5.000 EUR (§§ 48 I 1 GKG, 6 ZPO); Anzahl der Gebühren: 3 (Nr. 1210 Anl. 1 zum GKG); Höhe einer Gebühr: 146 EUR (Anl. 2 zum GKG) = 3 × 146 EUR = 438 EUR; **Anwaltskosten** des Klägers: Gegenstandswert 5.000 EUR (§§ 23 I 1 RVG, 48 I 1 GKG, 6 ZPO); Anzahl der Gebühren: 1,3 Verfahrensgebühr (Nr. 3100 VV-RVG) + 1,2 Termingebühr (Nr. 3104 VV-RVG); Höhe einer Gebühr: 303 EUR (Anlage 2 zum RVG). 2,5 × 303 EUR + Auslagenpauschale (Nr. 7002 VV-RVG) + Umsatzsteuer (Nr. 7008 VV-RVG) = 757,50 EUR + 20 EUR +19 % USt = 925,23 EUR.

Ergänzende Hinweise zum Kostenerstattungsanspruch:

- Bei Zahlungsansprüchen ist der Gebührenstreitwert (Gegenstandswert) mit dem Zahlungsanspruch identisch; beim vorliegenden Herausgabeanspruch muss er erst ermittelt werden. Maßgeblicher Zeitpunkt hierfür ist die Antragstellung (§ 40 GKG, anders beim Zuständigkeitsstreitwert: § 4 ZPO). Da sich weder im GKG (für die Gerichtskosten) noch im RVG (für die Anwaltskosten) Sonderbestimmungen finden, gelten für die Gerichtskosten über die Brückennorm des § 48 I 1 GKG die Normen der ZPO über den Zuständigkeitswert entsprechend, also §§ 3–9 ZPO; einschlägig ist § 6 ZPO (Hüßtege in Thomas/Putzo, 39. Auflage 2018 § 6 Rn. 3, 4), dh es werden 5.000 EUR angesetzt. Für die Anwaltskosten kommt man über die Brückennorm des § 23 I 1 RVG iVm §§ 48 I 1 GKG, 6 ZPO zum gleichen Wert.
- In Zivilrechtsstreitigkeiten ist der Gegenstandswert für Anwaltskosten wegen § 23 I 1 RVG immer identisch mit dem Gegenstandswert für die Gerichtskosten. Auf diese Selbstverständlichkeit weist man in der Praxis, der Ausbildungsliteratur und in Klausuren nicht ausdrücklich hin und verzichtet auf eine Anführung des § 23 I 1 RVG.
- Der Berechnung obiger Termingebühr liegt der Regelfall zugrunde, dh Nr. 1010 VV-RVG kommt nicht zur Anwendung

c) Fall 3: Volles Unterliegen. Klage auf Herausgabe eines Pkw im Wert von 5.000 EUR. Die Klage ist unbegründet.

> **Endurteil**
>
> I. Die Klage wird abgewiesen
> II. Der Kläger trägt die Kosten des Rechtsstreits.
> III. Das Urteil ist vorläufig vollstreckbar. Der Kläger kann die Vollstreckung durch Sicherheitsleistung in Höhe von 110 % des auf Grund des Urteils vollstreckbaren Betrages abwenden, wenn nicht der Beklagte vor der Vollstreckung Sicherheit leistet in Höhe von 110 % des jeweils zu vollstreckenden Betrages.

Kostenentscheidung: Rechtsgrundlage ist § 91 ZPO.

Vorläufige Vollstreckbarkeit: Schritt 1: Wer kann was vollstrecken? Antwort: Wer = der Beklagte; was = Ziff. II (seine Kosten). **Schritt 2:** Rechtsgrundlage? Greift die Ausnahme des § 708 ZPO? Die zu vollstreckenden Kosten liegen bei 925,23 EUR (zur Berechnung vgl. Fall 2; nicht hierher gehören die Gerichtskosten, da der Kläger diese bereits bezahlt hat!). Einschlägig ist folglich § 708 Nr. 11 ZPO („*wenn nur die Entscheidung über die Kosten vollstreckbar ist und eine Vollstreckung im Wert von nicht mehr als 1.500 Euro ermöglicht.*") und damit auch § 711 ZPO.

Die zutreffende Formulierung beim Zusammenspiel der Normen von §§ 708, 711 ZPO bereitet im Referendariat erfahrungsgemäß erhebliche Schwierigkeiten. Diese Schwierigkeiten lassen sich überwinden, wenn man sich zum einen den Normzweck der genannten Vorschriften vor Augen hält und zudem „hart" am Gesetzeswortlaut arbeitet. Normzweck ist: Der Schuldner darf die Vollstreckung verhindern, wenn er zur Befriedigung *alles* hinterlegt; der Gläubiger wiederum, der auch das Recht zur Teilvollstreckung hat, muss nur den *konkreten Betrag* hinterlegen, den er *jeweils* vollstrecken lässt.

Vorläufige Vollstreckbarkeit: Gemäß § 708 Nr. 11 ZPO steht zunächst fest, dass das Urteil in Ziff. II des Tenors für den Gläubiger (den Beklagten) ohne Sicherheitsleistung vorläufig vollstreckbar ist. Also formuliert man: *Das Urteil ist vorläufig vollstreckbar* (der Zusatz „ohne Sicherheitsleistung" ist ebenso entbehrlich wie die Angabe, dass das Urteil „für den Beklagten" vorläufig vollstreckbar ist).

Abwendungsbefugnis des Schuldners und Ausschaltung der Abwendungsbefugnis nach § 711 ZPO. Liegen, wie hier, die Voraussetzung für eine Anwendung des § 711 ZPO vor (= es greift einer der Fälle des § 708 Nr. 4–11 ZPO), hat das Gericht die Wahl:

(1) Es kann nach § 711 S. 1 ZPO vorgehen und die Vollstreckung durch Sicherheitsleistung gegen einen bezifferten Geldbetrag abwenden samt entsprechender „Ausschaltung" der Abwendungsbefugnis. Formulierung: Der Kläger kann die Vollstreckung durch Sicherheitsleistung in Höhe von 1.000 EUR abwenden (925,23 EUR + Sicherheitszuschlag), wenn nicht der Beklagte vor der Vollstreckung Sicherheit in gleicher Höhe leistet.

(2) Es kann nach § 711 S. 2 ZPO vorgehen und eine verhältnismäßige Sicherheit nach § 709 S. 2 ZPO festlegen (samt entsprechender „Ausschaltung"). Dabei findet § 709 S. 2 ZPO nach § 711 S. 2 Hs. 1 ZPO ohne weiteres auf den Gläubiger (Beklagten) Anwendung (= *verhältnismäßige* Sicherheit in Höhe des jeweils zu vollstreckenden Betrages, – vgl. die ergänzenden Hinweise zu Fall 1), auf den Schuldner (Kläger) jedoch „mit der Maßgabe" (§ 711 S. 2 Hs. 2 ZPO), dass er Sicherheit in Höhe des *gesamten* (!) vollstreckbaren Betrages leisten muss („…zur Höhe des auf Grund des Urteils vollstreckbaren Betrages…"): Formulierung wie im Beispiel.

In Klausuren wählt man den Weg der verhältnismäßigen Sicherheitsbestimmung, weil man sich so die Mühe spart, die Gerichtskosten und außergerichtlichen Kosten zu errechnen.

d) Fall 4: Teilweises Obsiegen. Klage auf Zahlung von 600 EUR nebst Zinsen hieraus in Höhe von 5 Prozentpunkten über dem jeweiligen Basiszinssatz seit 11.1. Die Klage ist in der Hauptsache begründet; maßgeblicher Zeitpunkt für den Zinsbeginn ist der 11.2.

Endurteil

I. Der Beklagte wird verurteilt, an den Kläger 600 EUR nebst Zinsen hieraus in Höhe von 5 Prozentpunkten über dem jeweiligen Basiszinssatz seit 11.2. zu zahlen.

II. Im Übrigen wird die Klage abgewiesen.

III. Der Beklagte trägt die Kosten des Rechtsstreits.

IV. Das Urteil ist vorläufig vollstreckbar.

Hauptsache: Der Zinsanspruch wurde nicht voll zugesprochen; folglich muss eine **Abweisung im Übrigen** erfolgen (häufige Fehlerquelle im Examen!).

Kostenentscheidung: Der Kläger ist teilweise unterlegen, so dass sich die Kostenentscheidung nach § 92 ZPO richtet. Einschlägig ist Abs. 2 Nr. 1. Danach kann trotz geringfügigen Verlierens gleichwohl eine 100%ige Kostenentscheidung ergehen. Grund: Wer durch einen gerichtlichen Antrag (die Klage) Gebühren auslöst, soll für eine Teuerung aufgrund seines zu hohen Antrags haften (Sanktionsgedanke). Werden jedoch keine zusätzlichen Gebühren durch eine Zuvielforderung veranlasst, kann eine Kostenhaftung unterbleiben. Dies allerdings nur, wenn die beiden Voraussetzungen des § 92 II Nr. 1 ZPO kumulativ vorliegen:

- Die Zuvielforderung muss *verhältnismäßig geringfügig* sein. Das ist der Fall, wenn der Betrag die Grenze von 10 % nicht erreicht.

  § 92 II Nr. 1 ZPO gilt – eine Zuviel**forderung** kann zwar begrifflich nur durch den Kläger erfolgen – im Wege der erweiternden Auslegung für beide Parteien, also auch für den Beklagten, wenn zB die Klage bis auf einen geringfügigen Betrag abgewiesen wird.

- Es dürfen durch die Zuvielforderung *keine oder nur geringfügig höhere Kosten* verursacht worden sein. Diese Grenze ist überschritten, wenn die Mehrforderung zu einem *Gebührensprung* geführt hat. § 92 II Nr. 1 ZPO ist also *nicht* einschlägig, wenn anstelle der geforderten 1.001 EUR lediglich 1.000 EUR zugesprochen wurden, da dann nach den Anlagen 2 zum GKG und RVG höhere Gebühren anfallen (Ausnahme: Liegt ein Gebührensprung vor, gilt die 10 % Regel auch für die Frage, ob Kosten geringfügig höher sind).

Die beiden Voraussetzungen des § 92 II Nr. 1 ZPO sind im Fall 4 gegeben. Die Zuvielforderung an Zinsen ist geringfügig und beeinflusst den Gebührenstreitwert (§ 43 GKG) nicht.

Vorläufige Vollstreckbarkeit: Die Berufungssumme (§ 511 II Nr. 1 ZPO) ist nicht erreicht; das Urteil kann folglich nicht mehr abgeändert werden und eine Sicherheitsleistung ist überflüssig (§ 713 ZPO).

e) **Fall 5: Teilweises Obsiegen.** Klage auf Zahlung von 5.000 EUR, die lediglich in Höhe von 4.000 EUR begründet ist.

Endurteil

I. Der Beklagte wird verurteilt, an den Kläger 4.000 EUR zu zahlen. Im Übrigen wird die Klage abgewiesen.

II. Von den Kosten des Rechtsstreits tragen der Kläger 1/5 und der Beklagte 4/5.

III. Das Urteil ist vorläufig vollstreckbar,

für den **Kläger** gegen Sicherheitsleistung in Höhe von 110 % des jeweils zu vollstreckenden Betrags, für den **Beklagten** ohne Sicherheitsleistung. Der Kläger kann die Vollstreckung seitens des Beklagten durch Sicherheitsleistung in Höhe von 110 % des auf Grund des Urteils vollstreckbaren Betrags abwenden, wenn nicht der Beklagte vor der Vollstreckung Sicherheit in Höhe von 110 % des jeweils zu vollstreckenden Betrags leistet.

Hauptsache: Häufige Fehlerquelle im Examen ist ein Verstoß gegen § 308 ZPO durch Abschreiben der Formularsammlung. Nachdem keine Zinsen beantragt wurden, dürfen sie auch nicht zugesprochen werden!

Kostenentscheidung: Rechtsgrundlage ist § 92 I 1 ZPO. Der Kläger verliert mit 1.000 EUR, mithin zahlt er 1.000/5.000 = 1/5 der Kosten; der Beklagte verliert 4.000 EUR, muss also 4.000/5.000 = 4/5 zahlen (die Quote folgt aus der Formel: Verlieren/Gebührenstreitwert). In der Praxis sind Brüche bis zu einem

Nenner von 10 üblich, danach erfolgen die Angaben in Prozent (hier: 20 % und 80 %). Vergessen Sie nicht die Probe auf 100 %.

Vorläufige Vollstreckbarkeit: Können sowohl Kläger als auch Beklagter vollstrecken, ist für jede Partei die Entscheidung der vorläufigen Vollstreckbarkeit *gesondert* zu erarbeiten:

- Kläger: Schritt 1: Was kann der Kläger *vollstrecken*? 4.000 EUR und 4/5 der verauslagten Gerichtskosten und 4/5 seiner außergerichtlichen Kosten. Schritt 2: § 708 ZPO ist nicht einschlägig, dh Rechtsgrundlage ist § 709 S. 1, 2 ZPO.
- Beklagter: Schritt 1: Was kann der Beklagte vollstrecken? 1/5 seiner außergerichtlichen Kosten. Schritt 2: Rechtsgrundlage ist § 708 Nr. 11 iVm § 711 S. 1, 2 ZPO.

f) Fall 6: Zwei Anträge. Klage auf Herausgabe eines Pkws, BMW 320d, ..., (Wert: 4.000 EUR) und auf Feststellung, dass kein Darlehensvertrag über 1.000 EUR mit dem Beklagten geschlossen wurde. Die Klage ist nur hinsichtlich des Herausgabeverlangens begründet.

Endurteil

I. Der Beklagte wird verurteilt, an den Kläger den Pkw BMW 320d, ... herauszugeben. Im Übrigen wird die Klage abgewiesen.

II. Von den Kosten des Rechtsstreits tragen der Kläger 1/5 und der Beklagte 4/5.

III. Das Urteil ist vorläufig vollstreckbar,

für den **Kläger** gegen Sicherheitsleistung in Höhe von 5.400 EUR,

für den **Beklagten** ohne Sicherheitsleistung. Der Kläger kann die Vollstreckung durch den Beklagten durch Sicherheitsleistung in Höhe von 110 % des auf Grund des Urteils vollstreckbaren Betrags abwenden, wenn nicht der Beklagte vor der Vollstreckung Sicherheit in Höhe von 110 % des jeweils zu vollstreckenden Betrags leistet.

Hauptsache: Wegen des abgewiesenen Feststellungsantrags erfolgt eine Abweisung im Übrigen.

Kostenentscheidung: Rechtsgrundlage ist § 92 I 1 ZPO. Da es (wie in Fall 2) um keinen Zahlungsanspruch geht, muss zunächst der *Gebührenstreitwert* ermittelt werden, bevor man zur „*verhältnismäßigen Teilung*" (§ 92 I 1 ZPO = Quotelung) kommt. Maßgeblicher Zeitpunkt ist die Antragstellung (§ 40 GKG). Über die Brückennorm des § 48 I 1 GKG gelten die Normen der ZPO über den Zuständigkeitsstreitwert entsprechend, also §§ 3–9 ZPO. Für den **Herausgabeanspruch** greift § 6 ZPO (vgl. Fall 2), dh es werden 4.000 EUR angesetzt. Für den **Feststellungsantrag** finden sich in der ZPO keine speziellen Vorschriften, so dass die Generalklausel des § 3 ZPO einschlägig ist: Bei einer **positiven Feststellungsklage** erfolgt ein Abschlag von 20 %, während bei einer **negativen Feststellungsklage** 100 % angesetzt werden, hier also 1.000 EUR (vgl. dazu Hüßtege in Thomas/Putzo, 39. Auflage 2018 § 3 Rn. 65). Grund: Ist eine negative Feststellungsklage erfolgreich, steht sie einem Leistungsurteil gleich.

Folglich ergibt sich, mehrere in einer Klage geltend gemachte Ansprüche werden addiert (§ 39 GKG; – für den Zuständigkeitsstreitwert gilt § 5 ZPO!), ein Gebührenstreitwert von 5.000 EUR und der Kläger – er unterliegt mit seinem Feststellungsantrag, also mit 1000/5000 – muss 1/5 der Kosten tragen.

Vorläufige Vollstreckbarkeit: Beide Parteien können vollstrecken.

- Kläger: Schritt 1: Was kann der Kläger vollstrecken? Herausgabe des Pkws, 4/5 der verauslagten Gerichtskosten und 4/5 seiner außergerichtlichen Kosten. Schritt 2: Rechtsgrundlage? § 708 ZPO ist nicht einschlägig, so dass § 709 ZPO greift. Da keine Geldforderung zu vollstrecken ist, ist eine Sicherheitsleistung zu bestimmen (§ 709 S. 1 ZPO, vgl. Fall 2). Orientierungsmaßstab ist der mögliche künftige Schadensersatzanspruch des Beklagten (Fall 1). Die Sicherheitsleistung beträgt damit, maßvoll gerundet, 5.400 EUR (4.000 EUR Hauptsache plus 4/5 von 1.363,23 EUR Kosten; zur Berechnung vgl. Fall 2).
- Beklagter: Schritt 1: Was kann der Beklagte vollstrecken? 1/5 seiner außergerichtlichen Kosten. Schritt 2: Rechtsgrundlage ist § 708 Nr. 11 iVm § 711 S. 1, S. 2 ZPO.

g) Fall 7: Haupt- und Hilfsantrag. Klage: Herausgabe eines Pkws, BMW 320d, ..., (Wert: 4.000 EUR), hilfsweise Schadensersatz 3.500 EUR. Die Klage ist nur im Hilfsantrag begründet.

Endurteil

I. Der Beklagte wird verurteilt, an den Kläger 3.500 EUR zu zahlen. Im Übrigen wird die Klage abgewiesen.

II. Von den Kosten des Rechtsstreits tragen der Kläger 1/8 und der Beklagte 7/8.

III. Das Urteil ist vorläufig vollstreckbar

für den **Kläger** gegen Sicherheitsleistung in Höhe von 110 % des jeweils zu vollstreckenden Betrages, für den **Beklagten** ohne Sicherheitsleistung. Der Kläger kann die Vollstreckung durch den Beklagten durch Sicherheitsleistung in Höhe von 110 % des auf Grund des Urteils vollstreckbaren Betrags abwenden, wenn nicht der Beklagte vor der Vollstreckung Sicherheit in Höhe von 110 % des jeweils zu vollstreckenden Betrags leistet.

Hauptsache: Wegen des erfolglosen Hauptantrags erfolgt Abweisung im Übrigen.

Kostenentscheidung: Rechtsgrundlage ist § 92 I 1 ZPO. Für die Entscheidung muss – wie im Fall 6 – zunächst der *Gebührenstreitwert* berechnet werden. Einschlägig ist § 45 I GKG. Nach § 45 I 2 GKG wird ein hilfsweise geltend gemachter Anspruch mit dem Hauptanspruch zusammengerechnet, es sei denn (§ 45 I 3 GKG), beide Ansprüche betreffen denselben Gegenstand. Letzteres ist hier der Fall: Stellt man auf das wirtschaftliche Interesse ab, sind Hauptanspruch (Herausgabe eines Pkw) und Hilfsanspruch (Schadensersatz) identisch. Folglich beträgt der Gebührenstreitwert 4.000 EUR und der Kläger trägt von den Kosten des Rechtsstreits 500/4.000 = 1/8, der Beklagte 7/8 (hM).

Nach aA trägt diese Kostentscheidung dem in § 92 I ZPO verfolgten Sanktionsgedanken bei Zuvielforderungen (vgl. Fall 4) nicht hinreichend Rechnung. Schließlich müsse berücksichtigt werden, dass der Kläger *zwei* Anträge gestellt und mit *einem* (dem Hauptantrag) in *vollem Umfang* unterlegen ist. In derartigen Fällen komme man nur dann zu einem zutreffenden Ergebnis, wenn man den *Anteil (die Quote) des Klägers* am Gebührenstreitwert von 4.000 EUR (§ 45 I 2, 3 GKG) *erhöht*. Um dieses Ergebnis zu erreichen, müsse man *allein* für die *Berechnung der Quoten* einen *fiktiven Gebührenstreitwert* zu Grunde legen, der sich aus der Summe des Haupt- und Hilfsantrags zusammensetze, mithin 7.500 EUR betrage. Der Anteil des Klägers am Gebührenstreitwert von 4.000 EUR beträgt damit 53 % (er ist mit seinem Hauptantrag im Wert von 4.000 EUR unterlegen = 4.000/7.500) und der des Beklagten 47 % (er ist mit 3.500 EUR unterlegen = 3.500/7.500).

> Hinweise:
> - Die von der hM abweichende Ansicht lässt den Gebührenstreitwert, der sich nach § 45 I 2, 3 GKG errechnet (hier: 4.000 EUR), *unberührt*. Sie legt lediglich die Anteile an diesem Gebührenstreitwert zuungunsten der Partei, die mit ihren Hauptantrag unterliegt, anders fest. Zu diesem Zweck bildet sie als Hilfsmittel einen Rechnungsposten, der Hauptantrag + Hilfsantrag in einer Summe ausweist, und nennt diesen Rechnungsposten – damit er nicht mit dem tatsächlichen Gebührenstreitwert des § 45 I 2, 3 GKG verwechselt wird – *fiktiven Gebührenstreitwert*. Anhand dieses fiktiven Gebührenstreitwerts errechnen sich dann die Anteile (53 % und 47 %), die für den tatsächlichen Gebührenstreitwert (4.000 EUR) maßgebend sind.
> - Bei Haupt- und Hilfsanträgen ist Vorsicht angezeigt, was den Gebühren- und den Zuständigkeitsstreitwert betrifft: Für den Zuständigkeitsstreitwert gilt allein der höhere Antrag, unabhängig davon, ob eine Entscheidung über den Hilfsantrag ergeht. Für den Gebührenstreitwert kommt es demgegenüber darauf an, ob über den Hilfsantrag entschieden wird (§ 45 I 1 GKG; wenn nicht, gilt nur der Hauptantrag). Ergeht eine Entscheidung auch über den Hilfsantrag, gilt § 45 I 3 GKG (Additionsverbot bei wirtschaftlicher Identität).

Vorläufige Vollstreckbarkeit (vgl. Fall 5). Beide Parteien können vollstrecken.

- Kläger. Schritt 1: Was kann der Kläger vollstrecken? 3.500 EUR, 7/8 der verauslagten Gerichtskosten und 7/8 seiner außergerichtlichen Kosten. Schritt 2: Rechtsgrundlage? § 708 ZPO ist nicht einschlägig, so dass § 709 S. 1, 2 ZPO greift.
- Beklagter. Schritt 1: Was kann der Beklagte vollstrecken? 1/8 seiner außergerichtlichen Kosten. Schritt 2: Rechtsgrundlage ist § 708 Nr. 11 iVm § 711 S. 1, S. 2 ZPO.

> Hinweis: § 713 ZPO ist nicht einschlägig (str., aA zB vgl. Reichold in Thomas/Putzo, 39. Auflage 2018 zur Berechnung des Beschwerdewerts, Vorbem. zu § 511 RNr. 22). Zwar kann der Kläger das Urteil nicht unmittelbar mit der Berufung angreifen, da er nur mit 500 EUR beschwert ist (§ 511 II Nr. 1 ZPO), wohl aber der Beklagte. Der Kläger kann dann Anschlussberufung einlegen, für die § 511 II ZPO nicht gilt.

h) Fall 8: Zug um Zug. Klage auf Zahlung von 1.500 EUR nebst Verzugszinsen seit 3.2. Die Klage ist begründet, allerdings nur Zug-um-Zug gegen Rückgabe der Waschmaschine Miele *(genaue Bezeichnung)*.

Endurteil

I. Der Beklagte wird verurteilt, an den Kläger 1.500 EUR Zug um Zug gegen Herausgabe des Waschmaschine Miele *(genaue Bezeichnung)* zu zahlen.

II. Im Übrigen wird die Klage abgewiesen.

III. Von den Kosten des Rechtsstreits tragen der Kläger 1/5 und der Beklagte 4/5.

IV. Das Urteil ist vorläufig vollstreckbar,

für den **Kläger** gegen Sicherheitsleistung in Höhe von 110 % des jeweils zu vollstreckenden Betrages,

für den Beklagten ohne Sicherheitsleistung. Der Kläger kann die Vollstreckung durch den Beklagten durch Sicherheitsleistung in Höhe von 110 % des auf Grund des Urteils vollstreckbaren Betrags abwenden, wenn nicht der Beklagte vor der Vollstreckung Sicherheit in Höhe von 110 % des jeweils zu vollstreckenden Betrags leistet.

Hauptsache: Die Zug-um-Zug Verurteilung stellt ein Teilunterliegen dar; somit hat eine Abweisung im Übrigen zu erfolgen. Aufgrund der Einrede des nicht erfüllten Vertrages kann der Beklagte nicht in Verzug geraten, weshalb auch die Zinsen abzuweisen waren (Ausnahme: Annahmeverzug gem. § 293 BGB).

Kostenentscheidung: Rechtsgrundlage ist § 92 I ZPO. Angemessen ist, das Teilunterliegen hinsichtlich der Herausgabeverpflichtung mit 1/5 bis 1/10 umzusetzen.

Vorläufige Vollstreckbarkeit: Beide Parteien können vollstrecken.

- Kläger. Schritt 1: Was kann der Kläger vollstrecken? 1.500 EUR, 4/5 der verauslagten Gerichtskosten und 4/5 seiner außergerichtlichen Kosten. Die zu erbringende Gegenleistung des Klägers (Herausgabe der Waschmaschine) beeinflusst nach wohl hM die Höhe der Sicherheitsleistung nicht, da der Kläger bei Annahmeverzug des Beklagten die volle Summe vollstrecken kann: §§ 726 II, 751 II, 756 ZPO. Schritt 2: Rechtsgrundlage? § 708 ZPO ist nicht einschlägig, dh Rechtsgrundlage ist § 709 S. 1, 2 ZPO.
- Beklagter. Schritt 1: Was kann der Beklagte vollstrecken? 1/5 seiner außergerichtlichen Kosten. Schritt 2: Rechtsgrundlage ist § 708 Nr. 11 iVm § 711 S. 1, S. 2 ZPO.

Hinweise
- Streitwerte: Bei der Bemessung des Zuständigkeits-/Gebührenstreitwerts einer Klage Zug-um-Zug bleibt die Gegenleistung außer Betracht. Hinsichtlich des Rechtsmittelstreitwerts gilt: Hat der Kläger unbedingt geklagt, aber nur bedingt gewonnen (obiges Beispiel), stellt man für den Rechtsmittelstreitwert auf die Einschränkung ab, dh auf die Gegenleistung; das Urteil ist damit für beide Parteien berufungsfähig!
- Klausurtechnik: Ist eine Klageschrift bei einem Zug-um-Zug Anspruch zu fertigen, wird der Anwalt im Hinblick auf das Kostenrisiko nur eine bedingte Verurteilung beantragen und weiter prüfen: Befindet sich der Gegner mit der Annahme der Zug-um-Zug zu erbringenden Leistung im Annahmeverzug? Wenn ja, kann er für seinen Mandanten sowohl Zinsen fordern als auch feststellen lassen, dass der Beklagte im Annahmeverzug ist. Formulierung: *Es wird festgestellt, dass sich der Beklagte mit der Annahme der vorgenannten Zug-um-Zug Leistung im Annahmeverzug befindet.* Das Feststellungsinteresse folgt unmittelbar aus §§ 756, 765 ZPO; in der späteren Vollstreckung ist das Feststellungsurteil über den Annahmeverzug eine öffentliche Urkunde iSd §§ 756, 765 ZPO und erleichtert die Vollstreckung.
- Weitere Beispiele – insbesondere auch zu Mehrpersonenverhältnissen mit der Baumbach'schen Formel – bringt Teil I, 2. Kapitel.

III. Tatbestand

Rechtsgrundlagen: §§ 313 I Nr. 5, II, 314 ZPO

1. Allgemeines

Im Tatbestand werden „*die erhobenen Ansprüche und die dazu vorgebrachten Angriffs- und Verteidigungsmittel unter Hervorhebung der gestellten Anträge nur ihrem wesentlichen Inhalt nach knapp dargestellt*" (§ 313 II ZPO).

1. Kapitel: Die einzelnen Elemente

> **Funktion des Tatbestands:** Zum einen *dokumentiert* der Tatbestand, was zum maßgeblichen Zeitpunkt (dem Schluss der mündlichen Verhandlung) *tatsächliche Grundlage des Rechtsstreits* ist. Darüber hinaus *"liefert er Beweis für das mündliche Parteivorbringen"* (§ 314 ZPO, – die Vorschrift ist eine Beweisregel: § 286 II ZPO!).

Die Fertigung eines Tatbestands ist im Referendariat eine völlig neue und anspruchsvolle Herausforderung. In der bisherigen Ausbildung ging es bei allen Klausuren (auch im Ersten Staatsexamen) allein um die rechtliche Bewertung eines *vorgegebenen* Sachverhalts, bei dem sämtliche Umstände unstreitig sind. Die Praxis sieht anders aus: Hier streiten die Parteien regelmäßig nicht nur um die *rechtliche Bewertung* eines Sachverhalts, sie gehen auch von *teils unterschiedlichen Sachverhalten* aus. Diesen Streit kann man nur entscheiden, wenn man in einem *ersten Schritt* ermittelt, was zwischen den Parteien unstreitig und was streitig ist, ob für einen streitigen Umstand Beweis angeboten wurde und was die Beweiserhebung erbracht hat, usw, wenn man also den *Sachverhalt ermittelt, der Grundlage für eine rechtliche Entscheidung ist* (= den Tatbestand fertigt). Erst an diesen logisch ersten Schritt, der in diesem Kapitel erörtert wird, schließt sich dann der *zweite* an, die *rechtliche Beurteilung* (= die Fertigung der Entscheidungsgründe).

Die Trennung von Sachverhaltserarbeitung und Sachverhaltserfassung einerseits von der anschließenden rechtlichen Bewertung andererseits zieht sich durch das gesamte Referendariat. Sie ist Gegenstand der einzelnen Klausurtypen (*Klageschrift, Klageerwiderung*), der *Verfahrensrüge* in der strafrechtlichen Revision, usw. Korrektoren achten genau darauf, ob ein Bearbeiter die beiden oben genannten Schritte „sauber" trennt, also insbesondere den Tatbestand frei von rechtlichen Bewertungen und Schlussfolgerungen hält; solche Darlegungen gehören allein in die Entscheidungsgründe.

> **Hinweis:** Damit müssen Sie sich abfinden: Die Fertigung eines ordentlichen Tatbestands kann – auch nach einer noch so intensiven Durcharbeitung dieses Abschnitts – nicht auf Anhieb gelingen. Diese Materie bekommt man nur nach und nach durch ein häufiges Klausurtraining in den Griff!

2. Aufbau

§ 313 II ZPO legt lediglich den **Inhalt** eines Tatbestands fest, nicht aber das **Wie** der Darlegung. Die Praxis hat dazu einen Aufbau entwickelt, der nicht diskutabel und daher in der Klausur strikt zu beachten ist: Einleitungssatz – unstreitiges Vorbringen – streitiger Klägervortrag – kleine Prozessgeschichte – Anträge – streitiger Beklagtenvortrag – große Prozessgeschichte.

a) Muster:

	Erläuterungen	Formulierungsbeispiele
Überschrift	Man beginnt mit der Überschrift „Tatbestand"	*Tatbestand*
Einleitungssatz	Mit dem Einleitungssatz wird der Kern des Rechtsstreits umschrieben. Er stellt eine Orientierungshilfe dar und hier sollten nicht die Anträge wiederholt werden, da dies weiter unten erfolgt.	*Der Kläger fordert ua Schmerzensgeld aus einem Verkehrsunfall vom 21.3., der sich zwischen ihm und dem Beklagten im Stadtgebiet Traunstein ereignete.*
Unstreitiges Vorbringen	Im unstreitigen Sachverhalt wird der zugestandene und der nicht ausdrücklich bestrittene (§ 138 III ZPO) Sachverhalt wiedergegeben. Die Schilderung erfolgt im Imperfekt und ist idR **chronologisch** zu ordnen, dh die Ereignisse sind vom frühesten bis zum gegenwärtigen Zeitpunkt zu schildern. Vorab stellt man die Parteien vor.	*Der Kläger ist Halter des Pkws Audi A 4, amtliches Kennzeichen TS-HZ 345, der Beklagte ist Eigentümer und Halter des Pkws, amtliches Kennzeichen RO-T 25. Am 21.3. befuhr der Kläger die Wasserburger Landstraße Richtung Traunreut...*
Streitiger Klägervortrag (Klägerstation)	Die Schilderung des streitigen Parteivortrags erfolgt im Präsens oder Perfekt und in indirekter Rede (Konjunktiv I). • Grundsätzlich werden allein **Tatsachenbehauptungen** dargelegt (Formulierung: *behauptet, trägt vor*), • **Rechtsmeinungen** nur in den Kernbehauptungen und in gestraffter Form (Formulierung: *ist der Ansicht, meint*).	*Der Kläger behauptet, der Beklagte sei unter Alkoholeinfluss gefahren.* *Der Kläger meint, der Beklagte sei allein für den Unfall verantwortlich.*
Kleine Prozessgeschichte	Sie ist nur erforderlich, wenn die nachfolgenden Anträge ohne Schilderung der prozessualen Hintergründe nicht verständlich sind, insbesondere	*Mit Versäumnisurteil vom 29.1. ist der Beklagte verurteilt worden, an den Kläger 4.750 EUR zu zahlen. Das Urteil ist dem Klä-*

	bei einer übereinstimmenden Teilerledigungserklärung, einer vorangegangenen Säumnisentscheidung, einer Klageänderung. So wird etwa aus dem Antrag des Klägers *Das Versäumnisurteil bleibt aufrechterhalten* nicht klar, welche Sachentscheidung er begehrt. Die kleine Prozessgeschichte hilft dem ab (vgl. die nebenstehende Formulierung): Der Leser des Tatbestands weiß nun, was der Kläger inhaltlich begehrt (Zahlung von 4.750 EUR); gleichzeitig (wichtig!) erfolgt der erforderliche Tatsachenvortrag, um die Zulässigkeit des Einspruchs zu prüfen.	*ger am 2.2. und dem Beklagten am 4.2. zugestellt worden. Mit Schreiben vom 15.2., eingegangen am 16.2., hat der Beklagte Einspruch eingelegt.*
Letzter Antrag des Klägers und des Beklagten	Die Anträge sind wörtlich ohne Auslegung oder Korrekturen wiederzugeben und hervorzuheben (§ 313 II ZPO, – in der Klausur am besten durch Unterstreichen; aus Gründen der Übersichtlichkeit wird im weiteren Verlauf auf die Hervorhebung verzichtet). Anträge zu Kosten oder zu vorläufigen Vollstreckbarkeit werden *nicht* angeführt, da hierüber von Amts wegen entschieden wird. Antragsänderungen werden mit dem Zusatz „zuletzt" kenntlich gemacht.	*Der Kläger beantragt (zuletzt)* *Der Beklagte wird verurteilt, an den Kläger 4.750 EUR zu zahlen.* *Der Beklagte beantragt* *Die Klage wird abgewiesen.*
Streitiger Beklagtenvortrag (Beklagtenstation)	Das schlichte Bestreiten (bloßes Leugnen) gehört niemals in den Beklagtenvortrag. Die Schilderung der entsprechenden Vorgänge beim Vortrag des Klägers bringt bereits ausreichend zum Ausdruck („behauptet"!), dass dieser Sachvortrag streitig ist. Ansonsten gilt das oben zum streitigen Klägervortrag Ausgeführte. (Ganz ausnahmsweise kann eine *Replik* des Klägers nach dem streitigen Beklagtenvortrag erfolgen.)	*Der Beklagte behauptet, dass ...*
Große Prozessgeschichte	Bezugnahmen auf gewechselte Schriftsätze, Beweiserhebungen etc	*Das Gericht hat Beweis erhoben durch Erholung eines Sachverständigengutachtens. Auf das Gutachten des Sachverständigen Dr. Schlau wird Bezug genommen. Im Termin zur mündlichen Verhandlung am 12.5. sind der Sachverständige zur Erläuterung seines Gutachtens sowie die Zeugen Ernst Wilhelm, Frida Gut uneidlich vernommen worden. Auf das Sitzungsprotokoll vom... (und ergänzend auf die Schriftsätze der Parteien) wird Bezug genommen.*

b) Ergänzende Hinweise:

aa) Unstreitiger Sachverhalt (Sachstand). Zum besseren Verständnis der Zusammenhänge beginnt die Sachverhaltsschilderung regelmäßig mit der „Vorstellung" der Parteien, dh die für den Rechtsstreit maßgebliche Rolle der Parteien wird knapp dargelegt. Handelt es sich beispielsweise um eine erbrechtliche Streitigkeit, formuliert man nach dem Einleitungssatz in etwa: *Der Kläger ist der einzige Sohn des am 27.1. verstorbenen Erblassers Joachim Heinrich. Der Beklagte wurde durch den Erblasser im Testament vom 26.1. als Alleinerbe eingesetzt.* Oder im Rahmen einer grundbuchrechtlichen Auseinandersetzung: *Der Kläger ist Eigentümer des im Grundbuch des Amtsgerichts Traunstein eingetragenen Grundstücks Voglau 12, 83278 Traunstein. Für den Beklagten ist an diesem Grundstück eine Grunddienstbarkeit bestellt...* **Aber:** Dieses „Vorstellen" ist nicht zwingend, bei einfach gelagerten Sachverhalten gar überflüssig. Im Rahmen etwa einer Auseinandersetzung über eine Kaufpreiszahlung wäre es verfehlt, zu formulieren: *Der Kläger betreibt in Traunstein ein Computergeschäft. Der Beklagte benötigte einen PC zum privaten Gebrauch.* Ausreichend vielmehr: *Der Beklagte erwarb für den Privatgebrauch im Computergeschäft des Klägers einen...*

bb) Streitstand. **Streitig** ist eine Tatsache, wenn sie vom Beklagten bestritten wird. Dieses Bestreiten kann in *dreifacher Weise* erfolgen: Durch **einfaches Bestreiten** („Es stimmt nicht, dass ich dem Kläger Zinsen für das Darlehen zugesagt habe"), durch **substantiiertes (qualifiziertes) Bestreiten** („Ich habe dem Kläger nicht 5% Zinsen für das gewährte Darlehen zugesagt, sondern nur 3%. Dies geschah mündlich bei der Entgegennahme des Geldbetrags und kann von meinem Sohn, der anwesend war, bestätigt werden.") und durch ein **Bestreiten mit Nichtwissen,** das nur eingeschränkt möglich ist (§ 138 IV ZPO). Ist die Zuordnung zum Sachstand oder Streitstand das Ergebnis einer rechtlichen Bewertung, darf diese Wertung nicht vorweggenommen werden und der entsprechende Vortrag erfolgt in den Parteistationen. ZB: Das Bestreiten des Beklagten mit Nichtwissen entspricht nicht den Voraussetzungen des § 138 IV ZPO. Damit ist das Bestreiten unbeachtlich und führt zu einer Geständnisfiktion. Trotzdem formuliert man in der Beklagtenstation *Der Beklagte bestreitet mit Nichtwissen, dass ein Vertrag geschlossen wurde.* Eine Ausnahme bildet das unzulässig pauschale Bestreiten (zB Beklagter: Soweit nicht zugestanden, wird das gesamte gegnerische Vorbringen bestritten). Auch dieses Bestreiten führt dazu, dass der entsprechende Sachverhalt streitig ist, es wird hier aber allein und ohne Kommentierung der Streitstand in der Klägerstation wiedergegeben.

Replik: Replik im üblichen Wortsinn meint „Entgegnung, Erwiderung"; Replik im (aufbau-) technischen Sinn meint das Platzieren einer Erwiderung des Klägers an einer bestimmten Stelle des Tatbestands, dh im Anschluss an das streitige Vorbringen des Beklagten. Nur **ganz ausnahmsweise** ist an dieser Stelle noch einmal auf das Vorbringen des Klägers einzugehen, wenn nämlich anders der klägerische Vortrag nicht verständlich gemacht werden kann. Zu dieser Situation wird es in aller Regel nur kommen, wenn der Beklagte Gegenrechte erhebt, etwa im Rahmen eine Aufrechnung.

Beispiel: In der Klageschrift vom 4.5. beantragt K, B zur Zahlung von 1.200 EUR zu verurteilen, weil er diesen Betrag aus dem Kauf eines Rasenmähers Marke OVB schulde; beim mündlichen Vertragsschluss am 3.3. sei Zahlung zum 5.3. vereinbart worden nebst 10 % Zinsen für den Fall verspäteter Zahlung (es folgen Schilderungen zu weiteren Einzelheiten des Kaufs). Im Schriftsatz des B vom 28.5. heißt es: „Von einer Verzinsung des Kaufpreises war nie die Rede; das spielt auch keine Rolle, weil die Kaufpreisschuld in ein zinsloses Darlehen umgewandelt wurde" (wird näher dargelegt). K bestreitet das im Schriftsatz vom 15.6.; ua schreibt er: „… Von einem Darlehen wurde zu keinem Zeitpunkt gesprochen. Im Gegenteil: B hat mir baldige Überweisung des Betrags zugesichert". Daraufhin antwortet B mit Schriftsatz vom 2.7.: „… Selbst wenn mir der Kaufpreis nicht als Darlehen gewährt wurde, wovon ich nach wie vor ausgehe, ist den Zusicherungen des K" (wird näher ausgeführt) „jedenfalls zu entnehmen, dass er mir eine Stundung gewährt hat." In der Beweisaufnahme wird der vom (beweispflichtigen) B benannte Zeuge Z vernommen; Z kann weder bestätigen, dass B ein Darlehen gewährt, noch dass eine Stundung vereinbart wurde.

Ein Klausurbearbeiter formuliert den Tatbestand so: *K fordert den Kaufpreis aus einem mit B geschlossenen Kaufvertrag. Er behauptet, B schulde ihm 1.200 EUR aus einem am 3.3. geschlossenen Vertrag über den Kauf eines Rasenmähers; ab Fälligkeit (5.3.) sei der Kaufpreis mit 10 % zu verzinsen. K beantragt: … B beantragt: … B führt aus, K habe ihm den Betrag von 1.200 EUR als zinsloses Darlehen gewährt. K bestreitet dies; B habe vielmehr baldige Zahlung des Kaufpreises zugesichert. Zu diesem Einwand trägt B vor, K habe ihm die Kaufpreiszahlung gestundet. K bestreitet das; zu einer Stundung sei es nie gekommen.*

Dieser Tatbestand ist, abgesehen vom Einleitungssatz, misslungen. Zum einen wird der unstreitige Sachverhalt nicht herausgearbeitet, sondern als streitig dargestellt (K „behauptet, …"). Anschließend führt der Bearbeiter in einer Art „Ping-Pong-Erzählung" auf, was die Parteien zeitlich *nacheinander* vortragen, behandelt also die jeweiligen Erwiderungen der Parteien in ihren Schriftsätzen auf den Vortrag des Gegners *(Repliken im üblichen Wortsinn,* vgl. oben) irrtümlich als *Repliken im aufbautechnischen Sinn.* Ein Fehler, der in Klausuren immer wieder gemacht wird! Richtigerweise hätte alles Wesentliche bereits bei den Ausführungen des K dargelegt werden müssen. Etwa so: *… Die Parteien haben am 3.3. einen Kaufvertrag über einen Rasenmäher, Marke OVP, des K zu einem Preis von 1.200 EUR geschlossen, fällig zum 5.3.; B hat den Betrag bislang nicht bezahlt. K behauptet, der Kaufpreis sei ab Fälligkeit mit 10 % zu verzinsen. K beantragt, … B beantragt, … B behauptet, der Kaufpreis sei in ein zinsloses Darlehen umgewandelt worden, jedenfalls aber habe K den Betrag gestundet.* Anschließend ist in der großen Prozessgeschichte die Beweiserhebung durch Vernehmung des Zeugen Z zu bringen.

cc) Prozessgeschichte. Die Prozessgeschichte gehört zu den größeren Hürden bei der Abfassung von Tatbeständen, weil erhebliche Unsicherheiten darüber bestehen, was an dieser Stelle aufzunehmen ist. Hierher gehören alle entscheidungserheblichen prozessualen Vorgänge und Förmlichkeiten, aber beschränkt auf das *konkrete* Prozessrechtsverhältnis. Ist eine *vorangegangene* Entscheidung relevant (zB im Rahmen einer Zwangsvollstreckung oder Nebenintervention), bringt man diese Umstände im *unstreitigen Sachverhalt.* Faustformel: Nur die Ereignisse unter demselben Aktenzeichen gehören in die Prozessgeschichte.

Beispiel: Der Kläger geht gegen den Beklagten mit der Vollstreckungsabwehrklage (§ 767 ZPO) vor. In einem Vorprozess wurde der Kläger verurteilt, an den Beklagten 10.000 EUR zu zahlen. Der Tatbestand lautet im unstreitigen Sachverhalt: *Der Kläger wurde im Verfahren 4 O 356/18 verurteilt, an den Beklagten 10.000 EUR zu zahlen. In diesem Urteil vom 12.3.2018 gegen das kein Rechtsmittel eingelegt wurde, heißt es ua …*

Zur Grammatik: In Übereinstimmung mit der gängigen Ausbildungsliteratur wird die kleine und große Prozessgeschichte in der 2. (unvollendeten) Vergangenheit (Perfekt) gebracht. Kein Klausurkorrektor wird jedoch eine Arbeit schlechter bewerten, wenn der Verfasser die 1. (vollendete) Vergangenheit (Imperfekt bzw. Präteritum) wählt, also in obigem Formulierungsbeispiel schreibt: „Mit Versäumnisurteil vom … *wurde der Beklagte verurteilt,* an den Kläger 4.750 EUR zu zahlen. … Mit Schreiben vom 15.2., eingegangen am 16.2., *legte der Beklagte Einspruch ein.*"

Eine zentrale Rolle kommt hierbei dem Beweisrecht zu: Alle *nicht erledigten* Beweisangebote sind aufzunehmen (das spart sich die Praxis häufig). Richtiger Ort ist entweder die große Prozessgeschichte (Normalfall) oder der jeweilige Parteivortrag: *Der Kläger behauptet, am 4.2. dem Beklagten den Laptop übergeben zu haben. Hierfür hat er als Beweis seine Vernehmung angeboten, der der Beklagte widersprochen hat.* Zudem werden *alle* erhobenen Beweise angeführt: *Das Gericht hat die Unfallstelle* *am 1.2. in Augenschein genommen; das Gericht hat die Akten des Strafverfahrens der Staatsanwaltschaft Traunstein (290 Js 30145/12) beigezogen und zum Gegenstand der mündlichen Verhandlung gemacht.* Es wird aber **nicht geschildert**, was die Beweiserhebung erbracht, was also zB ein Zeuge gesagt hat. Stattdessen erfolgt eine entsprechende Bezugnahme *(auf das Protokoll vom 3.2. wird Bezug genommen)*. Auch die Frage, warum das Gericht eine bestimmte Überzeugung gebildet hat (welcher Zeuge ist glaubwürdig, welche Aussage ist glaubhaft), ist nicht Teil des Tatbestands, sondern der Entscheidungsgründe.

> **Klausurempfehlung:**
> - In der (großen/kleinen) Prozessgeschichte sind regelmäßig aufzunehmen: Beweisrecht (so)/Versäumnisurteile, Vollstreckungsbescheide samt dem für die Einspruchsprüfung relevanten Sachverhalt oder Vorbehaltsurteile (kleine Prozessgeschichte; Relevanz für die Anträge)/Klageänderung, Parteiänderung, Rücknahme oder Erledigterklärungen (kleine Prozessgeschichte)/Zustellung der Klage nur, falls Rechtshängigkeitszinsen gefordert werden/Nebenintervention/Vorbringen nach § 296a ZPO/relevanter Sachverhalt zur Prüfung zB von § 296 ZPO oder Vorschriften des Zustellrechts/Umzug des Beklagten wenn die Unzuständigkeit gerügt wird.
> - In der Prozessgeschichte ist regelmäßig nicht aufzunehmen: Die Bewilligung von Prozesskostenhilfe/Hinweisbeschlüsse/Entscheidungen nach § 348a ZPO/Streitverkündung/Mahnverfahren (ein Mahnantrag hat nur ausnahmsweise Relevanz, zB für Rechtshängigkeitszinsen oder die Hemmung und nur in diesen Ausnahmefällen wird das Mahnverfahren aufgenommen).

c) Fehlerquellen. Der Tatbestand ist im Examen eine Quelle für eine große Zahl von Fehlern. Hier eine Aufführung *der Fehler, die ohne weiteres vermeidbar sind*:

- **Rechtliche Wertungen des Klausurbearbeiters:** Der Tatbestand darf *keine* rechtlichen Wertungen enthalten: *Kläger und Beklagter haben einen mündlichen Gewerbemietvertrag geschlossen.* **Richtig:** *Kläger und Beklagter haben einen mündlichen Mietvertrag über die Räumlichkeiten ... zum Betrieb eines Lokals geschlossen.*

  Einfache Rechtsbegriffe des üblichen Sprachgebrauchs kann man im Tatbestand ohne weiteres einführen. Es wäre albern, zu formulieren: *Der Kläger hat dem Beklagten am 5. April angeboten, ihm seinen Rasenmäher für 250 EUR zu übereignen und zu übergeben; der Beklagte hat dieses Angebot angenommen.* **Richtig:** *Die Parteien haben am 5. April einen Kaufvertrag über den Rasenmäher des Klägers zu einem Preis von 250 EUR geschlossen.* Ist allerdings streitig, ob der geschlossene Vertrag als Kaufvertrag zu werten ist, darf dieser Rechtsbegriff nicht verwendet werden. Dann formuliert man: *Der Kläger erwarb vom Beklagten...*

  Gleiches gilt für **moralische Wertungen:** *Der Kläger trägt rechtsirrig vor, er sei der Ansicht ...* oder: *Der Kläger hat den Beklagten in übler Weise beschimpft.* **Richtig:** *Der Kläger trägt vor, er sei der Ansicht ...; der Kläger hat gegenüber dem Beklagten geäußert „Sie niederträchtiges Subjekt".*

- **Rechtsansichten der Parteien:** Man gibt sie – auch wenn die Rechtsfindung allein Sache des Gerichts ist! – *knapp* wieder. Faustregel: Ein bis drei Sätze genügen in aller Regel vollauf. In der Praxis geschieht das aus Gründen der „Höflichkeit" (die Partei soll nicht das Gefühl haben, man nehme ihren Vortrag nicht ernst), in Examensklausuren aus Gründen der „Vollständigkeit.

- **Gliederungen:** Im Gegensatz zu den Entscheidungsgründen ist der Tatbestand nicht (in Ziffern/Buchstaben) untergliedert; maßgeblich ist der chronologische Ablauf.

- **Lücken:** Der Tatbestand muss *alle* Informationen enthalten, die für eine *rechtliche Prüfung* in den Entscheidungsgründen relevant sind. Wird beispielsweise in den Gründen ein Beweisangebot als verspätet zurückgewiesen, müssen im Tatbestand alle Umstände geschildert werden, die für eine Prüfung des § 296 I ZPO erforderlich sind (Beweisangebot, Fristsetzung, ...). Ist § 167 ZPO zu prüfen (regelmäßig bei Verjährungsproblemen), müssen die Umstände der Klageeinreichung, der Zustellung und der Verzögerung geschildert werden. Dies erfolgt sowohl bei § 296 ZPO als auch bei § 167 ZPO im Rahmen der großen Prozessgeschichte.

- **Parteivorbringen:** Häufig finden sich überflüssige Wiederholungen: *Der Kläger behauptet, dass der Beklagte das Dach abgenommen habe.... Der Beklagte behauptet, dass er das Dach nicht abgenommen habe.* **Richtig:** *Der Kläger behauptet, der Beklagte habe das Dach abgenommen.* Da der Kläger für die Abnahme beweisbelastet ist, ist bei seinem Vorbringen die streitige Tatsache zu schildern und es wird dieser Umstand bei einem einfachen Bestreiten beim Beklagtenvorbringen nicht mehr aufgegriffen. Allein bei einem qualifizierten Bestreiten werden die weiteren Gesichtspunkte angeführt.

- **Angriffs- und Verteidigungsmittel** gehören zum Parteivorbringen. Erhebt der Beklagte beispielsweise die Einrede der Verjährung, steht das an erster Stelle der Beklagtenstation: *Der Beklagte erhebt die Einrede der Verjährung. Er behauptet zudem...* Auch die (Hilfs-)Aufrechnung als Angriffs- oder Verteidigungsmittel gehört in die Parteistationen, nimmt aber eine Sonderrolle ein (vgl. hierzu die gesonderten Aufbauhinweise auf S. 30).

- **Konjunktiv II anstelle von Konjunktiv I:** Die Zeitform beim streitigen Vorbringen der Parteien ist der Konjunktiv I (er habe, er sei, er solle, er werde) und nicht der Konjunktiv II (er wäre, er würde, er sollte, er hätte): *Der Kläger trägt vor, er wäre am fraglichen Tag bei der behaupteten Baubegehung nicht zugegen gewesen.* **Richtig:** *Der Kläger trägt vor, er sei bei der behaupteten Baubegehung nicht zugegen gewesen.*

IV. Entscheidungsgründe

Rechtsgrundlage: § 313 I Nr. 6, III ZPO.

1. Allgemeines

„Die Entscheidungsgründe enthalten eine kurze Zusammenfassung der Erwägungen, auf denen die Entscheidung in tatsächlicher und rechtlicher Hinsicht beruht" (§ 313 III ZPO). Sie beinhalten als Ort der rechtlichen Prüfung den **Schwerpunkt** einer Examensklausur; aus Gründen der Übersichtlichkeit sind sie zu gliedern.

2. Aufbau

a) Muster:

	Erläuterungen	Formulierungsbeispiele
Überschrift	Man beginnt mit der Überschrift „Entscheidungsgründe"	*Entscheidungsgründe*
Obersatz	Die Entscheidungsgründe werden im *Urteilsstil* verfasst. Das ist ungewohnt und muss geübt werden. Voranzustellen ist ein Obersatz, mit dem das Ergebnis vorweggenommen wird, zB *Die zulässige Klage ist begründet*. Wenn möglich, sollte das Ergebnis in einem weiteren Satz konkretisiert werden.	*Die zulässige Klage hat insgesamt Erfolg; der Kläger hat gegen den Beklagten einen Anspruch auf Rückzahlung des Kaufpreises, der nicht durch Aufrechnung erloschen ist.*
I. Zulässigkeit	Im Examen wird an dieser Stelle regelmäßig erwartet: • die Zuständigkeit des Gerichts, • die im Sachverhalt problematisierten Zulässigkeitsfragen, • ein mögliches Feststellungsinteresse (§ 256 ZPO), • parteibezogenen Zulässigkeitsvoraussetzungen bei Minderjährigen oder Gesellschaften.	*Das Landgericht Traunstein ist örtlich (§§ 12, 13 ZPO) und sachlich (§§ 23 Nr. 1, 71 I GVG) zuständig.* (Das ist häufig ausreichend.)
II. Begründetheit 1. Hauptsache	Der Aufbau der Begründetheit entspricht dem „klassischen" Aufbau, dh • Anspruch entstanden • Anspruch erloschen • Anspruch durchsetzbar Achten Sie darauf, die **Anspruchsgrundlage** im ersten Satz zu zitieren. Zudem sollte der wesentliche Normwortlaut/die wesentliche Prüfungsreihenfolge anhand der einzelnen Tatbestandsmerkmale wiedergegeben werden. Wenn Sie so vorgehen, geben Sie sich für die anschließenden Ausführungen eine klar nachvollziehbare und strukturierte Gliederung vor und Ihre Darlegung weist die erwünschte Übersichtlichkeit auf, zB: 1. Kaufvertrag 2. Übergabe 3. Mangel 4. Nacherfüllung…	*Der Kläger hat gegen den Beklagten einen Anspruch auf 5.800 EUR aus § 346 I BGB. Nach §§ 437 I Nr. 2, 440, 323 BGB kann der Käufer vom Kaufvertrag zurücktreten, wenn die Kaufsache bei Übergabe mangelhaft war und eine angemessene Frist zur Nacherfüllung (Nacherfüllungsverlangen) gesetzt wurde…*

2. Nebenforderungen	Zinsen etc	*Der Beklagte war aufgrund der Mahnung des Klägers vom 28.7. seit dem 29.10. in Verzug (§ 286 I BGB), so dass die beantragten Verzugszinsen aus §§ 280 II, 286, 288 I BGB zuzusprechen waren.*
III. Nebenentscheidungen 1. Kostenentscheidung 2. Entscheidung über die vorläufige Vollstreckbarkeit	Sofern nicht problematisch, ist es ausreichend, die entsprechende Rechtsgrundlage zu zitieren.	*Die Kostenentscheidung beruht auf § 91 ZPO, die Entscheidung über die vorläufige Vollstreckbarkeit auf § 709 S. 1, 2 ZPO.*
Rechtsbehelfsbelehrung	vgl. S. 25	
Unterschrift(en)	Die Unterschrift ist stets anzuführen. Bitte nicht den eigenen Namen verwenden: Examensklausuren sind anonym!	*Ganz, Richter am Amtsgericht* Das ist ausreichend. Wenn mehr als *eine* Unterschrift (zB Kammerentscheidung des Landgerichts) anfällt, wird die entsprechende Anzahl der Unterschriften mit Punkten angedeutet.

b) Fehlerquellen:

- Die Entscheidungsgründe weisen einen **Widerspruch** zum Tenor auf.

  Zu einem solchen Widerspruch kommt es idR nur, wenn sich die Bearbeitungszeit dem Ende nähert und man noch schnell einige Änderungen in den Entscheidungsgründen vornimmt. Dabei übersieht man leicht, dass solche Korrekturen dem gesamten bisherigen Aufbau und eben auch dem Tenor widersprechen. Bei scheinbar wichtigen Änderungen in „letzter Minute" ist deshalb Vorsicht geboten!

- **Unangemessene oder überflüssige Wortwahl.** Von einer gerichtlichen Entscheidung erwartet man Objektivität, Sachlichkeit und Knappheit. Eine Klage ist *unbegründet*, nicht aber *offensichtlich* bzw. *höchst unbegründet*. Ein Einwand des Beklagten ist *unbeachtlich* bzw. *trifft nicht den Kern*, ist aber niemals *abwegig*. Ein *Sachmangel liegt vor*, er liegt aber nicht *zweifelsfrei* oder *selbstverständlich* vor.

- **Kopflastige Klausur.** Bei der *Zulässigkeitsprüfung* fühlt sich der Kandidat regelmäßig sicher und bringt deshalb entsprechend breite und unnötige Ausführungen, die nur Zeit kosten (und negativ gewertet werden). Die Anzahl der für ein Problem gefertigten Seiten sollte ungefähr der Gewichtung entsprechend. Das variiert von Klausur zu Klausur, gleichwohl gilt als Faustregel: Der Tatbestand macht meist nicht mehr als 1/5 bis 1/4 der zu verteilenden Punkte aus, die Zulässigkeit meist nicht mehr als 1/10 (und nur ganz ausnahmsweise bis zu einem 1/5). MaW: Der Schwerpunkt liegt bei den rechtlichen Ausführungen im Rahmen der Begründetheitsprüfung.

- **Märchenklausur.** Hierunter verstehen die Korrektoren weitschweifende und überflüssige Ausführungen, mit denen der Bearbeiter sein theoretisches Wissen „unterbringen" will. In Examensklausuren ist aber eine *deutliche Schwerpunktsetzung* erforderlich, die regelmäßig durch den Sachverhalt vorgegeben wird, nämlich durch die Ausführungen der Parteien zur Rechtslage. Der Fehler ist vermeidbar, wenn vor jedem logischen Absatz die Norm zitiert wird, die man gerade prüft und wenn deren Inhalt kurz zitiert wird. (Einprägen: *Keine Prüfung ohne vorhergehendes Normzitat!*)

- **Bloßes Behaupten anstelle einer Problemerfassung.** Der Urteilsstil lädt den Anfänger ein, die zu prüfenden Tatbestandsmerkmale in Form einer bloßen „Behauptung" bzw. „Feststellung" abzuarbeiten. Man sollte sich daher zumindest angewöhnen, ein gedankliches „weil..." anzuhängen.

  Beispiel: Der Beklagte hat vergessen, bei einem Umzug seine Namensschilder von der alten Wohnung zu entfernen. Eine Ersatzzustellung nach § 180 ZPO iVm § 178 ZPO kommt daher unter der alten Anschrift nicht mehr in Betracht. Ein Klausurbearbeiter schreibt zur Frage der Wirksamkeit der Zustellung: *Die Zustellung vom 30.11. war unwirksam. Eine Ersatzzustellung nach § 180 ZPO scheidet aus, da der Beklagte zum Zeitpunkt der Zustellung nicht mehr dort gewohnt hat. Auch die zum Zeitpunkt der Zustellung an der ehemaligen Anschrift befindlichen Namensschilder ändern hieran nichts.*

  Problem ist: Haben „vergessene Namensschilder" Einfluss auf die Wirksamkeit der Zustellung nach § 180 ZPO? Dieses Problem wird allein durch die bloße Behauptung *ändern hieran nichts* „gelöst", – weder wird es juristisch eingeordnet noch wird die „Lösung" argumentativ begründet. **Richtig** (und schwierig, weil der Examenskandidat nun kreativ sein muss und das nur geübt und nicht gelernt werden kann): *... ändern hieran nichts, **weil** durch ein bloßes „Vergessen", die Schilder abzuhängen, kein Rechtsschein* (jetzt wird das Problem juristisch auf den Punkt gebracht: durch falsche Schilder kann ein Rechtsschein zu Lasten des Beklagten hervorgerufen worden sein! Die maßgebliche Bestimmung ist damit § 242 BGB) *einer Wohnung erzeugt wird, der es dem Beklagten nach § 242 BGB verwehren würde, sich auf die Unwirksamkeit der Zustellung zu berufen. Voraussetzung für einen Rechtsschein ist grundsätzlich, dass durch ein bestimmtes positives Verhalten ein Vertrauenstatbestand erzeugt wird. Das „Vergessen" ist aber kein aktives Verhalten, das ein schützenswertes Vertrauen erzeugen kann.*

c) Tipps:

- **Argumente:** Mit einem guten Argument „verkaufen" Sie ihr Ergebnis erfolgreicher. In der Klausur ist das regelmäßig einfach, weil die Parteien die entsprechenden Gesichtspunkte vortragen. Man muss sie nur aufgreifen und abarbeiten.

- **Anzahl der Anspruchsgrundlagen:** Für ein Urteil ist die Bejahung *einer* Anspruchsgrundlage ausreichend. Die Praxis bedient sich dabei der Anspruchsgrundlage, die am leichtesten bejaht werden kann. Sie dagegen sollten sich im Examen vom Klausursachverhalt leiten lassen!

Beispiel: Der Sachverhalt enthält umfangreiche Ausführungen zur Frage, ob ein Schutzgesetz iSd § 823 II BGB verletzt wurde. Sie können nun in den Entscheidungsgründen den Anspruch gleichwohl auf § 823 I BGB stützen und erst im Hilfsgutachten § 823 II BGB prüfen. Klausurtaktisch ist davon abzuraten, da der Sachverhalt erfahrungsgemäß den Schwerpunkt vorgibt und ein Großteil der Zeit bereits abgelaufen ist, bevor man sich dem Hilfsgutachten zuwendet.

Im Übrigen: Die Ausführungen im Hilfsgutachten können sowohl im Urteilsstil als auch im Gutachtensstil erfolgen.

- **Benutzung von Kommentaren:** Kommentare sind ein wertvolles Hilfsmittel in der Examensklausur: Beim Auffinden der für eine Subsumtion erforderlichen Definition eines Begriffs (zB dem Begriff der Mahnung in § 286 BGB: vgl. dazu Palandt/Grüneberg, 77. Auflage 2018, § 286 Rn. 16), zur Frage, ob auch eine Betriebsvereinbarung ein Schutzgesetz iSd § 823 II BGB ist (vgl. dazu Palandt/Weidenkaff, 77. Auflage 2018, § 823 Rn. 56a), zur Frage, ob der Anscheinsbeweis die Beweislast umkehrt (vgl. dazu Palandt/Grüneberg, 77. Auflage 2018, Rn. 128 ff. vor § 249 BGB) usw. Häufig werden Kommentare jedoch zum „**Zeitfresser**", weil man sie nach dem Motto benutzt: „Für dieses Problem muss doch eine Lösung zu finden sein!". Sie können jedoch sicher sein: Sowohl beim Erstellen einer Examensklausur als auch bei der Auswahl der Klausuren durch die Prüfungskommission achtet man penibel darauf, dass eine Lösung der angesprochenen Probleme *allein* mit Hilfe eines Kommentars *nicht möglich ist*! Examensklausuren testen nicht Ihr lexikalisches Wissen, sondern Ihre Fähigkeit, das Recht anzuwenden. Nutzen Sie also Kommentare zum vorgesehenen Zweck (Auffinden geeigneter Definitionen usw, vgl. oben) und verschwenden Sie nicht Ihre Zeit damit, nach einer Lösung für Ihre Klausur zu suchen. Sie werden sie nicht finden. Bedenken Sie zuletzt, dass die Probleme „alter Examensklausuren", die im Referendariat als Übungsklausuren verwendet werden, in den Kommentaren und im Unterricht bereits eingearbeitet wurden, nicht aber – und allein darauf kommt es in Klausuren an – in schrittweiser Aufarbeitung und Darlegung.

d) Punkteschmiede. Die meisten Punkte gibt es für eine gelungene Subsumtion und eine überzeugende Argumentation. Die für das erste Examen klassische **Subsumtionstechnik** – (1) Frage aufwerfen, (2) Definition bringen, (3) Sachverhalt unter die Definition einordnen, (4) Ergebnis feststellen – muss im Referendariat dem Urteilsstil angeglichen werden. Das geht so: (1) Zunächst ist das Ergebnis festzuhalten, (2) dann ist das zu prüfende Tatbestandsmerkmal zu definieren (= Entwicklung des Prüfungsmaßstabs) und (3) der Sachverhalt unter die Definition einzuordnen. Für die Bewertung ist entscheidend der *dritte Schritt (der nur gelingen kann, wenn im zweiten Schritt der Prüfungsmaßstab entwickelt wurde)*: Ein guter Subsumtionsstil zeichnet sich dadurch aus, dass der Leser aus den entsprechenden Darlegungen ohne weiteres den zu Grunde liegenden Sachverhalt rekonstruieren kann. Machen Sie die Probe: Wenn Sie in der Klausur Ihre Entscheidungsgründe gefertigt haben und diese nochmals lesen, müssen Sie wissen, welcher Sachverhalt im Tatbestand geschildert wird.

Beispiel: In einer Examensklausur geht es (wie üblich), um eine ganze Reihe von Fragen, ua um die Frage, ob der Beklagte eine arglistige Täuschung dadurch begangen hat, dass er seinem Vermieter (der Kläger ist Eigentümer eines Hauses mit mehreren Mietwohnungen) auf entsprechende Nachfrage die Antwort gab, er habe einen familienfreundlichen mittelgroßen Terrier. Tatsächlich besitzt der Beklagte einen Bullterrier, der zwar mittelgroß, aber auch ein Kampfhund ist.

Ein Bearbeiter schreibt zur einschlägigen Norm des § 123 I BGB: *Der Anfechtungsgrund der arglistigen Täuschung (§ 123 BGB) liegt vor. Unter Täuschung im Sinne dieser Bestimmung versteht man das Hervorrufen eines Irrtums durch Vorspiegeln falscher Tatsachen. Der Beklagte hat dem Kläger nichts*

Falsches gesagt, da sein Bullterrier ein mittelgroßer Terrier ist. Allerdings hat er durch Unterlassen getäuscht, da er beim Kläger den Eindruck eines unproblematischen Haustiers erweckte.

Die Subsumtion ist nur zum geringen Teil gelungen. Zwar wurde eine zutreffende Definition gebracht und es wurde auch *ein* wesentlicher Punkt „getroffen", die Verursachung des Irrtums beim Kläger, dass es sich um ein „unproblematisches Haustier" handelt. **Aber:** Zum einen wurde das Tatbestandsmerkmal der *Arglist* nicht behandelt. Zum anderen ist es ein schwerer Fehler – wählt man den Weg einer Täuschung durch *Unterlassen* (zwar nicht naheliegend, aber durchaus akzeptabel) – die erforderliche *Aufklärungspflicht* nicht zu erörtern. Hätte der Bearbeiter auch diese beiden Punkte ordentlich bearbeitet, wäre er für diesen Klausurteil bereits im Bereich eines „befriedigend". Um in den Bereich eines „gut" bzw. „sehr gut" zu gelangen, hätte die Subsumtion sorgfältiger sei müssen. Das setzt nicht nur voraus, dass der *vollständige* Sachverhalt seinen Niederschlag findet (weder wird das offensichtlich wichtige Merkmal eines „Kampfhundes" erwähnt noch der Umstand, dass „mehrere Mieter" im Haus des Klägers wohnen), es muss auch die rechtliche Einordnung unter die beim § 123 BGB gebrachte Definition *näher begründet* werden. Dies insbesondere unter dem naheliegenden Aspekt: Ist die Erklärung des Beklagten *allein* für sich zu werten oder ist sie im *Kontext* (vor dem Hintergrund) zu sehen, in dem sie gefallen ist, also der Interessenlage des Vermieters bei der Überlassung seiner Wohnung an einen Mieter, der Hundehalter ist.

In etwa hätte eine gelungene Subsumtion so gelautet:

> *Der Beklagte hat den Kläger iSd § 123 I BGB arglistig getäuscht. Eine Täuschung beinhaltet eine Handlung zum Zwecke der Erregung oder Aufrechterhaltung eines Irrtums (1) sowie die Verursachung eines entsprechenden Irrtums (2); Arglist erfordert Vorsatz (auch bedingten), nicht aber Absicht (3).*
>
> *1) Die Täuschungshandlung liegt in der (auszulegenden) Erklärung des Beklagten, mit der er seinen Hund als „familienfreundlichen mittelgroßen Terrier" bezeichnet. Dies vor dem – im hier einschlägigen Verkehrskreis (Vermieter und Mieter als Hundehalter) – allgemein bekannten Hintergrund: Vermieter haben vielfach eine skeptische Haltung gegenüber Mietern mit Hunden. Einerseits wegen der erhöhten Abnutzung des Mietobjekts, andererseits wegen des naheliegenden Ärgers von Mitmietern, die sich über häufiges oder unzeitgemäßes Bellen, die Verursachung von Schmutz usw beschweren. Sie wägen deshalb anhand der konkreten Umstände (Größe des Hundes, Rasse, Verhalten) ab, ob dem Mieter die Haltung eines Hundes in der Wohnung gestattet wird oder nicht. Die Haltung eines Kampfhundes, über dessen Gefährlichkeit immer wieder in den Medien berichtet wird, wird ein Vermieter einer Wohnung dabei regelmäßig nicht gestatten. Dass den Parteien dieser Hintergrund bei ihren Vertragsverhandlungen bewusst war, ergibt sich aus der entsprechenden Nachfrage des Klägers und der angeführten Antwort des Beklagten, die zwar richtig, aber nicht vollständig ist, weil die Eigenschaft eines „Kampfhundes" nicht erwähnt wird. Für das Gericht steht dabei die Erklärung lediglich der positiven Eigenschaften im Vordergrund (positives Tun), nicht aber die Unterlassung einer vollständigen Erklärung.*
>
> *2) Obige Erklärung des Beklagten, die im geschilderten Kontext zu würdigen war, verursachte beim Kläger den Irrtum, dass es sich bei dem Hund um ein friedliches Tier handelt, das in einem Haus mit mehreren Mietern ohne größere Probleme gehalten werden kann, nicht aber um einen Kampfhund.*
>
> *3) Arglist liegt vor, weil dem Beklagten bewusst war, dass seine unvollständige Erklärung bei dem Kläger zu der beschriebenen Fehlvorstellung führen würde. Andernfalls hätte er erklärt, dass es sich bei dem Hund um einen „mittelgroßen Terrier, sog. Kampfhund" oÄ handelt.*

V. Rechtsbehelfsbelehrung

1. Anwendungsbereich

a) Grundsatz. Nach § 232 S. 1 ZPO besteht eine Belehrungspflicht bei allen anfechtbaren gerichtlichen Entscheidungen (Urteilen, Beschlüssen und Verfügungen), dh es muss über die Möglichkeit von „*Rechtsmitteln*" (Beschwerde, sofortige Beschwerde, Berufung, Revision) sowie „*Einspruch…, Widerspruch* oder *… Erinnerung*" belehrt werden. Ist eine Entscheidung nicht anfechtbar, muss – anders als im Arbeitsrecht (§ 9 V 2 ArbGG) – auch keine Belehrung über die Nichtanfechtbarkeit erfolgen.

b) Ausnahmen. Keine Belehrung erfolgt nach § 232 S. 2 ZPO in Verfahren, in denen sich die Parteien durch einen *Rechtsanwalt vertreten lassen,* außer es ist über einen Einspruch oder Widerspruch zu belehren. Auch über die Möglichkeit der Sprungrevision muss nicht belehrt werden (S. 3). Zuletzt entfällt eine Belehrungspflicht bei den *unselbständigen Rechtsmitteln* (Anschlussberufung und Anschlussrevision, §§ 524, 554 ZPO), weil sie zum Zeitpunkt der Belehrung noch nicht *statthaft* sind!

c) Keine Rechtsbehelfe. Keine Rechtsbehelfe iSd § 232 ZPO sind: *Wiedereinsetzung,* § 233 ZPO; *Berichtigung und Ergänzung* eines Urteils, §§ 319 ff. ZPO; *Gehörsrüge,* § 321a ZPO; *Wiederaufnahme,* §§ 578 ff. ZPO (vgl. Hüßtege in Thomas/Putzo, 38. Auflage 2017 § 232 ZPO Rn. 3).

2. Inhalt, Form, Urteilsbestandteil

a) Inhalt und Form. Nach dem Gesetzeszweck soll die Belehrung es jeder Partei ermöglichen, ohne Hinzuziehung eines Rechtsanwalts den konkret zulässigen Rechtsbehelf einzulegen; entsprechend sind Inhalt und Form der Belehrung an diesem Adressatenkreis auszurichten. Die Vorgaben des Gesetzgebers in § 232 ZPO sind dabei ähnlich rudimentär geregelt wie in § 39 FamFG. Nicht ausreichend ist danach die bloße Wiedergabe der entsprechenden gesetzlichen Bestimmungen. Ansonsten gilt:

- **Statthaftes Rechtsmittel.** Erforderlich ist eine so konkrete Bezeichnung, die das Auffinden der einschlägigen Vorschriften ermöglicht. Sind *mehrere* Rechtsbehelfe statthaft, sind alle Rechtsbehelfsmöglichkeiten anzugeben.
- **Bezeichnung des Gerichts,** bei dem das Rechtsmittel einzulegen ist. In S. 1 heißt es *„Sitz des Gerichts",* so dass die Angabe der Adresse für den Fall des persönlichen Einwurfs erforderlich ist; die Angabe eines Postfachs genügt nicht. Kommen mehrere Gerichte in Betracht, sind alle anzuführen.
- **Form.** Es ist darauf hinzuweisen, dass der Rechtsbehelf schriftlich oder ggf. zur Niederschrift der Geschäftsstelle eingelegt werden kann; bei einem *Vertretungszwang* ist hierüber zu belehren. Ist eine *Begründung* (ggf. mit besonderen Anforderungen) erforderlich, ist auch dies anzugeben.
- **Frist.** Zur Vermeidung von Fehlern ist möglichst nah am Wortlaut der einschlägigen Bestimmungen zu formulieren.

b) Urteilsbestandteil. Aus der Formulierung „zu enthalten" (§ 232 S. 1 ZPO) folgert man, dass die Rechtsbehelfsbelehrung Bestandteil der anfechtbaren Entscheidung ist, dh die Belehrung muss *vor* der Unterschrift erfolgen.

3. Folgen einer fehlerhaften Belehrung

a) Wiedereinsetzung bei Fristversäumung. Bei unterlassener oder fehlerhafter Belehrung wird gem. § 233 S. 2 ZPO vermutet, dass der Rechtsbehelfsführer die Rechtsbehelfsfrist unverschuldet versäumt hat, so dass er unter den erleichternden Voraussetzungen des § 233 S. 1 ZPO Wiedereinsetzung in den vorigen Stand beantragen kann (§ 233 S. 2 ZPO ist in Klausuren das normative Argument, warum eine fehlende oder fehlerhafte Rechtsbehelfsbelehrung keine Auswirkung auf die Wirksamkeit der Entscheidung oder Zustellung hat).

b) Statthaftigkeit. Entspricht die Rechtsbehelfsbelehrung nicht den Anforderungen des § 232 ZPO oder enthält sie fehlerhafte Hinweise, hat dies keine Auswirkung auf die Statthaftigkeit eines Rechtsbehelfs. Ist zB die Belehrung im Hinblick auf die Angabe des statthaften Rechtsbehelfs fehlerhaft (*Berufung* anstelle von *Einspruch*), kann zwar nach dem Grundsatz der Meistbegünstigung neben dem richtigerweise statthaften Rechtsbehelf *(Einspruch)* auch der angegebene Rechtsbehelf *(Berufung)* eingelegt werden; in der Folge wird der Rechtsbehelf aber wie der richtigerweise statthafte Rechtsbehelf behandelt (= wie ein Einspruch). Zuletzt: Eine unanfechtbare Entscheidung wird durch eine falsche Belehrung nicht zu einer anfechtbaren Entscheidung!

4. Formulierungsbeispiel

Das Amtsgericht Traunstein hat den Beklagten antragsgemäß zur Zahlung von 2.000 EUR verurteilt. In dem schriftlichen Endurteil lautet die Belehrung in etwa:

Gegen dieses Urteil ist das Rechtsmittel der Berufung statthaft. Berufung kann nur einlegen, wer durch dieses Urteil in seinen Rechten benachteiligt ist und wenn der Wert des Beschwerdegegenstandes 600 EUR übersteigt oder wenn die Berufung in dem Urteil zugelassen worden ist.	Gegen ein Endurteil ist die Berufung statthaft (§ 511 I ZPO).
Der Wert des Beschwerdegegenstandes ist glaubhaft zu machen; eine Versicherung an Eides statt ist nicht zulässig.	§ 511 III ZPO
Die Berufung muss durch einen Rechtsanwalt binnen einer Notfrist von einem Monat nach Zustellung dieses Urteils schriftlich in Deutsch beim Landgericht Traunstein, Herzog-Otto-Straße 1, 83278 Traunstein eingegangen sein. Die Berufungsschrift muss enthalten: Die Bezeichnung des Urteils, gegen das die Berufung gerichtet wird; die Erklärung, dass gegen dieses Urteil Berufung eingelegt werde.	§ 78 ZPO (Anwaltszwang) § 517 ZPO (Berufungsfrist) § 519 ZPO (Berufungsschrift); der Hinweis *in Deutsch* folgt aus § 184 GVG und der hierzu ergangenen Entscheidung BGH NJW 82, 532.
Die Berufung muss durch einen Rechtsanwalt binnen zwei Monaten nach Zustellung dieses Urteils schriftlich gegenüber dem Landgericht Traunstein begründet werden, wenn die Berufung nicht bereits bei der Einlegung begründet wurde.	§ 520 ZPO

> **Hinweis:** In Examensklausuren wird eine Rechtsbehelfsbelehrung regelmäßig erlassen oder nur eingeschränkt gefordert, zB: „*Die Ausformulierung einer eventuell notwendigen Rechtsbehelfsbelehrung ist erlassen.* Oder: *Hinsichtlich der Rechtsbehelfsbelehrung genügt die Angabe des statthaften Rechtsbehelfs, die Rechtsbehelfsfrist und die Angabe des Gerichts, bei dem der Rechtsbehelf einzulegen ist samt den maßgeblichen Vorschriften*". Im Hinblick auf diese geringe Klausurrelevanz wird im Folgenden anstelle der gezeigten ausführlichen Rechtsbehelfsbelehrung lediglich mit dem Wort *Rechtsbehelfsbelehrung* – gleichsam als „Erinnerungshaken" – darauf hingewiesen, dass ein vollständiger Entscheidungsentwurf ggf. auch eine Rechtsbelehrung (und eine Unterschrift) erfordert; allein in „komplizierteren" Fällen werden einige Stichworte angeführt.

VI. Anhang I: Tatbestand

Der Tatbestand bietet eine gute Möglichkeit, Punkte zu sammeln. In den folgenden Übersichten werden Muster zum Aufbau des Tatbestands für examensrelevante prozessuale Situationen vorgestellt. Eine regelmäßige Wiederholung ist unverzichtbar: *Das muss im Examen sitzen!*

> **Hinweis:** Sinn und Nutzen der folgenden knapp gehaltenen Übersichten zu unterschiedlichen Tatbestandstypen werden sich Ihnen erst erschließen, wenn Sie die nachfolgenden Kapitel zu den einzelnen Urteilstypen (Versäumnisurteil, Klagehäufung, usw) durchgearbeitet haben. Sie sollten sich deshalb darauf beschränken, diesen Anhang zunächst nur zu „überfliegen".

Klassisches Urteil (im Weiteren als „Normalfall" bezeichnet, vgl. S. 19)
Einleitungssatz
Unstreitiger Sachverhalt
Streitiger Klägervortrag
Kleine Prozessgeschichte
Anträge beider Parteien
Streitiger Beklagtenvortrag
Große Prozessgeschichte

1. Einspruch nach Versäumnisurteil

Es ergeben sich gegenüber dem Normalfall keine Änderungen. Eine Ausnahme gilt für die **kleine Prozessgeschichte**: Der Inhalt des Versäumnisurteils und die relevanten Daten für die Zulässigkeitsprüfung des Einspruchs sind anzugeben. Zudem muss der **Antrag** inhaltlich im Hinblick auf § 343 ZPO angepasst werden.

Formulierungsbeispiel: Mit Versäumnisurteil des Landgerichts Traunstein ist der Beklagte zur Zahlung von 6.000 EUR verurteilt worden. Das Urteil ist dem Kläger am 3.8. zugestellt worden. Mit Schreiben vom 16.8., eingegangen beim Landgericht Traunstein am selben Tag, hat der Beklagte Einspruch eingelegt.

Der Kläger beantragt zuletzt
  Das Versäumnisurteil bleibt aufrechterhalten.

Der Beklagte beantragt zuletzt
  Das Versäumnisurteil wird aufgehoben und die Klage abgewiesen.

2. Klagehäufung

Der Aufbau hängt davon ab, ob die unterschiedlichen prozessualen Ansprüche (Streitgegenstände) auf einem gemeinsamen Sachverhalt beruhen oder auf unterschiedlichen Sachverhalten.

Gemeinsamer Sachverhalt: Der Aufbau deckt sich nahezu mit dem des Normalfalls; lediglich beim Kläger- und Beklagtenvortrag wird nach Ansprüchen getrennt:

> Einleitungssatz zu beiden Ansprüchen
> Unstreitiger Sachverhalt
> Streitiger Klägervortrag zum Anspruch 1 und zum Anspruch 2
> Kleine Prozessgeschichte
> Anträge
> Streitiger Beklagtenvortrag zum Anspruch 1 und zum Anspruch 2
> Große Prozessgeschichte

Unterschiedlicher Sachverhalt: Der Aufbau weicht vom Normalfall ab, da nach Ansprüchen getrennt wird.

> Einleitungssatz zu beiden Ansprüchen
> Anspruch 1: Unstreitiger Sachverhalt, streitiger Klägervortrag
> Anspruch 2: Unstreitiger Sachverhalt, streitiger Klägervortrag
> Kleine Prozessgeschichte
> Anträge
> Streitiger Beklagtenvortrag zum Anspruch 1 und zum Anspruch 2
> Große Prozessgeschichte

3. Widerklage

Der Aufbau hängt davon ab, ob die unterschiedlichen prozessualen Ansprüche (Streitgegenstände) auf einem gemeinsamen Sachverhalt beruhen oder auf unterschiedlichen Sachverhalten.

Gemeinsamer Sachverhalt: Der Aufbau weicht vom Normalfall kaum ab; beim Punkt „Anträge" sind alle Anträge der Parteien zusammenzufassen:

> Einleitungssatz **zu beiden** Ansprüchen
> Unstreitiger Sachverhalt
> Streitiger Klägervortrag
> Kleine Prozessgeschichte
> **Anträge,** dh Klageantrag, Klageabweisungsantrag; Überleitung zur Widerklage; Widerklageantrag und Widerklageabweisungsantrag
> Streitiger Beklagtenvortrag
> Große Prozessgeschichte

Unterschiedlicher Sachverhalt: Es werden schlicht zwei Tatbestände hintereinander gereiht:

> Einleitungssatz zu beiden Ansprüchen
> **Klage:** unstreitiger Sachverhalt – streitiger Klägervortrag – kleine Prozessgeschichte – Klageantrag – Klageabweisungsantrag – streitiger Beklagtenvortrag
> **Widerklage:** Überleitung zur Widerklage – unstreitiger Sachverhalt – streitiger Beklagtenvortrag – kleine Prozessgeschichte – Widerklageantrag – Widerklageabweisungsantrag – streitiger Klägervortrag
> Große Prozessgeschichte

4. Klageänderung

Der Aufbau weicht vom Normalfall kaum ab. In der **kleinen Prozessgeschichte** erfolgt die Schilderung der Änderung und bei den **Anträgen** wird nur der aktuelle Antrag gestellt. Im Falle der *nachträglichen* Klagehäufung entspricht der Aufbau dem der Klagehäufung (vgl. oben Ziff. 2.).

Formulierungsbeispiel: Ursprünglich hat der Kläger beantragt, den Beklagten zur Zahlung in Höhe von 15.000 EUR zu verurteilen. Mit Schreiben vom 4.5. hat er seine Klage umgestellt und... Der Beklagte hat der Klageänderung widersprochen.
Der Kläger beantragt zuletzt...

5. Einseitige Erledigung der Hauptsache

Sie ist im Kern eine *Klageänderung* mit dem Ziel einer Feststellungsklage. Wie bei der Klageänderung sind daher die **kleine Prozessgeschichte** und die **Anträge** entsprechend anzupassen.

Formulierungsbeispiel: Der Kläger hat ursprünglich vom Beklagten Schmerzensgeld in Höhe von 400 EUR gefordert. Nachdem er seitens des nicht verklagten angeblichen Mittäters eine Zahlung in Höhe von 400 EUR erhalten hat, hat er den Rechtsstreit für erledigt erklärt. Der Beklagte hat sich dieser Erledigung widersetzt.
Der Kläger beantragt zuletzt
    Der Rechtsstreit ist erledigt.

Der Beklagte beantragt
    Klageabweisung

6. Hilfsaufrechnung

Es wird – entweder in der Kläger- oder der Beklagtenstation – lediglich ein „zweiter Tatbestand" nach dem streitigen Parteivorbringen angefügt:

> Einleitungssatz
> Unstreitiger Sachverhalt
> Streitiger Klägervortrag
> Kleine Prozessgeschichte
> Anträge
> Streitiger Beklagtenvortrag
> **Hilfsaufrechnung.** Überleitungssatz – unstreitiger Sachverhalt – Streitiger Beklagtenvortrag – streitiger Klägervortrag
> Große Prozessgeschichte

Formulierungsbeispiel: Der Beklagte hat zudem hilfsweise mit einer Forderung gegen den Kläger in Höhe von 5.000 EUR aufgerechnet. Hierzu tragen die Parteien vor, ...
Der Beklagte behauptet, ...
Der Kläger behauptet dagegen, ...

VII. Anhang II: Die Zulässigkeitsprüfung im Examen

1. Vorbemerkung: Kann man bei der Bearbeitung der „Zulässigkeit" punkten?

Man kann punkten, aber nur in *geringem Umfang*. Zulässigkeitsfragen werden im Examen meist unnötig und dann auch noch zu breit dargestellt („kopflastige Klausur", S. 24): Der Kandidat fühlt sich in dieser Materie, die ihm aus dem Universitätsstudium hinlänglich bekannt ist, sicher und glaubt, er könne hier leicht Pluspunkte einsammeln. Das ist ein verbreiteter Irrtum. Zentraler Gegenstand einer Klausur ist in aller Regel der materiell-rechtliche Teil.

Im Hinblick auf diesen „Rang" der Zulässigkeitsprüfung in Examensklausuren wie auch auf die Tatsache, dass sie bereits Gegenstand des Ersten Staatsexamens war, beschränkt sich der vorliegende Anhang auf folgende Bereiche: Auf den *Umfang*, in dem die Zulässigkeit zu erörtern ist (su „Gewichtung"); auf den Begriff der *Amtsprüfung* und zuletzt auf klausurrelevante Einzelfragen und mögliche Fehlerquellen.

2. Allgemeines

a) Prüfungsschema. Ob in dieser oder in einer anderen Form: Die einzelnen Zulässigkeitsvoraussetzungen hat man im Kopf! Das vorliegende Schema ist nicht zwingend – eine gesetzlich vorgeschriebene Reihenfolge gibt es ohnehin nicht – hat sich aber in der praktischen Anwendung als nützlich und sinnvoll erwiesen. Die anschließende Erörterung einzelner Voraussetzungen richtet sich an dieser Reihenfolge aus.

1. Wirksame Klageerhebung (§§ 253, 261 ZPO)
2. Zulässigkeit einer Klageänderung
3. Zivilrechtsweg (§§ 13, 17, 17a GVG)
4. Örtliche, sachliche und funktionelle Zuständigkeit
5. Parteifähigkeit (§ 50 ZPO); Prozessfähigkeit (§ 51 ZPO); Postulationsfähigkeit
6. Prozessführungsbefugnis
7. Keine entgegenstehende Rechtskraft (§ 322 ZPO); keine anderweitige Rechtshängigkeit (§ 261 ZPO)
8. Rechtsschutzbedürfnis
9. Sachurteilsvoraussetzungen bestimmter Klagearten: zB das Feststellungsinteresse bei der Feststellungsklage

Vielfach findet sich in Prüfungsschemata noch der Punkt: „Zulässigkeitsvoraussetzungen, die vom Gericht nur bei Geltendmachung durch den Beklagten zu prüfen sind": fehlende Kostenerstattung (§ 269 VI ZPO), Prozesskostensicherheit (§§ 110 ff. ZPO), Schiedsgerichtsvereinbarung (§ 1032 ZPO) oder Ausschluss einer Klageerhebung durch Parteivereinbarung (Reichold in Thomas/Putzo, 39. Auflage 2018 Vorbem. zu § 253 Rn. 10). Klausuren, bei denen der Beklagte entsprechende Einwendungen geltend macht, kommen so gut wie nicht vor, weshalb dieser Prüfungspunkt in das obige Schema nicht aufgenommen wurde.

> Hinweis: Die vom Gericht zu beachtenden Verfahrensvorschriften – zB die gerichtliche Hinweispflicht oder die zwingend durchzuführende Güteverhandlung – sind zu beachtende Verfahrensregeln, stellen aber keine Zulässigkeitsvoraussetzungen dar.

b) Gewichtung. Zentrale Fragen sind: *Welche* Zulässigkeitserfordernisse erörtert man *in welchem Umfang* bei der Prüfung einer Klage? Wie und wo prüft man die besonderen Voraussetzungen einzelner Prozessinstitute? Eine Antwort, die jeden möglichen Einzelfall erfasst, lässt sich nicht geben, wohl aber lassen sich Grundsätze aufstellen, deren Beachtung – gemeinsam mit einem unerlässlichen Training im Klausurschreiben – sicher stellen, dass Sie das erforderliche „Gespür" entwickeln, um die „Hürde" der Zulässigkeit angemessen zu überwinden. Folgende Zulässigkeitsvoraussetzungen sind in knapper Form **immer** anzusprechen:

aa) Sachliche und örtliche Zuständigkeit. Dafür reicht regelmäßig ein Satz, etwa: *Das Landgericht Traunstein ist sachlich (§§ 23, 71 GVG; § 3 ZPO) und örtlich (§§ 12, 13 ZPO) zuständig.*

> **Klausurtipp:**
> - Gehen Sie den Weg des geringsten Widerstandes: Ist das Gericht örtlich bereits aufgrund des *allgemeinen* Gerichtsstands des Beklagten zuständig, sollte die Zuständigkeit nicht mit einem *besonderen* Gerichtsstand begründet werden. Besondere Gerichtsstände sind nämlich explizit zu prüfen und gerade die Bestimmung des Erfüllungsortes (§ 29 ZPO) ist eine häufige Fehlerquelle.
> - Bei einer Nichtzahlungsklage, einer Widerklage oder bei Klagehäufung, Klageänderung, oder Klage mit Nebenforderungen uÄ empfiehlt sich eine kurze Angabe des Zuständigkeitsstreitwerts.

bb) Partei- bzw. Prozessfähigkeit. Hierauf geht man nur bei *Minderjährigen* und *juristischen Personen* (§§ 124, 161 HGB; § 13 GmbHG; § 1 AktG; §§ 1626 I 2, 1629 I BGB; § 125 HGB; § 35 GmbHG; § 78 AktG) ein.

cc) Rügen der Parteien. Man leitet die Erörterung mit dem Satz ein *Die Rüge des Beklagten hinsichtlich der mangelnden Prozessführungsbefugnis des Klägers geht fehl* und begründet kurz, warum sie nicht greift.

dd) Feststellungsinteresse. Nur bei Feststellungsklagen (§ 256 ZPO).

ee) Besondere prozessuale Voraussetzungen. Sie gelten für einzelne Prozessinstitute (vgl. das jeweilige Kapitel), zB: subjektive (§§ 59 f. ZPO) oder objektive (§ 260 ZPO) Klagehäufung. Streng dogmatisch gesehen gehört auch die Klageänderung zu diesen Prozessinstituten, es hat sich aber aus rein klausurtaktischen Erwägungen als zweckmäßig erwiesen, sie in obigem Prüfungsschema an zweiter Stelle anzuführen.

ff) Zulässigkeitsmängel oder Zulässigkeitsprobleme. Man bringt nur die, auf die der Sachverhalt hinweist.

Alle anderen Zulässigkeitsvoraussetzungen sind zu unterstellen. „Unterstellen" heißt: Man verliert in der Klausur kein Wort zB zur Prozessführungsbefugnis, zur Parteifähigkeit oder Prozessfähigkeit (Ausnahme vgl. oben), zur entgegenstehenden Rechtskraft, zum Rechtsschutzbedürfnis, usw. Es verärgert einen Korrektor nur, wenn er liest: *Der Rechtsweg zum Landgericht ist eröffnet, weil es sich bei vorliegender Kaufpreisklage um eine bürgerliche Rechtsstreitigkeit handelt, die vor die ordentlichen Gerichte gehört (§ 17 GVG).* Oder: *Von einer ordnungsgemäßen Klageerhebung iSd § 253 ZPO ist auszugehen.* Oder: *Es ist zu unterstellen, dass Kläger und Beklagter partei- und prozessfähig sind.* Zuletzt: Leerformeln wie *Es besteht kein Anlass, an der Zulässigkeit der Klage zu zweifeln* sollten unterbleiben.

3. Prüfung von Amts wegen

Die im Prüfungsschema angeführten Zulässigkeitspunkte muss das Gericht *von Amts wegen* prüfen. In der Examensklausur tragen Sie diesem Gebot Rechnung, indem Sie die genannten Voraussetzungen darlegen. Weil dieser Grundsatz im Referendariat regelmäßig nicht nur auf Verständnisschwierigkeiten stößt, sondern auch ebenso regelmäßig mit dem Gebot (Grundsatz) der *Amtsermittlung* verwechselt wird, hier eine kurze Darstellung.

a) Begriff. § 56 I ZPO ordnet an, dass das Gericht die Zulässigkeitsvoraussetzungen *„von Amts wegen zu berücksichtigen"* hat. Wörtlich ist zwar nur vom *„Mangel der Parteifähigkeit, der Prozessfähigkeit, der Legitimation eines gesetzlichen Vertreters und der Ermächtigung der Prozessführung"* die Rede, es besteht jedoch Einigkeit, dass die Amtsprüfung sich auf *alle* Zulässigkeitsvoraussetzungen erstreckt.

Amtsprüfung besagt: Grundsätzlich hat das Gericht **von sich aus**, also auch **ohne Rüge** der gegnerischen Partei, zu prüfen, ob eine Klage zulässig ist (eine Ausnahme gilt lediglich für doppelrelevante Tatsachen, S. 36). Die Frage der Zulässigkeit darf vom Gericht auch nicht etwa **offen gelassen** werden. Selbst wenn *feststeht*, dass die Klage *offensichtlich unbegründet* ist, darf keine Klageabweisung als unbegründet erfolgen, vielmehr muss das Gericht zunächst deren Zulässigkeit prüfen und – fehlt eine entsprechende Voraussetzung – die Klage nach erfolgtem Hinweis hierauf als *unzulässig* abweisen. Mit diesem **Prozessurteil** (Gegensatz: Sachurteil) wird keine der Rechtskraft fähige Sachentscheidung über den Streitgegenstand getroffen und der Kläger kann, ist der entsprechende Zulässigkeitsmangel behoben, erneut klagen.

b) Zeitpunkt und Umfang der Prüfung. Für die Beurteilung der Zulässigkeit der Klage ist grundsätzlich der **Schluss der letzten mündlichen Verhandlung** maßgebend. Ausnahmen: Für die Zulässigkeit der *Widerklage* muss bei Erhebung der Widerklage die Klage rechtshängig sein; ebenso stellen die Voraussetzungen der *Landesschlichtungsgesetze* (vgl. Examensrelevante Rechtsprechung S. 77) auf die Erhebung der Klage ab.

Für die Amtsprüfung gilt nicht das *Strengbeweisverfahren* nach §§ 335 ff. ZPO, vielmehr werden die maßgeblichen Feststellungen im **Freibeweisverfahren** erhoben. Der **Umfang** der gerichtlichen Prüfungspflicht bestimmt sich danach, ob die betreffende Voraussetzung für ein rechtsstaatliches Verfahren *unabdingbar* ist. Ob das der Fall ist, ist nach dem jeweiligen Zweck der Vorschrift zu ermitteln.

- **Unabdingbar** in diesem Sinne sind nach der Rechtsprechung die **Prozess- und Parteifähigkeit**. Hier muss das Gericht von sich aus überprüfen, ob sie vorliegen. Ist beispielsweise die Prozessfähigkeit des

Beklagten zweifelhaft, wird das Gericht, ohne dass es auf Beweisangebote ankommt, ein entsprechendes Gutachten einholen.
- Bei den **übrigen Zulässigkeitsvoraussetzungen** schließt man aus § 139 III ZPO („*... hat aufmerksam zu machen*"), dass das Gericht – entsprechende **Zweifel** vorausgesetzt! – auf diesbezügliche Hinweise beschränkt ist und lediglich die Parteien auffordert, die erforderlichen Nachweise vorzulegen.

c) **Beweislast.** Die objektive Beweislast – wen trifft das Risiko der Nichterweislichkeit? – für das Vorliegen der von Amts wegen zu prüfenden Zulässigkeitsvoraussetzungen liegt beim **Kläger**, da dieser ein zusprechendes Urteil erstrebt (str.). Ist also in obigem Beispiel die Prozessfähigkeit des Beklagten trotz Erholung eines Gutachtens nach wie vor zweifelhaft, wird Prozess*unfähigkeit* unterstellt.

d) **Abgrenzung zur Amtsermittlung.** Bei der **Prüfung von Amts wegen** muss das Gericht, wie ausgeführt, keine positiven Ermittlungen (Nachforschungen) über das Vorliegen der Zulässigkeitsvoraussetzungen anstellen, vielmehr wird es erst bei **entsprechenden Zweifeln** im oben geschilderten „Umfang" tätig. MaW: § 56 I ZPO begründet lediglich die Verpflichtung, auf *„die Bedenken aufmerksam zu machen, die hinsichtlich der von Amts wegen zu berücksichtigenden Punkte bestehen"* (§ 139 III ZPO). Das Gericht *prüft* also die vorgetragenen Tatsachen, *ermittelt* sie aber *nicht* (zum Ausnahmefall der Partei- und Prozessfähigkeit vgl. oben). Anders bei der – insbesondere die Freiwillige Gerichtsbarkeit beherrschenden – **Amtsermittlung.** Hier muss das Gericht alle Tatsachen, die es seiner Entscheidung zu Grunde legt, prüfen und entsprechend ermitteln (§ 26 FamFG).

Beispiel: In der Aufgabenstellung einer Examensklausur heißt es, dass dem Beklagten unter der Anschrift „Miesbacher Straße 12, Aufham" eine Klage zugestellt wurde, obwohl er zum Zeitpunkt der Zustellung umgezogen war und sich bereits behördlich abgemeldet hatte. Auf der in den Gerichtsakten befindlichen Zustellurkunde wurde vermerkt, dass die Klage durch Einlegung in den Briefkasten (§ 180 ZPO) zugestellt wurde. Ein Bearbeiter führt bei der Zulässigkeit unter dem Gesichtspunkt der ordnungsgemäßen Klageerhebung aus: *Die Ersatzzustellung nach § 180 ZPO war unwirksam, so dass die Klage nicht wirksam erhoben wurde (§ 253 I ZPO). Die Wirksamkeit der Zustellung muss das Gericht von Amts wegen prüfen und eine Erkundigung beim Einwohnermeldeamt hätte ohne weiteres ergeben, dass der Beklagte unter dieser Anschrift nicht wohnhaft war.*
Die Ausführungen sind verfehlt. Der Bearbeiter hat die Amtsprüfung mit der Amtsermittlung verwechselt. Hier besteht für das Gericht aufgrund des Vermerks der erfolgreichen Zustellung auf der Zustellurkunde (§ 182 I iVm § 418 ZPO!) kein Anlass, an der ordnungsgemäßen Klageerhebung zu zweifeln.

4. Klausurrelevante Einzelfragen und Fehlerquellen

Hier werden zu den einzelnen Zulässigkeitsvoraussetzungen des Prüfungsschemas Fragen erörtert, die erfahrungsgemäß examensrelevant sind bzw. Quellen für mögliche Fehler bei der Bearbeitung beinhalten.

a) **Zur wirksamen Klageerhebung.** Mit dem Prüfungspunkt „wirksame Klageerhebung" ist gemeint, dass die Klage inhaltlich den Anforderungen des § 253 ZPO genügt und erhoben, dh zugestellt (§ 253 I ZPO iVm §§ 166 ff. ZPO) wurde. Ab diesem Zeitpunkt ist die Klage rechtshängig (§ 261 ZPO, ggf. rückwirkend ab Einreichung der Klage, dh der Anhängigkeit, § 167 ZPO). Diese Zulässigkeitsvoraussetzung ist idR unproblematisch; Ausführungen hierzu fallen negativ auf. Eine Ausnahme gilt insbesondere bei **unbezifferten Anträgen**; hier sind im Hinblick auf § 253 II Nr. 2 ZPO *(„bestimmte Angabe")* nähere Darlegungen geboten.

Beispiel: K ist bei einem Verkehrsunfall, den B schuldhaft verursacht hat, verletzt worden. Er verlangt Schadensersatz, den die Versicherung des B bezahlt, nicht aber den geltend gemachten Schmerzensgeldanspruch. K klagt gegen B und die Versicherung auf Schmerzensgeld, wobei er die Höhe in das Ermessen des Gerichts stellt. – Ist der Antrag zulässig?

Es handelt sich um eine Leistungsklage. Obwohl § 253 II Nr. 2 ZPO bei einer Zahlungsklage einen *bezifferten* Klageantrag verlangt, ist bei einer Schmerzensgeldklage nach der Rechtsprechung eine *unbezifferte* Antragsstellung zulässig. Voraussetzung ist, dass die Bezifferung dem Kläger nicht möglich ist und von der Ausübung richterlichen Ermessens (§ 253 II BGB) oder von einer richterlichen Schätzung abhängt (§ 287 ZPO). Ursprünglich hatte die Rechtsprechung verlangt, dass eine *ungefähre Größenordnung* (zB *mindestens 2.000 EUR, ca. 2.000 EUR*) anzugeben ist, samt Schilderung des für die richterliche Ermessensausübung erforderlichen Sachverhalts. Nach neuerer Rechtsprechung ist auch die Angabe der ungefähren Größenordnung des Betrags entbehrlich: Allein der für die Ermessensausübung erforderliche Sachverhalt ist zu schildern (Umfang und Ausmaß der Verletzungen etc). Will sich der Kläger allerdings die Möglichkeit offen halten, später Rechtsmittel einzulegen, muss er eine *Betragsvorstellung* (*ca., in etwa, mindestens* oÄ) schildern, ansonsten nicht beurteilt werden kann, ob er teilweise verloren hat und in welchem Umfang er beschwert ist (Berufungssumme!). Der Klageantrag ist damit zulässig.

> **Ergänzende Hinweise zum „unbezifferten Klageantrag":**
>
> **Sachliche Zuständigkeit:** Das Gericht muss bei Eingang der Klage den Streitwert vorläufig festsetzen (§ 63 I 1 GKG). Daraus ergibt sich gleichzeitig der Zuständigkeitsstreitwert.
>
> **Abweisung im Übrigen:** Eine *kostenpflichtige Abweisung im Übrigen* erfolgt nur, wenn das Gericht dem Kläger weniger zuspricht, als dieser sich vorgestellt hat (beispielsweise bestimmte Verletzungsfolgen als nicht kausal oder als nicht nachweisbar ansieht) oder wenn es ein Mitverschulden des Klägers annimmt. **Argument:** Die Rechtsprechung zur Zulässigkeit unbezifferter Anträge will dem Kläger lediglich das Risiko nehmen, dass das Gericht zwar von den gleichen Tatsachengrundlagen ausgeht wie der Kläger, aber den Betrag *niedriger* ansetzt, als dies der Kläger tut (dann verliert er teilweise und muss die Kosten tragen) oder *höher* (das Gericht kann nicht mehr zusprechen als beantragt: § 308 ZPO). Erweist sich allerdings eine *tatsächliche* klägerische Vorstellung als nicht zutreffend, muss die Klage kostenpflichtig im Übrigen abgewiesen werden.
>
> **Rechtskraft** (§ 322 I ZPO): Schmerzensgeldansprüche sind grundsätzlich nicht teilbar aufgrund der *Einheitlichkeit* des Anspruchs: Der begehrte Betrag ist die angemessene Entschädigung für den erlittenen *Gesamtschaden*. Da bei Schmerzensgeldentscheidungen eine idR abschließende Prognoseentscheidung erforderlich ist, tritt materielle Rechtskraft ein, uU wird aber eine Korrektur durch Nachforderungsklagen zugelassen (Palandt/Grüneberg, 77. Auflage 2018, § 253 Rn. 25). *Aber*: Trotz dieser Einheitlichkeit sind offene und verdeckte Teilklagen möglich, etwa wenn der Kläger „einen Teilbetrag von 2.000 EUR als Schmerzensgeld" beantragt (offene Teilklage) oder „2.000 EUR Schmerzensgeld", obwohl er mehr fordern könnte (verdeckte Teilklage).
>
> **Tenor/Entscheidungsgründe:** Die Anrechnung des Mitverschuldens erfolgt nicht mathematisch in dem Sinne, dass zunächst die Höhe des Schmerzensgeldes bezogen auf ein 100%iges Verschulden festzustellen ist und dieser Betrag dann entsprechend der Mitverschuldensquote gekürzt wird (sog. Quotierungsverbot). Grund: Das Mitverschulden stellt nur einen Bewertungsfaktor neben anderen dar (Palandt/Grüneberg, 77. Auflage 2018, § 253 Rn. 20, – vgl. auch den Beispielsfall 9 „Schmerzensgeld", S. 45). **Falsch:** *Der grundsätzlich bestehende Schmerzensgeldanspruch in Höhe von 10.000 EUR war aufgrund des 50%igen Mitverschuldens des Klägers zu halbieren.* **Richtig:** *Der Kläger hat Anspruch auf ein Schmerzensgeld in Höhe von 5.000 EUR. Im Rahmen des billigen Ermessens waren neben den Verletzungen ... auch das hälftige Mitverschulden des Klägers zu würdigen. Aus Sicht des Gerichts entspricht ein Schmerzensgeld über 5.000 EUR billigem Ermessen.*

b) Zur Zuständigkeit. Erfahrungsgemäß bereiten im Examen die ausschließlichen und besonderen Gerichtsstände Schwierigkeiten, weshalb hier die Zulässigkeitsprüfung kurz wiederholt wird und typische „Klausurfallen" vorgestellt werden.

- Eine **ausschließliche** sachliche und/oder örtliche Zuständigkeit ist zwingend und von Amts wegen zu beachten, dh die (gedankliche) Prüfung beginnt mit der ausschließlichen Zuständigkeit. Beispiele: Klagen aus dinglichem Recht (§ 24 ZPO); Klagen aus Wohnraummietverhältnissen (§ 29a ZPO); Klagen aus Gesellschaftsverhältnis (§ 61 III 1 GmbHG).

- Die **sachliche Zuständigkeit** richtet sich nach dem Zuständigkeitsstreitwert; übersteigt dieser 5.000 EUR, ist das Landgericht zuständig (§§ 23 Nr. 1, 71 I GVG). Für die **Berechnung** des Streitwerts gelten §§ 1 bis 9 ZPO, wobei es auf den Zeitpunkt der *Einreichung* der Klage ankommt. Problematisch ist die Berechnung, wenn keine (bezifferte) Zahlungsklage vorliegt, also etwa bei einer Klage auf Herausgabe einer Sache, auf Vornahme einer Handlung oder auf eine Feststellung. Insoweit wird auf die alphabetische Auflistung der Problemfälle bei Hüßtege in Thomas/Putzo, 39. Auflage 2018, § 3 Rn. 5 ff. verwiesen; man muss und kann sich das nicht einprägen. Unter Rn. 65 findet sich zB die Kommentierung für den Wert einer positiven Feststellungsklage (etwa 80%) und den Wert einer negativen Feststellungsklage (100%). Für *Nebenforderungen* bestimmt § 4 ZPO, dass sie den Streitwert nicht erhöhen, wenn sie *als* Nebenforderung (zB vorgerichtliche Anwaltskosten), also *neben* der Hauptforderung geltend gemacht werden.

- Die **örtliche Zuständigkeit** wird in §§ 12 ff. ZPO geregelt. Das Gesetz unterscheidet den allgemeinen Gerichtsstand (Anknüpfungspunkt ist die Person des Beklagten) vom besonderen (Anknüpfungspunkt ist der Streitgegenstand). Der Kläger kann zwischen beiden Gerichtsständen wählen (§ 35 ZPO, – vorausgesetzt, es liegt kein ausschließlicher Gerichtsstand vor, vgl. oben). Im amtsgerichtlichen Verfahren sind §§ 504, 506 ZPO zu beachten.

  In der Klausur wählt man den „einfachsten" Gerichtsstand, dh wenn möglich den *allgemeinen*. Die *besonderen* Gerichtsstände sind positiv zu begründen, was nicht immer einfach ist.

- **Gerichtsstandsvereinbarung und rügelose Einlassung.** Die Regeln für die Vereinbarung eines Gerichtsstands durch die Parteien und die rügelose Einlassung (§ 39 ZPO) erfassen die örtliche und die sachliche Zuständigkeit, – *nicht aber* einen ausschließlichen Gerichtsstand (§ 40 II 1 Nr. 2, S. 2 ZPO).

Typische Klausurprobleme bei der Zuständigkeit

aa) Der besondere Gerichtsstand des § 29 ZPO

Beispiel 1: Der in Traunstein wohnende K hat in der Gebrauchtwagenhandlung des V in Rosenheim ein gebrauchtes Kfz erworben. Nachdem K entgegen der im Kaufvertrag getroffenen Vereinbarung den Kaufpreis nicht zwei Wochen nach Lieferung des Fahrzeugs bezahlt hat, erhebt V Klage auf Zahlung des Kaufpreises. – Wo liegt der besondere Gerichtsstand des § 29 ZPO?

§ 29 ZPO wird im Examen häufig fehlerhaft angewandt. Man trifft ua auf folgende Aussage: *Bei einem Kaufvertrag über ein gebrauchtes Fahrzeug, bei dem der Kunde das Fahrzeug beim Händler vereinbarungsgemäß abgeholt hat, ist Erfüllungsort der Ort, an dem der Händler seinen Sitz hat.*

Das ist unzutreffend. Für *Verträge* gibt es keinen Erfüllungsort (vgl. auch Hüßtege in Thomas/Putzo, 39. Auflage 2018 § 29 Rn. 5), nur für *konkrete Verpflichtungen.* Deshalb heißt es in § 29 ZPO auch: *„...an dem die streitige Verpflichtung zu erfüllen ist". Richtig daher: Streitige Verpflichtung ist die Kaufpreiszahlung; für sie bestimmt sich der Erfüllungsort iSd § 29 ZPO nach § 269 BGB (die Kaufpreiszahlung ist eine Geldschuld, § 270 IV BGB). Nachdem keine Parteivereinbarung vorliegt und sich auch aus der Natur des Schuldverhältnisses kein Erfüllungsort ergibt, ist der Wohnsitz des Schuldners maßgeblich. Örtlich zuständig ist damit Traunstein.*

Prüfungsschema des § 29 ZPO

- Der Erfüllungsort gilt nicht allgemein für *Verträge*, sondern für die in Streit stehende *Verpflichtung*.
- Der Erfüllungsort dieser Verpflichtung richtet sich nach § 269 BGB:

    a) *Parteivereinbarung* („...*weder bestimmt...* ", § 269 I 1. Alt. BGB). Sie hat zuständigkeitsbegründende Wirkung nur unter den Voraussetzungen des § 29 II ZPO.

    b) *Natur des Schuldverhältnisses.* Die Rechtsprechung wendet dieses Tatbestandsmerkmal zurückhaltend an (Hauptfall: Bauvertrag, vgl. unten).

    c) *Wohnsitz des Schuldners.* Achtung: § 270 IV BGB lässt die Wertung des § 29 ZPO iVm § 269 BGB unberührt, so dass auch bei Geldschulden für die Beurteilung des Gerichtsstandes des Erfüllungsortes § 269 BGB greift.

Beachtet man dieses Prüfungsschema gelingt auch die Lösung folgender Beispiele:

Beispiel 2: Wie Beispiel 1, nur: K hat aufgrund eines Mangels den Rücktritt erklärt. Nachdem V auf Kaufpreiszahlung besteht, erhebt K Feststellungsklage mit dem Antrag festzustellen, dass zwischen K und V kein Kaufvertrag über den Pkw... besteht. – Greift § 29 ZPO?

Feststellungsklagen können schon rein begrifflich nicht erfüllt werden; man möchte deshalb meinen, dass § 29 ZPO von vornherein nicht einschlägig ist. Aber: In der Vorschrift heißt es ausdrücklich, dass Klagen bei Streitigkeiten über das *„Bestehen"* eines Rechtsverhältnisses am Erfüllungsort erhoben werden können. Wie aber soll der Erfüllungsort einer Feststellungsklage ermittelt werden? Insoweit stellt man schlicht auf den vom Kläger verfolgten *Zweck* ab: K möchte von seiner Kaufpreiszahlungspflicht „frei" werden, dh Erfüllungsort der erhobenen Feststellungsklage ist der Ort, an dem der Kaufpreis zu erfüllen wäre (§§ 29 ZPO, 270 IV BGB), also Traunstein.

Beispiel 3: Wie Beispiel 1, nur: Der Behälter der Batteriesäure war defekt; Säure ist ausgetreten und hat die Pflastersteine der Garageneinfahrt beschädigt. K erhebt deshalb gegen V Klage auf Zahlung von 1.200 EUR wegen Mangelfolgeschadens (§ 280 I BGB). – Wo liegt der besondere Gerichtsstand des § 29 ZPO?

Die in Streit stehende Verpflichtung ist der Anspruch auf Schadensersatz nach § 280 I BGB. Der Erfüllungsort iSd § 29 ZPO für den Anspruch auf Schadensersatz bestimmt sich nach § 269 BGB (der Schadensersatzanspruch ist eine Geldschuld, so dass § 270 IV BGB greift). Nachdem weder eine Parteivereinbarung vorliegt und sich auch aus der Natur des Schuldverhältnisses kein Erfüllungsort ergibt, ist der Wohnsitz des Schuldners maßgeblich. Schuldner ist der Verkäufer; örtlich zuständig ist damit das AG Rosenheim.

Beispiel 4: Bauunternehmer K hat seinen Sitz in Nürnberg; er hat für den in Traunstein wohnenden B in München ein Haus gebaut. – Wo kann K klagen?

Allgemeiner Gerichtsstand des B ist Traunstein (§§ 12, 13 ZPO iVm § 7 BGB), München ist der *besondere* Gerichtsstand des Erfüllungsorts für die streitige Verpflichtung der Werklohnzahlung (§§ 29 I ZPO, 269 BGB). Beim *Bauvertrag* hält die Rechtsprechung daran fest, einen *gemeinsamen* Erfüllungsort am *Ort des Bauwerks* anzunehmen („Natur des Schuldverhältnisses" i. S.v. § 269 I BGB), da die Parteien ihre gesamten, das Bauwerk betreffenden Rechtsbeziehungen an diesem Ort erledigen wollen. Einen weiteren Übungsfall zu § 29 ZPO bringt Beispiel 2 auf S. 55.

bb) Weitere Zuständigkeitsprobleme:

Beispiel 1: Mit seiner Klage verlangt K vom Land L 1.200 EUR Schadensersatz aus einer von einem Beamten des Landes begangenen Amtspflichtverletzung. – Welches Gericht ist sachlich zuständig?

Nach §§ 23 Nr. 1, 71 I GVG ist für vermögensrechtliche Streitigkeiten bis 5.000 EUR grundsätzlich das Amtsgericht zuständig. Danach wäre das Amtsgericht zuständig. Nach § 71 II Nr. 2 GVG sind jedoch für Klagen aus Amtspflichtverletzungen (Art. 34 GG iVm § 839 BGB) die Landgerichte **ausschließlich sachlich** zuständig.

Beispiel 2: K, der in Frankfurt wohnt, hat dem in Heidelberg wohnenden B Büroräume in Mannheim vermietet. B ist mit der Miete in Höhe von 12.000 EUR rückständig und zahlt trotz mehrfacher Mahnung nicht. K erhebt Klage vor dem Amtsgericht Mannheim. Im Protokoll des frühen ersten Termins (§ 275 ZPO) heißt es:

Auszug aus dem Protokoll, aufgenommen in der öffentlichen Sitzung des Amtsgerichts Mannheim

(...)

Nach Aufruf der Sache sind erschienen: Für den Kläger: der Kläger persönlich; für den Beklagten: der Beklagte persönlich.

Die Durchführung der Güteverhandlung endet erfolglos, weswegen in die mündliche Verhandlung eingetreten wird. Das Gericht weist den Beklagten auf die fehlende Zuständigkeit hin und belehrt ihn über die Folgen einer rügelosen Einlassung (§ 504 ZPO).

Der Kläger stellt Antrag aus der Klageschrift vom 26.4. Der Beklagte beantragt Abweisung der Klage.

Die Sach- und Rechtslage wird erörtert. Der Beklagte rügt die sachliche Zuständigkeit.

Erfolgt die Rüge des Beklagten zu Recht?

§ 23 Nr. 2a GVG regelt die *ausschließliche sachliche* Zuständigkeit allein für *Wohnraum*mietsachen und ist deshalb nicht einschlägig; für *Geschäftsräume* bleibt es bei der üblichen gesetzlichen Regelung. Damit wäre das Landgericht sachlich zuständig (§§ 23 Nr. 1, 71 I GVG, – anders § 29a ZPO, der die *örtliche* Zuständigkeit für *Wohn- und Gewerberaummietsachen* ausschließlich regelt!).

Hier greift jedoch § 39 ZPO. Nachdem kein ausschließlicher sachlicher Gerichtsstand in Betracht kommt, kann die sachliche Zuständigkeit durch rügelose Verhandlung begründet werden (§ 40 II 2 ZPO). Das ist geschehen: B hat, obgleich der erforderliche Hinweis erteilt wurde (§ 39 S. 2 ZPO), zur Hauptsache mündlich verhandelt, ohne die sachliche Unzuständigkeit geltend zu machen. „Mündlich verhandelt" iSd § 39 ZPO hat ein Beklagter nämlich bereits durch die Stellung seines Klageabweisungsantrags (§ 137 I ZPO, Reichold in Thomas/Putzo, 39. Auflage 2018 § 137 Rn. 1, § 333 Rn. 2 – die *Antragstellung* leitet die mündliche Verhandlung ein). MaW: Die Rüge der sachlichen Zuständigkeit wurde zwar erhoben, aber erst *nach* Stellung des Klageabweisungsantrags, war also *verspätet*.

> **Hinweis:** § 39 ZPO ist lex specialis zu §§ 282 III, 296 III ZPO.

cc) Doppelrelevante Tatsachen. Eine Ausnahme vom Grundsatz des § 56 I ZPO (Prüfung der Zulässigkeitsvoraussetzungen von Amts wegen) gilt für streitige Tatsachen (nicht: Rechtsfragen), die für die *Zulässigkeit* und die *Begründetheit* von Bedeutung sind (doppelrelevante Tatsachen).

Beispiel: K betreibt in Hamburg eine Fliesenfabrik. Er verklagt Bauträger B aus Berlin vor dem Amtsgericht München auf Zahlung von 2.500 EUR Schadensersatz wegen Nichterfüllung. Er begründet dies damit, dass er mit B einen Werkvertrag geschlossen, dieser aber notwendiges Material noch nicht geliefert habe; Erfüllungsort sei die Baustelle des B in München. B bestreitet den Vertragsschluss. – Greift § 29 ZPO?

Der besondere Gerichtsstand des Erfüllungsortes (§ 29 ZPO) setzt voraus, dass zwischen den Parteien ein Werkvertrag zustande gekommen ist. Dieselbe Voraussetzung gilt aber auch für die Begründetheit der Anspruchsgrundlage (§§ 280 I, III, 281 BGB), dh es liegt eine doppelrelevante Tatsache vor. In einem solchen Fall reicht nach hM für die Begründung der örtlichen Zuständigkeit ein schlüssiger Vortrag aus. MaW: Die Zulässigkeit wird (bei schlüssigem Vortrag) unterstellt; eine Beweisaufnahme findet erst im Rahmen der Begründetheitsprüfung des Schadensersatzanspruchs statt (Vorrang des Strengbeweisverfahrens vor dem Freibeweisverfahren). Ergibt diese, dass kein Vertragsschluss erfolgt ist, wird die Klage als unbegründet, nicht aber als unzulässig abgewiesen.

> **Abschließende Hinweise zur Zuständigkeit:**
> - Die **Kammer für Handelssachen** ist ein besonders besetzter Spruchkörper und die Abgrenzung zur Zivilkammer ist keine Frage der Zuständigkeit, sondern der Geschäftsverteilung (§§ 93 ff. GVG sind gesetzliche Regeln der Geschäftsverteilung; Hüßtege in Thomas/Putzo, ZPO Kommentar, 39. Auflage 2018, vor § 93 GVG RNr. 1). Da eine fehlende Zuständigkeit der Kammer für Handelssachen im Vergleich zur Zivilkammer nicht zur Klageabweisung führt, darf dieser Gesichtspunkt nicht im Rahmen der Zulässigkeit geprüft werden.
> - Das Verhältnis originärer Einzelrichter (§ 348 ZPO) und Kammer ist eine Frage der funktionellen Zuständigkeit, die nach hM unter § 513 II ZPO fällt.

c) Zur Parteifähigkeit und Prozessfähigkeit. In Examensklausuren sind häufig **begriffliche Unsicherheiten** feststellbar. Beispiel: Die Huber-GmbH hat gegen Müller eine Werklohnforderung von

15.000 EUR. Da Müller nicht zahlt, erhebt die Gesellschaft, vertreten durch den Geschäftsführer G, Klage vor dem Landgericht. Die Klage wird Miller, einem Nachbarn des Müller, zugestellt.

Kläger ist die GmbH, Beklagter ist Müller und nicht etwa Miller: Es gilt der **formelle Parteibegriff**, dh der Kläger bestimmt durch Benennung des Gegners den Beklagten; allein die Zustellung macht Miller nicht zur Partei. Als juristische Person ist die Huber-GmbH **parteifähig** (§ 50 I ZPO), aber **nicht prozessfähig**, weil sie vor Gericht nicht selbst oder durch bestellte Vertreter handeln kann. Sie muss folglich durch ihren *gesetzlichen Vertreter*, den Geschäftsführer G (§ 35 I GmbHG), vertreten werden (§ 51 I ZPO). Der Beklagte Müller wiederum ist **partei-** und **prozessfähig** (§§ 50 I, 51 I, 52 ZPO). Da der Prozess vor dem Landgericht stattfindet, sind weder die GmbH, vertreten durch ihren Geschäftsführer G, noch Müller **postulationsfähig**. Die **Prozessführungsbefugnis** hingegen liegt bei beiden vor, ebenso die aktive und passive **Sachlegitimation**: Die GmbH ist materiell-rechtlicher Inhaber des Anspruchs aus § 631 I BGB, Müller materiell-rechtlich der diesbezügliche Schuldner.

Weitere Problembereiche sind die **Anordnung einer Betreuung** oder **das Versterben** einer Partei (bzw. eine Erkrankung, die zur Prozessunfähigkeit führt): Aus der **Anordnung einer Betreuung** können *keine* Rückschlüsse auf die *Geschäftsfähigkeit* gezogen werden. Nach § 1896 BGB ist Voraussetzung für die Anordnung einer Betreuung, dass jemand aufgrund einer psychischen Krankheit oder einer Behinderung seine Angelegenheiten nicht besorgen kann. Voraussetzung ist *nicht*, dass die betreffende Person geschäftsunfähig ist (Geschäftsunfähigkeit kann in der Klausur regelmäßig nur unterstellt werden, wenn ein *Einwilligungsvorbehalt* angeordnet wurde, vgl. § 1903 BGB). Für den Zivilprozess hilft **§ 53 ZPO** über mögliche Schwierigkeiten bei der Beurteilung der Prozessfähigkeit hinweg: Sobald ein Betreuer auftritt, wird die Prozessunfähigkeit *gesetzlich fingiert* (für Zustellungen ist dann § 170 ZPO zu beachten, dh sie muss an den gesetzlichen Vertreter erfolgen).

Wird eine bereits **vor Klageerhebung verstorbene Person** verklagt, ist die Klage wegen fehlender Parteiexistenz (durch Prozessurteil) als unzulässig abzuweisen. Das ist unproblematisch; anders, wenn eine Partei **während des Prozesses stirbt.**

Beispiel: K hat B auf Zahlung von 8.000 EUR aus einem Kaufvertrag verklagt. B bestreitet, dass ein Kaufvertrag geschlossen wurde. Es ergeht Beweisbeschluss auf Vernehmung mehrerer Zeugen. Noch vor Durchführung des Beweistermins stirbt B. Er wird von seiner Ehefrau F allein beerbt. – Was wird das Gericht tun?

Die maßgeblichen Vorschriften finden sich in §§ 239 ff. ZPO. Stirbt eine Partei, tritt an deren Stelle sein Erbe als Rechtsnachfolger, der den Prozess so übernehmen muss, wie er ihn vorfindet. Dabei tritt nach § 239 ZPO zunächst eine *Unterbrechung* des Verfahrens ein (Rechtsfolge der Unterbrechung: § 249 ZPO), um dem Nachfolger Gelegenheit zu geben, sich darüber klar zu werden, ob und wie er den Prozess weiterführt, – es sei denn, die verstorbene Partei wurde durch einen Prozessbevollmächtigten vertreten (§ 246 ZPO). Das Gericht wird also – der Prozess läuft vor dem Landgericht, so dass K wie B anwaltlich vertreten sind – von sich aus nichts unternehmen, sondern abwarten, ob ein Antrag auf Aussetzung des Verfahrens gestellt wird (§ 246 I ZPO). Wenn nicht, wird es den Prozess fortführen. Beklagte ist jetzt F, die vom Anwalt ihres verstorbenen Mannes vertreten wird (§ 86 ZPO).

d) Zur Prozessführungsbefugnis. Unter Prozessführungsbefugnis versteht man die Befugnis, über das behauptete *eigene* Recht einen Prozess im *eigenen* Namen zu führen und unter **Prozessstandschaft** das Recht, ein behauptetes *fremdes* Recht in *eigenem* Namen einzuklagen. Während die Prozessführungsbefugnis unproblematisch ist, ein (behauptetes) eigenes Recht kann man stets klageweise durchsetzen, bedarf die Prozessstandschaft einer besonderen Prozessführungsbefugnis, die sich kraft Gesetzes oder kraft Ermächtigung durch den Rechtsträger ergeben kann.

Gesetzliche Prozessstandschaft liegt vor, wenn die Prozessführungsbefugnis kraft Gesetzes nicht dem Inhaber des (behaupteten) Rechts zusteht, sondern einem Dritten, der im eigenen Namen als Partei auftritt und das fremde Recht geltend macht, wie etwa ein **Ehegatte** im Fall des § 1368 BGB; § 265 II ZPO oder eine **Partei kraft Amtes**: Insolvenzverwalter (§§ 21 II Nr. 1, 22, 80 I InsO), Zwangsverwalter (§ 152 ZVG), Nachlassverwalter (§§ 1960 f. BGB) und Testamentsvollstrecker (§§ 2212 f. BGB).

Gewillkürte Prozessstandschaft liegt vor, wenn ein fremdes Recht im eigenen Namen aufgrund einer Ermächtigung (§ 185 I BGB) des Rechtsträgers geltend gemacht wird. Voraussetzungen für die Zulässigkeit dieser Prozessstandschaft sind:

– Wirksame Ermächtigung durch den Rechtsträger (§ 185 I BGB).
– Das Recht *selbst* oder seine *Ausübung* muss an einen Dritten abgetreten werden können.
– Der Prozessstandschafter muss ein eigenes rechtsschutzwürdiges Interesse daran haben, das fremde Recht im eigenen Namen klageweise durchzusetzen.

Wirkungen der Prozessstandschaft: Allein der Prozessstandschafter ist Partei; deshalb kann der Rechtsträger, da nicht Partei, als Zeuge vernommen werden (wichtig!). Die Wirkungen des Urteils treffen dagegen allein den Rechtsträger.

e) Zum Rechtsschutzbedürfnis und zum Feststellungsinteresse:

Beispiel 1: Mieter M klagt gegen seinen Vermieter V auf Feststellung, dass ein Mietverhältnis zwischen ihm und V nicht mehr bestehe; V behaupte zu Unrecht, dass der Vertrag noch bestehe und fordere zu Unrecht Miete. – Ist die Klage zulässig?

Die Klage ist als negative Feststellungsklage zulässig (§ 256 I ZPO). Das Mietverhältnis ist ein taugliches gegenwärtiges Rechtsverhältnis und ein Feststellungsinteresse besteht. Ebenso ein Rechtsschutzbedürfnis („*... ein rechtliches Interesse daran hat, ...*" § 256 I ZPO): Die Feststellungsklage ist zwar gegenüber der Leistungsklage subsidiär, es hat aber M als Mieter gerade keine Möglichkeit, auf Leistung zu klagen.

> **Ergänzende Hinweise:**
> - Die **Subsidiarität** der Feststellungsklage gegenüber der Leistungsklage wird üblicherweise im Rahmen des *Rechtsschutzbedürfnisses* erörtert. Nach aA besteht neben dem Feststellungsinteresse kein weiteres allgemeines Rechtsschutzbedürfnis.
> - Der Vorrang der Leistungsklage gegenüber der Feststellungsklage wird mit dem Argument der Prozessökonomie begründet. Da eine Feststellungsklage noch nicht zur Befriedigung des Gläubigers führt, sind weitere Prozesse zu erwarten, was unwirtschaftlich ist. Lässt allerdings ein Feststellungsurteil eine erschöpfende und sachgemäße oder bessere Lösung des Streits erwarten (BGH NJW 1988, 774), greift der Grundsatz der Subsidiarität nicht.

Beispiel 2: Wie Beispiel 1, nur: V erhebt Widerklage auf Zahlung von 2.000 EUR rückständiger Miete.

Das Feststellungsinteresse an der Durchsetzung eines Anspruchs entfällt, sobald eine Leistungsklage erhoben wird, die die Durchsetzung des Anspruchs betrifft, weil jetzt ohnehin eine Klärung stattfindet. So liegt es hier: Die Klärung der Frage, ob ein Mietverhältnis besteht oder nicht (Anliegen des M) muss im Rahmen der Widerklage des V (keine Mietzahlung ohne Mietvertrag) ohnehin erfolgen, so dass M an der Durchsetzung seines Anspruchs kein rechtliches Interesse mehr hat. Allerdings **entfällt** das Feststellungsinteresse des M nach der Rechtsprechung (BGH NJW 1987, 2680) **erst dann,** wenn die Leistungsklage (Widerklage des V) **nicht mehr einseitig zurückgenommen** werden kann. Das ist der Fall, sobald V den Widerklageantrag in der mündlichen Verhandlung gestellt und M die Abweisung der Widerklage beantragt hat (§ 269 I ZPO: die Vorschrift gilt auch für die Widerklage). Grund für diese Einschränkung: Ohne sie könnte der Beklagte allein durch die Erhebung der Widerklage (Leistungsklage) die Feststellungsklage unzulässig machen und sodann durch Rücknahme seiner Klage den Prozess mit entsprechenden Kostennachteilen für den Kläger beenden. Ein solches Vorgehen widerspricht dem Grundsatz, dass nur der Kläger über „seinen" Streitgegenstand disponieren kann.

> **Hinweis:** Nach der Rechtsprechung (BGH aaO) bleibt das Feststellungsinteresse trotz Erhebung einer Leistungsklage im Wege der Widerklage bestehen, wenn die Feststellungsklage entscheidungsreif ist. Andernfalls hätte es der Beklagte in der Hand, den Rechtsstreit zu verzögern.

Ist die Feststellungsklage des M danach unzulässig, sobald V seine Widerklage nicht mehr zurücknehmen kann, kann M die mit einer Abweisung seiner Klage verbundene Kostenlast vermeiden, indem er den Rechtsstreit für erledigt erklärt (§ 91a ZPO, – das erledigende Ereignis ist die Widerklage, die einseitig nicht mehr rücknehmbar ist).

Zum Feststellungsinteresse vgl. auch den Übungsfall zur Säumnis, Beispiel 1, S. 54.

VIII. Anhang III: Der Streitwertbeschluss

In Examensklausuren wird eine Streitwertfestsetzung selten gefordert. Da – mag es auch methodisch fragwürdig sein – die bei Gericht eingesetzte EDV den Streitwertbeschluss zum Bestandteil des Urteils gemacht hat, steht in den neueren Bearbeitervermerken regelmäßig „*... der Streitwertbeschluss ist erlassen*". Sollte ein Streitwertbeschluss erforderlich werden, hier ein Hilfestellung:

> **Endurteil**
>
> I. [Sachentscheidung]
> II. [Kostenentscheidung]

1. Kapitel: Die einzelnen Elemente

III. [Entscheidung über die vorläufige Vollstreckbarkeit]

IV. Der Streitwert wird auf 10.000 EUR festgesetzt.

oder:

Endurteil

I. [Sachentscheidung]

II. [Kostenentscheidung]

III. [Entscheidung über die vorläufige Vollstreckbarkeit]

Beschluss

Der Streitwert wird auf 10.000 EUR festgesetzt.

Zudem ist zu beachten:

- In den **Nebenentscheidungen** ist die Streitwertfestsetzung zu begründen, zB *Der Gebührenstreitwert war gem. § 63 Abs. 2 S. 1 GKG festzusetzen. Maßgeblicher Zeitpunkt für die Wertberechnung ist (anders als beim Zuständigkeitsstreitwert) gem. § 40 GKG die Antragstellung. Gem. § 48 GKG iVm § 3 ZPO war der Streitwert auf 10.000 EUR festzusetzen.*
- **Rechtsbehelfsbelehrung**: Die Streitwertfestsetzung kann mit der Beschwerde gem. § 68 GKG angefochten werden; die Beschwerdefrist beträgt 6 Monate!

2. Kapitel: Weitere Tenorierungsbeispiele mit Erläuterungen

Inhaltsverzeichnis

I. Subjektive Klagehäufung	40
II. Gesamtschuldner	40
1. Die „klassische" Situation	40
2. Gesamtschuldner und Zusatzforderung	41
3. Unterschiedliches Obsiegen und Unterliegen (Baumbach'sche Formel)	41
III. Widerklage	43
IV. Aufrechnung	43
V. Versäumnisurteil	44
VI. Gestaltungsklage: Vollstreckungsabwehrklage	45
VII. Schmerzensgeld	45
VIII. Anerkenntnis	46
IX. Urkundsprozess (mit Hinweisen zum Nachverfahren)	47
X. Werkvertrag	48
1. Hilfsweise Mängeleinwendung	48
2. Selbständiges Beweisverfahren	49
XI. Miete: und Stufenklage	50

I. Subjektive Klagehäufung

Klage gegen B1 auf 1.000 EUR und gegen B2 ebenfalls auf 1.000 EUR; B1 und B2 sind Streitgenossen (§§ 59, 60 ZPO) *ohne* Gesamtschuldner zu sein. Die Klage ist begründet.

> **Endurteil**
>
> I. B1 wird verurteilt an K 1.000 EUR zu zahlen.
> II. B2 wird verurteilt an K 1.000 EUR zu zahlen.
> III. Die Beklagten tragen die Kosten des Rechtsstreits je zu 1/2.
> IV. Das Urteil ist vorläufig vollstreckbar. Die Beklagten können jeweils die Vollstreckung durch Sicherheitsleistung in Höhe von 110 % des auf Grund des Urteils vollstreckbaren Betrages abwenden, wenn nicht der Kläger vor der jeweiligen Vollstreckung Sicherheit leistet in Höhe von 110 % des jeweils zu vollstreckenden Betrages.

Hauptsache: Aus Gründen der Übersichtlichkeit ist für jeden Beklagten eine gesonderte Ziffer zu verwenden.

Kostenentscheidung: Rechtsgrundlage ist § 91 ZPO iVm § 100 I ZPO. Die hälftige Kostentragungspflicht kann auch tenoriert werden: *Die Beklagten tragen die Kosten des Rechtsstreits*, weil sich bereits aus § 100 I ZPO die Haftung nach Kopfteilen ergibt. Der Gebührenstreitwert (§ 39 GKG) liegt bei 2.000 EUR.

Vorläufige Vollstreckbarkeit: Schritt 1: Wer kann was vollstrecken? Nur der Kläger: Ziff. I + II (Hauptsache) und Ziff. III (Kostenentscheidung). Die zutreffende Rechtsgrundlage wird für jedes Prozessrechtsverhältnis (K/A und K/B) gesondert ermittelt und, da die Hauptsache 1.250 EUR nicht übersteigt, ist im Verhältnis K/A und K/B jeweils § 708 Nr. 11 ZPO iVm § 711 ZPO.

II. Gesamtschuldner

1. Die „klassische" Situation

Klage gegen B1 und B2 auf 900 EUR als Gesamtschuldner (subjektive Klagehäufung, Streitgenossenschaft, §§ 59, 60 ZPO). Die Klage ist begründet.

Endurteil

I. Die Beklagten B1 und B2 werden als Gesamtschuldner verurteilt, an den Kläger 900 EUR zu zahlen.

II. Die Beklagten tragen als Gesamtschuldner die Kosten des Rechtsstreits.

III. Das Urteil ist vorläufig vollstreckbar. Die Beklagten können die Vollstreckung durch Sicherheitsleistung in Höhe von 110 % des auf Grund des Urteils vollstreckbaren Betrages abwenden, wenn nicht der Kläger vor der Vollstreckung Sicherheit leistet in Höhe von 110 % des jeweils zu vollstreckenden Betrages.

Hauptsache: Im Tenor muss die Gesamtschuldnerschaft zum Ausdruck gebracht werden (das wird in Examensklausuren gern übersehen!).

Kostenentscheidung: Rechtsgrundlage ist § 91 ZPO iVm § 100 IV ZPO. Die gesamtschuldnerische Haftung ergibt sich bereits aus dem Gesetz, so dass auch ausreichen würde: *Die Beklagten tragen die Kosten des Rechtsstreits.* Obige Tenorierung ist jedoch in der Praxis üblich (Zöller, 32. Auflage 2018, § 100 Rn. 11). Der Gebührenstreitwert (§ 48 I 1 GKG, vgl. S. 153) liegt bei 900 EUR (wirtschaftliche Identität).

Vorläufige Vollstreckbarkeit: Schritt 1: Wer kann was vollstrecken? Der Kläger, und zwar die Hauptsache und die Kostenentscheidung. Schritt 2: Die Hauptsache übersteigt nicht 1.250 EUR, daher ist Rechtsgrundlage § 708 Nr. 11 ZPO iVm § 711 ZPO.

2. Gesamtschuldner und Zusatzforderung

Abwandlung des Ausgangsfalles: Gegen B2 werden weitere 400 EUR eingeklagt. Die Klage ist begründet.

Endurteil

I. Die Beklagten B1 und B2 werden als Gesamtschuldner verurteilt, an den Kläger 900 EUR zu zahlen. Darüber hinaus wird B2 verurteilt, weitere 400 EUR an den Kläger zu zahlen.

II. Die Beklagten tragen 69 % der Kosten des Rechtsstreits als Gesamtschuldner; die weiteren Kosten des Rechtsstreits trägt B2 allein.

III. Das Urteil ist vorläufig vollstreckbar,

gegen B2 nur gegen Sicherheitsleistung in Höhen von 110 % des jeweils zu vollstreckenden Betrages.

B1 kann die Vollstreckung durch Sicherheitsleistung in Höhe von 110 % des auf Grund des Urteils vollstreckbaren Betrages abwenden, wenn nicht der Kläger vor der Vollstreckung Sicherheit leistet in Höhe von 110 % des jeweils zu vollstreckenden Betrages.

Kostenentscheidung: Sie ergibt sich aus § 91 ZPO iVm § 100 I, II und IV ZPO. Bei der Berechnung ist von einem Gebührenstreitwert von 1.300 EUR auszugehen (§ 48 I 1 GKG iVm § 5 Hs. 1 ZPO). Hiervon waren B1 und B2 gemeinsam mit 900 EUR unterlegen, B2 mit weiteren 400 EUR, so dass sich og Quoten ergeben. **Hinweis:** § 100 ZPO Absätze I und II sprechen von dem *unterliegenden Teil* und meinen damit die Kläger oder die Beklagten; Absatz IV spricht von *den Beklagten als Gesamtschuldner*. Konsequenz: Auf mehrere unterliegende Kläger ist Absatz IV *nicht* anwendbar (Hüßtege in Thomas/Putzo, 39. Auflage 2018 § 100 Rn. 11).

3. Unterschiedliches Obsiegen und Unterliegen (Baumbach'sche Formel)

Kläger: 4.000 EUR gegen B1 und B2 als Gesamtschuldner. Die Klage erweist sich lediglich über 2.000 EUR gegen B1 als begründet.

Endurteil

I. B1 wird verurteilt, an den Kläger 2.000 EUR zu zahlen. Im Übrigen wird die Klage abgewiesen.

II. Von den Gerichtskosten tragen der Kläger 3/4 und B1 1/4. Der Kläger trägt die außergerichtlichen Kosten des B2 voll und die B1 zu 1/2. Von den außergerichtlichen Kosten des Klägers trägt B1 1/4. Im Übrigen trägt jeder seine außergerichtlichen Kosten selbst.

III. Das Urteil ist vorläufig vollstreckbar,

für den Kläger jedoch nur gegen Sicherheitsleistung in Höhe von 110 % des jeweils zu vollstreckenden Betrages.

Der Kläger kann die Vollstreckung der jeweiligen Beklagten jeweils durch Sicherheitsleistung in Höhe von 110 % des auf Grund des Urteils vollstreckbaren Betrages abwenden, wenn nicht der jeweilige Beklagte vor der Vollstreckung Sicherheit leistet in Höhe von 110 % des jeweils zu vollstreckenden Betrages.

Hauptsache: Mit der Tenorierung *Im Übrigen wird die Klage abgewiesen* wird im Verhältnis K/B1 (2.000 EUR) und im Verhältnis K/B2 (4.000 EUR) die Klage abgewiesen.

Kostenentscheidung: Bei unterschiedlichem Obsiegen und Unterliegen von Streitgenossen erfolgt die Kostenentscheidung nach der **Baumbach'schen Formel**. Hinter diesem „Schreckenswort" für den Referendar verbirgt sich zwar eine durchaus anspruchsvolle Kostenentscheidung, die aber bei näherem Hinsehen einem einfachen Schema folgt.

Der Baumbach'schen Formel, eine wertende Kostenentscheidung aufgrund der §§ 91, 92 ZPO, liegt folgende Überlegung zugrunde: Würde man, wie naheliegend, tenorieren *K und B1 tragen die Kosten des Rechtsstreits je zu 1/2* ergäben sich folgende Unstimmigkeiten: Außergerichtliche Kosten: B1 müsste einen Teil der außergerichtlichen Kosten des B2 tragen. Gerichtskosten: Hätte K von Anfang an nur B1 verklagt, müssten K und B1 jeweils die Hälfte der Gerichtskosten tragen. K hat nun aber nicht nur B1, sondern auch B2 verklagt und ist diesem gegenüber voll unterlegen.

Diese Unstimmigkeiten bereinigt die Baumbach'sche Formel indem sie (1) zwischen Gerichtskosten und außergerichtlichen Kosten trennt und (2) einen fiktiven Gebührenstreitwert zugrunde legt. Im Einzelnen sieht das so aus:

Schritt 1 (außergerichtliche Kosten des Klägers): Man skizziert auf einem eigenen Blatt drei **Spalten**. Mit der Spalte *Kläger* bzw. *Beklagte* wird ermittelt, wer die *außergerichtlichen* Kosten des Klägers bzw. der Beklagten trägt, mit der Spalte *Gerichtskosten*, wer die Gerichtskosten trägt. Mehrere Personen auf der Kläger- (ggf. Widerbeklagte) oder Beklagtenseite (hier zwei; ggf. Widerkläger) sind getrennt zu erfassen. Anschließend ermittelt man die außergerichtlichen Kosten des Klägers (Spalte 1) unter Zugrundelegung eines **fiktiven Gebührenstreitwerts**. Dieser geht davon aus, dass der Kläger von den Gesamtschuldnern B1 und B2 *jeweils* 4.000 EUR verlangt, auch wenn er im Ergebnis nur *einmal* 4.000 EUR beanspruchen kann (= der fiktive Gebührenstreitwert beträgt 8.000 EUR!). Einzutragen ist dabei allein das **Ausmaß des Verlierens** im jeweiligen Personenverhältnis K/B1 und K/B2, da nur derjenige für die Kosten aufkommt, der verliert!

Kläger	Gerichtskosten	Beklagte
K verliert: 2.000 EUR B1 verliert: 2.000 EUR K verliert: 4.000 EUR B2 verliert: 0 EUR fiktiver Gebührenstreitwert: 8.000 EUR		B1
		B2

Schritt 2 (außergerichtliche Kosten der Beklagten): Sodann zur Spalte 3 (außergerichtliche Kosten der Beklagten B1 und B2). Hier ist – gleichsam spiegelbildlich – das Ausmaß des Verlierens im jeweiligen Personenverhältnis anhand des fiktiven Gebührenstreitwerts von jeweils 4.000 EUR einzutragen:

Beklagte
B1 verliert: 2.000 EUR K verliert: 2.000 EUR fiktiver Gebührenstreitwert: 4.000 EUR
B2 verliert: 0 K verliert: 4.000 EUR fiktiver Gebührenstreitwert: 4.000 EUR

Schritt 3 (Gerichtskosten): In der Spalte 2 ermittelt man, wer für die *Gerichtskosten* haftet.

Gerichtskosten
K verliert: 2.000 EUR B1 verliert: 2.000 EUR K verliert: 4.000 EUR B2 verliert: 0 EUR fiktiver Gebührenstreitwert: 8.000 EUR

Schritt 4 (Probe): Vor dem letzten Schritt (der Addition) überprüft man seine Eintragungen: Zum einen müssen die *fiktiven Gebührenstreitwerte in den drei Spalten den gleichen Betrag ausweisen* und zum anderen muss *jede Partei* (K, B1, B2) im Ausmaß ihres Verlierens *in allen drei Spalten aufscheinen*. Das ist hier der Fall: Das Unterliegen zB des K mit 2.000 EUR steht in allen drei Spalten.

2. Kapitel: Weitere Tenorierungsbeispiele mit Erläuterungen

Schritt 5 (Addition): Zuletzt muss man die Einzelbeträge aus Schritt 3 **addieren**:

Kläger	Gerichtskosten	Beklagte
K verliert: 2.000 EUR B1 verliert: 2.000 EUR K verliert: 4.000 EUR B2 verliert: 0 EUR fiktiver Gebührenstreitwert: 8.000 EUR	K: 6.000 EUR B1: 2.000 EUR B2: 0 EUR fiktiver Gebührenstreitwert: 8.000 EUR	B1 B1: 2.000 EUR K: 2.000 EUR fiktiver Gebührenstreitwert: 4.000 EUR B2 B2: 0 K: 4.000 EUR fiktiver Gebührenstreitwert: 4.000 EUR

Das **Ergebnis** ergibt sich als Bruch unmittelbar aus der Tabelle: Von den Gerichtskosten trägt K 6.000/8.000 = 3/4; B1 2.000/8.000 = 1/4. Die außergerichtlichen Kosten des B2 trägt K voll (4.000/4.000), die des B1 zu 1/2 (2.000/4.000); die außergerichtlichen Kosten des Klägers trägt B1 zu 1/4 (2.000/8.000). Die verbleibenden außergerichtlichen Kosten (bei K 3/4 und bei B 1/2) tragen K bzw. B1 selbst, weshalb man im Tenor (vgl. oben) formuliert: *Im Übrigen trägt jeder* (es bleiben nur noch K und B1) *seine außergerichtlichen Kosten selbst*.

III. Widerklage

Abwandlung Klage auf 2.000 EUR und Widerklage über 1.000 EUR. Der Klage und Widerklage liegt der gleiche Verkehrsunfall zu Grunde; beide Klagen sind begründet.

Endurteil

I. Der Beklagte wird verurteilt, an den Kläger 2.000 EUR zu zahlen.

II. Der Kläger wird verurteilt, an den Beklagten 1.000 EUR zu zahlen.

III. Von den Kosten des Rechtsstreits tragen der Kläger 1/3 und der Beklagte 2/3.

IV. Das Urteil ist vorläufig vollstreckbar,

für den Kläger jedoch nur gegen Sicherheitsleistung in Höhe von 110 % des jeweils zu vollstreckenden Betrages.

Der Kläger kann die Vollstreckung abwenden durch Sicherheitsleistung in Höhe von 110 % des auf Grund des Urteils vollstreckbaren Betrages, wenn nicht der Beklagte vor der Vollstreckung Sicherheit leistet in Höhe von 110 % des jeweils zu vollstreckenden Betrages.

Hauptsache: Klage und Widerklage sind aus Gründen der Übersichtlichkeit in gesonderten Ziffern zu tenorieren; bei der Parteibezeichnung verzichtet man (im Gegensatz zum Rubrum) auf eine Angabe sämtlicher Parteirollen (*Der Beklagte und Widerkläger wird verurteilt...*). In der Praxis findet sich für die Widerklage auch häufig folgende Wendung: *Auf die Widerklage hin wird der Kläger verurteilt...*

Kostenentscheidung: Rechtsgrundlage ist § 92 ZPO. Für die Beurteilung des Ausmaßes des Unterliegens ist auf den Gebührenstreitwert abzustellen, der 3.000 EUR beträgt (§ 45 I 1, 3 GKG: auch wenn ein identisches Verkehrsunfall zu Grunde liegt, geht es wirtschaftlich um die Beschädigung der *beiden* Pkw von Kläger und Beklagten). Der Kläger verliert (die Widerklage) über 1.000 EUR, also haftet er für die Kosten zu 1/3.

Vorläufige Vollstreckbarkeit: Beide Parteien können vollstrecken.
- Kläger: Schritt 1: Was kann der Kläger vollstrecken? 2.000 EUR und 2/3 der Kosten des Rechtsstreits. Schritt 2: Rechtsgrundlage ist § 709 S. 1, 2 ZPO (Hauptsache über 1.250 EUR).
- Beklagter: Schritt 1: Was kann der Beklagte vollstrecken? 1.000 EUR und 1/3 der Kosten des Rechtsstreits. Schritt 2: Rechtgrundlage ist § 708 Nr. 11 ZPO iVm § 711 ZPO (Hauptsache unter 1.250 EUR).

IV. Aufrechnung

Statt im obigen Fall Widerklage zu erheben rechnet der Beklagte mit seiner Forderung über 1.000 EUR auf.

Endurteil

I. Der Beklagte wird verurteilt, an den Kläger 1.000 EUR zu zahlen.

II. Im Übrigen wird die Klage abgewiesen.

III. Die Kosten des Rechtsstreits werden gegeneinander aufgehoben.

IV. Das Urteil ist vorläufig vollstreckbar. Der Beklagte kann die Vollstreckung abwenden durch Sicherheitsleistung in Höhe von 110% des auf Grund des Urteils vollstreckbaren Betrages, wenn nicht der Kläger vor der Vollstreckung Sicherheit leistet in Höhe von 110% des jeweils zu vollstreckenden Betrages.

Hauptsache: Der Kläger obsiegt nicht mit dem vollen eingeklagten Betrag von 2.000 EUR; folglich muss seine Klage im Übrigen abgewiesen werden (er hätte seine Klage aber auch in Höhe von 1.000 EUR für erledigt erklären können).

Kostenentscheidung: Rechtsgrundlage ist § 92 ZPO. Der Kläger war mit 1.000 EUR von 2.000 EUR unterlegen (die Aufrechnung erhöht den Streitwert nicht, da nicht hilfsweise geltend gemacht, § 45 III GKG), mithin mit 50%. Für die Kostenentscheidung gibt es damit zwei Möglichkeiten: Entweder wie in Ziff. III tenoriert (sog. Kostenaufhebung = jede Partei trägt ihre eigenen außergerichtlichen Kosten und die Hälfte der Gerichtskosten) oder: *Von den Kosten des Rechtsstreits tragen der Kläger und der Beklagte jeweils 50%.* In der Klausur ist die *Kostenaufhebung* im Hinblick auf eine dann einfachere Entscheidung bei der vorläufigen Vollstreckbarkeit vorzuziehen.

Vorläufige Vollstreckbarkeit: Schritt 1: Wer kann was vollstrecken? Nur der Kläger und zwar 1.000 EUR und die Hälfte der von ihm im Voraus bezahlten Gerichtskosten. Der Beklagte kann nichts vollstrecken (während er bei einer Kostenentscheidung zu jeweils 50%, vgl. oben, die Hälfte seiner außergerichtlichen Kosten vollstrecken könnte). Schritt 2: Rechtsgrundlage für den Kläger ist § 708 Nr. 11 ZPO iVm § 711 ZPO (Hauptsache unter 1.250 EUR).

V. Versäumnisurteil

Kläger: 2.000 EUR; Versäumnisurteil nach Klage. Einspruch des Beklagten; die Klage ist begründet.

Endurteil

I. Das Versäumnisurteil des Landgerichts Traunstein vom 8.2. (Az.: ...) wird aufrechterhalten.

II. Der Beklagte trägt die weiteren Kosten des Rechtsstreits.

III. Das Urteil ist gegen Sicherheitsleistung in Höhe von 110% des jeweils zu vollstreckenden Betrages vorläufig vollstreckbar. Die Vollstreckung aus dem Versäumnisurteil darf nur gegen Leistung dieser Sicherheit fortgesetzt werden.

Urteilsüberschrift: Das früher ergangene Urteil war ein Versäumnisurteil, das Urteil nach zulässigem Einspruch ist ein Endurteil.

Hauptsache: Das Versäumnisurteil muss aufrechterhalten werden; das folgt unmittelbar aus § 343 ZPO. Normzweck ist die Rangwahrung bereits erfolgter Vollstreckungsmaßnahmen.

Kostenentscheidung: Das Versäumnisurteil bleibt aufrecht erhalten; folglich bleibt auch die dortige Kostenentscheidung bestehen und es muss nur noch über die Kosten entschieden werden, die ab Erlass des Versäumnisurteils angefallen sind; daher die Formulierung „*weitere* Kosten"; Rechtsgrundlage ist § 91 ZPO.

Vorläufige Vollstreckbarkeit: Schritt 1: Wer kann was vollstrecken? Der Kläger 2.000 EUR zzgl. der Kosten. Schritt 2: Rechtsgrundlage? Für das vorangegangene Versäumnisurteil ist Rechtsgrundlage § 708 Nr. 2 ZPO; für das Endurteil richtet sich die Entscheidung über die vorläufige Vollstreckbarkeit nach § 709 S. 1, 3 ZPO. Die erst im Endurteil hinzugekommenen „weiteren Kosten" bleiben nach hM außer Betracht (str.).

VI. Gestaltungsklage: Vollstreckungsabwehrklage

B hat gegen K ein Urteil erstritten, wonach K dem B 10.000 EUR schuldet. K (Titelschuldner) macht in einem Folgeprozess gemäß § 767 ZPO erfolgreich geltend, dass die Zwangsvollstreckung unzulässig ist.

Endurteil

I. Die Zwangsvollstreckung aus dem Urteil des Landgerichts Traunstein vom 2.8. (Az. 3 O 3452/17) wird für unzulässig erklärt.

II. Der Beklagte trägt die Kosten des Rechtsstreits.

III. Das Urteil ist vorläufig vollstreckbar gegen Sicherheitsleistung in Höhe von 14.000 EUR.

Hauptsache: Der Titel ist genau zu bezeichnen (Formulierungsbeispiel: Seiler in Thomas/Putzo, 39. Auflage 2018 § 767 Rn. 12).

Kostenentscheidung: Rechtsgrundlage ist § 91 ZPO; § 788 ZPO ist im zwangsvollstreckungsrechtlichen Klageverfahren nicht anwendbar.

Vorläufige Vollstreckbarkeit: Bei der Vollstreckungsabwehrklage (Vollstreckungsgegenklage) handelt es sich um eine prozessuale Gestaltungsklage, die dem zugrunde liegenden Titel die Vollstreckbarkeit nimmt. Grundsätzlich sind Gestaltungsklagen (wie auch Feststellungsklagen oder Klagen auf Abgabe einer Willenserklärung gem. § 894 ZPO) nur hinsichtlich der Kostenentscheidung für vorläufig vollstreckbar zu erklären. Die Gestaltungsfolge (zB Ausscheiden eines Gesellschafters) tritt „automatisch" mit Rechtskraft der Entscheidung ein. Anders bei der Vollstreckungsabwehrklage: Gewinnt der Vollstreckungsschuldner, hat er auch schon vor Eintritt der Rechtskraft ein Interesse daran, die weitere Vollstreckung durch den Gläubiger zu verhindern. Daher können Entscheidungen nach § 767 für vorläufig vollstreckbar erklärt werden und stellen ein Vollstreckungshindernis nach § 775 ZPO dar. Allerdings besteht dann auch ein Bedürfnis, der möglichen Aufhebung der Entscheidung durch Anordnung einer Sicherheitsleistung Rechnung zu tragen. Dabei orientiert man sich an der titulierten Schuld, hier also 10.000 EUR zzgl. den Kosten des Rechtsstreits (= 2.406,85 EUR) und einem Sicherheitszuschlag.

VII. Schmerzensgeld

Der Kläger möchte ein unbeziffertes Schmerzensgeld (vgl. auch S. 34) sowie Feststellung, dass der Beklagte verpflichtet ist, alle künftigen materiellen und immateriellen Schäden zu tragen. Das Gericht kommt zum Ergebnis, dass ein Schmerzensgeld in Höhe von 5.000 EUR angemessen ist; das Mitverschulden des Klägers bemisst es mit 1/3.

Endurteil

I. Der Beklagte wird verurteilt, an den Kläger 5.000,00 EUR zu zahlen.

II. Es wird festgestellt, dass der Beklagte verpflichtet ist, dem Kläger allen zukünftigen materiellen Schaden aus dem Unfall vom 31.12. zu zwei Dritteln und den zukünftigen immateriellen Schaden unter Berücksichtigung eines Mitverschuldens von einem Drittel zu ersetzen.

III. Im Übrigen wird die Klage abgewiesen.

IV. Von den Kosten des Rechtsstreits tragen der Kläger 1/3 und der Beklagte 2/3.

V. Das Urteil ist vorläufig vollstreckbar,

für den Kläger jedoch nur gegen Sicherheitsleistung in Höhe von 110 % des jeweils zu vollstreckenden Betrages.

Der Kläger kann die Vollstreckung durch Sicherheitsleistung in Höhe von 110 % des auf Grund des Urteils vollstreckbaren Betrages abwenden, wenn nicht der Beklagte vor der Vollstreckung Sicherheit leistet in Höhe von 110 % des jeweils zu vollstreckenden Betrages.

Hauptsache: Ziff. I: Der Grund des Anspruchs (Schmerzensgeld) wird üblicherweise nicht genannt. **Ziff. II:** Beim Schmerzensgeld ist das Mitverschulden nur ein *Bewertungsfaktor* neben anderen und darf daher – im Gegensatz zum Anspruch auf Ersatz des materiellen Schadens – nicht quotenmäßig begrenzt werden. Das ist auch in den Entscheidungsgründen deutlich zu machen: *Bei der Ausübung des billigen*

Ermessens berücksichtigt das Gericht neben den entstandenen Verletzungen, der Heftigkeit und Dauer der Schmerzen und der erlittenen körperlichen Funktionsbeeinträchtigungen ein Mitverschulden des Klägers von einem Drittel [Prüfung des Mitverschuldens...].

Kostenentscheidung: Rechtsgrundlage ist § 92 I 1 ZPO (verhältnismäßige Teilung): Der Kläger verliert, weil das Gericht abweichend von seinem Antrag ein Mitverschulden von einem Drittel berücksichtigt hat. § 92 II Nr. 2 ZPO ist bereits tatbestandlich nicht einschlägig, da der Kläger einen unbezifferten Antrag gestellt hat. Hätte er als Schmerzensgeld einen konkreten Betrag gefordert, können dem Beklagten alle Kosten auferlegt werden, wenn das Gericht bis zu 20 % unter dem klägerischen Antrag bleibt. Grund für diese gegenüber § 92 II Nr. 1 ZPO höhere Grenze: Für die Beteiligten bestehen erhebliche Unwägbarkeiten dahingehend, wie das Gericht sein Ermessen ausüben wird.

Vorläufige Vollstreckbarkeit: Beide Parteien können vollstrecken.
- Kläger: Schritt 1: Was kann der Kläger vollstrecken? 5.000 EUR und 2/3 der Kosten des Rechtsstreits. Schritt 2: Rechtsgrundlage ist § 709 S. 1, 2 ZPO (Hauptsache über 1.250 EUR).
- Beklagter: Schritt 1: Was kann der Beklagte vollstrecken? 1/3 der Kosten des Rechtsstreits. Schritt 2: Rechtsgrundlage ist § 708 Nr. 11 ZPO iVm § 711 ZPO (Kosten nicht mehr als 1.500 EUR).

VIII. Anerkenntnis

Der Kläger macht eine Kaufpreisforderung über 4.000 EUR geltend. Vor Klageerhebung war dem Beklagten eine Frist zur Zahlung gesetzt worden, die noch nicht abgelaufen ist. Nachdem der Beklagte rechtzeitig die Verteidigung angezeigt hat (§ 276 I 1 ZPO), erkennt er den Anspruch in der Klageerwiderung an.

Anerkenntnisurteil

I. Der Beklagte wird verurteilt, an den Kläger 4.000 EUR zu zahlen.
II. Der Kläger trägt die Kosten des Rechtsstreits.
III. Das Urteil ist vorläufig vollstreckbar.

Urteilsüberschrift: Es liegt ein Anerkenntnisurteil nach § 307 ZPO vor, das nach § 313b I ZPO als solches zu bezeichnen ist.

Kostenentscheidung: Rechtsgrundlage ist § 93 ZPO. Der Beklagte hat „den Anspruch sofort" anerkannt. „Sofort" meint die erste sich bietende prozessuale Möglichkeit, falls das Klagevorbringen schlüssig ist. Ein Anerkenntnis in der Klageerwiderung ist ausreichend, da der Beklagte die Schlüssigkeit des klägerischen Vorbringens prüfen darf. Weitere Voraussetzung ist, dass der Beklagte „nicht durch sein Verhalten zur Erhebung der Klage Veranlassung gegeben" hat. Das ist der Fall, da die vom Kläger zur Zahlung bestimmte Frist noch nicht abgelaufen ist (anders zB wenn der Beklagte vorprozessual erklärt, „dass klägerische Ansprüche nicht bestehen und einer Klage gelassen entgegengesehen wird"). Ist die „Veranlassung zur Klageerhebung" streitig, ist der Beklagte hierfür beweisbelastet.

Vorläufige Vollstreckbarkeit: Beide Parteien können vollstrecken.
- Kläger: Schritt 1: Was kann der Kläger vollstrecken? 4.000 EUR. Schritt 2: Rechtsgrundlage? Für den Kläger ist § 708 Nr. 1 ZPO einschlägig, dh das Urteil wird ohne Abwendungsbefugnis für vorläufig vollstreckbar erklärt. Hintergrund ist die Beständigkeitserwartung, da Anerkenntnisurteile in der Regel rechtskräftig werden.
- Beklagter: Schritt 1: Was kann der Beklagte vollstrecken? Die Kosten des Rechtsstreits. Schritt 2: Rechtsgrundlage? Für den Beklagten greift entweder § 708 Nr. 1 ZPO oder § 708 Nr. 11 ZPO, was höchstrichterlich nicht geklärt ist. Im Grundsatz gehen die § 708 Nr. 1 bis 3 ZPO den § 708 Nr. 4 bis 11 ZPO vor, weil sie für den Gläubiger günstiger sind. Damit lautet der Ausspruch zur vorläufigen Vollstreckbarkeit wie in der Lösung gezeigt. Die besseren Argumente sprechen allerdings für die Anwendbarkeit der §§ 708 Nr. 11, 711 ZPO: § 708 Nr. 1 ZPO hat seine Rechtfertigung in der erwarteten Beständigkeit eines Anerkenntnisurteils. Diese Beständigkeitserwartung gilt aber nicht für die Kostenentscheidung, da diese nach § 99 II 1 ZPO isoliert mit der sofortigen Beschwerde anfechtbar ist. Folgt man dieser Ansicht, lautet die Entscheidung in Ziff. III: *Das Urteil ist vorläufig vollstreckbar. Der Kläger kann die Vollstreckung durch Sicherheitsleistung in Höhe 110 % des aus dem Urteil vollstreckbaren Betrages abwenden, wenn nicht der Beklagte vor der Vollstreckung Sicherheit leistet*

in Höhe von 110% des jeweils zu vollstreckenden Betrages. In der **Klausur** entscheidet man sich, weil einfacher umzusetzen, für die erste Meinung und legt im Hilfsgutachten dar, dass für die Entscheidung über die vorläufige Vollstreckbarkeit zwei Rechtsgrundlagen in Betracht kommen.

Rechtsbehelfe: Auch wenn es auf den ersten Blick überrascht, – das Anerkenntnisurteil kann mit der Berufung angefochten werden. Dies allerdings nur, wenn der Beklagte sich darauf beruft, dass kein wirksames Anerkenntnis vorliegt. Zudem kann die Kostenentscheidung isoliert mit dem Rechtsmittel der sofortigen Beschwerde angegriffen werden (§ 99 II 1 ZPO), wenn die Berufungssumme in der Hauptsache erreicht ist (§ 99 II ZPO) und der Wert des Beschwerdegegenstands über 200 EUR liegt (§ 567 II ZPO). Über beide Rechtsbehelfe muss belehrt werden (§ 232 ZPO).

Zur Klausurtechnik: Das Anerkenntnisurteil setzt keinen Antrag des Klägers voraus. Typisch für eine Urteilsklausur aus diesem Bereich ist die Situation, in der der Beklagte *einen von mehreren* Ansprüchen anerkennt (möglich auch: nur einen Teil eines Anspruchs). Dann ergeht ein *Teilanerkenntnis- und Endurteil*. Ein Anerkenntnisurteil bedarf nach § 313b I ZPO keines Tatbestands und keiner Entscheidungsgründe. Anders bei einem Teilanerkenntnisurteil. Hier ist so vorzugehen: (1) Beim *Tatbestand* werden beim unstreitigen und streitigen Sachvortrag nur noch die *nicht* anerkannten Streitgegenstände angeführt. Bei den Anträgen heißt es zB: *Der Kläger beantragt zuletzt: Der Beklagte wird verurteilt an den Kläger 8.000 EUR zu zahlen. Der Beklagte erkennt die Klage an, soweit der Kläger 4.000 EUR für ein Darlehen fordert und beantragt im Übrigen: Die Klage wird abgewiesen.* Der für die Kostenentscheidung nach § 93 ZPO erforderliche Sachverhalt wird in der großen Prozessgeschichte angeführt. (2) In den *Entscheidungsgründen* wird das Anerkenntnis nach der vollständigen Zulässigkeitsprüfung (Reichold in Thomas/Putzo, 39. Auflage 2018, § 307 Rn. 10) thematisiert *(Der Kläger hat den Anspruch in Höhe von ... wirksam anerkannt. Die Klage erweist sich auch hinsichtlich der weiteren Ansprüche als begründet ...)* und bei der Kostenentscheidung ergeht aufgrund der Einheitlichkeit der Kostenentscheidung eine Kostenmischentscheidung gem. § 91 bzw. 92 ZPO einerseits und § 93 ZPO hinsichtlich des Anerkenntnisses andererseits. Die Voraussetzungen des § 93 ZPO sind dabei exakt darzulegen. **Anwaltsklausur:** Kommt der Anwalt des Beklagten zum Ergebnis, dass ein Anspruch des Klägers anzuerkennen ist, wird das Anerkenntnis *vor* dem Klageabweisungsantrag abgegeben. Beispiel: *Ich zeige unter Vorlage der Vollmacht an, dass ich den Beklagten vertrete. Namens und im Auftrag des Beklagten wird der Anspruch in Höhe von 175 EUR (Abschnitt 3 der Klage, betreffend die Forderung wegen der Behebung des Defekts am Überlaufventil) nebst 4% Zinsen hieraus seit 18.4. anerkannt. Im Übrigen wird beantragt werden: Die Klage wird abgewiesen.* Zudem wird (am Ende der Ausführungen in der Klageerwiderungsschrift) regelmäßig darzulegen sein, dass der Kläger für die Kosten des Anerkenntnisses haftet, da die Voraussetzungen des § 93 ZPO vorliegen und im Mandantenschreiben wird dem Beklagten erläutert, warum der klägerische Anspruch besteht. (Zu Einzelheiten vgl. Dallmayer/Schmitz, Zivilrechtliche Musterklausuren, Der gescheiterte Schuldwechsel, dem das Beispiel entnommen ist.)

IX. Urkundsprozess (mit Hinweisen zum Nachverfahren)

Der Kläger macht im Urkundsverfahren gegen den Beklagten eine Mietzinsforderung von 2.500 EUR geltend. Der Beklagte erkennt den Anspruch an, allerdings nur bezogen auf das Urkundsverfahren. Grund dieser Beschränkung: Er kann sein Verteidigungsvorbringen nicht mit Urkunden beweisen, sondern nur mit Zeugen im Nachverfahren.

Anerkenntnis- und Vorbehaltsurteil

I. Der Beklagte wird verurteilt, an den Kläger 2.500 EUR zu zahlen.

II. Der Beklagte trägt die Kosten des Rechtsstreits.

III. Das Urteil ist vorläufig vollstreckbar.

IV. Dem Beklagten wird die Ausführung seiner Rechte im Nachverfahren vorbehalten.

Urteilsüberschrift: Es liegt ein Anerkenntnisurteil nach § 307 ZPO vor; da der Beklagte das Anerkenntnis nicht vorbehaltlos erklärt hat, steht ihm das Nachverfahren offen (§§ 599, 600 ZPO).

Kostenentscheidung: Rechtsgrundlage ist § 91 ZPO. § 93 ZPO ist nicht anwendbar, da der Beklagte zum Ausdruck gebracht hat, dass die klägerische Forderung nicht berechtigt ist, er also im Endergebnis eine Abweisung der Klage erstrebt.

Vorläufige Vollstreckbarkeit: Schritt 1: Wer kann was vollstrecken? Der Kläger 2.500 EUR und die Kosten des Rechtsstreits. Schritt 2: Rechtsgrundlage? Für das Anerkenntnisurteil ist § 708 Nr. 1 ZPO einschlägig und für das Vorbehaltsurteil § 708 Nr. 4 ZPO. Zur Konkurrenz dieser Bestimmungen und der Darlegung in der Klausur, vgl. oben, S. 43.

Vorbehaltsausspruch und Nachverfahren: Ist dem Beklagten die Ausführung seiner Rechte im Nachverfahren vorbehalten (§ 599 I ZPO), bleibt der Prozess im ordentlichen Verfahren anhängig (§ 600 I ZPO). Das Nachverfahren führt den mit dem Vorbehaltsurteil abgeschlossenen Urkundsprozess fort und bildet mit ihm eine Einheit mit dem Zweck, dem Beklagten im ordentlichen Verfahren sein materielles Recht losgelöst von den Beweismittelbeschränkungen des Urkundsprozesses (§ 592 I ZPO) durchzusetzen. Das bedeutet: Das Nachverfahren bleibt in derselben Instanz; sachlich und örtlich ist dasselbe

Gericht zuständig, welches das Vorbehaltsurteil erlassen hat; Klageänderung und Widerklage sind auch noch im Nachverfahren möglich; bindende Prozesslagen wirken fort; das Vorbehaltsurteil entfaltet für das Nachverfahren Bindungswirkung (§ 318 ZPO, vgl. unten).

Obwohl der Prozess auch nach Erlass des Vorbehaltsurteils anhängig bleibt, wird die mündliche Verhandlung aus prozessökonomischen Gründen nur auf Antrag der Parteien (Kläger bzw. Beklagter) durch Bestimmung eines neuen Termins fortgesetzt (nach aA läuft das Verfahren automatisch als gewöhnlicher Zivilprozess weiter). Erweist sich der klägerische Anspruch im Nachverfahren als berechtigt, ergeht ein „Schlussurteil": *I. Das Vorbehaltsurteil... wird für vorbehaltlos erklärt. II. Der Beklagte trägt die weiteren Kosten des Rechtsstreits.* Die vorläufige Vollstreckbarkeit richtet sich nach den allgemeinen Bestimmungen. Erweist sich das Vorbehaltsurteil als unzutreffend, heiß es: *Schlussurteil. I. Das Vorbehaltsurteil... wird aufgehoben und die Klage wird abgewiesen. II. Der Kläger trägt die Kosten des Rechtsstreits.*

Zur Klausurtechnik: Das Urkundverfahren (§§ 592 ff. ZPO) hat in der Praxis, anders als im Examen, erheblich praktische Bedeutung, vor allem im Mietrecht. Durch die Beweismittelbeschränkung auf Urkunden und den Ausschluss von Widerklagen (§ 595 I ZPO) hat der Kläger eine Möglichkeit an der Hand, schnell einen titulierten Anspruch zu erwirken. Im Examen beinhaltet das vorliegende Beispiel die häufigste Klausurvariante: Schlussurteil nach Durchführung des Nachverfahrens. Für die Tenorierung (so) und den Aufbau von Tatbestand und Entscheidungsgründen des Schlussurteils gelten ähnliche Grundsätze wie beim Endurteil nach erhobenem Einspruch gegen ein Versäumnisurteil (S. 61 ff.): **Tatbestand:** Das Vorbehaltsurteil wird in der kleinen Prozessgeschichte wiedergegeben; Antrag des Klägers: *Das Vorbehaltsurteil... wird für vorbehaltlos erklärt.* Antrag des Beklagten: *Das Vorbehaltsurteil... wird aufgehoben und die Klage wird abgewiesen.* **Entscheidungsgründe:** Der Obersatz lautet: *Das Vorbehaltsurteil... war aufzuheben.* Anschließend wird die Zulässigkeit und Begründetheit geprüft. Eine Besonderheit ist die **Bindungswirkung des § 318 ZPO**, die nur insoweit entfällt, als das Vorbehaltsurteil auf der Beschränkung der Beweismittel beruht. Ist die Bindungswirkung zu erörtern, erfolgt dies an dem zu prüfenden streitigen Tatbestandsmerkmal (wie bei der materiellen Rechtskraft). Beispiel: *Die am... erklärte Kündigung war unwirksam, da rechtsmissbräuchlich (§ 242 BGB). An dieser rechtlichen Einschätzung des Gerichts, die es bereits im Vorbehaltsurteil vom... angenommen hat, ist das Gericht im Schlussurteil gem. § 318 BGB gebunden.*

X. Werkvertrag

1. Hilfsweise Mängeleinwendung

Der Kläger fordert vom Beklagten für Lackierarbeiten an dessen Pkw ausstehenden Werklohn in Höhe von 5.000 EUR. Der Beklagte macht geltend, ein Werklohnanspruch bestehe nicht; hilfsweise wendet er Mängel im Umfang von 2.500 EUR ein. Der Werklohnanspruch ist begründet; Mängel bestätigen sich im Umfang von 1.000 EUR.

Endurteil

I. Der Beklagte wird verurteilt, an den Kläger 5.000 EUR zu zahlen, davon 2.000 EUR Zug-um-Zug gegen Neulackierung der Beifahrertüre des Pkws Audi A3, amtliches Kennzeichen TS-HU 211.

II. Im Übrigen wird die Klage abgewiesen.

III. Von den Kosten des Rechtsstreits tragen der Kläger 20 % und der Beklagte 80 %.

IV. Das Urteil ist vorläufig vollstreckbar, für den Kläger jedoch nur gegen Sicherheitsleistung in Höhe von 110 % des jeweils zu vollstreckenden Betrages. Der Kläger kann die Vollstreckung durch Sicherheitsleistung in Höhe 110 % des auf Grund des Urteils vollstreckbaren Betrages abwenden, wenn nicht der Beklagte vor der Vollstreckung Sicherheit leistet in Höhe von 110 % des jeweils zu vollstreckenden Betrages.

Hauptsache: Aufgrund der nachgewiesenen Mängel erfolgt eine Verurteilung Zug-um-Zug gegen Mängelbeseitigung (§§ 641 III, 320, 322 BGB), wobei der Besteller das Doppelte der für die Beseitigung des Mangels erforderlichen Kosten zurückbehalten kann, um den Unternehmer zu einer zügigen Mängelbeseitigung anzuhalten. Aufgrund der teilweisen Zug-um-Zug Verurteilung muss die Klage im Übrigen abgewiesen werden. Der zu beseitigende Mangel ist so konkret zu bezeichnen, dass das spätere Zwangsvollstreckungsorgan (Gerichtsvollzieher, § 756 ZPO bzw. Vollstreckungsgericht, § 765 ZPO) prüfen kann, ob die Gegenleistung erbracht wurde. (Beachte: Hätte der Kläger noch Verzugszinsen begehrt, können diese nur aus dem fälligen Teil des Werklohns gefordert werden, hier also aus 3.000 EUR).

Kostenentscheidung: Für die Kostenentscheidung wird ein fiktiver Gebührenstreitwert (S. 17 und S. 41) gebildet: Der Kläger fordert 5.000 EUR, deren Berechtigung der Beklagte insgesamt bestreitet (der

Mängeleinwand erfolgte nur hilfsweise). Zu diesen 5.000 EUR wird (fiktiv) das Verteidigungsvorbringen des Beklagten – Mängelbeseitigungskosten in Höhe von 2.500 EUR – addiert. Hätte er Recht, könnte er das Doppelte zurückhalten, also 5.000 EUR (§ 641 III BGB). Der fiktive Gebührenstreitwert beträgt damit 10.000 EUR (= zweifache Verteidigung gegen die gesamte Klage). Hiervon verliert der Beklagte 5.000 EUR, da im Urteil der Werklohnanspruch des Klägers bestätigt wurde; zudem 3.000 EUR, da er anstelle des geltend gemachten Zurückbehaltungsrecht über 5.000 EUR nur 2.000 EUR zurückbehalten darf; er trägt damit 8.000/10.000tel, dh 80%. Der Kläger verliert entsprechend 2.000 EUR, also 20%.

Vorläufige Vollstreckbarkeit: Beide Parteien können vollstrecken.

- Kläger: Schritt 1: Was kann der Kläger vollstrecken? Der Kläger 5.000 EUR, aber zT nur Zug-um-Zug (vgl. S. 18). Schritt 2: Rechtsgrundlage ist § 709 S. 1, S. 2 ZPO
- Beklagter: Schritt 1: Was kann der Beklagte vollstrecken? Der Beklagte kann 20% seiner außergerichtlichen Kosten vollstrecken. Schritt 2: Rechtsgrundlage ist § 708 Nr. 11, 711 ZPO (Kosten nicht mehr als 1.500 EUR: bei einem Gebührenstreitwert von 5.000 EUR belaufen sich die außergerichtlichen Kosten auf 925,23 EUR [1,3 Verfahrens- (Nr. 3100VV-RVG), 1,2 Termingebühr (Nr. 3104 VV-RVG), 20 EUR Pauschale und 19% USt.], dh B kann hiervon 20%, dh 185,05 EUR vollstrecken.

2. Selbständiges Beweisverfahren

Abwandlung des Ausgangsfalls: Der Kläger fordert vom Beklagten für Lackierarbeiten an dessen Pkw ausstehenden Werklohn in Höhe von 5.000 EUR. Der Beklagte wendet Mängel im Umfang von 2.500 EUR ein und stützt sich hierbei auf ein Gutachten, das im selbständigen Beweisverfahren erholt wurde und Mängel im Umfang von 2.500 EUR bestätigt. Die Kosten des selbständigen Beweisverfahrens in Höhe von 2.000 EUR hatte der Beklagte als Antragsteller bezahlt. Das Gericht kommt zu dem Ergebnis, dass Mängel in Höhe von 2.500 EUR bestehen.

Endurteil

I. Der Beklagte wird verurteilt, an den Kläger 5.000 EUR zu zahlen Zug-um-Zug gegen Neulackierung der Beifahrertüre des Pkws Audi A8, amtliches Kennzeichen TS-HU 211.

II. Im Übrigen wird die Klage abgewiesen.

III. Der Kläger trägt die Kosten des Rechtsstreits.

IV. Das Urteil ist vorläufig vollstreckbar gegen Sicherheitsleistung in Höhe von 110% des jeweils zu vollstreckenden Betrages.

Hauptsache: wie Ziff. 1, hilfsweise Mängeleinwendung.

Kostenentscheidung: Anders als im Ausgangsfall stellt der Beklagte die Werklohnforderung nicht in Frage, sondern beruft sich allein auf sein Leistungsverweigerungsrecht, verteidigt sich also nicht „doppelt", sondern nur „einfach". Folglich verliert der Kläger voll (5.000 EUR-Verteidigung des Beklagten bei einem Gebührenstreitwert von 5.000 EUR). Die Kosten des selbständigen Beweisverfahrens sind Teil der Kosten des Rechtsstreits, weshalb ein gesonderter Ausspruch nicht erforderlich ist.

Vorläufige Vollstreckbarkeit: Beide Parteien können vollstrecken.

- Kläger: Schritt 1: Was kann der Kläger vollstrecken? 5.000 EUR, aber nur Zug-um-Zug. Schritt 2: Rechtsgrundlage ist § 709 S. 1, S. 2 ZPO.
- Beklagter: Schritt 1: Was kann der Beklagte vollstrecken? Nur seine außergerichtlichen Kosten und die Kosten des selbständigen Beweisverfahrens. Schritt 2: Rechtsgrundlage ist § 709 S. 1, S. 2 ZPO (Kosten über 1.500 EUR).

Zur Klausurtechnik: Das selbständige Beweisverfahren ist in den §§ 485 ff. ZPO geregelt. Für Klausuren des Zweiten Staatsexamens sind grobe Kenntnisse ausreichend. Das selbständige Beweisverfahren bezweckt eine Beweismittelsicherung für einen *möglichen* späteren Rechtsstreit. Der status quo eines Zustands soll festgehalten werden, um spätere Beweisschwierigkeiten in einem, uU erst Jahre später ausgetragenen Prozess zu vermeiden. Geht es etwa um die Durchsetzung einer Unterlassung wegen einer Verleumdung im Internet, bietet es sich an, möglichst früh einen gerichtlichen Augenschein der entsprechenden Internetseite vorzunehmen, um Nachweisschwierigkeiten bei späteren Veränderungen der Seiten vorzubeugen. In der Klausur wird das selbständige Beweisverfahren in der *Kostenentscheidung* und im *Beweisverfahren* relevant: Die Kosten des selbständigen Beweisverfahrens trägt der Antragsteller als Veranlasser des Verfahrens. Grund: Das Verfahren endet mit Erhebung des Beweises; Normen, die eine Kostenerstattung regeln, fehlen, weil es keinen „Verlierer" gibt. Schließt sich später ein Rechtsstreit an (vgl. auch § 494a ZPO), sind die Kosten des selbständigen Beweisverfahrens Kosten des Rechtsstreits (Hüßtege in Thomas/Putzo, 39. Auflage 2018 § 91

Rn. 6). Beruft sich eine Partei auf Tatsachen, über die selbständig Beweis erhoben wurde, steht die selbständige Beweisaufnahme einer Beweisaufnahme vor dem Prozessgericht gleich (§ 493 I ZPO, – *Brückennorm* in die Vorschriften des Beweisrechts): Beruft sich zB eine Partei auf das Gutachten eines selbständigen Beweisverfahrens, gelten über § 493 I ZPO die Vorschriften der §§ 402 ZPO (und nicht § 411a ZPO oder Vorschriften über Urkunden).

XI. Miete: und Stufenklage

1. Miete: Vgl. unten, Übungsfall 3 zur Klageänderung, S. 93.

2. Stufenklage: Vgl. unten Übungsfall 4 zur Klageänderung, S. 95.

2. Teil. Typische zivilprozessuale Klausurthemen

1. Kapitel: Versäumnisurteil

Inhaltsverzeichnis

I. Grundlagen	51
1. Allgemeines	51
2. Voraussetzungen einer Säumnisentscheidung	52
a) Prozess- und Sachantrag	52
b) Verhandlungstermin	52
c) Säumnis im Verhandlungstermin	53
d) Keine Erlasshindernisse, §§ 335, 337 ZPO	53
aa) § 335 ZPO	53
bb) § 337 ZPO	54
e) Zulässigkeit der Klage	54
f) Schlüssigkeit der Klage	55
3. Einspruch	56
a) Statthaftigkeit	56
b) Form	56
c) Frist	56
d) Der Einspruch in der Klausur	56
4. Einspruchstermin und Entscheidung	57
a) Präklusion	57
b) Entscheidung	57
aa) Hauptsache	57
bb) Kostenentscheidung	57
cc) Vorläufige Vollstreckbarkeit	58
5. Zweites Versäumnisurteil	58
a) Allgemeines	58
b) Säumnis des Einspruchsführers	58
c) Säumnis des Einspruchsgegners	59
II. Das Versäumnisurteil in der Klausur	59
1. Teilversäumnis- und Endurteil	59
a) Tenor	59
b) Tatbestand	60
c) Entscheidungsgründe	60
1. Endurteil nach Einspruch	60
a) Begründete Klage nach einem Einspruch	60
aa) Tenor	60
bb) Tatbestand	61
cc) Entscheidungsgründe	62
b) Klageabweisung nach Einspruch	62
aa) Tenor	62
bb) Tatbestand und Entscheidungsgründe	63
c) Teilweiser erfolgreicher Einspruch	63
III. Anhang: Mahnverfahren	63
IV. Examensrelevante Rechtsprechung	64
V. Mindmap	66

I. Grundlagen

Rechtsgrundlagen: §§ 330–347 ZPO

1. Allgemeines

Mit der Säumnisentscheidung wird das Nicht-Tätigwerden einer Partei im Zivilprozess sanktioniert, indem ein zusprechendes Urteil für den Nichtsäumigen ergeht. Das Versäumnisurteil wird erlassen: entweder wenn eine Partei im Termin zur mündlichen Verhandlung nicht erscheint oder im schriftlichen Verfahren bei Nichtanzeige der Verteidigungsbereitschaft.

2. Voraussetzungen einer Säumnisentscheidung

Nichterscheinen / Nichtverhandeln	Schriftliches Versäumnisurteil
§ 330 ZPO: VU gegen den Kläger (a–e)	§ 331 III 1 ZPO
§ 331 ZPO: VU gegen den Beklagten (a–f)	
a) Prozess- und Sachantrag	a) Prozess- und Sachantrag
b) Verhandlungstermin	b) Fristsetzung gemäß § 276 I 1 Hs. 1 ZPO.
c) Säumnis im Verhandlungstermin	c) Keine rechtzeitige Anzeige der Verteidigungsbereitschaft
d) Kein Erlasshindernis	d) Kein Erlasshindernis
e) Zulässigkeit der Klage	e) Zulässigkeit der Klage
f) *Schlüssigkeit der Klage*	f) *Schlüssigkeit der Klage*

Im Examen bereitet das im *schriftlichen Verfahren* gegen den Beklagten ergehende Versäumnisurteil (§ 331 III ZPO) weniger Probleme, weshalb der Schwerpunkt dieses Kapitels beim Versäumnisurteil in bzw. nach der mündlichen Verhandlung liegt.

a) Prozess- und Sachantrag. Unter *Prozessantrag* versteht man den Antrag an das Gericht, durch **Versäumnis**urteil zu entscheiden. Mit *Sachantrag* ist gemeint der Antrag des Klägers (Petitum) auf Verurteilung bzw. der Klageabweisungsantrag des Beklagten; der Abweisungsantrag kann auch konkludent im Antrag auf Erlass eines Versäumnisurteils erfolgen.

Die Unterscheidung Sach- und Prozessantrag hat Relevanz für die Beurteilung, ob ein Erlasshindernis iSd § 335 I Nr. 3 ZPO gegeben ist. Eine Entscheidung durch Versäumnisurteil kann nach dieser Bestimmung nur ergehen, wenn der **Sach**antrag des Klägers dem Beklagten rechtzeitig mitgeteilt wurde. Reine Prozessanträge fallen nicht unter diese Bestimmung.

Beispiel: Kläger K fordert vom Beklagten B 3.500 EUR Kaufpreis; in der dem B zugestellten Klageschrift stellt K den Antrag *„Der Beklagte wird verurteilt an den Kläger 3.500 EUR zu zahlen"* (**Sachantrag**). In der mündlichen Verhandlung erscheint B nicht und K beantragt den Erlass eines Versäumnisurteils (**Prozessantrag**). Das Gericht wird dem Antrag entsprechen, da § 335 I Nr. 3 ZPO nicht greift: Der Sachantrag wurde rechtzeitig mitgeteilt und der erstmalig im Termin gestellte Prozessantrag fällt nicht unter diese Bestimmung, muss also vorher auch nicht mitgeteilt werden.

b) Verhandlungstermin

Rechtsgrundlagen: § 332, §§ 214 ff., § 279 ZPO

Ein Versäumnisurteil ergeht, wenn eine Partei *„im Termin zur mündlichen Verhandlung"* nicht erscheint (§§ 330, 331 I 1 ZPO): Im frühen ersten Termin oder Haupttermin (§ 279 I ZPO) oder einem Fortsetzungstermin (§ 332 ZPO), kurz in einem *Verhandlungstermin*. Hier ergeben sich regelmäßig zwei klassische Klausurprobleme.

Klassiker Nr. 1 (Säumnis im Beweistermin): K verklagt B auf Zahlung eines Kaufpreises. Die Parteien verhandeln streitig. Es ergeht ein Beweisbeschluss, wonach der Zeuge Z zu vernehmen ist. In dem vom Gericht bestimmten Termin zur Durchführung der Beweisaufnahme erscheinen K und Z, nicht aber B. K beantragt Erlass eines Versäumnisurteils.

Ein Versäumnisurteil kann nur ergehen (vgl. obiges Prüfungsschema), wenn die entsprechenden Anträge vorliegen, B im Verhandlungstermin säumig ist, keine Erlasshindernisse bestehen und die Klage zulässig und schlüssig ist. Fraglich ist, ob B im *Verhandlungstermin* säumig war, da er nicht zur Beweisaufnahme erschienen ist. Das ist zu verneinen: Ein Termin zur Beweisaufnahme ist kein Verhandlungstermin.

Die Beweisaufnahme ist ein *selbständiger Verfahrensbestandteil*, wie sich bereits aus der systematischen Einordnung zeigt: Die Vorschriften über die Beweisaufnahme sind im Titel Fünf der ZPO angeordnet und nicht im Titel Eins *Verfahren bis zum Urteil*. Diese Wertung als *selbständiger* Verfahrensteil spiegelt sich in den §§ 367, 357, 370 ZPO wider.

- § 357 I ZPO bestimmt: „Den Parteien ist es gestattet, der Beweisaufnahme beizuwohnen". Mit *gestattet* ist gemeint, die Parteien haben ein Anwesenheits*recht*, – aber keine Anwesenheits*pflicht*. Wenn aber keine Pflicht zum Erscheinen besteht, kann ein Nichterscheinen auch nicht sanktioniert werden.

- Entsprechend ordnet § 367 ZPO an, dass die Beweisaufnahme im Falle einer Säumnis gleichwohl insoweit zu bewirken ist, als dies nach Lage der Sache geschehen kann (vorliegend also Z zu vernehmen ist). Zweck der Norm sind Aspekte der Prozessökonomie und des Zeugenschutzes: Legt der Beklagte gegen das Versäumnisurteil Einspruch ein, wird der Prozess in die Lage versetzt, in der er sich vor Eintritt der Säumnis befand (§ 342 ZPO), dh der Prozess wird fortgesetzt und Z müsste vernommen werden. Dann kann man ihm aber eine erneute Anreise ersparen und ihn gleich vernehmen.

Ein Versäumnisurteil scheidet damit bis zur Beendigung der Beweisaufnahme aus.

- § 370 I ZPO bestimmt, dass *nach* der Beweisaufnahme die mündliche Verhandlung fortzusetzen ist. Jetzt kann ein Versäumnisurteil ergehen, wobei *die Ergebnisse der Beweisaufnahme nicht berücksichtigt werden* (Reichold in Thomas/Putzo, 39. Auflage 2018 § 370 Rn. 3). Argument: Wenn schon aus Gründen der Prozessökonomie der Zeuge vernommen werden muss, soll das nicht auch noch zum Nachteil der anwesenden Partei sein. Selbst wenn also Z das Vorbringen des Klägers zu Fall bringt, wird die Klage nicht unschlüssig. Nach wie vor gilt § 331 I 1 ZPO, der anordnet, dass das mündliche Vorbringen des Klägers als zugestanden anzunehmen ist.

Klassiker Nr. 2 (Säumnis im Fortsetzungstermin): Die mündliche Verhandlung stellt unabhängig von der Anzahl der Verhandlungstage eine *Einheit* dar. Diese Einheit durchbricht § 332 ZPO: Gegen denjenigen, der zwar in einem ersten Termin anwesend war, aber im Fortsetzungstermin säumig ist, kann dennoch ein Versäumnisurteil ergehen. Die bisherigen Prozessergebnisse (Behauptungen der säumigen Partei oder Geständnisse der anwesenden Partei) werden dabei *nicht berücksichtigt*.

Beispiel: K verklagt B auf Zahlung eines Kaufpreises. Nach dem ersten Termin, in dem B den Abschluss eines Kaufvertrags substantiiert bestreitet, bestimmt das Gericht Termin zur Fortsetzung der mündlichen Verhandlung. Zu diesem Termin erscheint lediglich K, der Erlass eines Versäumnisurteils beantragt.

Das Gericht wird dem Antrag stattgeben, da die Klage schlüssig ist und das Bestreiten des B nicht berücksichtigt wird (§ 331 I 1 ZPO).

> **Weiterführender Hinweis:** K kann auch eine Entscheidung nach Lage der Akten beantragen, § 331a ZPO. Dabei handelt es sich um ein streitiges Endurteil, welches nur zulässig ist, wenn bereits einmal mündlich verhandelt wurde; die Ergebnisse der Beweisaufnahme werden berücksichtigt. Diesen Weg wird K insbesondere dann gehen, wenn eine Beweisaufnahme für ihn günstig ausgefallen ist, denn statthaftes Rechtsmittel gegen eine Entscheidung nach § 331a ZPO ist nicht der Einspruch, sondern die Berufung.

Beachten Sie: Für das **schriftliche Versäumnisurteil** muss der Vorsitzende (§ 272 II ZPO) als Verfahrensweise das schriftliche Vorverfahren angeordnet haben. Hierbei wird dem Beklagten eine Notfrist von zwei Wochen gesetzt, innerhalb derer er seine Verteidigungsbereitschaft anzeigen muss; die Fristsetzung muss wirksam zugestellt werden (§ 276 I 1 ZPO, – zur „Notfrist" vgl. § 224 I 2 ZPO).

c) Säumnis im Verhandlungstermin. Säumig, ist die Partei, die **nicht erscheint** oder zwar **erscheint, aber nicht verhandelt** (§ 333 ZPO). Ein „Verhandeln" beginnt grundsätzlich erst mit der *Stellung des Sachantrags* (§ 137 I ZPO). Es reichen aber auch *unvollständige Erklärungen* aus – etwa allein zu Fragen der Zulässigkeit –, um den Erlass eines Versäumnisurteils zu verhindern (§ 334 ZPO: ein solches „unvollständiges Verhandeln" führt aber zur Anwendung der §§ 138 III, IV, 286 ZPO!). *Reine Prozessanträge*, wie zB ein Antrag auf Terminsverlegung, beinhalten kein (unvollständiges) Verhandeln und stehen dem Erlass eines Versäumnisurteils nicht entgegen. Zuletzt: Ein Nichtverhandeln einer Partei kann durch einen notwendigen Streitgenossen oder Nebenintervenienten *geheilt* werden (§§ 67, 62 ZPO).

Für das **schriftliche Versäumnisurteil** entspricht die Nichtanzeige der Verteidigungsbereitschaft der Säumnis. Abzustellen ist dabei nicht allein auf die Versäumung der Zwei-Wochenfrist (§ 276 I 1 1. Hs. ZPO), vielmehr wird die verspätete Verteidigungsanzeige noch zugelassen, wenn sie eingeht, bevor das unterzeichnete Versäumnisurteil der Geschäftsstelle übermittelt wird. Andernfalls „rennt" man sehenden Auges in einen Einspruchstermin (vgl. auch die Wertung in § 694 II 1 ZPO).

> **Weiterführender Hinweis:** § 158 ZPO stellt das gerichtliche Entfernen einer Partei dem Nichterscheinen gleich.

d) Keine Erlasshindernisse, §§ 335, 337 ZPO

aa) § 335 ZPO: Bei den Erlasshindernissen nach § 335 I ZPO handelt es sich um Schutzvorschriften zugunsten des berechtigt Säumigen. Die für das Examen relevanten Bestimmungen sind Nr. 2 und 3.

- **Nr. 2:** Die säumige Partei muss *ordnungsgemäß*, insbesondere *rechtzeitig geladen* worden sein. Die Anberaumung eines Termins erfolgt durch Zustellung der Ladung (§§ 214, 166 ZPO) oder durch Verkündung (§ 218 ZPO). Die Ladungs- (§ 217 ZPO) und Einlassungsfristen (§ 274 III ZPO) sind zu beachten; auch muss die Belehrung über die Folgen einer Säumnis erfolgen (§ 215 ZPO).
- **Nr. 3:** Eine Säumnisentscheidung ist nicht möglich, wenn der nicht erschienenen Parteien ein *„tatsächliches mündliches Vorbringen oder ein Antrag"* (gemeint: **Sachantrag**) *„nicht mittels Schriftsatzes mitgeteilt"* wurde, und zwar *„rechtzeitig"* (§ 274 III ZPO vor dem ersten Termin, ansonsten Wochenfrist des § 132 ZPO). Reine **Prozessanträge** fallen *nicht* unter die Vorschrift: zB Erledigung der Hauptsache, Klagerücknahme, Antrag auf Erlass eines Versäumnisurteils.

Liegt ein Erlasshindernis nach § 335 ZPO vor, kann kein Versäumnisurteil ergehen. Der Antrag ist durch Beschluss **zurückzuweisen**, wogegen die sofortige Beschwerde statthaft ist (§ 336 I ZPO). Ob dann von Amts wegen ein Termin zu bestimmen oder ein entsprechender Antrag erforderlich ist, ist streitig.

Die Rechtsprechung legt § 336 I 1 ZPO weit aus: Es werden nicht nur Prozessanträge auf Erlass eines Versäumnisurteils durch beschwerdefähigen Beschluss zurückgewiesen, falls ein Erlasshindernis iSd § 335 ZPO einer Säumnisentscheidung entgegensteht, – zurückgewiesen werden alle Prozessanträge auf Erlass eines Versäumnisurteils, die nicht unter § 337 ZPO fallen und denen das Gericht nicht stattgibt!

Beispiel (Klausurfalle): In der mündlichen Verhandlung ist B säumig, allerdings ist für ihn der Nebenintervenient N erschienen. K stellt seinen Sachantrag aus der Klage und beantragt hierüber durch Versäumnisurteil, hilfsweise durch Endurteil zu entscheiden. Der Rechtsstreit ist zugunsten des K entscheidungsreif.- Welche Entscheidung wird das Gericht treffen, wenn zu unterstellen ist, dass keines der Erlasshindernisse nach § 335, 337 ZPO vorliegen?

Da N die Säumnis abwendet (vgl. unten), müsste der Antrag auf Erlass eines Versäumnisurteils an für sich nach § 336 I 1 ZPO zurückgewiesen werden. Da der Rechtsstreit aber entscheidungsreif ist, ergeht eine Sachentscheidung durch Endurteil. In einem solchen Fall hat sich der Prozessantrag prozessual überholt, wird nicht zurückgewiesen und einzig statthafter Rechtsbehelf ist die Berufung (der Klausuraufbau dieser anspruchsvollen Konstellation wird im Kapitel „Beteiligung Dritter" erläutert, vgl. S. 170)!

bb) § 337 ZPO: Wurden die **richterlichen** Einlassungs- oder Ladungsfristen (vgl. oben § 335 I Nr. 2 ZPO) zu kurz bemessen oder war die Partei ohne ihr Verschulden am Erscheinen verhindert, wird von Amts wegen **vertagt**. Klausurrelevant ist vor allem die **unverschuldete Säumnis**.

Beispiel: Vor dem Landgericht Traunstein wurde Termin zur mündlichen Verhandlung auf den 1.3. um 14:00 Uhr angesetzt. Zu diesem Termin wurde der Anwalt des Beklagten ordnungsgemäß geladen. Der Anwalt erleidet eine Reifenpanne und verspätet sich um eine Stunde. Der Klägervertreter beantragt nach Eröffnung der mündlichen Verhandlung im Hinblick auf das Nichterscheinen des Beklagtenvertreters Erlass eines Versäumnisurteils. – Liegen die Voraussetzungen vor (Schlüssigkeit der Klage ist zu unterstellen)?

Ein Bearbeiter schreibt zu dieser Teilfrage in der Klausur: *Voraussetzung für den Erlass eines Versäumnisurteils ist insbesondere, dass die Säumnis einer Partei, hier des Beklagten, verschuldet ist. Das folgt aus § 337 S. 1 Hs. 2 ZPO („dass die Partei ohne ihr Verschulden am Erscheinen verhindert ist"). An der Reifenpanne ist der Anwalt nun schuldlos. Ein Versäumnisurteil kann folglich nicht ergehen; das Gericht muss die Verhandlung vertagen.*

Der Bearbeiter hat § 337 S. 1 Hs. 2 ZPO nicht richtig gelesen und deshalb verkannt, – ein Fehler, auf den man in Klausuren häufig trifft! – dass es in der Vorschrift heißt: „*Das Gericht vertagt die Verhandlung..., wenn es dafür hält ... dass die Partei ohne ihr Verschulden am Erscheinen verhindert ist*". „Dafür hält" besagt: Nur wenn das Gericht **positiv weiß**, dass die Partei am Erscheinen schuldlos verhindert ist, greift das Erlasshindernis des § 337 S. 1 Hs. 2 ZPO. Es reicht also zB nicht, dass das Gericht angesichts eines am Tage der mündlichen Verhandlung auftretenden extremen Wetterereignisses (etwa einem Schneesturm) *vermutet*, dass die nicht erschienene Partei den Termin nicht rechtzeitig wahrnehmen kann. Schließlich ist denkbar, dass die Partei sich im Hinblick auf die Wetterlage früher auf den Weg gemacht hat. MaW: Mag eine *Vermutung* für eine unverschuldete Säumnis auch noch so nahe liegen, sie reicht nicht aus, damit das **Erlasshindernis** des § 337 ZPO greift. Nur ein positives Wissen erfüllt die Voraussetzungen der Vorschrift. Im Beispielsfall fehlt ein solches Wissen. Woher sollte das Gericht denn auch Kenntnis haben, dass der Anwalt eine Reifenpanne hat und deshalb den Termin unverschuldet nicht wahrnehmen kann! Eine solche Kenntnis hätte es nur erlangen können, wenn der Anwalt angerufen und von seinem Missgeschick berichtet hätte. Das ist nicht geschehen.

Das Gericht wird also etwa eine Viertelstunde warten (im obigen Fall eines Schneesturms würde es länger warten, etwa 20 bis 30 Minuten) und dann – die Voraussetzungen für den Erlass eines Versäumnisurteils liegen unproblematisch vor – ein Versäumnisurteil erlassen.

> **Hinweis:** Der Umstand, dass vorliegend die Säumnis – dem Gericht nicht bekannt – *objektiv unverschuldet* war, wird erst im Rahmen des **§ 344 ZPO** relevant (dazu S. 57).

e) Zulässigkeit der Klage. Die Klage muss zulässig sein (vgl. aber für die Zuständigkeit § 331 I 2 ZPO). **Gegen eine unzulässige Klage muss man sich nicht verteidigen.** Ist die Klage unzulässig, ergeht auch bei Säumnis des Beklagten ein klageabweisendes Endurteil. Man spricht in einem solchen Fall von einem *„unechten Versäumnisurteil"*, da keine Entscheidung *aufgrund* einer Säumnis ergeht.

Beispiel 1: K berühmt sich einer Darlehensforderung gegen B in Höhe von 10.000 EUR. B bestreitet vorprozessual, dass er irgendetwas schulde. K erhebt deshalb Feststellungsklage, dass B ihm 10.000 EUR aus Darlehen schulde. B erscheint nicht im frühen ersten Termin; K beantragt Erlass eines Versäumnisurteils.

Der Erlass eines Versäumnisurteils ist nicht möglich, da die Klage nicht zulässig ist. K hätte unmittelbar auf Leistung klagen müssen, unabhängig davon ob die Darlehensforderung fällig ist oder nicht (§ 257 ZPO). Für eine Feststellungsklage fehlt das Feststellungsinteresse (Vorrang der Leistungsklage vor der Feststellungsklage, S. 38). Weil die Klage unzulässig ist, ergeht ein klageabweisendes Endurteil.

Abwandlung: Nachdem K eine entsprechende Feststellungsklage erhoben hat, geht trotz entsprechender Fristsetzung keine Verteidigungsanzeige ein. Damit kommt nur ein Versäumnisurteil im *schriftlichen Verfahren* in Betracht (§ 331 III ZPO), das aber wiederum nicht erlassen werden kann, weil die Klage unzulässig ist. Es fragt sich deshalb, ob, wie im Ausgangsbeispiel, die Klage durch Endurteil im schriftlichen Verfahren ohne mündliche Verhandlung als unzulässig abgewiesen werden kann. Das ist streitig. Nach einer Meinung ist eine solche Entscheidung im schriftlichen Verfahren gesetzlich nicht vorgesehen, so dass Termin bestimmt werden muss. Demgegenüber legen einige Oberlandesgerichte § 331 ZPO im Wege der teleologischen Extension aus und lassen eine entsprechende Entscheidung zu.

Beispiel 2: Kläger K aus Traunstein hat für den Beklagten B, der in München wohnt, in dessen Ferienhaus in Traunstein mehrere Einbauschränke installiert. Hierfür war ein Werklohn in Höhe von 8.000 EUR vereinbart. K verklagt B vor dem Amtsgericht Traunstein auf Zahlung des gesamten Werklohns. Im Termin vom 8.11., zu dem die Parteien geladen wurden, erscheint nur K. Er erklärt: *Ich habe mich mit dem Beklagten dahin geeinigt, diesen Rechtsstreit vor dem Amtsgericht zu führen. Den entsprechenden Vorschlag habe ich ihm mit einem Schreiben etwa zwei Monate vor dem Termin unterbreitet. Er hat schriftlich geantwortet und zugestimmt. Ich habe die Einbauschränke in das Ferienhaus in Traunstein eingebaut. Zu diesem Zeitpunkt hatte B dort ständig gewohnt, weil er im Chiemgau (im Bezirk des Landgerichts Traunstein) gearbeitet hat. Die gesamte Korrespondenz wurde über diese Adresse abgewickelt. Auch die Rechnung habe ich dorthin geschickt.* In dem vom K vorgelegten und vom Gericht verlesenen Antwortschreiben des B heißt es ua: *Auch ich bin der Meinung, dass wir auf die Zuziehung von Anwälten verzichten können, um die Prozesskosten niedrig zu halten. Ich bin einverstanden, den Prozess vor einem Amtsgericht zu führen. Allerdings bin ich mit Traunstein nicht einverstanden. Wenn Sie unbedingt klagen wollen, dann klagen sie in München.* K beantragt Erlass eines Versäumnisurteils. – Liegen die erforderlichen Voraussetzungen vor?

Problematisch ist allein die Zuständigkeit des Gerichts.

- Die **sachliche** Zuständigkeit des Amtsgerichts wurde mittels einer Gerichtsstandsvereinbarung begründet. Die Voraussetzungen des § 38 ZPO liegen vor, insbesondere erfolgte die Vereinbarung nach dem Entstehen der Streitigkeit. Der Vortrag des Klägers ist allerdings nicht nach § 331 I 1 ZPO *„als zugestanden anzunehmen"*, da nach S. 2 die Geständnisfiktion im Fall der Säumnis für Fragen der Prorogation (ua) nicht gilt. Das Gericht muss diesen Umstand von Amts wegen prüfen, wobei für den Nachweis das Freibeweisverfahren greift. Der Nachweis wurde mittels des Antwortschreibens ausreichend geführt.

- Die **örtliche** Zuständigkeit folgt weder aus einer Gerichtsstandsvereinbarung (die Parteien haben sich nicht geeinigt), noch aus §§ 12, 13 ZPO. Der Beklagte hatte seinen Wohnsitz **zum Zeitpunkt der Klageerhebung** in München. Einschlägig ist vielmehr § 29 I ZPO: Die streitige Verpflichtung ist die Werklohnzahlung. Nachdem eine Vereinbarung fehlt (§ 269 I Variante 1 BGB) und aus der Natur des Schuldverhältnisses nichts folgt (§ 269 I Variante 2 BGB, – der vorliegende Werkvertrag ist kein „Bauvertrag", S. 35), ist der Wohnsitz des Schuldners maßgeblich. Anders als bei der Klageerhebung wird **auf den Zeitpunkt des Vertragsschlusses** abgestellt. Damit ist das Amtsgericht Traunstein zuständig. Das Vorbringen des Klägers gilt als zugestanden (§ 331 I 1 ZPO, da S. 2 nur für § 29 II ZPO oder § 38 ZPO gilt).

Allerdings greift das Erlassverbot des § 335 I Nr. 3 ZPO: Das Tatsachenvorbringen vom 8.11. zur örtlichen Zuständigkeit („… Zu diesem Zeitpunkt hatte B dort ständig gewohnt…") ist neu und wurde dem Beklagten zuvor nicht mitgeteilt. **Gegen eine unzulässige Klage muss man sich nicht verteidigen.** Ein Versäumnisurteil kann nicht ergehen.

f) Schlüssigkeit der Klage. Im Fall eines Versäumnisurteils gegen den Beklagten ist weitere Voraussetzung die Schlüssigkeit der Klage (§ 331 II ZPO: *„Soweit es den Klageantrag rechtfertigt, ist nach dem Antrag zu erkennen"*). Schlüssig bedeutet, dass bei Wahrunterstellung des klägerischen Vortrags der Antrag des Klägers gerechtfertigt ist. **Gegen eine unschlüssige Klage muss man sich nicht verteidigen.** Der Kläger selbst kann seine Klage unschlüssig machen, wenn er zB vorprozessuale Einwendungen des Beklagten wiedergibt und nicht ausreichend entkräftet. Ein Versäumnisurteil kann dann nicht ergehen; die Klage ist, sofern das Gericht seiner Hinweispflicht nachgekommen ist, durch Endurteil abzuweisen (**unechtes Versäumnisurteil**).

> **Zur Terminologie:** Ist der Beklagte säumig, die Klage aber unzulässig oder nicht schlüssig, muss sie durch ein (streitiges) Endurteil abgewiesen werden. Man spricht in einem solchen Fall von einem **unechten Versäumnisurteil** (auch beim Beispiel 1 auf der vorangegangenen Seite handelt es sich um ein unechtes Versäumnisurteil). Im Gegensatz dazu spricht man bei einem (normalen) Versäumnisurteil nach §§ 330, 331 ZPO von einem **echten Versäumnisurteil**. Einen wirklichen Erkenntnis- oder Erklärungsgewinn bringen die Begriffe „echt" und „unecht" nicht; man sollte sie kennen, verwenden muss man sie nicht.

3. Einspruch

Gegen ein Versäumnisurteil ist statthafter Rechtsbehelf der Einspruch (§ 338 ZPO). Aus § 341 ZPO folgt, dass das Gericht von Amts wegen prüfen muss, ob der Einspruch zulässig ist. Ist das der Fall, wird der Prozess, soweit der Einspruch reicht, in die Lage zurückversetzt, in der er sich vor Eintritt der Versäumnis befand (§ 342 ZPO). Für die Klausur ergibt sich folgendes **dreistufiges Prüfungsschema**:

> I. Zulässigkeit des Einspruchs (§ 341 ZPO)
>   1. Statthaftigkeit (§ 338 ZPO)
>   2. Form (§ 340 ZPO)
>   3. Frist (§ 339 ZPO)
>   4. Rechtsfolge: § 342 ZPO
> II. Zulässigkeit der Klage
> III. Begründetheit der Klage

An diesem Prüfungsschema erkennt man: Die Frage, ob überhaupt ein Versäumnisurteil ergehen durfte, hat keinerlei Relevanz. Aus § 342 ZPO folgt: Nach einem zulässigen Einspruch wird nur überprüft, ob die **Klage** zulässig und begründet ist, nicht aber, ob ein Versäumnisurteil zu Recht ergangen ist. Letztere Frage wird allein im Rahmen der Kostenentscheidung bedeutsam (S. 57).

> **Hinweis:** In Examensklausuren wird immer wieder folgender Fehler gemacht: Im Rahmen eines Einspruchs wird geprüft, ob dieser zulässig ist und anschließend, ob das Gericht beim Erlass des Versäumnisurteils die entsprechenden Voraussetzungen – Antrag, Säumnis im Verhandlungstermin, kein Erlasshindernis, usw. – beachtet hat, das Versäumnisurteil also *gesetzmäßig* ergangen ist. Dieser Fehler ist nachvollziehbar: Nach dem *Rechtsgefühl* müsste bei der Frage des Erfolgs eines Einspruchs gegen ein Versäumnisurteil doch „logischerweise" geprüft werden, ob das Versäumnisurteil zu Recht ergangen ist oder nicht; schließlich richtet sich der Einspruch gegen das erlassene Versäumnisurteil!
>
> Liegt daher ein Einspruch gegen ein Versäumnisurteil vor, vertrauen Sie nicht Ihrem Rechtsgefühl, sondern denken Sie daran: Egal, ob beim Erlass eines Versäumnisurteils die entsprechenden Voraussetzungen gewahrt wurden oder nicht (ob es gesetzmäßig erlassen wurde oder nicht), – der zulässige Einspruch versetzt den Prozess in die Lage zurück, in der er sich vor Erlass des Versäumnisurteils befand (§ 342 ZPO). Damit ist *allein* zu prüfen, ob die *Klage* zulässig und begründet ist. Erst bei den *Kosten* spielt es eine Rolle, ob das Versäumnisurteil gesetzmäßig erlassen wurde (S. 57).

a) Statthaftigkeit. Nach § 338 ZPO steht der säumigen Partei, die Adressat einer echten Säumnisentscheidung ist, der Einspruch zu.

b) Form. Der Einspruch ist schriftlich bei dem Gericht einzulegen, das das Versäumnisurteil erlassen hat, § 340 I ZPO. Nach § 340 II ZPO müssen als Minimalerfordernisse das angegriffene Versäumnisurteil und die Erklärung, dass hiergegen Einspruch eingelegt wird, angegeben sein. Keine Zulässigkeitsvoraussetzung ist die Angabe von Verteidigungsmitteln (§ 340 III 1,2 ZPO); ein Fehlen dieser Angaben hat lediglich Präklusionskonsequenzen (§ 340 III 3 ZPO).

c) Frist. Die Einspruchsfrist beträgt zwei Wochen, § 339 ZPO. Maßgebliches Ereignis für den Fristbeginn ist die Zustellung des Urteils. Im Examen gibt es dazu zwei klassische Klausurprobleme:

- **Klassiker Nr. 1** (Fristberechnung im **schriftlichen Verfahren**). Hier wird die Verkündung des Urteils durch die *Zustellung* ersetzt (§ 310 III 1 ZPO). Maßgeblich für die Fristberechnung ist die *letzte* Zustellung, auch wenn die Zustellung an den Einspruchsführer früher erfolgte.

  Beispiel: K hat Klage gegen B erhoben, der keine Verteidigungsanzeige abgegeben hat. Das schriftliche Versäumnisurteil wird K am 2.4. und B am 1.4. zugestellt. Die Verkündung des Versäumnisurteils wird durch die Zustellung ersetzt und der Zustellvorgang ist erst mit der *letzten* Zustellung beendet, dh für die Fristberechnung muss auf den 2.4. abgestellt werden. Geht der Einspruch des B erst am 16.4. ein, ist die Einspruchsfrist noch gewahrt!

- **Klassiker Nr. 2** (Fristberechnung bei **Streitgenossen**). Bei einfachen Streitgenossen (§ 59 ZPO) sind die Rechtsverhältnisse zu trennen, dh die Fristberechnung erfolgt in den jeweiligen Personenverhältnissen getrennt und kann zu unterschiedlichen Ergebnissen führen.

  Beispiel: K hat Klage gegen die Streitgenossen B1 und B2 erhoben, die keine Verteidigungsanzeige abgegeben haben. Das Urteil wurde zugestellt: K am 2.4., B1 am 1.4. und B2 am 3.4. Fristberechnung: Für B1 endet die Frist am 16.4., da im Rechtsverhältnis K/B1 die Zustellung an K am 2.4. maßgeblich ist („letzte" Zustellung); für B2 endet die Frist am 17.4., da im Prozessrechtsverhältnis K/B2 der 3.4. maßgeblich ist („letzte" Zustellung).

d) Der Einspruch in der Klausur. Ist bei einer Examensklausur eine Einspruchseinlegung – etwa im Rahmen einer Klageerwiderung – zu fertigen, sollten auch Anträge *zur einstweiligen Einstellung der Zwangsvollstreckung* gestellt werden: Nach § 708 Nr. 2 ZPO werden Versäumnisurteile ohne Sicherheitsleistung für vorläufig vollstreckbar erklärt. Nach § 719 I ZPO iVm § 707 ZPO kann der Einspruchsführer beantragen, die Zwangsvollstreckung einstweilen einzustellen. Der Regelfall ist die Einstellung gegen Sicherheitsleistung; sollte das Versäumnisurteil nicht gesetzmäßig ergangen sein, kann die Einstellung auch ohne Sicherheitsleistung erfolgen (richtige Rechtsgrundlage ist, das wird gern übersehen, § 719 I 2 ZPO). Prüfungsmaßstab ist – das wird regelmäßig verkannt – nicht, ob der Einspruch zulässig ist, sondern ob nach summarischer Prüfung das Versäumnisurteil zu bestätigen oder aufzuheben ist.

4. Einspruchstermin und Entscheidung

Ist der Einspruch zulässig, **ist** ein Termin zur mündlichen Verhandlung zu bestimmen (§ 341a ZPO). Der Prozess wird in die Lage zurückversetzt, in der er sich vor der Säumnis befand (§ 342 ZPO; ob Prozesshandlungen im Säumnistermin damit automatisch in Wegfall geraten, ist streitig, vgl. Reichold in Thomas/Putzo, 39. Auflage 2018, § 342 Rn. 2). Anschließend ist zu prüfen, ob die *Klage* erfolgreich, also zulässig und begründet ist.

a) Präklusion. Oftmals liegt in der Säumnis ein taktisches Beklagtenverhalten. Sind aus dessen Sicht die Fristen zu knapp, um den Sachverhalt vollständig zu klären oder um erforderliche Beweismittel herbeizuschaffen, wird mit einer „Flucht in die Säumnis" reagiert. Denn nach § 341a ZPO muss nach einem zulässigen Einspruch ein Termin anberaumt werden, so dass Zeit gewonnen wird. Diese „Flucht in die Säumnis" ist allerdings nicht ohne Risiko: Zum einen kann der Kläger unter *einfacheren Voraussetzung die Vollstreckung betreiben* (nach § 708 Nr. 2 ZPO sind Versäumnisurteile ohne Sicherheitsleistung für vorläufig vollstreckbar zu erklären), zum anderen muss mit der *Präklusionswirkung gerechnet werden*: Nach § 340 III ZPO sind Verteidigungsmittel bereits in der Einspruchsschrift vorzubringen, andernfalls greift § 296 I ZPO entsprechend (§ 340 III 3 ZPO).

Achtung: § 340 III 3 ZPO hat nicht zur Konsequenz, dass die allgemeine Präklusionsbestimmung des § 296 ZPO verdrängt wird; zur Anwendung kommen vielmehr § 340 III 3 iVm § 296 ZPO **und** § 296 ZPO.

Beispiel: Der Beklagte B gibt im schriftlichen Vorverfahren keine Verteidigungsanzeige ab (§ 276 I 2 ZPO); gegen ihn ergeht ein Versäumnisurteil im schriftlichen Verfahren. B legt ordnungsgemäß (§§ 339, 340 ZPO) Einspruch ein und bietet zur Verteidigung zwei Zeugen und ein Sachverständigengutachten an. – Sind die Beweisangebote präkludiert?

Zeugen- und Sachverständigenbeweis sind Verteidigungsmittel. Ob sie präkludiert sind, beurteilt sich nach den Präklusionsbestimmungen des § 340 III ZPO und des § 296 ZPO:

- § 340 III 1, 3 ZPO: Beide Beweisangebote wurden in der Einspruchsschrift angeboten (§ 340 III 1 ZPO), sind also *nicht* präkludiert.
- § 296 ZPO: Die Bestimmung ist neben § 340 III ZPO anwendbar. B hat die Frist zur Klageerwiderung versäumt, so dass § 296 I ZPO greift („*Verteidigungsmittel, die erst nach Ablauf einer hierfür gesetzten Frist … § 276 I 2 ZPO … vorgebracht werden, sind …*"). Fraglich ist, ob die Verspätung zu einer Verzögerung des Rechtsstreits führt („*… wenn ihre Zulassung die Erledigung des Rechtsstreits nicht verzögern würde …*"). Herrschend ist der sog. *absolute Verzögerungsbegriff*, ob sich also der Rechtsstreit bei Zulassung der Beweismittel verzögert.

Auf den Einspruch des B hin muss das Gericht einen Termin anberaumen (§ 341a ZPO). Zu diesem Termin können ohne weiteres die benannten Zeugen geladen werden, dh der Rechtsstreit wird durch deren Vernehmung nicht verzögert. Der *Zeugenbeweis* ist damit nicht präkludiert. Anderes gilt für ein *Sachverständigengutachten*. Das Gericht ist nicht verpflichtet, den anzuberaumenden Termin soweit hinauszuschieben, dass entsprechende Gutachten erholt werden können. Entscheidet es sich – wie es dem Normzweck des § 341a ZPO entspricht – für eine frühzeitige Terminierung, wird zu diesem Zeitpunkt das Gutachten noch nicht fertiggestellt sein. Ließe man den Sachverständigenbeweis gleichwohl zu, müsste ein weiterer Termin anberaumt werden und der Rechtsstreit verzögert sich. Der Sachverständigenbeweis ist damit präkludiert.

b) Entscheidung

aa) Hauptsache. Nach § 343 ZPO muss überprüft werden, inwieweit die zu treffende Entscheidung in der Hauptsache mit dem Versäumnisurteil übereinstimmt und insoweit das Versäumnisurteil aufrechtzuerhalten ist. Normzweck des § 343 ZPO ist die Rangwahrung in der Zwangsvollstreckung.

Beispiel: K hat ein Versäumnisurteil über 4.000 EUR gegen B erwirkt, die Zwangsvollstreckung eingeleitet und den Pkw des B pfänden lassen, also ein Pfändungspfandrecht erworben. Ergibt sich nach einem zulässigen Einspruch des B, dass der Anspruch des K lediglich in Höhe von 3.000 EUR besteht, darf das Versäumnisurteil nicht aufgehoben und B zur Zahlung von 3.000 EUR verurteilt werden. Dann müsste K nämlich die Zwangsvollstreckung erneut einleiten und hätte den Rang aus der schon erfolgten Zwangsvollstreckung aus dem Versäumnisurteil verloren; zwischenzeitliche Vollstreckungen anderer Gläubiger in den Pkw würden vorgehen. § 343 ZPO hilft diesem unbilligen Ergebnis ab und bestimmt, dass das Versäumnisurteil **mit der Maßgabe** aufrechterhalten wird, dass B lediglich zur Zahlung von 3.000 EUR verurteilt wird. Damit besteht das Pfändungspfandrecht des K am Pkw (in geminderter Höhe) fort.

bb) Kostenentscheidung. Zwei Normkomplexe sind einschlägig: §§ 91 ff. ZPO und § 344 ZPO: **§§ 91 ff. ZPO** regeln, wer die Kosten des *Rechtsstreits* tragen muss. **§ 344 ZPO** regelt, ob die *Säumniskosten* dem Säumigen *isoliert* aufzuerlegen sind (zur Formulierung der Kostenentscheidung vgl. Reichold in Thomas/

Putzo, 39. Auflage 2018 § 344 Rn. 3) und beinhaltet damit eine Ausnahme vom Grundsatz der Einheitlichkeit der Kostenentscheidung. Normzweck ist: Der Säumige soll die Kosten tragen, die durch eine *ungerechtfertigte* Säumnis entstanden sind. Eine sachgerechte Anwendung der Norm gelingt nur, wenn man die beiden Voraussetzungen einer isolierten Entscheidung über die Säumniskosten herausarbeitet:

- Es muss eine **abändernde** Entscheidung ergangen sein. Wurde das Versäumnisurteil *aufrechterhalten*, gibt es *keine* Veranlassung über die Säumniskosten isoliert zu entscheiden (§ 344 ZPO aE: „*... eine abändernde Entscheidung erlassen wird.*").
- Liegt eine abändernde Entscheidung vor, muss der Säumige die Säumniskosten tragen, wenn ein Versäumnisurteil **zu Recht** ergangen ist. Nur und erst an dieser Stelle ist also zu prüfen, ob das Versäumnisurteil in gesetzlicher Weise ergangen ist (dazu ausführlich S. 56). Abzustellen ist auf den Kenntnisstand des Gerichts zum Schluss der mündlichen Verhandlung. War also der Säumige ohne Verschulden am Erscheinen verhindert, ohne dass das Gericht hiervon positive Kenntnis hatte, weiß es aber im Zeitpunkt der Kostenentscheidung vom fehlenden Verschulden, darf es dem unverschuldet Säumigen nicht die Kosten der Säumnis auferlegen.

cc) Vorläufige Vollstreckbarkeit. Für das Versäumnisurteil gilt § 708 Nr. 2 ZPO, dh der Gläubiger kann ohne Sicherheitsleistung aus dem Versäumnisurteil vollstrecken (Sanktionsgedanke). Nach zulässigem Einspruch ergeht ein „normales" Endurteil und für die Entscheidung über die **vorläufige Vollstreckbarkeit** gelten die allgemeinen Bestimmungen. Eine Besonderheit gilt für bestätigende Entscheidungen, die grundsätzlich unter § 709 ZPO fallen: Hier muss nach § 709 S. 3 ZPO ausgesprochen werden, dass die Vollstreckung aus dem Versäumnisurteil (das aufrechterhalten wird) nur **gegen Leistung der entsprechenden Sicherheit fortgesetzt** werden darf.

Ergänzender Hinweis zur Anwendbarkeit des § 713 ZPO für die isolierte Kostenentscheidung. Ist das Urteil grundsätzlich berufungsfähig, greift § 713 ZPO für die vorläufige Vollstreckbarkeit der Kostenentscheidung nach § 344 ZPO nicht: Auch wenn die isolierte Kostenentscheidung nicht gesondert anfechtbar ist (§ 99 I ZPO), kann das Berufungsgericht umfassend die Kostenentscheidung überprüfen (§ 308 II ZPO).

5. Zweites Versäumnisurteil

a) Allgemeines. Nach zulässigem Einspruch wird ein Einspruchstermin bestimmt, § 341a ZPO. Ist in diesem Termin eine Partei erneut säumig, muss geprüft werden, ob ein „Zweites Versäumnisurteil" nach § 345 ZPO ergehen kann.

> Zur **Terminologie:** Von einem „Zweiten Versäumnisurteil" spricht man nur im Fall der **doppelten Säumnis**, wenn also eine Partei in zwei aufeinanderfolgenden Terminen säumig war (§ 345 ZPO). Weil nun alle anderen Versäumnisurteile ohnehin „erste" Versäumnisurteile sind, macht es nur Sinn, von einem „ersten Versäumnisurteil" zu sprechen, wenn ein Zweites iSd § 345 ZPO ergangen ist (doppelte Säumnis derselben Partei).
>
> Zur **Schreibweise:** Das in § 345 ZPO geregelte Versäumnisurteil beinhaltet einen eigenen Terminus, weshalb man das Wort „Zweites" üblicherweise groß schreibt; die Bezeichnung eines vorangegangenen Säumnisurteils dient dagegen lediglich der Unterscheidung in zeitlicher Hinsicht, weshalb man das Wort „erstes" klein schreibt.

b) Säumnis des Einspruchsführers. Ist der **Einspruchsführer** (erneut) säumig, liegt eine *doppelte Säumnis* vor und es kann ein Zweites Versäumnisurteil ergehen. Voraussetzungen sind: Prozessantrag, zulässiger Einspruch, Säumnis des Einspruchsführers im Einspruchstermin. Ist überdies zu prüfen, ob das erste Versäumnisurteil *gesetzmäßig* ergangen ist? Der BGH verneint das in ständiger Rechtsprechung, weil beim Zweiten Versäumnisurteil die wiederholte Säumnis sanktioniert und nicht die vorangegangene Entscheidung überprüft wird!

> **Weiterführender Hinweis:** Das Problem – Gesetzmäßigkeit des ersten Versäumnisurteils als Voraussetzung für das Zweite Versäumnisurteil? – hat der Gesetzgeber für den **Vollstreckungsbescheid** in § 700 VI ZPO geregelt: Ein Vollstreckungsbescheid wird wie ein Versäumnisurteil gegen den Beklagten behandelt (§ 700 I ZPO und §§ 331, 708 Nr. 2 ZPO), dh gegen den Vollstreckungsbescheid ist der Einspruch statthaft (§ 700 I ZPO iVm § 342 ZPO), an den sich ein (zwingender) Einspruchstermin anschließt (§ 700 IV 1 ZPO). Im Fall der erneuten Säumnis des Einspruchsführers (Beklagten) greift § 345 ZPO über § 700 VI ZPO und der Einspruch wird durch ein Zweites Versäumnisurteil verworfen. Dieses Zweite Versäumnisurteil ergeht aber – anders als im „Normalfall" des § 345 ZPO – nur, wenn neben den Voraussetzungen des § 345 ZPO die der § 331 I und II Hs. 1 ZPO vorliegen, vgl. unten, Anhang S. 63.

Beispiel. Der Kläger war im ersten Termin säumig; auf Antrag des Beklagten wurde ein entsprechendes Versäumnisurteil erlassen. Der Kläger legt Einspruch ein, ist aber im Einspruchstermin erneut säumig.

Zweites Versäumnisurteil

I. Der Einspruch des Klägers vom 16.2. gegen das Versäumnisurteil des Amtsgerichts Traunstein vom 12.2. (Az.: …) wird verworfen.

II. Der Kläger trägt die weiteren Kosten des Rechtsstreits.

III. Das Urteil ist vorläufig vollstreckbar.

Die Formulierung der Hauptsacheentscheidung folgt unmittelbar aus § 345 ZPO. Die Kostenentscheidung beruht auf § 97 I ZPO analog und die Entscheidung über die vorläufige Vollstreckbarkeit auf § 708 Nr. 2 ZPO.

c) **Säumnis des Einspruchsgegners.** Ist der Einspruchsgegner (Kläger oder Beklagter) säumig, liegt kein Fall wiederholter Säumnis vor. Es ergeht ein normales Versäumnisurteil, in dem das vorangegangene (erste) Versäumnisurteil aufgehoben wird.

Beispiel: Der Beklagte B war im ersten Termin säumig; auf Antrag des Klägers wurde ein entsprechendes Versäumnisurteil erlassen. Der Beklagte legt Einspruch ein. Im neuen Termin ist der Kläger säumig.

Versäumnisurteil

I. Das Versäumnisurteil des Amtsgerichts Traunstein vom 4.2. (Az.: …) wird aufgehoben.

II. Die Klage wird abgewiesen.

III. Der Beklagte trägt die Kosten seiner Säumnis, die übrigen Kosten des Rechtsstreits trägt der Kläger.

IV. Das Urteil ist vorläufig vollstreckbar.

Die Kostenentscheidung beruht auf §§ 91, 344 ZPO und die Entscheidung über die vorläufige Vollstreckbarkeit auf § 708 Nr. 2 ZPO.

II. Das Versäumnisurteil in der Klausur

In der Examensklausur ist das Versäumnisurteil eine beliebte prozessuale Komponente. Hier einige mögliche Fallsituationen.

1. Teilversäumnis- und Endurteil

Für das Versäumnisurteil hat der Gesetzgeber der Praxis mit § 313b ZPO eine deutliche Arbeitserleichterung verschafft: Es bedarf keines Tatbestands und keiner Entscheidungsgründe! Diese Arbeitserleichterung wird im 2. Examen aber regelmäßig im Bearbeitervermerk *ausgeschlossen* (zB „§ 313b ZPO ist nicht anzuwenden"). Hier wird deshalb der *vollständige* Aufbau entsprechender Urteile erläutert.

Beispiel. K nimmt B wegen einer Forderung in Höhe von 5.000 EUR in Anspruch. Im Termin erscheint B nicht. K beantragt Erlass eines Versäumnisurteils. Die Überprüfung der Klage ergibt, dass der Anspruch lediglich in Höhe von 3.000 EUR schlüssig ist.

Ein Versäumnisurteil kann nur über den schlüssigen Teil der Klage ergehen, mithin über 3.000 EUR. Im Übrigen wird die Klage durch Endurteil abgewiesen (unechtes Versäumnisurteil, S. 55).

a) Tenor

Teilversäumnis- und Endurteil

I. Der Beklagte wird verurteilt, an den Kläger 3.000 EUR zu zahlen. Im Übrigen wird die Klage abgewiesen.

II. Von den Kosten des Rechtsstreits tragen der Kläger 40 % und der Beklagte 60 %.

III. Das Urteil ist vorläufig vollstreckbar. Der Kläger kann die Vollstreckung abwenden durch Sicherheitsleistung in Höhe von 110 % des auf Grund des Urteils vollstreckbaren Betrages, wenn nicht der Beklagte vor der Vollstreckung Sicherheit in Höhe von 110 % des jeweils zu vollstreckenden Betrages leistet.

- **Urteilsüberschrift und Hauptsache:** Mit der Urteilsüberschrift wird zum Ausdruck gebracht, dass sowohl eine Säumnisentscheidung als auch ein Endurteil ergeht. In Ziff. I des Tenors werden in Satz 1 durch Versäumnisurteil dem Kläger 3.000 EUR zugesprochen. Die Klageabweisung „im Übrigen" beinhaltet das unechte Versäumnisurteil.
- **Kostenentscheidung:** Die Entscheidung ergeht auf Grundlage des § 92 ZPO.
- **Vorläufige Vollstreckbarkeit:** Beide Parteien können vollstrecken.
  - Kläger: Schritt 1: Was kann der Kläger vollstrecken? 3.000 EUR und 60 % der verauslagten Gerichtskosten und 60 % seiner außergerichtlichen Kosten. Schritt 2: Rechtsgrundlage ist § 708 Nr. 2 ZPO.
  - Beklagter: Schritt 1: Was kann der Beklagte vollstrecken? 40 % seiner außergerichtlichen Kosten. Schritt 2: Rechtsgrundlage ist § 708 Nr. 11 iVm § 711 ZPO.

b) Tatbestand. Bei einer Säumnisentscheidung entfällt der Tatbestand, § 313b I 1ZPO, – idR aber nicht in einer Examensklausur (vgl. oben). Beim Aufbau ist zu beachten, dass es wegen der Säumnis des Beklagten kein Beklagtenvorbringen gibt. Daher wird nach dem Einleitungssatz der Klägervortrag in Behauptensform wiedergegeben; anschließend erfolgt die Prozessgeschichte zur Säumnis. Bei den Anträgen heißt es dann nur: *Der Kläger beantragt, den Beklagten im Wege des Versäumnisurteils zu verurteilen, …;* einen Antrag des Beklagten gibt es (aufgrund der Säumnis) gerade nicht.

c) Entscheidungsgründe

> A. Säumnisentscheidung über 3.000 EUR
> 1. Antrag
> 2. Säumnis des Beklagten im Verhandlungstermin
> 3. Kein Erlasshindernisse nach §§ 335, 337 ZPO
> 2. Zulässigkeit der Klage.
> 3. Schlüssigkeit der Klage
>
> B. Endurteil über 2.000 EUR
>
> C. Nebenentscheidungen: Kosten, vorläufige Vollstreckbarkeit
>
> Rechtsbehelfsbelehrung/Unterschrift

Ergänzende Hinweise:
- **Schlüssigkeit der Klage.** Man formuliert: *Gem. § 331 I 1 ZPO ist das klägerische Vorbringen als wahr zu unterstellen. Nach diesem Vorbringen hat der Kläger einen Anspruch auf Zahlung von 3.000 EUR gegen den Beklagten aus § … .*
- Die **Rechtsbehelfsbelehrung** erfolgt getrennt nach Parteien: Kläger: Berufung (§ 511 ZPO) zum Landgericht (§ 72 I 1 GVG), schriftlich (§ 519 ZPO) durch Anwalt (§ 78 ZPO) binnen einer Woche ab Zustellung des Urteils (§ 517 ZPO). Beklagter: Einspruch (§ 338 ZPO) zum Amtsgericht, schriftlich (§ 340 ZPO, mit Hinweis auf § 340 III ZPO binnen zwei Wochen ab Zustellung des Urteils (§ 339 I ZPO).

1. Endurteil nach Einspruch

Regelfall einer Examensklausur im Zusammenhang mit einer Säumnis ist die Fertigung eines Endurteils, nachdem zuvor ein Versäumnisurteil ergangen ist und der Beklagte Einspruch eingelegt hat.

Beispiel: Kläger K nimmt den Beklagten B wegen einer Werklohnforderung (Aus- und Einbau einer Küche) in Höhe von 3.000 EUR in Anspruch. B hat rechtzeitig seine Verteidigungsanzeige erklärt, ist aber im Verhandlungstermin nicht erschienen. Das Amtsgericht erlässt auf Antrag des K am 3.11. ein Versäumnisurteil. B legt Einspruch ein.

a) Begründete Klage nach einem Einspruch. Wie das Ausgangsbeispiel, nur: Im Termin mit Beweisaufnahme stellt sich heraus, dass die Klage in vollem Umfang begründet ist.

aa) Tenor

> **Endurteil**
>
> I. Das Versäumnisurteil des Amtsgerichts Traunstein vom 3.11. (Az.: …) wird aufrechterhalten.
> II. Die Beklagte trägt die weiteren Kosten des Rechtsstreits.

1. Kapitel: Versäumnisurteil

> III. Das Urteil ist gegen Sicherheitsleistung in Höhe von 110 % des jeweils zu vollstreckenden Betrages vorläufig vollstreckbar. Die Zwangsvollstreckung aus dem Versäumnisurteil des Amtsgerichts Traunstein vom 3.11. (Az.: ...) darf nur gegen Leistung dieser Sicherheit fortgesetzt werden.

- **Hauptsache:** Die Aufrechterhaltung folgt aus § 343 ZPO und ist erforderlich für die Rangwahrung bisheriger Vollstreckungsmaßnahmen.
- **Kosten** (häufige Fehlerquelle): Weil das Versäumnisurteil aufrechterhalten wird, wird auch die Kostenentscheidung insoweit aufrechterhalten. Es muss damit lediglich über *die* Kosten entschieden werden, die *nach Erlass* des Versäumnisurteils angefallen sind (deshalb in Ziff. II des Tenors: *weitere Kosten*); einschlägig ist § 91 ZPO. § 344 ZPO ist nicht anwendbar, da keine abändernde Entscheidung ergeht.
- **Vorläufige Vollstreckbarkeit:** Wie bei den Kosten wird durch Ziff. I des Tenors die unbedingte Entscheidung über die vorläufige Vollstreckbarkeit aufrechterhalten, muss aber (Ziff. III 2) umgestaltet werden, da jetzt ein „normales" streitiges Endurteil vorliegt. Schritt 1: Was kann K vollstrecken? 3.000 EUR Hauptsache und die Kosten des Rechtsstreits (verauslagte Gerichtskosten und außergerichtliche Kosten). Schritt 2: Rechtsgrundlage ist § 709 S. 1, 2 ZPO *und* – es wird ein Versäumnisurteil aufrechterhalten – § 709 S. 3 ZPO.

Die „weiteren" Kosten des Rechtsstreits (Ziff. II des Tenors) unterfallen eigentlich nicht § 709 S. 3 ZPO, dürfen aber nach hM vernachlässigt werden.

bb) Tatbestand: Besonderheiten gelten für die Fassung der Anträge und die kleine Prozessgeschichte.
- **Anträge:** Der Kläger muss den Antrag stellen, *„das Versäumnisurteil aufrechtzuerhalten"*; der Beklagte muss beantragen, *„das Versäumnisurteil aufzuheben und die Klage abzuweisen"*.
- **Kleine Prozessgeschichte:** Aus dem Antrag des Klägers geht nicht hervor, welche *Sachentscheidung* er begehrt. Daher muss in der kleinen Prozessgeschichte der *Inhalt* des Versäumnisurteils geschildert werden. Weiter ist – in den Entscheidungsgründen muss auch die Zulässigkeit des Einspruchs erörtert werden! – auch *der* Sachverhalt zu schildern, der für eine entsprechende *Zulässigkeitsprüfung* des Einspruchs benötigt wird (idR also: Erlassdatum des Versäumnisurteils, Zustelldatum, Einspruchseinlegung, Eingang des Einspruchs). Die kleine Prozessgeschichte erfüllt beim Versäumnisurteil also zwei Funktionen (vgl. S. 19): Zum einen wird der *Sachantrag des Klägers inhaltlich* erläutert; zum anderen wird der für die *Zulässigkeitsprüfung des Einspruchs* erforderliche *Sachverhalt* dargelegt!
- Es wird keine Überprüfung vorgenommen, ob das Versäumnisurteil in gesetzmäßiger Weise ergangen ist. Da diese Frage auch für die Kostenentscheidung ohne Bedeutung ist (§ 344 ZPO kommt nicht zur Anwendung), findet sich im Tatbestand keine entsprechende Sachverhaltsschilderung!

Tatbestand	
Der Kläger fordert vom Beklagten Werklohn für den Aus- und Einbau einer Küche.	Einleitungssatz
Der Kläger ist Schreinermeister und erhielt am 3.8. vom Beklagten den Auftrag, eine Küche aus einer ehemaligen Mietwohnung des Beklagten auszubauen und in dessen neu gebautes Haus einzubauen. Der Ausbau erfolgte am 4.9. und der Einbau eine Woche später am 11./12.9.	Unstreitiger Sachverhalt
Der Kläger behauptet, der Beklagte habe die Leistung abgenommen.	Streitiges Klägervorbringen
Mit Versäumnisurteil des Amtsgerichts Traunstein vom 3.11. ist der Beklagte zur Zahlung von 3.000 EUR verurteilt worden. Dem Beklagten ist das Urteil am 9.11. zugestellt worden. Mit Schreiben vom 16.11., eingegangen beim Amtsgericht Traunstein am selben Tag, hat der Beklagte Einspruch eingelegt.	Kleine Prozessgeschichte (zwei Funktionen!)
Der Kläger beantragt zuletzt, *das Versäumnisurteil bleibt aufrechterhalten.*	Anträge („zuletzt" da nicht deckungsgleich mit dem Antrag aus der Klageschrift)

> *Der Beklagte beantragt zuletzt,*
>
> > *das Versäumnisurteil wird aufgehoben und die Klage abgewiesen.*
>
> *Der Beklagte behauptet, der Kläger hätte noch nicht alle erforderlichen Leistungen erbracht, weshalb die Leistung noch nicht abgenommen wurde.*
>
> *Das Gericht hat am 3.12. verhandelt und hierbei den Angestellten Schreiner Herbert Fleißig als Zeuge uneidlich vernommen...*

Streitiger Beklagtenvortrag

Große Prozessgeschichte

Ergänzender Hinweis: Bei einem *schriftlichen Versäumnisurteil* müssen in der kleinen Prozessgeschichte beide Zustelldaten angegeben werden (§ 310 III ZPO).

cc) Entscheidungsgründe: Die Entscheidungsgründe werden **dreistufig** aufgebaut: Zulässigkeit des Einspruchs (Statthaftigkeit, Form, Frist mit § 342 ZPO) – Zulässigkeit der Klage – Begründetheit der Klage mit Nebenentscheidungen.

Hinweis: Wie betont darf in der Entscheidung *nicht erörtert werden*, ob das Versäumnisurteil *gesetzmäßig* ergangen ist. Konsequenz: Diese Frage ist zwingend im *Hilfsgutachten* darzulegen, *sofern* der Sachverhalt entsprechende Anhaltspunkte für eine Prüfung bietet.

b) Klageabweisung nach Einspruch. Wie das Ausgangsbeispiel, nur: Im Termin mit Beweisaufnahme stellt sich heraus, dass die Klage unbegründet ist; auch ist das Versäumnisurteil in gesetzlicher Weise ergangen.

aa) Tenor:

> **Endurteil**
>
> I. Das Versäumnisurteil des Amtsgerichts Traunstein vom 3.11. (Az.: ...) wird aufgehoben. Die Klage wird abgewiesen.
> II. Der Kläger trägt die Kosten des Rechtsstreits mit Ausnahme der Säumniskosten, die der Beklagte trägt.
> III. Das Urteil ist vorläufig vollstreckbar. Der Kläger kann die Vollstreckung durch Sicherheitsleistung in Höhe von 110 % des aus dem Urteil vollstreckbaren Betrags abwenden, wenn nicht der Beklagte vor der Vollstreckung Sicherheit in Höhe von 110 % des jeweils zu vollstreckenden Betrags leistet. Der Beklagte kann die Vollstreckung durch Sicherheitsleistung in Höhe von 110 % des aus dem Urteil vollstreckbaren Betrags abwenden, wenn nicht der Kläger vor der Vollstreckung Sicherheit in Höhe von 110 % des jeweils zu vollstreckenden Betrags leistet.

– **Hauptsache:** Weil das Versäumnisurteil aufgehoben wird, muss noch eine Entscheidung über die Klage ergehen; sie ist abzuweisen.
– **Kosten:** K ist in vollem Umfang unterlegen, trägt also die Kosten (§ 91 ZPO). Das Versäumnisurteil wird nicht in vollem Umfang bestätigt, sodass § 344 ZPO greift: In Ausnahme vom Grundsatz der Einheitlichkeit der Kostenentscheidung können die Säumniskosten dem Säumigen isoliert auferlegt werden, wenn das Versäumnisurteil nicht aufrechterhalten wird und in gesetzmäßiger Weise ergangen ist (abzustellen ist insoweit auf den Kenntnisstand zum Schluss der mündlichen Verhandlung). B muss daher diese Kosten übernehmen.
– **Vorläufige Vollstreckbarkeit:** Es liegt ein „normales" (streitiges) Endurteil vor. Beide Parteien können vollstrecken.
  • Kläger: Schritt 1: Was kann der Kläger vollstrecken? die Säumniskosten gem. § 344 ZPO. Ob überhaupt Säumniskosten vorliegen, wird erst im Kostenfestsetzungsverfahren geprüft: zB Reisekosten (nicht aber eine Termingebühr für den Anwalt, da unabhängig von der Anzahl der Termine nur *eine* Termingebühr anfällt). Schritt 2: Rechtsgrundlage? ist § 708 Nr. 11 ZPO iVm § 711 ZPO (Hinweis: § 713 ZPO greift nicht, da die Säumniskosten unter § 308 II ZPO fallen und – sollte der Kläger Be-

rufung einlegen – in der Berufungsinstanz eine abweichende Entscheidung über die Säumniskosten getroffen wird, vgl. oben S. 58).
- Beklagter: Schritt 1: Was kann der Beklagte vollstrecken? Seine außergerichtlichen Kosten. Schritt 2: Rechtsgrundlage ist § 708 Nr. 11 iVm § 711 ZPO.

bb) Tatbestand und Entscheidungsgründe: Nachdem § 344 ZPO anwendbar ist, muss im Tatbestand *der* Sachverhalt geschildert werden, der für die Prüfung der Vorschrift erforderlich ist, hier also der Grund, warum die Säumnis verschuldet war. Die Ausführungen gehören in die große Prozessgeschichte. In den Entscheidungsgründen wird im Rahmen der Kostenentscheidung § 344 ZPO erörtert.

c) Teilweiser erfolgreicher Einspruch. Wie das Ausgangsbeispiel, nur: Im Termin mit Beweisaufnahme stellt sich heraus, dass die Klage lediglich in Höhe von 1.500 EUR begründet ist; auch ist das Versäumnisurteil in gesetzlicher Weise ergangen.

Endurteil

I. Das Versäumnisurteil des Amtsgericht Traunstein vom 3.11. (Az.: …) wird aufrechterhalten, soweit der Beklagten verurteilt wurde, an den Kläger 1.500 EUR zu zahlen.

II. Im Übrigen wird das Versäumnisurteil aufgehoben und die Klage abgewiesen.

III. Der Beklagte trägt die Kosten seiner Säumnis; im Übrigen werden die Kosten des Rechtsstreits gegeneinander aufgehoben.

IV. Das Urteil ist vorläufig vollstreckbar gegen Sicherheitsleistung in Höhe von 110 % des jeweils zu vollstreckenden Betrages. Die Zwangsvollstreckung aus dem Versäumnisurteil des Amtsgerichts Traunstein vom 3.11. darf, soweit es aufrechterhalten wurde, nur gegen Leistung dieser Sicherheit fortgesetzt werden.

- Hauptsache: Ziff. I: Das Versäumnisurteil muss in dem Umfang aufrechterhalten werden, in dem es bestätigt wurde (Rangwahrung in der Zwangsvollstreckung). Das macht man üblicherweise mit der Formulierung *soweit…* bzw. *mit der Maßgabe, dass…* Ziff. II: Im Übrigen wurde das Versäumnisurteil nicht bestätigt; es ist daher aufzuheben und die Klage im Übrigen abzuweisen.
- Kostenentscheidung: Es erfolgt eine Quotierung nach Maßgabe des Obsiegens und Unterliegens (§ 92 ZPO). Das Versäumnisurteil wurde nicht in vollem Umfang bestätigt, so dass § 344 ZPO einschlägig ist.
- Vorläufige Vollstreckbarkeit:
  - Kläger: Schritt 1: Was kann der Kläger vollstrecken? 1.500 EUR (Hauptsache), 50 % der zu 100 % verauslagten Gerichtskosten (Kostenaufhebung – vgl. S. 41) und die Säumniskosten. Schritt 2: Rechtsgrundlage ist § 709 S. 1, 2, 3.
  - Beklagter: Was kann der Beklagte vollstrecken? Er kann aus der Kostenentscheidung nichts vollstrecken (Kostenaufhebung).

III. Anhang: Mahnverfahren

Rechtsgrundlagen: §§ 688–703d ZPO

Das Mahnverfahren, das in der Praxis eine große Rolle spielt, soll dem Gläubiger auf einfache Art kostengünstig und schnell einen Vollstreckungstitel verschaffen und hemmt zudem die Verjährung (§ 204 I Nr. 3 BGB). Für Klausuren ist das Mahnverfahren allenfalls wegen der Brückennorm des § 700 I ZPO relevant (der Vollstreckungsbescheid steht einem Versäumnisurteil gleich!), weshalb hier ein kurzer Einblick in das Verfahren erfolgt.

Hervorzuheben sind
- die unterschiedliche **Terminologie**: Mahnbescheid und Widerspruch; Vollstreckungsbescheid und Einspruch;
- der Zeitpunkt der **Anhängigkeit** (§ 696 I 4 ZPO) und der **Rechtshängigkeit** (§ 696 III bzw. § 700 II ZPO);
- die Bestimmung des § 700 I ZPO.

Das Verfahren vollzieht sich in zwei Schritten:
- Mahnbescheid und Widerspruch
- Vollstreckungsbescheid und Einspruch

1. Mahnbescheid und Widerspruch

a) Mahnbescheid. Das Verfahren beginnt mit dem Antrag auf Erlass eines Mahnbescheids beim zuständigen Gericht. Der Mahnantrag muss den Inhaltserfordernissen des § 690 ZPO genügen: Die geltend gemachte Forderung ist unterscheidbar zu individualisieren, damit der Umfang der Rechtskraft beurteilt werden kann (Abs. 1 Nr. 3); das zuständige Gericht für das streitige Verfahren ist zu bezeichnen, falls das Verfahren abgegeben werden muss (Abs. 1 Nr. 5).

b) Widerspruch. Legt der Antragsgegner Widerspruch ein, wird auf Antrag das Verfahren zur Durchführung des streitigen Verfahrens an das entsprechende Gericht abgegeben. Dieses fordert den Antragsteller auf, die Anspruchsbegründung zu fertigen (die Anspruchsbegründung tritt an die Stelle der Klageschrift und muss den entsprechenden inhaltlichen Anforderungen genügen). Ab diesem Zeitpunkt wird das Verfahren als „normales" Erkenntnisverfahren fortgesetzt: die Parteien heißen nicht mehr Antragsteller bzw. Antragsgegner, sondern Kläger und Beklagter, es folgt die Zustellung der Anspruchsbegründung, die Wahl der Verfahrensart (§ 272 II ZPO), etc.

Der Widerspruch muss schriftlich (§ 694 I ZPO) gegenüber dem Mahngericht innerhalb von zwei Wochen (§ 692 I Nr. 3 ZPO) eingelegt werden. Aber Achtung: Die **Widerspruchsfrist** ist keine starre Frist, da Widerspruch eingelegt werden kann, solange der Vollstreckungsbescheid noch nicht verfügt ist (§ 694 I ZPO).

2. Vollstreckungsbescheid und Einspruch

a) Vollstreckungsbescheid. Nach Ablauf der Widerspruchsfrist (§ 692 I Nr. 3 ZPO) ergeht auf Antrag (§ 699 I 1 ZPO) ein Vollstreckungsbescheid (wird kein Antrag gestellt: § 701 ZPO). Der Vollstreckungsbescheid wird in § 700 I ZPO einem vorläufig vollstreckbar erklärtem Versäumnisurteil gleichgestellt und stellt nach § 794 I Nr. 4 ZPO einen Vollstreckungstitel dar, der idR keiner Vollstreckungsklausel bedarf (§ 796 ZPO).

b) Einspruch. Statthafter Rechtsbehelf ist der Einspruch: § 700 I ZPO iVm § 338 ZPO (der Vollstreckungsbescheid wird wie ein Versäumnisurteil gegen den Beklagten behandelt!); er muss schriftlich innerhalb von zwei Wochen eingelegt werden (§§ 700 I, 339 ZPO).

Bei zulässigem Einspruch wird das Verfahren an das Streitgericht abgegeben und nach Anspruchsbegründung als „normales" Erkenntnisverfahren fortgesetzt (§ 700 III ZPO) – allerdings mit einer **Besonderheit**: Das Streitverfahren beginnt nicht völlig von vorn, sondern in einer *besonderen Lage*, nämlich der Lage, die einem *bereits erlassenen Versäumnisurteil entspricht*. Konsequenz: Zunächst ist zwingend ein Einspruchstermin abzuhalten (§ 700 V ZPO). Im Fall der Säumnis des Beklagten kann ein Zweites Versäumnisurteil ergehen (§§ 700 VI, 345 ZPO), wenn der Einspruch zulässig war (§ 341 ZPO), der Beklagte im Einspruchstermin säumig ist, die Klage zulässig und **schlüssig** ist und der Vollstreckungsbescheid verfahrensrechtlich ordnungsgemäß erging (Zöller, ZPO, 32. Auflage 2018, § 700 Rn. 14 mwN).

> **Weiterführender Hinweis:** Es ist streitig, ob für die Kostenentscheidung eines Endurteils nach einem Einspruch gegen einen Vollstreckungsbescheid die Vorschrift des § 344 ZPO anwendbar ist. Für die Klausur empfiehlt es sich aus Gründen der Einfachheit, § 344 ZPO nicht anzuwenden und im Hilfsgutachten auf die Problematik aufmerksam zu machen. Als Begründung für die Nicht-Anwendbarkeit kann angeführt werden: § 344 ZPO ist eine Ausnahmevorschrift für das „echte" Säumnisverfahren; sie soll den Säumigen der gegen die gesetzliche Pflicht zur Anwesenheit verstoßen hat, mit den entsprechenden Kostenfolgen „bestrafen". Im Mahnverfahren besteht nun keine Pflicht, einen Widerspruch einzulegen, weshalb ein unterbliebener Widerspruch, der zu einem Vollstreckungsbescheid geführt hat, auch nicht mit einer entsprechenden Kostenfolge sanktioniert werden kann. Zuletzt: Der Kläger hat sich mit dem Mahnverfahren bewusst für eine Verfahrensart entschieden, in der die Schlüssigkeit gerichtlich nicht überprüft wird. Dann besteht auch keinerlei Veranlassung, die Teuerung dieser für den Kläger günstigen Verfahrensart auf den Beklagten zu übertragen.

IV. Examensrelevante Rechtsprechung

1. BGH NJW 2003, 1044: Rechtskraft durch abweisendes Versäumnisurteil (Kapitel „Rechtskraft").

> 2. BGH IX ZB 148/11: K hat nach einem ersten Versäumnisurteil und zulässigem Einspruch gegen B ein Zweites Versäumnisurteil erwirkt. B legt, gestützt auf den Restitutionsgrund des § 580 Nr. 7b ZPO (nachträgliches Auffinden einer Quittung, also einer „Urkunde") Berufung ein.

Mit dieser Entscheidung bestätigt der BGH seine Rechtsprechung zu den Voraussetzungen **eines Zweiten Versäumnisurteils**. Die Entscheidung fasst anschaulich die Gründe zusammen, die für einen **beschränkten Prüfungsumfang** sprechen: Nach § 514 II 1 ZPO kann mit der Berufung gegen ein Zweites Versäumnisurteil lediglich überprüft werden, ob ein Fall der schuldhaften Versäumung vorlag. Eine Berufung muss schlüssig dartun, dass der Termin nicht schuldhaft versäumt wurde, andernfalls ist sie als **unzulässig** zu verwerfen.

„Das Säumnisverfahren ist Folge des Mündlichkeitsprinzips und der Verhandlungsmaxime (…). Eine Partei könnte den Fortgang des Verfahrens blockieren, wenn sie nicht zum Termin erscheint oder nicht zur Sache verhandelt. Die Zivilprozessordnung knüpft daher nachteilige Rechtsfolgen an die Säumnis. Ist der Kläger säumig, ist die Klage ohne Sachprüfung abzuweisen (§ 330 ZPO). Ist der Beklagte säumig, hat das Gericht neben der Säumnis die Zulässigkeit und die Schlüssigkeit der Klage zu prüfen (§ 331 I und II ZPO). Ein erstes Versäumnisurteil kann noch im Wege des Einspruchs aus der Welt geschafft werden. Ist der Einspruch zulässig, wird der Prozess in die Lage zurückversetzt, in der er sich vor Eintritt der Versäumnis befand (§ 342 ZPO). Um zu verhindern, dass der Einspruch „ein bequemes

1. Kapitel: Versäumnisurteil

Mittel zur Verschleppung der Prozesse" wird, hat der historische Gesetzgeber seine wiederholte Zulassung jedoch beschränkt (...). Erscheint die Partei nach rechtzeitigem Einspruch gegen das (erste) Versäumnisurteil erneut nicht zur mündlichen Verhandlung über den Einspruch oder erscheint sie zwar, ist sie aber nicht ordnungsgemäß vertreten oder verhandelt sie nicht, hat das Gericht nur noch die Voraussetzungen der wiederholten Säumnis, insbesondere die ordnungsgemäße Ladung zum Termin (...), zu prüfen, bevor es den Einspruch durch (zweites) Versäumnisurteil verwirft (§ 345 ZPO). Ein weiterer Einspruch findet nicht statt. Die Berufung gegen ein zweites Versäumnisurteil kann – ebenfalls folgerichtig – nur die Zulässigkeit des Versäumnisurteils betreffen (...). Eine Erweiterung der Prüfungskompetenz des Berufungsgerichts hat der Bundesgerichtshof, anders als bei § 559 ZPO (...), wiederholt abgelehnt. Die Berufung gegen ein zweites Versäumnisurteil kann nicht darauf gestützt werden, dass bei Erlass des ersten Versäumnisurteils ein Fall der Säumnis nicht vorgelegen habe (...). Sie kann auch nicht auf die fehlende Schlüssigkeit der Klage gestützt werden (...). Die an die wiederholte Säumnis einer Partei geknüpfte Sanktion des § 514 II ZPO (...) steht in einer Reihe mit weiteren gesetzlichen Regelungen im Versäumnisverfahren (§ 708 Nr. 2 ZPO, § 340 III ZPO; § 341 I ZPO), die sämtlich darauf hinauslaufen, eine Partei, gegen die ein Versäumnisurteil erlassen ist, im Interesse der Prozessbeschleunigung zu besonders sorgfältiger Prozessführung zu veranlassen. Bleibt die Partei erneut schuldhaft säumig, ist es nur konsequent, an dieses Fehlverhalten die schärfere Sanktion des endgültigen Prozessverlustes zu knüpfen" (BGH aaO).

> **Hinweis:** Ein weiteres (weniger examensrelevantes) Problem war die Frage, ob dieser beschränkte Prüfungsumfang auch gilt, wenn gleichzeitig ein Restitutionsgrund (hier: § 580 Nr. 7b ZPO) greift: Nach dem BGH würde der Grundsatz des Gleichlaufs der Prüfungskompetenz von Einspruchs- und Berufungsgericht durchbrochen, wenn sich der Berufungskläger „vorweggenommen" auf Restitutionsgründe berufen könnte. Allein das Argument der Prozesswirtschaftlichkeit rechtfertigt kein anderes Ergebnis. Zwar hat der BGH zur Vermeidung möglicher Widersprüche neues Vorbringen zu den Restitutionsgründen des § 580 Nr. 1–6 ZPO zugelassen. Dieser Gesichtspunkt greift allerdings nicht für den hier angeführten Restitutionsgrund und es verbleibt bei den allgemeinen Grundsätzen.

3. Mahnverfahren: Vgl. dazu die Entscheidungen am Ende des Kapitels „Klageänderung".

4. LG Mannheim 2 O 200/08: Immer wieder stolpert der Examenskandidat über folgendes Problem: Ein Versäumnisurteil gegen den Beklagten ergeht über zwei Streitgegenstände. Der Beklagte will gegen das Urteil vorgehen. Der Anwalt kommt zum Ergebnis, dass sein Mandant hinsichtlich eines Streitgegenstands zu Recht verurteilt wurde. Was tun? Der Anwalt kann einen Teileinspruch einlegen (§ 340 II 2 ZPO) und im Übrigen im Mandantenschreiben die Rechtslage darlegen. Kann der Anwalt auch vollumfänglich Einspruch einlegen mit dem Ziel eines Teilanerkenntnisses und der günstigen Kostenfolge des § 93 ZPO? Mit eben diesem Problem beschäftigt sich das Landgericht und kommt zum Ergebnis, dass ein Anerkenntnis nur „sofort" ist, wenn die Klageerwiderungsfrist noch läuft. Dieser Ansicht sollte man in der Klausur folgen, so dass ein Anerkenntnis nach Einspruchseinlegung regelmäßig ausscheidet.

V. Mindmap

Am Ende eines jeden Kapitels erfolgt eine Zusammenfassung des für das Examen erforderlichen präsenten Wissens mittels der Mindmap-Technik. Komplexe Themengebiete und deren Zusammenhänge können so leichter verinnerlicht und aufgrund der kompakten Darstellung „locker" wiederholt werden. Näheres zur Mindmap-Technik und ihrem Begründer Tony Buzan finden Sie in Wikipedia, Stichwort „Mindmap".

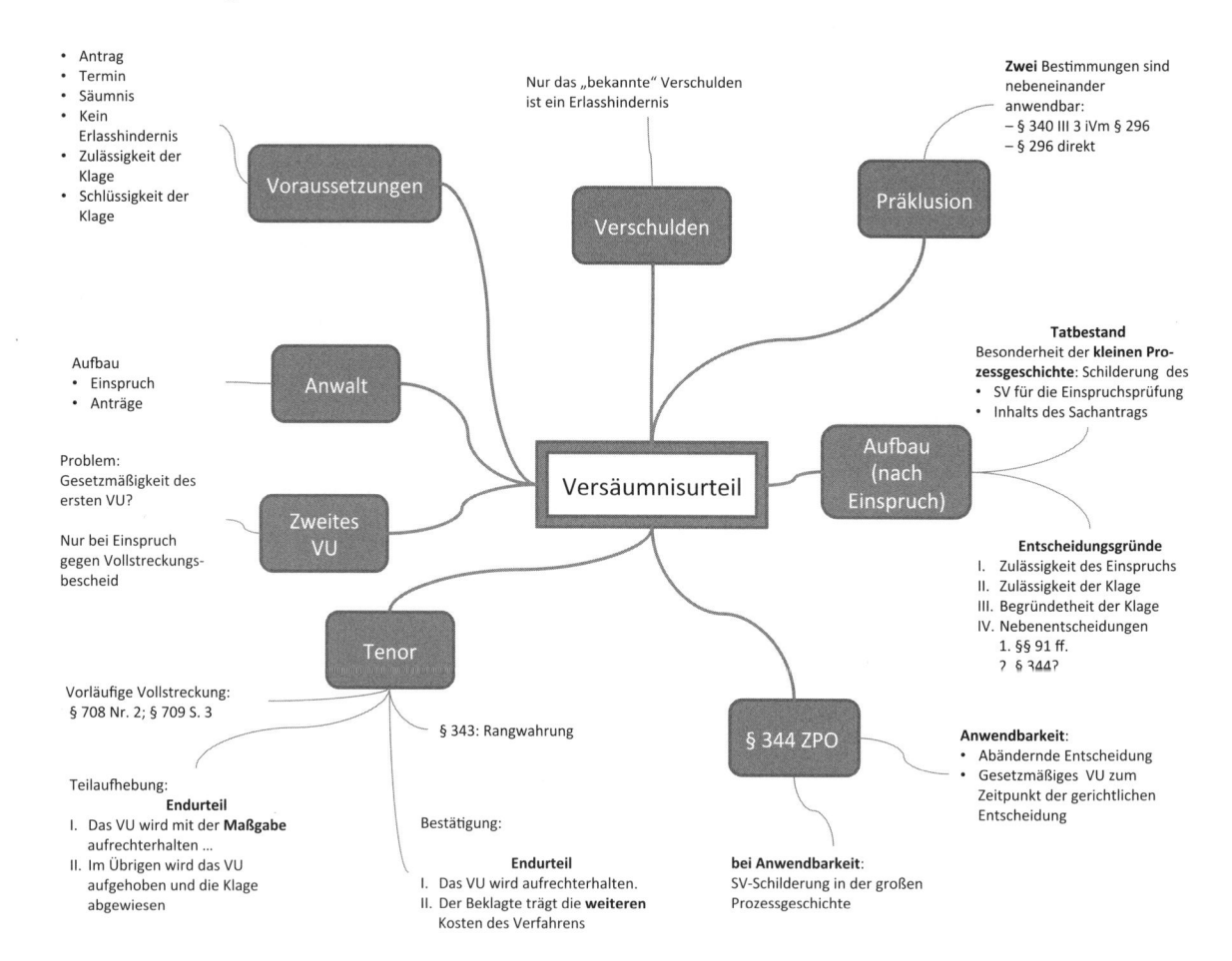

Versäumnisurteil

Voraussetzungen
- Antrag
- Termin
- Säumnis
- Kein Erlasshindernis
- Zulässigkeit der Klage
- Schlüssigkeit der Klage

Verschulden
Nur das „bekannte" Verschulden ist ein Erlasshindernis

Präklusion
Zwei Bestimmungen sind nebeneinander anwendbar:
– § 340 III 3 iVm § 296
– § 296 direkt

Anwalt
Aufbau
- Einspruch
- Anträge

Zweites VU
Problem: Gesetzmäßigkeit des ersten VU?
Nur bei Einspruch gegen Vollstreckungsbescheid

Aufbau (nach Einspruch)

Tatbestand
Besonderheit der **kleinen Prozessgeschichte**: Schilderung des
- SV für die Einspruchsprüfung
- Inhalts des Sachantrags

Entscheidungsgründe
I. Zulässigkeit des Einspruchs
II. Zulässigkeit der Klage
III. Begründetheit der Klage
IV. Nebenentscheidungen
  1. §§ 91 ff.
  2. § 344?

§ 344 ZPO
Anwendbarkeit:
- Abändernde Entscheidung
- Gesetzmäßiges VU zum Zeitpunkt der gerichtlichen Entscheidung

bei Anwendbarkeit:
SV-Schilderung in der großen Prozessgeschichte

Tenor

Vorläufige Vollstreckung: § 708 Nr. 2; § 709 S. 3

Teilaufhebung:
Endurteil
I. Das VU wird mit der **Maßgabe** aufrechterhalten ...
II. Im Übrigen wird das VU aufgehoben und die Klage abgewiesen

§ 343: Rangwahrung

Bestätigung:
Endurteil
I. Das VU wird aufrechterhalten.
II. Der Beklagte trägt die **weiteren** Kosten des Verfahrens

2. Kapitel: Klagehäufung

Inhaltsverzeichnis

I. Einführung	67
1. Begriff und Arten	67
2. Funktion	68
II. Kumulative Klagehäufung	68
1. Allgemeines	68
2. Voraussetzungen des § 260 ZPO	68
3. Aufbau in der Klausur	68
a) Tatbestand	69
b) Entscheidungsgründe:	69
c) Beispiel: Kumulative Klagehäufung bei unterschiedlichem Sachverhalt	69
aa) Tenor	70
bb) Tatbestand	70
cc) Entscheidungsgründe	71
III. Eventualklagehäufung	71
1. Allgemeines	71
2. Voraussetzungen	71
a) Bedingung	71
b) Konnexität	72
c) § 260 ZPO	72
3. Aufbau in der Klausur	72
a) Tatbestand	72
b) Entscheidungsgründe	72
c) Beispiel: Eventualklagehäufung bei gleichem Sachverhalt	73
aa) Tenor bei erfolgreichem Hauptantrag	73
bb) Tenor bei nicht erfolgreichem Hauptantrag	73
cc) Tatbestand	74
dd) Entscheidungsgründe	75
IV. Übungsfall	75
V. Examensrelevante Rechtsprechung	76
VI. Mindmap	78

I. Einführung

1. Begriff und Arten

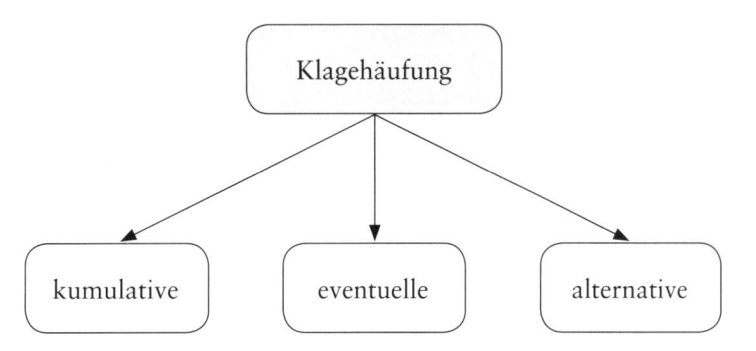

```
                    Klagehäufung
                  /      |       \
          kumulative  eventuelle  alternative
```

Mit der Klagehäufung führt der Kläger *mehrere Streitgegenstände* (prozessuale Ansprüche) in das Verfahren ein. Bei der *kumulativen* Klagehäufung werden mehrere Ansprüche *nebeneinander* verfolgt, bei der *eventuellen* Klagehäufung werden mehrere Ansprüche *hilfsweise* verbunden. Die *alternative* Klagehäufung ist lediglich im Rahmen des § 262 BGB (Wahlschuld) relevant und hat deshalb für eine Examensklausur so gut wie keine Bedeutung; sie wird in diesem Kapitel nicht behandelt. Die Klagehäufung besteht *von Anfang an*, wenn der Kläger mehrere Streitgegenstände bei Klageerhebung anhängig macht, sie kann aber auch *nachträglich* durch Klageerweiterung oder Prozessverbindung seitens des Gerichts entstehen. Im Fall der nachträglichen Klagehäufung sind zusätzlich die Regeln der Klageänderung (§§ 263 ff. analog ZPO) zu beachten (vgl. das Kapitel Klageänderung).

> **Zur Terminologie:**
> - Anstelle von *Klagehäufung* spricht man auch von *Anspruchshäufung* (iSv prozessualem Anspruch). Mit *subjektiver Klagehäufung* ist die Streitgenossenschaft gemeint (§§ 59 ff. ZPO), mit *objektiver Klagehäufung* obige Anspruchshäufung. Keine Klagehäufung liegt bei mehrfacher Begründung eines prozessualen Anspruchs vor (der Kläger verlangt 6.000 EUR Schadensersatz aus § 823 BGB und § 7 StVG bzw. aus § 823 BGB und § 280 BGB) oder bei einem Haupt- und Hilfsvorbringen (der Kläger verlangt 3.000 EUR aus einem Darlehensvertrag der am 2.3. geschlossen wurde, hilfsweise trägt er vor, der Darlehensvertrag sei am 5.4. geschlossenen worden).
> - In der Praxis wird der Begriff Klage/Klagen uneinheitlich verwendet. Macht der Kläger beispielsweise im Wege einer Klagehäufung einen Kaufpreisanspruch und eine Werklohnforderung geltend, heißt es in der Praxis zT *Die Klagen sind zulässig* bzw. *Die Klage ist zulässig*. In der Klausur formuliert man korrekterweise: *Die Klageanträge erweisen sich als zulässig: Der Klageantrag auf Kaufpreiszahlung ist zulässig. ...*

2. Funktion

Die Klagehäufung bietet einerseits aus prozessökonomischer Hinsicht den Vorteil, Verhandlung, Beweisaufnahme und Entscheidung über einzelne Streitgegenstände nicht mehrfach, sondern in *einem Rechtsstreit* zusammenzufassen. Andererseits bleibt den Parteien die Möglichkeit, über *jeden Streitgegenstand* unabhängig von den anderen Streitgegenständen frei zu entscheiden: zB ein Anerkenntnis abzugeben, einen Vergleich zu schließen, eine Klagerücknahme zu erklären oder Berufung einzulegen.

II. Kumulative Klagehäufung

1. Allgemeines

Mit der kumulativen Klagehäufung verbindet der Kläger in *einer* Klage *mehrere* Streitgegenstände (K klagt gegenüber B eine Kaufpreis- und eine Darlehensforderung ein). Zwei Normen sind einschlägig: § 5 ZPO regelt den Zuständigkeitsstreitwert, § 260 ZPO die Frage, ob eine Verbindung mehrerer Streitgegenstände rechtlich möglich ist.

2. Voraussetzungen des § 260 ZPO

- **Identität der Parteien:** Die verschiedenen Streitgegenstände müssen zwischen dem *gleichen* Kläger und Beklagten geltend gemacht werden („*des Klägers gegen denselben Beklagten*"). Mit dieser Voraussetzung wird die objektive Klagehäufung von der subjektiven (Streitgenossenschaft) abgegrenzt.
- **Dasselbe Prozessgericht:** Für *sämtliche* (prozessualen) Ansprüche muss *dasselbe Prozessgericht* örtlich und sachlich zuständig sein. Für *jeden* Anspruch ist deshalb eine entsprechende Prüfung vorzunehmen. Im Rahmen der *sachlichen* Zuständigkeit sind die Streitwerte zu addieren (§ 5 ZPO), so dass uU das Landgericht zuständig ist, obwohl für die einzelnen Ansprüche jeweils das Amtsgericht zuständig wäre.
- **Dieselbe Prozessart:** Für *sämtliche* Ansprüche muss *dieselbe Prozessart* bestehen. Darunter ist nicht die *Klageart* zu verstehen (Feststellungsklage, Leistungsklage usw), sondern die jeweilige *Verfahrensart*. Unzulässig ist deshalb die Verbindung von einem Hauptverfahren mit einem Verfahren des vorläufigen Rechtsschutzes, von einem Wechselverfahren und einem gewöhnlichem Verfahren. Zum Verhältnis Urkundsverfahren und (normales) Erkenntnisverfahren vgl. den Abschnitt „Examensrelevante Rechtsprechung" auf S. 96 im Kapitel Klageänderung).
- **Kein Verbindungsverbot:** Praktisch ist diese Voraussetzung ohne Bedeutung (eine Ausnahme findet sich zB in § 578 II ZPO).

> **Klausurtipp:** Eine kumulative Klagehäufung scheitert in der Praxis und erst recht in einer Examensklausur so gut wie nie an § 260 ZPO. Es reichen wenige Zeilen für die Darlegung der Voraussetzungen. Unnötig breite Ausführungen zu dieser im Grunde „simplen" Vorschrift fallen dem Korrektor nur negativ auf.

Rechtsfolge: Die Voraussetzungen des § 260 ZPO beinhalten keine echten Sachurteilsvoraussetzungen. Ein Verstoß hiergegen führt deshalb nicht zur Abweisung der Klage als unzulässig, sondern zur *Trennung* der unterschiedlichen Ansprüche (§ 145 ZPO).

3. Aufbau in der Klausur

Die Bearbeitung der kumulativen Klagehäufung in der Klausur ist einfach. Sofern man überhaupt von „Schwierigkeiten" sprechen kann, liegen sie darin, dass man nicht nur einen, sondern gleichsam „zwei, drei oder mehr Prozesse" bearbeiten muss und deshalb die einzelnen Klageansprüche nicht „durcheinanderwürfeln" darf.

2. Kapitel: Klagehäufung

a) Tatbestand: Es empfiehlt sich, die verschiedenen Klageansprüche (Streitgegenstände) danach zu trennen, ob sie auf einem gemeinsamen Sachverhalt oder auf unterschiedlichen Sachverhalten beruhen. Hier ein Muster zum Aufbau des Tatbestands und der Entscheidungsgründe, wenn zwei Ansprüche geltend gemacht werden (mehr als zwei Ansprüche sind in Examensklausuren zwar die Ausnahme, – es wäre in diesem Fall dann aber das Muster lediglich fortzuführen).

Gemeinsamer Sachverhalt	*Unterschiedliche* Sachverhalte
Einleitungssatz	Einleitungssatz
Unstreitiges Vorbringen d. Parteien zu Anspruch 1, 2 Streitiges Klägervorbringen zum Anspruch 1, 2	Anspruch 1: Unstreitiges Vorbringen der Parteien Streitiges Klägervorbringen Anspruch 2: Unstreitiges Vorbringen der Parteien Streitiges Klägervorbringen
Ggf. kleine Prozessgeschichte	Ggf. kleine Prozessgeschichte
Anträge des Klägers/des Beklagten	Anträge des Klägers/des Beklagten
Streitiges Beklagtenvorbringen zu Anspruch 1, 2	Streitiges Beklagtenvorbringen zu Anspruch 1, 2
Große Prozessgeschichte	Große Prozessgeschichte

Ergänzender Hinweis: Bei Zahlungsklagen werden die beiden Ansprüche des Klägers zu einem Antrag summiert; der Beklagte beantragt *insgesamt* Klageabweisung.

b) Entscheidungsgründe:

> Obersatz
>   I. Zulässigkeit der Klage
>   1. Anspruch 1: Örtliche/sachliche (hier insbesondere auch § 5 ZPO) Zuständigkeit; weitere Zulässigkeitspunkte ...
>   2. Anspruch 2: Örtliche/sachliche (§ 5 ZPO) Zuständigkeit; weitere Zulässigkeitspunkte ...
>
>   II. § 260 ZPO
>
>   III. Begründetheit der Klage
>   1. Anspruch 1
>   2. Anspruch 2
>
>   IV. Nebenentscheidungen
>   1. Kosten
>   2. Vorläufige Vollstreckbarkeit
>
> Rechtsbehelfsbelehrung/Unterschrift

Ergänzende Hinweise:
- **Ziff. I, Zulässigkeit.** Sofern keine ausschließliche Zuständigkeit gegeben ist, ist beim ersten Anspruch § 5 ZPO zu berücksichtigen. Dieser Aufbau mag befremden, weil man erst nach Bejahung des § 260 ZPO weiß (vgl. Ziff. II), ob eine Klagehäufung möglich ist oder nicht, er ist aber zwingend: Prüft man bereits im Rahmen des § 5 ZPO (oder vorher) die Voraussetzungen des § 260 ZPO und verneint sie, würde man „zwangsläufig" die Klage als unzulässig abweisen. Das wäre ein grober Fehler, weil die erhobenen Ansprüche in einem solchen Fall zu trennen sind (§ 145 ZPO).
- **Ziff. II: § 260 ZPO.** Die Vorschrift sollte als *eigener* Punkt behandelt werden. Abgesehen davon: Die Voraussetzungen des § 260 ZPO werden idR zu bejahen sein. Vorschlag zur Formulierung: *Die Voraussetzungen des § 260 ZPO liegen vor: Parteiidentität ist gegeben; für den Kaufpreis- und den Darlehensanspruch ist dasselbe Prozessgericht zuständig und es ist dieselbe Prozessart zulässig; ein Verbindungsverbot besteht nicht.*

c) Beispiel: Kumulative Klagehäufung bei unterschiedlichem Sachverhalt. K klagt Mitte Mai gegen B 8.000 EUR ein. 5.000 EUR entfallen auf einen zwischen den Parteien am 4.2. geschlossenen Kaufvertrag über einen gebrauchten Pkw VW Golf, amtliches Kennzeichen TS-HG 234, Baujahr 2008; Übergabe erfolgte vier Tage später. 3.000 EUR entfallen auf ein am 2.2. gewährtes zinsloses Darlehen aus nachbarschaftlicher Verbundenheit, dessen Rückzahlung innerhalb von drei Monaten erfolgen sollte. B wendet ein, er habe den Kaufpreis bei Übergabe des Pkws bar beglichen und das Darlehen nach drei Wochen zurückbezahlt. K bestreitet das. B kann lediglich für die Darlehensforderung einen entsprechenden Nachweis erbringen.

aa) Tenor:

Endurteil

I. Der Beklagte wird verurteilt, an den Kläger 5.000 EUR zu zahlen. Im Übrigen wird die Klage abgewiesen.

II. Von den Kosten des Rechtsstreits tragen der Kläger 3/8 und der Beklagte 5/8.

III. Das Urteil ist vorläufig vollstreckbar, für den Kläger gegen Sicherheitsleistung in Höhe von 110 % des jeweils zu vollstreckenden Betrages. Der Kläger kann die Vollstreckung gegen Sicherheitsleistung in Höhe von 110 % des auf Grund des Urteils vollstreckbaren Betrages abwenden, wenn nicht der Beklagte vor der Vollstreckung Sicherheit in Höhe von 110 % des jeweils zu vollstreckenden Betrags leistet.

- **Hauptsache:** Bei einer (teilweise) zusprechenden Entscheidung wird der zuzusprechende Gesamtbetrag ohne Nennung des Grundes angegeben. Erst aus den Entscheidungsgründen ergibt sich, welcher Anspruch in welchem Umfang begründet ist. Falsch wäre: *I. Der Beklagte wird verurteilt, an den Kläger 5.000 EUR aus Kaufvertrag zu zahlen.*
- **Kostenentscheidung:** Rechtsgrundlage ist § 92 ZPO. Der Kläger unterliegt mit 3.000 EUR bezogen auf den Gebührenstreitwert (§ 39 I GKG) von 8.000 EUR.
- **Vorläufige Vollstreckbarkeit:** Die Entscheidung ist für jede Partei *getrennt* zu erarbeiten. **Kläger.** Schritt 1: Was kann K vollstrecken? 5.000 EUR und 5/8 der verauslagten Gerichtskosten und 5/8 seiner außergerichtlichen Kosten. Schritt 2: § 708 ZPO ist nicht einschlägig, dh Rechtsgrundlage ist § 709 S. 1, 2 ZPO. **Beklagter.** Schritt 1: Was kann B vollstrecken? 3/8 seiner außergerichtlichen Kosten. Schritt 2: Rechtsgrundlage ist § 708 Nr. 11 ZPO iVm § 711 ZPO.

bb) Tatbestand:

Tatbestand *Der Kläger macht Ansprüche auf Kaufpreiszahlung und Rückzahlung eines Darlehens geltend.* *Am 4.2. wurde zwischen dem Kläger und dem Beklagten ein Kaufvertrag über einen gebrauchten VW Golf, amtliches Kennzeichen TS – HG 234, Baujahr 2008 zu einem Preis von 5.000 EUR geschlossen. Der Pkw wurde am 8.2. übergeben.* *Am 2.2. gewährte der Kläger dem Beklagten aus nachbarschaftlicher Verbundenheit ein zinsloses Darlehen über 3.000 EUR, dessen Rückzahlung innerhalb von drei Monaten erfolgen sollte.* *Der Kläger beantragt:* *Der Beklagte wird verurteilt an den Kläger 8.000 EUR zu zahlen.*	Obersatz: Beide Ansprüche werden skizziert. Anspruch 1: Unstreitiges Vorbringen der Parteien, streitiges Klägervorbringen: Das gesamte klägerische Vorbringen ist unstreitig. Streitig ist lediglich die Erfüllung, die der Beklagte in seinem Vorbringen *behauptet*. Das bloße (unsubstantiierte) Bestreiten dieser Behauptung seitens des Klägers wird nicht aufgeführt. Anspruch 2: Unstreitiges Vorbringen der Parteien, streitiges Klägervorbringen: Das gesamte klägerische Vorbringen ist unstreitig, – abgesehen von der vorzeitigen Erfüllung. Das gehört zum Beklagtenvorbringen (*behauptet*)! Die kleine Prozessgeschichte entfällt Anträge

2. Kapitel: Klagehäufung

Der Beklagte beantragt:	
Die Klage wird abgewiesen.	
Der Beklagte behauptet zum einen, den Kaufpreis bei Übergabe beglichen und zum anderen, das Darlehen bereits nach drei Wochen zurückgezahlt zu haben.	Streitiger Beklagtenvortrag zum Anspruch 1 und 2.
Das Gericht hat am 9.5. mündlich verhandelt. Auf das Protokoll und ergänzend auf die Schriftsätze der Parteien wird Bezug genommen.	Große Prozessgeschichte

cc) Entscheidungsgründe:

> I. Zulässigkeit
>   1. Kaufpreis: örtliche, sachliche (§ 5 ZPO) Zuständigkeit; Zulässigkeit im Übrigen.
>   2. Darlehen: örtliche, sachliche (§ 5 ZPO) Zuständigkeit; Zulässigkeit im Übrigen.
>
> II. § 260 ZPO
>
> III. Begründetheit
>   1. Kaufpreis (§ 433 II BGB)
>   2. Darlehen (§ 488 I 2 BGB)
>
> IV. Nebenentscheidungen: § 92 ZPO; § 709 ZPO; § 708 Nr. 11 iVm § 711 ZPO
>
> [keine Rechtsbehelfe.: § 232 S. 2 ZPO!]/Unterschrift.

III. Eventualklagehäufung

1. Allgemeines

Mit der Eventualklagehäufung – üblich auch: Haupt- und Hilfsklage bzw. Hilfsantrag – verbindet der Kläger zwei Ansprüche in einem *Hilfsverhältnis*. Man unterscheidet die *eigentliche Eventualklagehäufung* (der Hilfsantrag soll nur bei *Erfolglosigkeit* der Hauptklage beschieden werden) von der *uneigentlichen Eventualklagehäufung* (der Hilfsantrag soll nur bei *Erfolg* der Hauptklage beschieden werden: K klagt auf Abgabe einer Willenserklärung – vgl. § 894 ZPO – und hilfsweise auf Erfüllung der sich hieraus ergebenden Leistungsverpflichtung, vgl. auch das Beispiel im Abschnitt „Examensrelevante Rechtsprechung"). Hier zum Regelfall, der eigentlichen Eventualklagehäufung.

Hinweise: (1) Der Hilfsantrag kann *offen* gestellt werden (*hilfsweise wird beantragt, ...*) oder *verdeckt*. In letzterem Fall ergibt sich lediglich aus den *Gründen*, dass die Klage primär auf einen Lebenssachverhalt und nur hilfsweise auf einen anderen gestützt wird: K beantragt, B zur Zahlung von 6.000 EUR zu verurteilen, wobei er zur Begründung vorträgt, der Antrag werde in erster Linie auf Rückzahlung eines Darlehens gestützt und in zweiter Linie auf Kaufpreiszahlung). (2) Ein Hauptantrag kann auch im Laufe des Prozesses hilfsweise auf einen anderen Sachverhalt gestützt werden. Es liegt dann sowohl eine *Klagehäufung* vor (§ 260 ZPO) als auch eine *Klageänderung* (§ 263 ZPO).

Obwohl die Entscheidungsbefugnis des Gerichts vom Bedingungseintritt abhängig ist (der Erfolglosigkeit des Hauptanspruchs), wird der Hilfsanspruch sofort, aber auflösend bedingt, *rechtshängig*. MaW: Mit Eingang der Klage sind *zwei* Ansprüche gemäß § 4 ZPO anhängig! § 5 ZPO ist nicht anwendbar: Weil der Kläger nicht zwei Ansprüche miteinander verbindet, erfolgt keine Addition und es richtet sich der Zuständigkeitsstreitwert nach dem *höheren* der beiden Ansprüche. Weil auch der Hilfsanspruch rechtshängig wird, wird die Verjährung gehemmt (§ 204 I Nr. 1 BGB), unabhängig davon, ob die Bedingung für den Hilfsanspruch eintritt.

2. Voraussetzungen

a) Bedingung. Der Hilfsantrag muss unter eine Bedingung gestellt werden, entweder *offen* oder *verdeckt* (vgl. oben Ziff. 1). Dabei muss angegeben werden, unter *welcher* Bedingung er gestellt wird (idR: wenn der Hauptantrag *unbegründet* ist; ob das auch für den Fall der *Unzulässigkeit* gilt, ist im Wege der Auslegung zu ermitteln). Ist der Hauptantrag nur *zum Teil* gerechtfertigt, kann keine Entscheidung über den Hilfsantrag ohne nähere Vorgaben des Klägers erfolgen (BGH NJW 1966, 3147): Der Kläger muss (ggf. auf Anfrage des Gerichts, § 139 ZPO) den genauen Bedingungsinhalt klarstellen, dh insbesondere, ob der Hilfsantrag nur unter der Bedingung steht, dass der Hauptantrag insgesamt unbegründet ist oder ob beispielsweise der Hauptantrag „aufgefüllt" werden soll.

b) Konnexität. Die Praxis lässt den Hilfsantrag ohne weiteres zu. Nach aA ist ein innerer Zusammenhang zwischen Haupt- und Hilfsantrag erforderlich, wobei jeder rechtliche, tatsächliche oder wirtschaftliche Zusammenhang ausreicht (zB die Verfolgung eines ähnlichen Ziels oder die Gleichartigkeit der geltend gemachten Ansprüche). In der Klausur sollten Sie der Meinung der Praxis mit einem entsprechenden Hinweis folgen.

c) § 260 ZPO. Bei der *kumulativen Klagehäufung* führt das Fehlen der Voraussetzungen des § 260 ZPO zur *Trennung* der Ansprüche (§ 145 ZPO). Anders bei der *Eventualklagehäufung*: Liegen die Voraussetzungen des § 260 ZPO nicht vor, ist der Hilfsantrag als *unzulässig* abzuweisen. Konsequenz für den Klausuraufbau: Die Voraussetzungen des § 260 für den Hilfsantrag sind nicht als eigener Punkt *im Anschluss* an die Zulässigkeit zu prüfen, sondern *innerhalb* der Zulässigkeit.

3. Aufbau in der Klausur

Im Gegensatz zur kumulativen Klagehäufung bereitet die Bearbeitung der eventuellen Klagehäufung gelegentlich Schwierigkeiten. Dies zu Unrecht, wenn man sich an das folgende Aufbaumuster hält:

a) Tatbestand:

Gemeinsamer Sachverhalt	*Unterschiedlicher* Sachverhalt
Einleitungssatz	Einleitungssatz
Unstreitiges Vorbringen der Parteien zum Haupt- und Hilfsantrag	Unstreitiges Vorbringen der Parteien und streitiger Klägervortrag zum Hauptanspruch
Streitiges Klägervorbringen zum Haupt- und Hilfsantrag	Unstreitiges Vorbringen der Parteien und streitiger Klägervortrag zum Hilfsantrag
Ggf. kleine Prozessgeschichte	Ggf. kleine Prozessgeschichte
Antrag des Klägers (Haupt- und Hilfsantrag) Antrag des Beklagten (zum Haupt- und Hilfsantrag)	Antrag des Klägers (Haupt- und Hilfsantrag) Antrag des Beklagten (zum Haupt- und Hilfsantrag)
Streitiges Beklagtenvorbringen zum Haupt- und Hilfsantrag	Streitiges Beklagtenvorbringen zum Haupt- und Hilfsantrag
Große Prozessgeschichte	Große Prozessgeschichte

b) Entscheidungsgründe:

> Obersatz
> A. Hauptantrag
> I. Zulässigkeit
> II. Begründetheit
>
> B. Hilfsantrag: Bedingungseintritt?
> I. Zulässigkeit: örtliche und sachliche Zuständigkeit; Konnexität (nicht erforderlich, so); **§ 260 ZPO**
> II. Begründetheit
>
> C. Nebenentscheidungen
> I. Kosten
> II. Vorläufige Vollstreckbarkeit
>
> Rechtsbehelfsbelehrung/Unterschrift

Ergänzende Hinweise zum Hilfsantrag (Ziff. B):
- Ziff. B ist in der Klausur immer zu erwähnen, egal ob eine Entscheidung hierüber ergeht. Tritt die Bedingung nicht ein, formuliert man: *Da die Bedingung für den Hilfsantrag nicht eingetreten ist, war hierüber nicht zu befinden; die Rechtshängigkeit ist insoweit erloschen.* Ist eine Entscheidung über den Hilfsantrag erforderlich, formuliert man: *Der Hilfsantrag wurde unter*

2. Kapitel: Klagehäufung

der zulässigen innerprozessualen Bedingung gestellt, dass der Hauptantrag „nicht erfolgreich", also entweder unzulässig oder unbegründet ist; diese Bedingung ist eingetreten.

Ist über den Hilfsantrag zu entscheiden, schaden breite Ausführungen zu den regelmäßig gegebenen Zulässigkeitsvoraussetzungen bei der Bewertung der Arbeit. Nach Bejahung der üblichen Voraussetzungen (örtliche und sachliche Zuständigkeit – § 5 ZPO findet keine Anwendung!) genügt es, wenn Sie zu den besonderen Zulässigkeitsvoraussetzungen beispielsweise formulieren: *Nach der Praxis ist ein Hilfsantrag unbeschränkt zulässig, dh er muss nicht auf dasselbe oder ein gleichartiges Ziel wie der Hauptanspruch gerichtet sein. Auch die Voraussetzungen des § 260 ZPO sind erfüllt:...*

- Wird der Hilfsantrag nachträglich gestellt, gelten §§ 263 ff. ZPO analog. Die Prüfung der Klageänderungsvorschriften erfolgt einleitend bei der Zulässigkeit des neu eingeführten Hilfsantrags.

c) Beispiel: Eventualklagehäufung bei gleichem Sachverhalt. K beauftragt Rechtsanwalt R mit der Klageerhebung. Zum Sachverhalt führt er aus: „Ich habe B am 5.1. meinen gebrauchten Pkw, einen BMW 316i, amtliches Kennzeichen M-PD 929, verkauft und übereignet, eine Woche später ihm gegenüber aber telefonisch erklärt, dass ich den Vertrag nicht gelten lasse, weil ich mich beim schriftlichen Kaufangebot vertippt habe. Anstelle von 5.000 EUR habe ich 4.000 EUR geschrieben. Im Übrigen bin ich von B arglistig getäuscht worden. B arbeitet in einer Kfz-Werkstätte und kennt sich deshalb mit Autos gut aus. Er hat mir versichert, mein Wagen sei nur 4.000 EUR wert; er ist aber mehr wert. Den Kaufpreis habe ich noch nicht erhalten und will ihn auch nicht. Den Wagen möchte ich wiederhaben. Auch das alles habe ich B gesagt." – Welchen Klageantrag wird R stellen, wenn trotz Befragens des K unklar bleibt, ob er nur wegen Erklärungsirrtums angefochten hat oder auch wegen arglistiger Täuschung und wenn zudem fraglich ist, ob die Voraussetzungen des § 123 I BGB vor Gericht bewiesen werden können?

Problem ist die Eigentumsfrage hinsichtlich des Pkw. Greift der Anfechtungsgrund der arglistigen Täuschung, wirkt sich dies auf den schuldrechtlichen Vertrag *und* die sachenrechtliche Einigung aus (Fehleridentität). Mithin könnte K einfach *Herausgabe* aus Eigentum fordern (§ 985 BGB). Wurde lediglich wegen Erklärungsirrtums angefochten, wird nur das schuldrechtliche Geschäft vernichtet und K muss aus § 812 BGB *Herausgabe und Übereignung* fordern. Der richtige Klageantrag lautet folglich: *B wird verurteilt an K den Pkw, BMW 316i... herauszugeben, hilfsweise den Pkw herauszugeben und zu übereignen.*

In der Klageerwiderung bestreitet dessen Anwalt, dass K von seinem Mandanten getäuscht wurde; der Preis von 4.000 EUR für den Pkw sei angemessen.

aa) Tenor bei erfolgreichem Hauptantrag:

Endurteil

I. Der Beklagte wird verurteilt, an den Kläger den Pkw BMW 316i, amtliches Kennzeichen M-PD 929 herauszugeben.

II. Der Beklagte trägt die Kosten des Rechtsstreits.

III. Das Urteil ist gegen Sicherheitsleistung in Höhe von 6.700 EUR vorläufig vollstreckbar.

- **Hauptsache:** Ist der Hauptantrag erfolgreich, erlischt die Rechtshängigkeit des Hilfsantrags rückwirkend, dh es erfolgt *keine Abweisung im Übrigen*.
- **Kostenentscheidung:** Einschlägig ist § 91 ZPO. Für den Gebührenstreitwert ist auf den Hauptantrag abzustellen (Wert des Pkw nach Angabe des K in Höhe von 5.000 EUR), nicht aber der Hilfsantrag (§ 45 I 2 GKG „soweit eine Entscheidung über ihn ergeht": wenn keine Entscheidung über den Hilfsantrag ergeht, wird er bei der Bemessung der Gebühren nicht berücksichtigt; zum Zuständigkeitsstreitwert vgl. oben, S. 71, Ziff. III 1). Zur Berechnung der Sicherheitsleistung in Höhe von 6.700 EUR: Fall 2, S. 13.
- **Vorläufige Vollstreckbarkeit:** Fall 2, S. 13.

bb) Tenor bei nicht erfolgreichem Hauptantrag:

Endurteil

I. B wird verurteilt, an K den Pkw BMW 316i, amtliches Kennzeichen M-PD 929 zu übereignen und herauszugeben. Im Übrigen wird die Klage abgewiesen.

II. Der Beklagte trägt die Kosten des Rechtsstreits.

III. Das Urteil ist gegen Sicherheitsleistung in Höhe von 6.500 EUR vorläufig vollstreckbar.

- **Hauptsache:** Ist der Hauptantrag nicht erfolgreich, muss „im Übrigen" abgewiesen werden.
- **Kostenentscheidung:** Rechtsgrundlage ist § 91 ZPO, da K trotz der Klageabweisung „im Übrigen" in vollem Umfang obsiegt (im Hilfsantrag ist der Hauptantrag mitenthalten, BGH NJW 62, 915). Für den Gebührenstreitwert greift § 45 I 2, 3 GKG. Eine Zusammenrechnung (§ 45 I 2 GKG) scheidet aus: Haupt- und Hilfsantrag betreffen „denselben Gegenstand" (sind wirtschaftlich identisch). Bei wirtschaftlicher Identität ist bei *gleichem* Wert von Haupt- und Hilfsantrag *dieser* Wert maßgebend, bei *unterschiedlichem* Wert der *höhere* („der Wert des höheren Anspruchs", § 45 I 3 GKG). Der Gebührenstreitwert beträgt damit 5.000 EUR und B unterliegt in Höhe von 5.000 EUR, also in vollem Umfang.

Ergänzende Hinweise zum § 45 I 3 GKG:

- Sind Haupt- und Hilfsantrag *wirtschaftlich identisch*, ist aber der Wert des Hilfsantrags höher als der des Hauptantrags oder umgekehrt, ist die Kostenentscheidung streitig. Der einfachste Weg in der Klausur: Ist der Hauptantrag höher als der Hilfsantrag und ist der Kläger nur im Hilfsantrag erfolgreich, unterliegt er (gemessen am Gebührenstreitwert) zum Teil und § 92 ZPO ist anzuwenden; das Ausmaß des Unterliegens entspricht dann der Differenz zwischen Hauptantrag und Hilfsantrag. Ist der Hilfsantrag höher als der Hauptantrag und ist der Kläger nur im Hilfsantrag erfolgreich, greift § 91 ZPO.

  Beispiel 1: Hauptantrag 5.000 EUR; Hilfsantrag 3.000 EUR. Ist der Kläger nur mit dem Hilfsantrag erfolgreich, unterliegt er, gemessen am Gebührenstreitwert von 5.000 EUR, mit 2.000 EUR und trägt 2/5 der Kosten des Rechtsstreits (§ 92 ZPO). Der Gebührenstreitwert beträgt 5.000 EUR.

  Beispiel 2: Hauptantrag 3.000 EUR; Hilfsantrag 5.000 EUR. Ist der Kläger nur mit dem Hilfsantrag erfolgreich, gewinnt er voll, gemessen am Gebührenstreitwert von 5.000 EUR. Der Beklagte trägt die die Kosten des Rechtsstreits (§ 91 ZPO). Der Gebührenstreitwert beträgt 5.000 EUR.

- Sind Haupt- und Hilfsantrag *wirtschaftlich nicht identisch*, ist § 45 I 3 GKG nicht einschlägig und der Gebührenstreitwert setzt sich aus der Summe von Haupt- und Hilfsantrag zusammen (§ 45 I 2 GKG). Entsprechend kann nach § 92 ZPO jeweils das Maß des Unterliegens bestimmt werden.

  Beispiel: Hauptantrag 3.000 EUR; Hilfsantrag 5.000 EUR. Ist der Kläger lediglich im Hilfsantrag erfolgreich, ist er im Umfang von 3.000 EUR unterlegen und trägt 3/8 der Kosten (der Gebührenstreitwert beträgt 8.000 EUR).

- **Vorläufige Vollstreckbarkeit:** Fall 2, S. 13.

cc) Tatbestand:

Tatbestand	
Der Kläger fordert vom Beklagten die Rückgabe eines verkauften Pkw, hilfsweise auch dessen Übereignung.	Einleitungssatz: Es werden beide Ansprüche skizziert unter Klarstellung, dass sie in einem Hilfsverhältnis stehen.
Am 5.1. veräußerte der Kläger dem Beklagten einen Pkw BMW 316i, amtliches Kennzeichen M-PD 929. Im schriftlichen Kaufangebot heißt es „Kaufpreis 4.000 EUR". Der Pkw wurde dem Beklagten am gleichen Tag übergeben; eine Zahlung des Kaufpreises erfolgte nicht. Der Kläger äußerte gegenüber dem Beklagten, dass er an dem Vertrag nicht festhalten wolle.	Unstreitiger Sachverhalt
Der Kläger behauptet, der Beklagte als Kfz-Meister habe wahrheitswidrig behauptet, der Wagen sei nur 4.000 EUR wert. Nur deshalb habe er ein so niedriges Angebot abgegeben. Tatsächlich sei der Wagen mehr wert. Hilfsweise trägt der Kläger vor, sich beim schriftlichen Kaufangebot vertippt zu haben; tatsächlich habe er „5.000 EUR" gemeint.	Streitiges Klägervorbringen zum Haupt- und Hilfsantrag
	[Die kleine Prozessgeschichte ist entbehrlich]

2. Kapitel: Klagehäufung

Der Kläger beantragt: *Der Beklagte wird verurteilt, an den Kläger den Pkw BMW 316i, ... herauszugeben, hilfsweise den Pkw herauszugeben und zu übereignen.* *Der Beklagte beantragt:* *Die Klage abzuweisen.* *Das Gericht hat am 6.5. mündlich verhandelt und hierbei die Zeugen... uneidlich vernommen. Auf das Protokoll und ergänzend auf die Schriftsätze wird Bezug genommen.*	Anträge Das bloße Bestreiten des Klägervorbringens seitens des Beklagten wird nicht aufgeführt; es kommt bereits im Klägervortrag zum Ausdruck (vgl. S. 20, 22). Große Prozessgeschichte

dd) Entscheidungsgründe. Ist der **Hauptantrag erfolgreich,** tritt die Bedingung nicht ein und die Rechtshängigkeit des Hilfsanspruchs *entfällt rückwirkend.* In den Entscheidungsgründen wird deshalb allein die Zulässigkeit und Begründetheit des Hauptantrags dargelegt und zum Hilfsantrag lediglich klarstellend vermerkt: *Über den Hilfsantrag war nicht zu befinden, da die Bedingung nicht eingetreten ist.* Ist der **Hauptantrag nicht erfolgreich,** tritt die Bedingung ein und der Hilfsantrag ist zu prüfen. In den Entscheidungsgründen legt man zunächst dar, dass der Hauptantrag nicht zulässig oder zwar zulässig, aber nicht begründet ist. Anschließend wird der Hilfsantrag erörtert.

> **Klausurtipp:** Ist der Hauptantrag nicht erfolgreich, ist auch das Vorliegen der Voraussetzungen des § 260 ZPO bei der Zulässigkeit des Hilfsantrags zu prüfen. Nach der neueren Rechtsprechung des BGH gilt dabei folgende Besonderheit: Sind die Voraussetzungen „dasselbe Prozessgericht" oder „dieselbe Prozessart" nicht gegeben, ist die Klage *nicht* als *unzulässig abzuweisen,* sondern es sind die Verfahren zu *trennen* (§ 145 ZPO). Konsequenz:
> - In der *Klausur* lassen Sie diese Rechtsprechung unbeachtet und legen die Voraussetzungen des § 260 ZPO knapp dar (es ist so gut wie ausgeschlossen, dass – ist der Hauptantrag nicht erfolgreich – der Hilfsantrag an § 260 ZPO scheitert!).
> - Im *Hilfsgutachten* sammeln Sie sich dann einen Pluspunkt indem Sie darlegen: „§ 260 ZPO ist nach der neueren Rechtsprechung des BGH für die Eventualklagehäufung einerseits eine Zulässigkeitsvoraussetzung („keine Verbindungsverbote") und andererseits eine reine Verbindungsvoraussetzung („dasselbe Prozessgericht", „dieselbe Prozessart")."

IV. Übungsfall

Fall: K erhebt gegen B Klage zum Amtsgericht: Zum einen macht K rückständigen Mietzins aus einem Wohnraummietvertrag über insgesamt 4.000 EUR geltend; zum anderen ein Schadensersatzanspruch über 1.500 EUR. – Wo liegt das Problem?

Lösung: Das Problem ist die sachliche Zuständigkeit, ob also das Amtsgericht für beide Klageanträge sachlich zuständig ist (§ 260 ZPO dasselbe Prozessgericht), da andernfalls zu trennen wäre. Für Klageantrag 1) besteht die ausschließliche Zuständigkeit des Amtsgerichts gem. 23 Nr. 2a GVG. Für Klageantrag 2) wäre grundsätzlich ebenfalls das Amtsgericht zuständig (§ 23 Nr. 1 GVG). Wie wirkt sich in einem solchen Fall § 5 ZPO aus, wonach mehrere in einer Klage geltend gemachte Ansprüche zusammengerechnet werden? Die besseren Argumente sprechen *gegen* eine Anwendung der Vorschrift (teleologische Reduktion): § 5 ZPO verfolgt das prozessökonomische Ziel, über Zusammenrechnung unterschiedlicher Streitgegenstände eine einheitliche sachliche Zuständigkeit zu schaffen, damit mehrere Ansprüche in einem Verfahren geltend gemacht werden können (so Ziff. I 2, Funktion der Klagehäufung). Nachdem aber der Klageantrag 1) zwingend beim Amtsgericht verhandelt werden muss, macht es keinen Sinn über § 5 ZPO einen weiteren Anspruch – der ebenfalls zur Zuständigkeit des Amtsgerichts gehört – zum Landgericht zu „heben". Es bleibt also bei der Zuständigkeit des Amtsgerichts.

Abwandlung: K erhebt gegen B Klage zum Landgericht: Zum einen soll die Zwangsvollstreckung aus einem Urteil des Landgerichts Traunstein über 12.000 EUR (Az. 4 O 3698/18) für unzulässig erklärt werden, zum anderen wird gegen B ein Schadensersatzanspruch über 1.000 EUR geltend gemacht. – Was bedeutet das für die sachliche Zuständigkeit?

Lösung: Die Frage lautet, ob das Landgericht Traunstein für beide Klageanträge zuständig ist (§ 260 ZPO *dasselbe Prozessgericht*), da andernfalls zu trennen wäre. Für Klageantrag 1) besteht die ausschließliche Zuständigkeit des Landgerichts gem. § 767 ZPO. Für Klageantrag 2) wäre eigentlich das Amtsgericht zuständig. Wie oben ausgeführt, ist die Anwendung der Additionsregel des § 5 ZPO problematisch, wenn für einen Anspruch eine ausschließliche Zuständigkeit greift. Die besseren Argumente sprechen hier *für* eine Anwendung des § 5 ZPO, da nur dann das prozessökonomische Ziel – Verhandlung über beide Ansprüche in einem Rechtsstreit – erreicht werden kann.

V. Examensrelevante Rechtsprechung

> **1. BGH III ZR 65/99**: Der Vorsitzende Richter K am Sozialgericht wird bei der Beförderung übergangen und nicht zum Präsidenten befördert. K erhebt Klage und begehrt 1) Auskunft darüber, wie das Auswahlverfahren abgelaufen ist und 2) Schadensersatz wegen Gehaltsverlusts.

In Ausnahme vom Bezifferungserfordernis des § 253 ZPO kann nach § 254 ZPO eine **Stufenklage** erhoben werden, wobei die erste Stufe der Bezifferung der zweiten Stufe dient. Vorliegend besteht kein Bedürfnis für eine Stufenklage, weil K ohne weiteres den Schadensersatz, der in der Gehaltsdifferenz liegt, beziffern kann. Konsequenz: Die Stufenklage „zerfällt" in eine **kumulative Klagehäufung** mit zwei Klagebegehren: Auskunft über das Auswahlverfahren und unbezifferte Leistung; jedes dieser beiden Klagebegehren ist entscheidungsreif. Der BGH hat die Klage abgewiesen, weil K für Antrag 1) das Feststellungsinteresse am Auswahlverfahren fehlt und Antrag 2) gegen die Bezifferungspflicht verstößt (§ 253 II Nr. 2 ZPO).

Merkenswert an dieser Entscheidung ist: Die Stufenklage ist eine gesetzlich geregelte *besondere Form der Klagehäufung* und beinhaltet eine *Ausnahmebestimmung* vom Bezifferungsgebot. Liegen die Voraussetzungen des § 254 ZPO *nicht vor*, zerfallen die einzelnen Stufen in eine „normale" *kumulative Klagehäufung*.

Zur Stufenklage vgl. die Hinweise auf S. 95.

> **2. BGH V ZR 254/99**: K und B haben einen Vorvertrag über ein der K gehörendes Grundstück geschlossen. Weil B sich weigert, den Kaufvertrag zu schließen, erhebt K Klage auf Annahme ihres Angebots zum Grundstücksverkauf. Für den Fall, dass der Klage stattgegeben wird, beantragt sie hilfsweise, B zur Kaufpreiszahlung des im Vorvertrag genannten Kaufpreises zu verurteilen.

Der Fall ist im Referendariat unter zwei Aspekten lehrreich und wissenswert: Zum einen als Beispiel für eine *uneigentliche Eventualklagehäufung*, zum anderen als Beispiel für die *Fassung eines Tenors*, wenn es im Rechtsstreit um die *Abgabe einer Willenserklärung* geht. Es lohnt sich, sich diese Entscheidung einzuprägen.

1. Uneigentliche Eventualhäufung in der Form der Kombination eines Antrags auf *Abschluss eines Kaufvertrags* mit *Kaufpreiszahlung* (die Zitierung der Entscheidung erfolgt nur auszugsweise unter dem hier interessierenden Aspekt!):

Leitsatz: *„Mit dem Antrag auf Abschluss eines Kaufvertrags (hier: auf Annahme eines vom Verkäufer noch abzugebenden Angebots) kann für den Fall, dass der Antrag Erfolg hat, der Antrag auf Zahlung des Kaufpreises unter der Bedingung, dass der Kaufvertrag abgeschlossen wird, verbunden werden (…).*

Gründe: *„Zu Unrecht lehnt das BerGer. aber die… verbundenen Anträge auf Abschluss des Kaufvertrags (…) und Zahlung des Kaufpreises, Zug um Zug gegen Übereignung der Kaufsache, ab (…). Die Anträge sind unter sich in einem* **unechten Eventualverhältnis** *gestellt, der Hilfsanspruch auf Zahlung nämlich für den Fall, dass der Hauptanspruch auf Herbeiführung des Vertrags Erfolg hat. Eine eventuelle Antragstellung dieser Art hat die Rechtsprechung bei Vorverträgen aus prozessökonomischen Gründen in Verbindung mit dem Rechtsgedanken des § 259 ZPO zugelassen: Die Partei, die ihre Rechte aus dem Vorvertrag geltend macht, soll nicht gezwungen sein, gegenüber der Seite, die die Bindung leugnet, nacheinander zwei Prozesse, nämlich auf Abschluss des Hauptvertrags (§ 894 ZPO) und auf dessen Vollzug zu führen. Diese für den dinglichen Vollzug des zu schließenden Hauptvertrags entwickelten Grundsätze (…) gelten für die Kaufpreiszahlung entsprechend."*

2. Tenor einer Entscheidung, bei der Streitgegenstand die **Abgabe einer Willenserklärung** ist.

K klagt aus dem Vorvertrag die Verpflichtung der B zur Annahme ihres Angebots auf Abschluss eines Kaufvertrags über ein Grundstück ein. Das setzt voraus, dass Gegenstand und Inhalt des Vertrags im

Angebot so bestimmt oder so bestimmbar sind (§§ 133, 157 BGB), dass die *Annahme* durch ein einfaches Ja erfolgen kann (Palandt/Ellenberger, 77. Auflage 2018, § 145 Rn. 1). Zudem ist die Formvorschrift des § 311b BGB zu beachten. Der BGH hat entsprechend diesen Erfordernissen den Tenor wie folgt gefasst: Unter I. (Gliederungen durch den Verf. ergänzt) erfolgt die Verurteilung zum Abschluss des Kaufvertrags – für die Vollstreckung gilt § 894 ZPO – und unter II. die Entscheidung über den Hilfsantrag, die Verurteilung zur Kaufpreiszahlung:

I. *„Die Beklagte wird verurteilt, ein notariell beurkundetes Angebot der Klägerin nachfolgenden Inhalts durch notariell beurkundete Erklärung anzunehmen:*

Kaufvertrag

§ 1. Die Verkäuferin verkauft der Käuferin folgendes Grundstück:…

Lage, Größe, Zustand und Ausstattung des Grundstücks sind den Vertragsschließenden bekannt. Es wird übernommen wie es liegt und steht. Nach dem Kenntnisstand der Verkäuferin ist das Grundstück im Landschaftsschutzgebiet gelegen.

Die Verkäuferin leistet keine Gewähr für erkennbare oder verborgene Sachmängel, versichert jedoch, dass ihr verborgene oder sonstige wesentliche Mängel nicht bekannt sind. Eine bestimmte Beschaffenheit oder Verwendbarkeit des Kaufgrundstückes sichert die Verkäuferin nicht zu.

Die Gewährleistung erstreckt sich auch nicht auf gesetzliche Vorkaufsrechte sowie außerhalb des Grundbuchs bestehende Dienstbarkeiten und Baulasten. Die Verkäuferin sichert jedoch zu, dass ihr solche nicht bekannt sind.

§ 2. Der Kaufpreis beträgt DM 205.325,00…

II. *Die Beklagte wird weiter verurteilt, unter der Bedingung, dass der Kaufvertrag geschlossen wird, nach dessen Maßgabe an die Klägerin 205.325 DM zu zahlen, Zug um Zug gegen Auflassung des Kaufgrundstücks und Bewilligung der Eintragung der Klägerin als Eigentümerin in das Grundbuch."*

Weiterführender Hinweis: Im obigen Beispiel (uneigentliche Eventualklagehäufung) findet bei der Ermittlung des Zuständigkeitsstreitwerts (§ 5 ZPO) und des Gebührenstreitwerts (§ 39 I GKG) eine Addition von Haupt- und Hilfsantrag statt (anders die eigentliche Eventualklagehäufung, bei der der höhere Wert maßgeblich ist, KG 4 W 35/17).

---

3. BGH VI ZR 278/08: Kläger K nimmt seinen Nachbarn N wegen der Herausgabe eines geliehenen Rasenmähers in Anspruch. Zudem macht er einen Unterlassungsanspruch wegen ehrverletzender Äußerungen geltend. Ein Schlichtungsverfahren nach Art. 1 Bayerisches Schlichtungsgesetz wurde nicht durchgeführt.

Art. 1 Bayerisches Schlichtungsgesetz lautet: *Vor den Amtsgerichten kann in folgenden bürgerlich-rechtlichen Streitigkeiten mit Ausnahme der in § 15a II EGZPO genannten Streitigkeiten eine Klage erst erhoben werden, wenn die Parteien einen Versuch unternommen haben, die Streitigkeit vor einer in Art. 3 genannten Schlichtungs- oder Gütestelle gütlich beizulegen:*
1. …
3. in Streitigkeiten über Ansprüche wegen der Verletzung der persönlichen Ehre, die nicht in Presse oder Rundfunk begangen worden ist.

K hat im Wege der Klagehäufung eine Herausgabeklage mit einer Unterlassungsklage verbunden. Die Besonderheit des Falles liegt darin, dass für die Unterlassungsklage die Durchführung eines Schlichtungsverfahrens Zulässigkeitsvoraussetzung ist, nicht aber für die Herausgabeklage. Es ist nun streitig, ob die Kombination (§ 260 ZPO) eines schlichtungsbedürftigen Verfahrens mit einem nicht schlichtungsbedürftigem Verfahren das Schlichtungsbedürfnis entfallen lässt. Der BGH bekräftigt in seiner Entscheidung, dass die Klagehäufung lediglich die Zulässigkeit des *Verbundes* betrifft, ansonsten aber jeder Streitgegenstand für sich genommen zulässig sein muss. § 260 ZPO will *keine Erleichterung* für eine Klageerhebung darstellen, sondern nur die *Kombination* regeln. Der Unterlassungsantrag ist damit unzulässig, da zum Zeitpunkt der Klageerhebung kein Schlichtungsverfahren durchgeführt wurde.

Hinweis zum Aufbau. Das Schlichtungserfordernis wird, anders als die übrigen Zulässigkeitsvoraussetzungen, nicht am Schluss der mündlichen Verhandlung beurteilt, sondern bei Klageerhebung.

---

4. BGH VII ZR/14: Amtlicher Leitsatz Ziff. 1: „Werden Haupt- und Hilfsantrag in erster Instanz abgewiesen und hat die Berufung hinsichtlich des Hauptantrags Erfolg, ist die Abweisung des Hilfsantrags ohne Weiteres gegenstandslos."

VI. Mindmap

Prüfen Sie sich: Können Sie die entsprechenden Stichwörter zuordnen? Das hier Aufgeführte sollte zum präsenten Wissen rechnen!

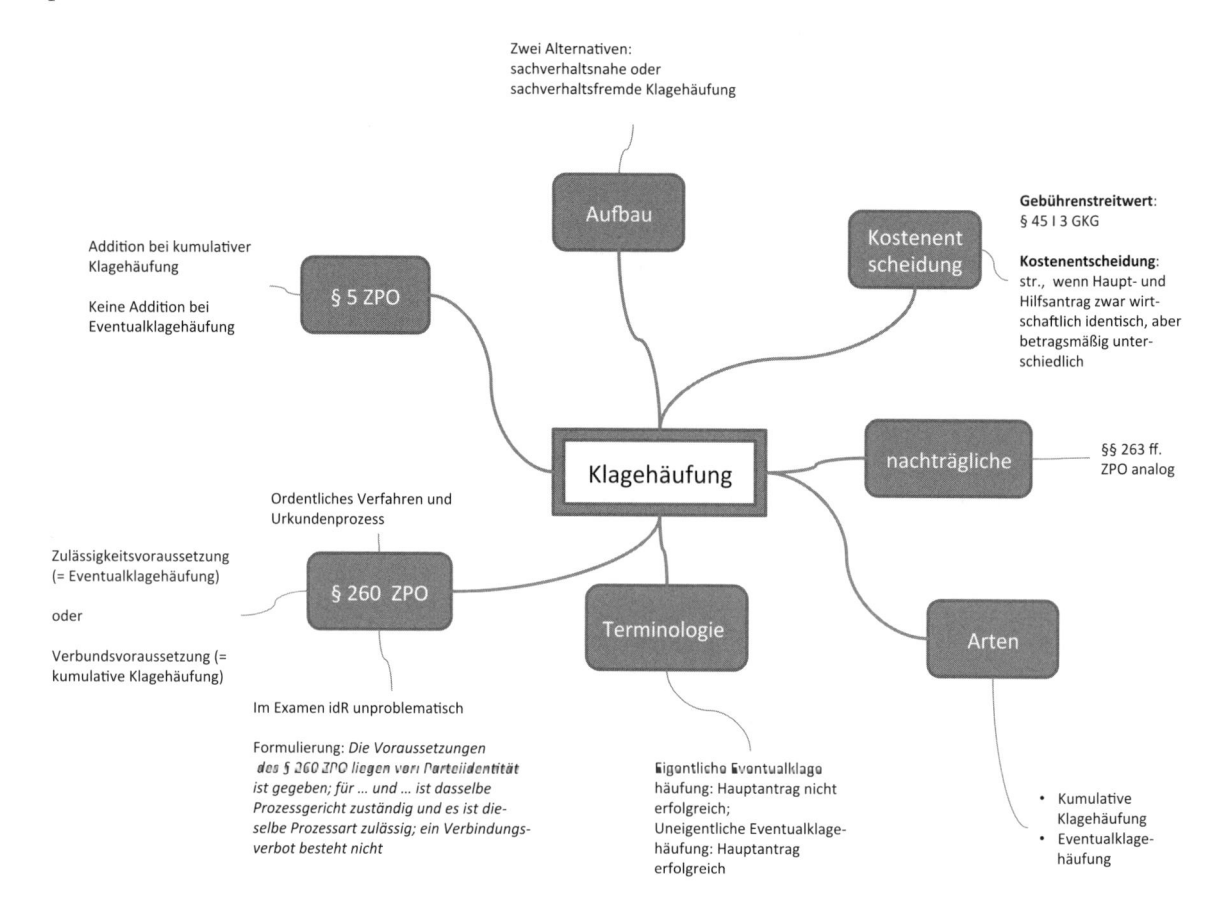

Klagehäufung (zentrales Thema)

Aufbau
- Zwei Alternativen: sachverhaltsnahe oder sachverhaltsfremde Klagehäufung

§ 5 ZPO
- Addition bei kumulativer Klagehäufung
- Keine Addition bei Eventualklagehäufung

§ 260 ZPO
- Ordentliches Verfahren und Urkundenprozess
- Zulässigkeitsvoraussetzung (= Eventualklagehäufung) oder
- Verbundsvoraussetzung (= kumulative Klagehäufung)
- Im Examen idR unproblematisch
- Formulierung: *Die Voraussetzungen des § 260 ZPO liegen vor: Parteiidentität ist gegeben; für ... und ... ist dasselbe Prozessgericht zuständig und es ist dieselbe Prozessart zulässig; ein Verbindungsverbot besteht nicht*

Kostenentscheidung
- **Gebührenstreitwert**: § 45 I 3 GKG
- **Kostenentscheidung**: str., wenn Haupt- und Hilfsantrag zwar wirtschaftlich identisch, aber betragsmäßig unterschiedlich

nachträgliche
- §§ 263 ff. ZPO analog

Terminologie
- Eigentliche Eventualklagehäufung: Hauptantrag nicht erfolgreich;
- Uneigentliche Eventualklagehäufung: Hauptantrag erfolgreich

Arten
- Kumulative Klagehäufung
- Eventualklagehäufung

3. Kapitel: Klageänderung

Inhaltsverzeichnis

I. Einführung 79
   1. Begriff und Arten 79
   2. Funktion 80
   3. Hinweise für die Prüfung der Zulässigkeit 80
   4. Rechtsfolgen 81
      a) Zulässige Klageänderung 81
      b) Unzulässige Klageänderung 81
      c) Verhältnis der Klageänderung zu § 261 III Nr. 2 ZPO (perpetuatio fori) 81
II. § 264 ZPO: Die gesetzlich zulässigen Fälle einer Klageänderung (privilegierte Klageänderung) 82
   1. Erweiterungen und Beschränkungen (Nr. 2) 82
      a) Erweiterungen 82
      b) Beschränkungen 82
          aa) § 269 ZPO 82
          bb) Teilweisen Erledigterklärung 83
   2. Surrogatsfälle (Nr. 3) 83
   3. Aufbau in der Klausur 84
      a) Tatbestand 84
      b) Entscheidungsgründe 84
          aa) § 269 ZPO 84
          bb) Teilweise Erledigung 84
III. Klageauswechslung 85
   1. Allgemeines 85
   2. Zulässige Klageauswechslung 85
      a) Tatbestand 85
      b) Entscheidungsgründe 86
   3. Unzulässige Klageauswechslung 86
IV. Nachträgliche Klagehäufung 87
   1. Tatbestand 87
   2. Entscheidungsgründe 88
V. Parteiänderung 88
   1. Allgemeines 88
   2. Gewillkürter Parteiwechsel 89
      a) Abgrenzung zur Rubrumsberichtigung 89
      b) Beispiel für einen gewillkürten Parteiwechsel 89
   3. Gewillkürte Parteierweiterung 90
      a) Zulässigkeit 90
      b) Streitgenossenschaft 90
      c) Begründetheit 90
VI. Übungsfälle 91
VII. Examensrelevante Rechtsprechung 96
VIII. Mindmap 97

I. Einführung

1. Begriff und Arten

Klageänderung meint *Änderung des Streitgegenstands*, der nach hM aus Antrag plus Lebenssachverhalt (Klagegrund) besteht. Sie liegt folglich vor, wenn entweder Antrag oder Klagegrund oder beides geändert (ausgetauscht, gewechselt) werden. Bei der Prüfung, ob eine Änderung des Streitgegenstands vorliegt, geht die Rechtsprechung nicht streng begrifflich vor, sondern vielfach wertend (vgl. dazu VI. Übungsfälle). Man unterscheidet üblicherweise:

– **Klageerhöhung oder Klageermäßigung gemäß § 264 Nr. 2 ZPO:** Der Kläger ändert bei gleichbleibendem Klagegrund den *Umfang* seiner Forderung.

– **Die Fälle des § 264 Nr. 3 ZPO:** Der Kläger ändert bei gleichbleibendem Klagegrund die *Art* seiner Forderung, dh er verlangt anstelle des ursprünglich geforderten Gegenstands wegen später eingetretener (oder bekannt gewordener) Veränderungen einen anderen Gegenstand bzw. Schadensersatz.

– **Klageauswechslung:** Der Kläger wechselt (tauscht) sein bisheriges Klagebegehren mit einem neuen, dh er bringt einen neuen Streitgegenstand ein, der ursprüngliche Streitgegenstand soll entfallen.

- **Nachträgliche Klagehäufung:** Der Kläger begehrt neben dem bereits rechtshängigen Anspruch einen weiteren, selbständigen Anspruch.

    Hinweis: Klageauswechslung und nachträgliche Klagehäufung beinhalten eigentlich keine Änderung des Streitgegenstands, weil der ursprüngliche Streitgegenstand weder im Antrag noch im Lebenssachverhalt geändert wird; vielmehr wird anstelle des ursprünglichen Streitgegenstands ein anderer geltend gemacht (Klageauswechslung) bzw. ein weiterer hinzugefügt (nachträgliche Klagehäufung). Wie oben ausgeführt, gelten für die Einordnung unter den Begriff der „Klageänderung" eben auch *wertende* Maßstäbe.

- **Parteiänderung:** Die Partei wechselt oder es tritt eine weitere Partei hinzu. Ob in diesem Fall §§ 263 ff. ZPO gelten, ist streitig.

Rekurs zum Streitgegenstand: Der Streitgegenstandsbegriff wird in der ZPO vorausgesetzt, aber nicht definiert und beschreibt den Gegenstand des Rechtsstreits. Einigkeit besteht überwiegend darin, dass er mit dem Streitobjekt (zB dem Fahrrad bei einer Herausgabeklage) oder dem materiellen Anspruch (§ 194 BGB) nicht gleichzusetzen ist. Für den herrschenden zweigliedrigen Streitgegenstandsbegriff kann man auf § 253 II ZPO zurückgreifen, da in der Klage das Petitum anzugeben ist und der zur Rechtfertigung des Antrags erforderliche Lebenssachverhalt. Die Klausurbedeutung des Streitgegenstands ist immens und betriff zB die Zuständigkeit des Gerichts, die Frage, ob eine Klageänderung vorliegt, ob eine Klagehäufung gegeben ist, in welchem Umfang die materielle Rechtskraft greift usw.

Klausurklassische Beispiele:

1. K klagt auf Zahlung von 10.000 EUR und begründet das mit materiellen Schäden (2.000 EUR), Personenschaden (3.000 EUR) aus einem Verkehrsunfall und Anspruch auf Schmerzensgeld (5.000 EUR). Da in der Klage das Summenprinzip gilt, sieht man nicht, ob der Kläger einen Antrag (= 10.000 EUR) gestellt hat oder drei (2.000 EUR; 3.000 EUR; 5.000 EUR). Die Rechtsprechung sieht hierin drei Streitgegenstände, da der Lebenssachverhalt unterschiedlich ist: Bei dem Anspruch auf Schmerzensgeld ist maßgeblich wie der Heilungsverlauf war, die zukünftige Entwicklung sein wird... Das aber ist für die materiellen Schäden bedeutungslos. Konsequenz in der Klausur: Bei einer solchen Klage muss in der Zuständigkeit § 5 ZPO bemüht werden; § 260 ZPO kommt zur Anwendung. Wird die Klage dann um die Personenschäden „reduziert", kommt allein § 269 ZPO zur Anwendung!

2. K ist Eigentümer und ehemaliger Vermieter und klagt auf Herausgabe ursprünglich vermieteter Räumlichkeiten. Konsequenz in der Klausur: Nur weil der einheitliche Streitgegenstand die beiden Ansprüche des § 546 I BGB und § 985 BGB umfasst, darf/muss das Gericht beide Normen prüfen. Oder: „Ändert" der Kläger seine Klage Herausgabe aus Vertrag zu einer Klage auf Herausgabe aus Eigentum, ist das unbeachtlich, da sowieso beide Ansprüche zu prüfen sind. Oder: Wurde die Klage abgewiesen, weil § 546 I BGB nicht greift, steht einer neuerlichen Klage aus Eigentum die Rechtskraft der Entscheidung entgegen.

2. Funktion

Ist eine Klage einmal erhoben (rechtshängig geworden), können im Laufe des Prozesses neue Tatsachen und Umstände bekannt werden, die auf den Streitgegenstand einwirken: Der Kläger stellt fest, dass die herausverlangte Sache beim Beklagten zerstört wurde oder dass sein Zahlungsanspruch zu gering ist, usw. In solchen Fällen ist es vielfach prozessökonomischer, den laufenden Prozess mit einer geänderten Klage fortzusetzen, also anstelle der Herausgabe der zerstörten Sache Schadensersatz zu verlangen oder den zu geringen Klageanspruch zu erhöhen. Dabei sind nicht nur die Interessen des Klägers an einer angemessenen Reaktion auf eine Veränderung der Sach- und Rechtslage zu berücksichtigen, sondern auch die Interessen des Beklagten; er wäre im Prozess schutzlos gestellt, würde man eine unbeschränkte Änderung der Klage nach deren Rechtshängigkeit der Willkür des Klägers überlassen. Dem Ausgleich dieser Interessen dienen §§ 263 ff. ZPO.

> **Hinweis:** Die Klageänderung ist kein Angriffs- oder Verteidigungs*mittel*, sondern ein *neuer* Angriff. Deshalb kann sie nicht wegen Verspätung zurückgewiesen werden (§ 296 ZPO) und ist bis zum Schluss der letzten mündlichen Verhandlung möglich.

3. Hinweise für die Prüfung der Zulässigkeit

Die Prüfung, ob eine Klageänderung zulässig ist, setzt voraus, dass die Klage überhaupt geändert wurde (dieser Punkt kann in unproblematischen Fällen bei der schriftlichen Ausarbeitung übersprungen werden, sollte aber bei der gutachtlichen Prüfung berücksichtigt werden, vgl. dazu Ziff. VI Übungsfälle). Der typische Aufbau einer Klageänderung in den Entscheidungsgründen erfolgt so:

3. Kapitel: Klageänderung

> Zulässigkeit
> (1. Ordnungsgemäße Klageerhebung: §§ 261 II, 253 II ZPO.)
>
> 2. Liegt eine Klageänderung vor (Prüfungsmaßstab: Streitgegenstand unter Berücksichtigung wertender Gesichtspunkte)? Wenn ja, ist sie zulässig?
>   a) Zulässigkeit kraft Gesetzes, § 264 Nr. 2, 3 ZPO;
>   b) Einwilligung, § 263 ZPO;
>   c) rügelose Einlassung, § 267 ZPO;
>   d) Sachdienlichkeitserklärung durch das Gericht, § 263 ZPO.
>
> 3. Zulässigkeit im Übrigen für die geänderte Klage: örtliche und sachliche Zuständigkeit, Prozessführungsbefugnis, Feststellungsinteresse, usw.

Ergänzende Hinweise:
1. Die Zulässigkeit der Klageänderung muss vor der Zulässigkeit im Übrigen geprüft werden: Gegenstand der Zulässigkeitsprüfung ist der Streitgegenstand der zum Zeitpunkt „Schluss der letzten mündlichen Verhandlung" rechtshängig ist. Häufig findet sich in Klausuren durch eine „zu späte Prüfung der Klageänderung" der gravierende Fehler, dass die Zulässigkeit der ursprünglichen Klage (regelmäßig die Zuständigkeit) untersucht wird.
2. Von einer ordnungsgemäßen Klageerhebung (Ziff. 1) ist regelmäßig auszugehen.
3. Sachliche Zuständigkeit Ziff. 3): § 5 ZPO bei nachträglicher Klagehäufung; § 506 ZPO bei Erhöhung der Klage über den Amtsgericht-Streitwert.
4. **Klausurstil:** Machen Sie bei der Prüfung der Klageänderung deutlich, was sich geändert hat (von was → zu was). Man formuliert beispielsweise: *Der Kläger hat seinen ursprünglichen Zahlungsantrag über 5.000 EUR reduziert und fordert nun vom Beklagten 1.000 EUR. Diese Klageänderung war gemäß § 264 Nr. 2 ZPO iVm § 269 ZPO zulässig...*

4. Rechtsfolgen

a) Zulässige Klageänderung. Es ist zu differenzieren:
- Bei der **nachträglichen Klagehäufung** ist die Zulässigkeit für den ursprünglichen Anspruch und dann die Zulässigkeit für den nachträglichen Anspruch samt den Voraussetzungen der Klageänderung zu prüfen.
- Für eine **Beschränkung** der Klage in Form der quantitativen Beschränkung kann es in Einzelfällen geboten sein, neben § 264 Nr. 2 ZPO auf die Regelung der Klagerücknahme (§ 269 ZPO) oder der teilweisen Erledigungserklärung abzustellen.
- In **allen anderen Fällen der Klageänderung** ist allein die Zulässigkeit des *neuen* Antrags „im Übrigen" (Ziff. I 3) zu prüfen und sodann über dessen Begründetheit zu entscheiden. Die Rechtshängigkeit des *ursprünglichen* Antrags ist erloschen; darauf wird in der Begründetheit kurz hingewiesen.

b) Unzulässige Klageänderung. Die geänderte neue Klage ist als unzulässig abzuweisen (Prozessurteil). Der ursprüngliche Anspruch bleibt rechtshängig und es ist streitig zu entscheiden, falls der Kläger bei seinem ursprünglichen Antrag bleibt (ggf. kann auch eine Klagerücknahme oder Erledigung der Hauptsache erfolgen). Stellt der Kläger keinen Antrag, ergeht Versäumnisurteil (§§ 330, 333 ZPO).

c) Verhältnis der Klageänderung zu § 261 III Nr. 2 ZPO (perpetuatio fori). Diese Vorschrift, wonach die Zuständigkeit des Prozessgerichts durch eine Veränderung der sie begründenden Umstände nicht berührt wird, ist auf die Klageänderung grundsätzlich nicht anwendbar (BGH NJW 2001, 2477). Problematisch ist ihre Anwendbarkeit nur im Fall einer privilegierten Klageänderung nach § 264 Nr. 2 oder Nr. 3 ZPO. Insoweit ist zu differenzieren: (1) Liegt ein Fall einer (wirksamen) Klagebeschränkung oder Klageerweiterung vor, ist ein Rückgriff auf § 261 III Nr. 2 ZPO nicht erforderlich. Wird beispielsweise eine Klage über 6.000 EUR auf 4.000 EUR beschränkt, ändert das nichts am Zuständigkeitsstreitwert von 6.000 EUR (nach § 4 I ZPO gilt für den Zuständigkeitsstreitwert der Zeitpunkt der Einreichung der Klage!); das Landgericht war und ist damit sachlich zuständig. Für den umgekehrten Fall – die Klage wird von 4.000 EUR auf 6.000 EUR erhöht – regelt § 506 ZPO als Ausnahme zu § 4 ZPO, dass das Amtsgericht nachträglich sachlich unzuständig wird. (2) Für die Forderung des Surrogats hat der BGH klargestellt, dass hier ausnahmsweise auf § 261 III Nr. 2 ZPO zurückgegriffen werden darf. Der Grund liegt auf der Hand: Die Vorschrift gestattet es – vor dem Hintergrund prozessökonomischer Erwägungen – dem Kläger weiter zu streiten und das Surrogat zu fordern. Diese Privilegierung wäre konterkariert, müsste der Rechtsstreit an ein anderes Gericht verwiesen werden.

Beispiel: Der Kläger erhebt Vollstreckungsabwehrklage bei dem nach § 767 ZPO ausschließlich zuständigen Gericht. Wird nun der gepfändete Gegenstand veräußert, kann der Kläger seine Vollstreckungsabwehrklage auf eine bereicherungsrechtliche Zahlungsklage stützen, das sog. Surrogat (§ 261 III Nr. 2 ZPO). Hierfür bleibt das ursprüngliche Gericht zuständig (und der Meinungsstreit, ob § 767 ZPO im Fall der verlängerten Vollstreckungsabwehrklage als besonderer Gerichtsstand fortwirkt, ist nicht entscheidungserheblich).

II. § 264 ZPO: Die gesetzlich zulässigen Fälle einer Klageänderung (privilegierte Klageänderung)

Die Vorschrift ist missverständlich. Der Gesetzgeber wollte mit der Formulierung *„als eine Änderung der Klage ist es nicht anzusehen"* lediglich zum Ausdruck bringen, dass in den Fällen Nr. 2 und Nr. 3 eine stets von Gesetzes wegen zulässige Klageänderung vorliegt. Nr. 1 hingegen enthält eine bloße *Klarstellung:* Eine Ergänzung oder Berichtigung – zB die Berichtigung offensichtlicher Unrichtigkeiten oder das Nachschieben von Details des dem Anspruch zugrunde liegenden Sachverhalts (etwa die Darlegung einer Nachfristsetzung) – beinhaltet selbstverständlich keine Klageänderung und ist deshalb ohne weiteres zulässig. Eine Grenze bildet allein § 296 ZPO (Zurückweisung als unzulässig wegen verspäteten Vorbringens).

1. Erweiterungen und Beschränkungen (Nr. 2)

a) Erweiterungen. Das sind neben den *quantitativen* Fällen (anstelle von 3.000 EUR Schadensersatz werden 5.000 EUR geltend gemacht, anstelle von 400 EUR aus einem Kaufvertrag 600 EUR, etc) auch *qualitative* Fälle (Übergang von einer Feststellungsklage zur Leistungsklage oder von einer Auskunftsklage zur Leistungsklage ua).

b) Beschränkungen. Erfasst werden *quantitative* Fälle (anstelle von 3.000 EUR Schadensersatz werden 2.000 EUR geltend gemacht) wie *qualitative* (Übergang von einer Leistungs- zur Feststellungsklage, von einer unbedingten Zahlungsklage auf eine Zug-um-Zug-Klage, ua).

In den Fällen der *quantitativen* Klagebeschränkung kommt neben der Vorschrift des § 264 Nr. 2 ZPO auch die Regelung über die Klagerücknahme nach § 269 ZPO oder über die teilweise Erledigungserklärung zur Anwendung. Grund: Nach wohl hM (BGH NJW 1990, 2862 mwN) büßt bei einer quantitativen Klagebeschränkung des ursprünglichen Antrags der fallen gelassene Klageanspruch (der „Klagerest") seine Rechtshängigkeit nicht von selbst ein, vielmehr greifen die sonst geltenden Verfahrensvorschriften (= Klageverzicht, § 307 ZPO, Klagerücknahme, § 269 ZPO, Erledigungserklärung). Klausurrelevant sind dabei allein § 269 ZPO und die Erledigungserklärung. Welches der beiden Institute jeweils greift, ergibt sich idR aus dem Klägervortrag (*nehme zurück, erkläre für erledigt oÄ*). Wenn nicht, ist (im Wege der Auslegung) von einer Klagerücknahme auszugehen, falls der Kläger erkennen lässt, dass er unberechtigt, unbeweisbar oder irrtümlich zu viel beantragt hat bzw. das Gericht darauf hinweist. Umgekehrt ist von einer (teilweisen) Erledigterklärung auszugehen, wenn der Klageanspruch unmittelbar vor bzw. nach Klageerhebung teilweise erfüllt wurde.

aa) § 269 ZPO:

Beispiel 1: K verklagt B auf Zahlung von Werklohn in Höhe von 5.000 EUR. Im Laufe des Prozesses und nach Beginn der mündlichen Verhandlung stellt sich heraus, dass die Forderung hinsichtlich des gelieferten Materials und der erbrachten Arbeitsstunden viel zu hoch angesetzt und nur in Höhe von 1.000 EUR angemessen ist. K beschränkt deshalb seine Klage auf 1.000 EUR und nimmt sie in Höhe von 4.000 EUR zurück.

- B ist einverstanden: K hat seine ursprüngliche Klage von 5.000 EUR auf 1.000 EUR beschränkt, so dass eine nach § 264 Nr. 2 ZPO zulässige Klageänderung vorläge. Aber: Bei einer (quantitativen) Beschränkung büßt der Klagerest (4.000 EUR) seine Rechtshängigkeit nicht von selbst ein, sondern muss nach den sonst geltenden Verfahrensvorschriften behandelt werden. Einschlägig ist hier § 269 ZPO, dh es ist zusätzlich eine Einwilligung des Beklagten erforderlich, da bereits mündlich verhandelt wurde (§ 269 I ZPO). Die Einwilligung liegt vor, so dass die Klageänderung zulässig ist und ein zusprechendes Endurteil über 1.000 EUR ergeht. Die Kostenentscheidung ist eine Mischentscheidung aus § 91 ZPO (B verliert den anhängigen Rechtsstreit und muss insoweit die Kosten tragen) und aus § 269 III 2 ZPO (K muss die Kosten für den zurückgenommenen Teil tragen). Tenor: *I. Der Beklagte wird verurteilt an den Kläger 1.000 EUR zu zahlen. II. Von den Kosten des Rechtsstreits trägt der Kläger 4/5 und der Beklagte 1/5…*

- B ist nicht einverstanden; er will ein streitiges Urteil: Die Klageänderung ist unzulässig und es ergeht eine Entscheidung über den ursprünglichen Antrag, dh über 5.000 EUR; Rechtsgrundlage der Kostenentscheidung ist § 92 ZPO: *I. Der Beklagte wird verurteilt an den Kläger 1.000 EUR zu zahlen.*

Im Übrigen wird die Klage abgewiesen. II. Von den Kosten des Rechtsstreits trägt der Kläger 4/5 und der Beklagte 1/5 ...

Die Gründe für eine Anwendbarkeit des § 269 I ZPO (= dem Erfordernis der Einwilligung des Beklagten) illustriert auch folgendes Beispiel: Fordert K von B Zahlung von 10.000 EUR und stellt sich heraus, dass seine Forderung völlig überzogen und nur in Höhe von 100 EUR gerechtfertigt ist, kommt man über § 264 Nr. 2 ZPO zum Ergebnis: K gewinnt und B muss die Kosten des Rechtsstreits aus einem Streitwert von 10.000 EUR tragen. Dieses Ergebnis ist nicht akzeptabel; darüber herrscht Einigkeit. Streitig ist die Lösung des Problems: Während eine Meinung für alle Fälle der Klagebeschränkung § 269 I ZPO anwendet, wird nach der Gegenansicht § 269 I ZPO durch § 264 Nr. 2 ZPO als speziellere Norm verdrängt. Nach dieser Ansicht kann dem „Missbrauch" der Reduzierung der Klage auf einen Minimalbetrag dadurch begegnet werden, dass man die erklärte Klageänderung zB als Klageverzicht auslegt. Eine vermittelnde Meinung, der hier gefolgt wird, wendet § 269 I ZPO nur bei einer quantitativen Beschränkung an, nicht aber bei einer qualitativen.

bb) Teilweisen Erledigterklärung:

Beispiel 2: Wie Beispiel 1, nur: Die Werklohnforderung über 5.000 EUR setzt sich aus Materialkosten über 4.000 EUR und Lohnkosten über 1.000 EUR zusammen. Die mit im Geschäft tätige Ehefrau E des B überweist 4.000 EUR an K, weil sie dessen Forderung in dieser Höhe für begründet hält. K beschränkt seine Klage deshalb auf 1.000 EUR und erklärt sie im Übrigen für erledigt. Die anschließende Beweisaufnahme verläuft zu Gunsten des K.

> **Achtung:** Die nachfolgenden Ausführungen werden Sie erst dann in vollem Umfang verstehen, wenn Sie das Kapitel „Erledigung der Hauptsache" bearbeitet haben!

- B stimmt der Erledigterklärung zu, weil er mit dem Vorgehen der E einverstanden ist: K hat seine ursprüngliche Klage von 5.000 EUR auf 1.000 EUR beschränkt, so dass eine nach § 264 Nr. 2 ZPO zulässige Klageänderung vorläge. Aber: Bei einer (quantitativen) Beschränkung büßt der Klagerest (4.000 EUR) seine Rechtshängigkeit nicht von selbst ein, sondern muss nach den sonst geltenden Verfahrensvorschriften behandelt werden. Einschlägig sind hier die Regelungen der Erledigterklärung. Der Beklagte hat der Erklärung zugestimmt, so dass der Rechtsstreit über 4.000 EUR übereinstimmend für erledigt erklärt worden ist (§ 91a ZPO). Die Klageänderung ist damit zulässig. Über den (reduzierten) ursprünglichen Betrag von 1.000 EUR ergeht ein zusprechendes Endurteil. Die Kostenentscheidung ist eine Mischentscheidung aus § 91 ZPO (der Beklagte verliert den anhängigen Rechtsstreit und muss insoweit die Kosten tragen) und aus § 91a ZPO (der Beklagte muss die Kosten für den übereinstimmend für erledigt erklärten Teil tragen, da dies der Billigkeit entspricht). Tenor: *I. Der Beklagte wird verurteilt an den Kläger 1.000 EUR zu zahlen. II. Im Übrigen wurde der Rechtsstreit für erledigt erklärt. III. Der Beklagte trägt die Kosten des Rechtsstreits.*
- B stimmt der Erledigterklärung nicht zu; er ist der Ansicht, dass seine Ehefrau den Betrag vor Klageerhebung an K überwiesen hat und die Klageerhebung folglich zu früh erfolgte: (1) Zulässigkeit. § 264 Nr. 2 ZPO gestattet die zulässige quantitative Klagebeschränkung auf 1.000 EUR, die automatisch mit einer qualitativen Beschränkung einhergeht (= die einseitige Erledigterklärung bewirkt eine zulässige Wandelung des Klagerests von 4.000 EUR in eine Feststellungsklage, -Klageänderungstheorie, vgl. S. 127). Ergebnis: Die ursprüngliche Leistungsklage über 5.000 EUR wurde ersetzt durch eine reduzierte Leistungsklage über 1.000 EUR und die Klage auf Feststellung, dass der Rechtsstreit über 4.000 EUR ursprünglich zulässig und begründet war und durch ein erledigendes Ereignis nach Rechtshängigkeit unzulässig oder unbegründet wurde. Die Klage ist zulässig. (2) Begründetheit. Unterstellt, die Werklohnforderung ist berechtigt und der Prozess ergibt, dass die Überweisung bei K nach Klageerhebung gutgeschrieben wurde (Erledigung nach Rechtshängigkeit): K obsiegt dann sowohl mit seiner Feststellungs- und Leistungsklage und B muss die gesamten Kosten nach § 91 ZPO tragen. Tenor: *I. Der Beklagte wird verurteilt an den Kläger 1.000 EUR zu zahlen. II. Im Übrigen ist der Rechtsstreit erledigt. III. Der Beklagte trägt die Kosten des Rechtsstreits.*

2. Surrogatsfälle (Nr. 3)

Mit der Formulierung *„wegen einer später eingetretenen Veränderung"* ist gemeint eine Veränderung *nach* Rechtshängigkeit und mit der Formulierung *„Interesse"* Schadensersatz. K klagt auf Herausgabe einer Kamera; im Laufe des Prozesses ergibt sich, dass die Herausgabe unmöglich ist, weil die Kamera gestohlen wurde. K stellt deshalb seinen Antrag um und fordert als Interesse den Wert der Kamera.

> Hinweis: Die Rechtsprechung legt das Tatbestandsmerkmal „*später eingetretenen Veränderung*" großzügig aus und subsumiert darunter auch die Fälle *nachträglicher Kenntniserlangung* des Klägers.

3. Aufbau in der Klausur

a) Tatbestand. Grundsatz: Im Tatbestand wird der Sachverhalt geschildert, der der Sachentscheidung zu Grunde gelegt wird. Ist die Klageänderung also zulässig, wird nur noch der Sachverhalt dargelegt, der für den *neuen* Anspruch erforderlich ist; ist sie unzulässig, wird der Sachverhalt geschildert, der für den *ursprünglichen* Antrag erforderlich ist. **Besonderheiten** ergeben sich für die *kleine Prozessgeschichte*. Hier müssen die Umstände geschildert werden, die in den Entscheidungsgründen die Prüfung der Zulässigkeit der Klageänderung ermöglichen. Man formuliert zB: *Ursprünglich hatte der Kläger beantragt, den Beklagten zur Zahlung von 4.700 EUR zu verurteilen. Mit Schriftsatz vom 7.7. hat der Kläger seinen Klageantrag beschränkt und fordert nunmehr nur noch 2.700 EUR. Der Beklagte hat sich mit Schriftsatz vom 11.7. damit einverstanden erklärt.*

Soweit der verdrängte, nicht mehr entscheidungsrelevante Sachverhalt noch Bedeutung für die Kostenentscheidung hat, ist dieser Teil in der großen Prozessgeschichte darzulegen.

b) Entscheidungsgründe. Der Aufbau der Entscheidungsgründe ist lediglich im Fall einer **Klagebeschränkung** (§ 264 Nr. 2 ZPO) erörterungsbedürftig.

aa) § 269 ZPO: Obiges **Beispiel 1:** Die Werklohnforderung ist nur in Höhe von 1.000 EUR begründet, weshalb K seine Klage auf diesen Betrag beschränkt.

- B ist einverstanden

> I. Zulässigkeit: Zulässigkeit der Klageänderung gemäß §§ 264 Nr. 2, 269 ZPO.
>
> II. Begründetheit:
>   1. Anspruch aus § 631 I BGB über 1.000 EUR.
>   2. Hinweis: Im Übrigen ist die Rechtshängigkeit wegen der Klagerücknahme erloschen.
>
> III. Kostenentscheidung: §§ 269 III 2, 91 ZPO

- B ist nicht einverstanden

> I. Zulässigkeit: Unzulässigkeit der Klageänderung weil § 269 ZPO nicht greift.
>
> II. Begründetheit: Anspruch aus § 631 I BGB über 5.000 EUR nur in Höhe von 1.000 EUR begründet.
>
> III. Kostenentscheidung: § 92 ZPO.

bb) Teilweise Erledigung: Zahlt B (obiges **Beispiel 2**) 4.000 EUR nach Klagezustellung und erklärt K den Rechtsstreit für erledigt, gilt:

- B stimmt zu

> I. Zulässigkeit: Zulässigkeit der Klageänderung gemäß § 264 Nr. 2 iVm übereinstimmender Teilerledigung.
>
> II. Begründetheit:
>   1. Anspruch aus § 631 I BGB über 1.000 EUR.
>   2. Hinweis: Im Übrigen ist die Rechtshängigkeit wegen übereinstimmender Erledigterklärung der Hauptsache erloschen.
>
> III. Kostenentscheidung: §§ 91, 91a ZPO.

3. Kapitel: Klageänderung

- B stimmt nicht zu

> I. Zulässigkeit: Zulässigkeit der Klageänderung (§ 264 Nr. 2 ZPO): quantitative Beschränkung auf 1.000 EUR mit qualitativer Beschränkung = Wandlung zur Feststellungsklage hinsichtlich 4.000 EUR.
>
> II. Begründetheit:
> 1. Anspruch aus § 631 I BGB über 1.000 EUR.
> 2. Feststellungsklage: Der Anspruch (§ 631 I BGB) über 4.000 EUR war ursprünglich zulässig und begründet und wurde durch ein Ereignis nach Rechtshängigkeit unbegründet.
>
> III. Kostenentscheidung: § 91 ZPO.

Ergänzender Hinweis: Es liegen zwar methodisch gesehen zwei Streitgegenstände vor, eine getrennte Zulässigkeitsprüfung (vgl. S. 68) für diesen unproblematischen Fall ist in der Praxis jedoch nicht üblich.

III. Klageauswechslung

1. Allgemeines

Häufigster Fall einer klageauswechselnden Klageänderung ist in der Praxis wie in Klausuren die *Abtretung*, also der Übergang von einer Klage aus *eigenem* Recht zu einer Klage aus *abgetretenem* Recht. Auf diese Weise wird ein *neuer* Lebenssachverhalt und damit ein neuer Streitgegenstand in den Prozess eingeführt: Klagegrund (Streitgegenstand) ist neben der Begründung des Anspruchs selbst nunmehr auch *der* Sachverhalt, der die *Abtretung* beschreibt. Der Aufbau in der Klausur hängt davon ab, ob die Klageauswechslung zulässig oder unzulässig ist.

2. Zulässige Klageauswechslung

Beispiel: K wurde in einen Verkehrsunfall verwickelt; das von ihm geführte Fahrzeug weist erhebliche Schäden auf, die er mit 12.000 EUR beziffert. Die gegnerische Versicherung B zahlt lediglich 5.000 EUR. K erhebt daraufhin Klage vor dem örtlich zuständigen Landgericht Traunstein und fordert die Differenz in Höhe von 7.000 EUR. B verteidigt sich damit, dass K Führer des Fahrzeugs war, nicht aber dessen Eigentümer. Im Laufe des Prozesses stellt sich heraus, dass K das Fahrzeug zwar erworben, es aber seiner Frau F geschenkt hat. K lässt sich die Ansprüche, die F gegen die Versicherung hat, abtreten und ändert seine Klage dahin, dass er den Schaden nicht aus eigenem, sondern abgetretenem Recht fordert. B beantragt Klageabweisung, da über die gezahlten 5.000 EUR hinaus kein weiterer Schaden bestehe. Die durchgeführte Beweisaufnahme durch Erhebung eines Sachverständigengutachtens bestätigt die Klageforderung in vollem Umfang.

a) Tatbestand:

Tatbestand	
Der Kläger fordert nach Umstellung der Klage vom Beklagten Schadensersatz aus einem Verkehrsunfall aus abgetretenem Recht.	Einleitungssatz: Die Klageauswechslung wird deutlich gemacht.
Die Ehefrau des Klägers ist Eigentümerin des vom Kläger geführten Pkw Audi A3, amtliches Kennzeichen TS-HG 988. Die Beklagte ist die Haftpflichtversicherung des unfallgegnerischen Fahrzeugs VW Golf, amtliches Kennzeichen RO-T 452, das von dem Zeugen Rudloff geführt wurde.... (Schilderung des Unfalls).	Unstreitiger Sachverhalt und streitiges Klägervorbringen
Die Beklagte hat am 18.11. an die Ehefrau des Klägers 5.000 EUR bezahlt. Diese hat dem Kläger am 28.1. sämtliche Ansprüche gegen die Beklagte abgetreten.	Auch die vorgerichtliche Zahlung und die Abtretung gehören zum unstreitigen Sachverhalt.

Der Kläger behauptet, dass am Pkw weitere Schäden in Höhe von 7.000 EUR vorhanden sind... (Beschreibung der Schäden)

Der Kläger hat zunächst beantragt, den Beklagten zur Zahlung von 7.000 EUR aus eigenem Recht zu verurteilen. Mit Schriftsatz vom 15.2. hat er den Klageantrag umgestellt auf Zahlung aus abgetretenem Recht. Die Beklagte hat sich hierzu nicht geäußert.

Der Kläger beantragt zuletzt...

Die Beklagte beantragt...

Das Gericht hat ein Sachverständigengutachten zum Umfang der Schäden am Fahrzeug der Ehefrau des Klägers erholt. Auf das Gutachten vom 15.3. wird Bezug genommen. Der Sachverst im Termin zur mündlichen Verhandlung am 30.3. uneidlich zur Erläuterung seines Gutachtens vernommen worden. Insoweit wird auf das Protokoll und ergänzend auf die Schriftsätze der Parteien Bezug genommen.

Streitiger Klägervortrag: Nur der weitere Umfang der Schäden ist streitig.

Kleine Prozessgeschichte

Anträge

(Kein streitiges Beklagtenvorbringen, da nur der Umfang streitig ist und bereits beim Kläger als streitiger Sachverhalt geschildert wird.)/Große Prozessgeschichte

b) Entscheidungsgründe:

- **Zulässigkeit:** Die ursprüngliche Klage wurde gemäß § 253 ZPO ordnungsgemäß erhoben; gleiches gilt für den geänderten Anspruch (§ 261 II ZPO). Die Klageänderung in Form der Klageauswechslung ist zulässig: Zwar greift keiner der beiden privilegierten Fälle der Klageänderungstatbestände (§ 264 Nr. 2 oder Nr. 3 ZPO) und es hat B der Klageänderung nicht zugestimmt (§ 263 ZPO). Allerdings hat sich die Beklagte durch ihren Klageabweisungsantrag rügelos auf die geänderte Klage eingelassen (§ 267 ZPO). Das Landgericht Traunstein ist örtlich (laut Sachverhalt) und sachlich (§§ 71 I, 23 Nr. 1 GVG) zuständig.

- **Begründetheit:** Die Klage ist begründet. Eingewechselter Anspruch: § 7 StVG iVm § 115 VVG. Ursprünglicher Anspruch: Die Rechtshängigkeit ist erloschen.

- **Nebenentscheidungen:** Kosten: § 91 ZPO (sollten Kosten durch den Umstand entstanden sein, dass der Kläger ursprünglich einen anderen Antrag gestellt hatte, sind ihm diese gemäß § 96 ZPO analog aufzuerlegen); vorläufige Vollstreckbarkeit: § 709 ZPO.

Zum Einprägen der Aufbau einer zulässigen Klageauswechslung in Kurzform:

Obersatz: Die Klage ist in ihrer letzten Fassung zulässig und begründet

I. Zulässigkeit
 1. Ordnungsgemäße Klageerhebung gemäß §§ 253, 261 II ZPO
 2. Zulässigkeit der Klageänderung
 3. Zulässigkeit im Übrigen

II. Begründetheit
 1. Neuer Anspruch
 2. Bisheriger Anspruch: Hinweis auf das Erlöschen der Rechtshängigkeit
 3. Nebenentscheidungen

Rechtsbehelfsbelehrung/Unterschrift

3. Unzulässige Klageauswechslung

Beispiel: K klagt gegen B auf Zahlung von 6.500 EUR vor dem örtlich zuständigen Landgericht Traunstein. Zur Begründung seiner Forderung behauptet er, B habe ihm mit dieser Summe vorangegangene Pflegeleistungen vergüten wollen. B führt an, dass die Pflegeleistungen unentgeltlich gewährt worden seien und keine nachträgliche Vergütungsabsprache stattgefunden habe. In der Beweisaufnahme, in der drei Zeugen vernommen werden, bestätigt sich die Vergütungsabsprache nicht. K ändert sein Klagevor-

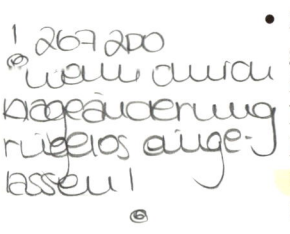

3. Kapitel: Klageänderung

bringen: B schulde ihm 6.500 EUR aus einem mittlerweile gekündigten Darlehen; zum Beweis benennt er den Zeugen Z. Der entsprechende Schriftsatz wird B zugestellt. B widersetzt sich zum einen der Klageänderung, zum anderen bestreitet er, von K ein Darlehen erhalten zu haben. Im nächsten Termin zur mündlichen Verhandlung stellt K lediglich den geänderten Antrag; zum ursprünglichen Antrag verhandelt er nicht. B beantragt hinsichtlich des geänderten Antrags Klageabweisung und hinsichtlich des ursprünglichen Antrags Erlass eines Versäumnisurteils.

- **Tenor:** Es ergeht ein „Teilversäumnis- und Endurteil": Die Formulierung „Die Klage wird abgewiesen" in Ziff. I erfasst sowohl das Versäumnisurteil (Antrag auf Vergütung der Pflegeleistung) als auch das Prozessurteil (Endurteil, – Antrag auf Rückzahlung des Darlehens).
- **Tatbestand:** Es ergeben sich kaum Besonderheiten: Über den ursprünglichen Antrag (Vergütung der Pflegeleistung) ist zu entscheiden, so dass der entsprechende Sachverhalt zu schildern ist (der grundsätzlich einschlägige § 313 b I 1 ZPO wird im Bearbeitervermerk regelmäßig ausgeschlossen!). In der kleinen Prozessgeschichte muss der Sachverhalt geschildert werden, der der Klageänderung zu Grunde liegt.
- **Entscheidungsgründe:**

  (1) **Zulässigkeit Darlehen:** Die Klageänderung ist mangels Sachdienlichkeit (§ 263 ZPO) unzulässig und durch Prozessurteil abzuweisen. Der Sachdienlichkeit liegen prozessökonomische Erwägungen zugrunde, dh, sie liegt insbesondere vor, wenn der bereits gewonnene Prozessstoff auch für das neue Begehren relevant ist oder wenn im Verfahren Beweise erhoben wurden, die auch für den eingewechselten Anspruch erheblich sind. Beides ist nicht der Fall. Die vernommenen Zeugen wurden lediglich zur Frage der Vergütung der Pflegeleistungen angehört, nicht aber zur Frage der Darlehensgewährung. Nachdem die Klageänderung unzulässig ist, ist der neue klägerische Antrag (Darlehensrückzahlung) durch Prozessurteil abzuweisen.

  (2) Damit bleibt das ursprüngliche Begehren rechtshängig und ist zu prüfen. Der Kläger hat zum ursprünglichen Klagebegehren nicht verhandelt (§§ 333, 332 ZPO); folglich war ein Versäumnisurteil zu erlassen (§ 330 ZPO).

> **Hinweise:** 1. Die Ansicht, dass über *beide* Anträge zu entscheiden ist, ist nicht unumstritten. Eine Mindermeinung nimmt an, dass der neue Antrag unter der Bedingung gestellt wurde, dass die Klageänderung zulässig ist. Auch wird vertreten, dass durch Stellung des neuen Antrags der ursprüngliche Antrag konkludent zurückgenommen wurde.
> 2. Eine Säumnis durch Nichtverhandlung liegt nicht vor, wenn der Kläger zuvor wirksam einen Sachantrag hinsichtlich des ursprünglichen Begehrens gestellt hat.

IV. Nachträgliche Klagehäufung

[handschriftliche Notiz: bei späterer Einführung neuer Streitgegenstände 263 ff. analog]

Mit der nachträglichen Klagehäufung führt der Kläger einen weiteren Streitgegenstand in den Prozess ein. Da er damit sein ursprüngliches Begehren ändert, sind neben § 260 ZPO die §§ 263 ff. ZPO (direkt oder analog) einschlägig. Aus Sicht der hM ist eine analoge Anwendung der Vorschriften geboten: Die Änderung der Anzahl der Streitgegenstände ist keine Änderung eines Streitgegenstands. Da aber der Beklagte bei einer Veränderung des Prozessstoffs schutzwürdig ist, werden auf die nachträgliche Klagehäufung die Vorschriften der Klageänderung analog angewandt. Ist die nachträgliche Klagehäufung unzulässig, wird der neu hinzugeführte Anspruch durch Teilurteil als unzulässig abgewiesen.

Beispiel: K fordert von B Bezahlung einer Kaufpreisforderung über 5.500 EUR für einen gebrauchten Pkw Mazda, Fahrgestellnummer ... aufgrund eines schriftlichen Kaufvertrags vom 5.1. Das Fahrzeug habe bei der Übergabe am 5.1. keinerlei Mängel aufgewiesen. Im Laufe des Prozesses beantragt er zudem mit Schriftsatz vom 15.3., B zur Bezahlung von weiteren 200 EUR aufgrund der Vermietung eines Baggers zu verurteilen. Er habe mit ihm am 30.1. insoweit 50 EUR pro Tag vereinbart; B habe den Bagger zur Durchführung diverser Grabarbeiten vier Tage in Benutzung gehabt. B wendet mit Schriftsatz vom 5.4. ein, der Pkw sei mangelhaft gewesen und der Bagger sei ihm unentgeltlich zur Verfügung gestellt worden. Das weitere Verfahren bestätigt das Vorbringen des B in keiner Weise.

1. Tatbestand

Beim Aufbau ist zu differenzieren, ob die Ansprüche auf einem einheitlichen oder auf verschiedenen Sachverhalten basieren, vgl. Kapitel Klagehäufung, S. 72.

Tatbestand	
Der Kläger fordert vom Beklagten Kaufpreiszahlung und Mietzins für die Vermietung eines Baggers.	Einleitungssatz: Beide Ansprüche sind zu skizzieren.

Am 5.1. veräußerte der Kläger dem Beklagten einen gebrauchten Pkw Mazda, Fahrgestellnummer... für 5.500 EUR. Auf den schriftlichen Kaufvertrag wird Bezug genommen.	Anspruch 1 (Kaufvertrag): Unstreitiger Sachverhalt und streitiges Klägervorbringen
Der Kläger behauptet, der Pkw sei bei Übergabe mangelfrei gewesen.	
Am 30.1. vermietete der Kläger dem Beklagten einen Bagger zur Durchführung diverser Grabarbeiten; der Beklagte benötigte dafür vier Tage.	Anspruch 2 (Mietvertrag): Unstreitiger Sachverhalt und streitiges Klägervorbringen
Der Kläger behauptet, für die Überlassung habe man 50 EUR/Tag vereinbart.	
Der Kläger hat zunächst beantragt, den Beklagten zur Zahlung von 5.500 EUR aufgrund des Kaufvertrages zu verurteilen. Mit Schriftsatz vom 15.3. hat er zudem beantragt, den Beklagten wegen weiterer 200 EUR aufgrund der Mietzinsforderung zu verurteilen. Mit Schreiben vom 5.4. hat sich der Beklagte auf das klägerische Vorbringen eingelassen.	Kleine Prozessgeschichte zur nachträglichen Klagehäufung
Der Kläger beantragt zuletzt	
Der Beklagte beantragt...	Anträge
...	[Große Prozessgeschichte]

Hinweise: Ein streitiges Beklagtenvorbringen zu Anspruch 1 und 2 findet sich nicht, da das einfache Bestreiten (der Pkw war mangelhaft; die Überlassung des Baggers erfolgte unentgeltlich) beim Kläger gebracht wird („behauptet"), weil er die Beweislast hierfür trägt.

2. Entscheidungsgründe

Man leitet zum Beispiel mit dem Satz ein „*Die Klage ist in ihrer letzten Fassung zulässig und begründet*". Anschließend erörtert man die *Zulässigkeit*. Der Aufbau orientiert sich an dem der kumulativen Klagehäufung (vgl. S. 69), dh man prüft die Zulässigkeit für beide Ansprüche getrennt: (1) Zulässigkeit Kaufpreis mit § 5 ZPO; (2) Zulässigkeit Mietzins: a. *Die Klageänderung ist zulässig, da der Beklagte schlüssig eingewilligt hat*; b. Zulässigkeit im Übrigen. (3) Prüfung des § 260 ZPO (vgl. das Formulierungsbeispiel auf S. 69). Bei der *Begründetheit* stellt man zunächst auf den ursprünglichen Antrag ab (Kaufpreis), dann auf den neuen (Mietzins). Zuletzt kommen die *Nebenentscheidungen*. Für den Aufbau der nachträglichen Eventualklagehäufung vgl. Examensrelevante Rechtsprechung S. 138 und die Mindmap am Ende des Kapitels.

V. Parteiänderung

1. Allgemeines

Mit der Parteiänderung, man spricht auch von subjektiver Klageänderung, kann der Kläger aus prozessökonomischen Gründen die Prozessparteien ändern. Zwei Formen sind zu unterscheiden: Beim gewillkürten *Parteiwechsel* wird eine Prozesspartei (Kläger oder Beklagter) ausgewechselt, bei der gewillkürten *Parteierweiterung* wird eine neue Partei hinzugezogen. Die Rechtsprechung behandelt die Parteiänderung als einen Sonderfall der Klageänderung und wendet die Vorschriften über die Zulässigkeit der Klageänderung entsprechend an, während die überwiegende Literatur sie als ein eigenständiges prozessuales Rechtsinstitut ansieht. Die Unterschiede der beiden Ansichten sind im Ergebnis gering; hier wird der Rechtsprechung gefolgt.

Beispiele: Eine OHG verklagt B; nach Auflösung der OHG wollen die Gesellschafter den Prozess in eigenem Namen fortführen. K erhebt Klage für seinen minderjährigen Sohn S; nach Klageerhebung weist das Gericht darauf hin, dass S Kläger ist, weshalb K den Prozess für S, vertreten durch ihn, fortführen will. K verklagt S auf Rückzahlung eines Darlehens; im Prozess stellt sich heraus, dass in Wirklichkeit D Schuldner ist, weshalb er den Prozess gegen D fortsetzen will. K verklagt B aus einem Verkehrsunfall und will während des Prozesses die Klage auf die Versicherungsgesellschaft V des B ausweiten.

3. Kapitel: Klageänderung

> **Hinweis:** Neben der gewillkürten Parteiänderung/Parteierweiterung gibt es auch Fälle, in denen das Gesetz anordnet, dass eine neue Partei den Prozess anstelle der bisherigen übernehmen und fortführen muss (**gesetzlicher Parteiwechsel**): vgl. dazu §§ 239–242 ZPO. In Examensklausuren spielen diese Fälle eine geringe Rolle.

2. Gewillkürter Parteiwechsel

a) Abgrenzung zur Rubrumsberichtigung: Die gewillkürte Parteiänderung ist von der Rubrumsberichtigung abzugrenzen, mit der eine Falschbezeichnung des Beklagten korrigiert werden kann. Sie kommt nur in Betracht, wenn in der Klageschrift eine offensichtliche Fehlbezeichnung vorliegt, also nicht die als Beklagter bezeichnete Person verklagt werden soll. Grundsätzlich ist Beklagter, wer in der Klageschrift als solcher bezeichnet wurde (formeller Parteibegriff), unabhängig davon, ob er tatsächlich passiv legitimiert ist. Aber: Die Klageschrift und damit die Bezeichnung des Beklagten sind der Auslegung zugänglich. Sofern der Kläger offensichtlich und ohne weiteres erkennbar tatsächlich eine andere Person verklagen wollte, liegt keine Parteiänderung vor, vielmehr ist die wirklich gemeinte Person der Beklagte und das Rubrum ist lediglich zu berichtigen.

b) Beispiel für einen gewillkürten Parteiwechsel: K klagt gegen die B-OHG eine Kaufpreisforderung in Höhe von 800 EUR ein. Nach Klageerhebung erfährt er von weiteren Gläubigern, dass die B-OHG in erhebliche wirtschaftliche Schwierigkeiten geraten ist, sodass eine Zwangsvollstreckung gegen die Gesellschaft mehr oder weniger erfolglos sein wird. Da K aus einem obsiegenden Titel nicht gegen den persönlich haftenden Gesellschafter B vorgehen kann (§ 129 IV HGB), entschließt er sich, den Prozess gegen B anstelle der OHG fortführen (§ 128 HGB), um sich so das bisherige Prozessergebnis, die Beweisaufnahme hat die Berechtigung seiner Kaufpreisforderung bestätigt, auch gegen B zu sichern. Er erklärt deshalb schriftsätzlich, dass er seine Klage nicht mehr gegen die OHG richte, sondern gegen B. Die OHG erklärt ihr Einverständnis mit dem Parteiwechsel.

Zulässigkeit: Es sind zwei Prozessrechtsverhältnisse – K/B und K/B-OHG – zu beurteilen, die teilweise voneinander abhängig sind. Zu beginnen ist mit dem neu eingeführten Prozessrechtsverhältnis:

- **K/B:** K hat zunächst die B-OHG verklagt und diese im Verlauf des Rechtsstreits durch den Gesellschafter B ausgewechselt und damit eine *Parteiänderung* in Form des gewillkürten Parteiwechsels vorgenommen. Die Rechtsprechung beurteilt die Zulässigkeit einer solchen Parteiänderung (im Verhältnis zu B) nach den Vorschriften der Klageänderung §§ 263 ff. ZPO. Sie ist zulässig, wenn B zustimmt (§ 263 ZPO), ohne Rüge verhandelt (§ 267 ZPO) oder das Gericht den Parteiwechsel als sachdienlich erachtet. Hier liegt Sachdienlichkeit im Hinblick auf die akzessorische Haftung des **Gesellschafters vor.**

- **K/OHG:** Gegenüber der Gesellschaft liegt eine *Klagerücknahme* vor. Deren Zulässigkeit setzt zunächst voraus, a) dass die Klage gegen B überhaupt zulässig ist (str.). Grund: Nur wenn der neue Beklagte tatsächlich in den Rechtsstreit eintritt, kann der bisherige Beklagte ausscheiden. Andernfalls könnte sich folgende Prozesssituation ergeben: Die Klage gegen den neu eingewechselten Beklagten ist unzulässig und die Klage gegen den alten Beklagten wurde zurückgenommen; damit gäbe es keinen Beklagten mehr, was erkennbar nicht gewollt ist. Hier ist diese besondere Zulässigkeitsvoraussetzung erfüllt: vgl. oben). Des Weiteren müssen b) die besonderen Zulässigkeitsvoraussetzungen des § 269 ZPO vorliegen. Danach muss die B-OHG dem Ausscheiden nur zustimmen, wenn – wie hier – bereits mündlich verhandelt wurde; vor diesem Zeitpunkt besteht kein Zustimmungserfordernis! Nach der gesetzlichen Wertung des Abs. 1 hat der Beklagte nämlich ab der mündlichen Verhandlung einen Anspruch auf eine Sachentscheidung. Damit gilt: Da die B-OHG zugestimmt hat, erlischt die Rechtshängigkeit und sie scheidet aus dem Prozess aus.

Begründetheit: Die Klage ist begründet, weil B nach der Rechtsprechung an das Ergebnis der Beweisaufnahme gebunden ist.

Aufbau der Entscheidungsgründe: Es gilt grundsätzlich das Aufbauschema der Streitgenossenschaft (S. 154):

> I. Zulässigkeit
>   1. Gegenüber B
>   a) Zulässigkeit der Parteiänderung
>   b) Zulässigkeit im Übrigen
>   2. Gegenüber OHG. § 269 ZPO
>
> II. Begründetheit
>
> III. Nebenentscheidungen
>
> IV. Rechtsbehelfsbelehrung/Unterschrift

Ergänzende Hinweise:

aa) Stimmt die OHG der Parteiauswechslung nicht zu, verbleibt sie im Prozess und es gibt dann zwei Beklagte: Die B-OHG und B.

bb) Für die Begründetheitsprüfung gilt: B ist nach der Rechtsprechung an das Ergebnis der Beweisaufnahme gebunden. Ausnahme: Erklärt B, er könne sich nicht vernünftig verteidigen, da er der Beweisaufnahme nicht beigewohnt habe und deshalb ua keine Fragen stellen konnte, kann er eine Wiederholung der Beweisaufnahme aufgrund sog. eingeschränkter Verteidigungsmöglichkeit beantragen.

cc) Rechtsbehelfsbelehrung: Erfolgt ua eine Kostenentscheidung nach § 269 ZPO, muss über die sofortige Beschwerde belehrt werden (§§ 269 IV 1, 567 II ZPO).

dd) Bei Unzulässigkeit des Parteiwechsels ist die Klage gegen B durch Prozessurteil abzuweisen.

ee) In 2. Instanz ist ein Parteiwechsel nur zulässig, wenn die Zustimmung des bisherigen Beklagten (§ 269 I ZPO) und die des neuen vorliegt, weil Letzterer ansonsten eine Instanz verliert.

3. Gewillkürte Parteierweiterung

Wie das Ausgangsbeispiel, nur: Die wirtschaftlichen Schwierigkeiten, in die die B-OHG geraten ist, sind derart, dass eine Zwangsvollstreckung durchaus noch Erfolg haben kann, aber eben mit Risiken behaftet ist. K will deshalb sicher gehen und, insbesondere im Hinblick auf die für ihn günstig verlaufene Beweisaufnahme, auch einen Titel gegen den persönlich haftenden Gesellschafter B erlangen. – Unter welchen Voraussetzungen ist eine Hinzuziehung des Gesellschafters B in den Prozess zulässig?

Bei der Prüfung der Zulässigkeit und Begründetheit ist zum einen zu beachten, dass zwei Prozessrechtsverhältnisse zu beurteilen sind: K/B und K/B-OHG; zum anderen, dass auf der Beklagtenseite eine Personenmehrheit entsteht, mit der Folge, dass zusätzlich die Voraussetzungen der Streitgenossenschaft zu prüfen sind. Entsprechend ändert sich der Aufbau.

a) Zulässigkeit:

K/B: B wurde erst im weiteren Verlauf des Rechtsstreits verklagt, so dass eine Parteiänderung in Form des gewillkürten Parteibeitritts vorliegt. Die Rechtsprechung beurteilt die Zulässigkeit einer solchen Parteiänderung nach den Vorschriften der Klageänderung. B muss folglich ohne Rüge verhandeln (§ 267 ZPO), zustimmen oder das Gericht muss die Parteiänderung als sachdienlich erachten (§ 263 ZPO). Letzteres ist aufgrund der akzessorischen Haftung des Gesellschafters der Fall. **K/B – OHG:** Die Klage gegen die Gesellschaft ist zulässig.

b) Streitgenossenschaft:

Aufgrund des gewillkürten Parteibeitritts ist eine Personenmehrheit auf der Beklagtenseite entstanden, deren Zulässigkeit sich nach §§ 59, 60 ZPO und § 260 ZPO analog beurteilt. Letztere Voraussetzungen – dieselbe Prozessart, kein Verbindungsverbot, eine gemeinsame Verhandlung und Entscheidung ist prozessökonomisch – liegen vor (liegen die Voraussetzungen nicht vor, werden die Verfahren getrennt, weshalb die Prüfung nicht in der Zulässigkeit erfolgt, vgl. auch Kapitel „Streitgenossenschaft", S. 156 f.).

c) Begründetheit:

K/B: Die Klage ist begründet, weil B nach der Rechtsprechung an das Ergebnis der Beweisaufnahme gebunden ist. Ausnahme: Erklärt B, er könne sich nicht vernünftig verteidigen, da er der Beweisaufnahme nicht beigewohnt habe und ua keine Fragen stellen konnte, kann er eine Wiederholung aufgrund sog. *eingeschränkter Verteidigungsmöglichkeit* beantragen. **K/B-OHG:** ...

VI. Übungsfälle

Die Klageänderung bereitet erfahrungsgemäß erhebliche Schwierigkeiten, weshalb hier gezielt Fälle angeführt werden, über die die Mehrzahl der Klausurbearbeiter regelmäßig stolpern. Bei einem bloßen Durchlesen wird Ihnen die Lösung, so die Hoffnung des Autors, unmittelbar einleuchten. Für das Examen bringt Ihnen das allerdings wenig, es sei denn, Sie haben das berühmte „fotografische Gedächtnis". Denken Sie deshalb daran: Erfolg werden Sie nur haben, wenn Sie sich – wie auch bei den anderen Fällen und Beispielen dieses Buches – die Lösung knapp skizzieren (und wiederholen!).

Fall 1: K verklagt B und stellt den Antrag: *B wird verurteilt, an K 10.000 EUR zu zahlen.* Aus der Klagebegründung ergibt sich, dass K 4.000 EUR Kaufpreis wegen der Veräußerung eines gebrauchten Pkw Skoda Roomster und 6.000 EUR wegen der Rückzahlung eines Privatdarlehens fordert. Nachdem B zu Recht einwendet, dass der Darlehensrückzahlungsanspruch mangels Kündigung nicht fällig ist, wechselt der Anwalt des K seine „Taktik" und führt in seinem Schriftsatz aus: *Ich ändere meinen Klageantrag wie folgt: B wird verurteilt, an K 4.000 EUR zu zahlen.* Der Anwalt des B erklärt in der mündlichen Verhandlung: *Ich widerspreche dieser Klageänderung.* – Wie ist, die Berechtigung der Kaufpreisforderung unterstellt, zu entscheiden? Formulieren Sie auch den Tenor.

Lösung: Liegt eine Klageänderung oder eine Klagerücknahme vor? Zunächst ist zu prüfen, was (noch) Gegenstand der gerichtlichen Entscheidung ist, allein die Kaufpreisforderung oder die Kaufpreis- und die Darlehensrückzahlungsforderung. Für Letztere greift § 269 ZPO, weil entgegen der Auffassung der Parteien eine Klagerücknahme vorliegt, nicht aber eine Klageänderung (§§ 263 ff. ZPO). Eine Klageänderung liegt vor, wenn (zweigliedriger Streitgegenstandsbegriff) entweder Antrag oder Klagegrund *eines* Streitgegenstands (oder beides) geändert bzw. ausgetauscht oder gewechselt wird. Das ist bei der hier vorliegenden Summenklage (Klagehäufung) nicht der Fall: Entfällt von mehreren Streitgegenständen *einer*, ändert sich lediglich die *Anzahl* der Streitgegenstände, nicht aber ein *einzelner* Streitgegenstand (anders im umgekehrten Fall, der nachträglichen Klagehäufung: Obwohl auch hier lediglich die Anzahl der Streitgegenstände geändert wird, geht die Rechtsprechung von einer Klageänderung aus, vgl. oben S. 87).

Der vorliegend einschlägige § 269 ZPO ist, wie eingangs festgestellt, nicht im Rahmen der Zulässigkeit zu erörtern, sondern vorab. Grund: Mangelt es an seinen Voraussetzungen, ist die Klage nicht als unzulässig abzuweisen, vielmehr ist über den Kaufpreis- *und* den Darlehensrückzahlungsanspruch zu entscheiden, weil beide Ansprüche Gegenstand der Klage bleiben. Hier gilt: Eine Einwilligung des B zur Klagerücknahme war nicht erforderlich, da sie vor der mündlichen Verhandlung erfolgte. Einleitende Formulierung in den Entscheidungsgründen: *Anders als die Parteien meinen, liegt hinsichtlich des Darlehensrückzahlungsanspruchs keine Klageänderung vor, sondern eine Klagerücknahme, § 269 ZPO. Sie ist trotz fehlender Einwilligung des Beklagten wirksam, weil sie vor der mündlichen Verhandlung erfolgte. Gegenstand der Entscheidung ist somit allein der Kaufpreisanspruch.* Anschließend erfolgt die Darlegung der Zulässigkeit der Klage: Der Zuständigkeitswert zum Zeitpunkt der Klageerhebung beträgt 10.000 EUR (§§ 4, 5 ZPO), so dass sachlich das Landgericht zuständig ist (§ 506 ZPO im Umkehrschluss, §§ 71 I, 23 Nr. 1 GVG). Von den weiteren Zulässigkeitsvoraussetzungen ist auszugehen; ebenso von der Begründetheit. (Hätte K die „Klageänderung" in der mündlichen Verhandlung erklärt und B ihr zugestimmt, würde man formulieren: *Die vom Kläger in der mündlichen Verhandlung erklärte „Klageänderung" ist eine Klagerücknahme, § 269 ZPO. Sie ist wirksam, weil der Beklagte ihr zugestimmt hat; dass er die Zustimmung zu einer „Klageänderung" erklärte, steht dem nicht entgegen. Gegenstand der Entscheidung ist somit allein der Kaufpreisanspruch. ...*)

Endurteil

I. Der Beklagte wird verurteilt an den Kläger 4.000 EUR zu zahlen.

II. Von den Kosten des Rechtsstreits trägt der Kläger 60 % und der Beklagte 40 %.

III. Das Urteil ist vorläufig vollstreckbar, für Kläger jedoch nur gegen Sicherheitsleistung in Höhe von 110 % des jeweils zu vollstreckenden Betrages. Der Kläger kann die Vollstreckung durch Sicherheitsleistung in Höhe von 110 % des auf Grund des Urteils vollstreckbaren Betrages abwenden, wenn nicht der Beklagte vor der Vollstreckung Sicherheit leistet in Höhe von 110 % des jeweils zu vollstreckenden Betrages.

Aufbau der Entscheidungsgründe:

> I. **Einleitung: Gegenstand der gerichtlichen Entscheidung** ist allein die Kaufpreisforderung; für die Darlehensrückzahlung greift § 269 ZPO (keine Klageänderung).
>
> II. **Zulässigkeit.** Sachlich: §§ 4, 5 ZPO, § 506 ZPO im Umkehrschluss, §§ 71 I, 23 Nr. 1 GVG.
>
> III. **Begründetheit**
>   1. Kaufvertrag liegt vor; Kaufpreisanspruch nicht erloschen.
>   2. Nebenentscheidungen
>   a) Kostenentscheidung als Mischentscheidung aus § 91 ZPO (Kauf) und § 269 III ZPO (Darlehen).
>   b) Entscheidung über die vorläufige Vollstreckbarkeit: Kläger (§ 709 S. 1, S. 2 ZPO); Beklagter (§§ 708 Nr. 11, 711 ZPO).
>
> IV. Ggf. Rechtsbehelfsbelehrung (hier nicht, § 232 S. 2 ZPO).

Ergänzende Hinweise: 1. In den Entscheidungsgründen genügt die Feststellung (so Ziff. I, Einleitung), dass eine Klagerücknahme vorliegt, nicht aber eine Klageänderung. Eine Begründung ist entbehrlich, weil selbstverständlich. Punkte können Sie sammeln, wenn Sie die entsprechende Begründung im Hilfsgutachten bringen.

2. Wäre die Rechtsbehelfsbelehrung nicht entbehrlich: Kläger: sofortige Beschwerde wegen der Kostenentscheidung (§ 269 IV ZPO); Beklagter: Berufung (Verurteilung zur Kaufpreiszahlung).

Fall 2 (nach BGH NJW 2014, 3435): K fordert von B im Mahnverfahren Schadensersatz wegen Beratungsfehlern beim Kauf von Zertifikaten. Nachdem B Widerspruch eingelegt hat, ändert K seinen Antrag dahingehend, dass B zur Rückzahlung des gesamten Kaufpreises der Zertifikate Zug-um-Zug gegen Rückgabe derselben verurteilt wird. B erklärt: *Ich widerspreche der Klageänderung und berufe mich auf Verjährung.* – Wie lautet die Entscheidung, unterstellt der Anspruch besteht und ist verjährt, falls keine Hemmungstatbestände greifen?

Lösung: Bei der Zulässigkeit beginnt die Prüfung mit der Frage, ob eine Klageänderung vorliegt und wenn ja, ob die Klageänderung zulässig ist. Man möchte das Vorliegen einer Klageänderung auf den ersten Blick bejahen: Eine Klageänderung liegt vor, wenn sich (zweigliedriger Streitgegenstandsbegriff) entweder Antrag und/oder Klagegrund ändern. Hier hat der Kläger seinen Antrag geändert. Aber: Die Prüfung, ob eine Klageänderung vorliegt, darf nicht in jedem Fall schematisch (rein begrifflich am „Streitgegenstand" ausgerichtet) erfolgen. Der Kläger ist vom sogenannten kleinen Schadensersatzanspruch (= Wertverlust der Zertifikate) zum großen Schadensersatz (= Naturalrestitution durch Rückabwicklung) übergegangen (vgl. hierzu Grüneberg in Palandt, 77. Auflage 2018, § 281 RNr. 45 ff.). Da es ihm aber nur um den Ausgleich *desselben* wirtschaftlichen Schadens wegen einer Beratungspflichtverletzung geht, ändert er lediglich die *Art* der Schadensberechnung und das stellt nach ständiger Rechtsprechung keine Klageänderung dar. Vom Vorliegen der weiteren Zulässigkeitsvoraussetzungen ist auszugehen; ebenso von der Begründetheit.

Einwand der Verjährung? Nach § 204 I Nr. 3 BGB hemmt die Zustellung des Mahnbescheids (vgl. auch die Rückwirkungsfiktion des § 167 ZPO!) die Verjährung, wobei sich die Hemmung der Verjährung auf *den* Anspruch, der im Mahnverfahren geltend gemacht wird, beschränkt; das wäre der kleine Schadensersatzanspruch. Aber: Auch wenn § 204 BGB eine materiell-rechtliche Bestimmung ist, wird zur Beurteilung der Anspruchsidentität von kleinem und großem Schadensersatzanspruch auf den prozessualen Streitgegenstandsbegriff zurückgegriffen mit dem Argument, dass die Wurzeln des Verjährungsrechts im Prozessrecht liegen. Folglich wurde – der Streitgegenstand bleibt bei einer bloßen Änderung der Schadensberechnung gleich – die Verjährung wirksam gehemmt.

> **Hinweise:**
>
> 1. Das Vorgehen des Klägers – Geltendmachung nur des *kleinen* Schadensersatzanspruchs im Mahnverfahren – hat seine Berechtigung: Im Mahnverfahren dürfen keine Zug-um-Zug Ansprüche gefordert werden (§ 688 II 2 BGB). Hätte der Kläger daher im Mahnverfahren den großen Schadensersatzanspruch geltend gemacht, wäre der Mahnantrag unzulässig. Zwar

3. Kapitel: Klageänderung

> tritt die Hemmungswirkung des § 204 BGB auch bei unzulässigen Klagen oder Mahnanträgen grundsätzlich ein. Hiervon macht die Rechtsprechung jedoch eine Ausnahme bei Zug-um-Zug Leistungen: Der Kläger kann sich in solchen Fällen nicht auf die Hemmungswirkung seines unzulässigen Mahnantrags nach § 242 BGB berufen.
> 2. BGH NJW 2017, 2673: Der BGH bekräftigt seine oben Rechtsauffassung, wonach der Wechsel der Schadensberechnung keine Klageänderung darstellt: Der Kläger hatte den Schaden gem. § 179 I BGB nach dem negativen Interesse (Vertrauensschaden) berechnet und dann umgestellt auf das positive Interesse (Erfüllungsschaden).

Aufbau der Entscheidungsgründe: *Keine Klageänderung bei Übergang vom kleinen zum großen SE*

> I. Zulässigkeit
> 1. Keine Klageänderung bei Übergang vom kleinen zum großen Schadensersatzanspruch.
> 2. Zulässigkeit im Übrigen.
>
> II. Begründetheit
> 1. Anspruch besteht.
> 2. Durchsetzbar (§ 214 BGB): Hemmung durch Mahnbescheid?

Fall 3: Vermieter V hat Geschäftsräume, ein Lokal im Erdgeschoss des Hauses..., für monatlich 1.000 EUR an M vermietet. Er erhebt Anfang Februar Räumungsklage gegen M zum 1.10. Im Termin äußert das Gericht Bedenken, ob V die Räumungsfrist zutreffend berechnet hat und daher ein entsprechender Herausgabeanspruch erst zum 1.11. gegeben ist. V erklärt schriftsätzlich: *Ich ändere meine Klage wie folgt: Hilfsweise wird beantragt, den Beklagten zur Räumung am 1.11. zu verurteilen.* M widersetzt sich einer solchen Änderung. – Wie ist zu entscheiden, unterstellt der Herausgabeanspruch besteht zum 1.11. (Achtung: Diesen Fall könnten Psychologen speziell für Juristen entwickelt haben, um zu testen, inwieweit Fachbegriffe dazu verleiten, den gesunden Menschenverstand auszuschalten!). Fertigen Sie auch den Tenor.

Lösung: Hätte K auf Kaufpreiszahlung in Höhe von 10.000 EUR geklagt und – auf Hinweis des Gerichts, dass es die Klage nur in Höhe von 8.000 EUR als begründet ansieht – die Klage – hilfsweise (!) – auf Zahlung von 8.000 EUR umgestellt, läge es auf der Hand, eine Klageänderung iSd §§ 263 ff. ZPO nicht näher zu prüfen. Bei Gericht dringt man nicht immer in vollem Umfang durch; das ist nicht ungewöhnlich. Die Erklärung des K ist prozessual schlichtweg sinnlos, weil das Gericht diesen Betrag ohnehin zusprechen wird: Im Mehr steckt immer das Weniger, so dass es für das Weniger keines irgend gearteten Antrags bedarf. MaW: Der Eintritt der Bedingung für den Hilfsantrag – die volle Klageabweisung – kann von vornherein nicht eintreten, weil das Gericht von sich aus den entsprechend geringeren Betrag zusprechen wird.

Hier liegt es nicht anders: Das „Mehr" ist die Herausgabe der Mietsache zum 1.10., das „Weniger" die Herausgabe zum 1.11. In der Praxis wird das Gericht deshalb in seinen Entscheidungsgründen auf die „Klageänderung" und den „Hilfsantrag" nur am Rande eingehen, weil offensichtlich nicht einschlägig. *Richtig: Die Kündigungsfrist wurde durch den Kläger falsch berechnet; er kann Herausgabe nicht zum 1.10. fordern, sondern zum 1.11. Die spätere Herausgabe ist als Minus im ursprünglichen Herausgabeantrag enthalten; der Hilfsantrag war daher prozessual unbeachtlich und der Widerspruch des Beklagten geht ins Leere. Nicht falsch, aber **unnötig** „breit": Im Rahmen der Zulässigkeit ist abzugrenzen, ob eine Klageänderung (= nachträglichen Hilfsantrag = nachträgliche Klagehäufung) oder eine bloße Ergänzung (§ 264 I Nr. 1 ZPO) vorliegt, die keine Klageänderung beinhaltet. Der Kläger hat an seinem ursprünglichen Räumungspetitum festgehalten und hilfsweise eine spätere Herausgabe bei gleichem Kündigungsgrund aufgrund der gleichen Kündigungserklärung gefordert. Sein Begehren stellt sich daher als Minus dar (Herausgabe nicht zum 1.10., sondern zum 1.11.). Das Gericht muss aber ohnehin von Amts wegen prüfen, ob dem Kläger, der nicht vollumfänglich gewinnt, weniger zugesprochen werden kann. Ein Hilfsantrag bei einem Weniger ist überflüssig; es kommt ihm keinerlei rechtliche Bedeutung zu. Zulässigkeit im Übrigen: Bei einer Räumung ist das Amtsgericht sachlich ausschließlich zuständig, wenn es um Wohnraum geht (§ 23 Nr. 2a GVG); hier liegen Geschäftsräume vor, weshalb es auf den Zuständigkeitsstreitwert ankommt, der sich vom Gebührenstreitwert unterscheidet. Für diesen gilt § 8 ZPO, dh maßgeblich ist grundsätzlich die „streitige" Zeit (sollte der Beklagte geltend machen, der Mietvertrag bestehe ungekündigt fort, gilt das dreieinhalbfache der Jahresmiete, § 9 ZPO entsprechend!). Damit ist das LG zuständig (§§ 71 I, 23 Nr. 1 GVG): Beginn der „streitigen" Zeit ist die Erhebung der Räumungsklage (Hüßtege in Thomas/Putzo, 38. Auflage 2017, § 8 Rn. 5) = Februar = 9.000 EUR. Einschlägig ist zudem § 257 ZPO (für Wohnräume hingegen § 259 ZPO!).*

Begründetheit: Die Herausgabe kann auf § 546 BGB gestützt werden und – sollte der Vermieter Eigentümer sein – auf § 985 BGB. Für den Herausgabeanspruch aus § 546 BGB muss der Vermieter dessen Voraussetzungen, insbesondere die Beendigung des Mietvertrags, beweisen. Für den Herausgabeanspruch aus § 985 BGB trägt der Mieter die Beweislast für ein Recht zum Besitz, dh das Bestehen eines Mietvertrags. Ist streitig und nicht aufklärbar, ob ein Mietvertrag besteht, besteht kein Anspruch aus § 546 BGB, wohl aber aus § 985 BGB. Der Vermieter hat nach § 546 BGB Anspruch auf Übergabe im geräumten Zustand und nach § 985 BGB auf Übergabe in dem Zustand, in dem sich die Sache befindet. Vorliegend ist § 546 BGB einschlägig, weil der Sachverhalt offen lässt, ob V auch Eigentümer ist.

Endurteil

I. Der Beklagte wird verurteilt, das Lokal im Erdgeschoss des Hauses…, bestehend aus…, zum 1.11. zu räumen und an den Kläger herauszugeben.

II. Im Übrigen wird die Klage abgewiesen.

III. Der Beklagte trägt die Kosten des Rechtsstreits.

IV. Das Urteil ist vorläufig vollstreckbar. Der Beklagte kann die Vollstreckung durch Sicherheitsleistung in Höhe von 16.000 EUR abwenden, wenn nicht der Kläger vor der Vollstreckung Sicherheit in gleicher Höhe leistet.

Erläuterung: Bei einer Räumungsklage gelten für die Entscheidung der vorläufigen Vollstreckbarkeit §§ 708 Nr. 7, 711 ZPO. Im Rahmen der Berechnung der Sicherheitsleistung (es liegt keine auf Entgelt gerichtete Verurteilung vor, weshalb nicht mit Prozenten gearbeitet werden kann) stellt man auf eine Jahresmiete ab (12.000 EUR); hinzukommen kommen die Kosten des Rechtsstreits (bei einem Gebührenstreitwert von 12.000 EUR gem. § 41 II 1 GKG: 801 EUR Gerichtskosten und 1.820,70 EUR außergerichtliche Anwaltskosten) und ein Sicherheitszuschlag. Kostenentscheidung: § 92 II Nr. 1 ZPO.

Aufbau der Entscheidungsgründe:

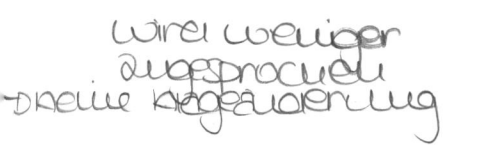

> I. Zulässigkeit
> 1. Keine Klageänderung: Wird weniger zugesprochen als beantragt, geht eine (hilfsweise) Umstellung der Klage auf das „Weniger" ins Leere.
> 2. Sachliche Zuständigkeit: LG (§ 8 ZPO, §§ 71 I, 23 Nr. 1 GVG).
> 3. § 257 ZPO
>
> II. Begründetheit
> 1. Anspruch gem. § 546 BGB
>   a) Mietvertrag V/M
>   b) Kündigung
>   c) Kündigungsfrist
> 2. Nebenentscheidungen

(Handschriftliche Notiz am Rand: wird weniger ausgesprochen – keine Klageänderung)

Hinweise:
1. Abwandlung: V kündigt außerordentlich wegen Verstößen gegen die Hausordnung und auf Hinweis des Gerichts hilfsweise ordentlich wegen rückständiger Miete. M widersetzt sich der Änderung. – Der Hilfsantrag (Räumung aufgrund der Mietrückstände) beinhaltet einen neuen Streitgegenstand und kein Minus. Somit ergibt sich folgender anspruchsvoller Aufbau: (1) Zulässigkeit und (2) Begründetheit des Hauptantrags; (3) Bedingungseintritt mit Zulässigkeit des Hilfsantrags, wobei hier zuerst die Zulässigkeit der Klageänderung (= nachträgliche Klagehäufung) und § 260 ZPO zu prüfen sind; (4) Begründetheit Hilfsantrag.
2. Nach § 721 ZPO kann das Gericht bei Wohnräumen eine Räumungsfrist gewähren.
3. Der Streitgegenstand der Herausgabe umfasst die Ansprüche aus § 546 BGB und § 985 BGB.

Fall 4: Vermieter V erhebt gegen seinen Mieter M Stufenklage. Im Mietvertrag haben die Parteien eine umsatzabhängige Miete vereinbart, dh je mehr der Mieter Umsatz erzielt, desto höher der Mietzins. Da V die Umsätze nicht kennt, kann er keinen bezifferten Antrag stellen (§ 253 II Nr. 2 ZPO), weshalb er nach § 254 ZPO auf Auskunft und auf den hieraus ergebenden Mietzins klagt. Während des Prozesses stellt V seine Klage um und fordert 10.000 EUR Nutzungsentschädigung für die überlassenen Räumlichkeiten, da er befürchtet, dass das Gericht den Mietvertrag als unwirksam ansieht. M erklärt, er „widersetze sich der Klageänderung". – Wie ist zu entscheiden? Formulieren Sie auch den Tenor.

Lösung: Auf den ersten Blick neigt man im Rahmen der Zulässigkeitsprüfung zur Bejahung einer Klageänderung, die (zweigliedriger Streitgegenstandsbegriff) vorliegt, wenn entweder Antrag und/oder Klagegrund geändert wurden. Der Kläger hat (1) seinen *Antrag* geändert. Aber: Die Prüfung, ob eine Klageänderung vorliegt, darf nicht schematisch (rein begrifflich) erfolgen. Der Kläger hatte zunächst eine Stufenklage (§ 254 ZPO) – Klage auf Auskunft plus Leistungsklage nach Vorliegen der Berechnungsgrundlagen – erhoben und später die Klage auf Auskunft „fallengelassen" und einen bezifferten Leistungsantrag gestellt. Da nun die Stufenklage lediglich eine prozessuale Hilfestellung für den Kläger ist, eine bestimmte Leistung zu fordern, kann er – *ohne* dass dies eine Klageänderung (oder Erledigung) beinhaltet – jederzeit seine Klage auf Leistung umstellen. Allgemein formuliert: Das „Fallenlassen" der Auskunftsstufe ist für die Beurteilung, ob eine Klageänderung vorliegt, nicht relevant. Zum anderen hat der Kläger (2) seine *materiell-rechtliche Anspruchsgrundlage* geändert. Der Zahlungsanspruch auf Entschädigung für die Überlassung von Räumlichkeiten wurde zunächst auf Mietzahlung gestützt, dann auf Nutzungsentschädigung. Nach der Rechtsprechung liegt aber keine Klageänderung vor, wenn der Kläger zunächst eine vertragliche Vergütung fordert, um später seinen Anspruch auf eine gesetzliche Anspruchsgrundlage zu stützen, etwa auf GoA, oder ungerechtfertigte Bereicherung (BGH NJW 2015, 1093). Fazit: Eine Klageänderung liegt nicht vor; der Widerspruch des M ist irrelevant. Zulässigkeit im Übrigen und Begründetheit (Anspruch aus § 812 BGB) liegen vor.

Aufbau der Entscheidungsgründe:

> I. Zulässigkeit
> 1. Der Übergang von einer Auskunftsklage samt unbezifferter Leistungsklage (Mietzinszahlung) im Wege der Stufenklage auf eine bezifferte Leistungsklage (Nutzungsentschädigung nach Bereicherungsrecht) unter Fallenlassen der Auskunftsklage beinhaltet keine Klageänderung.
> 2. Sachliche Zuständigkeit: LG nach §§ 71 I, 23 Nr. 1 GVG
>
> II. Begründetheit
> 1. Anspruch gem. § 812 BGB
> 2. Nebenentscheidungen
>
> III. Ggf. Rechtsbehelfsbelehrung

Hinweise zur Stufenklage:

1. Die Stufenklage ist eine besondere Art der objektiven Klagehäufung, vgl. examensrelevante Rechtsprechung S. 76).
2. Für jede Stufe ist eine gesonderte Anspruchsgrundlage erforderlich; für Stufe 1 (= Auskunft) sollte nur zurückhaltend auf § 242 BGB zurückgegriffen werden (in Klausuren liegen häufig entsprechende spezielle Anspruchsgrundlagen vor, wie § 2314 BGB). Für Stufe 2 (= eidesstattliche Versicherung) kann regelmäßig auf §§ 259, 260 BGB zurückgegriffen werden. Stufe 3 (= Leistung) wird sofort rechtshängig und es greift die verjährungshemmende Wirkung der Klageerhebung (§ 204 I Nr. 1 BGB).
3. Es wird sukzessiv über jede Stufe verhandelt und entschieden: Durch Teilurteile ohne Kosten und zuletzt durch Schlussurteil auch über die Kosten. Nach den rechtskräftigen Teilurteilen ist zur Fortsetzung ein gesonderter Parteiantrag erforderlich, ansonsten das Verfahren in Stillstand gerät (§ 204 II BGB, BGH NJW-RR 2015, 188).
4. Ein „Gesamt-Versäumnisurteil" gegen den Kläger ist über alle Stufen möglich, gegen den Beklagten nur als Teil-Versäumnisurteil (ein Versäumnisurteil über alle Stufen wäre bzgl. der Hauptsache nichtig, str.).
5. Gebührenstreitwert und Zuständigkeitsstreitwert unterscheiden sich erheblich. Für den Gebührenstreitwert gilt § 44 GKG; beim Zuständigkeitsstreitwert existieren keine besonderen Regeln, so dass § 5 ZPO einschlägig ist und eine Addition der nach § 3 ZPO zu bestimmenden Werte für jede Stufe erfolgt.
6. Ergibt die Auskunft, dass kein Anspruch auf Leistung besteht, liegt kein Fall der Erledigung vor (die Leistungsklage war von Anfang an unbegründet).
7. Die Stufen 1 und 2 sind Hilfestellungen und können einfach fallengelassen werden (es ist weder eine Rücknahme, noch eine Erledigung erforderlich) und der Hauptantrag kann – ohne dass dies eine Klageänderung wäre – beziffert werden, da dies lediglich eine Präzisierung darstellt.

Nachbemerkung zu diesem Abschnitt: Alle vier Übungsfälle sind Examensklausuren nachgebildet und dadurch charakterisiert, dass sie „Fallen" enthalten, in die die Bearbeiter vielfach gestolpert sind: Weil in den Schriftsätzen der Parteien von einer „Klageänderung" die Rede war, haben sie reflexartig dieses Institut abgeprüft. Sie sollen dieses Kapitel nun nicht mit dem Eindruck verlassen, dass die „normale" Klageänderung in Examensklausuren keine Rolle spielt; das Gegenteil ist der Fall! Sinn und Zweck der Übungsfälle ist es vielmehr, Ihr juristisches Augenmerk zu schulen: Nicht immer, wenn im Klausursachverhalt von einer „Klageänderung" die Rede ist, liegt auch eine Klageänderung vor!

VII. Examensrelevante Rechtsprechung

> 1. Angelehnt an **BGH VIII ZR 75/00; NJW 2002, 751**: K nimmt B wegen einer Darlehensforderung in Anspruch. Im Laufe des Prozesses ändert er seine Klage und macht zudem im Urkundenprozess eine Kaufpreiszahlung aus einem zwischen den Parteien geschlossenen Vertrag geltend; den schriftlichen Kaufvertrag legt er vor. B beantragt insgesamt Klageabweisung.

Problematisch ist, ob die Klageänderung in Form der nachträglichen Klagehäufung zulässig ist. Nachdem sich der Beklagte rügelos auf die geänderte Klage eingelassen hat, ist von den Voraussetzungen des § 260 ZPO allein fraglich, ob Darlehensklage und Kaufpreisforderung derselben Prozessart unterliegen. Die Ausführungen des BGH hierzu sollten Sie Zeile für Zeile aufmerksam lesen: Zum einen, weil eine entsprechende Kombination von Klagen für den Ersteller einer Examensklausur durchaus reizvoll ist, zum anderen, weil sie ein Musterbeispiel für eine exakte Subsumtion – hier unter das Tatbestandsmerkmal „*dieselbe Prozessart*" (§ 260 ZPO) – enthalten.

BGH aaO: *„Die Einschränkung des § 260 ZPO verfolgt den Zweck, dass in einem Prozess nicht Klagen miteinander verbunden werden sollen, deren Verfahrensregeln derart gravierende Unterschiede aufweisen, dass eine gemeinsame Verhandlung und Entscheidung nicht oder nur unter Schwierigkeiten möglich ist. Derartige Unterschiede bestehen zwischen dem **ordentlichen Erkenntnisverfahren** und dem **Urkundenverfahren** jedoch nicht:*

a) Ein solcher wesentlicher Unterschied zwischen Verfahren, der einer Prozessverbindung entgegensteht, ist anzunehmen, wenn für die Rechtsmittel gegen die Entscheidung über verschiedene Klageanträge oder eine Widerklage unterschiedliche Instanzenzüge gegeben sind... Die über eine Klage im Urkundenprozess entscheidenden Urteile unterliegen jedoch denselben Rechtsmitteln wie Urteile im ordentlichen Verfahren. Ein selbstständig anfechtbares Vorbehaltsurteil mit anschließendem Nachverfahren kennt auch das ordentliche Verfahren im Fall einer Aufrechnung (§ 302 ZPO).

b) Anders als der Wechsel- und Scheckprozess enthält das Urkundsverfahren keine Vorschriften über die Verkürzung von Ladungsfristen (vgl. § 604 II und § 604 III ZPO) und keine Sonderbestimmung für die Änderung von Terminen (vgl. § 227 III Nr. 4 ZPO). Derartige Unterschiede hat der BGH im Verhältnis zwischen Wechselprozess und Urkundenprozess als Grund dafür angesehen, dass in einem Wechselprozess nicht hilfsweise für den Fall, dass der Wechsel ungültig ist, eine Urkundenklage erhoben werden kann (...). Über Klagen im ordentlichen Verfahren und im Urkundenverfahren kann deshalb jedenfalls zusammen terminiert und verhandelt werden.

c) Auch die zentrale Besonderheit des Urkundenverfahrens, dass nämlich über die Urkundenklage unter Ausschluss der nicht durch Urkunden belegbaren streitigen Einwendungen des Bekl. ein Vorbehaltsurteil zu ergehen hat, steht einer gemeinsamen Durchführung mit Klagen im ordentlichen Prozess nicht entgegen. Dem Umstand, dass die Urkundenklage im Regelfall in einem früheren Stadium des Prozesses entscheidungsreif sein wird als die Klage im ordentlichen Verfahren, kann durch den Erlass eines Teilurteils (§ 301 I ZPO) grundsätzlich ausreichend Rechnung getragen werden. Bedarf es etwa nach dem Ergebnis der ersten mündlichen Verhandlung für die Entscheidung über die Klage im ordentlichen Verfahren einer Beweisaufnahme, während der Rechtsstreit für die Entscheidung über die Urkundenwiderklage auf Grund der Beweismittelbeschränkung schon entscheidungsreif ist, kann und muss das Gericht über die Widerklage, sofern der Erlass eines Teilurteils nicht aus anderen Gründen ausnahmsweise unzulässig ist, durch Teil-Vorbehaltsurteil entscheiden. Das Nachverfahren, für welches die Beschränkungen in der Beweisführung nicht mehr gelten, kann sodann auch hinsichtlich einer etwaigen Beweisaufnahme gemeinsam mit dem Verfahren über die Klage im ordentlichen Verfahren fortgesetzt werden.

d) Der Verbindung (...) kann schließlich nicht entgegengehalten werden, durch die „Vermischung der Verfahrensformen" könne die Beschränkung auf die im Urkundenprozess zulässigen Beweismittel unterlaufen werden (...). Einer Verwertung von bereits aus der Verhandlung zur Klage mit anderen Mitteln als Urkunden oder Parteivernehmung gewonnenen Beweisergebnissen für das Vorbehaltsurteil stünde nämlich § 595 II ZPO entgegen. Für die Beurteilung der Sachgerechtheit eines Verfahrens ist von dem Regelfall auszugehen, dass das Gericht prozessordnungsgemäß vorgeht. Im Nachverfahren wäre eine derartige Verwendung von Beweisergebnissen aus der Verhandlung zur Klage im ordentlichen Verfahren ohnehin möglich, weil hier die einschränkende Vorschrift des § 595 II ZPO nicht gilt.

3. Kapitel: Klageänderung

Hinweis: Der Wechsel der Verfahrensart ist keine Änderung des Streitgegenstands, weshalb § 263 ZPO direkt nicht anwendbar ist, von der Rechtsprechung aber analog herangezogen wird. So ist die Zulässigkeit des Übergangs vom „normalen" Erkenntnisverfahren zum Urkundenprozess ein Problem der Sachdienlichkeit (für den umgekehrten Fall greift § 596 ZPO); im Arrestverfahren kann zum einstweiligen Verfügungsverfahren gewechselt werden (nicht aber zum Hauptsacheverfahren).

2. BGH VIII ZR 247/15: „Die Änderung oder Erweiterung einer Klage stellt einen selbständigen prozessualen Angriff dar, dessen Zulassung sich nicht nach §§ 296, 530, 531 ZPO, sondern nach den §§ 263, 264, 533 ZPO bestimmt."

VIII. Mindmap

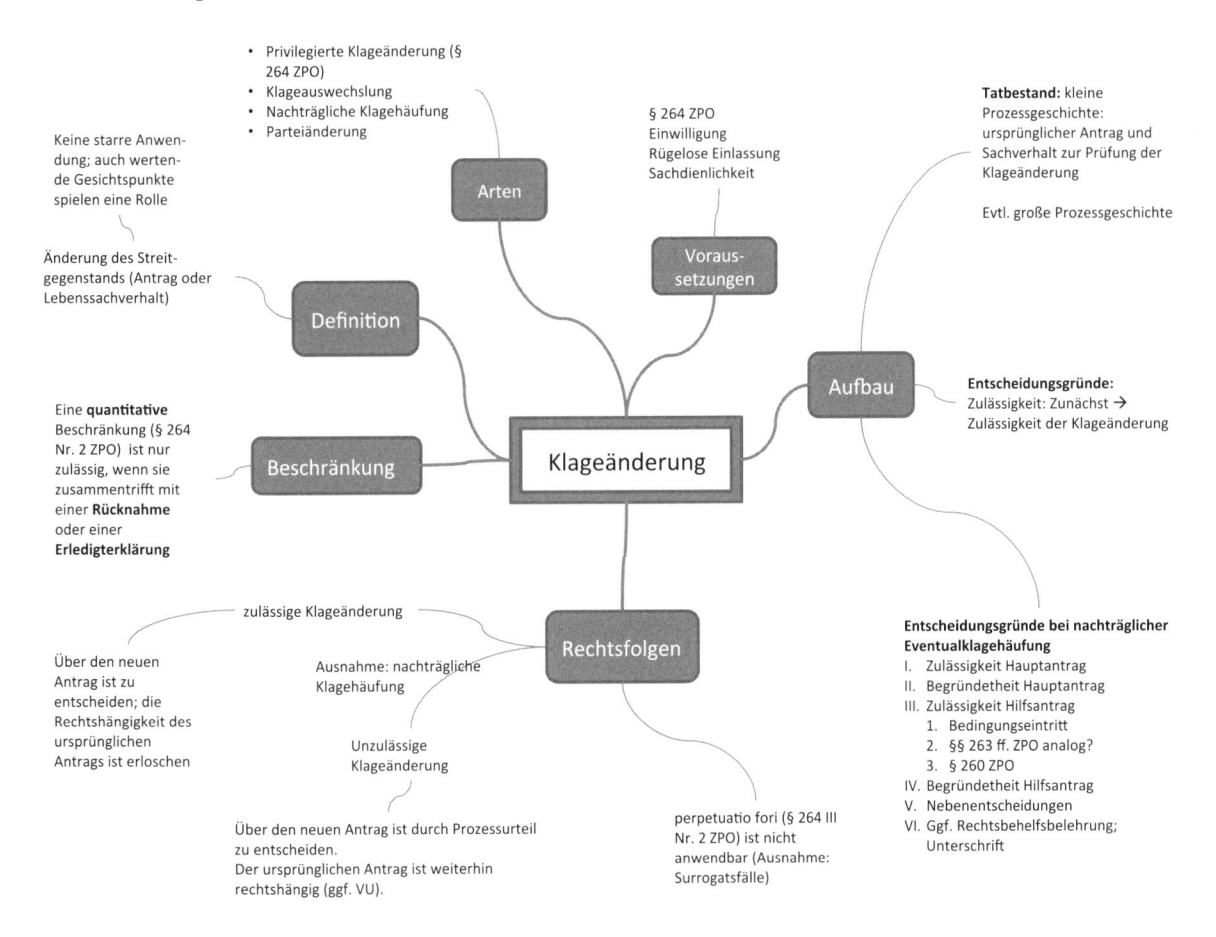

Klageänderung

Definition
- Keine starre Anwendung; auch wertende Gesichtspunkte spielen eine Rolle
- Änderung des Streitgegenstands (Antrag oder Lebenssachverhalt)

Arten
- Privilegierte Klageänderung (§ 264 ZPO)
- Klageauswechslung
- Nachträgliche Klagehäufung
- Parteiänderung

Voraussetzungen
- § 264 ZPO
- Einwilligung
- Rügelose Einlassung
- Sachdienlichkeit

Aufbau
- **Tatbestand:** kleine Prozessgeschichte: ursprünglicher Antrag und Sachverhalt zur Prüfung der Klageänderung
- Evtl. große Prozessgeschichte
- **Entscheidungsgründe:** Zulässigkeit: Zunächst → Zulässigkeit der Klageänderung
- **Entscheidungsgründe bei nachträglicher Eventualklagehäufung**
  I. Zulässigkeit Hauptantrag
  II. Begründetheit Hauptantrag
  III. Zulässigkeit Hilfsantrag
    1. Bedingungseintritt
    2. §§ 263 ff. ZPO analog?
    3. § 260 ZPO
  IV. Begründetheit Hilfsantrag
  V. Nebenentscheidungen
  VI. Ggf. Rechtsbehelfsbelehrung; Unterschrift

Beschränkung
- Eine **quantitative** Beschränkung (§ 264 Nr. 2 ZPO) ist nur zulässig, wenn sie zusammentrifft mit einer **Rücknahme** oder einer **Erledigterklärung**

Rechtsfolgen
- zulässige Klageänderung: Über den neuen Antrag ist zu entscheiden; die Rechtshängigkeit des ursprünglichen Antrags ist erloschen
- Ausnahme: nachträgliche Klagehäufung
- Unzulässige Klageänderung: Über den neuen Antrag ist durch Prozessurteil zu entscheiden. Der ursprünglichen Antrag ist weiterhin rechtshängig (ggf. VU).
- perpetuatio fori (§ 264 III Nr. 2 ZPO) ist nicht anwendbar (Ausnahme: Surrogatsfälle)

4. Kapitel: Eventualaufrechnung

Inhaltsverzeichnis

I. Einführung	98
1. Aufrechnung, Aufrechnungseinrede und Prozessaufrechnung	98
2. Abgrenzung der Eventualaufrechnung zur Primäraufrechnung	99
II. Voraussetzungen	99
1. Prüfungsschema	100
2. Einzelheiten	100
a) Zur „Einleitung"	100
b) Zu den prozessualen Voraussetzungen	100
aa) Prozesshandlungsvoraussetzungen	100
bb) § 253 II Nr. 2 ZPO analog	100
cc) Prozessuale Rechtzeitigkeit der Aufrechnung	100
dd) Besondere Zulässigkeitsvoraussetzungen	100
c) Zu den materiellen Voraussetzungen	100
3. Folgen	101
III. Klausurrelevante Einzelfragen	101
1. Prozessaufrechnung und Rechtshängigkeit	101
2. Prozessaufrechnung und Rechtsweg	101
3. Prozessaufrechnung und Rechtskraft	101
a) Grundsatz	101
b) Ausnahme	*101*
4. Mängel bei der Individualisierung der Gegenforderung ua	103
a) Mangelnde Individualisierung	103
b) Mangelnde Schlüssigkeit und Substantiierung	103
5. Kollisionsregel	103
a) Grundsatz	103
b) Aufbau	104
c) Ausnahme	104
IV. Aufbau in der Klausur	104
1. Tenor	104
a) Hauptsacheentscheidung	104
b) Kostenentscheidung	104
2. Tatbestand	105
3. Entscheidungsgründe	105
V. Examensrelevante Rechtsprechung	106
VI. Mindmap	109

I. Einführung

1. Aufrechnung, Aufrechnungseinrede und Prozessaufrechnung

Die Prozessaufrechnung wird in Examensklausuren gern gebracht, weil mit ihr ein prozessualer und ein materieller Aspekt abgeprüft werden kann. Zum Unterschied Prozessaufrechnung und materiell-rechtliche Aufrechnung (§§ 387 ff. BGB) ein Beispiel:

Aufrechnung und Aufrechnungseinrede	Prozessaufrechnung
K hat eine Kaufpreisforderung von 6.000 EUR; B rechnet am 5.3. mit einer Darlehensforderung in Höhe von 7.000 EUR auf. Ein Jahr später klagt K die Kaufpreisforderung ein. Im Termin erscheint der anwaltlich nicht vertretene B und weist auf seine Aufrechnung vom 5.3. hin.	K hat eine Kaufpreisforderung von 6.000 EUR, B eine Darlehensforderung in Höhe von 7.000 EUR. K klagt die Kaufpreisforderung ein; im Termin erscheint der anwaltlich nicht vertretene B und erklärt die Aufrechnung mit seiner Darlehensforderung.

Beide Fälle gleichen sich insoweit, als ein klagezusprechendes Versäumnisurteil ergeht, da B anwaltlich nicht vertreten und damit nicht postulationsfähig ist; sie unterscheiden sich jedoch in der Frage, ob die Darlehensforderung des B erloschen ist.

- **Aufrechnung und Aufrechnungseinrede:** Die Darlehensforderung ist am *5.3. erloschen*, weil die Aufrechnung ein Erfüllungssurrogat ist (§ 389 BGB). Die Tatsache, dass die außerhalb des Prozesses erklärte (und wirksame) Aufrechnung im Prozess trotz einredeweiser Geltendmachung nicht berücksichtigt wird, ist im Hinblick auf die nachlässige Prozessführung des B auch nicht unbillig.
- **Prozessaufrechnung:** Die Darlehensforderung ist *nicht erloschen*. B hat *im Prozess* die Aufrechnung erklärt, also eine *Prozesshandlung* vorgenommen und zugleich eine *materiell-rechtliche Willenserklärung* gemäß § 388 BGB abgegeben (**Doppeltatbestand** der Prozessaufrechnung). Weil B aber die Aufrechnung in der Vorstellung erklärt hat, dass sie im Prozess zum Tragen kommt, wäre es unbillig, dass er den Prozess allein deshalb verliert, weil die Prozesshandlung mangels Postulationsfähigkeit unwirksam ist, während die materiell-rechtliche Folge der Aufrechnung (der Erlöschenstatbestand, § 389 BGB) bestehen bleibt. Man ist sich deshalb einig, dass das *materiell-rechtliche Rechtsgeschäft als nicht vorgenommen gilt* (Einzelheiten vgl. unten, Kollisionsregel).

2. Abgrenzung der Eventualaufrechnung zur Primäraufrechnung

Die *erstmals* im Prozess *ohne jede Bedingung* erklärte Aufrechnung führt zum Erlöschen der Forderung, mit der aufgerechnet wird, der sog. Gegenforderung (§ 389 BGB). Diese *Primäraufrechnung* wird der Beklagte nur in den seltenen Fällen erklären, in denen er *die Klage* von Anfang an oder im Hinblick auf eine für ihn ungünstig verlaufende Beweisaufnahme *nicht bestreitet*.

In der Praxis, wie auch in Examensklausuren, wird der Beklagte die Aufrechnung hingegen meist **hilfsweise** für *den* Fall geltend machen, dass die *Klageforderung besteht* (**Eventualaufrechnung, hilfsweise erklärte Aufrechnung** oder **Hilfsaufrechnung**). Das ist nach allgemeiner Meinung zulässig. § 388 S. 2 BGB (eine unter einer Bedingung erklärte Aufrechnung ist unwirksam) steht nicht entgegen, weil das Bestehen der Aufrechnung keine echte Bedingung ist, sondern eine unschädliche Rechtsbedingung; zudem gehen § 204 I Nr. 5 BGB und § 45 III GKG von der Zulässigkeit der Hilfsaufrechnung aus. Vorteil einer solchen Eventualaufrechnung für den Beklagten: Das Gericht muss *zunächst prüfen*, ob die *Klageforderung* angesichts der gegen sie vorgebrachten Einwendungen und Verteidigungsmittel *besteht*. Die Hilfsaufrechnung greift *erst dann*, wenn das Gericht die Klageforderung als *gerechtfertigt* ansieht. Dies gilt auch dann, wenn das Bestehen der nur hilfsweise geltend gemachten Aufrechnungsforderung unstreitig ist, dh, das Gericht kann sich nicht auf den Standpunkt stellen, dass die Klage ohnehin abzuweisen ist, entweder weil die mit ihr geltend gemachte Forderung nicht besteht oder weil sie durch Aufrechnung erloschen ist (sog. **Beweiserhebungstheorie**).

In Examensklausuren ist die Behandlung einer *Primäraufrechnung* völlig problemlos und spielt nur eine geringe Bedeutung. Die folgenden Erörterungen befassen sich deshalb allein mit der **Eventualaufrechnung.**

II. Voraussetzungen

Die *außerhalb* eines Prozesses erklärte Aufrechnung beinhaltet ein materiell-rechtliches Rechtsgeschäft in Form einer einseitigen Willenserklärung; Voraussetzungen und Rechtsfolgen richten sich allein nach den materiellen Vorschriften der §§ 387 ff. BGB. Die *während* eines Prozess erklärte Aufrechnung beinhaltet demgegenüber ein Doppeltes: Einerseits die *materiell-rechtliche Aufrechnungserklärung* und andererseits die *Geltendmachung im Prozess*. Konsequenz dieses **Doppeltatbestands** von materiell-rechtlicher Erklärung und Prozesshandlung: Wirksamkeit und Folgen einer Prozessaufrechnung richten sich sowohl nach *prozessualen* Vorschriften als auch nach *materiellen*. Kommt die hilfsweise erklärte Aufrechnung zum Tragen, weil sich die Klageforderung als begründet erweist, prüft man die Voraussetzungen einer wirksamen Prozessaufrechnung grundsätzlich so (eine Ausnahme gilt lediglich im Anwendungsbereich der Kollisionsregel, vgl. unten):

1. Prüfungsschema

> 1. **Einleitung:** Hinweis auf § 388 S. 2 BGB und den Bedingungseintritt
>
> 2. **Prozessuale Voraussetzungen**
>   a) Prozesshandlungsvoraussetzungen
>   b) § 253 II Nr. 2 ZPO analog
>   c) Prozessuale Rechtzeitigkeit der Aufrechnung
>   d) Besondere Zulässigkeitsvoraussetzungen
>
> 3. **Materielle Voraussetzungen**
>   a) Aufrechnungserklärung
>   b) Aufrechnungslage
>   c) Kein Ausschluss
>
> 4. **Folgen:** Erlöschenstatbestand; rechtskraftfähige Entscheidung

2. Einzelheiten

a) Zur „Einleitung". In der Klausur sollten Sie im Falle einer Eventualaufrechnung deren grundsätzliche Zulässigkeit im Hinblick auf § 388 S. 2 BGB sowie den Bedingungseintritt knapp darlegen, zB: *Die hilfsweise Geltendmachung der Aufrechnung verstößt nicht gegen § 388 S. 2 BGB, weil es sich um eine unschädliche Rechtsbedingung handelt; zudem hat der Gesetzgeber deren Zulässigkeit in § 204 I Nr. 5 BGB und § 45 III GKG ausdrücklich anerkannt. Der Beklagte hat seine Aufrechnung unter der Bedingung gestellt, dass sich die Klage als begründet erweist. Diese Bedingung ist eingetreten.*

b) Zu den prozessualen Voraussetzungen.

aa) Prozesshandlungsvoraussetzungen: Parteifähigkeit und Prozessfähigkeit (§§ 50 ff. ZPO), im Anwaltsprozess Postulationsfähigkeit (§ 78 ZPO), Prozessvollmacht (§ 80 ZPO).

bb) § 253 II Nr. 2 ZPO analog: Formell erfolgt die Aufrechnung durch einen normalen Schriftsatz, in dem die Aufrechnungsforderung (Gegenforderung) hinreichend individualisiert ist und die Aufrechnung zweifelsfrei erklärt werden muss (Grund: die Entscheidung über die Gegenforderung ist der Rechtskraft fähig, § 322 II ZPO). Heißt es zB in einem Schriftsatz *Gegen die Klageforderung rechne ich mit einer Darlehensforderung auf,* bleibt die Aufrechnung prozessual und materiell folgenlos, da die Darlehensforderung nicht ausreichend individualisiert vorgetragen wurde. Werden mehrere Forderungen zur Aufrechnung gestellt, gehört zur hinreichenden Bestimmtheit auch die Angabe der Reihenfolge (vgl. aber § 396 I 2 iVm § 366 II BGB).

cc) Prozessuale Rechtzeitigkeit der Aufrechnung: Die Aufrechnung ist (anders die Widerklage) ein *Verteidigungsmittel,* weshalb § 296 ZPO zur Anwendung kommt. Nur ausnahmsweise ist die Aufrechnung auch ein *Angriffsmittel,* zB bei der negativen Feststellungsklage: Der Kläger beantragt festzustellen, dass dem Beklagten keine Darlehensforderung zusteht; nachdem sich der Prozess für ihn ungünstig entwickelt, rechnet er gegen die Darlehensforderung auf.

dd) Besondere Zulässigkeitsvoraussetzungen: Im Berufungsverfahren ist § 533 ZPO zu beachten; bei der Vollstreckungsgegenklage ist die Aufrechnung ausgeschlossen, wenn die Aufrechnungslage schon vor Abschluss des Vorprozesses bestand (§ 767 II ZPO).

> Fehlt es an einer dieser Voraussetzungen, heißt es in den Urteilsgründen lediglich: *Die vom Beklagten geltend gemachte Aufrechnung ist unzulässig, weil…*

c) Zu den materiellen Voraussetzungen. Die Aufrechnung, eine einseitig empfangsbedürftige Willenserklärung, muss *erklärt* werden (§ 388 BGB). Es muss eine *Aufrechnungslage* vorliegen (§ 387 BGB: Klage- und Aufrechnungsforderung müssen auf eine gleichartige Leistung gerichtet sein; beide Leistungen müssen gegenseitig, voll wirksam und erfüllbar sein) und es darf kein *Aufrechnungsverbot* bestehen (§§ 392 ff. BGB; vgl. auch das AGB-Verbot in § 309 Nr. 3 BGB). Zu beachten ist: Greift die Kollisionsregel, gelten gegenüber dem gezeigten Prüfungsschema Besonderheiten.

3. Folgen

Materiell-rechtlich führt die Aufrechnung zum Erlöschen der Klage- und der Aufrechnungsforderung (§ 389 BGB). *Prozessual* erwächst die Entscheidung über die Aufrechnungsforderung gleich der Klageforderung in Rechtskraft (§ 322 II ZPO).

III. Klausurrelevante Einzelfragen

1. Prozessaufrechnung und Rechtshängigkeit

Aus § 261 I ZPO folgt, dass nur die *Klageerhebung* zur Rechtshängigkeit einer Forderung führt. Damit wird die als Verteidigungsmittel in den Prozess eingebrachte Aufrechnungsforderung *nicht rechtshängig*. Das kann zur Folge haben, dass zwei Gerichte mit derselben Forderung befasst werden. Die Praxis vermeidet das, indem das zweite Gericht den Prozess aussetzt, bis der ältere (erste Prozess) entschieden ist.

Beispiel: K klagt gegen B eine Kaufpreisforderung in Höhe von 3.200 EUR ein. Zwei Monate später, der Prozess des K läuft noch, verklagt B den K auf Zahlung einer Darlehensforderung in Höhe von 2.500 EUR; K erklärt die Aufrechnung mit seiner Kaufpreisforderung über 3.200 EUR. B meint, die Aufrechnung sei unzulässig, weil die Gegenforderung bereits Gegenstand eines anhängigen Prozesses sei. – Entgegen der Ansicht des B greift die Einrede der anderweitigen Rechtshängigkeit nicht (§ 261 III Nr. 1 ZPO), weil die Gegenforderung (Kaufpreisforderung), die K über die Aufrechnung in den Prozess B/K einführt, nicht rechtshängig wird. Gleichwohl wird das Gericht den Prozess aussetzen (§ 148 ZPO).

2. Prozessaufrechnung und Rechtsweg

Problematisch ist es, wenn die Aufrechnung mit einer Forderung erklärt wird, die gegenüber der Klageforderung *rechtswegfremd* ist. Es ist zu unterscheiden: **Unstreitige** Aufrechnungsforderung: Sie ist immer zu berücksichtigen, da es allein den Parteien obliegt, eine Forderung als berechtigt anzusehen, mag sie auch zweifelhaft oder unbegründet sein. Das Gericht ist daran gebunden (Dispositionsmaxime). **Streitige** Aufrechnungsforderung: § 17 II GVG bestimmt, dass das Gericht des zulässigen Rechtswegs den Rechtsstreit unter *„allen in Betracht kommenden rechtlichen Gesichtspunkten"* entscheidet. Die Auffassung, ob aus dieser Formulierung die *Pflicht* abzuleiten ist, auch über eine (streitige) Aufrechnungsforderung zu entscheiden, ist geteilt. Nach einer Ansicht muss aufgrund prozessökonomischer Erwägungen eine Entscheidung auch über die Aufrechnungsforderung ergehen. Nach wohl herrschende Ansicht ist mit dem Tatbestandsmerkmal „rechtliche Gesichtspunkte" lediglich gemeint, dass allein der *Streitgegenstand* unter allen rechtlichen Gesichtspunkten betrachtet werden muss; die Aufrechnungsforderung ist aber nicht streitgegenständlich.

Beispiel: K macht gegen die Gemeinde G einen Anspruch wegen Verletzung der Verkehrssicherungspflicht geltend. G rechnet mit einer öffentlich-rechtlichen Gegenforderung auf, deren Bestehen K bestreitet. – Wie geht das Gericht vor?

- Aus § 17 II GVG lässt sich nach hM (vgl. oben) nicht die Pflicht ableiten, über eine bestrittene öffentlich-rechtliche Gegenforderung zu entscheiden. Das Gericht wird daher nach § 148 ZPO den Prozess aussetzen und G eine Frist setzen, die Gegenforderung gerichtlich geltend zu machen (eine Ausnahme wird für Forderungen gemacht, die zum Rechtsweg der **Arbeitsgerichtsbarkeit** rechnen; hierüber müssen die Gerichte der ordentlichen Gerichtsbarkeit entscheiden). Kommt G dem nicht rechtzeitig nach, greift § 296 ZPO. Vgl. hierzu die lesenswerte Entscheidung des FG Köln StE 2007, 793. Der BFH hat seine Rechtsprechung präzisiert (BFH DStRE 2018, 50) und entscheidet ohne Einschränkung über Aufrechnungsforderungen, die nicht unter § 322 II ZPO fallen (zB in Zessionsfällen), da Gerichte anderer Gerichtsbarkeiten nicht gebunden werden.

- Einen anderen Weg wählt das Bundesarbeitsgericht (BAG NJW 08, 1020): Eine Aussetzung nach § 148 ZPO ist nicht erforderlich, vielmehr kann über die Klageforderung ein Vorbehaltsurteil nach § 302 I ZPO ergehen. Nach Rechtskraft des Vorbehaltsurteils kann der Rechtsstreit hinsichtlich der Gegenforderung an das zuständige Gericht verwiesen werden, das dann das Nachverfahren gemäß § 302 IV ZPO durchführt.

3. Prozessaufrechnung und Rechtskraft

a) Grundsatz. In aller Regel wird allein über den *Streitgegenstand* des Rechtsstreits eine der Rechtskraft fähige Entscheidung getroffen (§ 322 I ZPO: *„Anspruch"*); dagegen erwachsen die *Verteidigungsmittel* des Beklagten – Einreden, Einwendungen, Gegenrechte oÄ – nicht in Rechtskraft (Einzelheiten im Kapitel „Rechtskraft").

b) Ausnahme. *§ 322 II ZPO* macht von obigem Grundsatz, wonach Einwendungen, Einreden usw nicht in Rechtskraft erwachsen, eine Ausnahme: *„Hat der Beklagte die Aufrechnung einer Gegenforderung* *geltend gemacht, so ist die Entscheidung, dass die Gegenforderung nicht besteht, bis zur Höhe des Betrages, für den die Aufrechnung geltend gemacht worden ist, der Rechtskraft fähig."* Die Anwendung dieser Bestimmung bereitet in Klausuren regelmäßig erhebliche Schwierigkeiten.

Beispiel: K verklagt B auf Zahlung von 1.500 EUR. B erklärt hilfsweise die Aufrechnung mit drei strittigen Gegenforderungen: zuerst mit einer Forderung über 1.000 EUR (Forderung Nr. 1), sodann mit einer Forderung über 900 EUR (Forderung Nr. 2) und zuletzt mit einer Forderung über 1.700 EUR (Forderung Nr. 3).

Das Gericht weist die Zahlungsklage ab. In den Entscheidungsgründen heißt es: Die Klageforderung bestand nur teilweise, nämlich in Höhe von 800 EUR. Sie ist jedoch aufgrund der erklärten Aufrechnungen erloschen. Das Gericht sieht die Aufrechnungsforderungen in folgendem Umfang als begründet an: 300 EUR (Forderung Nr. 1), 200 EUR (Forderung Nr. 2) und 1.000 EUR (Forderung Nr. 3). – Welche Beträge kann B aus seinen drei Forderungen noch einklagen?

B kann nur die Beträge einklagen, über die noch nicht rechtskräftig entschieden wurde. Das beurteilt sich nach § 322 II ZPO.

Forderung Nr. 1: Das Gericht hat die Klageforderung in Höhe von lediglich 800 EUR als begründet angesehen. Damit ist dieser Betrag die „Grenze" für die Prüfung der Prozessaufrechnung, dh die Aufrechnungsforderung in Höhe von 1.000 EUR wird gedanklich hieran ausgerichtet:

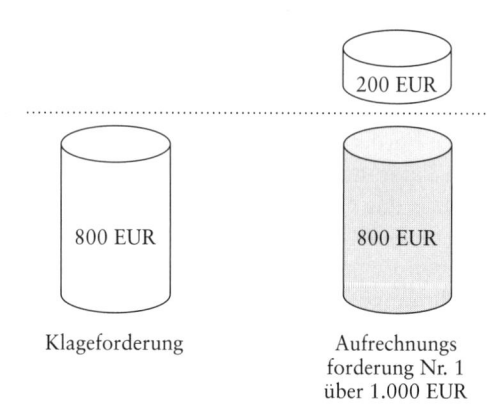

200 EUR können neu eingeklagt werden.

§ 322 II ZPO bestimmt, dass die Aufrechnungsforderung nur bis zur Höhe der Klageforderung Eingang in den Prozess findet (= „*bis zur Höhe des Betrages*").

MaW: Mit Rechtskraftwirkung wird bei Forderung Nr. 1 lediglich im Umfang von 800 EUR entschieden: In Höhe von 800 EUR bestand die Forderung ursprünglich (und ist jetzt durch Aufrechnung erloschen); in Höhe von 500 EUR war die Forderung von vornherein nicht begründet.

Forderung 2: Vorab ist das Ergebnis der ersten Aufrechnung zu berücksichtigen: Die Klageforderung, die in Höhe von 800 EUR begründet war, ist durch die erste Aufrechnung in Höhe von 300 EUR erloschen, dh sie besteht nur noch in Höhe von 500 EUR. Für die zweite Aufrechnung ist diese *verringerte* Klageforderung Prüfungsmaßstab:

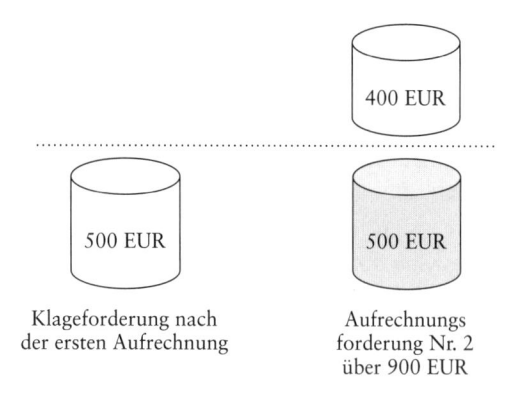

400 EUR können neu eingeklagt werden.

§ 322 II ZPO: Mit Rechtskraftwirkung wird bei Forderung Nr. 2 lediglich im Umfang von 500 EUR entschieden: In Höhe von 200 EUR bestand die Forderung ursprünglich (und ist jetzt durch Aufrechnung erloschen); in Höhe von 300 EUR bestand die Forderung von Anfang an nicht.

Forderung Nr. 3: Vorab sind die Ergebnisse der ersten und zweiten Aufrechnung zu berücksichtigen: Die Klageforderung, die in Höhe von 800 EUR begründet war, ist durch die erste Aufrechnung in Höhe von 300 EUR und durch die zweite Aufrechnung in Höhe von 200 EUR erloschen, dh sie besteht nur noch in Höhe von 300 EUR. Für die dritte Aufrechnung ist diese *verringerte* Klageforderung Prüfungsmaßstab:

1.400 EUR können neu eingeklagt werden.

§ 322 II ZPO: Mit Rechtskraftwirkung wird bei Forderung Nr. 3 im Umfang von 300 EUR entschieden: In Höhe von 300 EUR bestand die Forderung ursprünglich (und ist jetzt durch Aufrechnung erloschen).

1400 EUR

300 EUR
Klageforderung nach der zweiten Aufrechnung

300 EUR
Aufrechnungs forderung Nr. 3 über 1.700 EUR

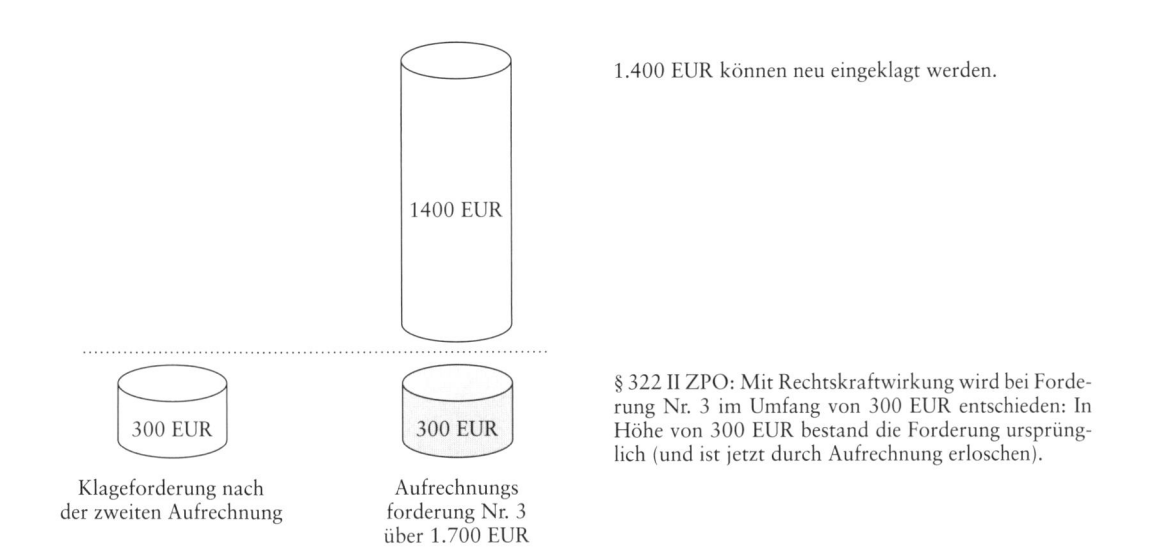

Es können somit 2.000 EUR neu eingeklagt werden (200 EUR + 400 EUR + 1.400 EUR). Das Gericht ist dabei an die *rechtlichen Bewertungen des Vorgerichts nicht gebunden* und entscheidet frei über den Bestand der Forderungen.

> **Hinweis:** Die verjährungshemmende Wirkung der Prozessaufrechnung beschränkt sich nur auf den Teil der Forderung, der in den Prozess Eingang gefunden hat, dh, im obigen Beispiel läuft die Verjährung der neu einklagbaren Ansprüche über 2.000 EUR (bzw. 1.200 EUR, legt man jeweils 800 EUR zu Grunde) weiter (BGH V ZR 208/07: *„Die Verjährungshemmung nach § 204 I Nr. 5 BGB setzt voraus, dass sich die Aufrechnung gegen eine Forderung richtet, die Gegenstand des Rechtsstreits ist. Daran fehlt es hinsichtlich des die Hauptforderung übersteigenden Teils der Gegenforderung."*).

4. Mängel bei der Individualisierung der Gegenforderung ua

a) Mangelnde Individualisierung. Bleibt trotz gerichtlichen Hinweises (§ 139 ZPO) unklar, welche Forderung der Beklagte zur Aufrechnung stellen will (B erklärt zB die Aufrechnung mit *einer Darlehensforderung*), führt dieser prozessuale Mangel der hinreichenden Individualisierung zur Unzulässigkeit der Aufrechnung; auch materiell entfaltet die Aufrechnung mangels Bestimmtheit keine Wirkungen. In den Entscheidungsgründen wird lediglich festgehalten, dass die Aufrechnung folgenlos bleibt.

b) Mangelnde Schlüssigkeit und Substantiierung. Rechnet der Beklagte mit einer vom Kläger bestrittenen *Werklohnforderung in Höhe von 3.000 EUR auf*, ohne deren Schlüssigkeit und Substantiierung darzulegen (§ 253 II ZPO analog), wird die Aufrechnungsforderung als unbegründet rechtskräftig abgewiesen.

5. Kollisionsregel

a) Grundsatz. Der *Doppeltatbestand* der Prozessaufrechnung führt nach hM dazu, dass sich ein Mangel im materiellrechtlichen oder prozessualen Teil nach dem Rechtsgedanken des § 139 BGB auf den anderen Teil erstreckt (bzw. dass die beiden Tatbestände der Prozessaufrechnung, materieller und prozessualer Tatbestand, jeweils unter der stillschweigenden Bedingung stehen, dass der andere Teil zulässig ist).

> **Beispiel 1:** K hat eine Kaufpreisforderung über 12.000 EUR und B eine Darlehensforderung über 15.000 EUR. K klagt die Forderung vor dem Landgericht ein; im Termin erscheint der anwaltlich nicht vertretene B, weist auf die Darlehensforderung hin und erklärt die Aufrechnung. – Wie ist über die Klage zu entscheiden?
>
> **Beispiel 2:** K verklagt B vor dem Amtsgericht auf Schmerzensgeld; B habe ihm einen Faustschlag ins Gesicht versetzt, der zum Bruch der Nase geführt habe. Die Beweisaufnahme stützt den Vortrag des K. Daraufhin erklärt B die Aufrechnung mit einem Anspruch aus einer behaupteten gemeinsamen Brennholzbestellung. – Wie ist über die Klage zu entscheiden?

In beiden Fällen dringt K mit seiner Klage durch, weil die jeweiligen Prozessaufrechnungen (Primäraufrechnungen, vgl. oben S. 99) nicht zum Tragen kommen. Es liegt jeweils ein Mangel in einem der beiden Teile des Doppeltatbestands der Prozessaufrechnung vor. Im *Beispiel 1* ist B anwaltlich nicht vertreten und folglich vor dem Landgericht nicht postulationsfähig; seine Prozesshandlung ist unwirksam. Dieser Mangel im prozessualen Teil „schlägt durch" auf den materiellen Teil, so dass nach dem Rechtsgedanken des § 139 BGB die Aufrechnung auch materiell-rechtlich als nicht erklärt gilt. Im *Beispiel 2* liegt ein

Mangel im materiell-rechtlichen Teil vor, weil einer Aufrechnung gegen eine Forderung aus einer vorsätzlich begangenen unerlaubten Handlung das Verbot des § 393 BGB entgegensteht. Dieser materielle Mangel schlägt auf den prozessualen Teil durch mit der Folge, dass die Prozessaufrechnung nicht zum Tragen kommt.

> **Sie sehen:** Die Kollisionsregel verhindert, dass (Beispiel 1) eine Forderung materiell-rechtlich erlischt, obwohl sie prozessual nicht zum Tragen kommt bzw., dass (Beispiel 2) mit Rechtskraftwirkung eine Forderung aberkannt wird, obwohl die Aufrechnung aus materiellen Gründen scheitert. Ohne diese Kollisionsregel könnte B in beiden Fällen seine Forderung nicht mehr erfolgreich einklagen.

b) Aufbau. Rechtsfolge der Kollisionsregel ist: Es wird nicht mit Rechtskraftwirkung (§ 322 II ZPO) über die Aufrechnungsforderung entschieden, weshalb in den Entscheidungsgründen das Bestehen der Aufrechnungsforderung nicht geprüft werden darf. **Falsch** sind deshalb zB folgende Ausführungen: *Die Klageforderung ist auch nicht durch die Aufrechnung erloschen, da ein Aufrechnungsverbot besteht. Zwar hat der Beklagte gegen den Kläger einen Anspruch aus § 426 I 1 iVm § 433 II BGB. (... wird ausgeführt). Allerdings kann der Beklagte nicht gegen eine Forderung aus einer vorsätzlich begangenen unerlaubten Handlung aufrechnen (§ 393 BGB)...* Grund: Greift ein Aufrechnungsverbot, darf das Gericht die Prozessaufrechnung aufgrund der Kollisionsregel nicht beachten und daher auch keine Begründetheitsprüfung der Aufrechnungsforderung durchführen. **Richtig** vielmehr: *Die Klageforderung ist auch nicht durch die Aufrechnung erloschen, so dass offen bleiben muss, ob der Beklagte gegen den Kläger einen Anspruch aus § 426 I 1 BGB iVm § 433 II BGB hat. Aufgrund des Aufrechnungsverbots aus § 393 BGB ist eine Aufrechnung ausgeschlossen. Die Klageforderung ist eine Forderung aus einer vorsätzlich begangenen unerlaubten Handlung...* Ob ein Anspruch aus § 426 I 1 BGB iVm § 433 II BGB tatsächlich besteht oder nicht, wird erst im Hilfsgutachten erläutert, samt einem kurzen Hinweis auf § 322 II ZPO, der einer Begründetheitsprüfung im Urteil entgegensteht.

c) Ausnahme:

Beispiel 3: K macht gegenüber seinem Mieter B ausstehenden Mietzins geltend. Am 14.5. findet die mündliche Verhandlung statt. Obwohl das Gericht dem B wirksam eine Frist zur Klageerwiderung gesetzt hat, erklärt dieser erstmals im Termin die Aufrechnung mit einer Forderung auf Aufwendungsersatz. K bestreitet das Bestehen der Forderung. – Wie ist über die Klage zu entscheiden?

Nach dem oben Ausgeführten wäre die Prozessaufrechnung *unwirksam*, weil der prozessuale Teil – das Vorbringen der Aufrechnung ist gemäß § 296 I ZPO präkludiert – mangelhaft ist: B hat unter Verstoß gegen die Fristsetzung nach § 276 I 2 ZPO erstmals in der mündlichen Verhandlung die Prozessaufrechnung, ein *„Verteidigungsmittel"*, erklärt; aufgrund des Bestreitens des K wird ein weiterer Termin erforderlich, dh der Rechtsstreit würde sich *„verzögern"* und *„die Verspätung"* wird nicht *„genügend entschuldigt"* (Einprägen: Ist das Vorbringen verspätet, wird in § 296 I ZPO ein Verschulden vermutet!).

Die Rechtsprechung macht aber in Fällen wie dem vorliegenden aufgrund des dem § 296 ZPO immanenten Sanktionsgedankens eine *Ausnahme von der Kollisionsregel* und behandelt die Aufrechnungsforderung als „vorgetragen, geprüft und nicht erwiesen" (BGH NJW-RR 91, 971). Konsequenz: B verliert den Prozess *und* seine Aufrechnungsforderung. MaW: Die Aufrechnung wird zwar *prozessual nicht berücksichtigt*, bleibt aber materiell wirksam (= die Aufrechnungsforderung bzw. Gegenforderung ist gemäß § 322 II ZPO rechtskräftig aberkannt).

> **Hinweis:** Neben der Präklusion (§ 296 ZPO) gibt es noch eine *weitere Ausnahme* von der Kollisionsregel: Kommt der Aufrechnende seiner Substantiierungspflicht nicht nach, schlägt auch dieser Mangel im prozessualen Teil auf den materiellen Teil *nicht durch* (und es greift § 322 II ZPO), dh die Gegenforderung ist rechtskräftig aberkannt.

IV. Aufbau in der Klausur

1. Tenor

a) Hauptsacheentscheidung. Die hilfsweise erklärte Aufrechnung erscheint *nicht* im Tenor. Ist die Klage unbegründet, spielt die Aufrechnung keine Rolle und die Klage wird abgewiesen. Ist die Klageforderung begründet, die Aufrechnung aber unzulässig oder unbegründet, wird der Klage stattgeben. Ist die Klage begründet und die Aufrechnung zulässig und begründet, wird die Klage (teilweise) abgewiesen.

b) Kostenentscheidung. Die Prozessaufrechnung berührt zwar nicht den Zuständigkeitsstreitwert (Verteidigungsmittel erhöhen den Streitwert nicht, dh es erfolgt keine Addition nach § 5 ZPO), wohl aber den *Gebührenstreitwert*, wenn die Aufrechnungsforderung (vgl. § 45 III GKG) hilfsweise geltend gemacht wurde, bestritten ist und eine der Rechtskraft fähige Entscheidung hierüber ergeht. In allen anderen Fällen wird der Gebührenstreitwert durch die Prozessaufrechnung nicht berührt (Argument: Insoweit muss das Gericht auch nicht „arbeiten").

Beispiel: K erhebt Klage gegen B auf Zahlung von 5.000 EUR. B verteidigt sich und erklärt hilfsweise die Aufrechnung mit einer streitigen Gegenforderung, ebenfalls über 5.000 EUR. Das Gericht weist die Klage ab, da die berechtigte Klageforderung durch die Hilfsaufrechnung erloschen ist. – Wie lautet die Kostenentscheidung?

Einig ist man sich nur darüber, dass der Gebührenstreitwert 10.000 EUR beträgt (§ 45 III GKG), ansonsten sind die Ansichten zur zutreffenden Kostenentscheidung geteilt:

Ansicht 1: Bei einer Klageabweisung greift § 91 ZPO und die Kostenentscheidung lautet folglich: *„II. Der Kläger trägt die Kosten des Rechtsstreits."*

Ansicht 2, (hM): Sowohl K als auch B haben durch ihr Verhalten (Klageerhebung; Aufrechnung) dazu beigetragen, dass sich die Gebühren aus obigem Streitwert berechnen. Daran gemessen haben beide teilweise verloren: Einerseits hat sich die Klageforderung in Höhe von 5.000 EUR als berechtigt erwiesen, dh insoweit hat B verloren; andererseits hat sich das Bestehen der Aufrechnungsforderung in Höhe von 5.000 EUR erwiesen, dh insoweit hat K verloren. Das Ausmaß des Verlierens beträgt, gemessen am Gebührenstreitwert, jeweils 1/2 (5.000/10.000). Folglich lautet die Kostenentscheidung: *II. Die Kosten werden gegeneinander aufgehoben* bzw. *II. Der Kläger und der Beklagte tragen die Kosten des Rechtsstreits jeweils zu 1/2.*

2. Tatbestand

Die (Hilfs-)Aufrechnung ist regelmäßig ein Verteidigungs- und nur ausnahmsweise ein Angriffsmittel (vgl. oben Ziff. II. 2.b. S. 100), gehört also in die jeweilige Parteistation (idR zum Beklagtenvorbringen). Der Umstand, dass sie erst zum Tragen kommen soll, wenn die sonstigen Verteidigungsmittel nicht erfolgreich sind (ultima ratio), wird aufbautechnisch dadurch verdeutlicht, dass sie am Ende der Parteistation geschildert wird. Wie beim „normalen" Tatbestand ist bei der Prozessaufrechnung zwischen unstreitigem Sachverhalt und streitigem Vortrag zu trennen, wobei – der Beklagte macht die Aufrechnung geltend – zunächst seine Ansicht dargelegt wird und anschließend die des Klägers.

Häufige Fehlerquelle: Die Aufrechnung darf als bloßes Angriffs- oder Verteidigungsmittel niemals bei den Anträgen (und gar noch als eigener Antrag) dargestellt werden.

Tatbestand	
[Einleitungssatz, unstreitiger Sachverhalt, streitiges Klägervorbringen, kleine Prozessgeschichte, Anträge]	Keine Besonderheiten
Streitiger Beklagtenvortrag… Der Beklagte hat zudem hilfsweise mit einer Forderung gegen den Kläger in Höhe von 3.200 EUR aufgerechnet."	Überleitung zur Aufrechnung
Der Beklagte hat am 6.11. dem Kläger einen gebrauchten Pkw, Skoda Roomster, 78.000 km für 3.200 EUR verkauft. Der Pkw wurde am selben Tag übergeben; die Bezahlung des Kaufpreises sollte zwei Tage später erfolgen.	Unstreitiger Sachverhalt zur Aufrechnung
Der Beklagte behauptet, der Pkw sei zum Zeitpunkt der Übergabe mangelfrei gewesen.	Beklagtenvortrag zur Aufrechnung
Der Kläger behauptet, er habe aufgrund der Mangelhaftigkeit den Rücktritt erklärt…	Klägervortrag zur Aufrechnung
Große Prozessgeschichte	

3. Entscheidungsgründe

Vergessen Sie bei den Urteilsgründen nicht, Ihr Ergebnis mit einem entsprechenden Obersatzes einzuleiten, zB: *Die Klage hat insgesamt Erfolg. Auch die Aufrechnung führt nicht zum Erlöschen der Haupt-*

forderung. Oder: Die Klage ist unbegründet. Zwar steht dem Kläger ein Anspruch aus... zu. Dieser ist jedoch aufgrund erklärter und begründeter Hilfsaufrechnung des Beklagten mit... erloschen.

Entscheidungsgründe

I. Zulässigkeit

II. Begründetheit
1. Klageforderung. Anspruchsgrundlage...
2. Klageforderung (*nicht*) *erloschen* durch die Hilfsaufrechnung
   a) Zulässigkeit der hilfsweisen Aufrechnung und Bedingungseintritt
   b) Prozessuale Voraussetzungen der Aufrechnung
   c) Materiell-rechtliche Voraussetzungen der Aufrechnung

III. Nebenentscheidungen
1. Kostenentscheidung
2. Entscheidung über die vorläufige Vollstreckbarkeit

Rechtsbehelfsbelehrung/Unterschrift

V. Examensrelevante Rechtsprechung

1. BGH NJW 2003, 3134: K nimmt B wegen einer Kaufpreiszahlung über 4.000 EUR in Anspruch. Im Prozess erklärt B die Aufrechnung mit einer Gegenforderung aus einem Darlehensvertrag in Höhe von 5.000 EUR. Die Aufrechnungslage bestand seit mehr als einem Jahr vor Klageerhebung. K erklärt den Rechtsstreit für erledigt, B widersetzt sich der Erledigterklärung. – Wie ist über die Klage zu entscheiden, wenn Klage- und Darlehensforderung begründet sind?

Vorab zwei Hinweise

(1) Auf der Zeitachse stellt sich der Fall wie folgt dar:

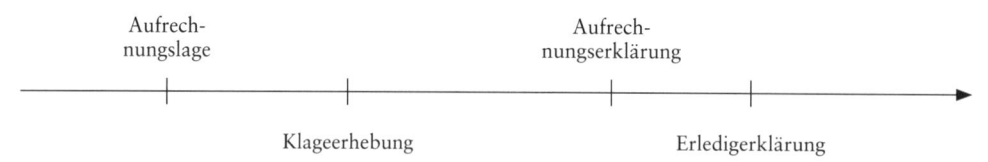

```
    Aufrech-              Aufrech-
   nungslage           nungserklärung
       |                     |
───────┼──────┼──────────────┼──────┼──────▶
              |                     |
        Klageerhebung          Erledigerklärung
```

(2) Die einseitige Erledigterklärung des K ändert die *Leistungsklage* in eine *Feststellungsklage* mit dem Inhalt, dass die Leistungsklage ursprünglich zulässig und begründet war und durch ein Ereignis *nach Rechtshängigkeit* unzulässig oder unbegründet wurde (vgl. dazu das Kapitel „Erledigung der Hauptsache").

Die Klage war ursprünglich zulässig und begründet. Sie ist jetzt unbegründet, da die Kaufpreisforderung durch Aufrechnung erloschen ist (§ 389 BGB). Fraglich ist der *Zeitpunkt*, zu dem die Klage unbegründet wurde, da die Feststellungsklage für K nur erfolgreich ist, wenn die Klage durch die Aufrechnung *nach Rechtshängigkeit* unbegründet wurde. Problem ist deshalb: Ist im Falle einer Aufrechnung die Aufrechnungs*lage* oder die Aufrechnungs*erklärung* für die Erledigung maßgebend?

Stellt man – wie das Reichsgericht – auf die Aufrechnungs*lage* ab, trat der Erledigungs*erfolg* bereits *vor* Rechtshängigkeit ein und die Feststellungsklage ist abzuweisen. Der BGH folgt dieser Ansicht nicht. Die Aufrechnung kommt mit der Aufrechnungs*erklärung* zum Tragen (§ 388 BGB). Auch § 389 BGB führt zu keinem anderen Ergebnis. Diese Norm bewirkt eine Fiktion dahingehend, dass die Forderungen in dem Zeitpunkt als erloschen gelten, zu dem sie sich aufrechenbar gegenüberstanden. Zweck dieser Bestimmung ist, dass nach erfolgter Aufrechnung keine (wechselseitigen) Zinsforderungen von Forderung und Aufrechnungsforderung bis zum Zeitpunkt der Aufrechnungserklärung bestehen sollen. Damit ist die Feststellungsklage erfolgreich.

> **Hinweis:** Nicht zu verwechseln ist dieses Problem mit der Präklusionsbestimmung des § 767 II ZPO. Hier stellt die hM auf die Aufrechnungs*lage* und nicht auf die Aufrechnungs*erklärung* ab.

2. Fall nach OLG Köln 24 U 40/03: K erwirbt von B ein Unternehmen; im Vertrag einigt man sich, dass sämtliche Streitigkeiten betreffend des Unternehmenskaufs vor dem Landgericht Hamburg abgewickelt werden sollen. Aufgrund einer früheren Darlehensverbindlichkeit wird K von B vor dem zuständigen Landgericht München verklagt; K rechnet mit Schadensersatzansprüchen gemäß § 280 I BGB aus dem Unternehmenskauf auf. B hält die Aufrechnung für unzulässig. – Zu Recht?

Beim Landgericht München hätte K aufgrund der Gerichtsstandsvereinbarung die Schadensersatzforderung aus dem Unternehmenskaufvertrag nicht einklagen können. Das Problem lautet daher: Darf diese Forderung (die in München nicht einklagbar ist) über eine Aufrechnung eingeführt werden, dh kann mittels einer Aufrechnung letztlich die Gerichtsstandsvereinbarung umgangen werden?

Sinn und Zweck der Gerichtsstandsvereinbarung anlässlich der Unternehmensveräußerung ist, dass alle sich hieraus ergebenden Rechtsstreitigkeiten vor dem Landgericht Hamburg abgewickelt werden sollen. Eine Vertragsauslegung dieser Vereinbarung ergibt daher: Weil die Parteien wollten, dass Rechtsstreitigkeiten aus dem Unternehmenskauf ausschließlich bei den Gerichten in Hamburg anhängig gemacht werden dürfen, enthält die Gerichtsstandsvereinbarung ein *vertragliches Aufrechnungsverbot*. Konsequenz: Das Landgericht München darf die die Aufrechnung nicht zulassen und die Schadensersatzforderung nicht prüfen.

3. Gegenaufrechnung: Das folgende Beispiel führt in die Problematik der unter Ziff. 4 behandelten Entscheidung des BGH ein: In einem Prozess vor dem Amtsgericht Traunstein klagt K gegen B eine Forderung F1 in Höhe von 2.000 EUR ein. B erklärt die Aufrechnung mit einer Gegenforderung F2 in Höhe von ebenfalls 2.000 EUR. K möchte den Rechtsstreit „retten" und die Aufrechnungsforderung F2 vernichten. Er erklärt daher die Aufrechnung mit einer weiteren Forderung F3 in Höhe von 2.000 EUR. Das Gericht kommt zum Ergebnis, dass die Forderung F1 besteht. – Welche Relevanz hat die Aufrechnung durch K (*Gegenaufrechnung*), wenn sich ergibt, dass (a) F2 besteht, (b) F2 nicht besteht?

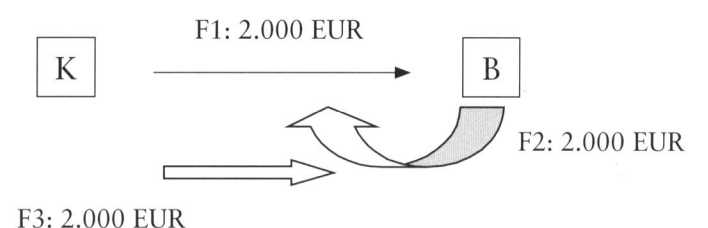

(a) Kommt das Gericht zum Ergebnis, dass Forderung F2 besteht, erlöschen die Forderungen F1 und F2 (§ 389 BGB) durch die *erste* Aufrechnung des B. Die *Gegenaufrechnung* durch K geht mangels einer Aufrechnungslage ins Leere (*Prioritätsprinzip*). Die Klage ist damit abzuweisen.

(b) Kommt das Gericht zum Ergebnis, dass die Forderung F2 nicht besteht, wird B zur Zahlung verurteilt. Auf die Gegenaufrechnung kommt es nicht mehr an.

Einprägen: Eine *Gegenaufrechnung* kommt im Prozess nie zum Tragen; sie ist unzulässig.

4. BGH NJW 2008, 2429. Im **Vorprozess** vor dem Landgericht Traunstein nimmt K den B wegen der Forderung F1 in Anspruch. Weil B den Prozess zu verlieren befürchtet, lässt er sich von D die Forderung F2 abtreten und erklärt damit im Prozess die Aufrechnung. Um den Prozess zu „retten", erklärt K mit F3 die Gegenaufrechnung. Die Besonderheit der Gegenaufrechnung ist, dass Schuldner der Forderung F3 nicht der Beklagte ist, sondern D. Nach § 406 BGB wird allerdings der Fortbestand der Aufrechnungsmöglichkeit für den Fall einer Zession angeordnet, so dass eine Aufrechnung grundsätzlich möglich gewesen wäre. Aber: Es handelt sich bei der Aufrechnung des K um eine *Gegenaufrechnung*, die grundsätzlich unzulässig ist (vgl. Fall 3). Das Gericht des Vorprozesses hat die Klage als unbegründet abgewiesen, da zwar die Forderung F1 bestand, aber durch die Aufrechnung mit F2 erloschen ist.

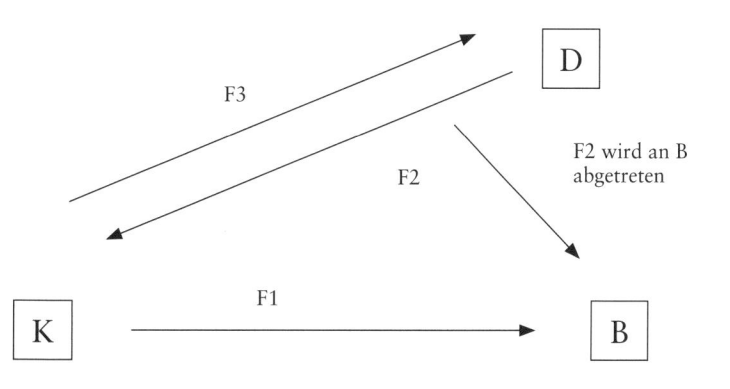

Nunmehr klagt K die Forderung F3 in einem neuen Prozess gegen D ein. D wendet ein, die Forderung sei verjährt. K widerspricht: Die Verjährung sei durch die Geltendmachung der Aufrechnung im Vorprozess gehemmt gewesen. – Trifft diese Ansicht zu?

Der Hemmungseinwand (§ 204 Nr. 5 BGB) des K ist berechtigt. Wie bei einer unzulässigen Klage oder einem unzulässigen Mahnbescheid ist bei der Aufrechnung anerkannt, dass sie die Verjährung hemmt, auch wenn sie unzulässig ist.

> **Klausurtipp:** Die Thematik „Verjährungshemmung auch bei unzulässiger Klage, Aufrechnung usw" ist ein beliebter Gegenstand in Examensklausuren. Sie sollten deshalb die nachfolgende Begründung des BGH – sie wird hier mit eigenen Worten wiedergegeben – sorgfältig studieren.

Die Verjährungsvorschriften sind als Ausfluss von Treu und Glauben Bestimmungen, die das durch Zeitablauf gebildete Vertrauen des Schuldners in die Nichtgeltendmachung einer Forderung durch den Gläubiger schützen. Wenn nun der Gläubiger mittels Klage oder mittels einer Aufrechnung Maßnahmen zur unmittelbaren Durchsetzung ergreift, wird das Vertrauen des Schuldners (Vertrauen = „der Gläubiger verzichtet auf seine Forderung") erschüttert. Dabei ist es nicht relevant, ob die Klage oder die Aufrechnung unzulässig ist, da jedenfalls der Wille des Gläubigers zur Forderungsdurchsetzung unzweifelhaft zum Ausdruck kommt. (Anderes gilt im Fall der Streitverkündung, vgl. dazu das Kapitel „Streitverkündung").

Bei der Anwendung dieser Grundsätze ist allerdings problematisch, dass die Aufrechnung nicht gegenüber D, sondern gegenüber B erklärt wurde. D wusste nichts von der Aufrechnung, so dass sein Vertrauen („K treibt die Forderung F3 nicht ein") auch nicht erschüttert werden konnte. Der BGH hat gleichwohl eine Hemmung der Verjährung durch den Vorprozess bejaht und insoweit auf § 406 BGB zurückgegriffen: Im Falle einer Zession kann die Aufrechnung auch gegenüber dem Zedenten erklärt werden. Konsequenterweise muss dann auch die verjährunghemmende Wirkung gegenüber D greifen, weil § 406 BGB eine Schutzvorschrift für den Schuldner im Fall einer Zession ist. Die Klage ist damit erfolgreich.

5. BGH NJW 2007, 82. K nimmt B wegen einer Forderung aus einem Werkvertrag in Anspruch. B rechnet mit einer Schadensersatzforderung wegen verspäteter Ausführung des Werks auf. Trotz Hinweises des Gerichts wird die Schadensersatzforderung nicht weiter substantiiert. K möchte Sicherheit, ob Schadensersatzforderungen drohen und reagiert auf die Aufrechnung mit einer Zwischenfeststellungsklage, wonach keine Schadensersatzansprüche aus dem Werkvertrag bestehen. – Ist die Zwischenfeststellungsklage zulässig, wenn zu unterstellen ist, dass die Schadensersatzforderung geringer ist als die Klageforderung?

Die Zwischenfeststellungsklage ist unzulässig, weil kein Feststellungsinteresse besteht. Mit dem Urteil wird zugleich rechtskräftig über das Bestehen der Aufrechnungsforderung entschieden (§ 322 II ZPO): Beim Mangel fehlender Substantiierung greift die Kollisionsregel nicht! Ein Feststellungsinteresse läge nur vor, wenn die Schadensersatzforderung höher als die Klageforderung wäre, da dann nicht über die gesamte Schadensersatzforderung eine der Rechtskraft fähige Entscheidung ergeht.

6. BGH FamRZ 2009, 401. Der BGH musste sich mit dem Problem auseinandersetzen, ob eine einmal erklärte Prozessaufrechnung wieder **zurückgenommen** werden kann oder – wurde mit mehreren Forderungen im Prozess aufgerechnet – die **Tilgungsreihenfolge** beliebig geändert werden kann. Der BGH stellt klar: Eine Prozessaufrechnung kann – auch wenn Prozesshandlungen grundsätzlich unwiderruflich sind – als *Verteidigungsmittel* jederzeit (auch noch in der Berufungsinstanz!) wieder fallen gelassen werden und kommt dann nicht zum Tragen. Entsprechend kann auch die Tilgungsreihenfolge nachträglich geändert werden.

7. BGH VII ZR 4/13. S. Kapitel Examensrelevante Rechtsprechung zur Rechtskraft.

8. BGH VII ZR 181/15, BeckRS 2017, 135530: „1. Der Beklagte ist in Höhe des Betrags einer hilfsweise zur Aufrechnung gestellten Gegenforderung beschwert, wenn das Berufungsgericht das Bestehen der Gegenforderung verneint hat und im Fall der Rechtskraft des Berufungsurteils das Nichtbestehen der Gegenforderung nach § 322 II ZPO rechtskräftig festgestellt wäre. 2. Wird die Hilfsaufrechnung als unzulässig zurückgewiesen, liegt eine der Rechtskraft fähige Entscheidung über die behauptete Gegenforderung nicht vor."

4. Kapitel: Eventualaufrechnung

VI. Mindmap

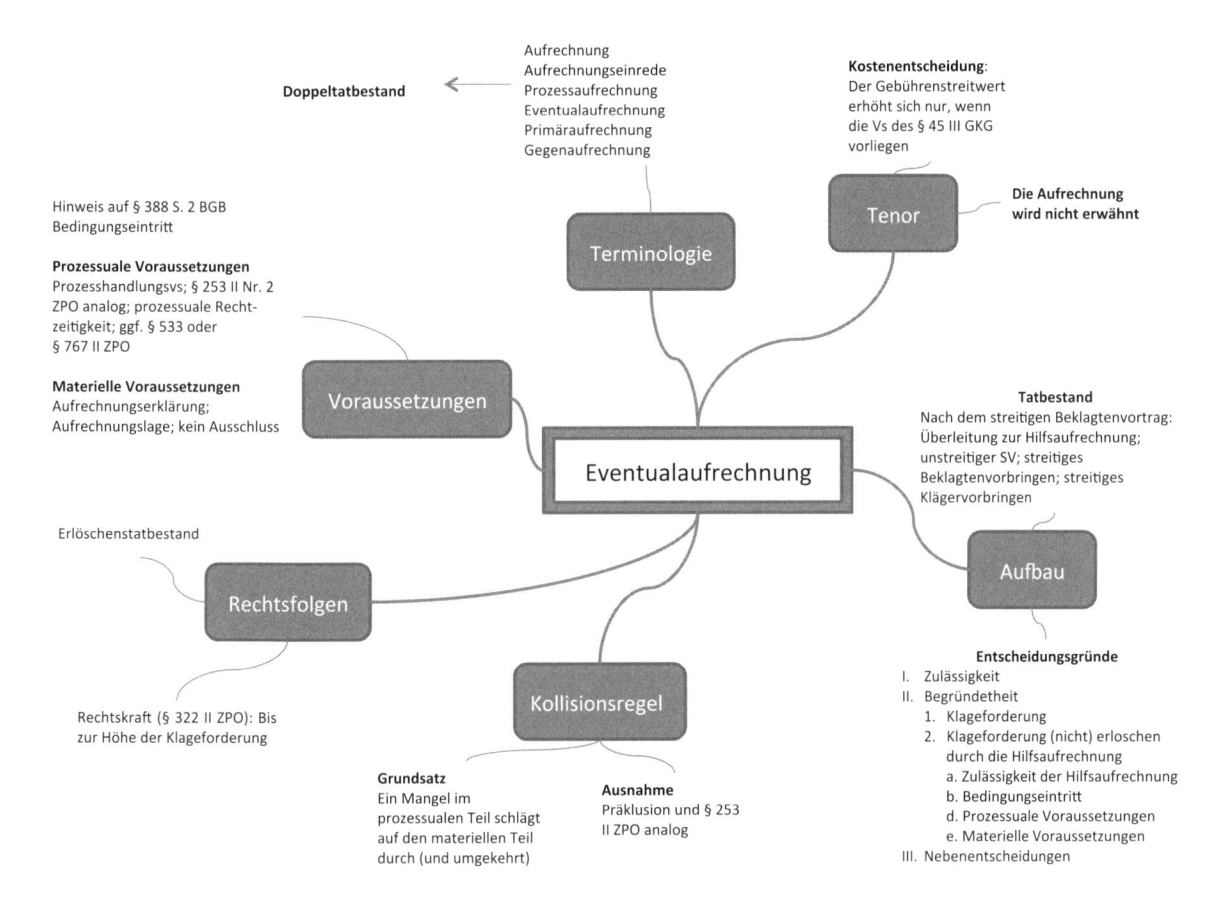

Eventualaufrechnung

Terminologie
- Aufrechnung
- Aufrechnungseinrede
- Prozessaufrechnung
- Eventualaufrechnung
- Primäraufrechnung
- Gegenaufrechnung

→ **Doppeltatbestand**

Tenor
- Die Aufrechnung wird nicht erwähnt
- **Kostenentscheidung**: Der Gebührenstreitwert erhöht sich nur, wenn die Vs des § 45 III GKG vorliegen

Voraussetzungen
- Hinweis auf § 388 S. 2 BGB Bedingungseintritt
- **Prozessuale Voraussetzungen**: Prozesshandlungsvs; § 253 II Nr. 2 ZPO analog; prozessuale Rechtzeitigkeit; ggf. § 533 oder § 767 II ZPO
- **Materielle Voraussetzungen**: Aufrechnungserklärung; Aufrechnungslage; kein Ausschluss

Aufbau
- **Tatbestand**: Nach dem streitigen Beklagtenvortrag: Überleitung zur Hilfsaufrechnung; unstreitiger SV; streitiges Beklagtenvorbringen; streitiges Klägervorbringen
- **Entscheidungsgründe**
  I. Zulässigkeit
  II. Begründetheit
    1. Klageforderung
    2. Klageforderung (nicht) erloschen durch die Hilfsaufrechnung
       a. Zulässigkeit der Hilfsaufrechnung
       b. Bedingungseintritt
       d. Prozessuale Voraussetzungen
       e. Materielle Voraussetzungen
  III. Nebenentscheidungen

Rechtsfolgen
- Erlöschenstatbestand
- Rechtskraft (§ 322 II ZPO): Bis zur Höhe der Klageforderung

Kollisionsregel
- **Grundsatz**: Ein Mangel im prozessualen Teil schlägt auf den materiellen Teil durch (und umgekehrt)
- **Ausnahme**: Präklusion und § 253 II ZPO analog

5. Kapitel: Widerklage

Inhaltsverzeichnis

I. Einführung 110
   1. Begriff und Funktion 110
   2. Voraussetzungen 111
      a) Zuständigkeit 111
         aa) Örtliche Zuständigkeit 111
         bb) Sachliche Zuständigkeit 111
      b) Besondere Zulässigkeitsvoraussetzungen 111
         aa) Rechtshängigkeit der Klage 111
         bb) Parteiidentität 111
         cc) Gleiche Prozessart 111
         dd) Konnexität 111
   3. Rechtsfolgen 112
II. Aufbau in der Klausur 112
   1. Prüfungsschema 112
      a) Tatbestand 112
      b) Entscheidungsgründe 113
   2. Beispiele 113
      a) Tenor 113
      b) Tatbestand 114
         aa) Sachverhaltsidentische Widerklage 114
         bb) Sachverhaltsfremde Widerklage 115
      c) Entscheidungsgründe 115
III. Drittwiderklage 116
   1. Parteierweiternde Drittwiderklage 116
   2. Isolierte Drittwiderklage 117
      a) Allgemeines 117
      b) Umsetzung der BGH-Rechtsprechung in der Klausur 118
IV. Sonderfälle 118
   1. Zwischenfeststellungswiderklage 118
   2. Eventualwiderklage 118
   3. Wider – Widerklage 119
V. Examensrelevante Rechtsprechung 119
VI. Mindmap 120

I. Einführung

Rechtsgrundlage: § 33 ZPO

Gleich der Aufrechnung ist die Widerklage in Examensklausuren ein beliebter Prüfungsgegenstand, weil sie die Möglichkeit gibt, prozessuales und materielles Wissen abzuprüfen. Die Schwierigkeiten und Schwerpunkte dieses Klausurtyps liegen in drei Bereichen: Beim Aufbau, bei der Bedeutung des § 33 ZPO und bei der Behandlung eines Dritten (Drittwiderklage).

1. Begriff und Funktion

Die Widerklage ist eine Klage, die vom Beklagten im selben Verfahren gegen den Kläger erhoben wird. Im Gegensatz zur Aufrechnung ist sie kein Angriffs- oder Verteidigungsmittel, sondern eine *echte Klage* mit *besonderen Zulässigkeitsvoraussetzungen*. Mit der Widerklage sollen zusammengehörende Ansprüche einheitlich verhandelt und entschieden werden, um so eine ökonomisch sinnlose Zersplitterung von Prozessen zu vermeiden. Klagt K zB auf Schadensersatz aus einem Verkehrsunfall, bei dem auch der Beklagte einen Schaden erlitten hat, ist es prozessökonomischer, wenn die Parteien ihren jeweiligen Schaden in einem Prozess mit einem Verfahren und einer Beweisaufnahme geltend machen, eben durch Klage und Widerklage, anstatt in zwei Prozessen.

> **Hinweis:** Ausnahmsweise gestattet der sog. Inzidentantrag (ua § 717 II 2 ZPO, vgl. Thomas/Putzo/Seiler, 39. Auflage 2018, § 717 Rn. 15) dem Beklagten die Geltendmachung eines Schadensersatzanspruchs aufgrund unberechtigter Vollstreckung ohne Erhebung einer förmlichen Widerklage!

2. Voraussetzungen

> 1. Wirksame Erhebung (§§ 253 II, 261 II, 297 ZPO)
> 2. Örtliche (mit § 33 ZPO) und sachliche (mit §§ 5 Hs. 2, 506 ZPO) Zuständigkeit
> 3. Besondere Zulässigkeitsvoraussetzungen
>   a) Rechtshängigkeit der Klage
>   b) Parteiidentität
>   c) Gleiche Prozessart
>   d) Konnexität)

a) Zuständigkeit

aa) Örtliche Zuständigkeit. Es tritt als weiterer besonderer Gerichtsstand § 33 ZPO hinzu (Wahl: § 35 ZPO), der einen *Zusammenhang* (sog. Konnexität) zwischen Klage und Widerklage erfordert. Ein solcher Zusammenhang kann über ein *gemeinsames Rechtsverhältnis* von Klage und Widerklage oder über ein *Verteidigungsmittel* begründet werden.

Beispiel: K macht gegen B einen Kaufpreisanspruch über 500 EUR geltend. B rechnet mit einer Mietzinsforderung über 900 EUR auf und erhebt Widerklage mit dem Antrag, K zur Zahlung der restlichen 400 EUR aus der Mietzinsforderung zu verurteilen. – Die nach § 33 ZPO erforderliche Konnexität zwischen Klage und Widerklage wird über das Verteidigungsmittel der Aufrechnung bewirkt: Die Mietzinsforderung ist Gegenstand sowohl der Aufrechnung als auch der Widerklage.

> **Hinweis:** § 33 ZPO ist ein *besonderer* Gerichtsstand, kommt also nicht zur Anwendung, wenn für die Widerklage ein *ausschließlicher* Gerichtsstand einschlägig ist.

bb) Sachliche Zuständigkeit. Das Gericht, bei dem die Klage erhoben wurde, ist grundsätzlich auch für die Widerklage zuständig; eine Ausnahme bringt § 506 ZPO. Wichtig ist: Es erfolgt *keine* Zusammenrechnung der beiden Streitwerte (§ 5 Hs. 2 ZPO).

Beispiel 1: K erhebt Klage vor dem Amtsgericht auf Zahlung von 3.000 EUR aus Kaufvertrag; B erhebt Widerklage auf Zahlung von 4.000 EUR aus Werkvertrag. Das Amtsgericht bleibt zuständig. Anders wenn B mit seiner Widerklage 6.000 EUR verlangt. Dann ist § 506 ZPO einschlägig und der gesamte Rechtsstreit ist auf Antrag einer der Parteien an das Landgericht zu verweisen. Wird kein Verweisungsantrag gestellt und liegt auch keine rügelose Einlassung vor (§ 39 ZPO), ist die Widerklage als unzulässig abzuweisen.

Beispiel 2: K erhebt Klage vor dem Landgericht auf Zahlung von 10.000 EUR aus Kaufvertrag; B erhebt Widerklage auf Zahlung von 1.500 EUR aus einer Mietstreitigkeit über Wohnraum. Hätte B die Klage auf Rückzahlung eines Darlehens gestützt, bliebe das Landgericht auch für die Widerklage zuständig. Eine ausschließliche Zuständigkeit – hier nach § 23 Nr. 2a GVG – geht jedoch vor. Das Gericht wird deshalb Trennung anordnen (§ 145 ZPO) und die Widerklage auf Antrag des B an das Amtsgericht verweisen.

b) Besondere Zulässigkeitsvoraussetzungen

aa) Rechtshängigkeit der Klage. Bei Erhebung der Widerklage muss eine Klage rechtshängig sein, so dass zB eine Widerklage im Mahnverfahren unzulässig ist. Wird die Klage *nach* Erhebung der Widerklage zurückgenommen, für erledigt erklärt oÄ, spielt das keine Rolle: Ist die Widerklage einmal wirksam erhoben, ist sie rechtlich selbstständig.

bb) Parteiidentität. Die Widerklage muss im selben Prozessrechtsverhältnis erhoben werden, dh es muss Parteiidentität vorliegen (zur Besonderheit der Drittwiderklage su).

cc) Gleiche Prozessart. Es muss dieselbe Prozessart für Klage und Widerklage gegeben sein (zu diesem Erfordernis – zB Widerklage im Urkundenprozess – vgl. Examensrelevante Rechtsprechung S. 96 im Kapitel Klageänderung).

dd) Konnexität. Ob darüber hinaus ein **Zusammenhang** zwischen Klage und Widerklage bestehen muss, ist streitig. Nach einer Auffassung ist § 33 ZPO allein für die Frage der **örtlichen** Zuständigkeit von

Bedeutung. Nach aA enthält § 33 ZPO nicht *nur einen besonderen Gerichtsstand*, sondern auch eine *besondere Zulässigkeitsvoraussetzung*. Sollte diese Konnexität fehlen, wird der Mangel durch ein rügeloses Einlassen des Widerbeklagten geheilt (§ 295 ZPO).

Beispiel: K mit Wohnsitz in Traunstein erhebt Klage gegen den in Traunstein ansässigen B auf Begleichung einer Werklohnforderung in Höhe von 6.000 EUR vor dem Landgericht Traunstein. B erhebt Widerklage auf Kaufpreiszahlung in Höhe von 5.200 EUR. K hält die Widerklage für unzulässig.

Ansicht 1: Das Landgericht Traunstein ist für die Widerklage örtlich bereits nach § 13 ZPO zuständig, so dass es einer Prüfung des § 33 ZPO als besonderen Gerichtsstand für die Widerklage nicht bedarf. Die Klage war bei Erhebung der Widerklage rechtshängig, Parteiidentität und dieselbe Prozessart liegen vor. Die Widerklage ist zulässig.

Ansicht 2: Das Landgericht Traunstein ist für die Widerklage örtlich bereits nach § 13 ZPO zuständig, so dass es einer Prüfung des § 33 ZPO als besonderen Gerichtsstand für die Widerklage nicht bedarf. Die Klage war bei Erhebung der Widerklage rechtshängig, Parteiidentität und dieselbe Prozessart liegen vor. Es fehlt jedoch an der Konnexität: Weder besteht ein Zusammenhang zwischen den beiden Klagen noch mit einem vorgebrachten Verteidigungsmittel (§ 33 ZPO) und es hat sich K auch nicht rügelos eingelassen (§ 295 ZPO). Die Widerklage ist als unzulässig abzuweisen, es sei denn B beantragt Trennung der Verfahren (§ 145 II ZPO).

> **Klausurtipp:** Ist Gegenstand des Sachverhalts eine Widerklage und ist das Gericht *ohne* Heranziehung der §§ 33, 39 ZPO örtlich zuständig (zB nach § 13 oder § 29 ZPO) ist der Meinungsstreit zur Bedeutung des § 33 ZPO knapp anzuführen, etwa so: *Ob § 33 ZPO lediglich einen zusätzlichen Gerichtsstand für die Widerklage schafft oder darüber hinaus mit der Konnexität eine besondere Zulässigkeitsvoraussetzung für die Widerklage fordert, kann offen bleiben. Zwar sind Klage und Widerklage nicht konnex, da die Klagen weder auf einem einheitlichen Rechtsverhältnis beruhen noch ein Zusammenhang mit einem Verteidigungsmittel gegeben ist. Es hat sich der jedoch der Kläger rügelos (§ 295 ZPO) eingelassen und zur Widerklage sachlich verhandelt.*

3. Rechtsfolgen

Ist die Widerklage einmal wirksam erhoben, bleibt sie selbstständig und von der Klage unabhängig. Wird deshalb die Klage für erledigt erklärt oder zurückgenommen, bleibt nur noch die Widerklage anhängig. Weil die Widerklage kein „*Angriffs- oder Verteidigungsmittel*" (§ 296 ZPO) ist, kann sie nicht als verspätet zurückgewiesen, sondern bis zum Schluss der mündlichen Verhandlung erhoben werden (§§ 253 II, 261 II, 297 ZPO); wird sie nach Schluss der mündlichen Verhandlung erhoben, ist sie als unzulässig abzuweisen. Ein Kostenvorschuss fällt nicht an (§ 12 GKG). Im Säumnisverfahren wird die Widerklage einer Klage gleichgestellt (§ 347 I ZPO).

II. Aufbau in der Klausur

1. Prüfungsschema

Wie bei der Klagehäufung und der Klageänderung ist es zweckmäßig, danach zu unterscheiden, ob Klage und Widerklage auf demselben Sachverhalt beruhen oder auf unterschiedlichen Sachverhalten (man spricht auch von sachverhaltsidentischer und sachverhaltsfremder Widerklage).

a) Tatbestand. Bei einem **gemeinsamen Sachverhalt** unterscheidet sich der Aufbau vom „Normalfall" lediglich in den Anträgen: Alle vier Anträge werden zusammengefasst! In den meisten Fällen ist es nicht erforderlich, beim streitigen Kläger- oder Beklagtenvorbringen zwischen Klage und Widerklage zu differenzieren. Sollte es einmal aus Gründen der Übersichtlichkeit geboten sein, zwischen dem Vortrag zur Klage und zur Widerklage zu trennen, greift der unten gezeigte „eingeklammerte" Aufbau. Bei einem **unterschiedlichen Sachverhalt** werden schlicht *zwei Tatbestände* aneinandergereiht.

Gemeinsamer Sachverhalt	*Unterschiedlicher* Sachverhalt
Einleitungssatz zur Klage und Widerklage	Einleitungssatz zur Klage und Widerklage
Unstreitiges Vorbringen der Parteien zur Klage und Widerklage	Unstreitiges Vorbringen der Parteien zur Klage Streitiges Klägervorbringen zur Klage Ggf. kleine Prozessgeschichte Antrag des Klägers zur Klage Antrag des Beklagten zur Klage Streitiges Beklagtenvorbringen zur Klage
Streitiges Klägervorbringen	
Ggf. kleine Prozessgeschichte	
Anträge: Klageantrag, Klageabweisungsantrag, Überleitung zur Widerklage mit Widerklageantrag und Widerklageabweisungsantrag	Überleitung zur Widerklage Unstreitiges zur Widerklage Streitiges Beklagtenvorbringen zur Widerklage

5. Kapitel: Widerklage 113

Streitiges Beklagtenvorbringen	Antrag des Beklagten zur Widerklage
(Evtl. streitiges Beklagtenvorbringen zur Widerklage und streitiges Klägervorbringen hierzu)	Antrag des Klägers zur Widerklage
	Streitiges Klägervorbringen zur Widerklage
Große Prozessgeschichte	Große Prozessgeschichte

b) Entscheidungsgründe. Im Rahmen der Entscheidungsgründe empfiehlt es sich, Klage und Widerklage getrennt „abzuarbeiten".

```
                    Entscheidungsgründe
    Obersatz

    A.
        I. Zulässigkeit der Klage
        II. Begründetheit der Klage

    B.
        I. Zulässigkeit der Widerklage
            1. Wirksame Klageerhebung (§§ 253 II, 261 II ZPO)
            2. Örtliche und sachliche Zuständigkeit
            3. Besondere Zulässigkeitsvoraussetzungen: Rechts-
               hängigkeit, Parteiidentität, gleiche Prozessart,
               (Konnexität)
        II. Begründetheit der Widerklage

    C. Nebenentscheidungen

    Rechtsbehelfsbelehrung/Unterschrift
```

2. Beispiele

Anhand der folgenden Beispiele werden Einzelheiten zur Darlegung von Tenor, Tatbestand und Entscheidungsgründen bei einer sachverhaltsidentischen und einer sachverhaltsfremden Widerklage gebracht.

Beispiel 1: Klage und Widerklage liegt derselbe Sachverhalt zugrunde. K, dessen Wohnsitz in Rosenheim liegt, klagt im April gegen B, der im Gerichtsbezirk Traunstein wohnt, vor dem Amtsgericht Traunstein auf Schadensersatz in Höhe von 3.000 EUR. In der Klageschrift trägt er vor: *Am 18.2., gegen 14.00 Uhr, fuhr ich mit meinem Pkw Audi A3, amtliches Kennzeichen RO-X 344 auf der Wasserburger Landstraße in Traunstein. Ohne Veranlassung bremste der vor mir fahrende Pkw im fließenden Verkehr völlig überraschend und für mich unvorhersehbar plötzlich ab. Ich konnte zwar noch eine Vollbremsung einleiten, ein Auffahren jedoch nicht mehr verhindern. Halter und Führer des vor mir fahrenden Pkw VW Polo, amtliches Kennzeichen TS-JH 456 war der Beklagte. An meinem Pkw ist ein Schaden von 3.000 EUR entstanden."* In der Klageerwiderungsschrift des B heißt es: „*Die Angaben des K bestreite ich insoweit, als die Schuld am Unfall bei mir läge. Ich musste allein deshalb plötzlich bremsen, weil das vor mir fahrende Fahrzeug überraschend gebremst hat. Hätte K den erforderlichen Sicherheitsabstand eingehalten und den vor ihm fließenden Verkehr beobachtet, hätte er durch rechtzeitiges Bremsen den Unfall ohne weiteres vermeiden können. Mir ist ein Schaden von 800 EUR entstanden.* Im Wege der Widerklage verlangt B Ersatz dieses Betrages von K. Die vom Amtsgericht durchgeführte Beweisaufnahme und ein eingeholtes Sachverständigengutachten ergeben: B musste zwar eine Bremsung einleiten, es hätte aber keiner Vollbremsung bedurft; K wiederum hat nicht den erforderlichen Sicherheitsabstand gewahrt. Das Gericht kommt deshalb zur Auffassung, dass K wie B den Unfall gleichermaßen verursacht haben.

Beispiel 2: Klage und Widerklage liegen verschiedene Sachverhalte zugrunde. Wie Beispiel 1, nur: B verzichtet auf die klageweise Geltendmachung seiner Schäden und erhebt stattdessen Widerklage aus einem gewährten Darlehen: Aufgrund mündlichen Vertrags vom 21.10. habe er K ein Darlehen in Höhe von 800 EUR zu 5 % Zinsen gewährt, das seit 10.2. zur Rückzahlung fällig sei. K bestreitet das; B habe ihm nur ein zinsloses Darlehen in Höhe von 400 EUR gewährt, das erst am 31.12. zur Rückzahlung fällig sei. Die Beweisaufnahme ergibt, dass ein zinsloses Darlehen lediglich in Höhe von 400 EUR gewährt wurde, das zudem seit 10.2. fällig ist (im Übrigen wie Beispiel 1).

a) Tenor: Sowohl bei der sachverhaltsidentischen (Beispiel 1) als auch bei der sachverhaltsfremden Widerklage (Beispiel 2) lautet die Entscheidung:

Endurteil

I. Der Beklagte wird verurteilt, an den Kläger 1.500 EUR zu zahlen.

II. Auf die Widerklage hin wird der Kläger verurteilt, an den Beklagten 400 EUR zu zahlen.

III. Im Übrigen werden Klage und Widerklage abgewiesen.

IV. Der Beklagte und der Kläger tragen jeweils 50 % der Kosten des Rechtsstreits.

V. Das Urteil ist vorläufig vollstreckbar, für den Kläger jedoch nur gegen Sicherheitsleistung in Höhe von 110 % des jeweils zu vollstreckenden Betrages. Der Kläger kann die Vollstreckung abwenden durch Sicherheitsleistung in Höhe von 110 % des auf Grund des Urteils vollstreckbaren Betrages, wenn nicht der Beklagte vor der Vollstreckung Sicherheit leistet in Höhe von 110 % des jeweils zu vollstreckenden Betrages.

- **Hauptsache:** Klage und Widerklage sind gesondert zu tenorieren. Für Ziff. II kann man auch formulieren: *Der Kläger wird verurteilt, an den Beklagten 400 EUR zu zahlen.* Es ist ausreichend, *eine* Parteirolle anzuführen. Ein Aufführen der doppelten Parteirolle – *Kläger und Widerbeklagter* – macht das Urteil unleserlich (im Rubrum muss aber die doppelte Parteirolle angeführt werden!). Klage und Widerklage sind nur teilweise begründet, deshalb muss die Abweisung „im Übrigen" für beide Klagen erfolgen.
- **Kostenentscheidung:** Rechtsgrundlage ist § 92 ZPO. Beim Gebührenstreitwert ist § 45 I GKG zu beachten: Der Gegenstandswert beträgt 3.800 EUR, weil Klage und Widerklage wirtschaftlich nicht identisch sind (§ 45 I 3 GKG; auch im Beispiel 1: Schäden an unterschiedlichen Fahrzeugen). Der Kläger unterliegt mit 1.500 EUR bzgl. der Klage und mit 400 EUR bezüglich der Widerklage, dh mit insgesamt 1.900 EUR (von 3.800 EUR), also zu 1/2; Gleiches gilt für den Beklagten.

In Ziff. IV. kann man auch formulieren: Die Kosten des Rechtsstreits werden gegeneinander aufgehoben (vgl. „Aufrechnung", S. 44).

- **Vorläufige Vollstreckbarkeit:** Beide Parteien können vollstrecken.
- Kläger: Schritt 1: Was kann der Kläger vollstrecken? 1.500 EUR, 1/2 der verauslagten Gerichtskosten und 1/2 seiner außergerichtlichen Kosten. Schritt 2: § 708 ZPO ist nicht einschlägig (Nr. 11: mehr als 1.250 EUR), dh Rechtsgrundlage ist § 709 S. 1, 2 ZPO.
- Beklagter: Schritt 1: Was kann der Beklagte vollstrecken? 400 EUR und 1/2 seiner außergerichtlichen Kosten. Schritt 2: Rechtsgrundlage ist § 708 Nr. 11 iVm § 711 ZPO.

Bei Kostenaufhebung kann der Kläger nur 1.500 EUR plus 50 % der (zu 100 % verauslagten) Gerichtskosten vollstrecken, der Beklagte lediglich 400 EUR; ansonsten gelten die zitierten Vorschriften zur vorläufigen Vollstreckung.

Ergänzender Hinweis: § 713 ZPO ist nicht anwendbar, da für die Beschwer (§ 511 ZPO) eine Zusammenrechnung von Klage und Widerklage erfolgt, der Kläger also mit 1.900 EUR beschwert ist (Abweisung seiner Klage über 1.500 EUR und Verurteilung zu 400 EUR). Zudem gilt § 713 ZPO auch dann nicht, wenn zwar die Berufungssumme nicht erreicht wäre, aber die Möglichkeit einer Anschlussberufung bestünde (vgl. S. 11).

b) Tatbestand

aa) Sachverhaltsidentische Widerklage

Tatbestand	
Klage und Widerklage betreffen einen Verkehrsunfall in Traunstein.	Einleitungssatz
Am 18.2. ereignete sich auf der Wasserburger Landstraße in Traunstein ein Auffahrunfall. Unfallbeteiligte waren der Kläger als Führer und Halter des Pkws Audi A3, amtliches Kennzeichen RO-X 344 und der Beklagte als Führer und Halter des Pkws VW Polo, amtliches Kennzeichen TS-JH 456... An den Fahrzeugen sind Sachschäden entstanden und zwar beim Pkw des Klägers in Höhe von 3.000 EUR und beim Pkw des Beklagten in Höhe von 800 EUR.	Unstreitiger Sachverhalt
Der Kläger behauptet, der Beklagte habe ohne Veranlassung und völlig überraschend gebremst.	Streitiges Klägervorbringen zur Klage und Widerklage [Kleine Prozessgeschichte]
Der Kläger beantragt: Der Beklagte wird verurteilt...	Anträge: Klageantrag und Klageabweisungsantrag; Überleitung zur Widerklage,
Der Beklagte beantragt, die Klage abzuweisen und im Wege der Widerklage	

5. Kapitel: Widerklage

Der Kläger wird verurteilt... *Der Kläger beantragt, die Widerklage abzuweisen.*	Widerklageantrag und Widerklageabweisungsantrag
Der Beklagte behauptet, ein vor ihm fahrendes Fahrzeug hätte unvermittelt gebremst, weshalb er ebenfalls bremsen musste. Zudem habe der Kläger nicht den erforderlichen Sicherheitsabstand eingehalten.	Streitiger Beklagtenvortrag
Das Gericht hat ein unfallanalytisches Gutachten eingeholt. Auf das Gutachten des Sachverständigen Schmidbauer vom... wird Bezug genommen. Am... wurde mündlich verhandelt; hierbei hat das Gericht die Zeugen... und den Sachverständigen jeweils uneidlich vernommen. Auf das Protokoll und ergänzend auf die Schriftsätze der Parteien wird Bezug genommen.	Große Prozessgeschichte

bb) Sachverhaltsfremde Widerklage

Tatbestand	
Die Klage betrifft einen Verkehrsunfall, die Widerklage einen Darlehensrückzahlungsanspruch.	Einleitungssatz
Am 18.2. ereignete sich auf der Wasserburger Landstraße in Traunstein ein Verkehrsunfall. Unfallbeteiligte waren der Kläger als Führer und Halter des Pkws Audi A3, amtliches Kennzeichen RO-X 344 und der Beklagte als Führer und Halter des Pkws VW Polo, amtliches Kennzeichen TS-JH 456... An beiden Fahrzeugen sind Sachschäden entstanden; beim Kläger in Höhe von 3.000 EUR.	**Klage** Unstreitiger Sachverhalt
Der Kläger behauptet, der Beklagte habe ohne Veranlassung und völlig überraschend gebremst.	Streitiges Klägervorbringen [Kleine Prozessgeschichte]
Der Kläger beantragt: Der Beklagte wird verurteilt... *Der Beklagte beantragt, die Klage abzuweisen.*	Klageantrag und Klageabweisungsantrag
Der Beklagte behauptet, ein vor ihm fahrendes Fahrzeug hätte unvermittelt gebremst, weshalb er bremsen musste. Zudem habe der Kläger nicht den erforderlichen Sicherheitsabstand eingehalten.	Streitiger Beklagtenvortrag
Im Wege der Widerklage verlangt der Beklagte Rückzahlung eines Darlehens, das er K durch mündlichen Vertragsschluss vom 21.10. gewährt hat.	Überleitung zur **Widerklage** Unstreitiger Sachverhalt
Der Beklagte behauptet, es handle sich um einen Betrag von 800 EUR, der seit 10.2. zur Rückzahlung fällig und der mit 5 % zu verzinsen sei.	Streitiger Beklagtenvortrag
Der Beklagte beantragt: Der Kläger wird verurteilt... *Der Kläger beantragt, die Widerklage abzuweisen.*	Widerklageantrag und Widerklageabweisungsantrag
Der Kläger behauptet...	*Qualifiziertes Bestreiten des Klägers*
Das Gericht hat ein unfallanalytisches Gutachten eingeholt. Auf das Gutachten... (wie bei sachverhaltsidentischer Widerklage).	Große Prozessgeschichte

c) **Entscheidungsgründe.** Der Aufbau für die sachverhaltsidentische und die sachverhaltsfremde Widerklage hat, abgesehen von § 33 ZPO, keine Besonderheiten. **Obersatz:** In beiden Fällen beginnt man mit dem Obersatz: *Klage und Widerklage sind zulässig, aber jeweils nur zur Hälfte begründet.*

Beispiel 1: *1. Das Amtsgericht Traunstein ist für die Klage örtlich (§ 20 StVG) und sachlich (§ 23 Nr. 1 GVG) zuständig ... (Zulässigkeit der Klage im Übrigen). 2. K kann nach § 7 StVG iVm § 17 StVG Schadensersatz in Höhe von 1.500 EUR fordern. ... 3. Das Amtsgericht Traunstein ist für die Widerklage sachlich nach § 23 Nr. 1 GVG und örtlich nach § 33 ZPO zuständig, weil beide Klagen auf dem gleichen Sachverhalt (Verkehrsunfall vom 18.2.) beruhen. Auch die besonderen Zulässigkeitsvoraussetzungen für eine Widerklage liegen vor: Die Klage war bei Erhebung der Widerklage rechtshängig. Parteiidentität und dieselbe Prozessart liegen vor. 4. B kann ebenfalls nach § 7 StVG iVm § 17 StVG Schadensersatz in Höhe von 400 EUR fordern...*

Beispiel 2: *1. Das Amtsgericht Traunstein ist für die Klage örtlich (§ 20 StVG) und sachlich (§ 23 Nr. 1 GVG) zuständig ... (Zulässigkeit der Klage im Übrigen). 2. K kann nach § 7 StVG iVm § 17 StVG Schadensersatz in Höhe von 1.500 EUR fordern. ... 3. Das Amtsgericht Traunstein ist für die Widerklage sachlich nach § 23 Nr. 1 GVG zuständig. Die örtliche Zuständigkeit folgt nicht aus § 33 ZPO, da zwischen der Klage aus dem Verkehrsunfall und der Widerklage auf Darlehensrückzahlung kein „Zusammenhang" iSd § 33 ZPO besteht. K hat jedoch zur Frage der Darlehensrückzahlung verhandelt, ohne die örtliche Unzuständigkeit zu rügen, so dass § 39 ZPO greift. Auch die besonderen Zulässigkeitsvoraussetzungen für eine Widerklage liegen vor... (wie Beispiel 1). Zusätzlich führt man aus: Ob § 33 ZPO lediglich einen zusätzlichen Gerichtsstand für die Widerklage schafft oder darüber hinaus mit der Konnexität eine (weitere) besondere Zulässigkeitsvoraussetzung fordert, kann offen bleiben, da K sich rügelos eingelassen und zur Sache verhandelt hat (§ 295 ZPO). 4. B kann von K Rückzahlung des gewährten Darlehens in Höhe von 400 EUR gemäß § 488 I 2 BGB verlangen.*

III. Drittwiderklage

Die Drittwiderklage ist eine Widerklage, die sich *auch* gegen einen Dritten richtet, der bislang nicht am Prozess beteiligt war. Man unterscheidet die *parteierweiternde* von der *isolierten* Drittwiderklage. Beide Arten haben zwei Problembereiche: Unter welchen Voraussetzungen darf ein bisher nicht am Prozess Beteiligter in den Rechtsstreit einbezogen werden? Gilt der Gerichtsstand des § 33 ZPO auch für den bislang nicht am Prozess beteiligten Dritten?

1. Parteierweiternde Drittwiderklage

Der Beklagte erhebt Widerklage gegen den Kläger und zusätzlich gegen einen Dritten als Streitgenossen. Anstelle von *parteierweiternder Drittwiderklage (parteierweiternder Widerklage)* spricht man deshalb auch von der *streitgenössischer Drittwiderklage*. Typisches Beispiel ist der Verkehrsunfall, bei dem der Beklagte neben dem Kläger dessen Versicherung in Anspruch nimmt. Die Rechtsprechung behandelt die parteierweiternde Widerklage als einen Fall der Klageänderung *(nachträgliche Parteierweiterung)*, wendet also § 263 ZPO an. Es ergibt sich folgendes Prüfungsschema:

> **Widerklage**
>
> I. Gegen Widerbeklagten zu 1) (= Kläger)
> II. Gegen Widerbeklagten zu 2) (= Dritter)
>   1. Ordnungsgemäße Klageerhebung
>   2. Besondere Zulässigkeitsvoraussetzungen der Widerklage
>   a) Bei Erhebung der Widerklage: Rechtshängigkeit der Klage
>   b) Voraussetzungen der parteierweiternden Drittwiderklage:
>   – nicht isoliert gegen den Dritten
>   – Konnexität
>   – Parteierweiterung (§§ 263 ff. analog)
>   c) Gleiche Prozessart
>   3. Zulässigkeit im Übrigen, insbes. Zuständigkeit
>
> III. §§ 59, 60, 260 ZPO
>
> IV. Begründetheit

Bei der Zulässigkeit der Widerklage formuliert man in etwa: *Der Beklagte erhebt Widerklage nicht nur gegen den Kläger, sondern zugleich gegen einen am Prozess bisher unbeteiligten Dritten. Es liegt eine sog. parteierweiternde Drittwiderklage vor, die die Rechtsprechung als einen Fall der Klageänderung behandelt (Parteiänderung in Form der nachträglichen Parteierweiterung). Damit müssen die Voraussetzungen der Drittwiderklage, die der Klageänderung und die der Streitgenossenschaft vorliegen:*

Erläuterungen: Die Voraussetzungen nach Ziff. II. 2. b/ III. sind zwischen Rechtsprechung und hL streitig; einen guten Überblick gibt Musielak/Voit, ZPO, 14. Auflage 2017, Rn. 21a).

– **Nicht isoliert gegen den Dritten** (Parteiidentität): Die Widerklage muss sich **auch gegen den Kläger** richten. (Hat man nach dem Prüfungsläufer Ziff. I durchgeprüft, verweist man an dieser Stelle schlicht auf seine Ausführungen: *Dieses Erfordernis ist erfüllt, vgl. oben.*).

- **Konnexität:** Es muss ein **rechtlicher Zusammenhang** (§ 33 ZPO) zwischen Klage und Widerklage vorliegen (nach der hL ist das nicht zwingend, da jeder jederzeit verklagt werden kann; ggf. sind die Prozesse zu trennen).
- **Parteierweiterung** (nach der Rechtsprechung unterfällt das den Regeln der Klageänderung): Einwilligung, rügelose Einlassung oder Sachdienlichkeit (§§ 263, 267 ZPO).
- **Zulässigkeit im Übrigen, insbesondere Zuständigkeit:** Umstritten ist, ob im Verhältnis zum Dritten die **örtliche Zuständigkeit aus § 33 ZPO** abgeleitet werden kann. Die bisherige Rechtsprechung des BGH *verneint* das. Damit ist das Gericht nur dann örtlich zuständig, wenn dort ein *allgemeiner* oder *besonderer Gerichtsstand* für die Klage gegen den Dritten begründet ist oder dieser sich *rügelos einlässt* (§ 39 ZPO).

    Klausurtipp: Der BGH (NJW 2011, 460) hat bei der **isolierten Drittwiderklage** (dazu unten) den Gerichtsstand des § 33 ZPO für Dritte in Zessionsfällen zwar entsprechend angewandt, zugleich aber einschränkend ausgeführt: *„Ob dieser Grund auch generell die Gewährung eines besonderen Gerichtsstands für eine Drittwiderklage gegen nur materiell beteiligte Dritte trägt (…), bedarf im vorliegenden Fall keiner Entscheidung."* Sie können einen Pluspunkt sammeln, wenn Sie auf die Entscheidung des BGH in Ihrer Klausur näher eingehen, selbst wenn sich, wie im Regelfall, eine Lösung über § 39 ZPO (rügelose Einlassung) anbietet, und in etwa formulieren: *Die bisherige Rechtsprechung des BGH hat § 33 ZPO für den zunächst nicht am Prozess beteiligten Drittwiderbeklagten abgelehnt. Die Zulässigkeit einer Klage gegen den Dritten setzt nach dieser Rechtsprechung einen entsprechenden Gerichtsstand voraus. Ob an dieser Rechtsprechung festzuhalten ist, hat der BGH in einer grundlegenden Entscheidung zur isolierten Drittwiderklage in Zessionsfällen (hier wird § 33 ZPO entsprechend angewandt) ausdrücklich offen gelassen. Nachdem der Beklagte sich hier rügelos eingelassen hat (§ 39 ZPO), kann diese Frage dahinstehen.*

- **§§ 59, 60, 260 ZPO, Streitgenossenschaft:** Die Widerbeklagten müssen **Streitgenossen** gemäß §§ 59, 60 ZPO sein; sollten diese Voraussetzung nicht erfüllt sein, ist die Rechtsfolge streitig (vgl. JA 2013, 95). Hier wird der Ansicht gefolgt, dass die Widerklage gegen den Dritten in diesem Fall nach § 145 ZPO abzutrennen ist, so dass die Prüfung der §§ 59, 60 ZPO nicht im Rahmen der Zulässigkeit der Widerklage erfolgt, sondern als eigener Punkt (als Ziff. III). Die Begründung erfolgt im Hilfsgutachten, etwa so: *Ob die Voraussetzungen der §§ 59, 60 ZPO für die Drittwiderklage eine Zulässigkeitsvoraussetzung oder lediglich eine Verbindungsvoraussetzung darstellt, ist streitig. Die Tendenz der Rechtsprechung ua zu § 260 ZPO zeigt, dass die Abtrennung von Verfahren vorzugswürdiger ist als eine Abweisung als unzulässig.*

    Hinweis: Hat man die Konnexität geprüft und bejaht, werden die Voraussetzungen der §§ 59, 60, 260 ZPO fast immer vorliegen, weshalb man sich in der Klausur an dieser Stelle kurzfassen kann; eben aus diesem Grund verzichtet auch die Rechtsprechung in zahlreichen Entscheidungen der Rechtsprechung entsprechende Darlegungen.

2. Isolierte Drittwiderklage

a) Allgemeines. Die *parteierweiternde* Widerklage richtet sich gegen den Kläger *und* den Dritten, die *isolierte Widerklage* richtet sich *ausschließlich* gegen den Dritten. Nach der Rechtsprechung des BGH ist diese Art der Drittwiderklage **grundsätzlich unzulässig** (Hüßtege in Thomas/Putzo, 38. Auflage 2017 § 33 Rn. 11).

Ein **Ausnahme** lässt der BGH (NJW 2011, 460) nur in besonders gelagerten Fallkonstellationen zu, insbesondere einer Zession. K ist eine ärztliche Abrechnungsgesellschaft. Arzt A hat K seinen Honoraranspruch aus der Behandlung des Patienten B abgetreten. K klagt gegen B den Honoraranspruch ein. B erhebt gegen A Widerklage auf Feststellung, dass diesem keine Ansprüche aus der Behandlung zustehen. Der BGH führt aus: *Die isoliert gegen den am Prozess bislang nicht beteiligten Zedenten erhobene Drittwiderklage ist … auch dann zulässig, wenn mit ihr die Feststellung begehrt wird, dass dem Zedenten keine Ansprüche zustehen (…). Ausschlaggebend ist demnach stets, dass die zu erörternden **Gegenstände der Klage und der Drittwiderklage tatsächlich und rechtlich eng miteinander verknüpft sind** und durch die Einbeziehung des Drittwiderbeklagten in den Rechtsstreit dessen **schutzwürdige Interessen** nicht verletzt werden.* Grund für die Zulassung der isolierten Drittwiderklage ist hier insbesondere die Wiederherstellung der *Waffengleichheit*: Hätte A selbst auf Leistung geklagt, würde er als Zeuge ausscheiden; durch die Zession kann er hingegen im Prozess K/B als Zeuge gehört werden. Durch die Drittwiderklage wird mithin der durch die Zession *gewonnene* Zeuge wieder aus dem Rennen *geworfen*.

> **Hinweis:** Der BGH hat die entsprechende Anwendung des § 33 ZPO bisher allein auf den Fall der isolierten Drittwiderklage in *Zessionsfällen* bejaht.

b) Umsetzung der BGH-Rechtsprechung in der Klausur:

> **Widerklage gegen den Dritten**
>
> I. Zulässigkeit
>   1. Ordnungsgemäße Klageerhebung
>   2. Besondere Zulässigkeitsvoraussetzungen der Widerklage
>   a) Bei Erhebung der Widerklage: Rechtshängigkeit der Klage
>   b) Parteiidentität: Isoliert gegen einen Dritten?
>   – zu bejahen bei qualifizierter Konnexität
>   – soweit keine entgegenstehenden schutzwürdigen Interessen
>   – nachträgliche Parteierweiterung
>   c) Gleiche Prozessart
>   3. Zuständigkeit
>
> II. Begründetheit

Erläuterungen: In der Klausur ist deutlich zu machen, dass eine isolierte Drittwiderklage nur ausnahmsweise möglich ist, wenn ein enger tatsächlicher und rechtlicher Zusammenhang (sog. qualifizierte Konnexität) zwischen Klage und isolierter Drittwiderklage besteht (häufiger Irrtum in Klausuren: das ist nicht auf Zessionsfälle beschränkt). Auch müssen die Voraussetzungen der nachträglichen Parteierweiterung vorliegen, dh Einwilligung, rügelose Einlassung oder Sachdienlichkeit. Bei der Zuständigkeit empfiehlt es sich, die Zuständigkeit zunächst ohne Anwendung des § 33 ZPO zu begründen. Nach der Rechtsprechung des BGH wird § 33 ZPO analog (das ist in der Klausur genau zu begründen) auf Zessionsfälle angewendet.

IV. Sonderfälle

1. Zwischenfeststellungswiderklage

Mit der Widerklage kann der Beklagte auch eine Feststellung gemäß § 256 II ZPO begehren. Diesen Weg wird er insbesondere gehen, wenn er wegen einer Teilforderung in Anspruch genommen wird.

Beispiel: K hat B angeblich ein Darlehen über 20.000 EUR gewährt. K klagt gegen B einen Teilbetrag von 6.000 EUR ein. B beantragt Klageabweisung und erhebt Widerklage mit dem Antrag festzustellen, dass er K aus Darlehen nichts schulde. Grund: Weil die Klageabweisung nur in Höhe von 6.000 EUR in Rechtskraft erwachsen würde, befürchtet B, erneut in Anspruch genommen zu werden.

Die Widerklage ist, abgesehen von den allgemeinen Prozessvoraussetzungen, nur zulässig, wenn ein entsprechendes Rechtsschutzbedürfnis besteht (es wäre ungenau, dieses Problem bei der *anderweitigen Rechtshängigkeit* zu erörtern, da die Feststellungsklage einen anderen Streitgegenstand als die Leistungsklage hat: zweigliedriger Streitgegenstandsbegriff!). Ein Rechtsschutzbedürfnis für eine Feststellungsklage (Subsidiarität der Feststellungsklage, vgl. S. 38) besteht nur, wenn die Leistungsklage nicht das gesamte in Streit stehende Rechtsverhältnis K/B umfasst. Wäre Streitgegenstand der Leistungsklage die volle Darlehenssumme, bestünde für eine Feststellungsklage kein Rechtsschutzbedürfnis. Nachdem aber eine Teilklage erhoben wurde, besteht das Rechtsschutzbedürfnis für die Feststellungsklage. Ob allerdings ein *Feststellungsinteresse nach § 256 I ZPO* vorliegt, ist fraglich, weil nicht feststeht, ob K die weiteren 14.000 EUR ganz oder teilweise einklagen wird. Die Frage kann jedoch dahingestellt bleiben, weil *§ 256 II ZPO* greift: Anstelle des Feststellungsinteresses genügt die *Vorgreiflichkeit* des der Klage zugrunde liegenden Rechtsverhältnisses (= Darlehensvertrags). Die Zwischenfeststellungswiderklage ist damit zulässig.

2. Eventualwiderklage

Die Widerklage kann auch unter der prozessualen Bedingung erhoben werden, dass der Klage stattgegeben (eigentliche Eventualwiderklage) bzw. dass sie abgewiesen wird (uneigentliche Eventualwiderklage). Eine solche hilfsweise Klageerhebung erfolgt idR, wenn der Beklagte sich mit einer **Aufrechnung** verteidigt und die Aufrechnungsforderung, sie wird nicht rechtshängig, zusätzlich einklagen möchte.

Klausurklassiker: In Klausuren wird die Eventualwiderklage, deren Bearbeitung keine sonderlichen Probleme bereitet, gern mit einer Eventualaufrechnung kombiniert, um den Schwierigkeitsgrad zu erhöhen. Sie sollten diese beliebte Fallgestaltung und ihre Variationen anhand des Aufbauschemas gut studieren. Dazu ein

5. Kapitel: Widerklage

Beispiel: Der Kläger macht gegen den Beklagten rückständige Mietzinsansprüche über 2.000 EUR aus einem inzwischen beendeten Mietverhältnis geltend. Der Beklagte verteidigt sich mit einer Hilfsaufrechnung: Der Kläger habe die von ihm eingebaute Küche für 4.000 EUR übernommen. Zudem erhebt er Widerklage über 2.000 EUR für den Fall, dass die Klageforderung zwar bestand, aber aufgrund seiner Hilfsaufrechnung erloschen ist.

Aufbau

A. (Klage)
I. Zulässigkeit
II. Begründetheit
III. Erloschen durch Hilfsaufrechnung
B. (Hilfswiderklage)
I. **Bedingungseintritt**
II. Zulässigkeit
III. Begründetheit
C. (Nebenentscheidungen)
I. Kosten
II. Vorläufige Vollstreckbarkeit
Rechtsbehelfsbelehrung/Unterschrift

Der **Inhalt der Bedingung**, unter der die Widerklage erhoben wird, kann **unterschiedlich** sein und ist ausdrücklich zu prüfen (deshalb auch die Hervorhebung des Prüfungspunkts „Bedingungseintritt" im Aufbauschema). Im Beispiel ist Bedingung für die Widerklage über 2.000 EUR: Die Klage *war ursprünglich begründet, ist aber durch die erfolgreiche Hilfsaufrechnung unbegründet geworden.* Mit Bedingungseintritt greift die Hilfswiderklage in Höhe von 2.000 EUR. Der Beklagte kann seine Widerklage aber auch unter der Bedingung erheben: Die Klage hat bereits ohne Aufrechnung *keinen Erfolg.* Sobald feststeht, dass die Klageforderung nicht besteht, geht die Eventualaufrechnung ins Leere und es greift die Widerklage in voller Höhe (4.000 EUR). Zuletzt kann der Beklagte beide Bedingungen kombinieren: Er erhebt Widerklage in Höhe von 2.000 EUR unter der Bedingung, dass die Klageforderung in Höhe von 2.000 EUR erfolgreich und durch seine Eventualaufrechnung erloschen ist *und zugleich* Widerklage in Höhe von 4.000 EUR unter der Bedingung, dass die Klage abgewiesen wird und seine Hilfsaufrechnung (folglich) ins Leere geht.

Hinweise:
- Die Kombination – Hilfsaufrechnung plus Hilfswiderklage – anstelle einer Widerklage ohne Aufrechnung ist für den Anwalt häufig taktischer Natur: Sofern die Gegenanspruch nicht konnex ist, ist die alleinige Erhebung einer Widerklage riskant, da sie – je nach Auffassung des Gerichts – als unzulässig abgewiesen werden könnte. Wird zuvor allerdings eine Hilfsaufrechnung mit dem Anspruch erklärt, der dann auch über die Widerklage geltend gemacht wird, steht die nicht-konnexe Widerklage nunmehr mit dem Verteidigungsmittel der Hilfsaufrechnung im Zusammenhang.
- Eine Eventualwiderklage gegen einen **Dritten** ist als **unzulässig** abzuweisen, weil die Begründung eines Prozessrechtsverhältnisses zu einem Dritten nicht in der Schwebe gelassen werden darf: Der Dritte weiß nicht, ob die Bedingung eintreten wird, – wie soll er daher reagieren?, soll er sich zB einen Anwalt nehmen, den er dann im Fall des Nichteintritts der Bedingung zahlen müsste?

3. Wider – Widerklage

Macht der Kläger nach der Widerklage des Beklagten einen neuen Streitgegenstand rechtshängig, ist zu differenzieren: Der Kläger kann (1) den neuen Streitgegenstand über die Regeln der nachträglichen Klagehäufung einführen (dann beurteilt sich die Zulässigkeit nach § 263 ff. ZPO analog = nachträgliche Klagehäufung) oder (2) Widerklage erheben (Wider-Widerklage: ihre Voraussetzungen entsprechen denen einer „normalen" Widerklage).

Die Vorteile der Erhebung einer Wider-Widerklage liegen auf der Hand: Der Beklagte muss nicht zustimmen (bzw. das Gericht die Sachdienlichkeit bejahen) und es gilt der Gerichtsstand des § 33 ZPO. Bei § 5 ZPO ist zu beachten: Auf Seiten des Klägers erfolgt eine Addition von Klage und Wider-Widerklage!

V. Examensrelevante Rechtsprechung

Die maßgeblichen Entscheidungen des BGH wurden bereits vorgestellt:

1. **BGH NJW 2011, 460 (S. 117).** Leitsatz: „*Die Bestimmung über den besonderen Gerichtsstand der Widerklage ist auf Drittwiderklagen gegen den bisher nicht am Verfahren beteiligten Zedenten der Klageforderung entsprechend anzuwenden.*"

2. **BGH NJW 2002, 751 (S. 96).** Leitsatz: „*Zur Zulässigkeit einer Widerklage in der Form des Urkundenprozesses gegenüber einer im ordentlichen Verfahren erhobenen Klage.*"

VI. Mindmap

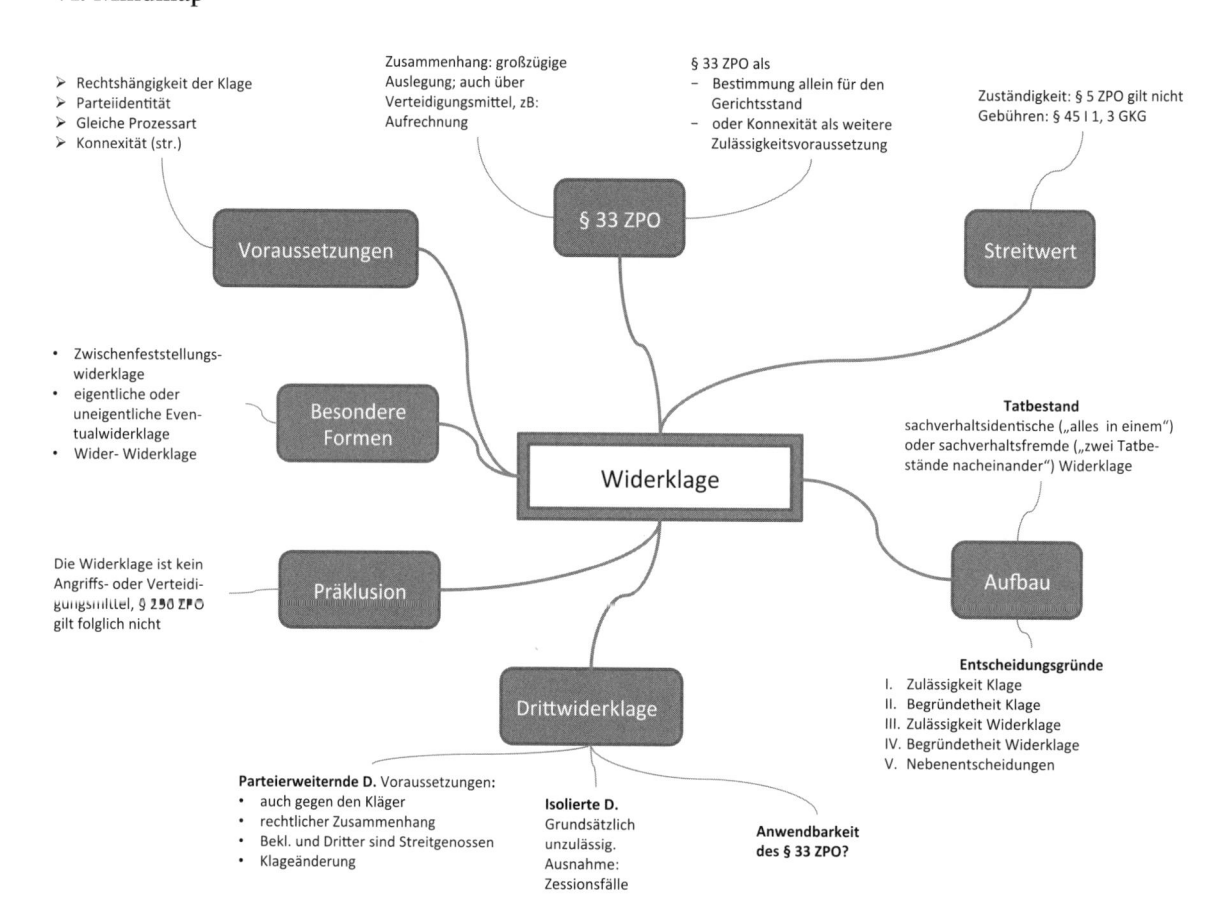

Voraussetzungen
- Rechtshängigkeit der Klage
- Parteiidentität
- Gleiche Prozessart
- Konnexität (str.)

§ 33 ZPO
- Zusammenhang: großzügige Auslegung; auch über Verteidigungsmittel, zB: Aufrechnung
- § 33 ZPO als Bestimmung allein für den Gerichtsstand
- oder Konnexität als weitere Zulässigkeitsvoraussetzung

Streitwert
- Zuständigkeit: § 5 ZPO gilt nicht
- Gebühren: § 45 I 1, 3 GKG

Besondere Formen
- Zwischenfeststellungswiderklage
- eigentliche oder uneigentliche Eventualwiderklage
- Wider-Widerklage

Aufbau
- Tatbestand: sachverhaltsidentische („alles in einem") oder sachverhaltsfremde („zwei Tatbestände nacheinander") Widerklage
- Entscheidungsgründe
  - I. Zulässigkeit Klage
  - II. Begründetheit Klage
  - III. Zulässigkeit Widerklage
  - IV. Begründetheit Widerklage
  - V. Nebenentscheidungen

Präklusion
Die Widerklage ist kein Angriffs- oder Verteidigungsmittel, § 230 ZPO gilt folglich nicht

Drittwiderklage
- **Parteierweiternde D.** Voraussetzungen:
  - auch gegen den Kläger
  - rechtlicher Zusammenhang
  - Bekl. und Dritter sind Streitgenossen
  - Klageänderung
- **Isolierte D.** Grundsätzlich unzulässig. Ausnahme: Zessionsfälle
- Anwendbarkeit des § 33 ZPO?

6. Kapitel: Erledigung der Hauptsache

Inhaltsverzeichnis

- I. Einführung ... 121
    - 1. Begriff ... 121
    - 2. Arten ... 122
    - 3. Funktion ... 122
- II. Übereinstimmende Erledigung der Hauptsache ... 122
    - 1. Allgemeines ... 122
    - 2. Voraussetzungen ... 123
        - a) Der Rechtsstreit muss bereits (und noch) rechtshängig sein ... 123
        - b) Erledigterklärung des Klägers ... 123
        - c) Erledigterklärung des Beklagten ... 123
    - 3. Rechtsfolgen ... 123
        - a) Grundsatz ... 123
        - b) Ausnahme ... 124
        - c) Rechtskraft ... 124
    - 4. Aufbau in der Klausur ... 124
    - 5. Rechtsmittel ... 125
- III. Einseitige Erledigung der Hauptsache ... 126
    - 1. Allgemeines ... 126
        - a) Begriff ... 126
        - b) Wirkung ... 127
    - 2. Prüfungsschema ... 127
    - 3. Aufbau in der Klausur ... 128
        - a) Tenor ... 128
            - aa) Die Feststellungsklage hat Erfolg ... 128
            - bb) Die Feststellungsklage hat keinen Erfolg ... 128
        - b) Tatbestand ... 129
- IV. Klausurklassiker: Widerruf der Erledigungserklärung ... 129
    - 1. Widerruf bei übereinstimmender Erledigung ... 129
    - 2. Widerruf bei einseitiger Erledigung ... 129
- V. Teilerledigung (Mischfälle) ... 130
    - 1. Übereinstimmende Teilerledigung und streitige Leistungsentscheidung ... 130
        - a) Tenor ... 130
        - b) Tatbestand ... 131
        - c) Entscheidungsgründe ... 132
    - 1. Einseitige Teilerledigung und streitige Leistungsentscheidung ... 132
        - a) Tenor ... 133
        - b) Tatbestand ... 133
        - c) Entscheidungsgründe ... 134
    - 3. Übereinstimmende Teilerledigung und einseitige Erledigung ... 134
        - a) Tenor ... 135
        - b) Tatbestand ... 135
        - c) Entscheidungsgründe ... 136
- VI. Examensrelevante Entscheidungen ... 136
- VII. Mindmap ... 138

I. Einführung

1. Begriff

Von einer Erledigung der **Hauptsache** spricht man, wenn der *Klageantrag* in einem Rechtsstreit durch ein *Ereignis nach Eintritt der Rechtshängigkeit gegenstandslos* wird: Die geforderte Geldsumme wird bezahlt, die verlangte Sache herausgegeben, usw. Weil sich damit nur die Klageforderung erledigt hat, nicht aber der *ganze Prozess* – die Frage der Kosten bleibt offen –, spricht man von der Erledigung der „Hauptsache". Der Kläger kann dann den Rechtsstreit für **erledigt erklären,** muss es aber nicht: Die Erledigterklärung ist Folge der den gesamten Zivilprozess beherrschenden Dispositionsmaxime, wonach allein die Parteien über Beginn, Fortdauer und Ende eines Prozesses entscheiden. Eine spezielle Norm für die Erledigungserklärung gibt es in der ZPO nicht, jedoch wird diese Möglichkeit in § 91a ZPO im Rahmen der Kostenentscheidung vorausgesetzt.

Die Erledigung kann in **allen Urteilsverfahren** geltend gemacht werden, im Zwangsvollstreckungsverfahren (Ausnahme: soweit § 788 ZPO greift) und im Mahnverfahren (streitig) sowie im Bereich des vorläufigen Rechtsschutzes (Arrest und einstweilige Verfügung). Zudem kann sie in **allen Instanzen** erklärt werden (im Rechtsmittelzug kann sich sowohl die Hauptsache als auch das Rechtsmittel erledigen).

Zu den einzelnen Merkmalen:

- **Hauptsache:** Damit ist der Klagegegenstand gemeint, also alle im Rahmen der Klage erfassten Ansprüche, inklusive Nebenforderungen (Zinsen usw). Nicht unter die „Hauptsache" fallen die Kosten des Rechtsstreits.
- **Erledigungsereignis:** Das Erledigungsereignis ist der Umstand, der dazu führt, dass eine Klage unzulässig oder unbegründet wird, zB Herausgabe der verlangten Sache; Erfüllung einer Schuld durch Zahlung; Erteilung der begehrten Auskunft; Widerruf einer Behauptung. Der Zeitpunkt, zu dem der Erledigungserfolg eingetreten ist, bezeichnet man als *Erledigungszeitpunkt*.
- **Erledigungserklärung:** Sie führt das erledigende Ereignis in den Rechtsstreit ein, ist also eine *Prozesshandlung*. Als solche ist sie nur wirksam, wenn die Prozesshandlungsvoraussetzungen vorliegen: Partei-, Prozess-, Postulationsfähigkeit, usw.

2. Arten

Man unterscheidet die *übereinstimmende* von der *einseitigen* Erledigterklärung. Letztere kann nur durch den Kläger erfolgen und nicht durch den Beklagten, weil die Disposition über den Klageantrag allein beim Kläger liegt. Wird nur ein *Teil* des Rechtsstreits für erledigt erklärt, im Übrigen aber fortgesetzt, kann das wiederum übereinstimmend oder einseitig erfolgen.

3. Funktion

Sinn und Zweck der Erledigterklärung lassen sich am besten anhand eines Beispiels erklären: K nimmt B wegen einer Kaufpreisforderung über 4.000 EUR in Anspruch. Nach Klageerhebung bezahlt B den Kaufpreis. – Wie wird K vernünftigerweise reagieren?

K wird den Rechtsstreit **für erledigt erklären**; alle anderen in der ZPO vorgesehen Möglichkeiten sind für ihn nur nachteilig: Nimmt K seine Klage **zurück**, muss er nach § 269 III 2 ZPO grundsätzlich die Kosten tragen. Es greift auch nicht die Ausnahmebestimmung des § 269 III 3 ZPO, da der Wegfall des Anlasses zur Einreichung der Klage nicht vor Rechtshängigkeit eingetreten ist. **Verzichtet** K (§ 306 ZPO), ergeht ein Verzichtsurteil und er muss die Kosten des Verfahrens tragen (§ 91 ZPO). **Reagiert K nicht,** wird die Klage abgewiesen, da zum Zeitpunkt der letzten mündlichen Verhandlung die Kaufpreisforderung erloschen ist; er muss dann die Kosten tragen (§ 91 ZPO).

Sie sehen: Mit dem prozessualen Mittel der Erledigterklärung kann der berechtigt Klagende, der keinen Einfluss darauf hat, wie sich der Beklagte nach Klageerhebung verhält, die starren Kostenregeln in § 91 und § 92 ZPO umgehen und auf die geänderte Prozesslage zutreffend reagieren: Stimmt B zu, entscheidet das Gericht über die Kosten *nach billigem Ermessen* gemäß **§ 91a ZPO**. Stimmt B nicht zu, wird das Gericht die Erledigung feststellen mit der für B nachteiligen Kostenfolge des § 91 ZPO.

II. Übereinstimmende Erledigung der Hauptsache

Rechtsgrundlage: § 91a ZPO

1. Allgemeines

Allein die *übereinstimmende* Erledigung der Hauptsache ist in der Zivilprozessordnung in § 91a ZPO rudimentär geregelt. Sind sich die Parteien darüber einig, dass eine gerichtliche Entscheidung über die Hauptsache nicht mehr gewollt ist und erklären sie dies dem Gericht gegenüber, erlischt die Rechtshängigkeit kraft Parteihandlung bis auf die Kostenfrage. Bisher ergangene Entscheidungen werden automatisch wirkungslos (§ 269 III 1 ZPO analog).

> **Wichtig ist:** Die (automatische) Beendigung des Rechtsstreits in der Hauptsache tritt auch dann ein, wenn das Erledigungsereignis *in Wirklichkeit nicht eingetreten ist* oder wenn die Parteien ihre Erledigterklärungen *wider besseres Wissen* abgegeben haben. Das Gericht ist an die übereinstimmenden Erklärungen **gebunden**. Es darf (Dispositionsmaxime!) weder überprüfen, ob die Hauptsache tatsächlich erledigt ist, noch, ob die Klage zulässig und begründet war.
>
> **Zudem:** Die übereinstimmende Erledigterklärung der Hauptsache kann auch nur *teilweise* erfolgen, wenn zB die Parteien die Zahlungsklage über 6.000 EUR in Höhe von 2.000 EUR für erledigt erklären. Die Kostenentscheidung erfolgt dann als *Kos-*

tenmischentscheidung nach § 91 bei vollem Obsiegen bzw. § 92 ZPO bei teilweisem Obsiegen (betreffend 4.000 EUR) und § 91a ZPO (betreffend 2.000 EUR).

2. Voraussetzungen

> a) Rechtshängigkeit
> b) Erledigterklärung des Klägers
> c) Erledigterklärung des Beklagten

Erläuterungen:

a) Der Rechtsstreit muss bereits (und noch) rechtshängig sein. Die Erledigung zwischen Anhängigkeit (Einreichung der Klageschrift bei Gericht) und Rechtshängigkeit (§ 261 I, II ZPO) wird in § 269 III 3 ZPO speziell geregelt.

b) Erledigterklärung des Klägers. Die Erledigterklärung ist eine Prozesshandlung, so dass die *Prozesshandlungsvoraussetzungen* vorliegen müssen. Die Erklärung ist der *Auslegung* zugänglich; ausreichend ist beispielsweise der Hinweis, dass eine Entscheidung über die Hauptsache aufgrund der zwischenzeitlichen Bezahlung des Beklagten nicht mehr erforderlich ist. *Formell* erfolgt die Erledigterklärung in der mündlichen Verhandlung, durch Einreichung eines Schriftsatzes oder zu Protokoll der Geschäftsstelle (§ 91a I 1 ZPO). Die *Reihenfolge* der Erledigterklärungen ist unerheblich; es kann auch der Beklagte „vorangehen". Zeitlich kann sie bis zur Rechtskraft des Urteils erfolgen, so dass also bis zum Ablauf der Rechtsmittelfrist der Rechtsstreit übereinstimmend für erledigt erklärt werden kann.

c) Erledigterklärung des Beklagten. Wirksam ist die Zustimmung zur Erledigterklärung nur, wenn die *Prozesshandlungsvoraussetzungen* vorliegen. Die Zustimmung ist der *Auslegung* zugänglich; ausreichend ist beispielsweise, dass der Beklagte der Erledigung nicht widerspricht und allein Ausführungen zur Kostentragung macht. § 91a I 2 ZPO enthält eine *Fiktion* der Zustimmung des Beklagten zur Erledigterklärung des Klägers: Wird der Beklagte ordnungsgemäß belehrt, bedeutet sein Schweigen Zustimmung.

> Hinweis: Es wurde noch nicht höchstrichterlich geklärt, ob die Fiktion des § 91a I 2 ZPO auch für eine **Teilerledigung** anwendbar ist. Das kann für den Klausurbearbeiter eine missliche Situation darstellen. Beispiel: Im Sachverhalt erklärt K seine Klage teilweise für erledigt; B äußert sich auf den entsprechenden Schriftsatz des K, den das Gericht an B weiterleitet, nicht. Im Bearbeitervermerk heißt es (wie üblich), dass erforderliche Belehrungen erteilt wurden. – Für den Bearbeiter ist nun offen, ob das Gericht mit der Übermittlung des Schriftsatzes des K an B diesen zugleich gem. § 91a I 1 ZPO belehrt hat; er weiß ja nicht, ob das Gericht der Ansicht folgt, dass die Fiktion des § 91a I 2 ZPO auch auf eine Teilerledigterkärung Anwendung findet (wenn nicht, entfällt konsequenterweise auch eine entsprechende Belehrung!). Meines Erachtens greift § 91a I 2 ZPO nicht und solche Fallgestaltungen sind nach dem Muster einer einseitigen Teilerledigung aufzubauen. Im Hilfsgutachten greift man dann diese Rechtsfrage auf; etwa so: *Die Fiktion des § 91a I 2 ZPO soll die Arbeit des Gerichts erleichtern und einen gesonderten Termin nur zur „Abholung" der Zustimmung des Beklagten zur Erledigterklärung entbehrlich machen. Nachdem vorliegend nur eine Teilerledigung vorliegt und das Gericht ohnehin verhandeln muss, kann der Gesichtspunkt der Erledigung in der mündlichen Verhandlung erörtert werden. Es besteht kein Bedürfnis, einem Schweigen Erklärungswert beizumessen.*

3. Rechtsfolgen

a) Grundsatz. Mit den übereinstimmenden Erledigterklärungen endet automatisch die Rechtshängigkeit der Hauptsache. Bereits ergangene Entscheidungen (zB eine angeordnete Beweisaufnahme, ein Versäumnisurteil) werden wirkungslos (§ 269 III 1 ZPO analog; Antragsmöglichkeit: Abs. 4). Hingegen *muss* das Gericht eine **Kostenentscheidung gemäß § 91a ZPO** unter Berücksichtigung des bisherigen Sach- und Streitstands nach billigem Ermessen treffen. Bei dieser Entscheidung ist maßgeblicher Gesichtspunkt, wie der Rechtsstreit voraussichtlich ausgegangen wäre, wie also die Erfolgsaussichten der ursprünglichen Klage waren. Insoweit wird eine summarische Prüfung auf Grundlage des bisherigen Sach- und Streitstandes vorgenommen; eine weitere Beweisaufnahme zur Klärung der Kostenfrage findet nicht statt.

> Ergänzende Hinweise: Bisherige Beweisergebnisse werden berücksichtigt, nicht aber ein neuer Sachvortrag der Parteien; nicht gewährtes rechtliches Gehör ist nachzuholen. Bei der hypothetischen Prüfung der Erfolgsaussichten ist zu beachten: Werden die übereinstimmenden Erledigterklärungen vor einem *unzuständigen* Gericht abgegeben, sind die Kosten nicht allein deshalb dem Kläger aufzuerlegen: Hypothetisch wäre der Rechtsstreit an das zuständige Gericht verwiesen worden, so dass darauf abzustellen ist, wer dort sachlich unterlegen wäre.

b) Ausnahme. Bei der Erledigung eines gerichtlichen Rechtsstreits durch **Prozessvergleich** enthält § 98 ZPO eine Sonderregelung gegenüber § 91a ZPO. Danach sind die Kosten eines Vergleichs als gegeneinander aufgehoben anzusehen, wenn nicht die Parteien ein anderes vereinbart haben.

Beispiel: K macht gegen B eine Werklohnforderung in Höhe von 800 EUR gelten. Die Parteien schließen vor Gericht folgenden Prozessvergleich: *Der Beklagte zahlt an den Kläger zur Abgeltung sämtlicher Forderungen aus dem zwischen den Parteien am 8.6. geschlossenen Werkvertrag 300 EUR.* – Mangels einer anderweitigen Vereinbarung sind die Kosten des Rechtsstreits gegeneinander aufzuheben (§ 98 ZPO).

Die Parteien können § 98 ZPO umgehen und § 91a ZPO zur Anwendung bringen, indem sie in den Vergleich folgende Klausel aufnehmen: *Die Kostenentscheidung wird in das Ermessen des Gerichts gestellt.* Ziel dieser Klausel: Ein Prozessvergleich scheitert oft an der Kostenfrage. Mit der Klausel eröffnen die Parteien dem Gericht die Möglichkeit, eine Kostenverteilung nach billigem Ermessen vorzunehmen (§ 91a ZPO). Damit wird die Kostenfrage aus den Vergleichsverhandlungen herausgenommen und ein erfolgreicher Abschluss erleichtert.

c) Rechtskraft. Die Entscheidung nach übereinstimmender Erledigungserklärung ist eine Kostenentscheidung und ergeht durch Beschluss, so dass keine Sachentscheidung über den Streitgegenstand getroffen wird (= der Beschluss ist nicht der materiellen Rechtskraft fähig). Derselbe Streitgegenstand kann durch Klage deshalb erneut geltend gemacht werden, es sei denn, dass dies nach § 242 BGB im Einzelfall wegen Rechtsmissbrauch unzulässig ist (vgl. zur Rechtskraft auch unten Ziff. IV „Klausurklassiker").

4. Aufbau in der Klausur

Beispiel: K klagt gegen B auf Zahlung eines Schmerzensgeldes in Höhe von 3.000 EUR aus einem Verkehrsunfall. B, gegen den ein Versäumnisurteil am 5.4. ergangen ist, legt Einspruch ein. Die Beweisaufnahme bestätigt die Schmerzensgeldforderung des K dem Grunde nach. Die Höhe ist problematisch; zur weiteren Bezifferung ist ein aufwendiges medizinisches Sachverständigengutachten erforderlich. B, der seine grundsätzliche Haftung akzeptiert, nicht aber die Höhe der Forderung, zahlt 2.000 EUR. Daraufhin erklärt K, dass er unter diesen Umständen das Verfahren nicht weiter fortführen will. B entgegnet, ihm sei das egal; er verwahre sich nur gegen die Übernahme von Verfahrenskosten. – Welche Entscheidung trifft das Gericht?

Es liegt eine übereinstimmend erklärte Erledigung der Hauptsache vor: **Erledigterklärung des Klägers:** K hat den Rechtsstreit zwar nicht ausdrücklich für erledigt erklärt, eine Auslegung seiner Erklärung ergibt jedoch: K will von einer Entscheidung in der Hauptsache absehen und sich mit dem gezahlten Betrag von 2.000 EUR zufrieden geben, weil ihm das Kostenrisiko angesichts des erforderlichen weiteren Gutachtens zu hoch ist. Da die Prozesshandlungsvoraussetzungen gegeben sind, liegt eine wirksame Erledigterklärung vor. **Erledigterklärung des Beklagten:** B hat der Erklärung des K nicht widersprochen und sein Hinweis – er wendet sich gegen die Übernahme der Kosten – zeigt, dass auch er kein Interesse an einer Sachentscheidung hat, sondern nur die Kostenfrage geklärt wissen will. Damit hat B, die Prozesshandlungsvoraussetzungen liegen vor, der Erledigung wirksam zugestimmt.

> **Hinweis:** Lässt der Sachverhalt nicht erkennen, dass eine Prozesshandlungsvoraussetzung fehlt (zB mangelnde Postulationsfähigkeit), ist davon auszugehen, dass alle Prozesshandlungsvoraussetzungen vorliegen.

Die **Rechtsfolge** bestimmt sich nach § 91a ZPO und es ergeht folgender Beschluss:

Beschluss

I. Der Rechtsstreit wurde in der Hauptsache für erledigt erklärt.

II. Das Versäumnisurteil des Amtsgerichts... vom 5.4. ist wirkungslos.

III. Von den Kosten des Rechtsstreits tragen der Kläger 1/3 und der Beklagte 2/3.

Gründe

I.

Der Kläger hat den Beklagten auf Zahlung von Schmerzensgeld in Höhe von 3.000 EUR verklagt. Am 5.4., dem Beklagten zugestellt am 6.4., erging gegen den Beklagten Versäumnisurteil, gegen das er mit Schriftsatz vom 9.4., eingegangen am 10.4., Einspruch eingelegt hat. Nachdem mehrere Zeugen vernommen wurden und das Gericht angekündigt hat, dass ein weiteres medizinisches Gutachten erforderlich ist, hat der Beklagte an den Kläger 2.000 EUR bezahlt. Der Kläger hat daraufhin erklärt, dass er unter diesen Umständen das Verfahren nicht weiter fortführen wolle. Der Beklagte erklärte, es sei ihm „egal", er wolle nur keine Kosten tragen.

> II.
> Der Rechtsstreit wurde übereinstimmend für erledigt erklärt.
>   1. Erledigterklärung des Klägers:...
>   2. Erledigterklärung des Beklagten:...
>   3. Nachdem der Rechtsstreit übereinstimmend für erledigt erklärt wurde, musste das Gericht über die Kosten des Verfahrens unter Berücksichtigung des bisherigen Sach- und Streitstand nach billigem Ermessen entscheiden (§ 91a ZPO).
>
> Bei dieser Ermessensentscheidung ist maßgeblicher Gesichtspunkt, wie der Rechtsstreit voraussichtlich ausgegangen wäre, dh es ist zu prüfen, ob die Klage erfolgreich (zulässig und begründet) gewesen wäre. Insoweit ist eine summarische Prüfung auf Grundlage des bisherigen Sach- und Streitstands vorzunehmen. Eine weitere Beweisaufnahme zur Klärung der Kostenfrage findet nicht statt.
>
> Das Gericht berücksichtigt bei dieser summarischen Prüfung zwei Gesichtspunkte: Einerseits, den Umstand, dass eine Klärung des Umfangs des Schmerzensgeldanspruchs ohne medizinisches Gutachten nicht möglich ist und andererseits den Umstand, dass der Kläger sich trotz seiner ursprünglichen Forderung von 3.000 EUR mit 2.000 EUR zufrieden gab, für seinen weitergehenden Anspruch über 1.000 EUR also ein erhebliches Prozessrisiko sah. In Ausübung seines Ermessens folgt das Gericht dieser Einschätzung und hält es für billig, dass der Kläger 1/3 der Kosten des Rechtsstreits trägt und der Beklagte 2/3.
>
> Rechtsbehelfsbelehrung/Unterschrift(en)

Erläuterungen:

- **Tenor: Ziff. I.** Streng genommen erfolgt Ziff. I nur zur Klarstellung und ist entbehrlich, aber üblich. Achten Sie auf den exakten Wortlaut: Mit der Wendung *wurde... für erledigt erklärt* wird zum Ausdruck gebracht, dass eine gerichtliche Prüfung hinsichtlich der Erledigung der Hauptsache nicht erfolgt ist. Falsch daher: *Der Rechtsstreit ist erledigt.* **Ziff. II.** Bisher ergangene Entscheidungen werden automatisch wirkungslos. Eine entsprechende Tenorierung *muss* auf Antrag (Rechtsgrundlage: § 269 IV, III 1 ZPO analog) und *kann* im Übrigen klarstellend erfolgen. **Ziff. III.** Rechtsgrundlage für die Kostenentscheidung ist § 91a ZPO. Eine gesetzliche vorgeschriebene Kostentrennung (zB § 344 ZPO) ist ggf. zu beachten.

> **Hinweis:** Eine Entscheidung über die vorläufige Vollstreckbarkeit ist bei einem Beschluss nicht zulässig (§ 704 ZPO), da die sofortige Beschwerde keinen Suspensiveffekt hat (§ 570 ZPO).

- **Gründe:** Ein Beschluss enthält – anders als ein Urteil – keinen Tatbestand, sondern lediglich Gründe. Üblicherweise wird in den „Gründen" zunächst der der Entscheidung zugrundeliegende Sachverhalt dargelegt (Ziff. I). Hierbei ist, wie bei der Fertigung des Tatbestands, der Sachverhalt ohne Auslegung zu schildern. Anschließend folgt die rechtliche Würdigung (Ziff. II). Die Kostenentscheidung wird unter § 91a ZPO subsumiert. Hierbei sollte als zentraler Ermessensgesichtspunkt erörtert werden, wie der Rechtsstreit voraussichtlich ausgegangen wäre, dh, es wird inzident die Zulässigkeit und Begründetheit geprüft. Dies geschieht summarisch auf Grundlage des bisherigen Sach- und Streitstands unter Berücksichtigung der bereits erhobenen Beweise.

5. Rechtsmittel

Gegen die Entscheidung ist die **sofortige Beschwerde** statthaft (§ 91a II ZPO iVm § 567 ZPO).

Fall 1: K und B, beide anwaltlich vertreten, erklären in einem Rechtsstreit über eine Werklohnforderung in Höhe von 500 EUR den Rechtsstreit nach mündlicher Verhandlung in der Hauptsache übereinstimmend für erledigt. Das Gericht legt in seinem Beschluss B die gesamten Kosten des Rechtsstreits auf. B legt Berufung ein, mit dem Ziel, dass K die Kosten trägt.

Die von B eingelegte Berufung ist als sofortige Beschwerde auszulegen (Rechtsgedanke des § 300 StPO). Die sofortige Beschwerde ist jedoch nicht zulässig. *Statthaftigkeit* liegt vor. Nach § 91a II ZPO findet gegen die Kostenentscheidung nach übereinstimmender Erledigterklärung die sofortige Beschwerde statt. *Beschwerdewert?* Nach § 567 II ZPO ist die Beschwerde in Kostensachen zulässig, wenn der Wert des Gegenstandes 200 EUR übersteigt. Beschwerdeziel des B, der die gesamten Kosten des Rechtsstreits tragen muss, ist, dass K alle Kosten trägt. Beschwerdewert ist damit die Summe aus Gerichtskosten und außergerichtlichen Kosten: Gerichtskosten 3 × 35 EUR = 105 EUR (Nr. 1210 VV-GKG; Nr. 1211 VV-GKG ist nicht einschlägig, da eine Entscheidung über die Kosten ergangen ist) plus 2 × außergerichtliche Kosten = 2 × [2,5 × 45 EUR + 20 EUR + USt] = 315,35 EUR. Der Beschwerdewert liegt demnach bei 420,35 EUR, also über der 200 EUR-Grenze des § 567 II ZPO.

Berufungssumme (§ 91a II S. 2 ZPO iVm § 511 ZPO)? In der Hauptsache, dem Streit über die Werklohnforderung, wäre keine Berufung möglich, da die Berufungssumme von 600 EUR nicht erreicht ist (§ 91a II 2 ZPO iVm § 511 II Nr. 1 ZPO). Die sofortige Beschwerde ist damit unzulässig (Normzweck des § 91a II 2 ZPO: Der Rechtsmittelzug zur Überprüfung einer Kostenentscheidung kann nicht weitergehen als in der Hauptsache!).

Fall 2: K nimmt B über eine Werklohnforderung in Höhe von 800 EUR in Anspruch. Beide Parteien erklären den Rechtsstreit übereinstimmend für erledigt; das Gericht legt B die Kosten des Rechtsstreits durch Endurteil auf. B möchte sich gegen dieses Endurteil zur Wehr setzt. – Welches Rechtsmittel kann er geltend machen?

Problematisch ist, dass das Gericht eine sog. *inkorrekte Entscheidung* erlassen hat: Richtigerweise hätte über die Kosten durch *Beschluss* und nicht durch Endurteil entschieden werden müssen. Nach dem **Meistbegünstigungsgrundsatz** kann der Adressat einer inkorrekten Entscheidung nun entweder *das* Rechtsmittel einlegen, das gegen die *falsche* Entscheidung grundsätzlich statthaft ist (hier: Berufung) oder *das* Rechtsmittel, das gegen die *richtigerweise* zu treffende Entscheidung statthaft gewesen wäre (hier: sofortige Beschwerde). B hat also die Wahl, ob er Berufung oder sofortige Beschwerde einlegt. Dabei ist zu beachten: Der Meistbegünstigungsgrundsatz ändert nicht das *Verfahren*. Die zweite Instanz wird also ein Beschwerdeverfahren durchführen, unabhängig davon, ob B sofortige Beschwerde oder Berufung einlegt. Um den Adressaten einer inkorrekten Entscheidung aber vor Nachteilen zu schützen, die er möglicherweise durch die gerichtliche Falschbezeichnung erleidet, gelten folgende Erleichterungen. Bei der **Bezeichnung** des Rechtsmittels ist B frei, er kann sein Rechtsmittel *Berufung* oder *sofortige Beschwerde* nennen. Auch bei den **Fristen** darf B auf die inkorrekte Entscheidung vertrauen. Geht er davon aus, dass ein Urteil ergangen ist und hiergegen *Berufung* einzulegen ist, läuft die Monatsfrist des § 517 ZPO, anstelle des an sich einschlägigen § 569 ZPO (Zweiwochenfrist). Allerdings wird durch die Meistbegünstigung kein Rechtsmittel geschaffen, das nicht gegeben wäre: Wäre gegen die korrekte Entscheidung, zB wegen des Beschwerdewerts, kein Rechtsmittel statthaft, ist auch die inkorrekte Entscheidung nicht anfechtbar.

III. Einseitige Erledigung der Hauptsache

Rechtsgrundlage: Gesetzlich nicht geregelt, aber allgemein anerkannt.

1. Allgemeines

a) Begriff. Die *einseitige* Erledigungserklärung des Klägers ist der Antrag an das Gericht, die Erledigung der Hauptsache festzustellen. Im Gegensatz zur übereinstimmenden Erledigungserklärung führt die einseitige Erledigterklärung nicht zur Beendigung des Verfahrens. Ihr Zweck ist es, dem Kläger in den Fällen zu helfen, in denen eine Erledigung aus seiner Sicht eingetreten ist, der Beklagte aber die Zustimmung verweigert (§ 91a ZPO stellt nur auf die *beiderseitige* Erledigterklärung ab: „Haben *die Parteien*…").

Beispiel: K erhebt Klage gegen B1 auf Schmerzensgeld in Höhe von 400 EUR aus unerlaubter Handlung; Klagegrund ist eine körperliche Auseinandersetzung, bei der K durch B1 und B2 verletzt wurde. B2, den Bruder seiner Freundin, will K nicht behelligen. Ohne Wissen des B1 zahlt B2, der den Vorfall bereut, 400 EUR. K erklärt daraufhin in der mündlichen Verhandlung den Rechtsstreit für erledigt. Obwohl der Anspruch des K nach Sachlage begründet ist, widerspricht B1; er hofft immer noch, dass das Gericht die Klage abweist.

Die Schmerzensgeldforderung wurde durch einen Gesamtschuldner (§§ 840 I, 422 BGB) erfüllt. Damit wäre die Klage als unbegründet abzuweisen und K müsste nach § 91 ZPO die Kosten des Rechtsstreits tragen. Das ist unbillig, weil er den Prozess ohne die Zahlung durch B2 gewonnen hätte mit der Folge der Kostentragungspflicht des B1 (§ 91 ZPO). Mit der einseitigen Erledigterklärung kann K gegen den Willen des B1 dieses Ergebnis vermeiden: Seine Erklärung beinhaltet nach ganz hM eine nach § 264 Nr. 2 ZPO zulässige Klageänderung von der Leistungsklage (400 EUR) auf die Feststellungsklage, wonach die ursprüngliche Klage zulässig und begründet war und nach Rechtshängigkeit unbegründet wurde. Diese Voraussetzungen liegen hier vor, so dass K obsiegt und B1 die Kosten tragen muss (§ 91 ZPO).

6. Kapitel: Erledigung der Hauptsache

> **Hinweis:** Wie bereits ausgeführt, ist eine *einseitige* Erledigterklärung des *Beklagten nicht möglich*. Vielfach kann eine solche unzulässige Erklärung allerdings dahin *umgedeutet* werden, dass sie eine *vorweggenommene* Zustimmung zur Erledigterklärung des Klägers beinhaltet. Erklärt der Kläger dann später den Rechtsstreit ebenfalls für erledigt, liegt eine übereinstimmende Erledigterklärung vor.

b) Wirkung. Mit der einseitigen Erledigungserklärung wandelt sich die ursprüngliche Klage nach hM in eine Feststellungsklage. Aus prozessualer Sicht liegt eine Beschränkung des ursprünglichen Antrags vor (= **Klageänderung** von der ursprünglichen Leistungsklage zur Feststellungsklage, die nach § 264 Nr. 2 ZPO *stets zulässig* ist, sog. Klageänderungstheorie). Mit der Klage soll festgestellt werden, dass die ursprüngliche Klage

– *zulässig und*

– *begründet* war und

– *nach Rechtshängigkeit* durch ein *Ereignis unzulässig oder unbegründet* wurde.

Diese dreifache Feststellung ist für die Beurteilung des Umfangs der Rechtskraft maßgeblich: Eine erneute Leistungsklage (erste und zweite Feststellung) ist damit unzulässig (Hüßtege in Thomas/Putzo, 39. Auflage 2018 § 91a Rn. 51). Die Entscheidung ergeht als Endurteil; die Kostenentscheidung beruht auf §§ 91, 92 ZPO und nicht auf § 91a ZPO. Statthaftes Rechtsmittel ist die Berufung.

> **Hinweis:** Die *Rechtshängigkeit der Hauptsache* bleibt *bestehen*, da der Feststellungsantrag die Rechtsbehauptung enthält, dass die ursprünglich zulässige und begründete Klage durch ein Ereignis nach Rechtshängigkeit unzulässig oder unbegründet wurde (Hüßtege in Thomas/Putzo, 39. Auflage 2018, § 91a Rn. 33).

> **Klausurtipp:** Die Bezifferung des Gebührenstreitwerts ist überaus streitig. Für die Examensklausur empfiehlt es sich schlichtweg, der für die Berechnung *einfachsten* Ansicht zu folgen: Nach dieser ändert sich der Gebührenstreitwert nicht (Argument ist der Umfang der Rechtskraft)!

2. Prüfungsschema

> **I. Zulässigkeit**
> 1. Einseitige Erledigungserklärung; Prozesshandlungsvoraussetzungen
> 2. Zulässigkeit der Klageänderung: § 264 Nr. 2 ZPO
> 3. Örtliche und sachliche Zuständigkeit
> 4. Ggf. weitere Zulässigkeitsvoraussetzungen
> 5. Feststellungsinteresse
>
> **II. Begründetheit**
> 1. Klage ursprünglich zulässig
> 2. Klage ursprünglich begründet
> 3. Erledigung: Die Klage wurde durch ein Ereignis nach Rechtshängigkeit unzulässig oder unbegründet

Ergänzende Erläuterungen:

- **Die Einseitige Erledigungserklärung erfolgt** durch Schriftsatz, in der mündlichen Verhandlung oder zu Protokoll der Geschäftsstelle.
- **Zulässigkeit der Klageänderung:** Die Änderung der Klage auf Feststellung der Erledigung des Rechtsstreits ist als Reduzierung des ursprünglichen Antrags gemäß § 264 Nr. 2 ZPO (Klagebeschränkung) ohne weiteres kraft Gesetzes zulässig.
- Örtliche und sachliche **Zuständigkeit:** vgl. Klageänderung „Verhältnis der Klageänderung zu § 261 III Nr. 2 ZPO (perpetuatio fori)", S. 81).
- **Feststellungsinteresse:** Für das nach § 256 ZPO erforderliche Feststellungsinteresse genügt der Hinweis auf das Interesse des Klägers, die drohende Kostenlast zu vermeiden.
- **Ursprünglich zulässig:** Der ursprüngliche Antrag muss *bis* zum erledigenden Ereignis zulässig gewesen sein. Hat also zB der Kläger seine Zahlungsklage vor einem unzuständigen Gericht erhoben und erklärt er seine Klage einseitig für erledigt, kann der Zulässigkeitsmangel durch Verweisung nicht mehr geheilt werden und die nunmehrige Feststellungsklage ist abzuweisen (str., aA: eine Verweisung ist noch möglich).

- **Ursprünglich begründet:** Im Gegensatz zur übereinstimmenden Erledigterklärung wird der Prozess nicht beendet, sondern läuft weiter, dh es wird geprüft, ob der ursprüngliche Klageantrag berechtigt war. Das bedeutet insbesondere: War die Leistungsklage im Zeitpunkt des erledigenden Ereignisses noch nicht entscheidungsreif, muss eine Beweisaufnahme durchgeführt werden.
- **Erledigung:** Der ursprüngliche Antrag muss sich erledigt haben, dh er muss *nach* Eintritt der Rechtshängigkeit unzulässig oder unbegründet geworden sein. Dabei muss das Gericht im Gegensatz zur übereinstimmenden Erledigterklärung (dort gilt die Dispositionsmaxime) prüfen, ob das vom Kläger behauptete Ereignis tatsächlich eingetreten ist und ob es sich erledigend ausgewirkt hat.

> **Hinweis:** Als ein erledigendes Ereignis nach Rechtshängigkeit gilt auch die im Laufe des Prozesses erklärte **Aufrechnung**, selbst wenn die Aufrechnungslage bereits vor Rechtshängigkeit bestand und die Klageforderung damit gemäß § 389 BGB als vor Rechtshängigkeit erloschen gilt (BGH NJW 2003, 3134). Die **Verjährung** wird als erledigendes Ereignis auch dann anerkannt, wenn sie schon vor Rechtshängigkeit eingetreten, aber im laufenden Prozess erstmals einredeweise erhoben wird (BGH NJW 2010, 2422, – vgl. dazu unten „Examensrelevante Entscheidungen").

3. Aufbau in der Klausur

a) Tenor:

aa) Die Feststellungsklage hat Erfolg:

Endurteil

I. Die Hauptsache ist erledigt.
II. Der Beklagte trägt die Kosten des Rechtsstreits.
III. Das Urteil ist vorläufig vollstreckbar.

- **Hauptsache:** Obwohl ein Feststellungsurteil ergeht, ist es in der Praxis nicht üblich zu tenorieren: *Es wird festgestellt, dass...*
- **Kosten:** Es liegt eine „normale" Feststellungsklage vor, dh der „Verlierer" der Feststellungsklage trägt die Kosten nach § 91 ZPO; § 91a ZPO ist nicht anwendbar.
- **Vorläufige Vollstreckbarkeit: Nur der Kläger kann vollstrecken.** Schritt 1: Was kann der Kläger vollstrecken? Nur die Gerichtskosten und die außergerichtlichen Kosten. Schritt 2: Einschlägig sind §§ 708 Nr. 11, 711 ZPO (Kosten unter 1.500 EUR) und § 713 ZPO, weil das Urteil nicht die Berufungssumme von 600,01 EUR erreicht (§ 511 II Nr. 1 ZPO). Eine Abwendungsbefugnis gibt es daher nicht.

bb) Die Feststellungsklage hat keinen Erfolg:

Endurteil

I. Die Klage wird abgewiesen.
II. Der Kläger trägt die Kosten des Rechtsstreits.
III. Das Urteil ist vorläufig vollstreckbar.

- **Hauptsache:** Die Feststellungsklage war nicht erfolgreich und ist daher abzuweisen.
- **Kosten:** Es liegt eine „normale" Feststellungsklage vor, dh der „Verlierer" der Feststellungsklage trägt die Kosten nach § 91 ZPO; § 91a ZPO ist nicht anwendbar.
- **Vorläufige Vollstreckbarkeit: Nur der Beklagte kann vollstrecken.** Schritt 1: Was kann der Beklagte vollstrecken? Nur die außergerichtlichen Kosten. Schritt 2: Rechtsgrundlage ist §§ 708 Nr. 11, 713 ZPO (das Urteil ist nicht berufungsfähig, vgl. oben).

b) Tatbestand:

Einleitungssatz, unstreitiger Sachverhalt, streitiges Klägervorbringen.	Keine Besonderheiten
Der Kläger hat vom Beklagten ursprünglich Schmerzensgeld in Höhe von 400 EUR gefordert. Nachdem der nicht verklagte angebliche Mittäter dem Kläger 400 EUR bezahlt hat, hat der Kläger mit Schriftsatz vom... den Rechtsstreit für erledigt erklärt. Der Beklagte hat sich dieser Erledigung widersetzt.	Kleine Prozessgeschichte: Zum Verständnis des Klägerantrags ist der ursprüngliche Antrag widerzugeben. (Bedarf die einseitige Erledigterklärung der Auslegung, müssen die maßgeblichen Umstände dargelegt werden.)
Der Kläger beantragt zuletzt *Der Rechtsstreit ist erledigt.* *Der Beklagte beantragt.* *Klageabweisung*	
Streitiger Beklagtenvortrag; Prozessgeschichte.	Keine Besonderheiten

IV. Klausurklassiker: Widerruf der Erledigungserklärung

Beispiel: K nimmt B wegen einer Werklohnforderung für die Durchführung von Gartenarbeiten in Höhe von 800 EUR in Anspruch. Nach Erhebung der Klage übergibt B dem K einen Scheck über 800 EUR.

1. Widerruf bei übereinstimmender Erledigung

Nach Übergabe des Schecks erklären die Parteien den Rechtsstreit übereinstimmend für erledigt. Kurze Zeit später stellt sich heraus, dass der Scheck nicht gedeckt ist. K widerruft seine Erledigterklärung.

Der Rechtsstreit wurde übereinstimmend für erledigt erklärt. Damit ist die Rechtshängigkeit der Werklohnforderung erloschen. Der Widerruf des K geht ins Leere, so dass sich die Frage, ob ein Widerruf überhaupt möglich ist, gar nicht stellt. Das Gericht entscheidet nur noch über die Kosten nach § 91a ZPO.

Fortführung des Beispiels: Nach übereinstimmend erfolgter Erledigterklärung und (vergeblichem) Widerruf klagt K die Werklohnforderung erneut ein. B entgegnet, hierüber sei bereits rechtskräftig entschieden worden.

Der Einwand der *entgegenstehenden Rechtskraft* greift nicht, weil ein Beschluss nach § 91a ZPO nicht der materiellen Rechtskraft fähig ist (§ 322 I ZPO: „*Urteile*"!). Fraglich ist hingegen das **Rechtsschutzbedürfnis**. Es ist streitig, ob der Kläger gegen Treu und Glauben (§ 242 BGB) aufgrund widersprüchlichen Verhaltens verstößt, wenn er zunächst den Rechtsstreit für erledigt erklärt und anschließend denselben Betrag neu einklagt. Der BGH hat dies offen gelassen (NJW 1999, 1337). Hier kann die Frage dahin gestellt bleiben, da durch die Übergabe eines nicht gedeckten Schecks der Beklagte nicht schutzwürdig ist. Eine erneute Klage ist damit zulässig.

> **Hinweis:** Wäre ein Scheck über einen Teilbetrag iHv 400 EUR übergeben worden und hätten die Parteien daher lediglich teilweise eine übereinstimmende Erledigung erklärt, kann im Widerruf des Klägers eine nachträgliche Klageänderung gesehen werden: Im Unterschied zum Ausgangsfall ist nach der **teilweise** übereinstimmenden Erledigterklärung noch ein Restbetrag über 400 EUR offen, dh eine Hauptsache ist noch anhängig und diese Hauptsache kann auch geändert werden. Mit dem „Widerruf" der Teilerledigterklärung kehrt der Kläger zurück zur gesamten Klageforderung über 800 EUR. Diese Klageänderung ist zulässig und der Einwand gem. § 242 BGB greift nicht.

2. Widerruf bei einseitiger Erledigung

K widerruft seine Erledigterklärung nachdem sich herausstellt, dass der Scheck über 800 EUR nicht gedeckt ist. Dies bevor B der Erledigung zustimmt.

Diese Fallgestaltung ist eine beliebte Klausurvariation, bei der man vielfach auf folgende Fehlbearbeitung trifft: Die Erledigungserklärung wird als *Prozesshandlung* eingestuft und damit als nicht widerrufbar (oder anfechtbar), mit der Konsequenz, dass der Widerruf als *nicht beachtlich* gewertet wird.

Damit wird verkannt: Der Kläger hat zunächst durch die einseitige Erledigterklärung seine Leistungsklage in eine Feststellungsklage (§ 264 Nr. 2 ZPO) geändert. Mit dem Widerruf dieser Erklärung wollte er nichts anderes, als die ursprüngliche Situation wieder herstellen, also von der Feststellungsklage zurück zur ursprünglichen Leistungsklage. Sein „Widerruf" ist folglich als zulässige Klageänderung zu werten (§ 264 Nr. 2 ZPO). Damit muss jetzt über den Werklohnanspruch über 800 EUR verhandelt werden.

V. Teilerledigung (Mischfälle)

Die Erledigungserklärung muss sich nicht immer auf den *gesamten* Rechtsstreit beziehen, sie kann sich auch auf *einzelne Teile beschränken*. Eine solche teilweise Erledigungserklärung ist zulässig für *abgrenzbare Teile* eines Streitgegenstands (zB Erledigterklärung einer Werklohnforderung über 5.000 EUR in Höhe von 4.000 EUR) bzw. *einzelne von mehreren Streitgegenständen* (§ 260 ZPO) oder für *einen* von *mehreren* Streitgenossen (59 ff. ZPO).

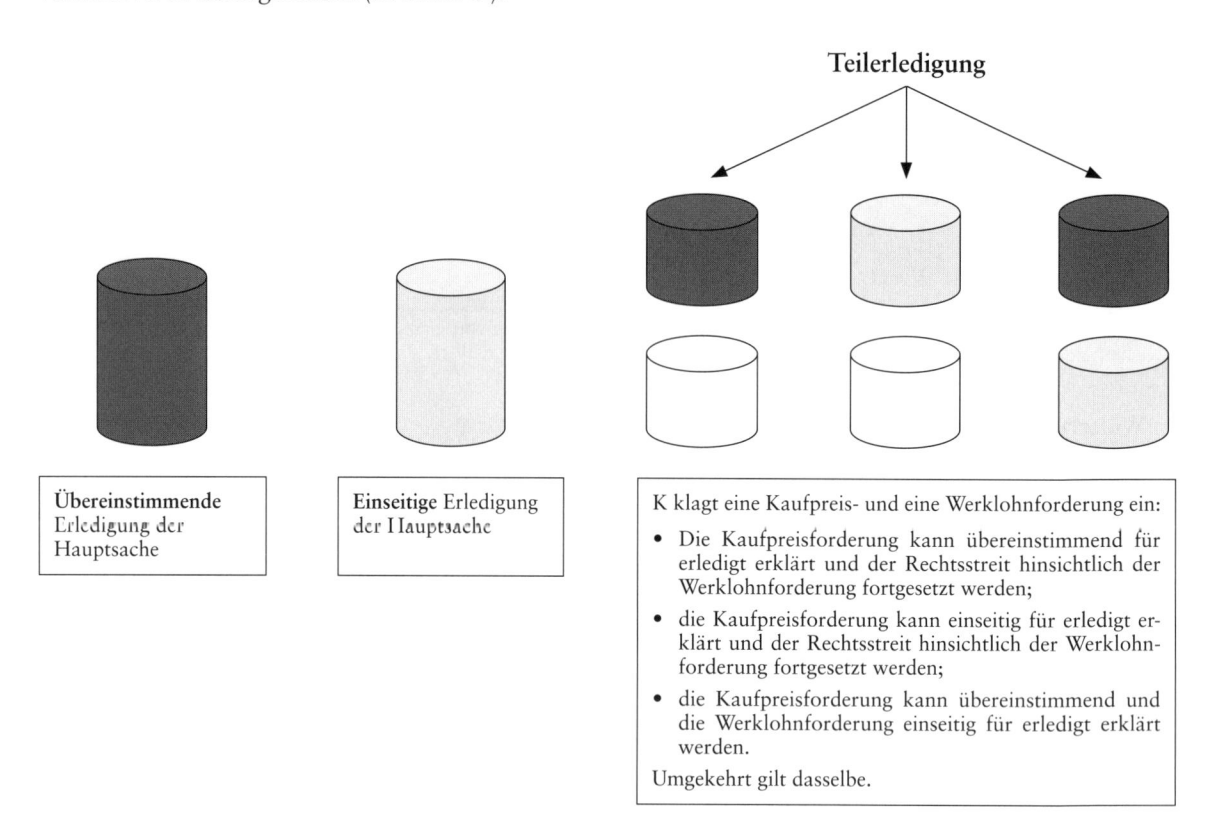

Teilerledigung

Übereinstimmende Erledigung der Hauptsache	Einseitige Erledigung der Hauptsache	K klagt eine Kaufpreis- und eine Werklohnforderung ein: • Die Kaufpreisforderung kann übereinstimmend für erledigt erklärt und der Rechtsstreit hinsichtlich der Werklohnforderung fortgesetzt werden; • die Kaufpreisforderung kann einseitig für erledigt erklärt und der Rechtsstreit hinsichtlich der Werklohnforderung fortgesetzt werden; • die Kaufpreisforderung kann übereinstimmend und die Werklohnforderung einseitig für erledigt erklärt werden. Umgekehrt gilt dasselbe.

1. Übereinstimmende Teilerledigung und streitige Leistungsentscheidung

Beispiel 1: K nimmt B im April wegen einer Forderung über 400 EUR für den Verkauf seines gebrauchten Laptops und einer Werklohnforderung für die Durchführung von Gartenarbeiten in Höhe von 800 EUR in Anspruch; beide Forderungen seien zur Zahlung fällig. B entgegnet, der Kaufpreis für den Laptop sei ihm angesichts seiner finanziellen Schwierigkeiten bis Ende des Jahres gestundet worden und für die Gartenarbeiten habe man lediglich 600 EUR vereinbart und diesen Betrag zudem als Gegenleistung dafür erbracht gesehen, dass er der Tochter des K über längere Zeit Nachhilfeunterricht in Mathematik erteilt habe. Die Durchführung der Beweisaufnahme verläuft für B hinsichtlich der Kaufpreisforderung ungünstig, hinsichtlich der Werklohnforderung günstig. Er begleicht deshalb die Kaufpreisforderung; beide Parteien erklären, dass insoweit eine Entscheidung entbehrlich ist.

Achtung: Das Beispiel ist einer Examensklausur nachgebildet. Viele Bearbeiter sind bei der Lösung (auch) von einer Klageänderung in Form der Klagebeschränkung ausgegangen. Das ist falsch: vgl. dazu Kapitel Klageänderung, Übungsfälle, S. 91, Fall 1.

Es liegt eine Mischentscheidung vor, bei der der Streitgegenstand „Kaufpreisforderung" übereinstimmend für erledigt erklärt wurde und der Streitgegenstand „Werklohnforderung" entscheidungsreif ist.

a) Tenor:

Endurteil

I. Soweit die Klage nicht übereinstimmend für erledigt erklärt wurde, wird sie abgewiesen.

II. Von den Kosten des Rechtsstreits tragen der Kläger 2/3 und der Beklagte 1/3.

III. Das Urteil ist vorläufig vollstreckbar.

> Der Beklagte kann die Vollstreckung durch Sicherheitsleistung in Höhe von 110 % des aus dem Urteil vollstreckbaren Betrages abwenden, wenn nicht der Kläger vor der Vollstreckung Sicherheit leistet in Höhe von 110 % des jeweils zu vollstreckenden Betrages.
>
> Der Kläger kann die Vollstreckung durch Sicherheitsleistung in Höhe von 110 % des aus dem Urteil vollstreckbaren Betrages abwenden, wenn nicht der Beklagte vor der Vollstreckung Sicherheit leistet in Höhe von 110 % des jeweils zu vollstreckenden Betrages.

- **Hauptsache:** Ziff. I bringt zum Ausdruck, dass die Klage teilweise abgewiesen und teilweise übereinstimmend für erledigt erklärt wurde.
- **Kostenentscheidung:** Die Kostenentscheidung ergeht als Mischentscheidung. Rechtsgrundlage für den Streitgegenstand „Kaufpreisforderung" ist § 91a ZPO und für den Streitgegenstand „Werklohnforderung" § 91 ZPO. Aus beiden Rechtsgrundlagen ist eine einheitliche Grundentscheidung gemessen am Gebührenstreitwert von 1.200 EUR (§ 39 I GKG) zu treffen: K verliert 800 EUR = Werklohn (§ 91 ZPO), B verliert 400 EUR = Kaufpreis (§ 91a ZPO); folglich kommt man zu einer Kostenverteilung von 800/1.200 = 2/3 (K) und 1/3 (B).
- **Vorläufige Vollstreckbarkeit:** Beide Parteien können vollstrecken.
- Kläger: Schritt 1: Was kann K vollstrecken? 1/3 der Gerichtskosten und 1/3 seiner außergerichtlichen Kosten. Schritt 2: Rechtsgrundlage ist §§ 708 Nr. 11, 711 ZPO.
- Beklagter: Schritt 1: Was kann B vollstrecken? 2/3 seiner außergerichtlichen Kosten. Schritt 2: Rechtsgrundlage ist § 708 Nr. 11 iVm § 711 ZPO; § 713 ZPO ist wegen der theoretischen Möglichkeit der Anschlussberufung nicht einschlägig.

b) Tatbestand:

Tatbestand	
Der Kläger fordert vom Beklagten den ausstehenden Werklohn für die Durchführung von Gartenarbeiten. *Werklohnforderung: Unstreitiger Sachverhalt und streitiges Klägervorbringen.*	Einleitungssatz: Es geht nur noch um die Werklohnforderung.
Ursprünglich hatte der Kläger zusätzlich eine Kaufpreisforderung in Höhe von 400 EUR geltend gemacht. Nach Durchführung der Beweisaufnahme hat der Beklagte den Kaufpreis bezahlt. Daraufhin hat der Kläger mit Schreiben vom…, eingegangen am…, den Rechtsstreit für erledigt erklärt. Mit Schreiben vom…, eingegangen am…, hat der Beklagte sein Einverständnis erklärt.	
Der Kläger beantragt zuletzt *Der Beklagte wird verurteilt, an den Kläger 800 EUR zu zahlen.*	Anträge („zuletzt")
...	
Streitiger Beklagtenvortrag zur Werklohnforderung	
Der Kläger hat ursprünglich auch eine Kaufpreisforderung in Höhe von 400 EUR aus einem zwischen den Parteien geschlossenen Kaufvertrag über einen gebrauchten Laptop geltend gemacht. Der Beklagte hat die Fälligkeit des Kaufpreises zunächst bestritten und angeführt, dieser sei ihm bis Ende des Jahres gestundet worden.	In der großen Prozessgeschichte wird der Sachverhalt wiedergegeben, der benötigt wird, um die Kostenentscheidung nach § 91a ZPO zu treffen.

c) **Entscheidungsgründe:**

> A. Falls Erledigung streitig/zweifelhaft: Gegenstand des Urteils. Andernfalls: entspr. Feststellung
>
> B. Werklohn
>   I. Zulässigkeit
>   II. Begründetheit
>
> C.
>   I. Kosten: Kostenmischentscheidung
>   1. Werklohn: § 91 ZPO
>   2. Kaufpreis: § 91a
>   II. Vorläufige Vollstreckbarkeit
>
> Ggf. Rechtsbehelfsbelehrung/Unterschrift

Erläuterungen:

- **Gegenstand des Urteils:** Ausführungen hierzu sind nur dann geboten, wenn entweder streitig ist, ob eine übereinstimmende Erledigung der Hauptsache vorliegt (etwa weil der Beklagte seine Zustimmung widerruft) oder wenn die Klausur Zweifel an der Voraussetzungen einer wirksamen Erledigung nahe legt. Dann ist vorab zu klären, was noch rechtshängig, also Gegenstand des Urteils ist. Diese Prüfung ist keine Zulässigkeitsvoraussetzung, muss also hiervon getrennt werden.

> **Weiterführender Hinweis:** Ein gleiches Vorgehen ist auch bei einer streitigen Klagerücknahme geboten, weil die Zulässigkeit einer Klage nicht von der Einhaltung des § 269 ZPO abhängt. Hat also der Beklagte der Klagerücknahme seitens des Klägers widersprochen, stellt man einleitend fest, ob die Klage noch anhängig ist (= die Voraussetzungen des § 269 ZPO fehlen) oder nicht (= § 269 ZPO greift).

Der Beispielsfall enthält keinerlei Anhaltspunkte dazu, dass die übereinstimmende Erledigung streitig ist oder dass Voraussetzungen für eine wirksame Erledigung zweifelhaft sein können. Deshalb stellt man kurz fest: *Die Parteien haben den Rechtsstreit hinsichtlich der Kaufpreisforderung übereinstimmenden wirksam für erledigt erklärt. Streitig ist nur noch die Werklohnforderung.*

- **B.I. Werklohn/Zulässigkeit:** Vorsicht Falle: Sollte der Streitwert unter die Grenze der landgerichtlichen Zuständigkeit fallen, darf § 4 ZPO nicht übersehen werden. Beim Zuständigkeitsstreitwert wird auf die Klageerhebung abgestellt und der Zuständigkeitsstreitwert bleibt durch die Erledigung unberührt.

- **C. Kosten:** Es ergeht eine Kostenmischentscheidung. Im Gegensatz zur Werklohnforderung (für sie gilt § 91 ZPO) muss bei der Kaufpreisforderung die Entscheidung nach § 91a ZPO ausführlich begründet werden, dh es ist (inzident) zu prüfen, ob die Klage Aussicht auf Erfolg gehabt hätte (Zulässigkeit und Begründetheit). Anschließend sind einheitliche Quoten bilden. Man formuliert in etwa: *Soweit der Kläger ursprünglich weitere 400 EUR aus Kaufvertrag für einen gebrauchten Laptop eingeklagt hat, wurde der Rechtsstreit übereinstimmend für erledigt erklärt: Beide Parteien haben angegeben, dass insoweit eine Entscheidung des Gerichtes entbehrlich ist. Die Prozesshandlungsvoraussetzungen liegen vor. Das Gericht musste bezüglich der Kaufpreisforderung lediglich über die Kosten eine Entscheidung treffen. Rechtsgrundlage ist § 91a ZPO. Die Entscheidung folgt hier nach billigem Ermessen unter Berücksichtigung des bisherigen Sach- und Streitstands. Maßgebliches Kriterium ist, wie der Rechtsstreit ausgegangen wäre, wenn das erledigende Ereignis nicht eingetreten wäre. Nachdem die Klage zulässig und begründet war – die vom Kläger benannten Zeugen haben den Kaufvertragsschluss bestätigt – hätte das Gericht den Beklagten zur Kaufpreiszahlung verurteilt.*

1. Einseitige Teilerledigung und streitige Leistungsentscheidung

Beispiel 2: Wie Beispiel 1 nur: Im Laufe des Prozesses begleicht die Ehefrau E des B den Kaufpreis für den Laptop; sie hat den Betrag von ihrer Mutter erhalten mit den Worten „Schulden gehören vom Tisch, ob fällig oder nicht." K erklärt daraufhin den Rechtsstreit insoweit für erledigt; B widerspricht weil K den Betrag gestundet habe.

Es liegt eine Mischentscheidung vor, bei der der Streitgegenstand „Kaufpreisforderung" einseitig für erledigt erklärt wurde und der Streitgegenstand „Werklohnforderung" entscheidungsreif ist.

6. Kapitel: Erledigung der Hauptsache

a) Tenor:

Endurteil

I. Der Rechtsstreit ist erledigt, soweit der Kläger beantragt hat, den Beklagten zur Zahlung von 400 EUR zu verurteilen.

II. Im Übrigen wird die Klage abgewiesen.

III. Von den Kosten des Rechtsstreits tragen der Kläger 2/3 und der Beklagte 1/3.

IV. Das Urteil ist vorläufig vollstreckbar.

Der Beklagte kann die Vollstreckung durch Sicherheitsleistung in Höhe von 110 % des auf Grund des Urteils vollstreckbaren Betrages abwenden, wenn nicht der Kläger vor der Vollstreckung Sicherheit leistet in Höhe von 110 % des jeweils zu vollstreckenden Betrages.

Der Kläger kann die Vollstreckung durch Sicherheitsleistung in Höhe von 110 % des auf Grund des Urteils vollstreckbaren Betrages abwenden, wenn nicht der Beklagte vor der Vollstreckung Sicherheit leistet in Höhe von 110 % des jeweils zu vollstreckenden Betrages.

- **Hauptsache:** Weil eine einseitige Erledigung mit einer Klageabweisung zusammentrifft, muss klargestellt werden, worauf sich der Erledigungserfolg bezieht.
- **Kostenentscheidung:** Rechtsgrundlage ist § 92 ZPO (§ 91a ZPO ist nicht anwendbar). K ist hinsichtlich der Werklohnforderung (800 EUR) unterlegen, B hinsichtlich der Feststellungsklage in Bezug auf die ursprüngliche Kaufpreisklage (400 EUR). Gemessen am Gebührenstreitwert von 1.200 EUR (§ 39 I GKG) ergeben sich die entsprechenden Quoten.
- **Vorläufige Vollstreckbarkeit:** Beide Parteien können vollstrecken.
– **Kläger.** Schritt 1: Was kann K vollstrecken? 1/3 der Gerichtskosten und 1/3 seiner außergerichtlichen Kosten. Schritt 2: Rechtsgrundlage ist § 708 Nr. 11 iVm § 711 ZPO.
– **Beklagter.** Schritt 1: Was kann B vollstrecken? 2/3 seiner außergerichtlichen Kosten. Schritt 2: Rechtsgrundlage ist § 708 Nr. 11 iVm § 711 ZPO. § 713 ZPO ist wegen der theoretischen Möglichkeit der Anschlussberufung nicht einschlägig.

b) Tatbestand:

Tatbestand	
Der Kläger fordert vom Beklagten ausstehenden Werklohn für die Durchführung von Gartenarbeiten und die Feststellung, dass der Rechtsstreit hinsichtlich einer eingeklagten Kaufpreisforderung erledigt ist.	Einleitungssatz
Werklohnforderung: Unstreitiger Sachverhalt und streitiges Klägervorbringen.	vgl. Klagehäufung S. 69
Kaufpreisforderung (Feststellung): Unstreitiger Sachverhalt und streitiges Klägervorbringen.	
Nachdem die Ehefrau des Beklagten den Kaufpreis beglichen hat, erklärte der Kläger den Rechtsstreit insoweit für erledigt; der Beklagte hat der Erledigung widersprochen.	Kleine Prozessgeschichte: Die Umstände der Klageänderung sind darzulegen.
Der Kläger beantragt zuletzt *1. Der Beklagte wird verurteilt, dem Kläger 800 EUR zu zahlen.* *2. Der Rechtsstreit ist im Übrigen erledigt.* *...*	Durch die einseitige Erledigung haben sich die Anträge geändert. Ziff. 2 ist die Feststellungsklage.
Streitiger Beklagtenvortrag zur Werklohnforderung und zur Kaufpreisforderung.	

c) Entscheidungsgründe:

> Obersatz
> I. Zulässigkeit
>   1. Feststellungsklage
>   a) § 264 Nr. 2 ZPO (Klageänderungstheorie)
>   b) Zulässigkeit im Übrigen mit § 256 ZPO
>   2. Leistungsklage
>
> II. § 260 ZPO
>
> III. Begründetheit
>   1. Feststellungsklage
>   a) Kaufpreisklage: ursprünglich zulässig
>   b) Kaufpreisklage: ursprünglich begründet
>   c) Erledigung der Kaufpreisklage
>   2. Werklohn
>
> IV. Nebenentscheidungen
>   1. Kostenentscheidung: § 92 ZPO
>   2. Vorläufige Vollstreckbarkeit
>
> Ggf. Rechtsbehelfsbelehrung; Unterschrift

Erläuterungen:

- **Obersatz:** Bei einer streitigen/zweifelhaften übereinstimmenden Erledigterklärung muss in den Urteilsgründen zunächst klar gestellt werden, um was sich die Parteien – abgesehen von dem durch die Erledigung beseitigten Streitgegenständen – noch streiten (= was Gegenstand des Urteils ist, vgl. Beispiel 1). Eine solche Feststellung erübrigt sich hier: Umstritten ist nach wie vor sowohl die Kaufpreisforderung (ist sie sich durch die Zahlung seitens der Ehefrau nach Rechtshängigkeit erloschen oder nicht?) als auch der ausstehende Werklohn. Folglich leitet man die Urteilsbegründung mit dem üblichen Obersatz in etwa so ein: *Der Kläger hatte gegen den Beklagten ursprünglich einen Anspruch auf Bezahlung von 400 EUR aus einem Kaufvertrag, der durch Zahlung nach Rechtshängigkeit erloschen ist. Im Übrigen hat sich die Klage als unbegründet erwiesen, da der Kläger vom Beklagten keinen ausstehenden Werklohn fordern kann.*

- **Zulässigkeit:** Es liegt eine Klagehäufung vor und die Zulässigkeit ist „klassisch" getrennt nach Streitgegenständen zu prüfen. Für den Streitgegenstand der Feststellungsklage ist auf § 264 Nr. 2 ZPO (Klageänderungstheorie) einzugehen; bei der Prüfung der Zuständigkeit sind §§ 4, 5 ZPO zu beachten.

> **Klausurhinweis:** Ein typischer Stolperstein ist im Examen die nicht nach Streitgegenständen getrennte Prüfung (Ziff. I.1 und I.2) samt Nichteinhaltung der Reihenfolge (Ziff. I.1a. vor I.1b).
>
> Negativbeispiel: Eine Klage aus unerlaubter Handlung (3.000 EUR) wurde einseitig für erledigt erklärt. Der weitere Antrag auf Kaufpreiszahlung (3.000 EUR) ist unverändert streitig. Ein Klausurbearbeiter schreibt. *Das Landgericht Traunstein ist bei einem Streitwert von 6.000 EUR sachlich und örtlich (§ 32 ZPO) zuständig. Die Leistungsklage wegen der Körperverletzung wurde vom Kläger wirksam für erledigt erklärt, dh es liegt eine nunmehr zulässige Feststellungsklage vor mit dem Inhalt, dass die ursprüngliche Klage zulässig und begründet und durch ein Ereignis nach Rechtshängigkeit unzulässig oder unbegründet wurde.* ...
>
> Die Ausführungen zur einseitigen Erledigterklärung sind misslungen, weil alle rechtlichen Besonderheiten aufgrund der pauschalen Prüfung keine Berücksichtigung finden. Richtig müsste in etwa formuliert werden: *I. 1. Der Klageantrag auf Feststellung der Erledigung ist zulässig. a. Der Kläger hat den Rechtsstreit wirksam für erledigt erklärt. Diese Erklärung beinhaltet nach hM eine privilegierte Klageänderung (§ 264 Nr. 2 ZPO, qualitative Änderung) von der ursprünglichen Leistungsklage zu einer Feststellungsklage mit dem Inhalt, dass die ursprüngliche Leistungsklage zulässig und begründet war und sich durch ein Ereignis nach Rechtshängigkeit erledigt hat. b. Das Landgericht ist für die Feststellungsklage zuständig: Die sachliche Zuständigkeit folgt aus §§ 23 Nr. 1, 71 I GVG, da der Zuständigkeitsstreitwert bei 6.000 EUR liegt. Für den Zuständigkeitsstreitwert ist der Zeitpunkt der Erhebung der Klage maßgeblich und bei Klageerhebung lagen zwei streitige Leistungsbegehren über jeweils 3.000 EUR vor, die zu addieren sind (§ 5 ZPO). Für die örtliche Zuständigkeit greift nicht § 32 ZPO, da – Schluss der letzten mündlichen Verhandlung – keine Klage aus unerlaubter Handlung mehr vorliegt, sondern § 261 III Nr. 2 ZPO (perpetuatio fori, – ist näher darzulegen: vgl. S. 81). c. Das erforderliche Feststellungsinteresse nach § 256 I ZPO liegt vor, da nur so der Kläger den starren Kostentragungsregeln der ZPO entgehen kann. 2. Der Klageantrag auf Zahlung des Kaufpreises ist zulässig...*

- **Kosten:** § 91a ZPO ist nicht einschlägig.

3. Übereinstimmende Teilerledigung und einseitige Erledigung

Beispiel 3: Wie Beispiel 1, nur: Im Laufe des Prozesses begleicht die Ehefrau E des B den Kaufpreis für den Laptop; sie hat den Betrag von ihrer Mutter erhalten mit den Worten „Schulden gehören vom Tisch, ob fällig oder nicht." Weil die Durchführung

6. Kapitel: Erledigung der Hauptsache

der Beweisaufnahme hinsichtlich der Werklohnforderung für B ungünstig verläuft, nimmt er ein Darlehen auf und zahlt den Werklohn. K erklärt den Rechtsstreit insgesamt für erledigt; B schließt sich dem nur für die Werklohnforderung an; der Erledigterklärung hinsichtlich der Kaufpreisforderung widerspricht er, weil K den Betrag gestundet habe.

Es liegt eine Mischentscheidung vor, bei der *ein* Streitgegenstand einseitig und ein *weiterer* übereinstimmend für erledigt erklärt wurde. Ursprünglich lag eine Klagehäufung zweier Leistungsbegehren vor (Kaufpreis- und Werklohnforderung), nunmehr ist die Rechtshängigkeit der Werklohnforderung aufgrund der übereinstimmenden Erledigterklärung bis auf die Kostenfrage erloschen und es verbleibt lediglich der Antrag des K *festzustellen*, dass die Klage über die Kaufpreisforderung zulässig und begründet war und durch ein Ereignis nach Rechtshängigkeit unzulässig oder unbegründet wurde (Klageänderung).

a) Tenor:

> **Endurteil**
>
> I. Der Rechtsstreit ist erledigt, soweit der Kläger beantragt hat, den Beklagten zur Zahlung von 400 EUR zu verurteilen.
> II. Im Übrigen wurde der Rechtsstreit übereinstimmend für erledigt erklärt.
> III. Der Beklagte trägt die Kosten des Rechtsstreits.
> IV. Das Urteil ist vorläufig vollstreckbar.

- **Hauptsache:** Da eine einseitige Erledigung mit einer übereinstimmenden Erledigung zusammentrifft, muss klargestellt werden, worauf sich der Erledigungserfolg bezieht. *Kaufpreisforderung*: Die Formulierung „ist erledigt" drückt aus, dass das Gericht die Frage der Erledigung geprüft hat. *Werklohnforderung*: Die Formulierung „wurde … erklärt" drückt aus, dass keine gerichtliche Überprüfung erfolgte.
- **Kostenentscheidung:** Für den Streitgegenstand „Kaufpreisforderung" ist § 91 ZPO einschlägig; für den Streitgegenstand „Werklohnforderung" greift § 91a ZPO. B ist insgesamt unterlegen. Gebührenstreitwert: 1.200 EUR (§ 39 I GKG).
- **Vorläufige Vollstreckbarkeit:** Schritt 1: K kann die Gerichtskosten und seine außergerichtlichen Kosten vollstrecken. Schritt 2: Rechtsgrundlage ist § 708 Nr. 11 iVm § 713 ZPO.

b) Tatbestand:

Tatbestand	
Der Kläger fordert nach Umstellung seiner Klage die Feststellung, dass sich der Rechtsstreit hinsichtlich einer Kaufpreisforderung erledigt hat.	Einleitungssatz zur allein noch anhängigen Feststellungsklage.
Unstreitiger Sachverhalt und streitiges Klägervorbringen zur Kaufpreisforderung samt Erledigung	
Ursprünglich hatte der Kläger zwei Forderungen geltend gemacht: Eine Kaufpreisforderung in Höhe von 400 EUR und eine Werklohnforderung über 800 EUR. Nachdem die Ehefrau des Beklagten am … den Kaufpreis beglichen und der Beklagte am … den Werklohn bezahlt hat, hat der Kläger mit Schriftsatz vom … den Rechtsstreit insgesamt für erledigt erklärt. Der Beklagte hat sich der Erledigung lediglich hinsichtlich der Werklohnforderung angeschlossen.	Kleine Prozessgeschichte: Ausführungen zur Klageänderung.
Der Kläger beantragt zuletzt der Rechtsstreit ist erledigt.	
…	
Der Kläger hatte ursprünglich auch eine Werklohnforderung in Höhe von 800 EUR aus einem zwischen ihm und dem Beklagten geschlossenen Werkvertrag über die Durchführung von Gartenarbeiten eingeklagt…	Hinsichtlich des übereinstimmend für erledigt erklärten Teils ist nur mehr die Kostenfrage rechtshängig. Insoweit müssen die für die Kostenentscheidung maßgeblichen Umstände in der großen Prozessgeschichte geschildert werden.

c) Entscheidungsgründe:

> A. Falls Erledigung streitig/zweifelhaft: Gegenstand des Urteils. Andernfalls: entspr. Feststellung
>
> B.
>   I. Zulässigkeit Feststellungsklage (Kaufpreis)
>   1. § 264 Nr. 2 ZPO (Klageänderungstheorie)
>   2. Zulässigkeit im Übrigen mit § 256 ZPO
>   II. Begründetheit der Feststellungsklage:
>   1. Kaufpreisklage: ursprünglich zulässig
>   2. Kaufpreisklage: ursprünglich begründet
>   3. Erledigung der Kaufpreisklage
>   III. Nebenentscheidungen
>   1. Kostenmischentscheidung:
>   a) Kaufpreisforderung: § 91 ZPO
>   b) Werklohnforderung § 91a ZPO. Inzident:
>   (1) Zulässigkeit
>   (2) Begründetheit
>   2. Vorläufige Vollstreckbarkeit
>
> Ggf. Rechtsbehelfsbelehrung; Unterschrift

Erläuterungen:

- **Gegenstand des Urteils:** vgl. dazu die Erläuterungen zu Beispiel 1. Man stellt also (Ziff. A) kurz fest: *Der Rechtsstreit hinsichtlich der Werklohnforderung hat sich aufgrund der wirksamen übereinstimmenden Erledigterklärung der Parteien erledigt.*

- **Feststellungsklage/Zulässigkeit:** Die Urteilsgründe (Ziff. B. I) leitet man mit den Worten ein: *Die Feststellungsklage ist zulässig und begründet* (= üblicher Obersatz). Weiter heißt es dann (Ziff. B. I.1): *Die teilweise einseitige Erledigungserklärung ist eine Klageänderung von der ursprünglichen Leistungsklage auf Kaufpreiszahlung zur Klage auf Feststellung, dass die Kaufpreisklage ursprünglich zulässig und begründet war und nach Rechtshängigkeit unbegründet wurde. Diese Klageänderung ist als qualitative Änderung nach § 264 Nr. 2 ZPO zulässig. ... usw.*
  Für den Zuständigkeitsstreitwert sind §§ 4, 5 ZPO zu beachten, vgl. Beispiel 2.

- **Nebenentscheidungen;** Werklohnforderung, § 91a ZPO. Man formuliert: *In Bezug auf die Werklohnforderung liegt eine übereinstimmende Erledigungserklärung vor, so dass § 91a ZPO greift. Die Prozesshandlungsvoraussetzungen liegen vor. Die Kostenentscheidung erfolgt nach billigem Ermessen unter Berücksichtigung des bisherigen Sach- und Streitstands. Maßgebliches Ermessenskriterium ist, wie der Rechtsstreit ausgegangen wäre, wenn das erledigende Ereignis nicht eingetreten wäre. Die Werklohnforderung war zulässig und begründet... usw.*

VI. Examensrelevante Entscheidungen

1. BGH NJW 2003, 3134: Aufrechnung als erledigendes Ereignis; vgl. S. 106.

2. BGH NJW 2009, 1973: Das Amtsgericht stellt dem Beklagten die Erledigungserklärung des Klägers zu und belehrt ihn, dass seine Zustimmung unterstellt wird, falls er der Erledigungserklärung des Klägers nicht innerhalb einer Notfrist von zwei Wochen ab Zustellung des Schriftsatzes widerspricht. Nachdem keine Reaktion des Beklagten eingegangen ist, erlässt das Gericht eine Kostenentscheidung nach § 91a ZPO. – Zu Recht?

Die Entscheidung des Gerichts war nicht zulässig. Die Fiktion nach § 91a I 2 ZPO tritt nur ein, wenn die Belehrung ordnungsgemäß ist. Im Rahmen der Belehrung fehlt der Hinweis, dass „das Gericht über die Kosten des Rechtsstreits unter Berücksichtigung des bisherigen Streitstands nach billigem Ermessen durch Beschluss entscheiden" wird. Auf diese Kostenfolge wurde der Beklagte nicht hingewiesen. Damit liegt kein Fall der übereinstimmenden Erledigung des Rechtsstreits vor; der Rechtsstreit war noch rechtshängig und musste fortgesetzt werden.

3. BGH NJW 2010, 2422: K klagt eine bereits verjährte Forderung gegen B ein. B erhebt erst nach längerer Prozessdauer die Einrede der Verjährung. – Tritt die Erledigung der Hauptsache bereits mit der materiell-rechtlichen Verjährung ein (dann Erledigung *vor* Rechtshängigkeit) oder tritt sie erst mit Erhebung der Verjährungseinrede ein (dann Erledigung *nach* Rechtshängigkeit).

Der BGH hat in dieser lesenswerten Entscheidung ausgeführt: *„Der Eintritt der Verjährung hat für sich genommen weder Auswirkungen auf das Bestehen noch auf die Durchsetzbarkeit des Anspruchs (...). Der Schuldner ist ab dem Verjährungseintritt lediglich berechtigt, dauerhaft die Leistung zu verweigern (...), was dem Anspruch die Durchsetzbarkeit nimmt (...).Ob der Schuldner von der ihm nach Verjährungseintritt zustehenden Einrede der Verjährung Gebrauch macht, steht in seinem freien Belieben (...). Erhebt der Bekl. erstmals während des Prozesses die Einrede der Verjährung, so wird hierdurch für den Kl. ein Hindernis geschaffen, den geltend gemachten Anspruch erfolgreich durchzusetzen. Seine ursprünglich zulässige und begründete Klage wird durch die Erhebung der Einrede unbegründet. Erst letztere und nicht bereits der Eintritt der Verjährung führt zur sachlichen Erledigung des Rechtsstreits in der Hauptsache (...).*

Für die Bewertung der Verjährungseinrede als erledigendes Ereignis ist es ohne Belang, dass der Kl. mit der gerichtlichen Geltendmachung eines bereits verjährten Anspruchs einen wesentlichen Verursachungsbeitrag für die spätere Erledigung des Rechtsstreits in der Hauptsache geleistet hat. Wie vom BGH bereits entschieden, ist bei der Frage, ob ein erledigendes Ereignis vorliegt, allein auf den objektiven Eintritt des Ereignisses und nicht auf die Frage einer subjektiven Verantwortlichkeit abzustellen; auf Billigkeitserwägungen kommt es in diesem Zusammenhang nicht an (...)."

Konsequenz:

- Erklären die Parteien den Rechtsstreit *übereinstimmend* für erledigt, erlischt die Rechtshängigkeit kraft Parteihandelns. Eine gerichtliche Überprüfung der Erledigung findet nicht statt. Das Gericht muss nur noch über die Kosten nach § 91a ZPO entscheiden. Hierbei kann in die Billigkeitsentscheidung durchaus zu Lasten des Beklagten einfließen, dass er die Verjährungseinrede früher hätte erheben können.
- Erklärt *nur der Kläger* den Rechtsstreit für erledigt, liegt hierin eine Klageänderung in eine Feststellungsklage, mit dem Inhalt, dass die Klage ursprünglich zulässig und begründet war und nach Erhebung der Verjährungseinrede unbegründet wurde. Die Kostenentscheidung richtet sich allein nach § 91 oder § 92 ZPO. War die Klage also zulässig und begründet und wurde sie aufgrund der Verjährungseinrede unbegründet, ist die Feststellungsklage erfolgreich und der Beklagte muss die Kosten tragen. Billigkeitsgesichtspunkte spielen hierbei keine Rolle, da für §§ 91 und 92 ZPO nur das Ausmaß des Obsiegens relevant ist.

4. Nach BGH JA 2015, 468 (vereinfacht): Mieter M nimmt seinen Vermieter V auf Beseitigung eines Brandschadens der Mietwohnung in Anspruch. Nachdem das Amtsgericht zunächst mittels Versäumnisurteils den V zur Beseitigung des Brandschadens verurteilt hat, hat V Einspruch eingelegt und sodann – ohne Anerkennung einer Rechtspflicht – den Brandschaden beseitigt. In der Einspruchsverhandlung erklärt M daraufhin den Rechtsstreit für erledigt; V widerspricht, da seines Erachtens nach keine Erledigung vorliegt. Daraufhin beantragt M hilfsweise, V zur Beseitigung des Brandschadens zu verurteilen. Es ist zu unterstellen, dass ein entsprechender Beseitigungsanspruch des M bestand/besteht. – Wie ist zu entscheiden?

M beantragt in seinem Hauptantrag die Feststellung, dass der Rechtsstreit erledigt ist; im Wege des Hilfsantrags stellt er seinen ursprünglichen Leistungsantrag (Beseitigung des Brandschadens).

I. Hauptantrag (= Feststellung, dass Erledigung eingetreten ist). 1. Zulässigkeit. Es liegt eine nach § 264 I Nr. 2 ZPO privilegierte zulässige Klageänderung vor, da der M von der Leistungsklage auf die Feststellungsklage umgestellt hat. Die Zulässigkeit im Übrigen ist unproblematisch. 2. Begründetheit. Die Erledigungsfeststellungsklage ist unbegründet, da keine Erledigung vorliegt. Als erledigendes Ereignis käme vorliegend nur die Erfüllung gem. § 362 I BGB in Betracht. Eine Erfüllung liegt aber nur dann vor, wenn die Leistung endgültig erbracht wird. V hat vorliegend den Brandschaden nur beseitigt, da er die Zwangsvollstreckung aus dem Versäumnisurteil verhindern wollte; er hat bei der Beseitigung aber deutlich gemacht – „ohne Anerkennung einer Rechtspflicht", – dass damit der gegnerische Anspruch nicht endgültig erfüllt werden sollte. Da der Anspruch des Mieters auf Mängelbeseitigung nicht durch Erfüllung erloschen ist, liegt keine Erledigung vor.

II. Hilfsantrag. 1. Zulässigkeit. a) Bedingungseintritt. Der Hilfsantrag wurde unter die zulässige prozessuale Bedingung gestellt, dass eine Erledigung nicht eingetreten ist. b) Klageänderung. Die Geltendmachung eines Hilfsantrags (nachträgliche Eventualklagehäufung) ist nur unter den Voraussetzungen der §§ 263 ff. ZPO analog zulässig. Im vorliegenden Fall ist jedenfalls die Sachdienlichkeit zu bejahen, da es bei dem Haupt- und Hilfsantrag im Kern jeweils um die Verpflichtung des V zur Mangelbeseitigung geht. c) Zulässigkeit des Hilfsantrags im Übrigen mit § 260 ZPO. 2. Begründetheit. Nach dem Sachverhalt besteht der Beseitigungsanspruch.

Lösungsskizze zur Verdeutlichung des anspruchsvollen Aufbaus:

> A. Hauptantrag.
>   I. Zulässigkeit
>   1. § 264 Nr. 2 ZPO: Leistungsklage → Feststellungsklage
>   2. Zulässigkeit im Übrigen
>   II. Begründetheit: Erledigungsfeststellungsklage: Klage ursprünglich zulässig, begründet, aber nicht erledigt.
>
> B. Hilfsantrag
>   I. Zulässigkeit
>   1. Bedingungseintritt
>   2. Klageänderung, da nachträgliche Eventualklagehäufung
>   3. Zulässigkeit im Übrigen
>   4. § 260 ZPO
>   II. Begründetheit
>
> C. Nebenentscheidungen: Kosten; vorläufige Vollstreckbarkeit
>
> Ggf. Rechtsbehelfsbelehrung/Unterschrift

Hinweis:
- Für die Prüfung des Hilfsantrags unterstellt man, dass die Mängel fortbestehen. Das dann ergehende Urteil bildet den Rechtsgrund für die vergangenen Beseitigungsmaßnahmen.
- Eine vergleichbare Problematik hat der BGH bei einer Herausgabevollstreckung eines für vorläufig vollstreckbaren Urteils behandelt. Auch hier stellt die Herausgabe keine Erledigung des Anspruchs aus § 985 BGB dar (auch wenn es tatsächlich zu einem Besitzwechsel kam): BGH NJW 2014, 2199.

VII. Mindmap

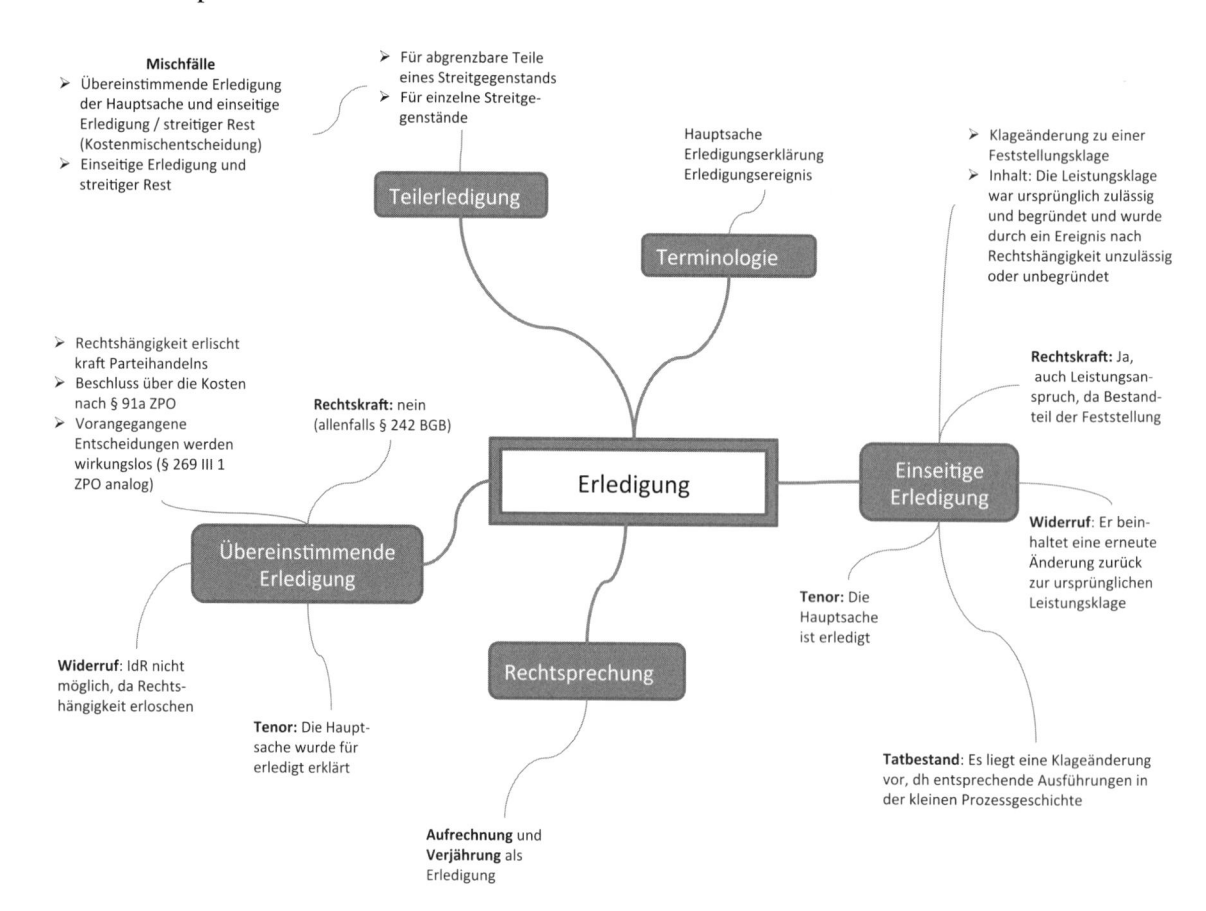

Mischfälle
- Übereinstimmende Erledigung der Hauptsache und einseitige Erledigung / streitiger Rest (Kostenmischentscheidung)
- Einseitige Erledigung und streitiger Rest

Teilerledigung
- Für abgrenzbare Teile eines Streitgegenstands
- Für einzelne Streitgegenstände

Terminologie
- Hauptsache
- Erledigungserklärung
- Erledigungsereignis

Einseitige Erledigung
- Klageänderung zu einer Feststellungsklage
- Inhalt: Die Leistungsklage war ursprünglich zulässig und begründet und wurde durch ein Ereignis nach Rechtshängigkeit unzulässig oder unbegründet

Rechtskraft: Ja, auch Leistungsanspruch, da Bestandteil der Feststellung

Widerruf: Er beinhaltet eine erneute Änderung zurück zur ursprünglichen Leistungsklage

Tenor: Die Hauptsache ist erledigt

Tatbestand: Es liegt eine Klageänderung vor, dh entsprechende Ausführungen in der kleinen Prozessgeschichte

Übereinstimmende Erledigung
- Rechtshängigkeit erlischt kraft Parteihandelns
- Beschluss über die Kosten nach § 91a ZPO
- Vorangegangene Entscheidungen werden wirkungslos (§ 269 III 1 ZPO analog)

Rechtskraft: nein (allenfalls § 242 BGB)

Widerruf: IdR nicht möglich, da Rechtshängigkeit erloschen

Tenor: Die Hauptsache wurde für erledigt erklärt

Rechtsprechung
- **Aufrechnung** und **Verjährung** als Erledigung

7. Kapitel: Rechtskraft

Inhaltsverzeichnis

    I. Begriff und Funktion 139
   II. Formelle Rechtskraft 139
       1. Eintritt 139
       2. Beseitigung 140
  III. Materielle Rechtskraft 140
       1. Eintritt 140
       2. Gegenstand 140
       3. Beseitigung 140
       4. Wirkungen 141
           a) Fallgruppe 1: Identität des Streitgegenstands 141
           b) Fallgruppe 2: Kontradiktorisches Gegenteil 141
           c) Fallgruppe 3: Präjudiz des Urteilsausspruchs 141
           d) Fallgruppe 4: Präklusion von Tatsachen 141
       5. Objektive Grenzen 141
           a) *Urteilsbestandteile, die in Rechtskraft erwachsen* *141*
           b) Urteilsbestandteile, die nicht in Rechtskraft erwachsen 142
       6. Zeitliche Grenzen 143
       7. Subjektive Grenzen 143
           a) Inter partes 143
           b) Erstreckung der Rechtskraft auf Dritte 144
               aa) *§ 325 I Fall 1 ZPO* *144*
               bb) *§ 325 I Fall 2 ZPO* *144*
               cc) *§ 325 II ZPO* *144*
   IV. Aufbau in der Klausur 145
    V. Examensrelevante Rechtsprechung 146
   VI. Mindmap 147

Rechtsgrundlagen: § 705 ZPO (formelle Rechtskraft); § 322 ZPO (materielle Rechtskraft)

I. Begriff und Funktion

Gerichtliche Entscheidungen erwachsen in **Rechtskraft**. Darunter versteht man entweder die formelle oder die materielle Rechtskraft. **Formelle Rechtskraft** bedeutet, dass eine gerichtliche Entscheidung nicht mehr *angefochten* werden kann; **materielle Rechtskraft** bedeutet, dass der *Inhalt* einer gerichtlichen Entscheidung für jeden *weiteren Prozess maßgeblich* ist und von ihm *nicht mehr abgewichen* werden kann. **Zweck** der formellen und materiellen Rechtskraft ist es, die Endgültigkeit gerichtlicher Entscheidung zu sichern, um so Rechtssicherheit und Rechtsfrieden zu gewährleisten.

II. Formelle Rechtskraft

1. Eintritt

Kann eine gerichtliche Entscheidung (Urteil, Beschluss) mit *Rechtsmitteln* (Beschwerde, Berufung, Revision) oder *Rechtsbehelfen* (zB Einspruch bei Versäumnisurteil oder Vollstreckungsbescheid) nicht mehr angegriffen werden, ist die Entscheidung in formelle Rechtskraft erwachsen (§ 705 S. 1 ZPO). MaW: Voraussetzung für das Vorliegen der formellen Rechtskraft ist die Unanfechtbarkeit der Entscheidung.

- Beim letztinstanzlichen BGH-Urteil tritt formelle Rechtskraft mit dem Wirksamwerden der Entscheidung ein, dh mit Verkündung. Die Verfassungsbeschwerde zum BVerfG ist kein ordentliches (*„zulässiges"*: § 705 ZPO) Rechtsmittel.
- Ansonsten mit Ablauf der Rechtsmittel- bzw. Einspruchsfrist oder bei Rechtsmittelverzicht (§ 515 ZPO).

Beispiele: Beim erstinstanzlichen Urteil (Amtsgericht, Landgericht) tritt Rechtskraft mit Ablauf der Berufungsfrist ein (§ 517 ZPO); beim (ersten) Versäumnisurteil mit Ablauf der Einspruchsfrist (§ 339 ZPO) und beim Zweiten Versäumnisurteil (§ 345 ZPO) mit Ablauf der Berufungsfrist (§§ 514 II, 517 ZPO); beim Berufungsendurteil des Landgerichts, wenn bei zugelassener Revision die Revisionsfrist (§ 548 ZPO) entweder abgelaufen oder als unzulässig bzw. unbegründet zurückgewiesen wurde.

Streitig ist, ob formelle Rechtskraft auch dann eintritt, wenn die Entscheidung mit Rechtsmitteln *offensichtlich nicht mehr angreifbar* ist, wenn also beim erstinstanzlichen Urteil des Amtsgerichts bzw. Landgerichts die *Berufungssumme* (§ 511 II Nr. 1 ZPO) *nicht erreicht ist*. Im Hinblick auf den Wortlaut des § 705 ZPO (Fristablauf) und die Bestimmung des § 713 ZPO (Regelung der vorläufigen Vollstreckbarkeit bei Urteilen, gegen die unzweifelhaft ein Rechtsmittel nicht statthaft ist) stellt die hM in diesen Fällen gleichwohl auf den *Ablauf der Berufungsfrist* ab.

2. Beseitigung

Die formelle Rechtskraft kann beseitigt werden über das Wiederaufnahmeverfahren (§§ 578 ff. ZPO), die Wiedereinsetzung in den vorigen Stand (= bei Rechtskrafteintritt infolge des Ablaufs der Rechtsmittelfrist §§ 233 ff. ZPO), die Anhörungsrüge (§ 321a ZPO) und die Abänderungsklage (§ 323 ZPO).

III. Materielle Rechtskraft

1. Eintritt

Voraussetzung für den Eintritt der materiellen Rechtskraft ist das Vorliegen der formellen Rechtskraft. Die Frage, *warum* diese Folge eintritt, wird unterschiedlich beantwortet. Nach der herrschenden *prozessualen Theorie* liegt das Wesen der Rechtskraft darin, dass im Falle eines späteren Prozesses das Gericht und die Parteien an die rechtskräftige Entscheidung *gebunden* sind, das materielle Recht aber unberührt bleibt. Eine Entscheidung in der gleichen Sache darf deshalb auch dann nicht ergehen, wenn sie materiell richtig wäre. Demgegenüber sieht die *materielle Theorie* das Wesen der Rechtskraft darin, dass sie auf die materielle Rechtslage *einwirkt*, dh diese bestätigt oder umgestaltet. Dies auch dann, wenn sie inhaltlich unrichtig ist. Ein späterer Prozess käme deshalb ohnehin zum gleichen Ergebnis.

2. Gegenstand

In materielle Rechtskraft erwachsen in erster Linie alle **Urteile**: Leistungs-, Feststellungs- und Gestaltungsurteile. Bei **Teilurteilen** erstreckt sich die Rechtskraft nur auf den entschiedenen Teil.

Beispiel: K klagt vor dem Amtsgericht 2.000 EUR aus einer 20.000 EUR-Kaufpreisforderung ein. Das Amtsgericht hält die Kaufpreisforderung für begründet und spricht K die Summe zu. Klagt K anschließend die restlichen 18.000 EUR vor dem Landgericht ein, kann das Gericht die Klage mangels eines wirksamen Kaufvertrags abweisen, weil es an die Feststellungen des Amtsgerichts nicht gebunden ist. Umgekehrt gilt das Gleiche: Verliert K vor dem Amtsgericht, kann das Landgericht gleichwohl die eingeklagten 18.000 EUR zusprechen.

> Was Sie sich merken sollten: Obige Teilklage bezeichnet man als **offene** Teilklage, weil dem Gericht und dem Beklagten von vornherein klar ist, um was gestritten wird. Anders bei der **verdeckten** Teilklage, bei der weder Gericht noch Beklagter erkennen können, dass nur ein Teil eines weitergehenden Anspruchs eingeklagt wird. K klagt zB auf Einräumung eines Miteigentumsanteils in Höhe von 1/2 und fordert in einem anschließenden Prozess ein weiteres 1/4. Überwiegend wird auch in dieser Fallgestaltung angenommen, dass die Rechtskraft des Ersturteils nicht entgegensteht.

In Rechtskraft erwachsen ferner: **Versäumnisurteile** (auch wenn sie zu Unrecht ergangen sind), wenige **Beschlüsse** (vgl. den Wortlaut des § 322 ZPO: „Urteile"; zu den Ausnahmen vgl. Reichold in Thomas/Putzo, 39. Auflage 2018 § 322 Rn. 3) oder **Vollstreckungsbescheide** (hM). **Nicht** in materielle Rechtskraft erwachsen **Verfügungen** und **Prozessvergleiche**.

3. Beseitigung

In den oben genannten Fällen der Möglichkeit zur Beseitigung der formellen Rechtskraft wird auch die materielle Rechtskraft beseitigt. Darüber hinaus ist von der Rechtsprechung anerkannt, dass – auch wenn das Urteil formell bestehen bleibt – mit einer **Klage aus § 826 BGB** ausnahmsweise eine Zwangsvollstreckung, eine Herausgabe des Titels, Rückzahlung eines bereits vollstreckten Betrags oder Zahlung von Schadensersatz verlangt werden kann (Nachweise bei Palandt/Sprau, 77. Auflage 2018, § 826 Rn. 52 ff.). Voraussetzungen sind: Das formell einwandfrei erwirkte Urteil muss inhaltlich unrichtig sein, der Gläubiger muss die Unrichtigkeit kennen und es müssen besondere Umstände hinzutreten, die den Gebrauch des Urteils im Einzelfall als sittenwidrig kennzeichnen.

Beispiele: Urteilserschleichung durch Bestimmung eines Zeugen zur Falschaussage; Zusammenwirken der Parteien zum Zwecke der Benachteiligung eines Dritten.

4. Wirkungen

a) Fallgruppe 1: Identität des Streitgegenstands. In den Fällen, in denen der Streitgegenstand des zweiten Rechtsstreits mit dem des ersten identisch ist, ist die Klage als unzulässig abzuweisen: Das Nichtvorliegen der materiellen Rechtskraft ist eine (negative) Prozessvoraussetzung (nach aA fehlt es am Rechtsschutzbedürfnis).

Beispiel: K klagt gegen B auf Schadensersatz in Höhe von 3.000 EUR aus einem Verkehrsunfall. Das Gericht weist die Klage ab, weil mangels Verschuldens des B keine unerlaubte Handlung (§ 823 I BGB) vorliegt. Im neuen Prozess stützt K seine Klage auf § 7 StVG, da die Erstentscheidung auf diese Rechtsgrundlage nicht eingegangen ist. – Die neue Klage ist unzulässig, weil der Streitgegenstand mit dem des Erstprozesses identisch ist. MaW: Mit einer klageabweisenden Entscheidung werden *alle* materiellrechtlichen Ansprüche erledigt, die sich aus dem behaupteten Klagegrund herleiten lassen. Dies auch dann, wenn Kläger und Gericht sie übersehen haben.

> *Hinweis:* Die Frage, ob sich der Streitgegenstand des neuen Prozesses mit dem des Erstprozesses deckt oder nicht, ist oft schwer zu beantworten und entsprechend unterschiedlich sind die Meinungen in Rechtsprechung und Schrifttum. Examensklausuren meiden deshalb in aller Regel die schwierigen und umstrittenen Fallgestaltungen. Zu Einzelheiten über die Fälle, deren Behandlung (weitgehend) unstreitig ist, vgl. unten Ziff. 5.

b) Fallgruppe 2: Kontradiktorisches Gegenteil. Begehrt der Kläger im zweiten Prozess das *Gegenteil* von der im ersten Prozess ausgesprochenen *Rechtsfolge*, ist die neue Klage als unzulässig abzuweisen.

Beispiel: K klagt gegen B auf Herausgabe eines Pkw-Anhängers, den er ihm vermietet habe. Das Gericht verurteilt B zur Herausgabe. B klagt daraufhin gegen K auf Feststellung, dass er zur Herausgabe des Anhängers nicht verpflichtet ist. – Die Klage ist als unzulässig abzuweisen, weil die Rechtskraft des Ersturteils entgegensteht.

c) Fallgruppe 3: Präjudiz des Urteilsausspruchs. Das Gericht des zweiten Prozesses ist an die im **Tenor** des Erstprozesses ausgesprochene *Rechtsfolge* gebunden, wenn diese Rechtsfolge eine *Vorfrage* des Klageanspruchs im neuen Prozess ist.

Beispiel: K klagt gegen B auf Feststellung, dass er Eigentümer des Bildes „Erntezeit" von Liebermann ist, das B besitzt (§ 256 I ZPO). Es ergeht ein zusprechendes Urteil. In einem zweiten Prozess klagt K gegen B auf Herausgabe des Bildes. – Die Feststellung des Erstgerichts, dass K Eigentümer des Bildes ist, ist für den Zweitprozess vorgreiflich (präjudiziell) und rechtskräftig festgestellt. Das Zweitgericht ist daran gebunden.

d) Fallgruppe 4: Präklusion von Tatsachen. Die Präklusion von Tatsachen ist die Konsequenz des zweigliedrigen Streitgegenstandsverständnisses. Rechtskräftig wird nur die Entscheidung (§ 322 I ZPO: „entschieden"), dh das im Tenor fixierte Ergebnis. Da aber der Antrag nicht losgelöst werden kann, von dem den Antrag rechtfertigenden Tatsachen, muss sich die materielle Rechtskraft auch auf den Lebenssachverhalt auswirken. Diese Auswirkung wird mit „Präklusion von Tatsachen" beschrieben. Sie bedeutet: Keine Partei kann sich in einem Folgeprozess auf abweichende Tatsachen berufen, auch wenn diese im Vorprozess unbekannt waren; das Gericht muss bei seinem Urteil vom identischen Sachverhalt ausgehen. Aber Achtung: Die Tatsachenpräklusion wirkt nur bei Streitgegenstandsidentität!

Beispiele (nach Zöller, Vor § 322 Rn. 70): Klagt der Bankkunde gegen die Bank auf Schadensersatz wegen fehlerhafter Beratung, kann er sich in einem neuen Verfahren nicht auf einen weiteren Beratungsfehler berufen, der nicht Gegenstand des Erstprozesses war. Wird eine Klage wegen Zusicherung einer Eigenschaft einer Kaufsache abgewiesen, kann nicht erneut geklagt werden wegen des arglistigen Verschweigens derselben Tatsache. Zu einem weiteren (Negativ-) Beispiel vgl. examensrelevante Rechtsprechung.

5. Objektive Grenzen

Die Frage nach den Grenzen der materiellen Rechtskraft stellt sich in aller Regel nicht bei **Feststellungs-** und **Gestaltungsurteilen**. Heißt es zB in einem Urteil „*I. Es wird festgestellt, dass der Kläger Eigentümer des Bildes „Mohnblume" des Malers Emil Nolde ist.*" oder „*I. Der Beklagte wird aus der Hans-Friedrich Kurr OHG ausgeschlossen.*", steht für alle weiteren Prozesse fest: K ist Eigentümer des Bildes „Mohnblume" von E. Nolde bzw. B ist nicht mehr Gesellschafter der Kurr OHG (vgl. aber auch S. 143, inter partes Wirkung).

Bei **Leistungsurteilen** ist es oft schwierig, die Grenze zu bestimmen, ab der die materielle Rechtskraft endet. Im Folgenden wird zunächst das Kriterium erörtert, das für die Reichweite der Rechtskraft maßgeblich ist (Ziff. a), um sodann (Ziff. b) die Fallgruppen darzulegen, bei denen die Rechtskraftwirkung unstreitig nicht mehr greift.

a) Urteilsbestandteile, die in Rechtskraft erwachsen: „*Urteile sind der Rechtskraft nur insoweit fähig, als über den durch die Klage oder die Widerklage erhobenen Anspruch entschieden ist*" (§ 322 I ZPO). Mit „Anspruch" ist gemeint der prozessuale Anspruch bzw. **Streitgegenstand**, der nach hM durch den

Klageantrag und den ihm zugrunde liegenden *Lebenssachverhalt* bestimmt wird. Der Entscheidungssatz über diesen prozessualen Anspruch als (zum Teil) begründet oder unbegründet wird im **Urteilstenor** ausgesprochen. Lässt sich dem Tenor, wie insbesondere bei einem Zahlungsurteil oder einem klageabweisenden Urteil, nicht entnehmen, inwieweit über den Streitgegenstand entschieden ist, sind zu dessen Auslegung Tatbestand und Entscheidungsgründe heranzuziehen. Beim **Versäumnisurteil**, das weder Tatbestand noch Entscheidungsgründe enthält, ist auf die Klageschrift zurückzugreifen; dasselbe gilt für ein **Anerkenntnisurteil** (str., weil keinerlei gerichtliche Überprüfung der Schlüssigkeit erfolgt!).

Dem Urteilstenor *I. Der Beklagte wird verurteilt, an den Kläger 6.000 EUR zu zahlen; im Übrigen wird die Klage abgewiesen* lässt sich nicht entnehmen, worüber das Gericht entschieden hat. Erst aus den Entscheidungsgründen und dem Tatbestand ergibt sich, welcher Streitgegenstand Inhalt des Verfahrens war und in welchem Umfang der Kläger unterlegen ist.

Beispiele zur Frage, ob ein unterschiedlicher oder ein identischer Streitgegenstand vorliegt:

Beispiel 1 (nach Musielak NJW 2000, 3593). K macht einen Anspruch in Höhe von 5.000 EUR aus verschiedenen erbrachten Schreinerleistungen geltend. Er trägt vor, er habe mit dem Kläger die Erstellung von Einbauschränken, die Fertigung einer Holzdecke und den Einbau einer Küche vereinbart sowie die entsprechenden Stundensatz und die Materialkosten. Das Gericht weist die Klage ab, weil K keine nachvollziehbare Abrechnung über die in Ansatz gebrachten Stunden und die Kosten des Materials vorgelegt habe. In einem neuen Prozess klagt K wiederum auf Zahlung einer diesmal schlüssigen Abrechnung. – Der neuen Klage steht die Rechtskraft des Ersturteils entgegen, weil der Lebenssachverhalt (die diversen Schreinerleistungen gegen Zahlung der entsprechenden Arbeitsstunden und der Materialkosten) sowie der daraus abgeleitete Anspruch (5.000 EUR) gleich geblieben sind. Die nunmehr vorgelegte schlüssige Abrechnung ändert nichts daran, dass K die ursprüngliche Klage nicht schlüssig begründen konnte.

> **Hinweis:** Die Rechnung oder die Prüffähigkeit der Rechnung ist im Werkvertragsrecht (Ausnahme Bauvertrag, § 650g IV Nr. 2 BGB) keine Fälligkeitsvoraussetzung, dh im Beispiel 1 wurde die Werklohnforderung als unbegründet (und nicht als derzeit nicht fällig) abgewiesen. Zu den Ausnahmen vgl. Palandt/Sprau, 77. Auflage 2018, § 632 Rn. 3; § 641 Rn. 3). Hätte der Beklagte von seinem Zurückbehaltungsrecht Gebrauch gemacht (§ 273 BGB: der Besteller hat Anspruch auf eine prüffähige Rechnung), wäre eine Zug-um-Zug Verurteilung erfolgt.

Beispiel 2: Wie Beispiel 1 nur: K belegt seine Forderung zwar durch eine schlüssige Abrechnung, es ist die Forderung aber noch nicht *fällig*, weshalb das Gericht die Klage abweist. – Klagt K *nach Fälligkeit* seine Forderung erneut ein, steht die Rechtskraft des Ersturteils nicht entgegen: Die nunmehr eingetretene Fälligkeit führt zu einem *neuen* Lebenssachverhalt der mit dem ursprünglichen Lebenssachverhalt nur in Teilen, aber eben nicht in allen, identisch ist.

Beispiel 3 (in der Literatur vielfach diskutiert): K und B schließen einen Kaufvertrag über einen PC über 1.500 EUR. Für die Kaufpreisforderung des K gibt B erfüllungshalber einen Wechsel. Der Wechsel wird nicht eingelöst, so dass K die Wechselforderung einklagt. Weil die Klage abgewiesen wird, stützt K seine nunmehrige Klage auf Zahlung der Kaufpreisforderung. – Die Rechtskraft des Ersturteils steht der neuerlichen Klage nicht entgegen. Deren Umfang beurteilt sich nach dem zweigliedrigen Streitgegenstandsbegriff (Antrag und Lebenssachverhalt). Mag auch eine Zweckverbundenheit zwischen der Kaufpreis- und der Wechselforderung bestehen, so unterscheiden sich doch die der gleichen Forderung (Antrag) zugrunde liegenden Lebenssachverhalte: Einmal beruht die Forderung auf einem Kaufvertrag, einmal auf einem (erfüllungshalber) begebenen Wechsel.

Beispiel 4: K klagt gegen B auf Zahlung von 2.400 EUR Zinsen aus einem vor zwei Jahren gewährten Darlehen über 30.000 EUR zu einem jährlichen Zinssatz von 4%; B bestreitet die Darlehensgewährung und die Zinsvereinbarung. K erlangt ein zusprechendes Urteil. Anschließend klagt K gegen B auf Rückzahlung des Darlehens.

Nach dem Kriterium des Streitgegenstands müsste man eine Bindungswirkung des Gerichts an das Ergebnis des Erstprozesses – Vorliegen eines wirksamen Darlehensvertrags – *verneinen*, weil sich die Streitgegenstände unterscheiden: Zwar ist der *Lebenssachverhalt* in beiden Prozessen identisch (Hingabe von 30.000 EUR gegen Zahlung von 4% Zinsen jährlich), es unterscheiden sich jedoch die auf diesem Lebenssachverhalt beruhenden *Anträge* (Zinsen im Erstprozess, Kapitalrückzahlung im Zweitprozess). Das Zweitgericht könnte damit einen wirksamen Darlehensvertrag verneinen, mit der Konsequenz, dass man zu zwei unvereinbaren Entscheidungen kommt (Darlehenszinsen ja/Kapitalrückzahlung nein). Nach einer Ansicht ist deshalb eine Bindungswirkung des Ersturteils wegen des *zwingenden Sinnzusammenhangs* zu bejahen. Nach der (herrschenden) Gegenansicht ist eine Bindungswirkung zu verneinen, weil das Kriterium des „zwingenden Sinnzusammenhangs" zu unbestimmt ist; K hätte sich im Erstprozess mit einer Zwischenfeststellungsklage (§ 256 II ZPO) behelfen können, so dass kein Bedürfnis für die Ausweitung des § 322 I ZPO besteht.

b) Urteilsbestandteile, die nicht in Rechtskraft erwachsen:

- Die in den **Urteilsgründen** festgestellten *Tatsachen* und *Tatbestandsmerkmale* des materiellen Anspruchs. Geht zB das Gericht des Erstprozesses, in dem K gegen B auf Minderung klagt, von der Tatsache aus, dass die Kaufsache *fehlerfrei* ist und hält sie dies in den Urteilsgründen fest, erwächst diese Tatsachenfeststellung nicht in materielle Rechtskraft. Verklagt deshalb K in einem neuen Prozess B auf Rückzahlung, ist das Gericht nicht an die Feststellung der Fehlerfreiheit im Erstprozess gebunden (Klarstellung: Es liegt keine Tatsachenpräklusion vor, da sich die Streitgegenstände „Minderung" und „Rückgabe" unterscheiden).

- **Vorgreifliche (präjudizielle) Rechtsverhältnisse,** die den prozessualen Anspruch begründen. K klagt gegen B auf Zahlung von 500 EUR aus einem Kaufvertrag; die Klage wird mangels eines wirksamen Kaufvertrags abgewiesen. Klagt K in einem neuen Prozess auf Schadensersatz aus dem Kaufvertrag, ist das Gericht an die Feststellung der Unwirksamkeit des Kaufvertrags nicht gebunden. B hätte das nur verhindern können, wenn er im Erstprozess eine Zwischenfeststellungsklage (§ 256 II ZPO) erhoben hätte.

> **Hinweis:** Immer wieder wird in Klausuren verkannt, dass bei der Frage nach den Wirkungen der materiellen Rechtskraft mit der Formulierung „Präjudiz des Ersturteils" zwei völlig unterschiedliche Fallgruppen erfasst werden:
> – Die oben unter Ziff. 4. erörterte Präjudiz erfasst die im *Tenor* einer Entscheidung ausgesprochene *Rechtsfolge*; diese vorgreifliche Rechtsfolge ist für das Zweitgericht *bindend*.
> – Die hier erörterte Präjudiz erfasst die in den *Entscheidungsgründen* für den Klageanspruch maßgeblichen *Rechtsverhältnisse*; diese sind für das Zweitgericht *nicht bindend*.

- **Rechtliche Beurteilungen.** K klagt gegen B aus Zahlung von 800 EUR aus einem Vertragsschluss vom 5. April, den das Gericht als Dienstvertrag wertet. In einem späteren Verfahren kann das Gericht das Vertragsverhältnis als Werkvertrag einordnen, da das Gericht an die rechtliche Wertung des Vertrags als Dienstvertrag nicht gebunden ist.
- **Einreden, Einwendungen und Gegenrechte** des Beklagten. **Grundsatz:** K klagt auf Kaufpreiszahlung aus einem Kaufvertrag vom 3.3. Das Gericht verurteilt B zur Zahlung, weil es seine Einrede der Nichterfüllung des Vertrags als unbegründet ansieht. B klagt in einem neuen Prozess auf Lieferung der Kaufsache aus dem Vertrag vom 3.3. Das Gericht ist an die Feststellung des Erstgerichts, wonach die Einrede der Nichterfüllung unbegründet ist, *nicht gebunden*, kann also der Klage stattgeben. Eine **Ausnahme** vom Grundsatz, dass Gegenrechte nicht in Rechtskraft erwachsen, bringt **§ 322 II ZPO** (vgl. Kapitel „Prozessaufrechnung"). Gibt das Gericht der Klageforderung des K statt, weil die mit der Aufrechnung geltend gemachte Forderung des Beklagten B (Gegenforderung) nicht besteht, kann B seine Gegenforderung gegen K nicht erneut einklagen: Die Rechtskraft des Ersturteils steht dem entgegen (§ 322 II ZPO). Gleiches gilt, wenn das Gericht im Erstprozess die Klage im Hinblick auf die wirksame Aufrechnung abweist. § 322 II ZPO ist nämlich so zu lesen: „… dass die Gegenforderung nicht besteht oder *infolge Aufrechnung* nicht mehr besteht…".

6. Zeitliche Grenzen

In zwei Fällen hat der Gesetzgeber bestimmt, dass die materielle Rechtskraft nur den *Zeitpunkt* der *letzten Tatsachenverhandlung* erfasst:
– § 323 ZPO: Im Fall der Verurteilung zu künftig wiederkehrenden Leistungen (zB Ersatzrenten nach §§ 843–845 BGB) können spätere wesentliche Änderungen berücksichtigt werden;
– § 767 ZPO: Mit der Vollstreckungsgegenklage können nachträglich entstandene rechtsvernichtende oder rechtshemmende Tatsachen geltend gemacht werden.

Aus diesen beiden Fällen lässt sich allgemein entnehmen: Entstehen *nach* der letzten mündlichen Verhandlung **neue Tatsachen,** die einen **neuen Streitgegenstand** bilden, steht die materielle Rechtskraft des Ersturteils nicht entgegen.

Beispiel: K klagt im Februar auf Feststellung, dass B ihm seine künftigen gesundheitlichen Schäden aus dem Verkehrsunfall vom 2.1. zu ersetzen hat. Das Gutachten eines Sachverständigen ergibt, dass keine weiteren Schäden als die bereits festgestellten zu erwarten sind. Das Gericht weist deshalb die Klage ab. Eineinhalb Jahre später treten, völlig unvorhersehbar, neue Gesundheitsschäden auf, die auf den Unfall vom 2.1. zurückzuführen sind. – Die materielle Rechtskraft des Ersturteils steht dem neuen Prozess nicht entgegen; nach der letzten mündlichen Verhandlung sind neue Gesundheitsschäden entstanden, die einen neuen Lebenssachverhalt begründen.

7. Subjektive Grenzen

Rechtsgrundlage: § 325 ZPO

a) Inter partes. Eine rechtskräftige Entscheidung wirkt **grundsätzlich** nur zwischen den **Parteien eines Prozesses** (inter partes, – § 325 I Hs. 1 ZPO: *„Das rechtskräftige Urteil wirkt für und gegen die Parteien…"*). Ein Urteil, zu dem der Schuldner S zur Zahlung an den Gläubiger G verurteilt wird, wirkt also nicht gegen den Bürgen B des S. Bestreitet deshalb B, der von G aus der Bürgschaft in Anspruch genommen wird, das Vorliegen einer Schuld des S, ist das Gericht im neuen Prozess G/B nicht an die Entscheidung des Vorgerichts gebunden, (anders wenn die Klage G/S als unbegründet abgewiesen wird;

der Bürge kann dann die Einrede des § 768 I BGB erheben). Oder: Verklagt K die Gesellschafter A, B und C einer BGB-Gesellschaft und wird die Klage abgewiesen, wirkt das Urteil nicht gegen die BGB-Gesellschaft. Ebenso wirkt das Urteil gegen einen Gesamtschuldner nicht gegen den anderen Gesamtschuldner (§§ 425 II, 429 III, 432 II BGB). Gleiches gilt für Feststellungsklagen: Klagt A gegen seinen Bruder B auf Feststellung, dass er Erbe nach dem Vater V geworden ist, wirkt ein Urteil, das die Alleinerbschaft des A feststellt, nicht gegen seine Schwester S.

b) Erstreckung der Rechtskraft auf Dritte. Ausnahmsweise wirkt ein Urteil auch für und gegen Dritte, § 325 I Hs. 2 ZPO („*…und die Personen…*"). Man spricht in diesen Fällen von einer *subjektiven Rechtskrafterstreckung*. Weitere Fälle sind in §§ 326, 327 ZPO geregelt. Der Regelungsgehalt der Vorschrift des § 325 I, II ZPO im Hinblick auf „Dritte" stößt – obwohl bereits Prüfungsgegenstand des Ersten Staatsexamens – immer wieder auf Verständnisschwierigkeiten (Abs. 3 spielt in Klausuren eine untergeordnete Rolle!). Dies zu Unrecht, wenn man sich folgendes einprägt:

aa) § 325 I Fall 1 ZPO: „*Das rechtskräftige Urteil wirkt für und gegen… die Personen, die nach dem Eintritt der Rechtshängigkeit Rechtsnachfolger der Parteien geworden sind.*" **Rechtsnachfolger** einer Partei ist, wer durch Rechtsgeschäft (zB Abtretung), Gesetz (zB § 412 BGB) oder Hoheitsakt (zB Pfändungsbeschluss, §§ 829, 835 ZPO) den streitbefangenen Gegenstand wenigstens zum Teil erwirbt. Die Rechtsnachfolge muss *nach Rechtshängigkeit* (Klagezustellung, §§ 253 I, 261 ZPO) eintreten. **In Streit befangene Sache.** Damit ist der *Gegenstand des Prozesses* gemeint (eine Sache, eine Forderung, ein Recht), dessen Veräußerung bzw. Abtretung dem Kläger die Aktivlegitimation oder dem Beklagten die Passivlegitimation nehmen würde (Einzelheiten im Kapitel „Veräußerung der in Streit befangenen Sache"). Streitbefangen ist damit bei der Herausgabeklage zB aus §§ 985, 894 BGB die betreffende *Sache* oder bei einer auf §§ 433, 631 BGB usw gestützten Klage der betreffende *schuldrechtliche Anspruch*.

bb) § 325 I Fall 2 ZPO: „*Das rechtskräftige Urteil wirkt für und gegen… die Personen, die… den Besitz der streitbefangenen Sache derart erlangt haben, dass eine der Parteien oder der Rechtsnachfolger mittelbarer Besitzer geworden ist.*" Mittelbarer Besitzer (§ 868 BGB) sind zB der Vermieter, der Verpächter oder der Sicherungsnehmer bei der Sicherungsübereignung.

cc) § 325 II ZPO: **Die Vorschrift** schaltet die durch § 325 I ZPO angeordnete Rechtskrafterstreckung aus, dh das Urteil wirkt **nicht** *gegen* den Rechtsnachfolger, wenn dieser **gutgläubig im doppelten Sinn** war: Zum einen in Bezug auf die *Rechtshängigkeit des Prozesses* und zum anderen in Bezug auf *die Berechtigung seines Rechtsvorgängers*. Maßstab des guten Glaubens in beiden Fällen ist die jeweils einschlägige bürgerlich-rechtliche Gutglaubensvorschrift, so dass zB leichte Fahrlässigkeit beim Erwerb einer beweglichen Sache vom Kläger bzw. vom Beklagten den guten Glauben nicht beseitigt (§ 932 BGB).

Drei wichtige Hinweise zum Regelungsgehalt des § 325 I, II ZPO:

1. 325 II ZPO regelt nur die Fälle, in denen es um die Rechtskraftwirkung **gegen** den Rechtsnachfolger geht (= zu seinen Lasten). **Für** den Rechtsnachfolger (= zu seinen Gunsten) tritt immer Rechtskrafterstreckung nach § 325 I ZPO ein: Abs. 2 ist eine Ausnahme von dem Grundsatz der Rechtskrafterstreckung und zieht die Konsequenz, dass im materiellen Recht ein gutgläubiger Erwerb möglich ist und diese Wertung muss im Prozessrecht hingenommen werden.

2. Doppelte Gutgläubigkeit iSd § 325 II ZPO kann nur in den Fällen eintreten, in denen sie vom **materiellen Recht vorgesehen** ist. Klagt K deshalb eine Darlehensforderung ein und tritt er sie an D ab, wirkt eine Klageabweisung auch gegen D, weil das materielle Recht keinen gutgläubigen Forderungserwerb kennt.

3. Die **vollstreckungsrechtliche Seite** der Rechtskrafterstreckung gegen Dritte gemäß § 325 ZPO regelt § 727 ZPO (Rechtsnachfolgeklausel, – sog. qualifizierte Klausel: Rechtspflegerzuständigkeit). Grund: Wenn sich die Rechtskraft im Urteil zwischen Kläger K und Beklagtem B auf den Dritten D erstreckt, muss das auch in der Zwangsvollstreckung (über den Weg der Klauselerteilung) berücksichtigt werden, weil D im Titel nicht erscheint; dort sind nur K und B ausgewiesen.

Das sollten Sie sich abschließend merken: § 265 ZPO regelt den Sonderfall der Veräußerung der in Streit befangenen Sache während eines Prozesses. § 325 ZPO kommt entweder über § 265 zur Anwendung (Abs. 3) oder wenn nach Rechtskraft die in Streit befangene Sache veräußert wurde! Zu letzterem Fall vgl. unten, Beispiel bei Ziff. IV.

IV. Aufbau in der Klausur

Die Behandlung der entgegenstehenden Rechtskraft bereitet in der Klausur Probleme, weil sie sowohl bei der Zulässigkeit als auch bei der Begründetheit Bedeutung erlangen kann:

– Bei der *Zulässigkeit* wird die Frage der entgegenstehenden Rechtskraft relevant, wenn über den identischen Streitgegenstand bereits eine rechtskräftige Entscheidung ergangen ist. Die Klage ist dann als unzulässig abzuweisen.

– Bei der *Begründetheit* wird die Rechtskraft relevant, wenn aufgrund der Bindungswirkung einer Vorentscheidung dieser Gesichtspunkt der Entscheidung zugrunde gelegt werden muss.

- **Beispiel** (nach BGH NJW 83, 2032): M hat B 2003 ein 10-jähriges Darlehen in Höhe von 50.000 EUR gewährt. B behauptet, er habe von M nie ein Darlehen erhalten und erhebt deshalb Klage auf Feststellung, dass kein Darlehensvertrag über 50.000 EUR gewährt wurde. Das Gericht weist die Klage ab, weil sich nicht feststellen lässt, ob die Darlehensgewährung erfolgte oder nicht. M kündigt das Darlehen und tritt die Darlehensforderung an K ab. Dieser erhebt im März 2018 Klage auf Rückzahlung. – Steht der neuerlichen Klage die Rechtskraft der Erstentscheidung entgegen?

> I. Zulässigkeit
>   1. Zuständigkeit
>   2. Sonstige Zulässigkeitsfragen
>   3. **Entgegenstehende Rechtskraft?**
>   a) subjektive Grenzen: § 325 ZPO
>   b) objektive Grenzen: § 322 ZPO
>
> II. Begründetheit
>   1. Anspruchsgrundlage: § 488 I 2 BGB. Voraussetzungen
>   a) Darlehensvertrag M/B **Bindungswirkung?**
>   b) Kündigung…

Sie sehen, dass der Aspekt der materiellen Rechtskraft an zwei Stellen in der Klausur zu prüfen ist: Bei der Zulässigkeit unter dem Prüfungspunkt *Entgegenstehende Rechtskraft* und im Rahmen der Begründetheit bei den *Voraussetzungen der Anspruchsgrundlage*, ob also ein Darlehensvertrag besteht.

- **Erläuterungen:**

Bei der **Zulässigkeit** formuliert man in etwa: *… 3. Soweit die Rechtskraft eines Urteils reicht, ist in einem nachfolgenden Prozess bei Identität der Streitgegenstände die Klage als unzulässig abzuweisen; dies auch dann, wenn im zweiten Prozess das kontradiktorische Gegenteil der im ersten Prozess ausgesprochenen Rechtsfolge begehrt wird (§ 322 I ZPO). Die im Vorprozess ergangene Entscheidung wirkt nun zwar grundsätzlich allein zwischen den damaligen Prozessparteien M und B (inter partes), – es greift hier jedoch die Ausnahmebestimmung des § 325 I ZPO. Danach erstreckt sich die Rechtskraft des Ersturteils auch auf K als Rechtsnachfolger von M (der Umstand, dass die Rechtsnachfolge nach Rechtskraft des Urteils im Vorprozess eingetreten ist, hindert die Anwendung der Vorschrift nicht!). Die Streitgegenstände der beiden Prozesse sind jedoch nicht identisch. Der Streitgegenstand setzt sich zusammen aus einem Antrag und dem zugrunde liegenden Lebenssachverhalt. Im Erstprozess wurde ein Feststellungsanspruch erhoben, im vorliegenden ein Leistungsanspruch. Damit liegen unterschiedliche Anträge und folglich unterschiedliche Streitgegenstände vor.*

Bei der **Begründetheit** formuliert man in etwa: *K hat gegen B einen Anspruch aus § 488 I 2 BGB aus abgetretenem Recht, da ein Darlehensvertrag zwischen M/B (1) besteht, der Rückzahlungsanspruch fällig ist (2) und die Abtretung wirksam ist (3).*

*(1) Der Frage, ob M und B einen wirksamen Darlehensvertrag geschlossen haben, durfte das Gericht nicht nachgehen, da es an die Entscheidung des Vorprozesses M/B **gebunden ist** (§§ 322, 325 ZPO). Nach § 322 I ZPO reicht die Rechtskraft und damit die Bindungswirkung eines Urteils so weit, als über den erhobenen (prozessualen) Anspruch entschieden ist. Im Vorprozess wurde nun **rechtskräftig entschieden**, dass von einem Nichtvorliegen eines Darlehensvertrages **nicht** ausgegangen werden kann. Zugleich ist damit auch **positiv** (kontradiktorisches Gegenteil) **rechtskräftig ausgesprochen**, dass ein entsprechender Darlehensvertrag geschlossen wurde.*

*An diesem Ergebnis ändert auch der Umstand nichts, dass das Gericht des Vorprozesses die **Beweislastverteilung falsch beurteilt hat**. Bei einer negativen Feststellungsklage ist die Beweislastverteilung nicht anders als bei einer positiven Leistungsklage (Argument: ansonsten würde der zuerst Klagende bestraft werden, weil er beweispflichtig ist). Ist das Bestehen eines Darlehensvertrages streitig, muss der Darlehensgeber beweisen, dass ein Darlehensvertrag geschlossen wurde. Nachdem im Vorprozess dieser Beweis durch den beweisbelasteten Beklagten nicht geführt wurde und somit unklar war, ob ein Darlehensvertrag vorliegt oder nicht („non liquet"), hätte das Gericht der negativen Feststellungsklage stattgeben müssen. Dieser Fehler macht das Urteil nun zwar angreifbar (der vormalige Kläger hätte Berufung einlegen können), – ändert aber nichts am Umfang der materiellen Rechtskraft. (2), (3) ...*

> **Anmerkung:** Diese Auffassung des BGH wird kritisiert (Tiedtke NJW 1990, 1697). Bei einer Klageabweisung ist zur Feststellung der Rechtskrafterstreckung auf die Urteilsgründe zurückzugreifen. Aus diesen ergibt sich aber gerade, dass das Erstgericht keine Bindung hinsichtlich der Frage festschreiben wollte, ob ein Darlehen gewährt wurde oder nicht; das Gericht hat lediglich festgestellt, dass ein Darlehensvertrag möglicherweise besteht oder nicht besteht. „*Das RG hat (...) entschieden, die Abweisung der negativen Feststellungsklage stelle das Bestehen der Forderung positiv fest, wenn das Urteil auf das Bestehen dieser Forderung gestützt worden sei. (...) Das RG vertrat deshalb die Auffassung, mit der Abweisung der negativen Feststellungsklage werde positiv das Bestehen der Forderung festgestellt. Das RG hat aber stets betont, dass dieser Grundsatz nur gelte, wenn die Abweisung der Klage mit dem Bestehen der geleugneten Forderung begründet worden sei, also nicht gelte, wenn diese Voraussetzung nicht vorliege.*" (Tiedtke, aaO).

V. Examensrelevante Rechtsprechung

1. BGH NJW 2003, 1044: K erhebt am 1.3.15 gegen B Klage auf Rückzahlung eines Darlehens über 4.000 EUR. Das Amtsgericht weist die Klage als derzeit nicht fällig ab; die hiergegen gerichtete Berufung des K wird, nachdem das Landgericht auf die mangelnde Fälligkeit hingewiesen hat, durch Versäumnisurteil zurückgewiesen. Der hiergegen erhobene Einspruch wird am 4.8.15 zurückgenommen. Das Darlehen ist seit dem 1.3.18 fällig; K erhebt gegen B Zahlungsklage. – Wie wird das Gericht entscheiden?

Die neue Klage ist wegen entgegenstehender Rechtskraft **unzulässig**. Streitgegenstand des ersten Verfahrens war eine Leistungsklage über 4.000 EUR (Antrag), wobei zur Antragsrechtfertigung ein Darlehensvertrag und der entsprechende Rückzahlungsanspruch angeführt wurde (Sachverhalt). Über diesen Streitgegenstand erging ein rechtskräftiges Urteil:

1. Die Entscheidung des *Amtsgerichts*, mit der die Klage als derzeit nicht fällig abgewiesen wurde, würde einer erneuten Klage als „jetzt fällig" nicht entgegenstehen (vgl. Beispielsfall 2 S. 142).

2. Kernproblem ist die Frage, wie sich die Entscheidung des *Landgerichts* auf dieses Ergebnis auswirkt. Hätte das Landgericht nach Durchführung der Berufung das amtsgerichtliche Urteil bestätigt, würde für den Umfang der Rechtskraft gleiches gelten und K könnte seinen Anspruch neu einklagen (als „jetzt fällig"). Das Landgericht hat aber nicht durch Endurteil, sondern durch Versäumnisurteil entschieden. Konsequenz? Ein die Klage abweisendes Versäumnisurteil enthält **keine Einschränkung** der Rechtskraftwirkung dahin, dass die Klageforderung derzeit nicht fällig ist.

Bei Säumnis des Klägers wird die Klage nicht auf Schlüssigkeit und Begründetheit geprüft, sondern ihre Abweisung erfolgt nach der gesetzlichen Regelung des § 330 ZPO allein aufgrund der Säumnis des Klägers mit der Wirkung, dass er mit seiner Klage schlechthin abgewiesen wird. Die sich aus dieser Konsequenz ergebene Härte wird durch die Einspruchsmöglichkeit des § 338 ZPO gemildert. Auch der Umstand, dass das Urteil ein Berufungsurteil war, mit dem die Berufung des Klägers zurückgewiesen wurde, ändert hieran nichts. Da über das Schicksal der Klage im Vorprozess erst durch das landgerichtliche Versäumnisurteil rechtskräftig entschieden wurde, kann auf die Gründe des amtsgerichtlichen Urteils nicht zurückgegriffen werden.

Die Rechtskraft des landgerichtlichen Versäumnisurteils steht damit der Zulässigkeit der Klage entgegen.

2. BGH VII ZR 4/13 (vereinfacht): K erhebt im Vorprozess gegen B Vollstreckungsabwehrklage und stützt sich ua auf eine Aufrechnung, die er gegen den titulierten Anspruch erklärt. Das LG weist die Vollstreckungsabwehrklage ab, weil die Aufrechnung prozessual verspätet ist. K erhebt nunmehr Klage auf Zahlung der Forderung, mit der im Vorprozess die Aufrechnung erklärt wurde. B wendet ein, dass die Klage unzulässig ist, da über die Aufrechnung nach § 322 II ZPO rechtskräftig entschieden wurde. – Zu Recht?

Abwandlung: Die Aufrechnung wurde erstmals in der Berufung erklärt und das Berufungsgericht hat die Aufrechnung im Hinblick auf § 533 ZPO nicht zugelassen.

Lösung: Die Klage ist unzulässig, da die (negative) Zulässigkeitsvoraussetzung der entgegenstehenden Rechtskraft greift (§ 322 II ZPO). Zwar ist die Vorschrift vom Wortlaut her nicht einschlägig, weil sie nur die Aufrechnung durch *den Beklagten* erfasst. Nach ständiger Rechtsprechung ist diese Bestimmung in erweiternder Auslegung aber auch auf die Fälle anzuwenden, in denen (wie hier) *der Kläger* die Aufrechnung erklärt hat. Da die Kollisionsregel bei einer Zurückweisung als verspätet nicht anwendbar ist, hat das Gericht „sachlich" über die Prozessaufrechnung und damit mit Rechtskraftwirkung entschieden (so, – der Kläger wird für seine prozessuale Nachlässigkeit „sanktioniert", in dem das verspätete Vorbringen als *nicht erwiesenes* Vorbringen Eingang in den Prozess findet).

Die Abwandlung unterscheidet sich vom Ausgangsfall in einem entscheidenden Punkt: Es wurde nicht die Aufrechnung, sondern bereits der Aufrechnungseinwand als verspätet zurückgewiesen. In der Berufung wird eine Prozessaufrechnung nur unter bestimmten Voraussetzungen – § 533 ZPO – Prozessstoff. Da die Aufrechnung bereits als solche nicht berücksichtigt wurde, ergeht keine der Rechtskraft fähige Entscheidung (der Fall ist vergleichbar mit einer Aufrechnung trotz eines Aufrechnungsverbots).

3. BGH BeckRS 2017, 127261 zum Thema „Tatsachenpräklusion" (vgl. oben S. 141): Leitsatz *„Die erstmalige Geltendmachung von Ansprüchen des Beklagten aus demselben Sachverhalt wird durch die rechtskräftige Entscheidung über die Ansprüche des Klägers im Vorprozess nicht präkludiert. Über solche Ansprüche wird durch die Entscheidung über die dort gemachten Ansprüche nur unter den Voraussetzungen des § 322 ZPO – also Widerklage oder Aufrechnung – rechtskräftig entschieden".* Der BGH hat in dieser Entscheidung unterstrichen, dass der Sachverhalt nicht der Rechtskraft fähig ist und das Gericht ohne weiteres in einem späteren Prozess einen abweichenden, auch völlig konträren Sachverhalt zu Grunde legen kann. Eine Grenze bildet insoweit nur das Institut der „Tatsachenpräklusion", das aber nur bei Streitgegenstandsidentität anwendbar ist: *„Die Tatsachenpräklusion ist kein Institut neben der materiellen Rechtskraft, sondern nur die notwendige Kehrseite der Maßgeblichkeit der Entscheidung. Außerhalb der Grenzen des Streitgegenstands besteht keine Präklusion, selbst wenn mit der neuen Klage ein wirtschaftlich identisches Ziel verfolgt wird und die Tatsachen sich überschneiden… Im Folgeprozess sind mithin Tatsachen, die zu dem Lebenssachverhalt gehören, der Gegenstand des Vorprozesses war, nicht schlechthin ausgeschlossen, sondern nur insoweit, als sie den Anspruch betreffen, über den dort rechtskräftig entschieden worden ist."*

VI. Mindmap

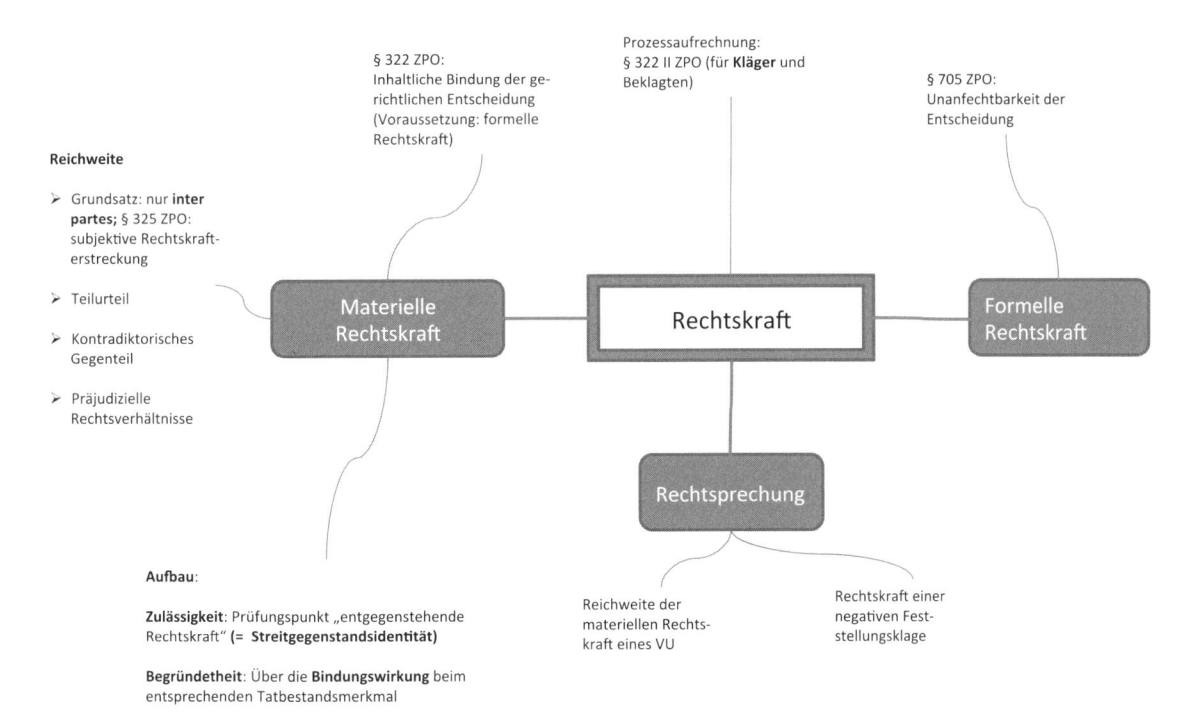

Rechtskraft

- § 322 ZPO: Inhaltliche Bindung der gerichtlichen Entscheidung (Voraussetzung: formelle Rechtskraft)
- Prozessaufrechnung: § 322 II ZPO (für **Kläger** und Beklagten)
- § 705 ZPO: Unanfechtbarkeit der Entscheidung

Materielle Rechtskraft

Reichweite
- Grundsatz: nur **inter partes**; § 325 ZPO: subjektive Rechtskrafterstreckung
- Teilurteil
- Kontradiktorisches Gegenteil
- Präjudizielle Rechtsverhältnisse

Aufbau:
- **Zulässigkeit:** Prüfungspunkt „entgegenstehende Rechtskraft" (= **Streitgegenstandsidentität**)
- **Begründetheit:** Über die **Bindungswirkung** beim entsprechenden Tatbestandsmerkmal

Formelle Rechtskraft

Rechtsprechung
- Reichweite der materiellen Rechtskraft eines VU
- Rechtskraft einer negativen Feststellungsklage

8. Kapitel: Veräußerung der in Streit befangenen Sache

Inhaltsverzeichnis

I. Einführung	148
II. Regelungsgegenstand des § 265 ZPO	148
1. Allgemeines	148
2. Voraussetzungen für die Fortführung des Prozesses	148
a) Rechtsnachfolge auf der Klägerseite	148
b) Rechtsnachfolge auf der Beklagtenseite	149
III. Übungsfälle	149
IV. Examensrelevante Rechtsprechung	152
V. Mindmap	153

I. Einführung

Auch wenn eine „Sache" Gegenstand eines Prozesses, also *im Streit befangenen* ist, kann sie veräußert werden. § 265 I ZPO wiederholt nur diese Selbstverständlichkeit. Klagt zB Eigentümer K gegen Besitzer B auf Herausgabe eines Rads, das er ihm geliehen hat, kann K das Rad trotz des laufenden Herausgabeprozesses an D veräußern (§§ 929, 931 BGB). Umgekehrt kann B während des Prozesses das Rad an F weiter verleihen, uU auch als Nichtberechtigter darüber verfügen (§§ 929, 932 BGB).

II. Regelungsgegenstand des § 265 ZPO

1. Allgemeines

Klagt in obigem Beispiel Eigentümer K gegen Besitzer B auf Herausgabe seines Rads und veräußert er das Rad an D, *verliert K seine Aktivlegitimation* (das Eigentum am Rad) und die Klage müsste an und für sich als unbegründet abgewiesen werden. Das ist unbillig, weil K um die „Früchte" des Prozesses gebracht wird (ebenso sein Rechtsnachfolger D). § 265 II 1 ZPO bestimmt deshalb, dass der Prozess zwischen K und B weitergeführt wird (Fall einer *gesetzlichen Prozessstandschaft*) und § 265 II 2 ZPO bestimmt, dass die Übernahme des Prozesses durch den Rechtsnachfolger D (sein Eintritt in den Prozess anstelle des K) nur mit Zustimmung des Gegners möglich ist (Fall eines *gesetzlichen Parteiwechsels*).

Umgekehrt gilt dasselbe: Verleiht etwa B das Rad während des Prozesses an F, verliert er *seine Passivlegitimation* (den unmittelbaren Besitz am Rad) und die Klage müsste an und für sich als unbegründet abgewiesen werden. K kann jedoch gemäß § 265 II 1 ZPO den Prozess weiter betreiben und dann gegen F vollstrecken (§§ 727, 731 ZPO).

2. Voraussetzungen für die Fortführung des Prozesses

a) Rechtsnachfolge auf der Klägerseite. Soll der Prozess zwischen dem Kläger und dem Beklagten *fortgesetzt* werden, obwohl der Kläger die in Streit befangene Sache veräußert hat, müssen folgende Voraussetzungen erfüllt sein:

- **Rechtshängigkeit** (§ 265 I ZPO): Der Rechtsübergang muss *nach* Eintritt der Rechtshängigkeit wirksam geworden sein. Rechtshängigkeit tritt mit Klageerhebung ein (§§ 253 I, 261 I, II ZPO). Bei Rechtsnachfolge *vor* Rechtshängigkeit fehlt dem Kläger oder Beklagten von Anfang an die Sachlegitimation und die Klage ist als unbegründet abzuweisen.
- **Sache** (§ 265 I ZPO): Mit diesem Begriff ist gemeint der *Gegenstand des Prozesses*. „Sache" kann also sein ein Rad, ein Grundstück, ein Kaufpreisanspruch, ein Schadensersatzanspruch, ein Urheberrecht, ein Notwegerecht, usw, also *jeder Gegenstand* oder *jedes Recht*, um das im Prozess gestritten wird.
- **Streitbefangen** (§ 265 I ZPO): Eine Sache ist in Streit befangen, wenn ihre Veräußerung dem Kläger die Aktivlegitimation und/oder dem Beklagten die Passivlegitimation nehmen würde (Reichold in Thomas/Putzo, 39. Auflage 2018 § 265 RNr 3).

Beispiele: K klagt gegen B auf Kaufpreiszahlung aus § 433 II BGB; mit Abtretung des Anspruchs an D verliert er seine Aktivlegitimation (Inhaberschaft), dh der Anspruch auf Kaufpreiszahlung ist *streitbefangen*. K klagt gegen B auf Herausgabe eines PC (bestimmt nach Modell und Gerätenummer) aus § 985 BGB; mit Veräußerung des PC verliert er seine Aktivlegitimation (Eigentum), – und B verliert mit der Weiterverleihung des Geräts an einen Dritten seine Passivlegitimation (unmittelbaren Besitz), dh der PC ist *streitbefangen*.

- **Veräußerung oder Abtretung** (§ 265 I, II, III ZPO): Damit ist jeder rechtsgeschäftliche oder gesetzliche Einzelrechtsübergang unter Lebenden gemeint; zB: Übertragung nach §§ 398, 929 ff., 873, 925 BGB; Übertragung durch Hoheitsakt (zB Überweisung einer Forderung aufgrund Pfändung, § 835 ZPO); gesetzlicher Forderungsübergang nach §§ 426 II, 774 I, 1143 I BGB.

  Keine Veräußerung oder Abtretung der streitbefangenen Sache liegen ua vor: bei einer befreienden Schuldübernahme nach §§ 414, 415 BGB und bei einer Gesamtrechtsnachfolge (die Erbfolge zB fällt nicht unter § 265 ZPO, sondern folgt eigenen Regeln: § 239 ZPO).

- **Das Urteil muss gegen den Rechtsnachfolger wirken (§ 265 III iVm § 325 ZPO)**: Veräußert der Kläger die in Streit befangene Sache oder tritt er einen Anspruch ab, ist für den *Beklagten* die Weiterführung des Prozesses nur unter einer Voraussetzung zumutbar: Sollte er den Rechtsstreit gewinnen, darf der Rechtsnachfolger ihn nicht erneut in Anspruch nehmen, dh im Fall einer Klageabweisung muss er dem Rechtsnachfolger des Klägers die Einrede der Rechtskraft des Urteils entgegenhalten können. § 265 III ZPO bestimmt deshalb zugunsten des Beklagten: Hat der Kläger veräußert oder abgetreten und würde das Urteil *nicht* gemäß § 325 I ZPO gegen seinen Rechtsnachfolger wirken (Einzelheiten im Kapitel „Rechtskraft"), kann ihm der Beklagte entgegenhalten, dass er den Prozess nicht weiterführen darf und die Klage ist wegen fehlender Aktivlegitimation als *unbegründet* abzuweisen. Der Rechtsnachfolger auf der Klägerseite kann also erneut klagen.

  Letzteres wird in Klausuren gern übersehen: Der Prüfungspunkt wird nach hM im Hinblick auf den Wortlaut des § 265 III ZPO („*kann ihm, … der Einwand entgegengesetzt werden*") als Einwendung behandelt und ist damit nicht im Rahmen der Zulässigkeit zu prüfen, sondern bei der **Begründetheit** (vgl. auch unten, Übungsfälle, Fall 4).

> Hinweis: Veräußert der Kläger die in Streit befangene Sache und würde das Urteil gemäß § 325 I ZPO auch gegen den Rechtsnachfolger wirken, bleibt er Partei und führt den Prozess im eigenen Namen fort (gesetzliche *Prozessstandschaft*). Er muss aber seinen Klageantrag an die neue Rechtslage *anpassen*, also zB den Antrag auf Herausgabe einer Sache umstellen auf Herausgabe der Sache an seinen Rechtsnachfolger (sog. **Relevanztheorie**). Diese Umstellung der Klage ist eine *Klageänderung*, die jedenfalls sachdienlich ist (§ 263 ZPO). Nimmt der Kläger diese Änderung nicht vor, ist die Klage als unbegründet abzuweisen.

b) Rechtsnachfolge auf der Beklagtenseite. Soll der Prozess zwischen dem Kläger und dem Beklagten fortgesetzt werden, obwohl der Beklagte die in Streit befangene Sache veräußert hat, müssen obige Voraussetzungen erfüllt sein, bis auf die letzte Voraussetzung; sie entfällt, weil **§ 265 III ZPO keine Anwendung findet**. Sofern nach der jeweiligen Prüfungsordnung zulässig: Unterstreichen Sie sich in diesem Absatz die Worte „hat der Kläger" und „gegen den Rechtsnachfolger"! Veräußert zB der Beklagte B die in Streit befangene Sache an D, kann der Kläger die *Klage gegen B aufrechterhalten* (§ 265 II 1 ZPO) und aus dem Urteil gegen D aus §§ 727, 731 ZPO vollstrecken. D ist nicht berechtigt, ohne Zustimmung des K den Prozess anstelle des B weiter zu führen: § 265 II 2 Hs. 1 ZPO; will D als Haupt- oder Nebenintervenient auftreten, gilt § 265 II 2 Hs. 2, 3 ZPO.

> Hinweis: K kann in diesem Fall auch die *Hauptsache für erledigt erklären* (übereinstimmend oder einseitig) oder die Klage nach § 264 Nr. 3 ZPO ändern und Schadensersatz (§ 989 BGB) bzw. Herausgabe des Surrogats (§§ 285, 816 BGB) verlangen oder zuletzt die Klage zurücknehmen (§ 269 ZPO) und eine neue Klage gegen D erheben.

III. Übungsfälle

Fall 1: B gibt das dem K gehörende Rad trotz mehrfacher Aufforderung nicht zurück. K erhebt daraufhin am 11.2. Klage auf Herausgabe aus Eigentum. Zustellung der Klage erfolgt am 17.2. Im frühen ersten Termin am 6.3. stellt sich heraus, dass B das Rad am 3.3. an D veräußert hat. – Welches Vorgehen ist K zu empfehlen?

1. Die Herausgabeklage war ursprünglich begründet: K war Eigentümer, B unmittelbarer Besitzer (§ 985 BGB). Mit Veräußerung des Rads an D hat B seinen unmittelbaren Besitz verloren und die Klage wäre damit als unbegründet abzuweisen. Gleichwohl kann K nach § 265 II 1 ZPO den Prozess gegen B fortsetzen. Das Rad war „in Streit befangen", da die „Veräußerung" (Besitzübertragung an D) B die Passivlegitimation nahm: Schuldner des dinglichen Herausgabeanspruchs aus § 985 BGB ist der Besitzer und B ist nicht mehr Besitzer. B hat das Rad auch nach „Rechtshängigkeit", also nach Klagezustellung (§ 261 I ZPO), veräußert.

2. Bei Fortsetzung des Prozesses stehen K zwei Wege offen:
- Weg 1. K kann seine Klage ändern und nunmehr *Schadensersatz* (EBV) verlangen (kraft Gesetzes zulässige Klageänderung gemäß § 264 Nr. 3 ZPO).
- Weg 2. K führt den Prozess mit dem Ziel *Herausgabe des Rades* fort. Das ist nur sinnvoll, wenn er den Herausgabetitel auf D nach § 727 ZPO umschreiben lassen kann, um dann gegen D die Herausgabevollstreckung zu betreiben. Voraussetzung für eine Umschreibung ist, dass D Rechtsnachfolger der in Streit befangenen Sache ist (a) und dass ein gegen B ergehendes Urteil nach § 325 ZPO gegen D wirkt (b).
  a) Das Rad war in Streit befangen und D ist Rechtsnachfolger des B im Besitz.
  b) Die Voraussetzungen des § 325 I ZPO liegen vor, weil D nach Eintritt der Rechtshängigkeit Rechtsnachfolger des B geworden ist. Die durch § 325 I ZPO angeordnete Rechtskrafterstreckung wird allerdings durch § 325 II ZPO ausgeschaltet, wenn D gutgläubig im doppelten Sinn war: in Bezug auf die Rechtshängigkeit der Herausgabeklage K/B und in Bezug auf die Berechtigung seines Rechtsvorgängers B. Maßstab des guten Glaubens ist – § 325 II ZPO verweist auf die jeweils einschlägigen bürgerlich-rechtlichen Gutglaubensvorschriften – § 932 BGB, da es um die Rechtsnachfolge und den Erwerb vom Nichtberechtigten an einer beweglichen Sache geht. Folglich ist zu unterscheiden:
  – War D *gutgläubig* sowohl in *Bezug auf die Rechtshängigkeit* (= wusste er also nichts vom Herausgabeprozess K/B und beruhte sein Nichtwissen auch nicht auf grober Fahrlässigkeit) als auch in *Bezug auf das Eigentum des B am Rad* (= wusste er nichts von dessen Nichtberechtigung und beruhte sein Nichtwissen auch nicht auf grober Fahrlässigkeit), sind die Voraussetzungen des § 325 II ZPO erfüllt und § 325 I ZPO greift nicht, dh das Urteil wirkt damit nicht gegen D.
  – War D bösgläubig in Bezug auf die Rechtshängigkeit ist er notwendig auch bösgläubig in Bezug auf die Berechtigung des B, weil dann jedenfalls grobe Fahrlässigkeit vorliegt! § 325 II ZPO greift dann nicht; es bleibt bei der Grundsatzregel des § 325 I ZPO und die Voraussetzungen für eine Titelumschreibung (§ 727 ZPO) liegen vor. Gleiches gilt, wenn D zwar gutgläubig in Bezug auf die Rechtshängigkeit, aber bösgläubig in Bezug auf die Eigentümerstellung des B war.

Kann K, wie meist – auch hier gibt der Sachverhalt keinerlei Anhaltspunkte –, die Bösgläubigkeit des D in der einen oder anderen Richtung nicht beweisen oder ist ein solcher Beweis fraglich, bleibt als sicherer Weg nur der, über eine Klageänderung Schadensersatz zu verlangen.

Hinweise: 1. Zum Aufbau in der Klausur, falls K den Prozess mit dem Ziel der Herausgabe fortführt. Bei der Zulässigkeit wird § 265 II 1 iVm Abs. 1 ZPO für die Berechtigung zur Prozessführung (aktive oder passive **Prozessführungsbefugnis**) geprüft. Bei der Begründetheit wird auf den **ursprünglich** (vor der Veräußerung) begründeten Herausgabeanspruch abgestellt. Formulierungsbeispiel. *Zum Zeitpunkt kurz vor Veräußerung des Rads durch B an D am 3.3., hatte K gegen B einen Anspruch aus Herausgabe aus § 985 BGB: K war Eigentümer, B Besitzer… Dass B das Rad am 3.3. an D veräußert hat und D deshalb nicht mehr Besitzer und K möglicherweise nicht mehr Eigentümer ist, bleibt gem. § 265 I, II ZPO außer Betracht.*

2. § 727 ZPO: Die Rechtsnachfolgeklausel bereitet erfahrungsgemäß erhebliche Probleme, da der Gesetzgeber in § 727 ZPO sowohl materielle Voraussetzungen als auch abweichende verfahrensrechtliche Bestimmungen normiert hat. Materielle Voraussetzung ist, dass das Urteil gegen den Rechtsnachfolger wirkt (dieser also nicht gutgläubig erworben hat). Im Klauselerteilungsverfahren wird aber nur die Rechtsnachfolge geprüft (das folgt aus den Worten „sofern die Rechtsnachfolge…"), nicht aber die Gut- bzw. Bösgläubigkeit. Hat also D gutgläubig erworben, wird K zunächst eine Rechtsnachfolgeklausel erhalten; D kann hiergegen vorgehen (es ist streitig, ob die Vollstreckungsabwehrklage oder die Klauselgegenklage statthaft ist). Im Endergebnis (und hierauf stützt sich obige Lösung) ist eine Vollstreckung aber nur gegen den Bösgläubigen D möglich.

3. Variiert man den Fall dahin, dass K auch einen Herausgabeanspruch aus § 604 BGB hat und B insoweit geltend macht, er könne dem nicht nachkommen, weil er das Rad veräußert habe, gilt: Es liegt *ein* Streitgegenstand vor, bei dem das Herausgabeverlangen auf *zwei* unterschiedliche Anspruchsgrundlagen gestützt werden kann.

a) Zulässigkeit. Eine Veräußerung der in Streit befangenen Sache liegt nur für den Anspruch aus § 985 BGB vor. Bei § 604 BGB ist der schuldrechtliche Anspruch aus dem Leihverhältnis die in Streit befangene Sache und nicht das Rad, weshalb die Klage insgesamt (ein Streitgegenstand kann nur einheitlich zulässig sein!) und *ohne* Rückgriff auf § 265 ZPO zulässig ist.

b) Begründetheit. Für **§ 604 BGB** gilt: Der Einwand des B, ihm sei die Erfüllung subjektiv unmöglich (§ 275 BGB) wird als *Unvermögenseinwand* bezeichnet; er beinhaltet eine echte Einwendung, die von Amts wegen zu berücksichtigen ist. Sofern die Unmöglichkeit oder das Unvermögen streitig ist, ist der Schuldner beweisbelastet; allein die fehlende Verfügungsmacht begründet noch nicht die Unmöglichkeit, vielmehr muss er nachweisen, dass er die Verfügungsmacht nicht wiedererlangen kann. Für **§ 985 BGB** wird geprüft, ob das Herausgabeverlangen *ursprünglich* berechtigt war (vgl. oben) und – auf diese Vorschrift wurde noch nicht eingegangen – ob die Voraussetzungen des § 265 I, II ZPO vorliegen. (Klarstellung: Innerhalb eines Streitgegenstands darf/muss jede in Betracht kommende Anspruchsgrundlage geprüft werden, ob sie das Petitum trägt).

4. § 265 ZPO und einseitige Erledigungserklärung: Die einseitige Erledigungserklärung bewirkt, dass die ursprüngliche Leistungsklage geändert wird zu einer Feststellungsklage mit dem Inhalt, dass die ursprünglich zulässig und begründete Klage durch ein Ereignis nach Rechtshängigkeit unzulässig oder unbegründet wurde. Nun möchte man meinen: Sofern § 265 ZPO die Fortsetzung des Rechtsstreits gestattet, ist die Veräußerung der in Streit befangenen Sache keine Erledigung, – die Klage wird ja nicht unzulässig oder unbegründet. Anders die wohl hM: § 265 ZPO will dem Kläger lediglich das Recht geben, den Prozess fortzusetzen und dieses Rechts soll einer Erledigung nicht entgegengehalten werden können.

Fall 2: K verklagt B auf Lieferung einer Waschmaschine der Marke Miele, Modell D 2018, die er von ihm gekauft hat. Während des Prozesses veräußert B die Waschmaschine an D. K erlangt ein obsiegendes Urteil. – Kann K aus dem rechtskräftigen Urteil gegen D vollstrecken?

Eine Vollstreckung aus dem gegen B ergangenen Urteil ist möglich, wenn die Voraussetzungen für eine Umschreibung des Urteils von B auf D vorliegen. Dazu ist insbesondere erforderlich (vgl. § 727 I ZPO), dass das gegen B ergangene Urteil auch gegen D wirkt. Insoweit kommt nur eine Rechtskrafterstreckung nach § 325 I ZPO in Betracht. Rechtsnachfolger iSd Vorschrift ist, wer Rechtsnachfolger der in Streit befangenen Sache geworden ist. In Streit befangen war vorliegend allein der *Anspruch auf Lieferung* (§ 433 I 1 BGB), nicht aber die *Waschmaschine* Marke Miele, Modell D 2018. Folglich ist D nicht Rechtsnachfolger des B und eine Umschreibung des Titels scheidet aus.

Fall 3: K klagt gegen B auf Herausgabe eines Motorrads, Marke Diler, Modell ZB 12. Er stützt die Klage auf Eigentum (§ 985 BGB). Während des Prozesses veräußert B das Motorrad an D, der aufgrund grober Fahrlässigkeit vom schwebenden Prozess nichts weiß und B ohne Fahrlässigkeit für den Eigentümer hält. Die Klage wird als unbegründet abgewiesen. K verklagt D nach Rechtskraft des Urteils auf Herausgabe. – Ist die Klage zulässig?

Die Klage ist unzulässig, da über denselben Streitgegenstand (Herausgabe des Motorrads Marke Diler, Modell ZB 12) bereits ein rechtskräftiges Urteil vorliegt, das über § 325 I ZPO für und gegen die Parteien des jetzigen Rechtsstreits wirkt. Ein Eingehen auf die Ausnahmevorschrift des § 325 II ZPO erübrigt sich, da das Urteil (Abweisung der Klage) *für* den Rechtsnachfolger D wirkt und nicht *gegen* ihn (= zu seinen Gunsten, aber nicht zu seinen Lasten).

Fall 4: K klagt gegen B auf Herausgabe eines E-Bikes, Marke Kettler, Modell ZB 12 aus Eigentum (§ 985 BGB). Während des Prozess veräußert K das Rad an D und ändert seine Klage auf Herausgabe an D. B wendet ein, K sei aufgrund der Veräußerung des E-Bikes nicht mehr zur Prozessführung berechtigt. – Wie wird das Gericht entscheiden wenn D (Variante 1) im Hinblick auf das Eigentum und den Prozess gutgläubig war bzw. (Variante 2) im Hinblick auf das Eigentum und/oder den Prozess bösgläubig?

Variante 1: Zulässigkeit: K war ursprünglich prozessführungsbefugt; insoweit reicht die bloße Behauptung aus, er sei Eigentümer des E-Bikes. Auch die Übertragung des Eigentums am Rad auf D steht einer Fortsetzung des Prozesses nicht entgegen (§ 265 II 1 ZPO): Das Rad war „in Streit befangen" (bei einer Herausgabeklage gemäß § 985 BGB knüpft die Aktivlegitimation an das Eigentum) und K hat das Rad „nach Rechtshängigkeit veräußert". K hat seinen Klageantrag auch auf Herausgabe des E-Bikes an D umgestellt (Relevanztheorie). Diese Umstellung ist eine nach § 263 ZPO zulässige Klageänderung (aA: § 269 Nr. 2 ZPO). Das Vorliegen der weiteren Zulässigkeitsvoraussetzungen ist mangels anderweitiger Hinweise im Sachverhalt zu unterstellen.

Begründetheit: Zunächst ist zu prüfen, ob die Voraussetzungen des § 265 III ZPO liegen, ob also das Urteil *nicht* nach § 325 ZPO gegen den Rechtsnachfolger D wirken würde. Grundsätzlich wirkt ein Urteil auch gegen den Rechtsnachfolger (§ 325 I ZPO), es sei denn es greift § 325 II ZPO. Danach findet *keine* Rechtskrafterstreckung statt, wenn D im doppelten Sinne gutgläubig war. B ist ein Andauern des Rechtsstreits *nur dann* zuzumuten, wenn *sicher* ist, dass ein gegen K wirkendes Urteil (Klageabweisung) auch gegen den Rechtsnachfolger wirkt! Hierbei wird die **Nichtberechtigung** des **K fingiert.** Unterstellt man die Nichtberechtigung des K, war D gutgläubig im Hinblick auf die Berechtigung seines Rechtsvorgängers und gutgläubig im Hinblick auf den anhängigen Rechtsstreit K/B. Liegen die weiteren Voraussetzungen des § 934 BGB vor (vgl. unten, ergänzender Hinweis), würde ein klageabweisendes Urteil nicht gegen D wirken und die Klage ist wegen fehlender Aktivlegitimation des Klägers als unbegründet abzuweisen. B kann also seine weitere Verteidigung (Recht zum Besitz; Zurückbehaltungsrechte aus Verwendungsansprüchen etc) zurückstellen, da er nur einmal streiten soll und die Erheblichkeit seiner Verteidigung nur einmal beurteilt werden muss.

Variante 2: Zulässigkeit: Wie bei Variante 1.
Begründetheit:
1. Unterstellt man die Nichtberechtigung des K, scheidet ein gutgläubiger Erwerb aus: D war im Hinblick auf die Berechtigung des K und/oder den laufenden Prozess bösgläubig. § 265 III ZPO ist nicht einschlägig, dh die Klage scheitert nicht an der mangelnden Aktivlegitimation des K.
2. Kann K seine ursprüngliche Berechtigung beweisen? Unterstellt er kann, ergeht ein zusprechendes Urteil (= Herausgabe an D); andernfalls ist die Klage abzuweisen. In letzterem Fall kann D nicht erneut gegen B vorgehen, weil dem die Rechtskraft des Urteils gemäß § 325 I ZPO entgegensteht (und die Ausnahmevorschrift des § 325 II ZPO nicht greift: D ist nicht gutgläubig).

Ergänzender Hinweis: Gern wird übersehen, dass eine Anwendung des § 934 BGB ein Besitzmittlungsverhältnis (oder die Übergabe der Sache) voraussetzt. Wäre also B Besitzer des Rades gewesen, ohne dass im Verhältnis zu K ein Leihvertrag, Sicherungsvertrag oÄ vorgelegen hätte, würde ein gutgläubiger Erwerb seitens des D von vornherein scheitern und damit auch der Einwand des B hinsichtlich der fehlenden Sachbefugnis des K.

Zusammenfassung des Aufbaus:

> I. Zulässigkeit
>   1. § 265 II ZPO
>   2. Klageänderung (Relevanztheorie)
>   3. Zuständigkeit ...
>
> II. Begründetheit
>   1. § 265 III ZPO
>   2. § 985 BGB

Hinweis zur Beweislast und § 265 III ZPO: Auch wenn die Vorschrift eine Einwendung des Beklagten darstellt, trägt der Kläger die Beweislast für deren Voraussetzungen.

IV. Examensrelevante Rechtsprechung

Fall nach BGH NJW 2012, 3642: K verklagt im Mai 2017 ihren Ex-Ehemann B zum einen (1) auf rückständigen (2016 bis Februar 2017) und laufenden Ehegattenunterhalt, (2) zum anderen auf Zahlung der seit Februar 2014 erhaltenen Zuschüsse an den Sozialversicherungsträger S, da sie aufgrund einer zu geringen Rente bedürftig ist und Zuschüsse nach dem SGB XII erhalten hat. B wird in 2. Instanz antragsgemäß verurteilt. Hiergegen richtet sich die Revision des B; K verstirbt am 31.7.2018 und der Rechtsstreit wird ausgesetzt. Der Sozialhilfeträger S beantragt nunmehr die Fortsetzung auch mit dem Ziel, die bis 31.7.2018 fortlaufend gezahlte Unterstützung zurück zu erhalten. Unterstellt, der Unterhaltsanspruch gegen B besteht, kann S dann in den Rechtsstreit eintreten, wenn B widerspricht?

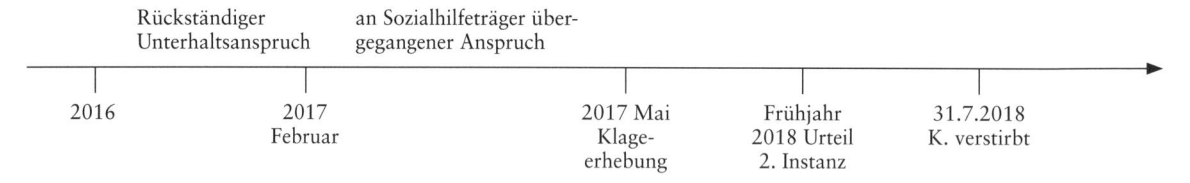

```
         Rückständiger         an Sozialhilfeträger über-
         Unterhaltsanspruch    gegangener Anspruch
    |─────────┼──────────────┼─────────┼──────────┼──────────→
   2016      2017          2017 Mai   Frühjahr   31.7.2018
             Februar       Klage-     2018 Urteil K. verstirbt
                           erhebung   2. Instanz
```

Einführung in die Problematik dieser (ungemein anspruchsvollen) Entscheidung, die für das Verständnis des § 265 ZPO lehrreich ist: Grundsätzlich hat K gegen B einen Unterhaltsanspruch (vgl. §§ 1570 ff. BGB), der seit dem Jahr 2016 geltend gemacht wurde. Erhält der Unterhaltsberechtigte Hilfe nach dem SGB, geht der Unterhaltsanspruch im Umfang der gewährten Hilfe gem. § 94 I 1 SBG XII auf den Sozialhilfeträger über. Das bedeutet für die einzelnen zeitlichen Abschnitte:

- 2016–2017 (Januar): K ist aktivlegitimiert. Während dieser Zeit hat sie keine Sozialleistungen erhalten und konnte unproblematisch den rückständigen Unterhalt einfordern.
- 2017 (Februar) bis Klageerhebung (Mai): Der Unterhaltsanspruch der K geht in jedem Monat, in dem entsprechende Sozialleistungen gewährt werden, auf S über. Im Zeitpunkt der Klageerhebung war K nicht mehr Inhaberin dieses Unterhaltsanspruchs und konnte auch – der gesetzliche Forderungsübergang nach § 94 I 1 SGB XII erfolgte vor Rechtshängigkeit – nicht nach § 265 ZPO in gesetzlicher Prozessstandschaft agieren.

    Hinweis: Eine Klage wäre möglich gewesen, wenn S die Ansprüche von 2014 (Februar) bis zur Klageerhebung an K abgetreten hätte (sog. treuhänderische Inkassozession); dann wäre K wieder Inhaberin der Forderungen. Nicht möglich ist eine gewillkürte Prozessstandschaft, da K kein schützenswertes Interesse hat, dass S die Zahlungen erhält.

- Ab Klageerhebung: K ist für den künftigen Unterhalt unproblematisch aktivlegitimiert. Anderes gilt für die Leistungen des Sozialversicherungsträgers S, die während des Prozesses laufen; insoweit verliert sie für jeden Monat, für den sie nach Klageerhebung Leistungen erhält, die Aktivlegitimation gem. § 94 I 1 SGB XII. Weil dieser Verlust aber *nach* Rechtshängigkeit erfolgt, greift nunmehr § 265 I ZPO: Die „Rechtshängigkeit" tritt mit Klageerhebung ein (§§ 253 I, 261 I, II ZPO); es wurde die in Streit befangene „Sache" veräußert (mit diesem Begriff ist jeder Gegenstand des Prozesses gemeint, also auch ein Unterhaltsanspruch) und der Unterhaltsanspruch ist „in Streit befangen": Gläubigerin K hat ihre Forderung aufgrund des gesetzlichen Forderungsübergangs verloren und damit auch ihre Aktivlegitimation. Zuletzt wurde der Unterhaltsanspruch auch „veräußert", da hierunter jeder gesetzliche Einzelrechtsübergang unter Lebenden gemeint ist, dh auch ein gesetzlicher Forderungsübergang. Nach der Relevanztheorie muss K zum Zeitpunkt der letzten mündlichen Verhandlung ihren Antrag anpassen auf Zahlung des rückständigen Unterhalts von Rechtshängigkeit bis Schluss der mündlichen Verhandlung an S.

Lösung: Ein Eintritt kommt nur über § 239 ZPO oder die Regeln eines gewillkürten Klägerwechsels in Betracht; beides scheidet aus:

1. § 239 ZPO: Danach kann der Rechtsnachfolger einer Partei den Rechtsstreit aufnehmen. S ist aber nicht Rechtsnachfolgerin iSd § 239 ZPO. Während des laufenden Verfahrens ist der Unterhaltsanspruch für jeden Monat in dem die Hilfen gewährt wurden, auf S übergegangen, also bereits vor dem Tod der K. K hat folglich als gesetzliche Prozessstandschafterin Ansprüche der S geltend gemacht, so dass ihr Tod „nur" das Recht der Prozessführung berührt. Greift § 239 ZPO analog? Der BGH lehnt in dieser Entscheidung eine analoge Anwendung gegen Stimmen der Rechtsprechung und Literatur ab: Hätte K noch gelebt, hätte S wegen § 265 II 2 ZPO nicht eintreten dürfen; diese Wertung des Gesetzgebers gälte fort.

2. Gewillkürter Klägerwechsel? Er ist nur zulässig, wenn der ausscheidende Kläger zustimmt und – hier erfolgte der Wechsel *nach* der ersten mündlichen Verhandlung – auch der Beklagte zustimmt. Eine Zustimmung der K ist durch deren Tod nicht entbehrlich geworden, da den Erben das Prozessführungsrecht zugefallen ist. B hat zudem widersprochen.

Der Rechtsstreit kann daher nur durch die Erben fortgesetzt werden; S hat lediglich die Möglichkeit, auf die Bestellung eines Nachlasspflegers hinzuwirken.

V. Mindmap

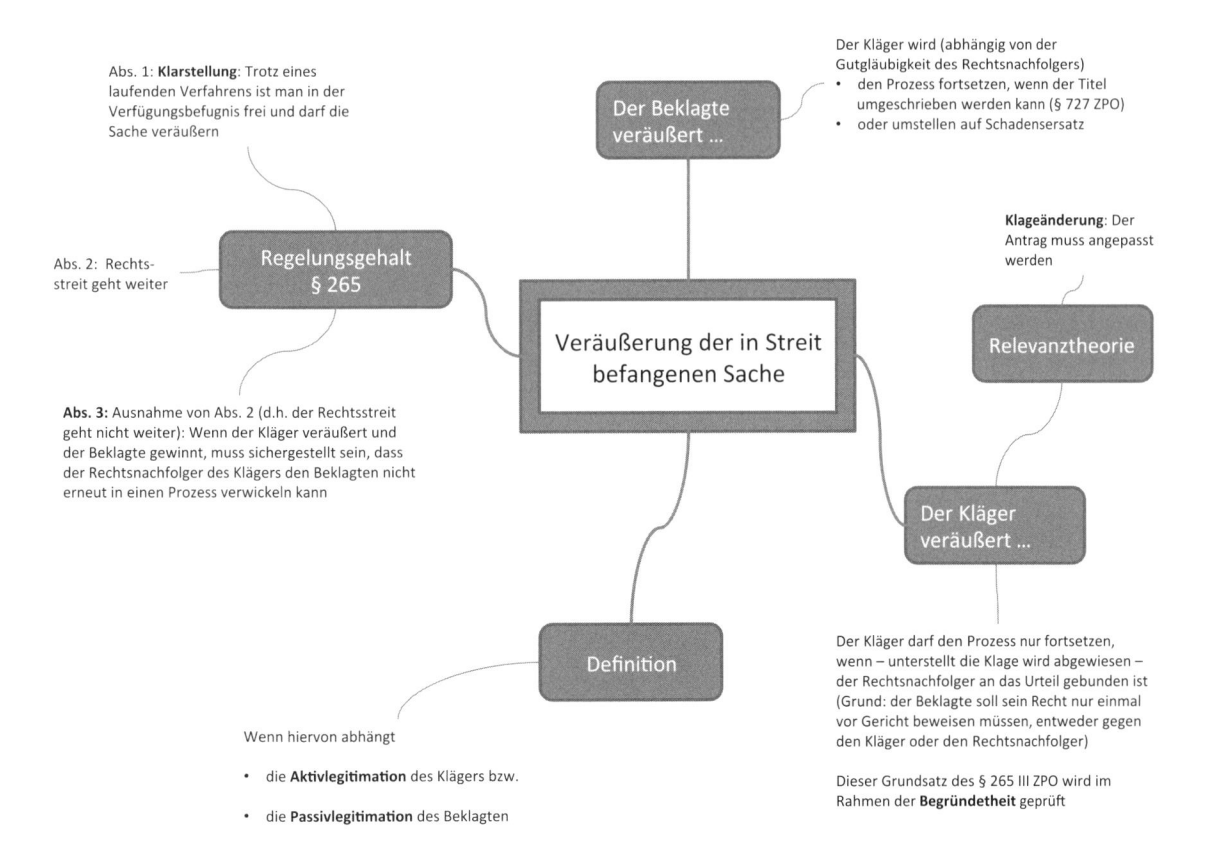

9. Kapitel: Streitgenossenschaft

Inhaltsverzeichnis

    I. Einfache Streitgenossenschaft 154
        1. Allgemeines 154
        2. Voraussetzungen 155
        3. Folge 155
        4. Die einfache Streitgenossenschaft in der Klausur 155
            a) Rubrum. 155
            b) Tenor 156
            c) Tatbestand 156
            d) Entscheidungsgründe 156
        5. Klausurklassiker 157
            a) Parteierweiternde Drittwiderklage 157
            b) Unterschiedlicher Fristenlauf 157
                aa) Zulässigkeit des Einspruchs. 157
                bb) Zulässigkeit der Klage (K/B1) 157
                cc) Begründetheit der Klage (K/B1) 157
    II. Notwendige Streitgenossenschaft 158
        1. Voraussetzungen 158
            a) § 62 I Fall 2 ZPO: materiell-rechtliche Gründe 158
            b) § 62 I Fall 1 ZPO: prozessrechtliche Gründe 158
            c) Unterschied der beiden Fallgruppen 158
        2. Folgen 159
    III. Examensrelevante Rechtsprechung 159
    IV. Mindmap 162

Die Streitgenossenschaft wird auch als subjektive Klagehäufung bezeichnet. Sie liegt vor, wenn in einem Verfahren auf der Kläger- oder Beklagtenseite mehrere Personen stehen (aktive bzw. passive Streitgenossenschaft). Man unterscheidet die einfache Streitgenossenschaft (Regelfall) von der notwendigen Streitgenossenschaft.

I. Einfache Streitgenossenschaft

Rechtsgrundlage: §§ 59–61, 63 ZPO

1. Allgemeines

Mit der einfachen Streitgenossenschaft (auch: Parteimehrheit aus Zweckmäßigkeitsgründen) sollen mehrere Verfahren zusammengefasst werden, damit Verhandlung, Beweisaufnahme und Entscheidung gemeinsam erfolgen können. Die in §§ 59, 60 ZPO geschilderten Fallgruppen sind ohne praktische Relevanz, da die Merkmale weit auszulegen sind.

Als „Assoziationshilfe" sind diese Fallgruppen jedoch durchaus geeignet, Erinnerungen an typische Beispiele aus der Zeit des Ersten Staatsexamens wachzurufen: Mehrere Personen können danach „gemeinschaftlich klagen oder verklagt werden" (§ 59 ZPO), wenn

- sie „hinsichtlich des Streitgegenstands in Rechtsgemeinschaft stehen" (§ 59 Fall 1 ZPO): Miteigentums- und Gesamthandsgemeinschaften; Gesamtschuldnerschaft; Bürge und Hauptschuldner;
- sie „aus demselben tatsächlichen und rechtlichen Grund berechtigt und verpflichtet sind" (§ 59 Fall 2 ZPO): Die Ansprüche mehrerer Geschädigter aus einem Verkehrsunfall; die Lieferansprüche zweier Nachbarn gegen den Heizölhändler aus einem gemeinsamen Vertrag;
- „gleichartige und auf einem im Wesentlichen gleichartigen tatsächlichen und rechtlichen Grunde beruhende Ansprüche oder Verpflichtungen den Gegenstand des Rechtsstreits bilden" (§ 60 ZPO): Klage des Vermieters gegen mehrere Mieter eines Wohnbocks auf Zustimmung zur Mieterhöhung; Klage mehrerer Mieter gegen den Hauseigentümer auf Instandsetzung des Hausflurs.

2. Voraussetzungen

Die Voraussetzungen einer Streitgenossenschaft sind denkbar einfach: Es muss *dieselbe Prozessart* vorliegen (§ 260 ZPO analog); es darf kein *Verbindungsverbot* bestehen und es muss eine gemeinsame Verhandlung und Entscheidung *prozessökonomisch* sein.

3. Folge

Fehlt es an einer dieser Voraussetzungen, werden die Verfahren getrennt (§ 145 I ZPO). Liegen die Voraussetzungen vor, sind die Prozessrechtsverhältnisse voneinander unabhängig: *„Streitgenossen stehen… dem Gegner dergestalt als einzelne gegenüber, dass die Handlungen des einen Streitgenossen dem anderen weder zum Vorteil noch zum Nachteil gereichen"* (§ 61 ZPO). Das bedeutet:

- **Zuständigkeitsstreitwert:** Die Streitwerte werden entgegen § 5 ZPO nicht addiert, wenn die Ansprüche wirtschaftlich denselben Gegenstand haben (Hüßtege in Thomas/Putzo, 39. Auflage 2018 § 5 Rn. 4, 8).
- **Fristen:** Die Fristberechnung erfolgt für jedes Prozessrechtsverhältnis getrennt. Werden zB den Streitgenossen Urteile an verschiedenen Tagen zugestellt, läuft die Rechtsmittelfrist für jeden von ihnen unterschiedlich ab.
- **Sachvortrag:** Jeder Streitgenosse muss die für seinen Prozess relevanten Tatsachen selbst vortragen (§ 61 ZPO). Ausnahme: Trägt ein Streitgenosse eine bestimmte erhebliche Tatsache vor und schweigen die anderen, obwohl die Erklärung auch sie betrifft, ist regelmäßig davon auszugehen, dass die Erklärung für alle abgegeben wurde.
- **Prozesshandlungen:** Die Prozesshandlungen des einzelnen Streitgenossen wirken nur für diesen, weil eben jeder Streitgenosse seinen „eigenen" Prozess führt, zB: Anerkenntnis oder Klagerücknahme.
- **Partei:** Ein Streitgenosse kann im Prozess gegen den Mitstreitgenossen nicht zugleich Zeuge sein. Ausnahme: Ein Streitgenosse kann über Tatsachen als Zeuge vernommen werden, die ausschließlich den anderen Streitgenossen betreffen.
- **Prozessausgang:** Der Prozess kann mit unterschiedlichen Ergebnissen enden. Ist zB ein verklagter Streitgenosse säumig, kann gegen ihn ein stattgebendes Versäumnisurteil ergehen, auch wenn die Klage im Verhältnis zum nicht säumigen Streitgenossen abgewiesen werden sollte.

4. Die einfache Streitgenossenschaft in der Klausur

Beispiel: Zwischen K und B kommt es zu einem Verkehrsunfall. Halter des von B geführten Fahrzeugs ist H. K nimmt mit seiner Klage sowohl den Fahrzeugführer (B), den Fahrzeughalter (H) und dessen Versicherung, die B-AG, in Anspruch. Der Gesamtschaden des K beläuft sich auf 10.000 EUR; die Beklagten haften für den Unfall zu 70 %.

a) Rubrum. Die Parteien werden nacheinander aufgelistet und bei der Parteibezeichnung fortlaufend nummeriert. Sofern ein Prozessbevollmächtigter mehrere Beklagte vertritt, wird er am Ende angeführt:

…

gegen

1. H , Watzmannstraße 23, 83278 Traunstein

– Beklagter zu 1 –

2. B, Bergblick 5, 83278 Traunstein

– Beklagter zu 2 –

3. B-AG, Rosenheimerstraße 45, 81669 München, vertreten durch den Vorstand…, ebenda

– Beklagte zu 3 –

Prozessbevollmächtigter zu 1) bis 3):
Rechtsanwalt Konrad Fleißig, Herzog-Otto-Str. 23, 83278 Traunstein

---

b) Tenor:

> **Endurteil**
>
> I. Die Beklagten zu 1), 2) und 3) werden als Gesamtschuldner verurteilt, an den Kläger 7.000 EUR zu zahlen.
>
> II. Im Übrigen wird die Klage abgewiesen.
>
> III. Die Kosten des Rechtsstreits tragen der Kläger zu 30 % und die Beklagten zu 1), 2) und 3) gesamtschuldnerisch zu 70 %.
>
> IV. Das Urteil ist vorläufig vollstreckbar, für den Kläger gegen Sicherheitsleistung in Höhe von 110 % des jeweils zu vollstreckenden Betrages. Der Kläger kann die Vollstreckung durch Sicherheitsleistung in Höhe von 110 % des aus dem Urteil vollstreckbaren Betrages abwenden, wenn nicht die Beklagten vor der Vollstreckung Sicherheit leisten in Höhe von 110 % des jeweils zu vollstreckenden Betrages.

- **Hauptsache:** Im Tenor sollten nur die im Rubrum definierten Parteirollen verwendet werden. So heißt es zB nicht die *B-AG*, sondern die *Beklagte zu 3)*. Die Haftung als Gesamtschuldner und die Klageabweisung im Übrigen werden gern vergessen!
- **Kostenentscheidung:** Rechtsgrundlage: Nachdem die Beklagten als Gesamtschuldner verurteilt wurden, greift § 100 IV ZPO iVm § 92 ZPO.
- **Vorläufige Vollstreckbarkeit:**
- Kläger: Schritt 1: Was kann der Kläger vollstrecken? Der Kläger 7.000 EUR und 70 % der Kosten des Rechtstreits. Schritt 2: Rechtsgrundlage? § 709 S. 1, 2 ZPO (Hauptsache über 1.250 EUR).
- Beklagte: Schritt 1: Was können die Beklagten vollstrecken? 30 % ihrer außergerichtlichen Kosten. Schritt 2: Rechtsgrundlage ist § 708 Nr. 11 iVm § 711 ZPO (Kosten unter 1.500 EUR).

Vgl. auch die Übungsfälle Kapitel 2, Fälle 2–4.

c) **Tatbestand.** Zu Beginn des Tatbestandes ist die Rolle der jeweiligen Prozessbeteiligten knapp zu schildern:

Der Kläger macht Schadensersatzansprüche aus einem Verkehrsunfall geltend, der sich am 4.1. auf der Chiemsee Straße in Traunstein ereignet hat. Er ist Halter und Fahrer des Fahrzeugs Audi A8, amtliches Kennzeichen TS-HG 876; Halter des weiteren unfallbeteiligten Fahrzeugs BMW X1, amtliches Kennzeichen M-GH 143, ist der Beklagte zu 1), das bei der Beklagten zu 3) haftpflichtversichert ist. Zum Unfallzeitpunkt wurde das Fahrzeug vom Beklagten zu 2) geführt...

Sollten die Streitgenossen unterschiedlich vortragen, würde man dies in der jeweiligen Parteistation deutlich machen, zB *Die Beklagten behaupten... Der Beklagte zu 1) behauptet zudem... usw.*

d) **Entscheidungsgründe.** In den Entscheidungsgründen ist § 61 ZPO Rechnung zu tragen, wonach die Prozesse der Streitgenossen selbständig und voneinander unabhängig sind. Entsprechend erfolgt eine getrennte Prüfung:

> I. Zulässigkeit der Klage
>   1. Gegenüber H
>   2. Gegenüber B
>   3. Gegenüber B-AG
>
> II. Zulässigkeit der Streitgenossenschaft: §§ 59, 60 ZPO und § 260 ZPO analog
>
> III. Begründetheit der Klage
>   1. Anspruch gegen H
>   2. Anspruch gegen B
>   3. Anspruch gegen B-AG
>
> IV. Nebenentscheidungen

Dieser Aufbau vermeidet folgende „Stolpersteine":

- **Zulässigkeit der Klage:** Die Zuständigkeit ist für jeden Streitgenossen getrennt zu erarbeiten. Der allgemeine Gerichtsstand für H und B richtet sich nach §§ 12, 13 ZPO und kann daher unterschiedlich sein; für die Versicherung bestimmt sich der allgemeine Gerichtsstand nach §§ 12, 17 ZPO. Ferner greift für alle Beklagten der besondere Gerichtsstand der unerlaubten Handlung (§ 32 ZPO bzw. § 20 StVG), auch gegenüber der B-AG, da diese für H haftet.
- **Zulässigkeit der Streitgenossenschaft:** Bei Unzulässigkeit der Streitgenossenschaft erfolgt eine Trennung der Verfahren. Die Voraussetzungen der Streitgenossenschaft – dieselbe Prozessart, kein Verbindungsverbot, eine gemeinsame Verhandlung und Entscheidung ist prozessökonomisch – sind deshalb nicht bei der Zulässigkeit der Klage zu erörtern, sondern in einem eigenen Prüfungspunkt; sie liegen hier evident vor.
- **Begründetheit:** Für jeden Streitgenossen ist die zutreffende Anspruchsgrundlage zu wählen. Gegen den Halter folgt der Anspruch aus §§ 7, 17 StVG, gegen den Fahrzeugführer aus §§ 18, 17 StVG und gegen die Versicherung aus § 115 I VVG iVm §§ 7, 17 StVG.

5. Klausurklassiker

a) Parteierweiternde Drittwiderklage – Abwandlung des Beispiels: Der durch den Verkehrsunfall gleichfalls geschädigte Halter H erhebt gegen den Kläger und gegen dessen Haftpflichtversicherung A Widerklage auf Ersatz seines Schadens am Pkw BMW X1 in Höhe von 4.500 EUR. – Ist die Widerklage zulässig? **Vgl. hierzu S. 116).**

b) Unterschiedlicher Fristenlauf:

Fall: K nimmt B1 und B2 als Gesamtschuldner einer Werklohnforderung in Höhe von 1.000 EUR in Anspruch. Die Beklagten zeigen im schriftlichen Vorverfahren ihre Verteidigungsanzeige nicht rechtzeitig an, so dass gegen sie am 1.4. ein Versäumnisurteil im schriftlichen Verfahren ergeht. Das Urteil wird dem Kläger am 3.4., dem Beklagten zu 1) am 6.4. und dem Beklagten zu 2) am 2.4. zugestellt. Jeder der Beklagten legt mit Schreiben vom 18.4. Einspruch ein, eingegangen jeweils am 19.4. – Wie ist zu entscheiden, wenn sich die Klage als zutreffend erweist?

aa) Zulässigkeit des Einspruchs

- **K/B1.** Der Einspruch des B1 ist zulässig, da er statthaft ist und form- und fristgerecht eingelegt wurde. Maßgeblich für die Fristberechnung ist der Tag der *letzten* Zustellung im Verhältnis der Parteien (K: 3.4./B1: 6.4. = 6.4.), wenn die Verkündung, wie hier, durch die Zustellung ersetzt wurde (§ 310 III 1 ZPO, – vgl. S. 56). Die Zweiwochenfrist des § 339 ZPO läuft daher ab dem 7.4., so dass Fristende der 20.4. ist.
- **K/B2.** Der Einspruch des B2 ist nicht zulässig, da er nicht fristgerecht eingelegt wurde. Maßgeblich für die Fristberechnung ist der Tag der *letzten* Zustellung im Verhältnis der Parteien (K: 3.4./B2: 2.4. = 3.4.), wenn die Verkündung durch Zustellung ersetzt wurde (§ 310 III 1 ZPO). Die Zweiwochenfrist läuft daher ab dem 4.4., so dass das Fristende der 17.4. ist. B2 gilt auch nicht etwa über § 62 I ZPO als von B1 vertreten. Danach wird ein *notwendiger* Streitgenosse, der eine Frist versäumt, durch den anderen vertreten. Notwendige Streitgenossenschaft liegt vor, wenn das Rechtsverhältnis allen gegenüber nur einheitlich festgestellt werden kann. B1 und B2 sind Gesamtschuldner; bei einer gesamtschuldnerischen Haftung können aber durchaus unterschiedliche Entscheidungen ergehen (vgl. insbesondere § 425 BGB).

bb) Zulässigkeit der Klage (K/B1). Die Klage ist zulässig.

cc) Begründetheit der Klage (K/B1). Die Klage ist begründet.
Der Tenor in der Hauptsache lautet:

Endurteil

I. Der Einspruch des Beklagten zu 2) gegen das Versäumnisurteil des Amtsgerichts Traunstein vom 1.4. wird als unzulässig verworfen.

II. Das Versäumnisurteil des Amtsgerichts Traunstein vom 1.4. wird aufrechterhalten, soweit der Beklagte zu 1) verurteilt worden ist, an den Kläger 1.000 EUR als Gesamtschuldner neben dem Beklagten zu 2) zu zahlen.

Erläuterungen:

Der Einspruch des Beklagten zu 2) ist nach § 341 I 2 ZPO als unzulässig zu verwerfen; das Versäumnisurteil gegen den Beklagten zu 1) bleibt aufrechterhalten (§ 343 ZPO). Im Tenor muss beides zum Ausdruck gebracht werden, insbesondere also (häufige Fehlerquelle!), dass allein das Versäumnisurteil in Richtung des Beklagten zu 1) geprüft und bestätigt wurde und auch nur dieses aufrechtzuerhalten ist. Falsch, wenn auch naheliegend, deshalb die Formulierung: *Das Versäumnisurteil bleibt aufrechterhalten.* (Das Aufrechterhalten setzt einen *zulässigen* Einspruch voraus, der beim Beklagten zu 2) fehlt!)

Hätte sich die Klage als unbegründet erwiesen, würde Ziff. II lauten: *Das Versäumnisurteil des Amtsgerichts Traunstein vom 1.4. wird aufgehoben, soweit der Beklagte zu 1) verurteilt worden ist, an den Kläger 1.000 EUR als Gesamtschuldner neben dem Beklagten zu 2) zu zahlen. Insoweit wird die Klage abgewiesen.*

Hinweis: Beim Abfassen des Tatbestands müssen in der kleinen Prozessgeschichte (zwei Funktionen: vgl. S. 61) geschildert werden: Sowohl der *Inhalt* des Versäumnisurteils (*Die Beklagten wurden als Gesamtschuldner verurteilt, dem Kläger 1.000 EUR zu zahlen*) wie auch die *Zustelldaten*, die bei der Prüfung der Zulässigkeit des Einspruchs benötigt werden.

II. Notwendige Streitgenossenschaft

Rechtsgrundlage: §§ 59–61, 63 und § 62 ZPO, der zum Teil § 61 ZPO verdrängt.

1. Voraussetzungen

Notwendige Streitgenossenschaft liegt vor, wenn das Gericht aus *prozessrechtlichen* oder aus *materiellrechtlichen* Gründen allen Streitgenossen gegenüber eine einheitliche Sachentscheidung treffen muss.

a) § 62 I Fall 2 ZPO: materiell-rechtliche Gründe. Steht die Verfügungsbefugnis über ein Recht mehreren Beteiligten nur gemeinsam zu, können sie nur gemeinsam klagen und verklagt werden. Die Sachentscheidung muss einheitlich sein.

Beispiel: K verklagt die beiden Miteigentümer B1 und B2 auf Einräumung eines Notwegerechts (§ 917 BGB). Nach § 747 S. 2 können B1 und B2 eine solche Belastung des Grundstücks nur gemeinsam vornehmen; daher kann das Urteil gegen beide auch nur einheitlich ergehen, dh entweder werden beide verpflichtet, das Notwegerecht einzuräumen oder die Klage wird gegen beide abgewiesen. Würde nur B1 verurteilt, könnte am gemeinsamen Grundstück kein Notwegrecht eingeräumt werden.

b) § 62 I Fall 1 ZPO: prozessrechtliche Gründe. Die Vorschrift beinhaltet die (seltene) prozessrechtliche Konsequenz der Rechtskrafterstreckung auf Dritte, dh sie ist immer dann einschlägig, wenn sich die Rechtskraft des Urteils – unterstellt, nur eine Person klagt bzw. wird verklagt – kraft Gesetzes auch auf einen Dritten (mehrere Dritte) erstrecken würde.

Beispiel: Klagt Nachlassgläubiger K gegen den Testamentsvollstrecker T eine Nachlassforderung ein, wirkt das Urteil nicht nur für und gegen K, sondern auch für und gegen den Erben E (§ 327 II ZPO). Bei einem gleichzeitigen Prozess des K gegen T *und* E kann nichts anderes gelten: Es muss für oder gegen T *und* E das *gleiche* Urteil ergehen. MaW: **Die Rechtskrafterstreckung bei einem Nacheinander der Prozesse führt zur notwendigen Streitgenossenschaft bei einem Nebeneinander der Prozesse.**
Zu weitere Fällen einer gesetzlichen Rechtskrafterstreckung vgl. insbesondere §§ 325–327, 856 IV ZPO.

c) Unterschied der beiden Fallgruppen. Für Klausuren ist allein folgender Unterschied relevant: 62 I Fall 2 ZPO (materiell-rechtlich notwendige Streitgenossenschaft) erfordert eine gleichzeitige Klage von *allen* oder gegen *alle* Streitgenossen, ansonsten ein Prozessurteil droht (K muss also in obigem Beispiel für sein Notwegerecht beide Miteigentümer verklagen). § 62 I Fall 1 ZPO (prozessrechtlich notwendige Streitgenossenschaft) ermöglicht hingegen die Klage auch nur *eines* bzw. die Klage *gegen* lediglich *einen* Streitgenossen, da sich die Rechtskraft ohnehin auf den/die nicht am Prozess beteiligten Streitgenossen erstreckt.

2. Folgen

a) Zulässigkeit: Die Zulässigkeit der Klage ist im Verhältnis zu *jedem* Streitgenossen *gesondert* zu prüfen. Dabei ist zu unterscheiden: Ist die Klage eines notwendigen Streitgenossen als unzulässig abzuweisen, führt das bei einer notwendigen Streitgenossenschaft aus materiell-rechtlichen Gründen auch zur Abweisung der übrigen Klagen. MaW: Die Klage ist nur zulässig, wenn sie von allen notwendigen Streitgenossen gemeinsam erhoben wird bzw. gegen alle gemeinsam in zulässiger Weise gerichtet ist. Bei notwendiger Streitgenossenschaft aus prozessualen Gründen ist der Prozess der anderen Streitgenossen dagegen weiterzuführen: Schließlich steht es dem Kläger frei – vgl. obiges Beispiel –, ob er nur den Testamentsvollstrecker oder den Testamentsvollstrecker und den Erben verklagt.

b) Weitere Besonderheit: Ein Anerkenntnisurteil kann nur ergehen, wenn alle Streitgenossen anerkennen.

c) Versäumnisurteil: Der säumige Streitgenosse wird durch den (die) anwesenden Streitgenossen vertreten (§ 62 I ZPO).

d) Rechtsbehelfe: Die fristgemäße Einlegung eines Rechtsbehelfs durch einen Streitgenossen wirkt auch für diejenigen Streitgenossen, die eine Rechtsmittelfrist versäumt haben (§ 62 I ZPO).

III. Examensrelevante Rechtsprechung

1. BGH IV ZR 135/08: E hat mit notariellem Testament T1 den B und weitere 12 Personen als Erben eingesetzt und Testamentsvollstreckung angeordnet; K wird nicht bedacht. In einem späteren notariellen Testament T2 hebt E frühere letztwillige Verfügungen auf, ordnet Testamentsvollstreckung an und wendet 28 Personen, ua auch K, Vermächtnisse zu; eine ausdrückliche Erbeinsetzung erfolgt nicht. Zudem soll K ein Ankaufsrecht für ein Grundstück erhalten.

Im *Erbscheinsverfahren* beantragt der Testamentsvollstrecker die Erteilung eines Erbscheins nach Maßgabe des Testaments T2; B seinerseits beantragt die Erteilung eines Erbscheins aufgrund des Testaments T1, weil das spätere Testament unwirksam sei. Das Nachlassgericht folgt der Ansicht des B und stellt fest (§ 352 FamFG), dass die erforderlichen Tatsachen zur Erteilung eines Erbscheins, der B als Miterbe zu 1/13 ausweist, festgestellt sind. Zur Begründung führt es aus, dass das spätere Testament wegen Testierunfähigkeit nichtig ist. Die dagegen eingelegte Beschwerde des K wird zurückgewiesen und B ein entsprechender Erbschein ausgestellt.

K begehrt gegenüber B die Feststellung, dass er aufgrund des Testaments T2 Miterbe geworden ist. – Ist die Klage zulässig?

Die Zulässigkeit der Feststellungsklage ist unter mehreren Aspekten problematisch:

- Rechtsschutzbedürfnis/Feststellungsinteresse: Gegenstand der Feststellungsklage ist das Miterbrecht des K. Fraglich sind zwei Punkte: Steht der Zulässigkeit der Klage entgegen, dass ein Urteil nur zwischen den Parteien wirken würde und keine Bindungswirkung für das Erbscheinsverfahren mit seinen weiteren Beteiligten hat? Was hat K mit einer Feststellungsklage allein gegen B gewonnen, obgleich es neben ihm noch 12 Miterben gibt?
- Rechtskraft/Bindungswirkung: Das Erbscheinsverfahren (nach dem FamFG) ist abgeschlossen. Wie wirkt sich dies auf die Erbenfeststellungsklage (nach der ZPO) aus?
- Müsste die Klage nicht auch gegen weitere Miterben des B gerichtet werden? (Problem der Streitgenossenschaft!)

> **Hinweis:** Sie sollten diese schwierige Entscheidung gründlich durcharbeiten, da der ein oder andere der angesprochenen Aspekte gern in Examensklausuren gebracht wird. Dass Sie den jeweils einschlägigen Aspekt übersehen, ist ausgeschlossen, weil er im Klausurtext – insbesondere den gewechselten Schriftsätzen – ausdrücklich angesprochen wird!

a) Rechtsschutzbedürfnis/Feststellungsinteresse. BGH: *„Ein rechtliches Interesse an einer alsbaldigen Feststellung des Bestehens oder Nichtbestehens eines Rechtsverhältnisses ist gegeben, wenn dem Recht oder der Rechtslage des Kl. eine gegenwärtige Gefahr der Unsicherheit droht und das erstrebte Urteil geeignet ist, diese Gefahr zu beseitigen… Gegenstand einer Feststellungsklage kann hierbei, wie sich auch aus § 327 ZPO ergibt, das Bestehen oder Nichtbestehen eines (Mit-)Erbrechts sein… Der Zulässigkeit der Feststellungsklage steht es hierbei nicht entgegen, dass ein Urteil im streitigen Verfahren nur zwischen den Parteien wirkt und **keine Bindungswirkung** für das Erbscheinsverfahren mit seinen weiteren Beteiligten hat. Für das Vorliegen des Feststellungsinteresses und des Rechtsschutzbedürfnisses ist es unerheblich, ob andere Gerichte einschließlich solcher der freiwilligen Gerichtsbarkeit an ein*

Sachurteil gebunden sind… Wird zwischen den Parteien rechtskräftig festgestellt, dass der Kl. Miterbe ist, so kann der Bekl. dessen Erbenstellung nicht länger bestreiten, wie er dies bisher im Erbscheinsverfahren getan hatte. Selbst wenn der Kl. aber gezwungen wäre, gegen weitere sein Erbrecht bestreitende Beteiligte eine Feststellungsklage zu erheben, stünde dies seinem Rechtsschutzbedürfnis im Verhältnis zum Bekl. nicht entgegen."

b) Rechtskraft/Bindungswirkung des Erbscheinsverfahrens. Das Erbscheinsverfahren ist im FamFG in den §§ 352 ff. geregelt. Nach § 45 FamFG tritt formelle Rechtskraft mit dem Ablauf der Rechtsmittelfrist ein. Allerdings ist anerkannt, dass die Entscheidung über die Erteilung eines Erbscheins nicht der materiellen Rechtskraft fähig ist. Das folgt unmittelbar aus § 2361 BGB, wonach unrichtige Erbscheine (jederzeit) einzuziehen sind.

BGH: *„Im Erbscheinsverfahren werden keine der materiellen Rechtskraft fähige Entscheidungen über das Erbrecht getroffen, die Bindungswirkung für einen späteren streitigen Prozess über die Feststellung des Erbrechts hätten… Diese fehlende Bindungswirkung ergibt sich daraus, dass dem Erbschein keine Rechtskraftwirkung zukommt. Er kann vielmehr jederzeit nach § 2361 BGB eingezogen werden. Das NachlGer. kann einen Erbschein hierbei auch dann einziehen, wenn es ihn nach erneuter Überprüfung für unrichtig hält, selbst wenn seit der Erteilung des Erbscheins ein langer Zeitraum verstrichen ist, zwischenzeitlich keine neuen Tatsachen aufgetreten sind und die der Erbscheinserteilung zugrunde liegende Testamentsauslegung von den Betroffenen widerspruchslos hingenommen wurde… Unabhängig vom entgegenstehenden Inhalt eines Erbscheins kann der wirkliche Erbe vor dem Prozessgericht mithin jederzeit gegen den Erbscheinserben Klage auf Feststellung seines Erbrechts erheben, wobei das Prozessgericht nicht gehindert ist, von den Feststellungen des NachlGer. abzuweichen".*

c) Gegen wen ist die Klage zu richten?

aa) Sofern eine **materiell notwendige Streitgenossenschaft** vorliegt, ist die Klage nur zulässig, wenn sie gegen alle Streitgenossen erhoben wird:

BGH: *„Die Unzulässigkeit der Klage folgt schließlich auch nicht daraus, dass der Bekl. mit den weiteren Miterben eine **notwendige Streitgenossenschaft** bildete und der Kl. daher eine Feststellungsklage gegenüber allen Miterben hätte erheben müssen… Im Falle der notwendigen Streitgenossenschaft aus materiell-rechtlichen Gründen nach § 62 I Alt. 2 ZPO ist die Klage nur eines oder gegen nur einen Streitgenossen mangels Prozessführungsbefugnis unzulässig… Das Erfordernis einer gemeinschaftlichen Klage ergibt sich aus der lediglich gemeinschaftlich vorhandenen materiell-rechtlichen Verfügungsbefugnis. Ein derartiger Fall einer notwendigen Streitgenossenschaft liegt auf Seiten beklagter Miterben, gegen die auf Feststellung des Bestehens oder Nichtbestehens des Erbrechts geklagt wird, nicht vor… Dies ergibt sich schon daraus, dass in einem derartigen Prozess erst geklärt werden soll, wer Erbe geworden ist und deshalb eine Klage gegen einen einzelnen oder mehrere einzelne Miterben nicht unzulässig sein kann. Durch eine solche Feststellungsklage wird dagegen kein Recht geltend gemacht, das materiell-rechtlich nur gegen alle in Betracht kommenden Miterben gleichzeitig ausgeübt werden könnte. Auch für vergleichbare Fallgestaltungen hat die Rechtsprechung keine notwendige Streitgenossenschaft angenommen, etwa für die Klage eines Gesellschafters auf Feststellung, dass einer seiner Mitgesellschafter aus der Gesellschaft ausgeschieden ist… Auftretende Schwierigkeiten sind auch keineswegs unlösbar. Wenn ein Erbprätendent sich entschließt, lediglich gegen einen Miterben auf Feststellung seines Erbrechts zu klagen und nicht zugleich gegen weitere, die ebenfalls sein Erbrecht in Abrede stellen, so fällt es allein in seinen Risikobereich, wenn es ggf. zu widersprechenden Entscheidungen kommt. Diese Gefahr kann der Erbprätendent dadurch vermeiden, dass er sämtliche sein Erbrecht bestreitenden Miterben in einem Prozess verklagt."*

Ein weiteres Argument gegen eine notwendige Streitgenossenschaft ist zudem, dass nicht sicher ist, ob alle in Betracht kommenden Erben das Erbrecht des K streitig machen:

BGH: *„Die Annahme notwendiger Streitgenossenschaft hätte hier demgegenüber zur Folge, dass der Kl. gezwungen wäre, sämtliche Beteiligte… zusammen mit dem Bekl. zu verklagen. Dies würde selbst dann gelten, wenn einzelne dieser Beteiligten sein Erbrecht überhaupt nicht in Abrede stellen und es ihnen gegenüber daher am Rechtsschutzbedürfnis für eine Klage fehlen würde.* **Die Unzulässigkeit der Klage gegen einen notwendigen Streitgenossen mangels Rechtsschutzbedürfnisses hätte dann aber die Unzulässigkeit der Klage insgesamt zur Folge…** *Ein derartiges Ergebnis ließe sich nur vermeiden, wenn der Erbprätendent nur diejenigen Miterben verklagen müsste, die sein Erbrecht bestreiten oder sich hierzu zumindest nicht äußern. Dann müsste er zunächst außergerichtlich von sämtlichen in Betracht kommenden Miterben Erklärungen darüber einholen, ob diese sein Erbrecht anerkennen oder dies bestreiten wollen. Zu einer derartigen Vorgehensweise ist der Erbprätendent indessen dann nicht gehalten, wenn er von vornherein berechtigt ist, nur gegen einzelne Miterben zu klagen."*

bb) Zuletzt beschäftigt sich der BGH mit der Frage, ob die weiteren möglichen Erben **notwendige Streitgenossen aus prozessualen Gründen** sind und ob dies der Zulässigkeit der Klage entgegensteht: *„Der Zulässigkeit der Klage steht schließlich nicht das Vorliegen einer notwendigen Streitgenossenschaft nach § 62 I Alt. 1 ZPO entgegen. In diesen Fällen der notwendigen Streitgenossenschaft aus prozessualen Gründen ist eine Klage einzelner Streitgenossen oder gegen einzelne Streitgenossen zulässig… Im Übrigen sind auch die Voraussetzungen einer derartigen Streitgenossenschaft nicht gegeben, für die die Rechtskrafterstreckung aufgrund einer besonderen Vorschrift für einen späteren Prozess gegen einen anderen der Beteiligten typisch ist… Die Rechtskrafterstreckung bei nacheinander geführten Prozessen führt dann zur notwendigen Streitgenossenschaft bei einem Nebeneinander der Prozesse… Ein derartiger Fall einer Rechtskrafterstreckung oder der Erstreckung sonstiger Urteilswirkungen liegt aber in dem Fall, in dem ein Erbprätendent lediglich einen der möglichen Miterben auf Feststellung seines Erbrechts in Anspruch nimmt, nicht vor."*

> **Hinweis:** In der Entscheidung werden noch zwei Rechtsfragen berührt, die vielfach Gegenstand von Examensklausuren sind: Wer ist **beweisbelastet**? Welche **Bedeutung** hat ein **Erbschein** in einem Zivilrechtsstreit?
> - Hätte das Nachlassgericht B keinen Erbschein erteilt, würde gelten: K beruft sich auf das Testament T2 als späteres Testament. B wiederum macht geltend, dass T2 unwirksam ist, weil E zu diesem Zeitpunkt testierunfähig war. Nachdem die Testierunfähigkeit die Ausnahme ist (§ 2229 BGB), trägt B die Beweislast für die Testierunfähigkeit (Palandt/Weidlich, 77. Auflage 2018, § 2229 Rn. 11).
> - Ist der erteilte Erbschein ein taugliches Beweismittel? Der Erbschein ist eine öffentliche Urkunde und begründet die **Vermutung** (§ 2365 BGB), wer Erbe ist; die Vermutung ist aber gerade kein Beweis!
> - Dreht der Erbschein die Beweislast um, muss also derjenige, der behauptet der Erbschein ist falsch, diese Vermutung widerlegen? In einem „normalen" Rechtsstreit (der Erbscheinsinhaber macht zB die Herausgabe von Erbschaftsgegenständen geltend) führt die Vermutung zu einer echten Beweislastumkehr. Hiervon macht die Rechtsprechung allerdings eine Ausnahme, wenn verschiedene Erbanwärter streiten, wer richtiger Erbe ist (wie hier). Dann kann die *Beweislast* im Zivilprozess (ZPO) nicht anders beurteilt werden, als die *Feststellungslast* im Erbscheinsverfahren (FamFG). Das bezeichnet man als Parallelität von Beweislast und Feststellungslast. Folglich muss B beweisen, dass T2 unwirksam ist (wobei sich die erneute Verwertbarkeit des Gutachtens aus dem Erbscheinsverfahren an § 411a ZPO bemisst).

2. BGH VIII ZB 11/90: K und L erwerben von B einen Pkw als Miteigentümer. Da das Fahrzeug Mängel aufweist, erklären sie kurz nach Übergabe den Rücktritt vom Kaufvertrag. B bestreitet das Vorhandensein von Mängeln, weshalb K gegen B Klage auf Rückzahlung des Kaufpreises an beide Miteigentümer Zug um Zug gegen Rückgabe des Pkw erhebt. – Ist eine Klage allein durch K zulässig?

Die Zulässigkeit der Klage hängt davon ab, ob K und L notwendige Streitgenossen aus materiell-rechtlichen Gründen sind; dann könnten sie nur gemeinsam klagen.

Ein wirksamer Rücktritt liegt vor; insbesondere wurde § 351 BGB beachtet, wonach ein Rücktritt nur gemeinsam erfolgen kann, wenn bei einem Vertrag, wie hier, auf der einen oder anderen Seite mehrere beteiligt sind. Durch den Rücktritt entsteht ein Abwicklungsschuldverhältnis mit entsprechenden Rückgewährpflichten. Damit sind K und L gemeinsam Gläubiger des (möglichen) Anspruchs auf Rückzahlung des Kaufpreises. Für die Beurteilung, ob K und L notwendige Streitgenossen sind, ist maßgeblich, wie ein solcher gemeinsamer Anspruch durchgesetzt wird. Das Gesetz unterscheidet bei einer Personenmehrheit auf der Gläubigerseite zwischen Teil- (§ 420 BGB), Gesamt- (§ 428 BGB) und Mitgläubigerschaft (§ 432 BGB). Einschlägig ist allein § 432 BGB. Danach sind mehrere Gläubiger Mitgläubiger, wenn *keine Gesamtgläubigerschaft* vorliegt und eine *unteilbare Leistung* geschuldet wird. Für eine Gesamtgläubigerschaft, die entweder kraft Gesetzes oder kraft Vertrages entsteht, bestehen keine Anhaltspunkte. Liegt eine unteilbare Leistung vor? Auch wenn eine Geldforderung selbstverständlich teilbar ist, ist der Anspruch auf Rückzahlung des Kaufpreises doch eine sog. *rechtlich* unteilbare Leistung, da der Anspruch der *Bruchteilsgemeinschaft* zusteht (und nicht den einzelnen Käufern). Als Mitgläubiger kann jeder Gläubiger die Leistung fordern, aber nur an alle (§ 432 BGB).

Die Rechtsprechung sieht in § 432 BGB eine **prozessuale** Ermächtigung, die Forderung durchzusetzen (vgl. auch § 1011 BGB). Damit kann K **in Prozessstandschaft** (prozessführungsbefugt und Forderungsinhaber ist die Bruchteilsgemeinschaft) klagen, wobei der Klageantrag auf Zahlung an *K und L als Gesamtgläubiger* gerichtet ist. Eine notwendige Streitgenossenschaft liegt nicht vor.

> **Hinweis:** Findet eine Rechtskrafterstreckung auf L statt? Die Rechtsprechung macht die Rechtskrafterstreckung bei § 432 BGB (wie auch bei § 1011 BGB) davon abhängig, ob L seine Zustimmung für das Verfahren erteilt hat (vgl. zum Ganzen Palandt/Bassenge, 77. Auflage 2018, § 1011 Rn. 4).

IV. Mindmap

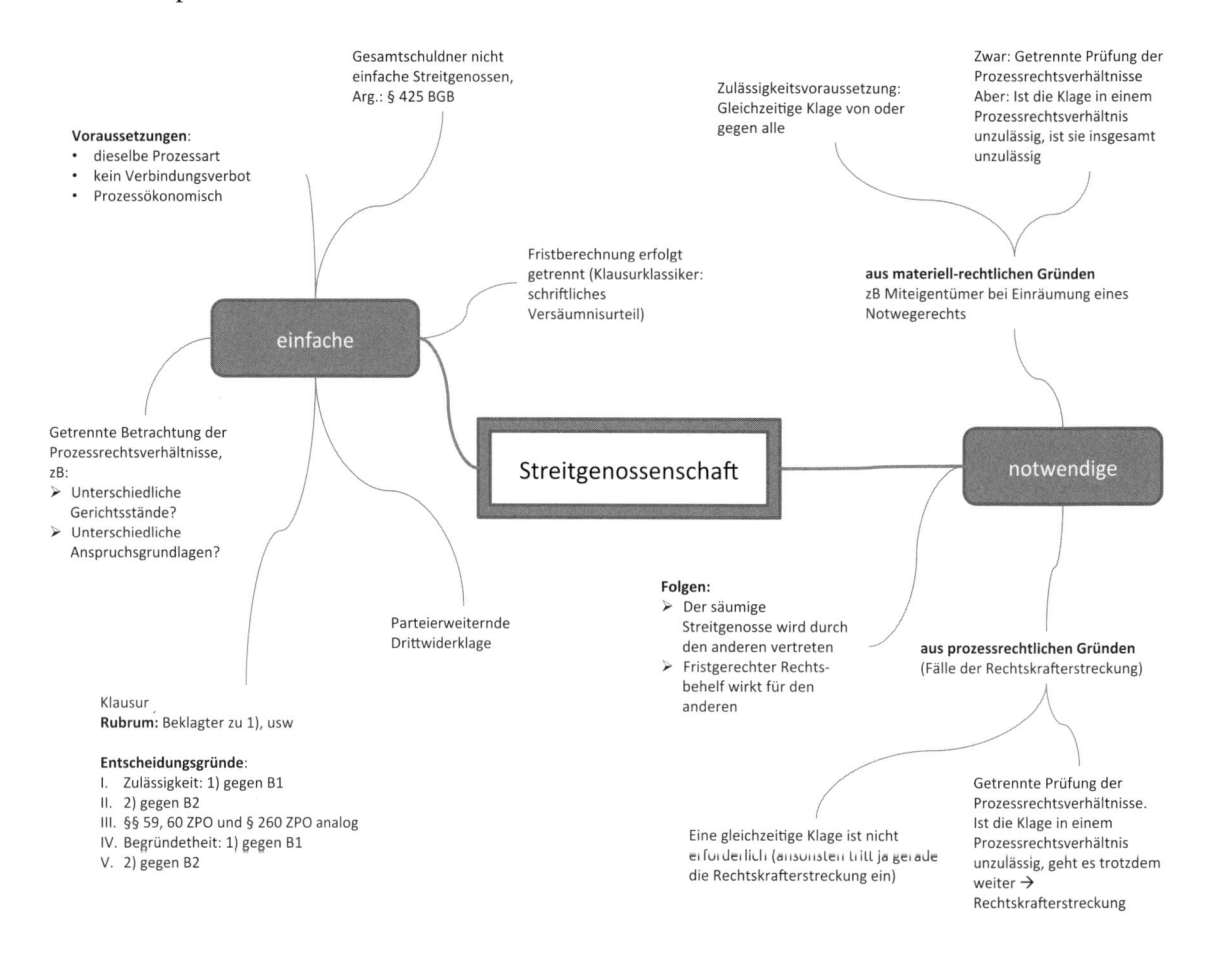

Streitgenossenschaft

einfache

- **Voraussetzungen:**
  - dieselbe Prozessart
  - kein Verbindungsverbot
  - Prozessökonomisch

- Gesamtschuldner nicht einfache Streitgenossen, Arg.: § 425 BGB

- Fristberechnung erfolgt getrennt (Klausurklassiker: schriftliches Versäumnisurteil)

- Getrennte Betrachtung der Prozessrechtsverhältnisse, zB:
  - Unterschiedliche Gerichtsstände?
  - Unterschiedliche Anspruchsgrundlagen?

- Parteierweiternde Drittwiderklage

- **Klausur**
  - **Rubrum:** Beklagter zu 1), usw
  - **Entscheidungsgründe:**
    - I. Zulässigkeit: 1) gegen B1
    - II. 2) gegen B2
    - III. §§ 59, 60 ZPO und § 260 ZPO analog
    - IV. Begründetheit: 1) gegen B1
    - V. 2) gegen B2

notwendige

- Zulässigkeitsvoraussetzung: Gleichzeitige Klage von oder gegen alle

- Zwar: Getrennte Prüfung der Prozessrechtsverhältnisse Aber: Ist die Klage in einem Prozessrechtsverhältnis unzulässig, ist sie insgesamt unzulässig

- **aus materiell-rechtlichen Gründen** zB Miteigentümer bei Einräumung eines Notwegerechts

- **Folgen:**
  - Der säumige Streitgenosse wird durch den anderen vertreten
  - Fristgerechter Rechtsbehelf wirkt für den anderen

- **aus prozessrechtlichen Gründen** (Fälle der Rechtskrafterstreckung)

- Eine gleichzeitige Klage ist nicht erforderlich (ansonsten tritt ja gerade die Rechtskrafterstreckung ein)

- Getrennte Prüfung der Prozessrechtsverhältnisse. Ist die Klage in einem Prozessrechtsverhältnis unzulässig, geht es trotzdem weiter → Rechtskrafterstreckung

10. Kapitel: Beteiligung Dritter

Inhaltsverzeichnis

- I. Allgemeines ... 163
- II. Grundfälle ... 163
  - 1. Haftungsketten ... 163
  - 2. Haftungsalternativität ... 164
- III. Nebenintervention ... 164
  - 1. Voraussetzungen ... 164
  - 2. Folge ... 164
- IV. Streitverkündung ... 165
  - 1. Voraussetzungen ... 165
  - 2. Folge ... 165
- V. Nebenintervention und Streitverkündung in der Klausur ... 166
  - 1. Der Folgeprozess ... 166
  - 2. Der Vorprozess ... 170
  - 3. Anwaltsklausur ... 171
- VI. Examensrelevante Rechtsprechung ... 172
- VII. Mindmap ... 174

Rechtsgrundlage: §§ 64 ff. ZPO

I. Allgemeines

Der Zivilprozess ist ein Prozess zwischen zwei Parteien (wobei eine Seite durchaus aus mehreren Personen bestehen kann). Dritte werden an diesem Zwei-Parteien-Streit nur ausnahmsweise beteiligt. Dies sind die Fälle der Haupt- und Nebenintervention und der Streitverkündung. Nachdem die Hauptintervention für die Examensklausur weitgehend bedeutungslos ist, beschränken sich die Ausführungen auf die Nebenintervention und die Streitverkündung.

Mit der Beteiligung Dritter sollen ua die Beschränkungen der subjektiven Rechtskraft (inter partes Wirkung = die Rechtskraft wirkt nur zwischen den Parteien des Rechtsstreits) ausgeglichen und widersprüchliche Prozessergebnisse verhindert werden. Nebenintervention und Streitverkündung unterscheiden sich in erster Linie bei der Frage, auf wessen Initiative die Beteiligung des Dritten ausgeht: Bei der **Nebenintervention** oder **Streithilfe** (§§ 66–71 ZPO) tritt ein Dritter bei, weil er ein rechtliches Interesse daran hat, dass „seine" Partei obsiegt. Bei der **Streitverkündung** (§§ 72 bis 74 ZPO) möchte sich eine Partei für den Fall des Verlierens den Rückgriff auf den Dritten offenhalten, weshalb sie diesem den Streit verkündet.

II. Grundfälle

In der Klausur liegt der Nebenintervention wie auch der Streitverkündung meist eine der beiden folgenden Fälle zu Grunde: Haftungskette (zB in Form einer Lieferkette) und Haftungsalternativität.

1. Haftungsketten

Fall: Lieferant L liefert dem Verkäufer V eine Maschine, die dieser an den Verbraucher K veräußert. K macht Mängelansprüche geltend.

Nimmt K seinen Vertragspartner V in einem ersten Prozess (sog. **Vorprozess**) in Anspruch und gewinnt das Gericht die Überzeugung, dass die Maschine mangelhaft ist, wird V entsprechend verurteilt. Nimmt V in einem zweiten Prozess (sog. **Folgeprozess**) seinerseits seinen Lieferanten L in Anspruch, ist das Gericht des Folgeprozesses nicht an das Ergebnis des Vorprozesses gebunden und kann daher zum Ergebnis kommen, dass die Maschine nicht mangelhaft ist.

Dieses Ergebnis ist mit dem Gerechtigkeitsgedanken schwer vereinbar. Wegen möglicher Sachmängel müsste V in einem der beiden Rechtsstreite obsiegen: Entweder im Verhältnis zu seinem Käufer, weil kein Sachmangel vorliegt oder im Verhältnis zu seinem Lieferanten, weil ein Sachmangel gegeben ist.

Dieses Ziel – V muss in einem Rechtsstreit obsiegen – sichert die **Streitverkündung**. Wird V von K aufgrund behaupteter Mängel der Maschine in Anspruch genommen, wird V dem L den Streit verkünden. Sollte V den Rechtsstreit gegen K verlieren, weil das Gericht von einem Sachmangel ausgeht, steht im Folgeprozess mit Bindungswirkung (§§ 74 II, III, 68 ZPO) fest, dass die Maschine mangelhaft war, unabhängig davon, ob L dem Prozess beigetreten ist oder nicht.

Zum gleichen Ergebnis (Bindungswirkung des Vorprozesses für den Folgeprozess) kommt man über die **Nebenintervention**, wenn also L, erfährt er vom Rechtsstreit K/V, V als Streithelfer beitritt (§ 70 ZPO).

2. Haftungsalternativität

Fall: Fußgänger F stürzt in der Gemeinde G auf einem nicht geräumten Gehweg, der am Grundstück des H angrenzt.

Nimmt F die Gemeinde G in Anspruch und kommt das Gericht zum Ergebnis, dass Anrainer H verkehrssicherungspflichtig war, wird die Klage abgewiesen. Nimmt F dann in einem späteren Prozess H in Anspruch, ist das Gericht nicht an das Ergebnis des Vorprozesses gebunden und kann die Klage mit dem Argument abweisen, dass G verkehrssicherungspflichtig ist. Diese Möglichkeit folgt aus den subjektiven Grenzen der Rechtskraft – das Gericht des Rechtsstreits F/H ist nicht an das Ergebnis des Rechtsstreits F/G gebunden – und ist mit dem Gerechtigkeitsgedanken schwer vereinbar.

Steht fest, dass der Kläger F einen von zwei Prozessen gewinnen muss (verkehrssicherungspflichtig ist entweder G oder H), bietet ihm die Streitverkündung die prozessuale Möglichkeit, sicherzustellen, dass er auch einen der beiden Prozesse gewinnt. F wird also zunächst die Gemeinde G in Anspruch nehmen und H den Streit verkünden (oder umgekehrt). Sollte F den Rechtsstreit verlieren, weil nicht G, sondern der Anrainer H verkehrssicherungspflichtig ist, steht im Folgeprozess F/H mit Bindungswirkung (§§ 74 II, III, 68 ZPO) fest, dass H verkehrssicherungspflichtig ist, unabhängig davon, ob der Dritte beigetreten ist oder nicht.

Zum gleichen Ergebnis (Bindungswirkung des Vorprozesses für den Folgeprozess) kommt man über die **Nebenintervention**, wenn also H, erfährt er vom Rechtsstreit F/G, F als Streithelfer beitritt (§ 70 ZPO).

III. Nebenintervention

1. Voraussetzungen

> 1. Anhängigkeit eines Hauptprozesses (§ 66 I ZPO)
> 2. Rechtliches Interesse (§ 66 I ZPO)
> 3. Beitrittserklärung (§ 70 I ZPO)
> 4. Rechtzeitigkeit der Beitrittserklärung (§ 66 II ZPO)

Die Beitrittserklärung ist *Prozesshandlung*, dh es müssen die Prozesshandlungsvoraussetzungen vorliegen; sie muss schriftlich erfolgen und inhaltlich die Parteien, den Rechtsstreit sowie das Interesse bezeichnen und die Beitrittserklärung enthalten (§ 70 I 1, 2 Nr. 1 bis 3 ZPO). Von den weiteren Voraussetzungen – das wird häufig verkannt – wird das Vorliegen des rechtlichen Interesses iSd § 66 I ZPO **nur auf Antrag** geprüft. Das folgt unmittelbar aus § 71 I ZPO, wonach „über den *Antrag* auf Zurückweisung einer Nebenintervention" in einem Zwischenstreit entschieden wird.

2. Folgen

Der Nebenintervenient (oder Streithelfer) wird **weder Partei, noch deren Vertreter**. Er unterstützt lediglich „seine" Partei im eigenen Namen und kraft eigenen Rechts. Weil er nicht Partei ist, kann er über den Streitgegenstand – zB durch Klagerücknahme, Klageänderung, Anerkenntnis oder Vergleich – nicht verfügen und auch keine Widerklage erheben; allerdings kommt er als Zeuge in Betracht.

Der Nebenintervenient hat ein **Recht** auf Teilnahme am Rechtsstreit und darf nach § 67 ZPO alle Prozesshandlungen wirksam vornehmen, sofern sie nicht im Widerspruch zu Erklärungen und Handlungen der unterstützten Partei stehen (deren Erklärungen haben Vorrang!). Der Nebenintervenient darf ua behaupten, bestreiten, die Einrede der Verjährung erheben, Beweise antreten und Rechtsmittel einlegen.

Ist seine Partei im Prozesstermin säumig, wendet er die Säumnisfolgen ab (er darf ja verhandeln!) und ein Versäumnisurteil kann nicht ergehen.

Wichtigste Folge der Nebenintervention ist die Interventionswirkung (§ 68 ZPO). Sie bedeutet **objektiv**, dass das Urteil des Vorprozesses Bindungswirkung hat. Diese Bindungswirkung geht weiter als die materielle Rechtskraft und umfasst alle tatsächlichen Feststellungen und rechtlichen Schlussfolgerungen, die das Urteil tragen. **Subjektiv** wirkt die Bindungswirkung zwischen unterstützter Hauptpartei und Nebenintervenient, aber nur zu Lasten des Nebenintervenienten: *"Im Verhältnis zur unterstützten Partei kann der Streithelfer in einem späteren Prozess nicht mehr vorbringen, der Rechtsstreit sei unrichtig entschieden oder die Hauptpartei habe ihn mangelhaft geführt."* (§ 68 ZPO). Zeitlich greift die Bindungswirkung ab Beitritt.

Die Interventionswirkung beruht ua auf folgender Erwägung: Weil der Nebenintervenient nach § 67 ZPO berechtigt ist, bereits im Vorprozess alle Angriffs- und Verteidigungsmittel geltend zu machen und so das Prozessergebnis beeinflussen *kann*, *muss* er auch bereits im Vorprozess umfassend tätig werden. Ist der Nebenintervenient aufgrund Widerspruchs der Hauptpartei an der Mitwirkung gehindert, greift die Bindungswirkung nicht („oder durch Erklärungen … verhindert worden ist, Angriffs- oder Verteidigungsmittel geltend zu machen"). Zudem werden so widersprüchliche Ergebnisse vermieden.

IV. Streitverkündung

1. Voraussetzungen

> 1. Anhängigkeit eines Hauptprozesses (§ 72 I ZPO)
> 2. Streitverkündungsgrund (§ 72 I ZPO)
> 3. Streitverkündungserklärung (§ 73 ZPO)
> 4. Rechtzeitigkeit (§ 72 I ZPO) der Streitverkündungserklärung

Die Streitverkündung ist *Prozesshandlung*, dh es müssen die Prozesshandlungsvoraussetzungen vorliegen; sie muss schriftlich erfolgen und den Grund der Streitverkündung sowie die Lage des Rechtsstreits enthalten (§ 73 ZPO). Ob die Voraussetzungen der Streitverkündung gegeben sind, wird grundsätzlich erst im *Folgeprozess* und *nur dann* geprüft, wenn der Dritte *nicht* beitritt.

2. Folge

Folge der Streitverkündung ist die **Interventionswirkung** (§§ 74 II, III, 68 ZPO). Der Dritte muss im späteren Folgeprozess mit dem Streitverkünder das rechtskräftige ungünstige Urteil als richtig hinnehmen. Dies unabhängig davon, ob er beigetreten ist oder nicht:

- Bleibt der Dritte untätig, trifft ihn die Interventionswirkung ab dem Zeitpunkt des möglichen Beitritts (§ 74 III ZPO), vorausgesetzt, die Streitverkündung war zulässig. Grund: Er könnte durch einen Beitritt den Ausgang des Rechtsstreits beeinflussen.
- Tritt der Dritte bei, *ist er Nebenintervenient* (§ 74 I ZPO). Im Folgeprozess wird dann bei Anwendung der Interventionswirkung die Zulässigkeit der Streitverkündung nicht mehr geprüft: Sie ist durch den tatsächlichen Beitritt überholt und der Dritte kann als Nebenintervenient den Ausgang des Rechtsstreits beeinflussen.

> **Das wird regelmäßig verkannt:**
> - Der auf die Streitverkündung hin beitretende Dritte ist echter Nebenintervenient (Hüßtege in Thomas/Putzo, 39. Auflage 2018 § 74 Rn. 1) und die vorher erklärte Streitverkündung wird *bedeutungslos*. Für die Zulässigkeit der *nunmehr vorliegenden Nebenintervention* gelten allein die Bestimmungen der §§ 66 ff. ZPO (abgesehen vom „rechtlichen Interesse": oben Ziff. III.1.).
> - Die Streitverkündung ist nur überholt, wenn der Dritte dem Rechtsstreit auf der Seite des Streitverkünders (und nicht – was er könnte – auf der Seite des Gegners) beitritt.

V. Nebenintervention und Streitverkündung in der Klausur

1. Der Folgeprozess

Die häufigste und überaus anspruchsvolle Klausurkonstellation ist der Folgeprozess, in dem die Interventionswirkung (§ 68 ZPO) zu prüfen ist. Zur Erläuterung hier die Entscheidung des BGH vom 11.2.2009 (Az.: XII ZR 114/06). Wenn Sie diese Entscheidung gründlich durcharbeiten, haben Sie das Kapitel „Nebenintervention und Streitverkündung" im Griff!

Sachverhalt (vereinfacht; es liegt eine Mietkette vor): Eigentümer E gehört eine Wohnung, die er an G vermietet hat; G seinerseits hat die Wohnung an die Eheleute M und F vermietet. M und F haben in ihrem Untermietverhältnis gegenüber G einen Mietmangel geltend gemacht und die Miete gemindert. G ist gegenüber seinem Vermieter gleichermaßen vorgegangen, dh er hat sich auf denselben Mangel wie seine Untermieter M und F berufen und ebenfalls einen Teil der Miete einbehalten. Das Untermietverhältnis ist zwischenzeitlich beendet.

Vorprozess: E klagt gegen G auf Zahlung der rückständigen Miete, da kein Mietmangel vorliege und folglich die gesamte Miete zu zahlen sei. G verkündet M und F ordnungsgemäß den Streit. M tritt dem Rechtsstreit durch Einreichung eines Schriftsatzes beim Prozessgericht, der den Parteien zugestellt wird, bei. F bleibt untätig. E gewinnt den Rechtsstreit und G wird zur Zahlung der vollen Miete verurteilt; ein Mangel der Mietsache hat sich nicht bestätigt. Das Urteil ist rechtskräftig.

Folgeprozess: G nimmt seine Untermieter M und F auf Zahlung rückständiger Miete in Anspruch. Dabei ist zu unterstellen, dass der Anspruch nach § 195 BGB zwischenzeitlich verjährt ist, sofern nicht der Hemmungstatbestand des § 204 I Nr. 6 BGB greift.

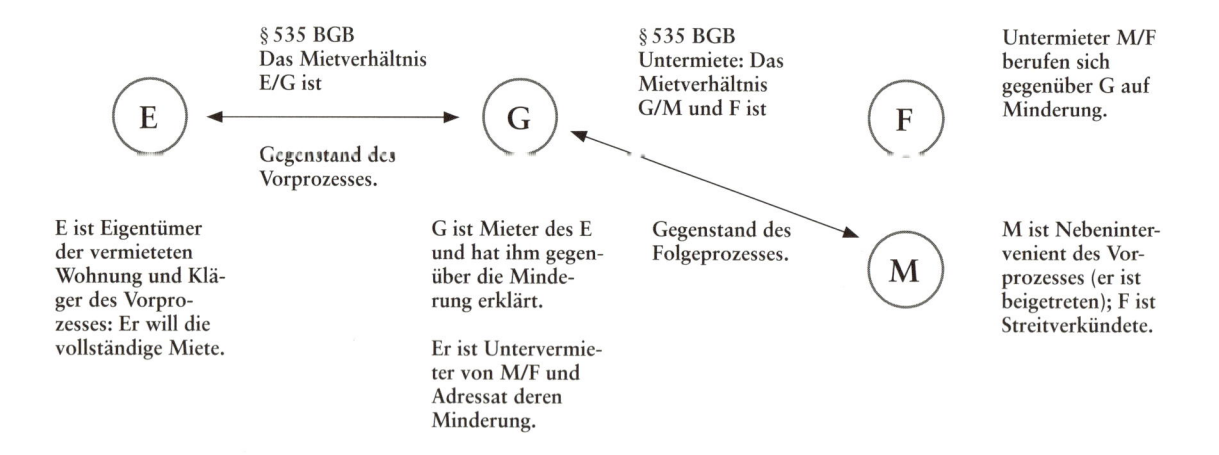

	§ 535 BGB Das Mietverhältnis E/G ist		§ 535 BGB Untermiete: Das Mietverhältnis G/M und F ist		Untermieter M/F berufen sich gegenüber G auf Minderung.
(E)	←→	(G)		(F)	
	Gegenstand des Vorprozesses.				
E ist Eigentümer der vermieteten Wohnung und Kläger des Vorprozesses: Er will die vollständige Miete.		G ist Mieter des E und hat ihm gegenüber die Minderung erklärt. Er ist Untervermieter von M/F und Adressat deren Minderung.	Gegenstand des Folgeprozesses.	(M)	M ist Nebenintervenient des Vorprozesses (er ist beigetreten); F ist Streitverkündete.

Lösung: Grund des G für die Streitverkündung ist folgende Überlegung: Liegt ein Mietmangel vor, haben M/F die Miete zu Recht gemindert und die Minderung muss an E „weitergereicht" werden können, dh auch G darf mindern. Liegt kein Mietmangel vor, muss G – ebenso wie seine Untermieter M/F – die volle Miete zahlen. (Diese Konstellation ist vergleichbar mit obigem Grundfall der „Lieferkette".)

Die Lösung erfolgt in zwei Schritten: Zunächst wird der Fall gutachtlich gelöst; anschließend wird die Umsetzung in der Klausur dargelegt.

a) 1. Schritt: Gutachtliche Prüfung

> I. Anspruch aus § 535 II BGB
>
> II. Anspruch erloschen durch Mietminderung
>   1. Mietmangel?
>   2. Keine eigene Prüfung, falls § 68 ZPO greift:
>   a) Rechtskräftige Sachentscheidung
>   b) Tragende Feststellung
>   c) Gegenüber M (= Nebenintervenient) *wegen NI-Wirkung*
>   d) Gegenüber F (= Streitverkündete) *wegen Streitverkündung*
>
> III. Verjährung

Hinweis zum Aufbau: Die Bindungswirkung des § 68 ZPO wird bei der Prüfung der Begründetheit im Rahmen *des* Tatbestandsmerkmals erörtert (*Mietmangel*), bei dem eine Bindungswirkung zum Tragen kommen kann.

I. G hat gegenüber M/F Anspruch auf Zahlung der vollen Miete aus § 535 II BGB, wenn nicht die rechtsvernichtende Einwendung der Mietminderung greift (Ziff. II) und auch die Verjährungseinrede (Ziff. III) erfolglos ist.

II. Ist der Anspruch durch Mietminderung erloschen?

1. Nach § 536 I 1 BGB ist der Mieter für die Zeit, in der die Tauglichkeit durch einen Mangel aufgehoben ist, von der Entrichtung der Miete ganz oder teilweise befreit. Die Minderung ist eine rechtsvernichtende Einwendung und tritt – anders als zB die Sachmängelhaftung im Kaufrecht – *automatisch* mit Vorliegen der Voraussetzungen des § 536 BGB ein. Entscheidungserheblich ist mithin die Frage, ob ein Mietmangel vorliegt.

2. Das Gericht darf diesen Gesichtspunkt allerdings dann nicht erneut klären, wenn § 68 ZPO greift, es also an das Ergebnis des Vorprozesses (kein Mietmangel!) gebunden ist. Nachdem M, anders als seine Frau F, auf die Streitverkündung hin beigetreten ist, muss dieser Umstand bei der weiteren Prüfung berücksichtigt werden:

a) Die Entscheidung im Vorprozess ist rechtskräftig.

b) Der objektive Umfang der Interventionswirkung erfasst die im Tenor ausgesprochene Rechtsfolge und ferner die „Richtigkeit" der Entscheidung, mithin die **tragenden Feststellungen.** Das sind allein *die Feststellungen, auf denen das Urteil im Vorprozess beruht*, die also für die vom Gericht gewählte rechtliche Begründung relevant sind. Für die Frage, ob die Miete im Vorprozess in nicht gemindertem Umfang bestand, war entscheidungserheblich, ob die Mietsache mangelhaft war oder nicht. Bei dem Mietmangel handelt es sich mithin um eine tragende Feststellung.

c) Bindungswirkung gegenüber M? M ist auf die Streitverkündung des G hin diesem beigetreten und ist damit Nebenintervenient (§ 74 I ZPO); ob eine berechtigte Streitverkündung vorlag oder nicht, ist unerheblich, weil sie sich durch den Beitritt erledigt hat (oben Ziff. IV.2.). Eine wirksame Nebenintervention lag vor: Ein Hauptprozess war anhängig (§ 66 I ZPO). Der Beitritt erfolgte rechtzeitig (§ 66 II ZPO), formell ordnungsgemäß durch Schriftsatz, der zugestellt wurde (§ 70 ZPO) und die Prozesshandlungsvoraussetzungen sind erfüllt. Ob ein „rechtliches Interesse" iSd § 66 I ZPO vorlag oder nicht, darf nicht geprüft werden (oben Ziff. III.1.). Damit steht im Verhältnis G/M fest, dass kein Mietmangel vorliegt. Dieses Ergebnis rechtfertigt sich aus der Überlegung, dass M als Nebenintervenient nach § 67 ZPO den Vorprozess mitgestalten und beeinflussen *konnte* und damit auch mögliche Angriffs- und Verteidigungsmittel bereits im Vorprozess geltend machen *musste*.

d) Bindungswirkung gegenüber F? F ist auf die Streitverkündung dem Rechtsstreit nicht beigetreten! Nach § 74 III ZPO greift gleichwohl die Interventionswirkung, wenn eine **wirksame Streitverkündung** vorlag: Die Streitverkündung erfolgte zu einem anhängigen Hauptprozess (§ 72 I ZPO), rechtzeitig (§ 72 ZPO) und formell ordnungsgemäß durch Schriftsatz, der zugestellt wurde (§ 73 ZPO); die Prozesshandlungsvoraussetzungen liegen vor. Eine zulässige Streitverkündung setzt zudem einen Streitverkündungsgrund (§ 72 I ZPO) voraus. Danach kann *„eine Partei, die für den Fall des ihr ungünstigen Ausganges des Rechtsstreits einen Anspruch auf Gewährleistung oder Schadloshaltung gegen einen Dritten erheben zu können glaubt oder den Anspruch eines Dritten besorgt, bis zur rechtskräftigen Entscheidung des Rechtsstreits dem Dritten gerichtlich den Streit verkünden".*

Eine ordentliche Bearbeitung dieser Zulässigkeitsvoraussetzung in der Klausur gelingt nur wenigen Kandidaten. Das liegt zum einen daran, dass verkannt wird: Da es um die Zulässigkeit der Streitverkündung im Vorprozess geht, ist *nicht auf den jetzigen Zeitpunkt* abzustellen, sondern auf *den Zeitpunkt, in dem G der F den Streit verkündet hat.* Zu diesem Zeitpunkt, als also der Vorprozess noch lief, stand aber noch nicht fest, ob die Mietsache mit einem Mangel behaftet war oder nicht! Zum anderen liegt es daran, dass der Wortlaut der Norm als reichlich kryptisch empfunden wird.

- *Für den Fall des ihr ungünstigen Ausgangs des Rechtsstreits.* Damit ist gemeint: Der Rechtsstreit E/G, dessen ungünstiger Ausgang zu unterstellen ist („*für den Fall*"). MaW: Da im Zeitpunkt der Streitverkündung noch offen war, ob G obsiegt oder unterliegt, ist nach § 72 I ZPO von einem ungünstigen Ausgang auszugehen, dass also G den Vorprozess verlieren wird, weil sich herausstellt, dass kein Mietmangel vorliegt. Nur anhand dieser Unterstellung (es liegt kein Mangel der Mietsache vor) lassen sich die Voraussetzungen des § 72 I ZPO überprüfen, ob nämlich G dann

    – *einen Anspruch auf Gewährleistung* gegen F (Alt. 1)
    – *oder einen Anspruch auf Schadloshaltung* gegen F haben kann (Alt. 2)
    – *oder Ansprüche von F befürchten* muss (3. Alt.).

- Die beiden ersten Alternativen scheiden aus: Gewährleistungsansprüche kommen allenfalls im Verhältnis G/E und F/G in Betracht, keinesfalls aber im Verhältnis G/F; auch ein Anspruch auf Schadloshaltung ist nicht ersichtlich. Fraglich ist das Vorliegen der 3. Alternative, ob also G – unterstellt, es liegt kein Mietmangel vor – befürchten muss, von F in Anspruch genommen zu werden. Das scheint zweifellos der Fall: Schließlich hat F (neben M) die Miete bereits gemindert, weshalb es ja auch zum Prozess E/G kam, so dass davon auszugehen ist, dass sie weiterhin mindern wird. Aber: Ein Recht zur Minderung beinhaltet keinen „*Anspruch*" (Alt. 3), also – vgl. die Legaldefinition des § 194 I BGB – kein „*Recht, von einem anderen ein Tun oder Unterlassen zu verlangen*", sondern ist eine *gesetzliche Folge*: Bei Vorliegen eines Mietmangels mindert sich die Miete automatisch! Damit käme man zum Ergebnis, dass die Streitverkündung gegenüber F mangels Vorliegens der Voraussetzungen des § 72 I ZPO nicht zulässig war und folglich auch *keine Bindungswirkung* dahin entfaltet, dass im Verhältnis G/F die *Mangelfreiheit der Mietsache feststeht*.

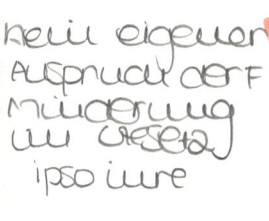

Dieses Ergebnis – mangels Bindungswirkung des Urteils im Vorprozess ist offen, ob im Verhältnis G/F ein Mietmangel vorliegt oder nicht, so dass G den Prozess gegen F unter Umständen verliert – ist nicht akzeptabel (vgl. auch obige Erwägungen zum Grundfall der „Haftungskette"), weil dem Gerechtigkeitsgedanken allein folgende Alternativen genügen: Liegt ein Mangel vor, ist G zur Minderung berechtigt, muss also den Prozess gegenüber seinem Vermieter E gewinnen und den Prozess gegen seine Mieter M *und* F verlieren. Liegt kein Mangel vor, ist er zur Zahlung der vollen Miete an E verpflichtet, muss also den Prozess gegen seinen Vermieter verlieren und den Prozess gegen seine *beiden* Mieter auf Zahlung der vollen Miete gewinnen. Dieses Alternativprinzip (einmal gewinnen und einmal verlieren bzw. einmal verlieren und einmal gewinnen) ist Regelungszweck des § 72 ZPO. Daher wird die vorliegende Konstellation gleichwohl unter die Norm subsumiert: Das Tatbestandsmerkmal „*Anspruch*" in § 72 I Alt. 3 ZPO wird erweiternd ausgelegt, etwa als „*Recht*", da die Zufälligkeiten des Gesetzgebers in der Ausgestaltung eines Minderungsrechts als *Anspruch* oder als *gesetzliche Folge* gleich behandelt werden müssen. Damit steht auch im Verhältnis G/F fest, dass kein Mietmangel vorliegt.

III. Ist der Anspruch **verjährt**? Der Anspruch ist verjährt (Regelverjährung von drei Jahren, § 195 BGB), es sei denn, die Verjährung war nach § 204 I Nr. 6 BGB gehemmt. Das setzt nach der eingangs zitierten Entscheidung des BGH (Ziff. V. 1.) voraus, dass eine zulässige Streitverkündung vorliegt, sie also insbesondere formell ordnungsgemäß erfolgt und auch ein Streitverkündungsgrund vorliegt; das ist hier der Fall. Die Tatsache, dass allein M auf die Streitverkündung hin beigetreten ist, nicht aber F, ist ohne Belang, da der Gesetzgeber nicht zwischen Streitverkündung und Nebenintervention unterscheidet. Die Verjährung ist damit gehemmt.

> **Hinweise:** 1. Das Problem, ob die Hemmung der Verjährung allein durch die Zustellung der Streitverkündung (so der Gesetzeswortlaut) ausgelöst wird oder nur durch die Zustellung einer **zulässigen** Streitverkündung (so der BGH), ist damit nicht entscheidungserheblich, da – wie festgestellt – die Streitverkündung zulässig ist. In einer Examensklausur wäre dieses Problem daher im Hilfsgutachten in etwa wie folgt darzulegen: Der BGH (aaO) legt § 204 I Nr. 6 BGB *einschränkend* dahin aus, dass nur eine **zulässige** Streitverkündung für eine Hemmungswirkung ausreicht. Das leuchtet unmittelbar ein: Bei den Tatbeständen des § 204 I Nr. 1 und Nr. 5 BGB führt sowohl die unzulässige Klageerhebung als auch die unzulässige Prozessaufrechnung zur Hemmung. Grund ist: Mit der Klage und der Prozessaufrechnung ergreift der Gläubiger unmittelbare Maßnahmen, um seine Forderungen zu realisieren; damit zerstört er das Vertrauen des Schuldners, dass durch die lange Nichtgeltendmachung der Forderung entstanden ist. Bei der Streitverkündung liegt der Fall anders. Hier unternimmt der Gläubiger nur einen *Vorbereitungsakt*, um möglicherweise später die Forderung geltend zu machen. Darin liegt nun keine ausreichende Zerstörung des Vertrauens des Schuldners in die Nichtdurchsetzung der Forderung.
>
> **2.** Der BGH aaO musste sich auch mit der *Reichweite des § 167 ZPO* beschäftigen: „*Soll durch die Zustellung ... die Verjährung ... nach § 204 des Bürgerlichen Gesetzbuchs gehemmt werden, tritt diese Wirkung bereits mit Eingang des Antrags oder der Erklärung ein, wenn die Zustellung demnächst erfolgt*". In der Entscheidung hatte der Kläger bei Klageeinreichung den Gerichtskostenvorschuss nicht entrichtet, weshalb die Klage zunächst nicht zugestellt wurde. Erst nachdem das Gericht den Streitwert festgesetzt und den Kläger zur Vorschusszahlung aufgefordert hatte, wurde der Vorschuss bezahlt und die Klage zugestellt. Nach § 167 ZPO kann auf den *Eingang* der Klage *bei Gericht* abgestellt werden, wenn die Zustellung *demnächst* erfolgt. In der Entscheidung wird deutlich, dass es für dieses Tatbestandsmerkmal keine starren Fristen gibt; vielmehr ist zu untersuchen, ob die Verzögerung der Zustellung in die Risikosphäre des Gerichts fällt oder in den Verantwortungsbereich des Klägers. Auch wenn der Kläger den erforderlichen Kostenvorschuss verspätet eingezahlt hat, war dies dem Gericht zuzurechnen, da das Gericht die entsprechenden Kosten zunächst anfordern muss und nicht darauf vertrauen darf, dass der Kläger selbst ermittelt, in welcher Höhe er Vorschusskosten entrichten muss.

b) 2. Schritt: Umsetzung in der Klausur

Im **Folgeprozess** sind M und F die Beklagten; für das Rubrum und den Tenor gelten keine Besonderheiten. **Tatbestand:** Im Tatbestand muss – das wird in der Klausur regelmäßig falsch gemacht – *der* Sachverhalt geschildert werden, der die Anwendbarkeit des § 68 ZPO rechtfertigt und der für die Rechtsfolgen maßgeblich ist. Diese Schilderung ist Bestandteil des **unstreitigen Sachverhalts** und nicht etwa der Prozessgeschichte. Grund: Der Vorprozess betrifft nicht den aktuellen Rechtsstreit und allein für diesen ist die Prozessgeschichte gedacht. Man formuliert in etwa:

10. Kapitel: Beteiligung Dritter

[handschriftlich: Kl Prozessgeschichte]

E ist Eigentümer einer Wohnung, die er an G vermietet hat; G wiederum hat die Wohnung an die Eheleute M und F untervermietet. Im Verfahren 312 C 2345/12 vor dem Amtsgericht Traunstein hatte E seinen Mieter G (den jetzigen Kläger) auf Zahlung des vollen Mietpreises verklagt, weil dieser aufgrund eines von seinen Untermietern M/F ihm gegenüber geltend gemachten Mietmangels die Miete gemindert hatte. In diesem Rechtsstreit hatte G mit Schreiben vom 3.3., jeweils zugestellt am 4.3., den Beklagten M/F den Streit verkündet. M ist dem Rechtsstreit auf Seiten des G beigetreten. Das Vorgericht hat nach Erholung eines Sachverständigengutachtens, auf das Bezug genommen wird, der Klage stattgegeben und G zur Zahlung des vollen Mietzinses verurteilt. Zur Begründung wurde ua ausgeführt, dass kein Mietmangel vorgelegen habe, weshalb die Mietminderung nicht berechtigt gewesen sei. Auf das Urteil des Amtsgerichts Traunstein vom 2.5., gegen das kein Rechtsmittel eingelegt wurde, wird Bezug genommen.

Und weiter im unstreitigen Sachverhalt: *Der Kläger und die Beklagten haben am… einen Mietvertrag über die Wohnung… geschlossen, die der Kläger von E gemietet hat.…;* sodann der streitige *(Mietmangel) Sachvortrag* und zuletzt die große Prozessgeschichte: *Das Gericht hat die Akten des Vorprozesses beigezogen und zum Gegenstand der Verhandlung gemacht.*

Sie sehen: Im unstreitigen Sachverhalt sind die Daten der Streitverkündung und des Beitritts wiederzugeben. Zudem muss (ohne rechtliche Wertung) beschrieben werden, dass das Urteil des Vorprozesses rechtskräftig ist und dass sich ein Mietmangel nicht erwiesen hat (**Klausurfalle:** Für die Interventionswirkung ist der Inhalt der gerichtlichen Entscheidung maßgeblich, und nicht der Inhalt des Gutachtens. Falsch daher: *Im Gutachten wird ausgeführt, dass ein Mietmangel nicht gegeben ist*). Der Vorprozess und das Urteil sind Bestandteil des Folgeprozesses; folglich muss in der großen Prozessgeschichte die Beiziehung der Akte wiedergegeben werden.

Entscheidungsgründe: Der Aufbau der Entscheidungsgründe folgt bei der Begründetheit dem Schema vom 1. Schritt.

c) Ergänzende Hinweise zum Vorprozess E/G. Im **Vorprozess** ist M dem G auf dessen Streitverkündung hin zur Unterstützung als Nebenintervenient beigetreten, weil er ein Interesse daran hatte, dass ein Mietmangel festgestellt wird, seine Minderung also berechtigt war. F ist auf die seitens G erfolgte Streitverkündung, mit der er die Herbeiführung der Interventionswirkung bezweckte, nicht beigetreten. Für den Vorprozess ist die Streitverkündung ohne Bedeutung.

> **Merke:** Erfolgt auf eine Streitverkündung kein Beitritt, taucht die Streitverkündung im Urteil des Vorprozesses nicht auf!

Rubrum: Der Nebenintervenient wird bei der Partei aufgeführt, die er unterstützt.

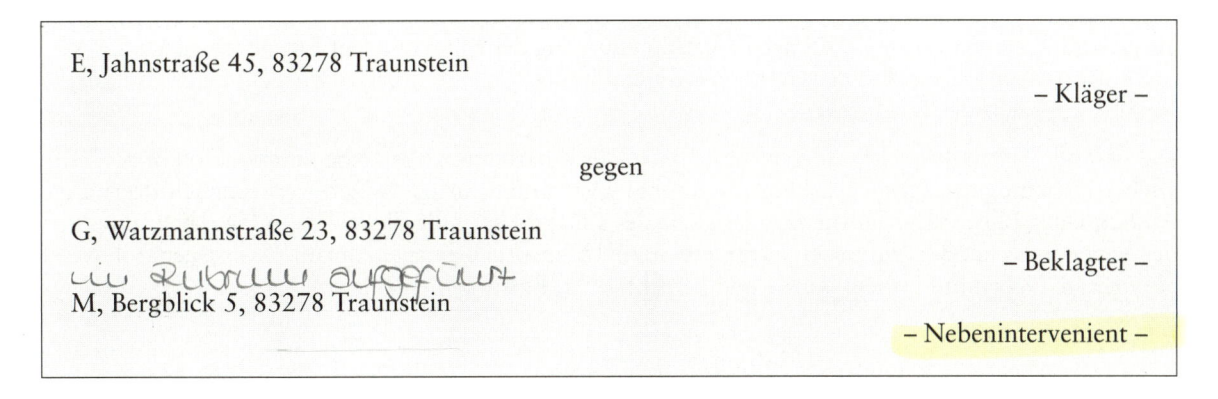

E, Jahnstraße 45, 83278 Traunstein
    – Kläger –

gegen

G, Watzmannstraße 23, 83278 Traunstein
    – Beklagter –

[handschriftlich: im Rubrum aufgeführt]
M, Bergblick 5, 83278 Traunstein
    – **Nebenintervenient** –

Tenor: Der Nebenintervenient darf in der Sachentscheidung nicht aufscheinen; er ist bloßer Unterstützer! Allerdings muss über seine Kosten entschieden werden, wobei der Grundsatz der Kostenparallelität gilt (§ 101 I ZPO): *Die durch eine Nebenintervention verursachten Kosten sind dem Gegner der Hauptpartei aufzuerlegen, soweit er nach den Vorschriften der §§ 91 bis 98 die Kosten des Rechtsstreits zu tragen hat; soweit dies nicht der Fall ist, sind sie dem Nebenintervenienten aufzuerlegen.*

> I. Der Beklagte wird verurteilt, an den Kläger 3.000 EUR zu zahlen.
> II. Der Beklagte trägt die Kosten des Rechtsstreits; der Nebenintervenient trägt die Kosten der Nebenintervention.

Beispiel für eine gemischte Entscheidung (der Nebenintervenient hat den Beklagten unterstützt, der überwiegend, dh zu 75 % gewonnen, hat):

> II. Die Kosten des Rechtsstreits tragen der Kläger zu 3/4 und der Beklagte zu 1/4. Die Kosten der Nebenintervention trägt der Kläger zu 3/4; im Übrigen trägt der Nebenintervenient die Kosten der Nebenintervention.

Tatbestand: Die Nebenintervention wird im Rahmen der kleinen Prozessgeschichte eingeführt, falls die Nebenintervention Auswirkungen auf die Anträge (§ 71 ZPO) hat. Ansonsten in der großen Prozessgeschichte, zB: *Mit Schriftsatz vom 3.4. ist der Nebenintervenient M dem Rechtsstreit zur Unterstützung des Beklagten beigetreten.* Ohne Bedeutung ist, dass dem Beitritt eine Streitverkündung vorangegangen ist, weshalb eine entsprechende Erwähnung unterbleibt.

> **Klausurtipp:** Im Einzelfall kann die Behandlung der Nebenintervention bei der Erstellung des Tatbestands durchaus Schwierigkeiten bereiten, etwa in folgender Klausurvariante: Die Hauptpartei (Beklagter) stellt ein Vorbringen unstreitig; ihr Nebenintervenient N hingegen bestreitet das Vorbringen und bietet hierfür Beweis an. – Problem ist: Das Bestreiten des Nebenintervenienten steht mit dem Unstreitigstellen der Hauptpartei in Widerspruch und ist daher unbeachtlich (§ 67 ZPO). Als rechtliche Wertung darf dieses Ergebnis aber nicht in den Tatbestand übernommen werden (vgl. Fehlerquellen, S. 22). Das bedeutet: Der streitige Sachverhalt ist in der betreffenden Parteistation zu schildern, etwa so: *Der Beklagte stellt das Vorbringen zum undichten Dach unstreitig. … Der Nebenintervenient behauptet, das Dach sei undicht und bietet hierfür Beweis durch Vernehmung des… an.* Erst in den Entscheidungsgründen geht man auf § 67 ZPO ein und wertet das Vorbringen zum undichten Dach als unstreitig.

Entscheidungsgründe: In den Entscheidungsgründen taucht die Nebenintervention regelmäßig nur in der Kostenentscheidung auf; hier sollte neben der Zitierung des § 101 I ZPO das Stichwort der **Kostenparallelität** fallen.

2. Der Vorprozess

a) Ausgangsfall: Einspruchseinlegung gegen ein Versäumnisurteil durch Nebenintervenient. Die Klausurbedeutung dieser Fallkonstellation ist eher gering und bereitet – hat man sich einmal den Aufbau vergegenwärtigt – idR kaum Schwierigkeiten. Zur Erläuterung folgendes Beispiel: K (Besteller) nimmt B (Unternehmer) wegen eines mangelhaften Fußbodens aus einem Werkvertrag über die Errichtung eines Hauses in Anspruch. B hatte U mit dem Gewerk „Fußböden" beauftragt. Als B im Termin zur mündlichen Verhandlung nicht erscheint, ergeht antragsgemäß ein Versäumnisurteil. U tritt nunmehr als Nebenintervenient dem Rechtsstreit zur Unterstützung des B bei und legt Einspruch gegen das Versäumnisurteil ein. Er möchte beweisen, dass die Fußböden fehlerfrei verlegt wurden, da er andernfalls Regressansprüche des B befürchtet.

Die Besonderheiten dieses Klausurtyps bestehen in der Einarbeitung der Nebenintervention in den klassischen Aufbau einer Einspruchsklausur (Kapitel „Versäumnisurteil"). Der grundsätzlich dreistufige Aufbau einer Einspruchsklausur (Zulässigkeit des Einspruchs/Zulässigkeit der Klage/Begründetheit der Klage) muss um die Prüfung ergänzt werden, ob U Einspruch einlegen durfte. Das ist der Fall, wenn er wirksam Nebenintervenient wurde und berechtigt ist, Einspruch einzulegen:

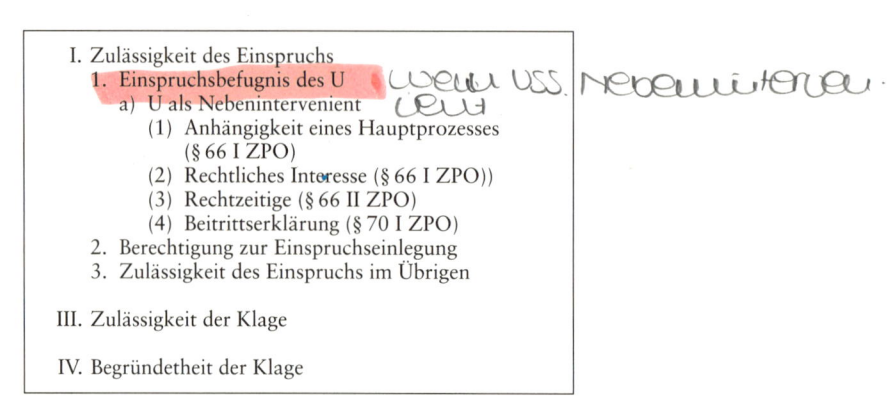

> I. Zulässigkeit des Einspruchs
> 1. Einspruchsbefugnis des U
>   a) U als Nebenintervenient
>   (1) Anhängigkeit eines Hauptprozesses (§ 66 I ZPO)
>   (2) Rechtliches Interesse (§ 66 I ZPO)
>   (3) Rechtzeitige (§ 66 II ZPO)
>   (4) Beitrittserklärung (§ 70 I ZPO)
>   2. Berechtigung zur Einspruchseinlegung
>   3. Zulässigkeit des Einspruchs im Übrigen
>
> III. Zulässigkeit der Klage
>
> IV. Begründetheit der Klage

Zu Ziff. I. 1. Die Voraussetzungen der Nebenintervention liegen vor. Ein Hauptprozess ist anhängig (§ 66 I ZPO); die Beitrittserklärung ist als Prozesshandlung wirksam (§ 70 I ZPO) und nach § 66 II ZPO kann der Beitritt in jeder Lage des Rechtsstreits bis zur rechtskräftigen Entscheidung, auch in Verbindung mit der Einlegung eines Rechtsmittels, erfolgen. Der Beitritt nach Erlass eines Versäumnisurteils ist damit wirksam. Ob U tatsächlich ein rechtliches Interesse iSd § 66 I ZPO hat, wird nur geprüft, wenn ein entsprechender Antrag auf Zurückweisung gestellt wurde (§ 71 I ZPO), was nicht der Fall ist. Der Nebenintervenient ist nach § 66 II ZPO berechtigt, Rechtsmittel einzulegen, wozu nach dem Normzweck auch der Einspruch gegen ein Versäumnisurteil rechnet (ein *Rechtsbehelf* und kein Rechtsmittel).

b) Abwandlung: Abwendung der Säumnis durch den Nebenintervenienten. Wie obiges Beispiel, nur: U ist dem Rechtsstreit vor der mündlichen Verhandlung beigetreten. Im Termin erscheint allein U; der von ihm unterstützte B ist säumig. K beantragt den Erlass eines Versäumnisurteils.

Voraussetzung für den Erlass eines Versäumnisurteils ist ua die Säumnis des B. Durch die wirksame Nebenintervention hat U die Befugnisse aus § 67 ZPO, kann also alle Angriffs- und Verteidigungsmittel geltend machen und alle Prozesshandlungen wirksam vornehmen, insoweit nicht seine Erklärungen und Handlungen mit Erklärungen und Handlungen der Hauptpartei in Widerspruch stehen. U kann danach für B verhandeln (§ 333 ZPO) und wendet damit die Säumnis ab. Hinweise dafür, dass dies im Widerspruch zur Intention des B steht, sind nicht ersichtlich.

> I. Entscheidung durch Versäumnisurteil?
>   1. Säumnis des B
>   2. Abwendung der Säumnisfolgen durch U?
>   a) U als Nebenintervenient
>   aa) Anhängigkeit eines Hauptprozesses (§ 66 I ZPO)
>   bb) Rechtliches Interesse (§ 66 I ZPO)
>   cc) Rechtzeitige (§ 66 II ZPO)
>   dd) Beitrittserklärung (§ 70 I ZPO)
>   b) Befugnisse des Nebenintervenient (§ 67 ZPO)
>
> II. Zulässigkeit der Klage
>
> III. Begründetheit der Klage

Zu Ziff. I. Nachdem ein wirksamer Antrag auf Erlass eines Versäumnisurteils gestellt wurde (Prozessantrag, vgl. Kapitel „Versäumnisurteil"), muss über diesen Antrag entschieden werden. Erster Prüfungspunkt der Klausur ist damit die Erörterung, ob eine Säumnisentscheidung möglich ist. Man formuliert in etwa: V*orliegend war durch Endurteil und nicht durch Versäumnisurteil zu entscheiden. Zwar hat K den Antrag auf Erlass eines Versäumnisurteils gestellt, allerdings lagen die Voraussetzungen hierfür nicht vor, da der Nebenintervenient die Säumnis des Beklagten abgewandt hat...*

3. Anwaltsklausur

In einigen Klausuren – zumeist liegt ihnen eine Abwandlung der Haftungsalternativität oder Haftungskette zugrunde – muss der Anwalt (regelmäßig in der Klageerwiderung) eine Streitverkündung vornehmen. Ein entsprechender (versteckter) Hinweis findet sich bei diesem Klausurtyp im „Bearbeitervermerk": Dreht sich die Klausur um *drei* Personen und ist die Prüfung der Rechtsverhältnisse zum Dritten *nicht erlassen*, wird idR eine Streitverkündung eine Rolle spielen! Die Streitverkündung wird im Schriftsatz üblicherweise bei den Anträgen vorgenommen, zB:

Unter Vollmachtsvorlage zeige ich die Vertretung des Beklagten an. Ich werde in der mündlichen Verhandlung beantragen:

   Die Klage wird abgewiesen.

Zugleich ***verkünde*** *ich*

   Max Treulich, Chiemsee Straße 12, 83278 Traunstein

den ***Streit*** *mit der Aufforderung, dem Streit auf Seiten des Beklagten beizutreten.*

Der zur Streitverkündung erforderliche Vortrag erfolgt erst im Anschluss an die Ausführungen zum Klageantrag. Maßgebliche Bestimmung ist § 73 ZPO, wonach im Schriftsatz der Grund der Streitverkündung und die Lage des Rechtsstreits anzugeben sind.

Beispiel 1 („*Grund der Streitverkündung*": § 73 S. 1 ZPO): *Sollte das Gericht entgegen meinen Ausführungen einen Mietmangel verneinen und meinen Mandanten daher zur vollen Zahlung des Mietzinses verurteilen, kann mein Mandant von den Streitverkündeten seinerseits den wegen desselben Mangels einbehaltenen Mietzins fordern.*

Beispiel 2 („*Lage des Rechtsstreits*": § 73 S. 1 ZPO; danach ist der Rechtsstreit zu kennzeichnen, Gericht und Parteien sind zu benennen, der Streitgegenstand ist anzuführen, auf bereits ergangene Entscheidungen und Beweiserhebungen sowie anstehende

Termine ist hinzuweisen): *Hinsichtlich des Streitgegenstandes und die involvierten Parteien wird auf die beigefügte Klage und Klageerwiderung Bezug genommen. Termin ist anberaumt worden auf...*

VI. Examensrelevante Rechtsprechung

1. BGH VI ZB 31/09 (vereinfacht): Kläger K verkündet zugleich mit der Klage dem Prozessbevollmächtigten P des Beklagten B den Streit. Zur Begründung trägt er vor: Im Falle seines Unterliegens werde er P wegen dessen Beteiligung an einem Prozessbetrug des B in Anspruch nehmen; P müsse dann die ihm auferlegten Kosten eines gerichtlich bestellen Gutachters ersetzen. Das Gericht lehnt die Zustellung der Streitverkündungsschrift ab, da die Streitverkündung unzulässig sei. – Zu Recht?

Der BGH hat in dieser Entscheidung bekräftigt, dass die Zulässigkeit der Streitverkündung grundsätzlich erst im Folgeprozess zu prüfen ist. Leitsatz: *Die Zulässigkeit der Streitverkündung ist grundsätzlich nicht im Erstprozess, in dem der Streit verkündet wird, sondern erst im Folgeverfahren zwischen dem Streitverkünder und dem Streitverkündungsempfänger zu prüfen.*

Hier folgt die Unzulässigkeit der Streitverkündung allenfalls aus § 72 II ZPO, wonach *„das Gericht und ein vom Gericht ernannter Sachverständiger"* nicht Dritter im Sinne dieser Vorschrift sind. Durch den Verweis auf § 73 ZPO in dieser Bestimmung folgt, dass in diesen Fällen bereits die Zustellung der Streitverkündungsschriftsätze unterbleiben muss. Dh vom Grundsatz, dass die Zulässigkeit der Streitverkündung erst im Folgeprozess zu prüfen ist, muss eine Ausnahme gemacht werden, wenn der Streitverkündungsempfänger ein iSd § 72 II ZPO unzulässiger Adressat einer Streitverkündung ist. Nachdem das Gesetz ausdrücklich nur das Gericht und die vom Gericht bestellten Sachverständigen nennt, war zu prüfen, ob im Wege einer erweiternden Auslegung auch die Anwälte der am Prozess beteiligten Parteien unter die Bestimmung fallen.

Die gerichtlich bestellten Sachverständigen wurden erst im Jahr 2002 zu dem Kreis der verbotenen Streitverkündungsempfänger aufgenommen, da diesen in der Praxis aufgrund des § 839a BGB (*Haftung des gerichtlichen Sachverständigen*) zunehmend der Streit verkündet wurde. Folge war: Der Sachverständige war am Rechtsstreit beteiligt, was sich auf seine Neutralität auswirken konnte mit der Folge einer möglichen Ablehnung wegen Besorgnis der Befangenheit.

Der BGH hat eine analoge Anwendung der Norm auf Anwälte der Prozessparteien abgelehnt: *„Anders als der gerichtliche Sachverständige ist der Rechtsanwalt kein zur Unparteilichkeit verpflichteter, vom Gericht bestellter „Gehilfe des Richters", sondern unabhängiger Berater und Vertreter in allen Rechtsangelegenheiten... der nur den Interessen des eigenen Mandanten verpflichtet ist... Während eine Prozessbeteiligung für den Richter oder den gerichtlichen Sachverständigen im Widerspruch zu der ihnen obliegenden Verpflichtung zur Neutralität stände und gemäß § 41 bzw. § 406 ZPO ihren Ausschluss aus dem Prozess zur Folge hätte oder haben könnte... ist ein Beitritt für den Prozessbevollmächtigten jedenfalls auf Seiten der von ihm vertretenen Partei ein gangbarer Weg. Anders als im Falle der Prozessbeteiligung des Richters oder gerichtlichen Sachverständigen wird die verfahrensrechtliche Stellung des Prozessbevollmächtigten durch einen solchen Beitritt nicht entgegen der im Prozessrecht vorgesehenen Aufgabenverteilung grundlegend verändert... Die Streitverkündung ist insbesondere nicht geeignet, einen bislang nicht gegebenen Interessenkonflikt zwischen Prozessbevollmächtigtem und der von ihm vertretenen Partei herbeizuführen mit der Folge, dass der anwaltliche Bevollmächtigte möglicherweise gemäß § 43a Abs. 4 BRAO, § 3 Abs. 4 BORA sein Mandat niederlegen müsste oder gar nicht erst annehmen dürfte... Verfolgen der Prozessbevollmächtigte und die von ihm vertretene Partei keine gegensätzlichen Interessen, so vermag allein die Zustellung einer Streitverkündungsschrift keinen Interessenkonflikt zu begründen. Besteht dagegen im konkreten Fall ein Interessenwiderstreit in derselben Rechtssache, hängt die Anwendbarkeit des § 43a Abs. 4 BRAO nicht davon ab, dass dem Anwalt der Streit verkündet wurde."*

2. BGH, IX ZR 203/08 (vereinfacht): Kläger K ist Erbbauberechtigter an einem dem D gehörenden Grundstück, das nur über eine Privatstraße (ebenfalls im Eigentum des D) genutzt werden kann. D verpflichtet sich gegenüber K, eine Grunddienstbarkeit betreffend eines Geh-, Fahr- und Leitungsrechts zu bestellen; zur Eintragung einer entsprechenden Dienstbarkeit kommt es nicht.

Später verkauft D die Privatstraße an U und das mit dem Erbbaurecht belastete Grundstück an den Beklagten B. Im Vertrag mit B wird ua vereinbart, dass B alle privatrechtlichen Lasten, Beschränkungen uÄ übernimmt, unabhängig davon, ob diese im Grundbuch eingetragen sind; auch stellt B den D von sämtlichen Verpflichtungen frei. Hinweis: Nach der Vorstellung der Beteiligten sollte sich jetzt B um das Fahrtrecht des K kümmern.

Nachdem U die Privatstraße sperrt, nimmt K den B auf Zahlung von Schadensersatz in Anspruch. In erster Instanz wird die Klage wegen eines überwiegenden Mitverschuldens des K abgewiesen. Im Termin zur Verhandlung über die eingelegte Berufung erteilt das Gericht den rechtlichen Hinweis, dass nicht B, sondern D passiv legitimiert sei, weil die Schadensersatzansprüche bereits vor der Übertragung entstanden seien. Das Gericht unterbreitet einen Vergleichsvorschlag. K geht darauf ein, weil er keine Möglichkeit sieht, gegen D vorzugehen, nachdem etwaige Schadensersatzansprüche verjährt sind.

Im vorliegenden Rechtsstreit nimmt K seinen Anwalt wegen des Verlusts seiner Forderungen gegenüber D in Anspruch.

Der Fall ist eine Abwandlung des Grundfalls der Haftungsalternativität. Die Schwierigkeit für den Kläger war die Ermittlung des richtigen Anspruchsgegners. Entweder war es D, der sich verpflichtet hatte, Zugang über die Privatstraße zu gewähren, oder es war B, der alle Vertragspflichten des D übernommen hatte. Die Kernfrage des Falles lautet, ob sich ein Anwalt durch eine unterlassene Streitverkündung gegenüber D schadensersatzpflichtig machen kann (1). Falls ja, spielt es eine Rolle, ob die Beurteilung der Sach- und Rechtslage durch das Berufungsgericht unrichtig war und der Anwalt die Rechtslage tatsächlich richtig beurteilt hat (2)?

1. Der Anwalt des Klägers hat seine anwaltlichen Pflichten verletzt (§ 280 I BGB). BGH: *„Eine Pflichtverletzung liegt jedenfalls darin, dass… nicht rechtzeitig vor Ablauf der Verjährungsfrist… der Streit verkündet worden ist. Der Anwalt hätte K diese Maßnahme empfehlen müssen; K hätte den Rat befolgt und einen entsprechenden Auftrag erteilt (Vermutung beratungsgerechten Verhaltens;…). Entgegen der Ansicht des BerGer. wäre die Streitverkündung geeignet gewesen, den „richtigen" Anspruchsgegner festzustellen. Wäre die Klage wegen fehlender Passivlegitimation des B abgewiesen worden, hätte zugleich die Passivlegitimation des D als des ursprünglichen Vertragspartners der Kl. festgestanden"*.

Auch die weitere Voraussetzung für die Interventionswirkung bei der Haftungsalternativität ist gegeben. Danach darf der Kläger nicht im Verhältnis zu jedem in Betracht kommenden Anspruchsgegner beweispflichtig sein, da nur wenn der Streitverkündete beweisbelastet ist, er mit seiner Behauptung, der Prozess sei unrichtig entschieden worden, nicht gehört wird (§ 68 ZPO).

2. Aus Sicht des BGH haftet der Anwalt unabhängig von der Frage, ob das Berufungsgericht die Rechtslage tatsächlich richtig beurteilt hat: *„Selbst wenn die Beurteilung der Sach- und Rechtslage durch das BerGer. im Vorprozess jedoch unrichtig gewesen wäre, hätte dies den Zurechnungszusammenhang zwischen dem Fehler der Bekl. und dem Schaden der Kl. nicht unterbrochen. Der (unterstellte) Fehler des BerGer. im Vorprozess, das nach Ansicht des angefochtenen Urteils die Passivlegitimation des B zu Unrecht verneint hat, wirkt sich haftungsrechtlich nicht aus.… **Der Anwalt ist verpflichtet, seinen Mandanten vor Fehlentscheidungen der Gerichte möglichst zu bewahren.**"*

3. BGH NJW 2015, 559: Der BGH hat in dieser Entscheidung die Zulässigkeit der Streitverkündung im selbständigen Beweisverfahren (§§ 485 ff. ZPO) anerkannt. Hierbei musste der BGH im Wege der Auslegung zunächst die Wortlautgrenze von zwei Bestimmungen der ZPO überwinden: § 72 ZPO und § 68 ZPO:

Obwohl es in § 72 ZPO heißt *ungünstiger Ausgang des Rechtsstreits*, ist eine Streitverkündung im selbständigen Beweisverfahren zulässig (§ 72 ZPO analog). Zweck der Streitverkündung ist es, widersprüchliche Ergebnisse zu vermeiden. Dies gilt im selbständigen Beweisverfahren gleichermaßen: Nachdem die Tatsachen, über die selbständig Beweis erhoben wurde, einer späteren Beweisaufnahme vor dem Prozessgericht gleichsteht (§ 493 ZPO), sollen diese Tatsachen einheitlich festgestellt werden (zB die Mangelhaftigkeit einer Sache wie die Undichtigkeit des Daches im vorliegenden Beispielsfall).

In § 68 ZPO entfaltet (über die Brückennorm des § 74 III ZPO) ein Urteil – *dass der Rechtsstreit… unrichtig entschieden sei* – Bindungswirkung für den Folgeprozess. Im selbständigen Beweisverfahren gibt es aber keine Urteile. Die Bindungswirkung des § 68 ZPO wird daher über eine analoge Anwendung angepasst auf eine Bindung an die Ergebnisse des selbständigen Beweisverfahrens.

4. BGH JA 2015, 627: In dieser Entscheidung geht es um die Frage, ob ein von K allein verklagter Gesamtschuldner G1 dem anderen Gesamtschuldner G2 den Streit verkünden kann. Der BGH hat dies aus folgenden Gründen für zulässig erachtet: Nach § 72 ZPO ist eine Streitverkündung zulässig, wenn für den Fall eines ungünstigen Ausgang eines Rechtsstreits der Streitverkünder (G1) ua einen Anspruch auf Schadloshaltung gegen den Streitverkündungsempfänger (G2) hat. Unterstellt G1 verliert, dann kann G1 über die Regeln des Gesamtschuldnerausgleichs des § 426 I, II BGB von G2 Regress verlangen. Diese Regressmöglichkeit ist eine Schadloshaltung iSd § 72 ZPO.

Hinweis: Die Streitverkündung unter Gesamtschuldnern hat seit der Änderung der Verjährungsvorschriften erheblich an praktischer Bedeutung gewonnen. Der Ausgleichsanspruch aus § 421 BGB verjährt (nun) bereits nach drei Jahren. Die Frist beginnt gemäß § 199 I BGB mit dem Schluss des Jahres, in dem der Anspruch fällig wird und der Gläubiger Kenntnis hat. Nach Ansicht der Rechtsprechung tritt Fälligkeit nicht mit der Befriedigung des Gläubigers durch G1 ein, vielmehr ist maßgeblich die Fälligkeit des bestehenden Gläubigeranspruchs (K/G1 und G2). Damit läuft die Verjährung des Ausgleichsanspruchs G1/G2 spätestens ab dem Zeitpunkt, in dem G1 in Anspruch genommen wurde, da er ab diesem Zeitpunkt die entsprechende Kenntnis über den Ausgleichsanspruch hat. Um Verjährungsprobleme zu umgehen, muss G1 daher frühzeitig tätig werden; durch die Streitverkündung kann er die Verjährung hemmen (§ 204 Nr. 6 BGB).

VII. Mindmap

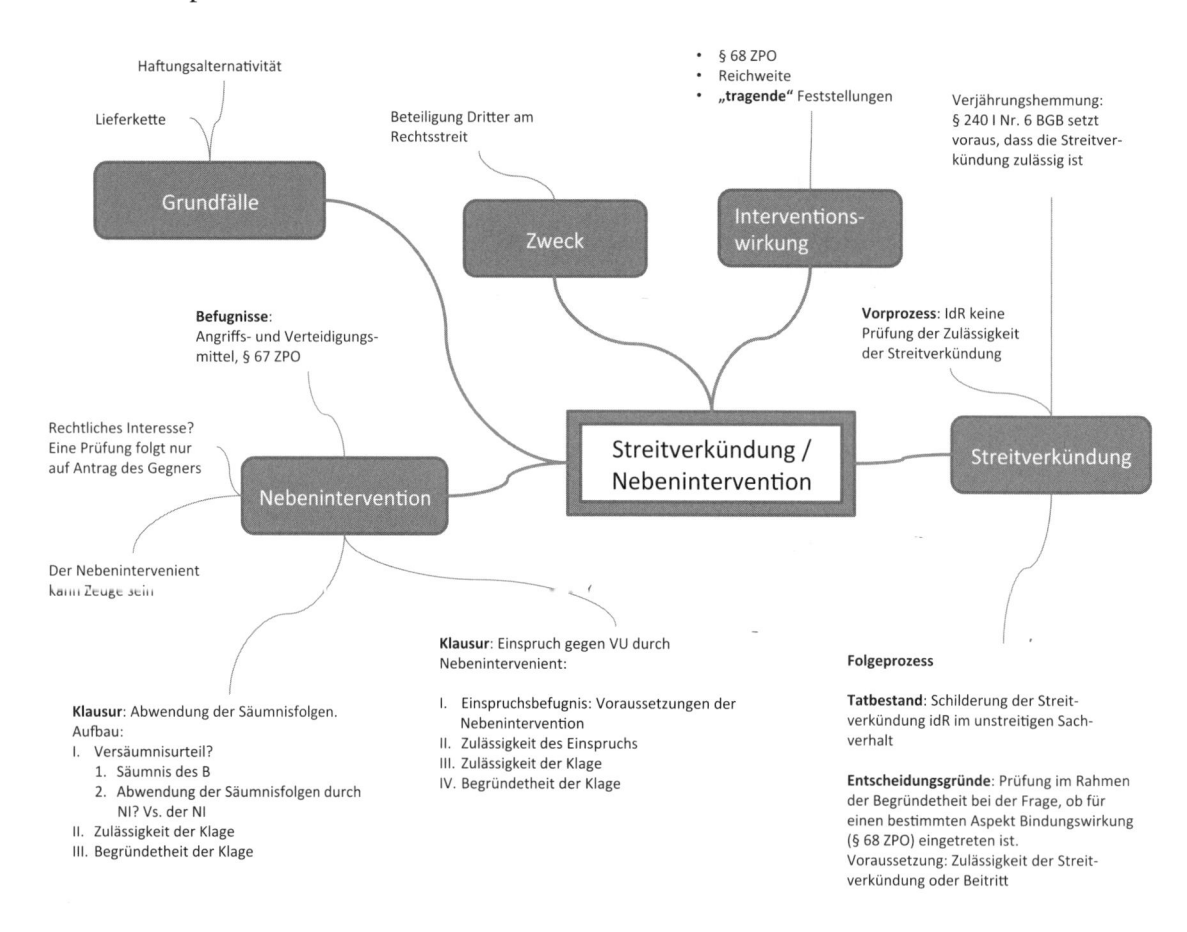

Grundfälle
- Haftungsalternativität
- Lieferkette

Zweck
- Beteiligung Dritter am Rechtsstreit

Interventionswirkung
- § 68 ZPO
- Reichweite
- „tragende" Feststellungen

Verjährungshemmung: § 240 I Nr. 6 BGB setzt voraus, dass die Streitverkündung zulässig ist

Nebenintervention

Befugnisse: Angriffs- und Verteidigungsmittel, § 67 ZPO

Rechtliches Interesse? Eine Prüfung folgt nur auf Antrag des Gegners

Der Nebenintervenient kann Zeuge sein

Klausur: Abwendung der Säumnisfolgen. Aufbau:
I. Versäumnisurteil?
  1. Säumnis des B
  2. Abwendung der Säumnisfolgen durch NI? Vs. der NI
II. Zulässigkeit der Klage
III. Begründetheit der Klage

Klausur: Einspruch gegen VU durch Nebenintervenient:
I. Einspruchsbefugnis: Voraussetzungen der Nebenintervention
II. Zulässigkeit des Einspruchs
III. Zulässigkeit der Klage
IV. Begründetheit der Klage

Streitverkündung

Vorprozess: IdR keine Prüfung der Zulässigkeit der Streitverkündung

Folgeprozess

Tatbestand: Schilderung der Streitverkündung idR im unstreitigen Sachverhalt

Entscheidungsgründe: Prüfung im Rahmen der Begründetheit bei der Frage, ob für einen bestimmten Aspekt Bindungswirkung (§ 68 ZPO) eingetreten ist.
Voraussetzung: Zulässigkeit der Streitverkündung oder Beitritt

11. Kapitel: Prozessvergleich *Doppelnatur*

Inhaltsverzeichnis

- I. Einführung 175
- II. Allgemeines 175
- III. Voraussetzungen 176
    - 1. Prozessuale Voraussetzungen 176
        - a) Abschluss in mündlicher Verhandlung 176
        - b) (Teil-)Erledigung eines anhängigen Verfahrens 176
        - c) Prozesshandlungsvoraussetzungen 176
        - d) Protokollierung nach §§ 160 III Nr. 1, 162 I 1 ZPO 176
    - 2. Materiell-rechtliche Voraussetzungen 176
- IV. Inhalt 177
    - 1. Beispiele 177
        - a) Abgeltungsklausel 177
        - b) Verfallklausel 177
        - c) Druckklausel (Erlassklausel) 177
        - d) Widerrufsvorbehalt 177
    - 2. Kostenregelung 178
- V. Folgen 178
- VI. Klausurrelevante Fallgestaltungen 178
    - 1. Wirksamkeitsmängel 178
        - a) Prozessuale Mängel 178
        - b) Materielle Mängel 178
        - c) Beispiel 178
            - aa) Variante 1: Der Prozessvergleich ist unwirksam 178
            - bb) Variante 2: Der Prozessvergleich ist wirksam 179
    - 2. Streit um Auslegung, Erfüllung usw. 179
- VII. Examensrelevante Rechtsprechung 179
- VIII. Mindmap 181

I. Einführung

Bei keinem anderen Kapitel in diesem Buch klaffen Praxisrelevanz und Prüfungsrelevanz so weit auseinander wie beim außergerichtlichen Vergleich (idR ein *Anwaltsvergleich*) und gerichtlichen Vergleich (*Prozessvergleich*). In der Praxis der Anwaltskanzleien werden gut 70 % aller an den Anwalt herangetragenen Vermögensstreitigkeiten außergerichtlich erledigt und bei den Gerichten legen manche Richter/Kammern/Senate bis zu 1/3 ihrer Rechtsstreitigkeiten vergleichsweise bei. Demgegenüber spielt der Anwaltsvergleich im Zweiten Staatsexamen allenfalls als sog. Kautelarklausur eine zentrale Rolle und der Prozessvergleich eignet sich lediglich als eine Rechtsfrage unter mehreren, nicht aber als Kernproblem. Entsprechend dieser Prüfungsrelevanz werden hier allein der Prozessvergleich und bei diesem nur die Fragen behandelt, die erfahrungsgemäß für die schriftliche (und auch mündliche Prüfung) von Bedeutung sein können.

> **Hinweis:** Zum **außergerichtlichem Vergleich** sollten Sie jedenfalls wissen: Rechtsgrundlage für den Vergleich, der keinen Vollstreckungstitel beinhaltet (vgl. § 794 I Nr. 1 ZPO), ist § 779 BGB. Haben die Anwälte der Parteien den Vertrag geschlossen (Anwaltsvergleich), kann er unter den Voraussetzungen des § 796a ZPO durch einen Notar (§ 796c ZPO) oder durch das Gericht (§ 796b ZPO) für vollstreckbar erklärt werden.

II. Allgemeines

Der Prozessvergleich, den die ZPO nicht regelt, von seiner Zulässigkeit aber ausgeht (vgl. §§ 98, 160 III Nr. 1, 794 I Nr. 1 ZPO), bezweckt die gütliche Beilegung eines Rechtsstreits insgesamt oder zum Teil; das Gericht soll in jeder Lage des Verfahrens auf eine solche Einigung bedacht sein (§ 278 I ZPO). Gleich der Prozessaufrechnung besitzt er eine **Doppelnatur** (ständige Rechtsprechung und herrschende Lehre): Als **Prozesshandlung** beendet er den Rechtsstreit ganz oder teilweise und ist ein Vollstreckungstitel; als **materielles Rechtsgeschäft** regelt er das streitige Rechtsverhältnis neu. Ein *Dritter* (§ 794 I Nr. 1

ZPO) kann dem Prozessvergleich beitreten, wobei nur der förmliche Beitritt (= seine ausdrückliche Aufnahme in das Protokoll) zu einem Vollstreckungstitel für und gegen den Dritten führt.

III. Voraussetzungen

> 1. Prozessuale Voraussetzungen
>   a) Abschluss in mündlicher Verhandlung
>   b) (Teil-)Erledigung eines anhängigen Verfahrens
>   c) Prozesshandlungsvoraussetzungen
>   d) Protokollierung nach §§ 160 III Nr. 1, 162 I 1 ZPO
>
> 2. Materiell-rechtliche Voraussetzungen
>   a) Allgemeinen Vertragsvoraussetzungen (Geschäftsfähigkeit etc)
>   b) Gegenseitiges Nachgeben

1. Prozessuale Voraussetzungen

a) Abschluss in mündlicher Verhandlung. Im Regelfall wird der Prozessvergleich in einer *mündlichen Verhandlung* geschlossen und zwar vor *jedem Gericht*, also nicht nur vor dem Prozessgericht, sondern auch vor dem beauftragten oder ersuchten Richter, dem Gericht, vor dem Prozesskostenhilfe beantragt wird oder ein selbständiges Beweisverfahren durchgeführt wird, dem Vollstreckungs- oder dem Familiengericht. Auf die gerichtliche Zuständigkeit kommt es *nicht* an.

Gemäß § 278 VI S. 1 ZPO kann ein gerichtlicher Vergleich aber auch dadurch geschlossen werden, dass die Parteien dem Gericht einen schriftlichen Vergleichsvorschlag unterbreiten oder einen schriftlichen Vergleichsvorschlag des Gerichts durch Schriftsatz gegenüber dem Gericht annehmen.

b) (Teil-)Erledigung eines anhängigen Verfahrens. Ein Prozessvergleich ist nur möglich, wenn ein *streitiges Verfahren anhängig ist* und durch den Vergleich zumindest *teilweise erledigt wird*. Ist das der Fall, können auch nicht im Prozess befindliche Aspekte in den Vergleich aufgenommen werden.

c) Prozesshandlungsvoraussetzungen. Es müssen sämtliche *Prozesshandlungsvoraussetzungen* vorliegen (§§ 50 ff., 78 ff. ZPO). Zu beachten ist: Soweit Anwaltszwang herrscht, unterliegen *Dritte*, die dem Vergleich beitreten, diesem nicht.

d) Protokollierung nach §§ 160 III Nr. 1, 162 I 1 ZPO. Ein in der *mündlichen Verhandlung* geschlossener Vergleich ist im *Protokoll* im vollen Wortlaut aufzunehmen (§ 160 III Nr. 1 ZPO), den Parteien vorzulesen bzw. vorzuspielen oder zur Durchsicht vorzulegen (§ 162 I S. 1, 2 ZPO); nach § 162 I S. 3 ZPO ist zu vermerken, dass dies geschehen ist und von den Parteien die *Genehmigung* erteilt wurde. Zuletzt muss das Protokoll vom Vorsitzenden und vom Urkundsbeamten der Geschäftsstelle unterschrieben werden (§ 163 ZPO). Die ordnungsgemäß erfolgte gerichtliche Protokollierung ersetzt *jede* andere materiell-rechtlich vorgeschriebene Form (§§ 127a, 126 IV, 127 BGB), so zB für Grundstücksgeschäfte (§§ 311b, 925 BGB).

Ist der Vergleich durch *schriftsätzlichen* Vorschlag nach § 278 VI S. 1 ZPO zustande gekommen, muss das Zustandekommen und der Inhalt des Vergleichs durch *Beschluss* festgestellt werden (§ 278 VI S. 2 ZPO). Im Beschlussvergleich kann im Gegensatz zum protokollierten Vergleich nicht die Auflassung erklärt werden, da nach § 925 I BGB beide Parteien anwesend sein müssen.

2. Materiell-rechtliche Voraussetzungen

Der Prozessvergleich unterliegt als materiell-rechtlicher Vertrag (§ 779 BGB) den Wirksamkeitsvoraussetzungen des BGB, also insbesondere den §§ 105 ff., 134, 138 BGB. Im Wege des gegenseitigen Nachgebens muss ein Streit oder die Ungewissheit über ein Rechtsverhältnis beigelegt werden (§ 779 I BGB). Für eine „Ungewissheit" reichen rein subjektive Zweifel einer Partei aus und für ein „gegenseitiges Nachgeben" genügt jedes auch noch so geringfügige „Opfer" einer Partei in irgendeinem Streitpunkt: zB Einräumung einer Stundung, Einverständnis mit Ratenzahlung oder der bloße Verzicht auf die Fortführung des Prozesses (und damit auf ein rechtskräftiges Urteil). Kein Vergleich liegt vor, wenn nur eine Partei nachgibt.

IV. Inhalt

Gegenstand eines Prozessvergleichs kann alles sein, was auch Gegenstand eines Urteils sein kann. Vielfach geht ihm eine **Präambel** voraus, in der das Motiv des Vergleichs festgehalten wird. Damit wird zum einen die *Auslegung* erleichtert, wenn es um spätere Unklarheiten geht, zum anderen wird damit der noch ausstehenden *Zustimmung Dritter* Rechnung getragen, insbesondere der Rechtsschutzversicherung (zB: *Auf (dringendes) Anraten des Gerichts wird folgender Vergleich geschlossen*).

1. Beispiele

a) **Abgeltungsklausel:** Sie bezweckt eine Streitbeilegung des *gesamten* gegenständlichen Rechtsverhältnisses. Um Missverständnisse über die Reichweite zu vermeiden, ist die Abgeltungsklausel einzugrenzen:

I. Der Beklagte zahlt an den Kläger zur Abgeltung aller klagegegenständlichen Ansprüche (aller Ansprüche aus dem gegenständlichen Unfall, aller Ansprüche aus dem streitgegenständlichen Mietverhältnis) 12.000 EUR.

II. Von den Kosten des Rechtsstreits trägt der Kläger 2/5, der Beklagte 3/5.

> **Hinweis:** Die richtige Formulierung lautet „der Beklagte zahlt" und nicht „der Beklagte verpflichtet sich zu zahlen", da mit der „Verpflichtung" noch kein Titel auf Zahlung geschaffen wird; vielmehr müsste dann erst auf Erfüllung der Verpflichtung geklagt werden.

b) **Verfallklausel:**

I. Der Beklagte zahlt an den Kläger 10.000 EUR in monatlichen Raten, jeweils zum 1. des Monats, erstmals zum 1.3. durch Banküberweisung auf das Konto...

II. Sollte der Beklagte mit zwei Raten länger als 14 Tage in Verzug kommen, wird der gesamte offene Restbetrag sofort fällig.

Mit dieser Klausel erlangt der Kläger ua Vorteile in der Zwangsvollstreckung: Die Erfüllung einer Forderung ist eine vom Schuldner zu beweisende Tatsache, weshalb sich bei dieser „einfachen" Form der Verfallklausel die Klauselerteilung nach § 724 ZPO richtet und nicht nach § 726 ZPO (qualifizierte oder titelergänzende Klausel).

c) **Druckklausel (Erlassklausel):** Mit dieser Klausel versucht der Kläger Schwierigkeiten bei der künftigen Zwangsvollstreckung wenig solventer Schuldner durch den Anreiz eines Erlasses zu umgehen.

I. Der Beklagte zahlt an den Kläger 10.000 EUR.

II. Sollte der Beklagte an den Kläger bis zum 31.3. einen Gesamtbetrag über 5.000 EUR bezahlt haben, wird der Restbetrag erlassen. Der Beklagte nimmt bereits jetzt diesen Erlass an.

> **Hinweis:** Die Terminologie ist nicht einheitlich; manche bezeichnen auch die Verfallklausel als Druckklausel.

d) **Widerrufsvorbehalt:**

I. Der Beklagte zahlt an den Kläger 8.000 EUR.

II. Der Beklagte kann den Vergleich durch einen bei Gericht einzureichenden Schriftsatz widerrufen. Die Frist ist nur gewahrt, wenn der Widerruf bis zum 31.4. bei Gericht eingegangen ist.

Ein Widerrufsvorbehalt ist idR erforderlich, wenn der Anwalt nicht zum Vergleichsabschluss bevollmächtigt wurde (vgl. § 83 ZPO) oder wenn die Zustimmung Dritter, insbesondere einer Rechtsschutzversicherung, eingeholt werden soll. Dabei ist darauf zu achten, dass *Frist*, *Adressat* und *Form* des Widerrufs unmissverständlich zum Ausdruck gebracht werden. Die Widerrufsfrist können die Parteien – auch ohne Mitwirkung des Gerichts – durch Vereinbarung verlängern oder abkürzen; eine Widereinsetzung gegen die Versäumung der Frist ist nicht möglich. Wurde ein Widerrufsvorbehalt aufgenommen, richtet sich die Klauselerteilung nach § 726 ZPO.

Haben die Parteien obigen Vergleich am 5.8. (Mittwoch) geschlossen und eine Widerrufsfrist von 2 Wochen vereinbart, erfolgt die Fristberechnung nach §§ 187–193 BGB (§ 186 BGB: *und Rechtsgeschäft enthaltene* Fristbestimmung). Danach beginnt die Frist am 6.8. (Donnerstag) zu laufen; Fristende ist der 19.8. (Mittwoch, § 188 II BGB), es sei denn es handelt sich um einen Feiertag (§ 193 BGB).

2. Kostenregelung

Fehlt eine Kostenregelung, greift § 98 ZPO, dh die Kosten werden gegeneinander aufgehoben, unabhängig vom Umfang des jeweiligen Nachgebens. Sofern die Parteien im Vergleich die Klausel aufnehmen, dass das Gericht über die Kosten des Rechtsstreits nach billigem Ermessen entscheidet, ergeht eine Kostenentscheidung nach § 91a ZPO (vgl. Kapitel „Erledigung der Hauptsache").

V. Folgen

Prozessuale Wirkungen: Der Rechtsstreit wird, soweit der Prozessvergleich reicht, beendet; ein bereits ergangenes, aber noch nicht rechtskräftiges Urteil wird wirkungslos. Der Prozessvergleich ist ein *Vollstreckungstitel* (§ 794 I Nr. 1 ZPO). **Materiell-rechtliche Wirkungen:** Der Prozessvergleich wirkt unmittelbar auf die materielle Rechtslage ein und gestaltet sie um, bringt also zB eine Forderung (teilweise) zum Erlöschen, verlängert ein Mietverhältnis, usw.

VI. Klausurrelevante Fallgestaltungen

1. Wirksamkeitsmängel

Ist der Prozessvergleich aus prozessualen oder aus materiellen Gründen unwirksam, ==ist der alte Rechtsstreit fortzusetzen und nicht etwa ein neuer einzuleiten.==

a) Prozessuale Mängel. Liegen prozessuale Mängel vor, etwa eine fehlende bzw. unvollständige Protokollierung oder fehlende Postulationsfähigkeit, entfallen die *prozessualen* Wirkungen des Vergleichs und der Rechtsstreit läuft weiter. Ob auch die *materiellen* Wirkungen entfallen, ist durch **Auslegung** zu ermitteln (§§ 139, 157 BGB). Dabei gilt im Regelfall: Die Parteien schließen den Vergleich allein deshalb, damit der Rechtsstreit sein Ende findet, nicht aber auch für den Fall, dass der Prozess in der durch den Vergleich materiell geänderten Form fortgeführt wird. Letzteres – Bestehenbleiben des Vergleichs als außergerichtlicher Vergleich – wird deshalb nur in Ausnahmefällen gelten.

b) Materielle Mängel. ==Materielle Mängel führen nach der Lehre vom Doppeltatbestand auch zur prozessualen Unwirksamkeit und es entfällt die prozessbeendende Wirkung, dh der alte Rechtsstreit ist noch anhängig.== Wird die Wirksamkeit des Vergleichs in Frage gestellt, muss das Gericht im alten Prozess darüber entscheiden, ob der Prozess beendet ist oder nicht: Bei Beendigung erfolgt Feststellung der Erledigung des Rechtsstreits durch Vergleich als Prozessurteil; bei Nichtbeendigung wird ein neuer Termin anberaumt; eine eigene Entscheidung kann als Zwischenurteil ergehen (§ 303 ZPO) oder aber erst im Endurteil ausgesprochen werden.

> **Hinweis:** Steht die Unwirksamkeit des Vergleichs fest, entfällt damit nicht unmittelbar die Vollstreckbarkeit des Titels (das Zwangsvollstreckungsverfahren ist ein formalisiertes Verfahren!); sie kann nur durch eine Vollstreckungsabwehrklage oder durch ein Urteil im fortgesetzten Verfahren beseitigt werden, in dem die Unwirksamkeit des Vergleichs tituliert oder in den Entscheidungsgründen festgestellt wird.

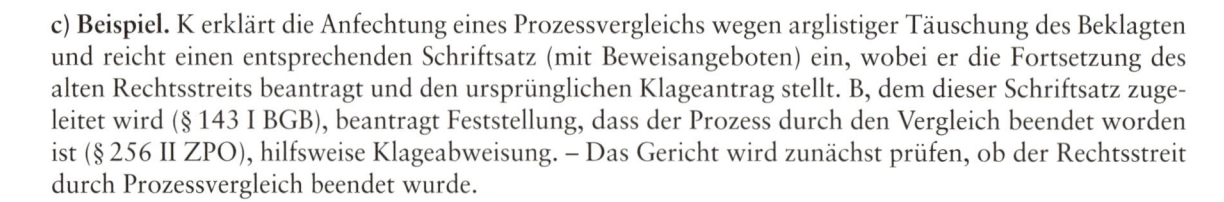

c) Beispiel. K erklärt die Anfechtung eines Prozessvergleichs wegen arglistiger Täuschung des Beklagten und reicht einen entsprechenden Schriftsatz (mit Beweisangeboten) ein, wobei er die Fortsetzung des alten Rechtsstreits beantragt und den ursprünglichen Klageantrag stellt. B, dem dieser Schriftsatz zugeleitet wird (§ 143 I BGB), beantragt Feststellung, dass der Prozess durch den Vergleich beendet worden ist (§ 256 II ZPO), hilfsweise Klageabweisung. – Das Gericht wird zunächst prüfen, ob der Rechtsstreit durch Prozessvergleich beendet wurde.

aa) Variante 1: Der Prozessvergleich ist unwirksam. Das Gericht setzt den Prozess fort, um dann in den Gründen des Endurteils auf die Unwirksamkeit des Vergleichs einzugehen:

> I. Unwirksamkeit des Vergleichs durch Anfechtung (§ 142 BGB)
> 1. Anfechtungserklärung
> 2. Anfechtungsgrund
> 3. Anfechtungsfrist
>
> II. Zulässigkeit der Klage
>
> III. Begründetheit der Klage

bb) Variante 2: Der Prozessvergleich ist wirksam. Das Gericht erlässt folgendes

Endurteil

I. Der Rechtsstreit ist durch den Prozessvergleich vom 31.4. beendet.

II. Der Kläger trägt die weiteren Kosten des Rechtsstreits.

III. Das Urteil ist vorläufig vollstreckbar. Der Kläger kann die Vollstreckung durch Sicherheitsleistung in Höhe von 110 % des aus dem Urteil vollstreckbaren Betrages abwenden, wenn nicht der Beklagte vor der Vollstreckung Sicherheit leistet in Höhe von 110 % des jeweils zu vollstreckenden Betrages.

Ziff. I enthält die **Feststellung**, dass sich der Rechtsstreit durch Prozessurteil erledigt hat und damit eine Entscheidung in der Hauptsache entbehrlich ist. Das Urteil ist ein berufungsfähiges „Endurteil" und nicht etwa ein Zwischenurteil.

Ziff. II: Kostenentscheidung. Rechtsgrundlage ist § 91 ZPO. Nachdem für die Kosten des Rechtsstreits bereits eine vergleichsweise Regelung getroffen wurde (oder § 98 ZPO greift), ist nur noch über die *weiteren* Kosten zu entscheiden.

Ziff. III: Vorläufige Vollstreckbarkeit. Schritt 1: Wer kann was vollstrecken? Wer = der Beklagte; was = lediglich die Kostenentscheidung. Rechtsgrundlage ist demnach § 708 Nr. 11 iVm § 711 ZPO.

nur Kostenentscheidung vollstrecken

2. Streit um Auslegung, Erfüllung usw.

Liegt ein wirksamer Prozessvergleich vor und streiten sich die Parteien zB um dessen Auslegung, seine Erfüllung oder den Wegfall der Geschäftsgrundlage, ist dieser Streit nach hM in einem *neuen* Prozess zu verfolgen, zB durch Feststellungsklage (Unklarheiten über den genauen Inhalt des Vergleichs) oder durch Vollstreckungsgegenklage (Einwand der Erfüllung) oder Leistungsklage. Der frühere Prozess bleibt durch den wirksamen Prozessvergleich beendet.

VII. Examensrelevante Rechtsprechung

BGH VII ZR 136/11 (vereinfacht):

K beabsichtigt, ein Pferd des V zu erwerben. Um sicherzugehen, dass der Kaufpreis gerechtfertigt ist, beauftragt er den Tierarzt T mit einer Ankaufsuntersuchung. Nachdem T keine Auffälligkeiten feststellt, erwirbt K das Pferd. Kurze Zeit nach Übergabe beginnt das Pferd zu lahmen; weitere Untersuchungen ergeben, dass die gesundheitlichen Probleme bereits bei Übergabe vorlagen und T bei ordnungsgemäßer Untersuchung hätten auffallen müssen. K tritt deshalb vom Kaufvertrag zurück und erhebt Klage auf Rückzahlung des Kaufpreises sowie Erstattung von Unterstellkosten, Tierarztkosten und weiteren Unterhalt, insgesamt 100.000 EUR. Im Verfahren schließen K und V einen Prozessvergleich, wonach mit Zahlung von 75.000 EUR alle Ansprüche aus dem Pferdekauf abgegolten sind.

K erhebt nunmehr Klage gegen T, weil dieser bei Durchführung der Ankaufsuntersuchung seine Vertragspflichten verletzt habe auf Schadensersatz in Höhe von 25.000 EUR (100.000 EUR abzüglich der bereits gezahlten 75.000 EUR). T wendet ein, dass durch den Vergleich K/V alle Ansprüche abgegolten wurden.

Zur Einführung in das vom BGH behandelte Problem – Prozessvergleich durch einen Gesamtschuldner – ein Beispiel: K ist Geschädigter eines Verkehrsunfalls; Halter des weiteren unfallbeteiligten Fahrzeugs, das von F geführt wurde, ist H. Mit seiner Schadensersatzklage über 1.200 EUR nimmt K allein H in Anspruch. Im Termin schließen die Parteien einen Vergleich, wonach durch Zahlung von 500 EUR alle Ansprüche aus dem Verkehrsunfall abgegolten sind. K will nunmehr F über weitere 700 EUR verklagen. – Ist das möglich?

Schließt ein Gesamtschuldner einen Vergleich, fragt sich, welche Wirkungen der Vergleich im Verhältnis zu den anderen Gesamtschuldnern hat. Die Rechtsprechung wendet – der Vergleich hat eine erlassähnliche Wirkung – § 423 BGB entsprechend an. Drei Konstellationen sind denkbar:

- **Einzelwirkung:** Der Vergleich wirkt nur zwischen K/H; K kann somit – die Gesamtforderung von 1.200 EUR ist in Höhe von 500 EUR erloschen (§ 422 I BGB) – von F 700 EUR fordern mit der Folge, dass F einen Ausgleichsanspruch gegen H über 100 EUR hat (§ 426 I BGB).
- **Gesamtwirkung:** Der Vergleich wirkt für alle Gesamtschuldner, sodass K den F nicht in Anspruch nehmen kann.

- **Beschränkte Gesamtwirkung:** Der Vergleichspartner zahlt maximal den ausgehandelten Vergleichsbetrag. Dabei wird unterstellt, dass H seinen im Innenverhältnis geschuldeten Anteil (600 EUR) durch Zahlung von 500 EUR und durch „Erlass" über 100 EUR erbracht hat. MaW: Mit der Erfüllung der Vergleichsschuld hat H seine anteilige Verpflichtung und zudem seine Pflichten aus dem Innenverhältnis gegenüber dem anderen Gesamtschuldner erfüllt. K kann folglich von F nur noch 600 EUR fordern, also eben den Betrag, den F wirtschaftlich schuldet.

Welche dieser Möglichkeiten greift, richtet sich nach dem (auszulegenden) Willen der Vergleichsschließenden. Heißt es zB *Die Parteien sind sich einig, dass der Vergleich auch für die übrigen Gesamtschuldner wirkt*, ist von einer Gesamtwirkung auszugehen; heißt es zB *Die Parteien sind sich einig, dass der Vergleich für die übrigen Gesamtschuldner nur mit der Maßgabe wirkt, dass weitere Regressforderungen gegen den Beklagten ausgeschlossen sind* ist von einer beschränkten Gesamtwirkung auszugehen. Im Übrigen muss der Vergleich ausgelegt werden, wobei nicht ohne weiteres unterstellt werden kann, dass der Kläger auf weitergehende Ansprüche verzichtet!

Der BGH aaO musste sich in seiner Entscheidung mit der Frage auseinandersetzen, welche Wirkungen der Vergleich hat, wenn keine Anhaltspunkte dafür vorliegen, welche der drei Konstellationen die Parteien bei Abschluss des Prozessvergleichs vor Augen hatten.

I. K hat gegen T einen Anspruch aus § 280 I BGB: *„Der mit der Ankaufsuntersuchung beauftragte Tierarzt schuldet einen fehlerfreien Befund. Erfüllt er insoweit seine Pflichten nicht, haftet er, weil der Vertrag als Werkvertrag einzuordnen ist (...) gemäß §§ 634 I Nr. 4, 280 BGB auf Ersatz des Schadens, der bei dem Vertragspartner dadurch entstanden ist, dass er das Pferd auf Grund des fehlerhaften Befundes erworben hat."*

II. Dieser Anspruch ist durch den Vergleich K/V nicht erloschen. Eine Haftung des T in analoger Anwendung des § 423 BGB wäre ausgeschlossen, wenn (1.) ein zwischen dem Gläubiger und **einem Gesamtschuldner** geschlossener Vergleich (2.) auch für die **übrigen Gesamtschuldner** wirkt.

1. Der Vergleich wurde zwischen K und V geschlossen, sodass T Gesamtschuldner zusammen mit V sein müsste. Voraussetzungen einer Gesamtschuldnerschaft sind (§ 421 BGB), dass jeder von mehreren Schuldnern die ganze Leistung bewirken muss, der Gläubiger die Leistung aber nur einmal fordern kann. Diese Voraussetzungen liegen vor: V und T haften jeweils für den infolge der Kaufpreiszahlung entstandenen Vermögensnachteil und die Kosten für den Unterhalt des Pferdes, ohne dass einer der beiden lediglich subsidiär oder vorläufig für die andere Verpflichtung einstehen muss. Auf die konkrete Rechtsgrundlage der Zahlungsverpflichtung kommt es dabei nicht an: V haftet aus § 346 BGB (Rückzahlung), § 347 BGB (Verwendungsersatz) verschuldensunabhängig, wobei der Ersatz auf das positive Interesse gerichtet ist; T haftet aus § 280 I BGB verschuldensabhängig, wobei der Schadensersatzanspruch auf das negative Interesse gerichtet ist. Diese Unterschiede stehen einer Einordnung als Gesamtschuldner nicht entgegen: *„Entscheidend ist allein, dass sowohl V als auch der T verpflichtet sind, die entsprechenden Aufwendungen zu ersetzen und damit ein **inhaltsgleiches** Gläubigerinteresse zu befriedigen. Beide haben für die Beseitigung des gleichartigen Vermögensnachteils einzustehen, den K dadurch erlitten hat, dass jeder von ihnen seine vertraglichen Pflichten nicht erfüllt hat (...)."*

2. Wirkt der zwischen K und V geschlossene Vergleich auch gegenüber T? Das ist nur der Fall, wenn ihm entweder eine Gesamtwirkung oder eine beschränkte Gesamtwirkung zukommt. Ob dies der Fall ist, ist im Wege der Auslegung zu ermitteln: *„Im Zweifel kommt... einem Vergleich mit einem Gesamtschuldner grundsätzlich keine Gesamtwirkung zu... Eine Gesamtwirkung kann aber angenommen werden, wenn sich aus dem Vergleich ausdrücklich oder den Umständen nach ergibt, dass der Gläubiger den Willen hatte, auch gegenüber dem nicht am Vergleich beteiligten Gesamtschuldner auf weitergehende Ansprüche zu verzichten..."* Ein solcher Wille kommt hier nicht zum Ausdruck. Auch von einer beschränkten Gesamtwirkung ist nicht auszugehen: *„Dazu, dass die Parteien eine... beschränkte Gesamtwirkung gewollt haben, hat das BerGer. keine Feststellungen getroffen.... Ohne weitere Anhaltspunkte aus dem Vergleich oder den ihm zu Grunde liegenden Verhandlungen kann von einem solchen Willen nicht ausgegangen werden.* **Denn der Gläubiger hat grundsätzlich ein Interesse daran, sich bei dem anderen Gesamtschuldner schadlos halten zu können.**"

11. Kapitel: Prozessvergleich

VIII. Mindmap

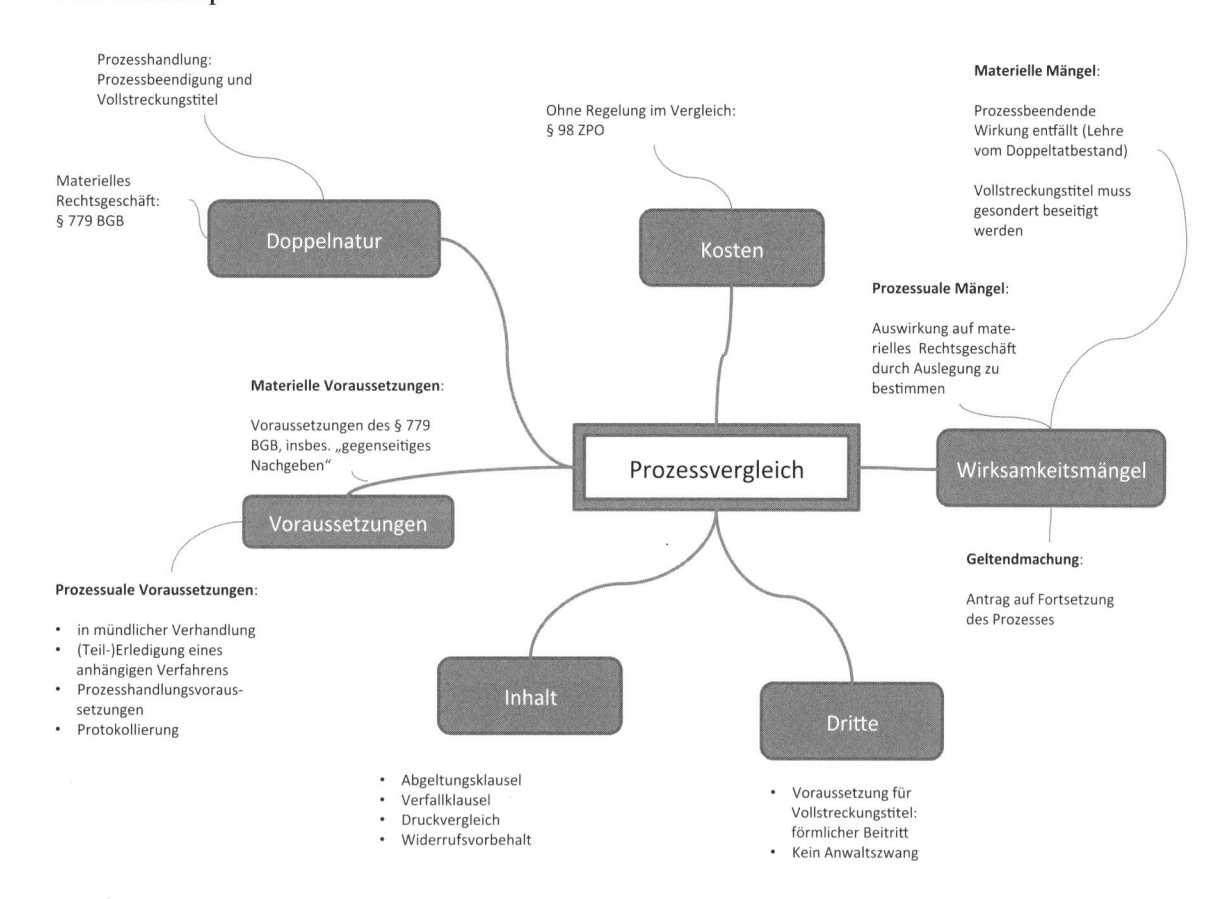

Doppelnatur
- Prozesshandlung: Prozessbeendigung und Vollstreckungstitel
- Materielles Rechtsgeschäft: § 779 BGB

Kosten
- Ohne Regelung im Vergleich: § 98 ZPO

Wirksamkeitsmängel
- Materielle Mängel:
  - Prozessbeendende Wirkung entfällt (Lehre vom Doppeltatbestand)
  - Vollstreckungstitel muss gesondert beseitigt werden
- Prozessuale Mängel:
  - Auswirkung auf materielles Rechtsgeschäft durch Auslegung zu bestimmen
- Geltendmachung:
  - Antrag auf Fortsetzung des Prozesses

Voraussetzungen
- Materielle Voraussetzungen:
  - Voraussetzungen des § 779 BGB, insbes. „gegenseitiges Nachgeben"
- Prozessuale Voraussetzungen:
  - in mündlicher Verhandlung
  - (Teil-)Erledigung eines anhängigen Verfahrens
  - Prozesshandlungsvoraussetzungen
  - Protokollierung

Inhalt
- Abgeltungsklausel
- Verfallklausel
- Druckvergleich
- Widerrufsvorbehalt

Dritte
- Voraussetzung für Vollstreckungstitel: förmlicher Beitritt
- Kein Anwaltszwang

12. Kapitel: Arrest und einstweilige Verfügung

Inhaltsverzeichnis

I. Allgemeines ... 182
II. Arrest ... 183
    1. Verfahren bis zum Erlass einer gerichtlichen Entscheidung ... 183
    2. Gerichtliche Entscheidung ... 186
        a) Entscheidung ohne mündliche Verhandlung ... 186
        b) Entscheidung nach mündlicher Verhandlung ... 187
    3. Rechtsbehelfe ... 187
        a) Entscheidung durch Urteil ... 187
        b) Entscheidung durch Beschluss ... 187
    4. Zustellung und Vollziehung des Arrests ... 188
        a) Zustellung ... 188
        b) Vollziehung ... 188
III. Einstweilige Verfügung ... 188
    1. Verfahren bis zum Erlass einer gerichtlichen Entscheidung ... 189
    2. Gerichtliche Entscheidung ... 190
        a) Entscheidung ohne mündliche Verhandlung ... 191
        b) Entscheidung nach mündlicher Verhandlung ... 191
    3. Rechtsbehelfe ... 191
    4. Zustellung und Vollziehung der einstweiligen Verfügung ... 191
        a) Zustellung ... 191
        b) Vollziehung ... 192
IV. Schadenersatzpflicht ... 192
V. Schutzschrift ... 192
VI. Abschlusserklärung ... 193
VII. Typischer Klausuraufbau ... 193
    1. Tenor ... 193
        a) Der Arrestantrag erweist sich als begründet ... 193
        b) Der Arrestantrag erweist sich als unbegründet ... 193
    2. Tatbestand ... 194
    3. Entscheidungsgründe ... 194
VIII. Übungsfall ... 195
IX. Examensrelevante Rechtsprechung ... 196
X. Mindmap ... 199

Ein Zivilprozess nimmt Zeit in Anspruch: Klagezustellung und Stellungnahme des Beklagten, Verhandlungstermine, Beweisaufnahme mit Ladung von Zeugen und Sachverständigen, alles mit hinreichenden Fristen. Für den Gläubiger besteht damit die Gefahr, nicht rechtzeitig Rechtsschutz zu erlangen. Dieser Gefahr trägt die ZPO mit den beiden **Eilverfahren** von *Arrest* und *einstweiliger Verfügung* Rechnung (§§ 916 ff. ZPO); sie gewähren einen – wenn auch nur vorläufigen, so doch beschleunigten – Rechtsschutz. Die Einordnung der beiden Verfahrensarten, man spricht auch von *Verfahren des einstweiligen Rechtsschutzes*, in das 8. Buch der ZPO ist dabei wenig glücklich, weil sie keine *Vollstreckungsverfahren* beinhalten, sondern *besondere* (beschleunigte) *Erkenntnisverfahren*.

I. Allgemeines

Der **Arrest** bezweckt (§ 916 I ZPO) ausschließlich die *Sicherung* der künftigen Zwangsvollstreckung des Gläubigers wegen einer *Geldforderung* bzw. einer Forderung, die „in eine Geldforderung übergehen" kann, – niemals aber eine Befriedigung. Zu unterscheiden sind zwei Arten:

- Der **dingliche Arrest** (§ 917 ZPO) gibt dem Gläubiger die Möglichkeit, seine Geldforderung durch Vollstreckung in das gesamte bewegliche und unbewegliche Vermögen des Schuldners zu *sichern* (§§ 928, 930–932 ZPO); er darf damit nur pfänden, nicht aber verwerten (§ 930 ZPO).
- Der **persönliche Arrest** (§ 918 ZPO) gibt dem Gläubiger die Möglichkeit, den Schuldner in seiner persönlichen Freiheit zu beschränken: Durch Haft (§§ 802g ff. ZPO) oder sonstige Beschränkungen (zB Wegnahme der Ausweispapiere) kann er daran gehindert werden, sich der anstehenden Vollstre-

ckung – etwa der Abgabe der Vermögensauskunft (§ 802 f. ZPO) – durch Flucht zu entziehen. In der Praxis ist dieser Arrest, der gegenüber dem dinglichen Arrest subsidiär ist, ohne Bedeutung.

Die **einstweilige Verfügung** (§§ 935, 940 ZPO) sichert Ansprüche, die regelmäßig *nicht auf Zahlung* gerichtet sind (Ausnahme: Zahlungsansprüche nicht zur Sicherung der künftigen Zwangsvollstreckung, sondern zB des Lebensunterhalts), also Ansprüche auf Handlungen, Duldungen oder Unterlassungen. Man unterscheidet drei Arten:

– **Sicherungsverfügung** (Sicherung eines Individualanspruchs, § 935 ZPO): zB Unterlassung verbotener Werbung.
– **Regelungsverfügung** (Regelung eines streitigen Rechtsverhältnisses, § 940 ZPO): zB die Regelung, ob und an welchen Tagen Mieter M den gemeinschaftlichen Waschraum in einem Miethaus benutzen darf.
– **Leistungsverfügung** (vorläufige Befriedigung des Antragstellers, Rechtsgrundlage: richterliche Rechtsfortbildung; nach aA handelt es sich um einen Sonderfall des § 940 ZPO).

Im *Verfahren* unterscheiden sich Arrest und einstweilige Verfügung wenig, wohl aber im *Inhalt*: Beide schließen sich gegenseitig aus, dh ein Anspruch, der im Arrestverfahren geltend gemacht werden kann, kann nicht durch einstweilige Verfügung durchgesetzt werden und umgekehrt. Zulässig dagegen: Der Übergang von einem Verfahren in das andere; auch kann der Antrag auf Erlass eines Arrests in den Erlass einer einstweiligen Verfügung umgedeutet werden. Hier werden beide Institute anhand eines einführenden Beispiels erörtert, um den Zugang zu dieser im Studium wie im Referendariat recht unbeliebten Materie zu erleichtern.

II. Arrest

Erblasser E hat seinen Sohn S, der in München lebt, in einem formwirksamen Testament als Alleinerben eingesetzt und seinem Freund F 10.000 EUR vermacht. S weigert sich, das Vermächtnis zu erfüllen. F erfährt von gemeinsamen Bekannten, dass S über kein nennenswertes eigenes Vermögen verfügt und das Erbe des E verschleudert; als einzig wertvoller Gegenstand aus dem Nachlass ist noch eine Skizze „Kühe" des Malers Franz Marc im Wert von etwa 70.000 EUR vorhanden, die er veräußern will; entsprechende Verhandlungen mit zwei Galerien laufen. Die Skizze wird derzeit in Augsburg im Rahmen der Ausstellung „Blauer Reiter – Franz Marc" gezeigt, die in zehn Tagen schließt.

F ist allein mit einer Zahlungsklage gegen S über 10.000 EUR nicht gedient. Bis er einen vollstreckbaren Titel erlangt, wird S die Skizze veräußert und den Erlös verbraucht oder anderweitig „in Sicherheit" gebracht haben. Angesichts der Eilbedürftigkeit der Sache muss F deshalb Maßnahmen des einstweiligen Rechtsschutzes ergreifen, wobei – es geht um die Sicherung der künftigen Zwangsvollstreckung wegen einer Geldforderung – nur ein dinglicher Arrest (§§ 916, 917 ZPO) in Betracht kommt.

Das Betreiben *allein* des Arrestverfahrens ist für F mit *Risiken* behaftet, da es lediglich der *Sicherung* des *künftig titulierten* Zahlungsanspruchs in der Zwangsvollstreckung dient. Er kann zwar abwarten, ob seinem Antrag auf Arrest stattgegeben wird und ob S daraufhin „einlenkt" und zahlt, um dann, bleibt S zahlungsunwillig, das Hauptsacheverfahren zu betreiben. Zweckmäßiger ist es jedoch – die Rechtslage spricht eindeutig zugunsten des F – beide Verfahren zugleich einzuleiten. Das Arrestverfahren sichert dann die spätere Zwangsvollstreckung, dh er kann – ist das Hauptverfahren zu seinen Gunsten abgeschlossen – mit dem Zahlungstitel (10.000 EUR) das im Wege des Arrests (nur) *gepfändete* Bild auch *verwerten* (versteigern lassen).

Dabei kann S weder im Hauptsacheprozess noch im Arrestverfahren den *Einwand der Rechtshängigkeit (§ 261 III Nr. 1 ZPO)* des jeweilig anderen Verfahrens erheben, weil die **Streitgegenstände** verschieden sind. Streitgegenstand im *Hauptsacheprozess* ist der Vermächtnisanspruch, im *Arrestverfahren* hingegen die einstweilige Sicherung dieses Anspruchs. Dagegen ist es F verwehrt, zunächst das Hauptverfahren einzuleiten, um dann in das Arrestverfahren zu wechseln bzw. umgekehrt; einem solchen Vorgehen stehen die unterschiedlichen Streitgegenstände entgegen, so dass § 264 Nr. 2 ZPO nicht greift. Auch können die beiden Verfahren nicht „in einer Klage verbunden werden" (§ 260 ZPO: unterschiedliche Prozessart).

1. Verfahren bis zum Erlass einer gerichtlichen Entscheidung

Der Antrag des F auf Erlass eines Arrests bzw. Arrestbefehls hat Aussicht auf Erfolg, wenn er zulässig und begründet ist.

Wie für alle Prüfungsläufer gilt auch hier: Man durchläuft ihn gedanklich und bringt nur *die* Punkte „zu Papier", die erörterungsbedürftig sind; Selbstverständlichkeiten erwähnt man nicht: Partei- und Prozessfähigkeit etwa liegen vor, es sei denn, ihr Fehlen wird ausdrücklich angesprochen; vom Nichtvorliegen von Prozesshindernissen ist auszugehen, wenn der Sachverhalt keinen Anlass gibt, auf sie einzugehen. Die hier angegebene Reihenfolge verzichtet auf die Aufführung von selbstverständlichen Prüfungspunkten („allgemeine Prozessvoraussetzungen", „keine Prozesshindernisse") und beschränkt sich auf die typischen Voraussetzungen eines Arrests. Der Läufer hat sich für den Autor als langjähriger AG-Leiter als praktisch erwiesen, ist aber keinesfalls zwingend; andere Autoren und AG-Leiter machen mit anderen Prüfungsläufern gleich gute Erfahrungen. Entsprechendes gilt für die Korrektoren von Examensklausuren: Es gibt keine Punkte für die Einhaltung bestimmter Schemata, sondern nur Punkte dafür, ob das Erörterungsbedürftige auch erörtert wird.

> I. Zulässigkeit
>   1. Statthaftigkeit (§ 916 I ZPO)
>   a) Rechtsschutzziel
>   b) Subsidiarität
>   2. Zuständigkeit
>   3. Ordnungsgemäßes Arrestgesuch (§ 920 I ZPO)
>   a) Inhalt
>   b) Anwaltszwang?
>   4. Rechtsschutzbedürfnis
>
> II. Begründetheit
>   1. Arrestanspruch
>   2. Arrestgrund
>   3. Glaubhaftmachung (§§ 920 II, 294 ZPO)

Zu Ziff. I. Zulässigkeit

1. Statthaftigkeit. a. *Rechtsschutzziel*. Es geht insbesondere um die Abgrenzung zur einstweiligen Verfügung: Beim Arrest soll ein Geldanspruch zur Sicherung der künftigen Zwangsvollstreckung gesichert werden, bei der einstweiligen Verfügung sollen Ansprüche gesichert werden, die regelmäßig nicht auf Zahlung von Geld gehen. b. *Subsidiarität*. Maßnahmen des einstweiligen Rechtsschutzes sind neben Arrest und einstweiliger Verfügung auch **einstweilige Anordnungen**, zB in §§ 707, 719, 732 II ZPO (einstweilige Einstellung der Vollstreckung). Sie gehen in ihrem Anwendungsbereich dem Arrest vor; ebenso ist der persönliche Arrest gegenüber dem dinglichen Arrest subsidiär.

F möchte seinen Anspruch aus dem Vermächtnis auf Zahlung von 10.000 EUR, also eine „Geldforderung", zum Zwecke der späteren Zwangsvollstreckung in das bewegliche Vermögen, die Skizze des Künstlers Franz Marc, sichern (§ 916 I ZPO). Andere speziellere Maßnahmen des einstweiligen Rechtsschutzes kommen nicht in Betracht. Der Arrestantrag ist damit statthaft.

2. Zuständiges Arrestgericht. Der Antragsteller kann wählen (§ 35 ZPO) zwischen

– dem Gericht der Hauptsache (§§ 919, 943 I ZPO). Das ist entweder das Gericht, bei dem die Hauptsache bereits anhängig ist (unabhängig davon, ob es tatsächlich zuständig ist) oder anhängig gemacht werden kann;
– dem Amtsgericht, in dessen Bezirk sich Vermögensgegenstände des Schuldners befinden (§ 919 ZPO).

Es handelt sich um ausschließliche Gerichtsstände iSd § 802 ZPO. F kann danach zwischen dem Amtsgericht Augsburg (§ 919 ZPO) oder dem Landgericht München (§§ 12, 13, 29 ZPO, §§ 71 I, 23 Nr. 1 GVG) wählen.

3. Ordnungsgemäßes Arrestgesuch

a) Inhalt. Der Antrag muss nach § 920 I ZPO zweierlei enthalten: Die Bezeichnung des *Arrestanspruchs* (916 ZPO), also die Anspruchsgrundlage für das Zahlungsbegehren unter Angabe des Geldbetrages bzw. Geldwertes sowie die Bezeichnung des *Arrestgrundes*, dh die Dringlichkeit des Antrags iSd § 917 ZPO bzw. § 918 ZPO.

F muss also in seinem Antrag vorbringen: (1) E hat ein Testament verfasst, in dem er zu seinen Gunsten ein Vermächtnis in Form eines Geldanspruchs in Höhe von 10.000 EUR ausgeworfen hat (Arrestanspruch, – die Angabe der einschlägigen gesetzlichen Norm ist nicht erforderlich). (2) Alleinerbe S hat das hinterlassene Vermögen verschleudert und es ist nur noch ein wertvoller Vermögensgegenstand vorhanden, die Skizze „Kühe" von Franz Marc, die derzeit in Augsburg ausgestellt wird. S beabsichtigt dieses Bild zu veräußern und hat bereits entsprechende Verhandlungen aufgenommen (Arrestgrund). Ob Arrestanspruch und Arrestgrund bestehen, ist eine Frage der Begründetheit.

b) Anwaltszwang? Für den Antrag auf Erlass eines Arrests (Arrestgesuch) besteht kein Anwaltszwang, auch nicht gegenüber dem Landgericht, da er zu Protokoll der Geschäftsstelle erklärt werden kann (§§ 920 III, 78 III ZPO). Bestimmt das Gericht auf den Antrag hin Termin zur mündlichen Verhandlung (dazu unten), muss vor dem Landgericht ein Anwalt auftreten, weil § 920 III ZPO nur das *Gesuch* und nicht die mündliche Verhandlung vom Anwaltszwang befreit.

4. Rechtsschutzbedürfnis (Sicherungsbedürfnis). Es fehlt, wenn der Antragsteller bereits ausreichend gesichert ist, zB durch ein Pfandrecht oder einen Eigentumsvorbehalt. Bei F ist ein Sicherungsbedürfnis gegeben.

Zu Ziff. II. Begründetheit

Das Arrestgesuch ist begründet, wenn Arrestanspruch und Arrestgrund *schlüssig dargelegt* und *glaubhaft* gemacht sind (§§ 920 II, 294 ZPO). „Schlüssig dargelegt" heißt: Bei Wahrunterstellung des Vortrags liegen Arrestanspruch und Arrestgrund vor.

Zu 1. Arrestanspruch (materielle Anspruchsgrundlage). F trägt vor, Erblasser E habe in seinem formwirksamen Testament S zum Alleinerben eingesetzt und ihm eine Summe von 10.000 EUR zugesprochen. Dieser Sachverhalt begründet einen Anspruch aus § 2174 BGB. Ein Arrestanspruch ist damit schlüssig vorgetragen.

Zu 2. Arrestgrund. Er liegt vor, wenn (§ 917 ZPO) die Besorgnis besteht, dass ohne die Verhängung des dinglichen Arrests die künftige Vollstreckung des Urteils vereitelt oder wesentlich erschwert werden würde. Es muss also eine **Verschlechterung der Vermögenslage** des Schuldners drohen (Seiler in Thomas/Putzo, 39. Auflage 2018 § 917 Rn. 1). Das ist – neben der unwiderleglichen Vermutung des § 917 II ZPO – zB der Fall, wenn der Schuldner

– sein Vermögen verschleudert, verschwendet, verschenkt, verschleiert oder verschiebt;
– seine Geschäfte leichtfertig führt oder erwerbsunfähig zu werden droht;
– nicht mehr greifbar ist, weil er etwa seinen Wohnsitz aufgibt oder einen Umzug ins Ausland plant.

Dagegen reicht es nicht aus, wenn die Vermögenslage des Schuldners desolat ist und ein Ansturm der Gläubiger droht (BGH NJW 1996, 321) oder wenn er sich vertragswidrig verhält, ohne dass die ernsthafte Befürchtung weiterer vertragswidriger oder betrügerischer Maßnahmen besteht (BGH VersR 1975, 764).

Das wird in Klausuren oft verkannt: Für einen Arrestgrund reicht es nicht aus, dass sich der Schuldner in einer schlechten Vermögenslage *befindet*. Die Besorgnis, dass die Vollstreckung des Urteils in der Hauptsache ohne den Arrest „vereitelt oder wesentlich erschwert werden würde" (§ 917 ZPO) setzt voraus, dass sich die Vermögensverhältnisse in absehbarer Zeit *verschlechtern werden*. MaW: Der Arrest soll nicht die Lage des Gläubigers gegenüber dem Vermögen des Schuldners verbessern, sondern nur ihre Verschlechterung verhindern.

Entscheidend ist, dass der Schuldner seinen Vortrag **schlüssig durch Tatsachen belegt**. Kein Gericht würde im vorliegenden Beispiel einen Arrestgrund bejahen, wenn F lediglich vorträgt, *S verschleudert sein Vermögen* und dies zB mit einer eidesstattlichen Erklärung des gemeinsamen Bekannten B belegt, in der es heißt: *Ich versichere hiermit an Eides statt, dass S sein Vermögen verschleudert*. Die *Wertung*, ob eine „Verschleuderung" vorliegt oder nicht, trifft allein das Gericht anhand der vorgetragenen *Tatsachen*.

Eine solche Wertung kann nur in Kenntnis aller Umstände des jeweiligen Einzelfalles getroffen werden. Erbt etwa Schuldner B 11.000 EUR und lädt er aus Freude hierüber viele Nachbarn zu einem großzügig gestalteten Straßenfest ein, das gut 1/5 der Erbschaft kostet, liegt sicherlich keine „Verschwendung" vor; ebenso nicht, wenn er sich mit seiner Frau einen lebenslang gehegten Wunsch erfüllt und von dem Geld eine Weltreise finanziert. Anders wiederum, wenn B von Schulden erdrückt wird (und zudem noch arbeitslos ist). Hätte hier also Erbe S ein gesichertes Einkommen und/oder nennenswertes eigenes Vermögen, dürfte die Anordnung eines Arrests schwer fallen: Es könnte ja durchaus so sein, dass S einmal richtig „aus dem Vollen leben" will und die Erbschaft als einmaligen Glücksfall einfach verschwendet, um es dann dabei zu belassen.

F muss also zB vortragen: *S, der über kein nennenswertes eigenes Vermögen verfügt, hat von E insgesamt 200.000 EUR geerbt, bestehend aus dem Bild von Franz Marc (70.000 EUR) und 130.000 EUR Barvermögen. Letzteres hat er innerhalb von sechs Monaten verbraucht, ua für eine vom Veranstalter V angebotene 14-tägige Luxussafari in Namibia, zusammen mit den Freundinnen M und N, mit Flug 1. Klasse (35.000 EUR), für mehrere teure Barbesuche mit Gästen (rund 40.000 EUR, – darunter ein Besuch im Hotel Bayerischer Hof in München für 16.000 EUR), für einen Wochenendtrip nach Paris im Luxushotel Ritz mit einem gemieteten Privatjet, zu dem zehn Gäste geladen waren (50.000 EUR). Das vom Erbschaftsvermögen übrig gebliebene Bild will S in Kürze veräußern; entsprechende Verhandlungen mit zwei Galerien laufen. Mit dem Erlös werde S sicherlich in gleicher Weise verfahren wie mit dem Barvermögen*. Dieser Vortrag belegt schlüssig, dass S das Erbschaftsvermögen verschleudert. Ein Arrestgrund liegt damit vor.

Zu 3. Glaubhaftmachung (§ 920 II ZPO). Arrestanspruch und Arrestgrund, dh die jeweils zugrunde liegenden *Tatsachen*, sind glaubhaft zu machen (§ 294 ZPO). Glaubhaft gemacht ist eine Tatsache, wenn ihr Vorliegen überwiegend wahrscheinlich ist. Mittel der Glaubhaftmachung sind insbesondere: eidesstattliche Versicherung, Urkunden, Fotos; im Falle einer mündlichen Verhandlung auch mitgebrachte präsente Zeugen.

Der *Arrestanspruch* kann durch eine beglaubigte Abschrift des Testaments des E glaubhaft gemacht werden. Die den *Arrestgrund* bildenden Tatsachen können ua glaubhaft gemacht werden: Safari: eidesstattliche Versicherungen der M bzw. N, Reiseprospekt des Anbieters V; Barbesuche: eidesstattliche Versicherungen von Gästen des S hinsichtlich Zahl der Gäste, der Art der ausgeschenkten Getränke, des Umfangs, der Dauer des Besuchs zusammen mit Auskünften des jeweiligen Barbetreibers über die Preise (uU auch mit den noch vorhandenen Belegen, da Barbesuche in dieser Kostenhöhe sicherlich die Ausnahme sind und entsprechend in Erinnerung bleiben); Trip nach Paris: eidesstattliche Versicherung eines oder mehrerer Gäste über den Ablauf der Reise (insbesondere: Zimmerkategorie im Hotel Ritz; Art der Verpflegung), Beleg des Flugunternehmens über die Kosten des Privatjets; schriftliche Auskunft des Hotels Ritz (uU auch nur Vorlage der Zimmerpreisliste); die anstehende Veräußerung des Bildes: schriftliche Auskünfte der beiden Galeriebesitzer. Zuletzt: Die Tatsache, dass S über kein nennenswertes eigenes Vermögen verfügt, kann durch eidesstattliche Versicherungen des F und von gemeinsamen Bekannten belegt werden.

2. Gerichtliche Entscheidung

Zweck des Arrests ist es, die gefährdete Zwangsvollstreckung zu sichern, den Schuldner also mit dem Arrest und seiner Vollziehung zu überraschen. Die Einräumung des **rechtlichen Gehörs** des Schuldners (Art. 103 I GG) kann deshalb nach dem Ermessen des Gerichts unterbleiben (= Entscheidung ohne mündliche Verhandlung und ohne schriftliche Anhörung durch Beschluss). Art. 103 I GG ist nicht verletzt, weil der Schuldner durch seinen Widerspruch (§ 924 ZPO) eine mündliche Verhandlung erzwingen kann. Das Gericht befindet zudem nach freiem Ermessen (§ 922 I ZPO), ob es ohne mündliche Verhandlung durch **Beschluss** oder nach mündlicher Verhandlung durch **Endurteil** entscheidet.

Ordnet das Gericht mündliche Verhandlung an, beträgt die Ladungsfrist nach § 217 ZPO eine Woche; eine Einlassungsfrist (§ 274 III ZPO) gibt es nicht. In der mündlichen Verhandlung geht es nicht mehr um den „Arrestbefehl", sondern um die „Arrestklage" und die Parteien heißen „Arrestkläger" und „Arrestbeklagter". Es handelt sich um ein normales Erkenntnisverfahren, bei dem jedoch an die Stelle der Beweisführung die Glaubhaftmachung tritt, sodass auch Zeugen und Sachverständige mitgebracht werden können (präsente Beweismittel: § 294 II ZPO). Eine Vertagung oder Schriftsatzfrist ist ausgeschlossen. Die Entscheidung ergeht durch Urteil. Zulässig sind auch ein Versäumnisurteil, eine Erledigung nach § 91a ZPO, Rücknahme oder Vergleich. Eine Widerklage oder eine Zwischenfeststellungsklage ist nicht zulässig.

a) Entscheidung ohne mündliche Verhandlung. Im Hinblick darauf, dass die Veräußerung des Bildes unmittelbar bevorsteht, die Ausstellung in Augsburg endet in wenigen Tagen, wird das Gericht – vorausgesetzt, F kann die geschilderten Tatsachen in der gezeigten Art glaubhaft machen – durch Beschluss entscheiden. Es kann aber auch bei *fehlender* Glaubhaftmachung durch Beschluss entscheiden und zugleich die Vollstreckung von einer Sicherheitsleistung des Antragstellers abhängig machen (§ 921 S. 1 ZPO). Hier wird unterstellt, dass seitens F die erforderliche Glaubhaftmachung erfolgte.

Beschluss

I. Zur Sicherung der Zwangsvollstreckung wegen einer Vermächtnisforderung des Antragstellers auf Zahlung von 10.000,00 EUR sowie eines Kostenpauschalbetrags in Höhe von 604,14 EUR wird der dingliche Arrest in das bewegliche Vermögen des Arrestgegners angeordnet.

II. Der Antragsgegner trägt die Kosten des Verfahrens.

III. Wenn der Antragsgegner 10.700 EUR hinterlegt, wird die Vollziehung des Arrestes gehemmt und der Antragsgegner zum Antrag auf Aufhebung des vollzogenen Arrests berechtigt.

IV. Der Streitwert wird auf 3.500 EUR festgesetzt.

Erläuterungen:

- **Ziff. I: Arrestbefehl (Arrestausspruch):** Der Beschluss (sog. Arrestbefehl) enthält die zu sichernde Geldforderung nach Grund und Betrag und die Art des Arrestes (die Angabe, dass der Arrest in bestimmte Gegenstände zu vollziehen ist, ist ohne Wirkung, RGZ 9, 321). Neben dem Arrestanspruch über 10.000 EUR wird der Arrest auch hinsichtlich der Kosten angeordnet. Ob mit der Kostenpauschale nur die Kosten des Arrestverfahrens oder auch die Kosten des möglichen Hauptsacheverfahrens gesichert werden sollen, ist streitig. Nachdem oft fraglich ist, ob dem Arrest ein Hauptsacheverfahren folgt, erscheint erstere Lösung sachgerecht. Die Kosten des Arrestverfahrens belaufen sich auf 604,14 EUR (Gerichtskosten: 1,5 Verfahrensgebühr KV-GKG 1410 in Höhe von 190,50 EUR; außergerichtliche Kosten des F, falls dieser einen Anwalt mandatiert hat: 1,3 Gebühr VV 3100 zum RVG in Höhe von 327,60 EUR zzgl. 20 EUR Pauschale und USt). Den Gebühren liegt der Gebührenstreitwert von 3.500 EUR zu Grunde (vgl. unten: Streitwertfestsetzung).

- **Ziff. II: Kostenentscheidung:** Sie richtet sich nach §§ 91 ff. ZPO; § 788 ZPO ist nicht anwendbar. Einschlägig ist hier § 91 ZPO.

- **Ziff. III: Hinterlegung:** Die Abwendungsbefugnis folgt aus § 923 ZPO und ist von Amts wegen anzugeben. Die Abwendungssumme (Lösungssumme) setzt sich aus der zu sichernden Forderung zuzüg-

lich Nebenforderungen zusammen. Rechtsfolge der Hinterlegung durch den Antragsgegner (§ 934 I ZPO): Die *Vollziehung* des Arrestes wird *aufgehoben*, ansonsten bleibt der Arrestbefehl bestehen (andernfalls müsste der hinterlegte Geldbetrag zurückbezahlt werden); der Gläubiger ist durch die hinterlegte Sicherheit ausreichend gesichert.
- **Ziff. IV: Streitwertfestsetzung:** Der Streitwert wird zweckmäßigerweise bereits im Beschluss festgesetzt (§ 63 I 1 GKG) auf etwa 1/3 der Hauptsache (nach § 53 I Nr. 1 GKG ist § 3 ZPO anwendbar; vgl. Hüßtege in Thomas/Putzo, 39. Auflage 2018 § 3 Rn. 16).

> Hinweise:
> - Eine Anordnung der **vorläufigen Vollstreckbarkeit** erfolgt nicht, da der Arrestbefehl seiner Natur nach (ipso iure) vollstreckbar ist.
> - Das Gericht kann auch die Anordnung des Arrests von einer **Sicherheitsleistung** abhängig machen (§ 921 S. 2. ZPO).
> - Eine **Begründung** ist nicht notwendig und in der Praxis nicht üblich (§ 922 I S. 2 ZPO im Umkehrschluss).
> - Weist das Gericht, etwa wegen fehlender Glaubhaftmachung, den Antrag ab, heißt es: *„I. Der Antrag auf Erlass eines Arrestbefehls wird zurückgewiesen. II. Der Antragsteller trägt die Kosten des Verfahrens. III. Der Streitwert wird auf 3.500 EUR festgesetzt"*. Zur vorläufigen Vollstreckbarkeit: Erfolgt die Entscheidung durch Urteil ergibt sich aus § 708 Nr. 6 ZPO, dass die Entscheidung ohne Sicherheitsleistung vorläufig vollstreckbar ist; bei einer Entscheidung durch Beschluss erfolgt kein Ausspruch über die vorläufige Vollstreckbarkeit (der Beschluss ist ein Titel hinsichtlich der Kostenentscheidung, vgl. § 794 I Nr. 3 ZPO; in § 795 ZPO ist kein Verweis auf die §§ 708 ff. ZPO enthalten, da die sofortige Beschwerde keinen Suspensiveffekt kennt, § 570 ZPO).

b) Entscheidung nach mündlicher Verhandlung. Im *Rubrum* und *Tenor* des Urteils heißt es: „In dem Arrestverfahren", „Arrestkläger", „Arrestbeklagter". *Tenor*: Bei klagezusprechendem Urteil so wie beim Beschluss, also auch keine vorläufige Vollstreckbarkeit; bei klageabweisendem Urteil wie beim Beschluss, jedoch ist das Urteil für vorläufig vollstreckbar zu erklären. Zur Streitwertfestsetzung vgl. oben S. 38. *Tatbestand* und *Entscheidungsgründe* wie bei einem normalen Urteil.

3. Rechtsbehelfe

a) Entscheidung durch Urteil. Wurde über den Arrest durch Urteil entschieden, kann die Entscheidung in der nächsten Instanz vom Arrestkläger bzw. Arrestbeklagten mit der **Berufung** (§ 511 I ZPO) überprüft werden.

b) Entscheidung durch Beschluss:
- Wird das Arrestgesuch *zurückgewiesen*, kann der Antragsteller **sofortige Beschwerde** einlegen (§ 567 I Nr. 2 ZPO). Ein Anwaltszwang besteht wegen § 569 III Nr. 1 ZPO nicht (str.).
- Wird dem Arrestgesuch *stattgegeben*, ist für den Antragsgegner (Schuldner) der **Widerspruch** (§ 924 I ZPO) statthaft (kein Rechtsmittel, sondern Rechtsbehelf!). Ausschließlich zuständig (§ 802 ZPO) ist das Gericht, das den Beschluss erlassen hat. Grund: Nachdem der Antragsgegner sich zum Arrestgesuch bislang nicht äußern konnte, muss die *Ausgangsinstanz* überprüfen, ob die Entscheidung angesichts der Gegenargumente aufrecht erhalten bleibt. Der Widerspruch ist nicht fristgebunden und – ist das Landgericht zuständig – vom Anwalt einzulegen (§ 78 ZPO). Das Gericht verhandelt mündlich (§ 924 II ZPO) und entscheidet durch Endurteil über die Rechtmäßigkeit des Arrests (§ 925 ZPO).

Neben dem Widerspruch oder an dessen Stelle kann der Antragsgegner nach § 926 ZPO einen Antrag auf **Anordnung der Klageerhebung in der Hauptsache** stellen und/oder nach § 927 ZPO beantragen, den Arrestbefehl wegen **veränderter Umstände aufzuheben**. Zweck des § 926 ZPO: Der Arrestgegner kann den Antragsteller dazu zwingen, im ordentlichen Verfahren den Arrestanspruch nachzuweisen, weil dieser bislang nur summarisch geprüft wurde. § 927 ZPO wiederum ermöglicht die Prüfung der Rechtmäßigkeit der *Fortdauer* des Arrests (nicht der Anordnung!).

S kann damit, unterstellt F hat beim Amtsgericht Augsburg sein Arrestgesuch eingereicht und dieses hat den Arrestbefehl erlassen, dort Widerspruch (§ 924 I ZPO) schriftlich oder zu Protokoll der Geschäftsstelle (§ 924 II S. 3 ZPO) einlegen. Daneben kann er, unterstellt F hat nicht bereits Zahlungsklage beim Landgericht München erhoben, beim Amtsgericht Augsburg einen Antrag auf Anordnung der Klageerhebung durch F einreichen (§ 926 ZPO). Ein Antrag nach § 927 ZPO unmittelbar nach Erlass des Arrestbefehls ist nicht sinnvoll.

4. Zustellung und Vollziehung des Arrests

a) Zustellung. Das Gericht stellt dem Antragsteller den Beschluss zu, damit die **Vollziehungsfrist** des § 929 II ZPO in Lauf gesetzt wird (§ 329 II 2 ZPO). Sodann muss der Antragsteller (Parteibetrieb) einen Gerichtsvollzieher mit der Zustellung an den Gegner beauftragen (§ 192 ZPO). Ist die Monatsfrist des § 929 II ZPO verstrichen, ohne dass eine Zustellung erfolgte, ist die Vollziehung des Arrests *unstatthaft*. Wurde der Arrest durch Urteil erlassen, muss nach hM – obwohl das Urteil (vgl. § 317 I ZPO) beiden Parteien vom Gericht zugestellt wurde – noch eine Parteizustellung seitens des Antragstellers erfolgen, weil er sonst nicht ausreichend klarstellt, ob er vom Titel auch Gebrauch machen wird.

b) Vollziehung. Sie erfolgt durch Vollstreckung in das gesamte Schuldnervermögen nach den allgemeinen Vorschriften, idR also durch Pfändung (§§ 808 ff. ZPO), wobei einige Besonderheiten gelten (§ 928 ZPO):

- Der Arrestbefehl ist seiner Natur nach (vorläufiges Sicherungsmittel) **sofort vollstreckbar**, braucht also nicht rechtskräftig oder für vorläufig vollstreckbar erklärt werden.
- Eine **Vollstreckungsklausel** (Ausnahme: Titelumschreibung, § 929 I ZPO) und eine Zustellung *vor/ mit* der Vollziehung (§ 929 III 1 ZPO) ist nicht erforderlich.
- Es erfolgt **keine Befriedigung** des Gläubigers durch Verwertung, weil der Anspruch nur gesichert wird: Bewegliche Sachen werden gepfändet, aber nicht versteigert; Forderungen werden gepfändet, aber nicht überwiesen; die Zwangsvollstreckung in Grundstücke erfolgt durch eine Höchstbetragssicherungshypothek (§ 932 ZPO) usw.
- Die Pfändung in bewegliche Sachen begründet ein **Arrestpfandrecht** (§ 930 I 2 ZPO) mit dem Inhalt eines „normalen" Pfändungspfandrecht (§ 804 ZPO), aber ohne das Recht zur Verwertung. Sobald ein Hauptsachetitel vorliegt, wandelt sich das Arrestpfandrecht rangwahrend in ein „normales" Vollstreckungspfändungspfandrecht.
- Eine **Forderungspfändung** erfolgt in Abweichung von § 828 ZPO ausschließlich (§ 802 ZPO) durch das Arrestgericht (§ 930 I 3 ZPO), das damit auch für die weiteren Verfahrenshandlungen (zB Erinnerung nach § 766 ZPO) zuständig wird. Arrestbeschluss und Forderungspfändung können in einem Beschluss zusammengefasst werden. Dann ist insgesamt der Richter des Arrestgerichtes zuständig; andernfalls erlässt der Rechtspfleger den Pfändungsbeschluss (§ 20 Nr. 16 RPflG).

Die Vollstreckung kann bereits *vor* der Zustellung des Arrestbefehls erfolgen (§ 929 III 1 ZPO), was hier angesichts der Eilbedürftigkeit geboten ist. F wird deshalb – die Ausstellung in Augsburg, in der das Bild gezeigt wird, endet in wenigen Tagen – an die Gerichtsvollzieher-Verteilungsstelle beim Amtsgericht Augsburg (§ 753 II 1 ZPO) das Gesuch richten, den zuständigen Gerichtsvollzieher mit der Pfändung des Bildes zu beauftragen (§§ 928, 753 ZPO) und gleichzeitig (oder spätestens innerhalb einer Woche nach Pfändung: § 929 III 2 ZPO) um die Zustellung des Arrestbefehls an S ersuchen (§ 192 ZPO).

III. Einstweilige Verfügung

A aus Traunstein kauft auf ein Inserat, aufgegeben vom in Passau wohnenden B, dessen Pkw, einen Oldtimer MG Baujahr 1959 für 40.000 EUR. Bei Unterzeichnung des Vertrags am 9.9. im Hause des B stellt A fest, dass dieser offensichtlich wohlhabend ist: B zeigt ihm noch zwei weitere wertvolle Oldtimer und führt ihn auch durch sein luxuriöses Anwesen. Da noch kleinere Lackierungsarbeiten seitens B in einer Werkstatt ausgeführt werden müssen, wird vereinbart, dass die Abwicklung des Vertrags am 18.9. am Wohnsitz des A erfolgen soll. Am 15.9. erfährt A vom Mitglied M des Oldtimer-Clubs, dem er angehört: B steht in Kaufverhandlungen über den MG mit dem in Deggendorf wohnenden K, der 48.000 EUR bietet; als Termin zum Abschluss des Kaufvertrags samt Abwicklung ist der 20.9. ins Auge gefasst. M hat diese Information von K, den er bei einem Oldtimer-Treffen kennengelernt hat. A möchte verhindern, dass B den Wagen an K veräußert.

Ein Arrest scheidet als einstweilige Rechtsschutzmaßnahme von vornherein aus. Der Lieferungsanspruch (Individualanspruch) des A aus § 433 I 1 BGB könnte zwar in einen Schadensersatzanspruch wegen Nichterfüllung (§§ 280 I, III, 283 BGB), also einen „Geldanspruch übergehen" (§ 916 I ZPO), wenn B den Wagen dem K übereignet. B ist jedoch vermögend, so dass kein Arrestgrund vorliegt (§ 917 ZPO). Als Sicherungsmittel kommt somit nur eine einstweilige Verfügung in Betracht und zwar eine Sicherungsverfügung (§ 935 ZPO).

1. Verfahren bis zum Erlass einer gerichtlichen Entscheidung

Der Antrag auf Erlass einer einstweiligen Verfügung hat Aussicht auf Erfolg, wenn er zulässig und begründet ist.

Der Prüfungsläufer entspricht dem beim Arrest. Zu seiner Funktion sollten Sie in jedem Fall das zum Arrest Ausgeführte lesen!

> I. Zulässigkeit
> 1. Statthaftigkeit (§§ 935, 940 ZPO)
>   a) Rechtsschutzziel
>   b) Subsidiarität
> 2. Zuständigkeit
> 3. Ordnungsgemäßes Verfügungsgesuch (§§ 936, 920 I ZPO)
>   a) Inhalt
>   b) Anwaltszwang?
> 4. Rechtsschutzbedürfnis
>
> II. Begründetheit
> 1. Verfügungsanspruch
> 2. Verfügungsgrund
> 3. Glaubhaftmachung (§§ 936, 920 II, 294 ZPO)

Zu Ziff. I. Zulässigkeit:

1. Statthaftigkeit:

a) **Rechtsschutzziel.** Beim Arrest soll ein Geldanspruch gesichert werden, bei der einstweiligen Verfügung sollen Ansprüche gesichert werden, die regelmäßig nicht auf Zahlung von Geld gehen. Man unterscheidet (vgl. oben Ziff. I.) drei Arten: die Sicherungsverfügung (§ 935 ZPO), die Regelungsverfügung (§ 940 ZPO) und die Leistungsverfügung.

b) **Subsidiarität.** Andere speziellere Maßnahmen des einstweiligen Rechtsschutzes gehen der einstweiligen Verfügung vor (vgl. oben).

Rechtsschutzziel des A ist die Sicherung seines Anspruchs auf Übergabe und Übereignung des MG, also die Sicherung eines nicht auf Zahlung gerichteten Anspruchs. Speziellere Maßnahmen des einstweiligen Rechtsschutzes sind nicht ersichtlich. Die einstweilige Verfügung ist damit statthaft.

2. Zuständigkeit. Das Gericht der Hauptsache (§§ 937 I, 943 ZPO); in dringen Fällen das Amtsgericht, in dessen Bezirk sich der Gegenstand befindet (§ 942 I ZPO); immer das Amtsgericht, wenn es um die Eintragung einer Vormerkung oder eines Widerspruchs geht (§ 942 II ZPO).

Zuständig ist damit das Landgericht (§§ 71 I, 23 Nr. 1 GVG) und zwar – die Vereinbarung von Traunstein als Erfüllungsort hat wegen § 29 II ZPO keine zuständigkeitsbegründende Wirkung – das Landgericht Passau als allgemeiner Gerichtsstand (§§ 12, 13 ZPO). Ob auch das Amtsgericht der belegenen Sache, also das Amtsgericht Passau, zuständig ist, ergibt sich aus dem Sachverhalt nicht. Nachdem der einstweilige Rechtsschutz immer *dringend* ist, muss für die Dringlichkeit im Sinn des § 942 I ZPO ein höherer Prüfungsmaßstab gelten.

3. Ordnungsgemäßes Verfügungsgesuch:

a) **Inhalt.** Der Antrag muss die Angabe von *Verfügungsanspruch* und *Verfügungsgrund* enthalten; nicht erforderlich ist eine konkrete Angabe der zu treffenden Verfügungsanordnung, weil das Gericht diese (im Rahmen des Begehrens des Antragstellers, § 308 ZPO) nach freiem Ermessen bestimmt (§ 938 I ZPO).

Die Bezeichnung des **Verfügungsanspruchs** (§§ 936, 920 I ZPO), also des Individual- (§ 935 ZPO), Regelungs- (§ 940 ZPO) oder Leistungsanspruchs (richterliche Rechtsfortbildung). Anzugeben sind die *Tatsachen*, die die jeweilige Norm tragen, nicht aber die Norm selbst.

- *Individualanspruch.* Jeder (bedingte, betagte, auch künftige) Anspruch auf eine Individualleistung: auf eine Handlung (Abdruck einer Gegendarstellung in einer Zeitschrift), auf Duldung (Befahren eines Privatwegs) oder Unterlassung (Abstandnahme von einer bestimmten Werbemaßnahme).
- *Regelungsanspruch.* Ein „streitiges Rechtsverhältnis" (§ 940 ZPO) liegt vor, wenn beide Parteien dasselbe Recht beanspruchen oder wenn eine Partei das Recht der anderen bestreitet: Streit über gesellschaftsrechtliche Geschäftsführungsbefugnisse, über die Verletzung von Nutzungsrechten oder über die Pflichten der Mietparteien (etwa die wöchentliche Reinigung des Hausflurs und der Treppe).

Die Abgrenzung der Regelungsverfügung von der Sicherungsverfügung ist im Einzelfall oft schwierig und umstritten. Die Praxis behilft sich damit, dass sie in diesen Fällen auf eine saubere Abgrenzung verzichtet und die einstweilige Verfügung schlicht auf „§§ 935, 940 ZPO" stützt!

– *Leistungsanspruch*. Durch die einstweilige Verfügung darf (wie beim Arrest) die Hauptsache grundsätzlich nicht vorweggenommen und der Gläubiger befriedigt werden. Davon wird im Wege richterlicher Rechtfortbildung eine Ausnahme gemacht, wenn der Gläubiger auf die sofortige Erfüllung dringend angewiesen und die Erwirkung eines Titels in einem ordentlichen Verfahren nicht möglich oder unzumutbar ist: zB Lieferung von Strom, Wasser oder Gas oder auf Untersagung ehrenrühriger Behauptungen.

Die Angabe des **Verfügungsgrunds**:

– Beim *Individualanspruch* die Besorgnis, *„dass durch eine Veränderung des bestehenden Zustands die Verwirklichung des Rechts einer Partei vereitelt oder wesentlich erschwert werden könnte"* (§ 935 ZPO): die herauszugebende Sache soll verarbeitet bzw. belastet werden oder es tritt eine Wertminderung durch Benutzung ein; der Eingriff in ein Persönlichkeitsrecht steht bevor.

Achtung. In einigen **Ausnahmefällen** ist kraft Gesetzes ein Verfügungsgrund (und damit eine Glaubhaftmachung) überflüssig: zB die neu eingefügten Bestimmungen im Bauvertragsrecht (§ 650d BGB) oder die Eintragung einer Vormerkung (§ 885 I 2 BGB), eines Widerspruchs (§ 899 II 2 BGB).

– Beim *Regelungsanspruch* die Dringlichkeit/Eilbedürftigkeit/Notwendigkeit der Regelung zur *„Abwendung wesentlicher Nachteile oder zur Verhinderung drohender Gewalt oder aus anderen Gründen"* (§ 940 ZPO): Der Vermieter stellt während der Wintermonate die Heizung ab; der Mieter verweigert dem Vermieter den zur Vornahme einer Reparatur erforderlichen Zutritt zur Wohnung.

– Beim Leistungsanspruch die besondere Dringlichkeit der Regelung.

b) Anwaltszwang? Für den Antrag auf Erlass einer einstweiligen Verfügung (Verfügungsgesuch) besteht kein Anwaltszwang, auch nicht gegenüber dem Landgericht, weil er zu Protokoll der Geschäftsstelle erklärt werden kann (§ 936 ZPO iVm §§ 920 III, 78 III ZPO). Findet allerdings eine mündliche Verhandlung vor dem Landgericht statt, muss ein Anwalt auftreten.

A muss also angeben: Den Anspruch (Individualanspruch) auf eine Handlung, nämlich Lieferung (Übergabe und Übereignung) des Pkw MG Baujahr 1959, amtliches Kennzeichen... (Verfügungsanspruch) sowie den Umstand, dass die zu liefernde Sache an einen Dritten veräußert werden soll (Verfügungsgrund). Das kann er schriftlich oder zu Protokoll der Geschäftsstelle erklären; eine anwaltliche Vertretung ist nicht erforderlich.

4. Rechtsschutzbedürfnis. Es fehlt zB, wenn der Antragsteller bereits einen, wenn auch nur vorläufig vollstreckbaren Titel in der Hauptsache hat. Gründe, die für A das Rechtschutzbedürfnis entfallen lassen könnten, sind nicht ersichtlich. Sein Antrag ist damit zulässig.

Zu Ziff. II. Begründetheit. Die einstweilige Verfügung ist begründet, wenn Verfügungsanspruch und Verfügungsgrund schlüssig dargelegt und glaubhaft gemacht sind (§§ 936, 920 II ZPO).

1. Verfügungsanspruch. A muss die den Anspruch aus § 433 I 1 BGB begründenden Tatsachen schlüssig vortragen, also den Kaufvertragsschluss am... über den Pkw MG, Baujahr 1959, amtliches Kennzeichen...

2. Verfügungsgrund (§ 935 ZPO). A muss vortragen, dass „zu besorgen ist, dass durch eine Veränderung des bestehenden Zustands die Verwirklichung eines Rechts... vereitelt oder erschwert werden würde", dass also B in Verhandlungen über die Veräußerung des Wagens mit einem Dritten (K) steht und Vertragsschluss samt Abwicklung bereits für den 20.9. geplant sind, womit sein Anspruch aus § 433 I 1 BGB vereitelt werden würde.

3. Glaubhaftmachung (§§ 936, 920 II ZPO). Den Verfügungsanspruch kann A durch Vorlage des schriftlichen Kaufvertrags glaubhaft machen und die beabsichtigte Veräußerung des Wagens an K durch Abgabe einer entsprechenden eidesstattlichen Versicherung des M (und/oder einer eigenen).

2. Gerichtliche Entscheidung

Im Arrestverfahren entscheidet das Gericht nach seinem Ermessen, ob es mündlich verhandelt oder nicht (§ 921 ZPO). Anders im Verfahren der einstweiligen Verfügung: Hier ist grundsätzlich eine *mündliche Verhandlung erforderlich* (Entscheidung dann durch **Urteil**), es sei denn es liegt ein *„dringender Fall"* vor oder *„der Antrag"* ist *„zurückzuweisen"* (§ 937 II ZPO). Von einem *dringenden Fall* ist auszugehen, wenn der Zeitverlust den Zweck der einstweiligen Verfügung gefährden würde und der Antragsteller dies glaubhaft gemacht hat. Ergeht die Entscheidung ausnahmsweise ohne mündliche Verhandlung durch **Beschluss**, kann von der Gewährung des **rechtlichen Gehörs** (im Wege schriftlicher Anhörung) abgesehen werden: dazu oben S. 186.

a) Entscheidung ohne mündliche Verhandlung. Abschluss und Abwicklung des Kaufvertrags B/K stehen unmittelbar bevor, was A durch eine eigene eidesstattliche Versicherung bzw. eine des M belegen kann. Angesichts der besonderen Dringlichkeit des Falles scheidet eine grundsätzlich gebotene mündliche Verhandlung aus (§ 937 II ZPO).

Beschluss

I. Dem Antragsgegner wird verboten, den an den Antragsteller verkauften Pkw MG, Baujahr 1959, amtliches Kennzeichen... weiter zu veräußern oder zu übereignen.

II. Der Antragsgegner hat den Pkw an den Gerichtsvollzieher als Sequester herauszugeben.

III. Der Antragsgegner trägt die Kosten des Verfahrens

IV. Der Streitwert wird auf 13.000 EUR festgesetzt.

Erläuterungen:
- **Ziff. I, II: Verfügungsausspruch** (Verfügungsbefehl): *Wie* der gefährdete Anspruch zu sichern ist, entscheidet das Gericht – im Rahmen des Begehrens des Antragstellers (§ 308 ZPO) – nach freiem Ermessen (§ 938 I ZPO). Es kann alle Maßnahmen erlassen, die zur Erreichung des mit dem Antrag verfolgten Zwecks erforderlich sind, darf aber nur eine *vorläufige* und den Anspruch des Antragstellers lediglich *sichernde* und keine *endgültige* Entscheidung treffen. Einen Anspruch auf Herausgabe einer beweglichen Sache wird das Gericht zB regelmäßig durch ein Unterlassungsgebot sichern, ggf. kombiniert mit einer Sequestration (§ 938 II ZPO); einen Unterlassungsanspruch kann es durch ein Handlungsverbot mit Zwangsandrohung (§ 890 ZPO) sichern.
- **Ziff. III, IV: Kosten, Streitwert:** Die Entscheidung über die Kosten beruht auf § 91 ZPO und die über den Streitwert auf §§ 63 I 1, 53 I Nr. 1 GKG, § 3 ZPO (regelmäßig etwa ein 1/3 der Hauptsache: dazu oben).
- **Besonderheiten im Übrigen:** Wie beim Arrest erfolgt *keine Anordnung der vorläufigen Vollstreckbarkeit*. Dagegen wird – anders als beim Arrest – im Tenor *keine Abwendungsbefugnis* ausgesprochen, da § 939 ZPO gegenüber § 923 ZPO lex specialis ist. Eine Begründung des Beschlusses erfolgt nicht, – allerdings muss dargelegt werden, dass angesichts der besonderen Dringlichkeit des Falles keine mündliche Verhandlung in Betracht kam.

b) Entscheidung nach mündlicher Verhandlung. Im *Rubrum* und *Tenor* des Urteils heißt es „Verfügungskläger" und „Verfügungsbeklagter" (beim Beschluss „Antragsteller und „Antragsgegner"!). Der *Inhalt des Tenors* ist mit dem des Beschlusses identisch, zur Streitwertfestsetzung vgl. S. 38. Wird die „Verfügungsklage" abgewiesen, ergeht auch eine Entscheidung über die vorläufige Vollstreckbarkeit (ohne Sicherheitsleistung, § 708 Nr. 6 ZPO). *Tatbestand* und *Entscheidungsgründe* wie bei einem normalen Urteil.

3. Rechtsbehelfe

Gegenüber dem Arrest gelten keine Besonderheiten:
- **Entscheidung durch Urteil:** Berufung § 511 ZPO.
- **Entscheidung durch Beschluss.** Wird das Gesuch auf Erlass einer einstweilen Verfügung *zurückgewiesen*, kann der Antragsteller sofortige Beschwerde einlegen (§ 567 ZPO). Wird dem Antrag *stattgegeben*, kann der Antragsgegner Widerspruch einlegen (§§ 936, 924 ZPO, – nicht Beschwerde!) und/oder Anordnung der Klageerhebung seitens des Antragsstellers beantragen (§§ 936, 926 ZPO) oder Aufhebungsantrag stellen (§§ 936, 927 ZPO).

4. Zustellung und Vollziehung der einstweiligen Verfügung

a) Zustellung. Es gilt das zum Arrest Ausgeführte. Der Antragsteller muss also den ihm seitens des Gerichts zugestellten Beschluss (§ 329 II 2 ZPO) bzw. das Urteil (§ 317 I ZPO) dem Antragsgegner im Parteibetrieb zustellen (§§ 936, 929 III, 192 ZPO); wenn dies nicht innerhalb eines Monats geschieht (**Vollziehungsfrist**), ist die Vollstreckung aus dem Beschluss bzw. Urteil *unstatthaft* (§§ 936, 929 II ZPO).

b) **Vollziehung.** Die einstweilige Verfügung ist, wie der Arrest, sofort vollstreckbar; eine Vollstreckungsklausel ist regelmäßig nicht erforderlich (§§ 936, 929 I ZPO). Die Vollziehung richtet sich nach dem Inhalt der einstweiligen Verfügung:

- Bei einer *Unterlassungsverfügung* erfolgt die Vollziehung durch bloße Parteizustellung, auch wenn ein Urteil ergangen ist und Zustellung an beide Parteien bereits erfolgte (§ 317 I ZPO). Bei Verstößen gelten §§ 135, 136 BGB; auch kann der Antragsteller die Festsetzung und Beitreibung von Ordnungsgeld beantragen (§ 890 ZPO).
- Bei einer *Leistungsverfügung*, die auf Herausgabe oder Wegnahme geht, erfolgt die Vollziehung durch den Gerichtsvollzieher.
- Bei einer auf *Geldzahlung* gerichteten *Leistungsverfügung* – sie ist ausnahmsweise auf Befriedigung gerichtet! – erfolgt die Vollziehung nach §§ 928, 803 ff. ZPO (Pfändung und Versteigerung beweglicher Sachen durch den Gerichtsvollzieher) oder §§ 829, 835 ZPO (Lohnpfändung).

Die einstweilige Verfügung kann – abgesehen von der Unterlassungsverfügung – bereits *vor* Zustellung an den Gegner vollzogen werden (§§ 936, 929 III 1 ZPO); die Zustellung muss dann aber innerhalb einer Woche nach Vollziehung vor Ablauf der Monatsfrist des § 929 II ZPO nachgeholt werden (§§ 929 III 2 ZPO, – also zweimalige Fristenprüfung!).

> **Hinweis:** Eine Unterlassungsverfügung ist erst mit Parteizustellung vollzogen, so dass eine Anwendung der §§ 936, 929 III 1 ZPO nicht in Betracht kommt. Ist sie allerdings, wie hier in Ziff. I des Beschlusses mit einer Leistungsverfügung verbunden (Ziff. II: Herausgabe an Gerichtsvollzieher), kann jedenfalls die Leistungsverfügung vor der Zustellung des Beschlusses vollzogen werden.

A wird also den Beschluss des Landgerichts Passau durch den zuständigen Gerichtsvollzieher dem B zustellen lassen (§ 192 ZPO), indem er das entsprechende Ersuchen – der zuständige Gerichtsvollzieher wird ihm kaum bekannt sein – an die Gerichtsvollzieher-Verteilungsstelle beim Amtsgericht Passau (§ 753 II 1 ZPO) richtet. Daneben wird er, um einen gutgläubigen Erwerb des K zu verhindern (vgl. §§ 135 II, 932 BGB), diesem Mitteilung vom Veräußerungsverbot machen, es also zustellen lassen (§ 192 ZPO) oder eine entsprechende Mitteilung durch Einschreibebrief verfassen.

> **Hinweis:** Im Hinblick darauf, dass ein (gutgläubiger) Eigentumserwerb des K ausscheidet, wäre eine Verwahrung durch den Gerichtsvollzieher zwar nicht nötig, empfiehlt sich jedoch gleichwohl, weil B durch den Beschluss nicht gehindert ist, den Pkw an einen weiteren gutgläubigen Interessenten zu veräußern (§§ 135 II, 932 BGB).

IV. Schadenersatzpflicht

§ 945 ZPO gibt bei Arrest und einstweiliger Verfügung einen *verschuldensunabhängigen* Schadenersatzanspruch (Fall der Gefährdungshaftung, ähnlich dem Anspruch aus § 717 II ZPO). Voraussetzungen sind: (1) Die einstweilige Verfügung oder der Arrest erweist sich als von Anfang an unberechtigt, weil Verfügungsanspruch oder Verfügungsgrund bzw. Arrestanspruch und -grund von vornherein fehlten (mangelnde Glaubhaftmachung und Zuständigkeit sind unschädlich). (2) Aufhebung der angeordneten Maßregel nach § 926 II ZPO (unterlassene Hauptsacheklage trotz Anordnung) bzw. § 942 III ZPO (Aufhebung durch das Amtsgericht nach Fristablauf). Der Schaden muss durch die *Vollziehung* entstanden sein oder dadurch, dass der Antragsgegner Sicherheit geleistet hat, um die Vollziehung zu verhindern oder Aufhebung der Maßnahme zur erreichen, nicht dagegen durch die *Anordnung* oder das *Bekanntwerden* der einstweiligen Maßnahme (zB Rufschädigung).

Im Gegensatz zB zu einer Pfändung beim Arrest fehlt bei einer *Unterlassungsverfügung* eine besondere Vollziehung, so dass der Schaden ersetzt werden muss, der durch die Befolgung der einstweiligen Verfügung eingetreten ist, etwa der entgangene Gewinn.

V. Schutzschrift

Rechtsgrundlage: § 945a ZPO

Die Schutzschrift war bis zum 1.1.2016 im Gesetz nicht vorgesehen, aber in der Praxis häufig anzutreffen. Es handelt sich um einen vorbeugenden Schriftsatz desjenigen, der befürchtet, Adressat eines Arrests oder einer einstweiligen Verfügung zu werden. Die Schutzschrift wurde bis zum 1.1.2016 bei allen örtlich und sachlich zuständigen Gerichten hinterlegt, bei denen der Gegner einen Antrag auf Erlass einer einstweiligen Verfügung einreichen könnte. Ziel ist zum einen die Wahrung rechtlichen Gehörs auch im Beschlussverfahren oder die Herbeiführung einer mündlichen Verhandlung und zum anderen die Erschütterung der bevorstehenden Glaubhaftmachung. Diese Praxis hat insbesondere vor dem Hintergrund „fliegender Gerichtsstände" – greifen zB Zeitungen oder Zeitschriften in das Persönlichkeitsrecht ein, besteht überall dort, wo das Medium erscheint, ein Gerichtsstand der unerlaubten Handlung – erhebliche Schwierigkeiten: Für den möglichen Antragsgegner einer einstweiligen Verfügung ist nicht vorhersehbar, bei welchem Gericht der Gegner die einstweilige Verfügung beantragen wird. Hierauf hat der Gesetzgeber reagiert und § 945a ZPO geschaffen; in dieser Bestimmung findet sich nun in Abs. 1 S. 2 eine Legaldefinition der Schutzschrift.

VI. Abschlusserklärung

Die Parteien können durch eine sog. Abschlusserklärung mittels eines *Prozessvertrags* die Entscheidung im einstweiligen Rechtsschutz zur *endgültigen* Entscheidung machen und auf Anträge nach § 924 ZPO oder § 926 ZPO verzichten (vgl. auch Seiler in Thomas/Putzo, 39. Auflage 2018 § 924 Rn. 10, Abschlussschreiben).

VII. Typischer Klausuraufbau

Die wohl häufigste Klausurkonstellation ist die Fertigung eines Urteils nach Verhandlung über einen Widerspruch gegen einen Arrest oder/und eine einstweilige Verfügung. Der Aufbau ähnelt dem Aufbau eines Urteils, das nach einem Einspruch gegen ein Versäumnisurteil ergeht.

1. Tenor

Bei den folgenden Ausführungen wird vom einführenden Beispiel zum Arrest ausgegangen und unterstellt, dass das Amtsgericht Augsburg durch Beschluss entschieden hat.

a) Der Arrestantrag erweist sich als begründet:

Endurteil

I. Der Arrestbeschluss des Amtsgerichts Augsburg vom 8.3. (Az.: …) wird bestätigt.

II. Der Beklagte trägt die weiteren Kosten des Rechtsstreits.

- **Ziff. I, Hauptsache:** Die Bestätigung (§ 925 II ZPO) ist erforderlich für die Rangwahrung bisheriger Vollstreckungsmaßnahmen (vergleichbar mit einer Entscheidung über den Einspruch gegen ein Versäumnisurteil, § 343 ZPO).
- **Ziff. II, Kosten** (häufige Fehlerquelle): Weil der Arrestbefehl bestätigt wird, wird insoweit auch die Kostenentscheidung aufrechterhalten. Es muss lediglich über *die* Kosten entschieden werden, die *nach Erlass* des Arrestbefehls angefallen sind (*weiteren Kosten*); einschlägig ist § 91 ZPO (hM).

Eine Anordnung der **vorläufigen Vollstreckbarkeit** unterbleibt (auch bzgl. der weiteren Kosten), da das den Arrest bestätigende Urteil die gleiche Wirkung hat, wie der ursprüngliche Arrestbefehl.

b) Der Arrestantrag erweist sich als unbegründet:

Endurteil

I. Der Beschluss des Amtsgerichts Augsburg vom 8.3. (Az.: …) wird aufgehoben; die Anträge des Arrestklägers werden zurückgewiesen.

II. Der Kläger trägt die Kosten des Rechtsstreits.

III. Das Urteil ist vorläufig vollstreckbar. Der Kläger kann die Vollstreckung durch den Beklagten abwenden durch Sicherheitsleistung in Höhe von 110 % des auf Grund des Urteils vollstreckbaren Betrages, wenn nicht der Beklagte zuvor Sicherheit leistet in Höhe von 110 % des jeweils vollstreckbaren Betrages.

- **Ziff. I, Hauptsache:** Die Aufhebung des Arrestes wirkt bereits ab Verkündung der Entscheidung (Normzweck des Widerspruchs) und nicht erst ab Rechtskraft.
- **Ziff. II, Kosten:** Der Kläger trägt die gesamten Kosten, auch wenn die Aufhebung wegen veränderter Umstände erfolgt.
- **Ziff. III, Vorläufige Vollstreckbarkeit:** Schritt 1: Aus dem Urteil kann nur der Beklagte seine Kosten vollstrecken. Schritt 2: Rechtsgrundlage ist § 708 Nr. 6 iVm § 711 ZPO.

2. Tatbestand

Im Tatbestand werden die maßgeblichen prozessualen Vorkommnisse in der kleinen Prozessgeschichte geschildert.

Tatbestand ... *Mit Beschluss des Amtsgerichts Augsburg vom 8.3. ist zur Sicherung der Zwangsvollstreckung wegen einer Vermächtnisforderung des Antragstellers auf Zahlung von 10.000,00 EUR sowie eines Kostenpauschalbetrags in Höhe von 604,14 EUR der dingliche Arrest in das bewegliche Vermögen des Arrestbeklagten angeordnet worden. Der Arrestbefehl ist dem Arrestbeklagten am 9.3. zugestellt worden. Mit Schreiben vom 13.3., eingegangen beim Amtsgericht Augsburg am selben Tag, hat der Arrestbeklagte Widerspruch eingelegt.*	Kleine Prozessgeschichte: Wie beim Einspruch gegen ein Versäumnisurteil zwei Funktionen: Erläuterung des klägerischen Begehrens; Schilderung des für die Widerspruchsprüfung erforderlichen Sachverhalts.

Der Arrestkläger beantragt zuletzt,
    der Beschluss des Amtsgerichts Augsburg vom 8.3. wird bestätigt.
 Der Arrestbeklagte beantragt,
    der Beschluss des Amtsgerichts Augsburg vom 8.3. wird aufgehoben und der Antrag des Arrestklägers wird zurückgewiesen.
	Anträge
	
	 Das wird gern vergessen. Der Antrag des Arrestklägers muss zurückgewiesen werden.

3. Entscheidungsgründe

Der Aufbau erfolgt **dreistufig**: Zulässigkeit des Widerspruchs – Zulässigkeit des Arrestantrags – Begründetheit des Arrestantrags mit Nebenentscheidungen.

- **Zulässigkeit des Widerspruchs:** Man formuliert in etwa: *Der Widerspruch ist zulässig. Das Amtsgericht Augsburg ist für den Widerspruch zuständig, da es den Arrestbeschluss erlassen hat. Statthafter Rechtsbehelf gegen den Beschlussarrest ist der Widerspruch (§ 924 ZPO), der schriftlich eingelegt wurde; eine Frist war nicht zu beachten. Über die Rechtmäßigkeit des Arrestes ist nach jetzigem Stand zu entscheiden.*

- **Zulässigkeit des Arrestantrags:** Man formuliert in etwa: *Das Amtsgericht Augsburg ist als Gericht der belegenen Sache ausschließlich zuständig (§§ 919, 802 ZPO). Der Antrag vom ... genügt den inhaltlichen Anforderungen an einen Arrestantrag. Der Kläger behauptet das Bestehen eines Geldanspruchs aufgrund eines Vermächtnisses. Insoweit ist die begehrte Sicherung durch Anordnung eines Arrestes statthaft; die Eilbedürftigkeit der Entscheidung ist dargelegt und Mittel der Glaubhaftmachung werden angeboten.*

- **Begründetheit des Arrestantrags** (Schwerpunkt der Klausur): Der Arrestkläger muss die Tatsachen vortragen, die einen Arrestanspruch und einen Arrestgrund schlüssig belegen und er muss diese Tatsachen glaubhaft machen, so wie oben im Einzelnen geschildert; wurden für das Widerspruchsverfahren präsente Zeugen mitgebracht, sind sie zu vernehmen (bei der Glaubhaftmachung werden neben der eidesstattlichen Versicherung nur präsente Beweismittel zugelassen, dh das Gericht lädt keine Zeugen oder Sachverständigen!). Kann der Kläger diese Voraussetzungen erfüllen und das Vorbringen des Widerspruchsführers zu Fall bringen, dringt er mit der Klage durch; andernfalls ist sie abzuweisen.

VIII. Übungsfall

> Zimmerer Z hat im Auftrag des D bei dessen Hausbau in Traunstein das Gewerk *Dachstuhl* mit entsprechendem schriftlichem Vertrag übernommen. Seine Gesamtrechnung beläuft sich auf 15.000 EUR. D begleicht die Rechnung entgegen mehrfacher Zusicherung nicht; auch zwei Mahnungen bleiben erfolglos. Beim wöchentlichen Besuch seines Stammtisches erfährt Z von dem Gerücht, dass D sein neu errichtetes Haus veräußern wolle. Daraufhin stellt Z den D ob seiner Zahlungsmoral zur Rede. D erklärt, er befinde sich derzeit in einem „finanziellen Loch", weshalb er auch den Verkauf seines neu errichteten Hauses in Erwägung ziehe, da er keine anderen verwertbaren Vermögensgegenstände besäße. Seine finanzielle Situation sei aber auf dem Weg zur Besserung; das Tief werde in absehbarer Zeit überwunden sein und damit auch ein etwaiger Verkauf des Hauses entfallen; die Rechnung des Z werde er in zwei, drei Monaten begleichen. Z, der im Vorjahr bereits Zahlungsausfälle wegen zweier in Insolvenz gegangener Kunden hatte, hält von dieser Zusage wenig. Auf Anraten des rechtlich bewanderten Bekannten B will er deshalb im Wege einer einstweiligen Verfügung seine Forderung durch Eintragung einer Sicherungshypothek schützen. – Hat ein entsprechender Antrag Aussicht auf Erfolg?

I. Zulässigkeit

1. Statthaftigkeit. Rechtsschutzziel ist die Eintragung einer Sicherungshypothek, also eines nicht auf Zahlung gerichteten Anspruchs (Sicherungsverfügung, § 935 ZPO). Dabei darf es immer nur um eine *vorläufige* Sicherung gehen und niemals um eine Befriedigung. Die Eintragung einer Sicherungshypothek (genauer: Bauhandwerkersicherungshypothek nach § 650e S. 1 BGB) wäre nun bereits eine Befriedigung. Z wird deshalb, ggf. auf entsprechend Hinweis des Gerichts bzw. (§§ 936, 920 III ZPO) der Geschäftsstelle, seinen Antrag umstellen auf Eintragung einer *Vormerkung* für eine Sicherungshypothek. Speziellere Formen eines einstweiligen Rechtsschutzes, die einer einstweiligen Verfügung vorgehen, sind nicht ersichtlich. Der Antrag ist statthaft.

Bei der Prüfung der Statthaftigkeit ist Sorgfalt geboten. Würde D nicht den Werklohn schulden, sondern Rückzahlung eines fälligen Darlehens, käme als einstweiliger Rechtsschutz für diesen *Geldzahlungsanspruch* – D besitzt außer dem Haus kein nennenswertes Vermögen – nur die Sicherung der Zwangsvollstreckung in das unbewegliche Vermögen durch dinglichen Arrest (§ 916 ZPO) im Wege der Eintragung einer Vormerkung auf Eintragung einer Sicherungshypothek (§ 1184 BGB) in Betracht, dh eine einstweilige Verfügung wäre nicht statthaft. Ein solcher Arrestantrag würde allerdings am *Arrestgrund* scheitern: Allein der Umstand, dass sich D, wie von ihm mitgeteilt, in einer schlechten Vermögenslage *befindet*, reicht nicht aus; erforderlich ist, dass sich die Vermögensverhältnisse des Schuldners in absehbarer Zeit *weiter verschlechtern werden*. Das Gegenteil ist der Fall: Nach Auskunft des D ist das „Tief erreicht und wird in absehbarer Zeit überwunden sein". Auch der ins Auge gefasste Verkauf des Hauses begründet keinen Arrestgrund, weil es insoweit lediglich um eine Vermögensumschichtung geht. Hier stützt Z seinen Anspruch auf Sicherung nicht auf §§ 650a, 631 BGB (Geldanspruch), sondern auf § 650e S. 1 BGB (nicht auf Geld gerichteter Anspruch), so dass der Antrag auf Erlass einer einstweilige Verfügung ohne weiteres statthaft ist.

2. Zuständigkeit. Da es um die Eintragung einer Vormerkung geht, ist das Amtsgericht Traunstein als Gericht der belegenen Sache nach § 942 II ZPO zuständig.

3. Ordnungsgemäßes Verfügungsgesuch.

a) Inhalt. Ein Antrag auf Erlass einer einstweiligen Verfügung muss grundsätzlich die Tatsachen enthalten, aus denen sich ein Verfügungsanspruch (materielle Anspruchsgrundlage) und ein Verfügungsgrund (Dringlichkeit) schlüssig ergibt; zudem müssen Mittel der Glaubhaftmachung angegeben sein (§§ 936 iVm § 920 ZPO). Zum *Verfügungsanspruch* muss Z lediglich die Tatsachen schildern, die einen Anspruch aus § 650e S. 1 BGB iVm § 883 BGB begründen. Zur Glaubhaftmachung bieten sich an: Der schriftliche Werkvertrag, die Rechnung und die Mahnungen; Belege über die Eigentumslage am Grundstück des D sowie über die Erbringung seiner Leistungen (etwa Auskunft des Architekten) sowie eine eidesstattliche Erklärung des Z. Die Prüfung eines *Verfügungsgrunds* nach § 935 ZPO (er dürfte nicht vorliegen, weil sich die Kriterien der Vorschrift mit denen des Arrestgrunds decken, dazu oben!) kann dahingestellt bleiben, weil die *Ausnahmebestimmung des § 885 I 2 BGB* greift. Danach muss – obwohl nach dem Wortlaut der Vorschrift nur die „Glaubhaftmachung" entbehrlich ist! – weder die Gefährdung (Dringlichkeit) des Anspruchs noch die Glaubhaftmachung vorgetragen werden (Palandt/Bassenge, 77. Auflage 2018, § 885 Rn. 5 mwN)

b) Anwaltszwang? Das Gesuch (der Antrag) unterliegt nicht dem Anwaltszwang, auch nicht gegenüber dem Landgericht (§§ 936, 920 III, 78 III ZPO).

Der Antrag des Z auf Erlass einer einstweiligen Verfügung ist damit zulässig und begründet, die Glaubhaftmachung des schlüssigen Tatsachenvortrags zum Verfügungsanspruch unterstellt. Das Amtsgericht wird, ein Fall besonderer Dringlichkeit liegt nicht vor (§ 937 II ZPO), nach mündlicher Verhandlung wie folgt entscheiden:

Endurteil

I. Es wird die Eintragung einer Vormerkung zur Sicherung des Anspruchs des Verfügungsklägers auf Einräumung einer Sicherungshypothek für die Bauforderung von 15.000 EUR an dem Grundstück des Antragsgegners, Flur-Nr. 1234, eingetragen im Grundbuch des Amtsgerichts Traunstein, Band 145, Blatt 600, an nächstoffener Rangstelle angeordnet.

II. Das Grundbuchamt beim Amtsgericht Traunstein wird um die Eintragung der Vormerkung wie in Ziffer I ersucht.

III. Der Streitwert wird auf 5.000 EUR festgesetzt.

IV. Der Antragsgegner hat die Kosten des Verfahrens zu tragen (§ 91 ZPO).

Ergänzender Hinweis: Der Beschluss samt Eintragung der Vormerkung (§ 883 BGB) gibt Z nur einen *vorläufigen* Rechtsschutz. Stimmt deshalb D der Eintragung einer Sicherungshypothek im Wege der dinglichen Einigung und Eintragung (§§ 873, 1148 BGB) nicht freiwillig zu, muss Z Klage auf Zustimmung erheben (Hauptsacheklage). Mit Rechtskraft des Urteils wird die erforderliche Willenserklärung des D dann ersetzt (§ 894 ZPO).

IX. Examensrelevante Rechtsprechung

1. OLG Stuttgart, 10 W 47/11 (vereinfacht): B, eine Immobilienfirma, beauftragt die Baugesellschaft K mit der Erstellung eines Parkettbodens und kündigt später diesen Vertrag; zwischen den Parteien ist streitig, ob die Kündigung wirksam ist. B ist der Auffassung, sie dürfe in jedem Fall die von K auf die Baustelle verbrachten Baumaterialien zur Fortsetzung des Bauvorhabens weiter nutzen (eine entsprechende Bestimmung findet sich in der VOB/B = Allgemeine Vertragsbedingungen für die Ausführung von Bauleistungen); sie lagert diese deshalb in einen Container, den sie verschließt und bewachen lässt. Sicherheitshalber erwirkt sie eine Verfügung im Verfahren des einstweiligen Rechtsschutzes, wonach K es untersagt ist, die Baumaterialien von der Baustelle zu entfernen. Das stattgebende Urteil, das von einem Besitzrecht der B nach VOB/B ausgeht, ist nicht rechtskräftig.

K ist der Meinung, dass ihr die auf der Baustelle lagernden Materialien zustehen, damit sie ihre Arbeiten fortsetzen kann. Sie verlangt im Wege einer einstweiligen Verfügung Herausgabe. – Zu Recht?

Die einstweilige Verfügung ist zu erlassen, wenn das Verfügungsgesuch zulässig und begründet ist.

I. Zulässigkeit: **Entgegenstehende Rechtshängigkeit:** Ob das neue Verfahren wegen des Einwands der entgegenstehenden Rechtshängigkeit unzulässig ist, beurteilt sich nach der Identität der Streitgegenstände. Der Streitgegenstand setzt sich zusammen aus dem Antrag und dem zur Rechtfertigung des Antrags vorgetragenen Lebenssachverhalt. Im Verfahren der einstweiligen Verfügung B/K war Streitgegenstand das (vorläufige) Verbot, Baumaterialien von der Baustelle zu *entfernen*. Nunmehr beantragt K, B zu verpflichten, die Baumaterialien *herauszugeben*. Ein identischer Streitgegenstand (in Form des kontradiktorischen Gegenteils) liegt demnach nicht vor. Vom Vorliegen der übrigen Zulässigkeitsvoraussetzungen (ordnungsgemäßes Verfügungsgesuch; zuständiges Gericht; Rechtsschutzbedürfnis) ist auszugehen.

II. Begründetheit: Die einstweilige Verfügung ist zu erlassen, wenn Verfügungsanspruch und Verfügungsgrund glaubhaft gemacht sind (§§ 936, 920 I, II ZPO). Als **Verfügungsanspruch** kommt (a) ein Anspruch wegen Besitzentziehung nach § 861 BGB in Betracht, sofern (b) B nicht ein Recht zum Besitz hat.

a) Besitzentziehung. Der Besitz der K wurde durch verbotene Eigenmacht (§ 858 BGB) entzogen: OLG Stuttgart: *„Allein mit dem Einbringen von Baumaterialien auf eine Baustelle will ein Besitzer seinen Besitz zu Gunsten seines Auftraggebers oder des Eigentümers des Grundstücks nicht aufgeben, sondern will im Zweifel seine besitzrechtlichen Ansprüche gegen Dritte zumindest bis zum Einbau, möglicherweise sogar bis zur Abnahme... behalten. Besitz am Baumaterial ist vor allem unter dem Gesichtspunkt zu beurteilen, dass der Bauunternehmer befugt sein muss, störende Einwirkungen Dritter oder* *des Bauherrn von dem noch nicht abgenommenen Werk fernzuhalten und Material erforderlichenfalls auszuwechseln, bis das Werk abgenommen ist...".* Und zum Besitzentzug: B hat der K den Besitz *„entzogen, indem sie... durch deren Verbringung in einen abgeschlossenen Container und die Verhängung eines von einem Wachdienst abgesicherten Baustellenverbots den Zugang zu den Baumaterialien entzogen hat... Es kann dahingestellt bleiben, ob die K als Auftraggeberin Mitbesitzerin der auf der Baustelle befindlichen Materialien geworden ist. § 866 BGB räumt bei völliger Besitzentziehung gegenüber dem Mitbesitzer einen Besitzschutz ua nach § 861 BGB ein."*

b) **Recht zum Besitz.** Der Anspruch der K aus § 861 BGB (sog. possessorischer Anspruch = Besitzschutzanspruch, – dazu rechnet auch der Anspruch aus § 862 BGB) kann **grundsätzlich** nur auf *einem* Weg zu Fall gebracht werden: Die Besitzentziehung darf nicht auf *verbotener Eigenmacht* beruhen (§ 863 BGB); alle anderen Einwendungen, die ein Recht zum Besitz zum Besitz begründen könnten (sog. petitorische Einwendungen) sind ausgeschlossen. Schlagwortartig formuliert: *Gegenüber den possessorischen Ansprüchen aus §§ 861, 862 BGB gibt es keine petitorischen Einwendungen.* Grund: Bei Besitzschutzansprüchen darf die schuldrechtliche Rechtslage nicht geprüft werden, um eine Selbsthilfe bei der Durchsetzung von Ansprüchen zu vermeiden. Eine **Ausnahme** bringt § 864 II BGB: Ist ein Besitzrecht *rechtskräftig* festgestellt ist, ist es beachtlich. Der BGH legt die Vorschrift erweiternd aus: Bei einer *Widerklage* ist das Erfordernis einer rechtskräftigen Entscheidung über das Besitzecht entbehrlich. Erhebt der Kläger also eine Besitzschutzklage nach § 861 bzw. 862 BGB, kann der Beklagte Widerklage erheben mit dem Argument, er habe ein Recht zum Besitz.

Das OLG Stuttgart setzt sich mit den unterschiedlichen Ansichten auseinander, ob aus der Rechtsprechung des BGH abgeleitet werden kann, dass petitorische Einwendungen im einstweiligen Verfügungsverfahren beachtlich sein können: *„Bei der Geltendmachung eines possessorischen Besitzanspruchs im einstweiligen Verfügungsverfahren ist deshalb ein Besitzrecht des Anspruchsgegners... grundsätzlich nicht zu berücksichtigen."*

Sodann führt es im Hinblick auf den Antrag der K aus: *„Für das Hauptsacheverfahren ist nach der Rechtsprechung des BGH eine Besitzschutzklage abzuweisen, wenn eine auf das Recht zum Besitz gestützte Widerklage gleichzeitig entscheidungsreif ist und das materielle Recht zum Besitz zuzuerkennen ist...*

Im Arrest- und einstweiligen Verfügungsverfahren gibt es jedoch nicht die Möglichkeit der Widerklage... Angesichts des vorläufigen Charakters des einstweiligen Verfügungsverfahrens steht dem Erlass einer einstweiligen Verfügung wegen eines besitzrechtlichen Anspruchs aus § 861 BGB nicht erst ein rechtskräftiges Urteil oder ein rechtskräftiger Beschluss entgegen, wonach dem Täter ein Besitzrecht an der Sache zusteht. Zur Vermeidung gegenläufiger einstweiliger Verfügungen und angesichts der Begrenzung des Regelungsbereichs des vorläufigen Rechtsschutzes steht einer einstweiligen Verfügung auf Besitzschutz nach § 861 BGB grundsätzlich schon eine auch nur vorläufig vollstreckbare Entscheidung entgegen, durch die das petitorische Gegenrecht gerichtlich anerkannt wird."

Ergebnis: Dem Erlass der von K beantragten einstweiligen Verfügung auf Besitzschutz steht das nicht rechtskräftige Urteil zugunsten des B (in dem sein petitorisches Besitzrecht anerkannt wurde) entgegen, um widersprüchliche Ergebnisse zu vermeiden.

> Das sollte „hängen bleiben":
> - **Kontradiktorisches Gegenteil:** Es kann nur angenommen werden, wenn exakt die „Kehrseite der Medaille" gefordert wird (hier: Verbot, etwas zu entfernen ist nicht das Gegenteil der Verpflichtung zur Herausgabe!).
> - **Besitzschutz:** Gegen den possessorischen Anspruch dürfen keine petitorischen Rechte eingewandt werden.
> - **Besitzschutzklage und Widerklage:** Petitorische Rechte werden bei einer Besitzschutzklage ausnahmsweise berücksichtigt, wenn sie mit einer Widerklage eingeführt werden.
> - **Possessorischer Anspruch** als typischer Anwendungsfall des einstweiligen Rechtsschutzes.
> - Auch bei einer **einstweiligen Besitzschutzverfügung** gilt grundsätzlich: Keine petitorischen Einwendungen (Ausnahme: die vorliegende Entscheidung).

2. BGH I ZR 100/15 (Sachverhalt modifiziert): S aus Traunstein und die G handeln über das Internet mit Fahrradzubehör. Die G mahnt S wegen einer irreführenden Produktbeschreibung ab. S gibt in München die von G geforderte, strafbewehrte notarielle Unterlassungserklärung ab. In Kenntnis der notariellen Urkunde erwirkt G eine auf Unterlassung gerichtete gleichlautende einstweilige Verfügung. Nachdem S seiner Unterlassungspflicht nicht nachkommt, entscheidet sich G, aus der notariellen Urkunde, die ihm zwischenzeitlich zugegangen ist, zu vollstrecken. Er beantragt beim LG Traunstein die gerichtliche Androhung von Ordnungsgeld/-haft. Das LG weist den Antrag zurück, weil es für nicht zuständig erklärt und auch die hiergegen eingelegte sofortige Beschwerde wird zurückgewiesen. In einem zweiten Anlauf beantragt G beim AG München die Androhung, die erlassen wird.

Während G versuchte, einen Androhungsbeschluss zu erwirken, wurde auf Antrag des S gem. § 926 ZPO die Fristsetzung zur Hauptsacheklage angeordnet. Im Hauptsacheverfahren erklärt G den Rechtsstreit für erledigt, nachdem das AG München den Androhungsbeschluss erlassen hatte. S schließt sich der Erledigung nicht an. – Wie lautet die gerichtliche Entscheidung?

Lösung

Vorbemerkung. Die Entscheidung werden Sie nur verstehen, wenn Sie sich vor Augen halten: Ordnet das Gericht die Klageerhebung an (§ 926 I ZPO), so macht diese Anordnung die Klage nicht zulässig und ersetzt nicht etwa ein fehlendes Rechtsschutzbedürfnis (vgl. auch Seiler in Thomas/Putzo § 926 Rn. 7). MaW: Ist die Erhebung der Klage nach § 926 I ZPO angeordnet, kann sie, kommt der Verfügungsgläubiger dem nach, gleichwohl als unzulässig abgewiesen werden!

„Hat der Kl. den Rechtsstreit in der Hauptsache für erledigt erklärt, ist zu prüfen, ob der Unterlassungsantrag bis zum geltend gemachten erledigenden Ereignis zulässig und begründet war und – wenn die der Fall ist – durch dieses Ereignis unzulässig oder unbegründet geworden ist...." Zum **Rechtsschutzbedürfnis** im Zeitpunkt der Klageerhebung heißt es (Hervorhebungen durch den Verfasser). „Entscheidend ist (vielmehr), ob die Kl. angesichts der ihr zugegangenen **notariellen Unterlassungserklärung** im Zeitpunkt der Klageerhebung ein schutzwürdiges Interesse an der Rechtsverfolgung im Hauptsacheverfahren zuzubilligen war. ... Das Rechtsschutzbedürfnis ist durch den Zugang der notariellen Unterwerfung nicht beseitigt worden, weil die Kl. vernünftige Gründe hatte, ihren Unterlassungsanspruch gleichwohl gerichtlich (= im Hauptsacheverfahren) geltend zu machen. (1) Die Vollstreckung aus einer notariellen Urkunde iSd § 794 I Nr. 5 ZPO setzt zunächst voraus, dass auch der Schuldner wegen eines Anspruchs, der eine vollstreckungsfähigen Inhalt hat und konkret inhaltlich bestimmt bezeichnet ist..., der sofortigen Zwangsvollstreckung unterwirft. Die Zwangsvollstreckung findet aus der mit der Vollstreckungsklausel versehen vollstreckbaren Ausfertigung (§§ 79, 724 ZPO) statt, die der die Urkunde verwaltende Notar erteilt (§ 797 II ZPO). Im Falle einer in der Urkunde titulierten Unterlassungsverpflichtung bedarf es für die Vollstreckung der Androhung von Ordnungsmitteln nach § 890 II ZPO... . Die Vollstreckung darf nur beginnen, wenn der Schuldtitel zwei Wochen vorher zugestellt ist (§ 798 ZPO). ... (3) Die Kl. hatte auch nach Zugang der notariellen Unterlassungserklärung vernünftige Gründe, am gerichtlichen Vorgehen gegen den Bekl. festzuhalten. Solange aus einer notariell beurkundeten Unterlassungserklärung mangels Zustellung eines Androhungsbeschlusses nach § 890 II ZPO oder Ablaufs der Wartefrist des § 798 ZPO nicht vollstreckt werden kann, verfügt der Gläubiger nicht über eine dem gerichtlichen Titel in der Hauptsache gleichwertige Vollstreckungsmöglichkeit, weil zwischenzeitliche Verstöße des Schuldners gegen seine Unterlassungspflicht nicht geahndet werden können und es somit an der effektiven Sicherung der Unterlassungspflicht fehlt... . Es folgen weitere Gründe zu den Unsicherheiten und Erschwernisse für die Durchsetzung der notariellen Unterlassungserklärung, insbesondere die in Rspr. und Lit. streitigen Zuständigkeitsfrage für das Androhungsverfahren (vgl. den Sachverhalt). Im Rahmen der Beurteilung des Rechtsschutzbedürfnisses ist allein maßgeblich, ob der bereits bestehende Titel (die notarielle Unterlassungserklärung) eine dem angestrebten Titel (im Hauptsacheverfahren) gleichwertige Vollstreckungsmöglichkeit bietet. Dies ist nicht der Fall, solange der Beschluss über die Androhung von Ordnungsmitteln wegen Verstoßes gegen die notarielle Unterlassungserklärung nicht dem Schuldner zugestellt ist. ... Mithin bestehen vernünftige Gründe für den Gläubiger, auch nach Zugang einer notariellen Unterlassungserklärung am gerichtlichen Vorgehen gegen den Schuldner (= im Hauptverfahren) festzuhalten. Im Streitfall hat der Zugang der notariellen Unterlassungserklärung das Rechtsschutzbedürfnis für die Erhebung der Hauptsacheklage mithin nicht beseitigt".

Zur Begründetheit der Unterlassungsklage im Zeitpunkt der Klageerhebung. Wie bei jedem Unterlassungsanspruch – ob § 1004 BGB analog, aus dem UW usw – ist zentraler Gesichtspunkt für die Begründetheit die Wiederholungsgefahr. Der BGH führt dazu aus: „Der Unterlassungsantrag war ... im Zeitpunkt der Klageerhebung auch begründet. ... Die durch die begangene Rechtsverletzung (die irreführende Produktbeschreibung) begründete tatsächliche Vermutung für das Vorliegen einer Wiederholungsgefahr ist durch den Zugang der notariellen Unterlassungserklärung ... bei der Kl. nicht beseitigt worden." Es folgen allgemeine Ausführungen zur grundsätzlichen Eignung einer notariellen Unterlassungserklärung und den Besonderheiten, die sich aufgrund der Gleichstellung mit gerichtlichen Titeln sowie den Erfordernissen des § 794 I Nr. 5 ZPO ergeben. Hier liegen diese Voraussetzungen vor: Die notarielle Ausfertigung ist hinreichend bestimmt, die Erfordernisse des § 794 I Nr. 5 ZPO sind gewahrt und es hat der Bekl. der Kl. eine vollstreckbare Ausfertigung zukommen lassen. ... „*Allein der Zugang der notariellen Unterlassungserklärung bei der Kl. hat die Wiederholungsgefahr nicht beseitigt*", vielmehr gilt: „*Für den Wegfall der Wiederholungsgefahr ist im Falle der notariellen Unterlassungserklärung... die Zustellung eines Beschlusses über die Androhung von Ordnungsmitteln nach § 890 II ZPO erforderlich, die im Streitfall erst nach Klageerhebung erfolgt ist.*"

Mit der Zustellung des Androhungsbeschlusses beim Bekl. ist folglich die Wiederholungsgefahr weggefallen und der Klageantrag wurde unbegründet. MaW: Die Voraussetzungen für eine Erledigterklärung liegen vor: Die Klage war ursprünglich zulässig und begründet und sie ist nach Zustellung des Beschlusses über die Androhung von Ordnungsmitteln unbegründet geworden. Das Landgericht Traunstein wird in seinem Urteil feststellen, dass sich der ursprüngliche Unterlassungsanspruch erledigt hat.

Hinweis: Wäre diese BGH-Entscheidung als Klausurfall gestellt worden, würde es kein Klausurkorrektor als fehlerhaft werten, wenn Sie zu dem Ergebnis gekommen wären: Die Klage war ursprünglich zulässig und begründet. Mit der Androhungsentscheidung ist das Rechtsschutzbedürfnis entfallen und die Klage wurde nach Klageerhebung unzulässig. Die Ausführungen zur Begründetheit und deren Wegfall hätten dann im Hilfsgutachten gebracht werden müssen

X. Mindmap

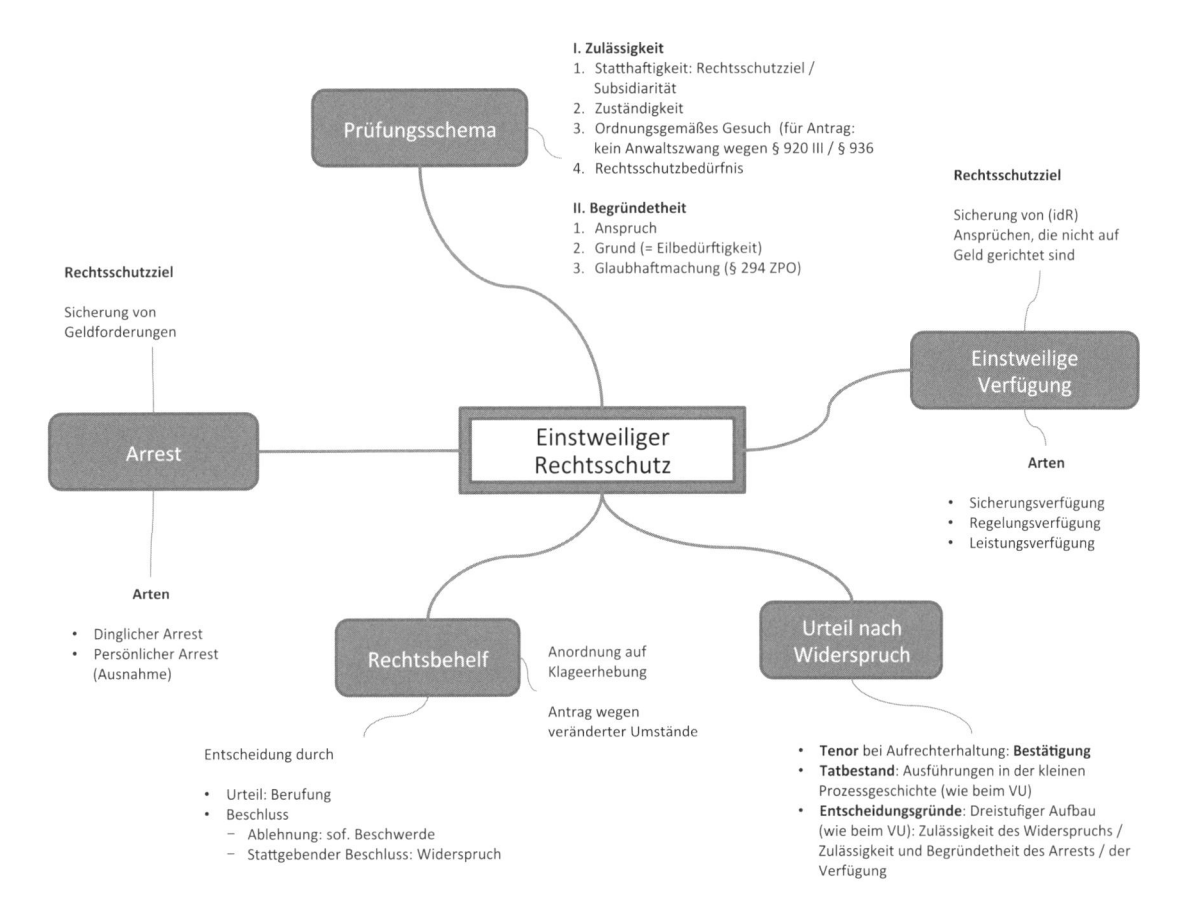

Prüfungsschema

I. Zulässigkeit
1. Statthaftigkeit: Rechtsschutzziel / Subsidiarität
2. Zuständigkeit
3. Ordnungsgemäßes Gesuch (für Antrag: kein Anwaltszwang wegen § 920 III / § 936
4. Rechtsschutzbedürfnis

II. Begründetheit
1. Anspruch
2. Grund (= Eilbedürftigkeit)
3. Glaubhaftmachung (§ 294 ZPO)

Einstweiliger Rechtsschutz

Arrest

Rechtsschutzziel: Sicherung von Geldforderungen

Arten
- Dinglicher Arrest
- Persönlicher Arrest (Ausnahme)

Einstweilige Verfügung

Rechtsschutzziel: Sicherung von (idR) Ansprüchen, die nicht auf Geld gerichtet sind

Arten
- Sicherungsverfügung
- Regelungsverfügung
- Leistungsverfügung

Rechtsbehelf

Anordnung auf Klageerhebung

Antrag wegen veränderter Umstände

Entscheidung durch
- Urteil: Berufung
- Beschluss
  - Ablehnung: sof. Beschwerde
  - Stattgebender Beschluss: Widerspruch

Urteil nach Widerspruch

- **Tenor** bei Aufrechterhaltung: **Bestätigung**
- **Tatbestand**: Ausführungen in der kleinen Prozessgeschichte (wie beim VU)
- **Entscheidungsgründe**: Dreistufiger Aufbau (wie beim VU): Zulässigkeit des Widerspruchs / Zulässigkeit und Begründetheit des Arrests / der Verfügung

3. Teil. Besondere Klausurtypen: Anwaltsklausuren

1. Kapitel: Allgemeine Hinweise

Der im Zweiten Staatsexamen vielfach anzutreffende Klausurtyp der „Anwaltsklausur" erfasst unterschiedliche Formen: Anfertigung eines Schriftsatzes – Klageschrift (in allen denkbaren Formen: zB Klagehäufung, Feststellungsklage, Stufenklage), Klageerwiderungsschrift, Berufungsschrift, Berufungserwiderungsschrift, Antrag auf einstweiligen Rechtsschutz, Antrag aus dem Bereich der Zwangsvollstreckungsrechtsbehelfe – gegebenenfalls i.V. mit einem Mandantenschreiben und/oder Hilfsgutachten; Erstellen eines Gutachtens zu prozessualen und materiellen Aspekten eines Sachverhalts; Fertigung eines Vertragsentwurfs oder eines Entwurfs zur Änderung von AGB (sog. Kautelarklausur). Die einzelnen Formen lassen sich auch verknüpfen: zB Klageerwiderungsschrift mit Widerklageerhebung; Einspruch gegen ein Versäumnisurteil samt Wiedereinsetzungsgesuch und Klageerwiderungsschrift; usw usw.

Im Gegensatz zu Entscheidungsklausuren, auch sie gibt es in zahlreichen Varianten, stößt die Bearbeitung von Anwaltsklausuren regelmäßig auf erhebliche Schwierigkeiten. Der Grund liegt weniger im rechtlichen Bereich – die Unterschiede von Entscheidungs- und Anwaltsklausuren in prozessualer und materieller Hinsicht sind gering –, als in der Verkennung des erforderlichen Perspektivwechsels, der eine völlig andere Arbeitstechnik erfordert:

- Bei Entscheidungsklausuren ist die **Perspektive eines Richters** maßgebend. Seine Handlungsoptionen sind begrenzt: Er kann nur im Rahmen der Parteianträge und des von den Parteien vorgetragenen Sachverhalts entscheiden. Taktische Erwägungen spielen keine Rolle: Ein Richter löst einen Fall vor dem Hintergrund des Parteivorbringens, nimmt aber auf die Entscheidungsgrundlagen nur begrenzten Einfluss (zB §§ 139, 144 ZPO).
- Bei Anwaltsklausuren ist die **Perspektive eines Anwalts** maßgebend. Seine Handlungsoptionen sind reichhaltig, da er die zu treffende gerichtliche Entscheidung beeinflussen kann: Er kann je nach Sachlage zwischen verschiedenen Klagemöglichkeiten wählen, einem Dritten den Streit verkünden, Ansprüche anerkennen, Widerklage erheben, Aufrechnung geltend machen, usw usw. Grenzen setzen lediglich die Prozessordnung (insbesondere die prozessuale Wahrheitspflicht, § 138 I ZPO) und das Interesse seines Mandanten daran, dass er den sichersten, wirkungsvollsten und kostengünstigsten Weg wählt, um seinem Anliegen Rechnung zu tragen.

Für den **Klausurbearbeiter** bedeutet das: Ausgehend vom Wunsch des Mandanten – etwa auf Durchsetzung eines Herausgabeanspruchs, auf Abweisung einer gegen ihn erhobenen Zahlungsklage, auf Maßnahmen zur Abwendung einer drohenden Zwangsvollstreckung – prüft er den Klausurtext (er umfasst idR das „Mandantengespräch" und die dem Anwalt übergebenen Unterlagen) unter dem Aspekt, ob und wie dem Mandantenwillen entsprochen werden kann. Dies umfassend unter allen prozessual und materiell in Betracht kommenden Möglichkeiten sowie unter Darlegung der jeweiligen prozessrechtlichen Risiken, wirtschaftlichen und kostenrechtlichen Konsequenzen.

Taktische Erwägungen (man spricht auch von „Anwaltstaktik" oder „Zweckmäßigkeitserwägungen") müssen in die Lösung einfließen, – wobei deren Relevanz in der Anwaltspraxis sich in Klausuren nur eingeschränkt widerspiegeln lässt: Will der Mandant einen größeren Zahlungsbetrag geltend machen und kommt der Anwalt nach eingehender Prüfung der Rechtslage zum Ergebnis, dass in tatsächlicher und/oder rechtlicher Hinsicht erhebliche Risiken bestehen, wird er – besteht der Mandant auf Durchsetzung des Anspruchs – eine kostengünstigere Teilklage erheben. Ist die abzuwehrende Klage nicht vor dem vereinbarten Gerichtsstand Hamburg erhoben, sondern in München, dem Wohnsitz des Beklagten, ist es regelmäßig im Interesse des Mandanten, auf eine Rüge zu verzichten; wurde die Klage nicht in Hamburg, sondern in Düsseldorf erhoben, wird der Anwalt auf eine entsprechende Rüge verzichten, wenn sein Mandant unmissverständlich erklärt, er wolle den Prozess ohne jede Verzögerung so schnell wie möglich vom Tisch haben. Erklärt der Mandant seinem Anwalt, er könne dem klägerischen Werklohnanspruch eine unstreitig offene, aber möglicherweise verjährte, Kaufpreisforderung entgegenhalten, wird dieser prüfen: Ist die Gegenforderung verjährt? Wenn ja, kommt keine Widerklage in Betracht, sondern (§ 215 BGB) eine Aufrechnung; ist zudem unsicher, ob der Kläger mit seiner Forderung durchdringt, wird er die Aufrechnung nur hilfsweise erklären. Usw, usw.

Zum **Aufbau** einer Anwaltsklausur gibt es angesichts der großen Bandbreite an Klausurvarianten kein einheitliches Prüfungsschema. Aus der Erfahrung vergangener Examensklausuren lässt sich jedoch zumindest festhalten: Es wird erwartet, dass Sachvortrag und Rechtsausführungen strikt voneinander getrennt werden; Schwerpunkt der Bewertung sind dabei in der Regel die Rechtsausführungen, die vom Aufbau her den Entscheidungsgründen ähneln. Erlernen lässt sich die dem jeweiligen Klausurtyp angemessene Arbeitsweise allein durch Einübung; Sie sollten deshalb im Referendariat möglichst viele Anwaltsklausuren schreiben (vgl. ua Schmitz/Dallmayer, Assessorklausuren).

2. Kapitel: Klageschrift

Inhaltsverzeichnis

I. Allgemeines	203
II. Aufbau	203
1. Rubrum	204
2. Anträge	205
a) Vertretungsanzeige	205
b) Anträge	205
3. Begründung: Sachvortrag	206
a) Schilderung des Sachverhalts	206
b) Beweismittel	208
aa) Augenschein, §§ 371 ff. ZPO	208
bb) Zeugenbeweis, §§ 373 ff. ZPO	208
cc) Sachverständige, §§ 402 ff. ZPO	209
dd) Urkundenbeweis, §§ 415 ff. ZPO	209
ee) Parteivernehmung, §§ 445 ff. ZPO	210
4. Begründung: Rechtsausführungen	210
5. Streitverkündung	210
6. Mandantenschreiben	211
III. Examensrelevante Rechtsprechung	211

Rechtsgrundlage: § 253 ZPO

I. Allgemeines

Mit Erhebung der Klage (§ 253 II ZPO), dh mit ihrer Zustellung an den Beklagten wird der Rechtsstreit rechtshängig; sofern die Zustellung „*demnächst*" erfolgt, ordnet § 167 ZPO eine Rückwirkung auf den Zeitpunkt der Anhängigkeit an, dh den Eingang der Klage bei Gericht.

Mit der **Rechtshängigkeit** sind unterschiedliche Folgen verbunden. Prozessuale Konsequenzen: § 261 III Nr. 1 (entgegenstehende Rechtshängigkeit) und Nr. 2 ZPO (perpetuatio fori); materielle Wirkungen: Haftungsverschärfung (§§ 292, 818 IV, 989 BGB); Hemmung der Verjährung (§§ 209, 204 BGB); Anspruch auf Prozesszinsen (§ 291 BGB). Wird ein prozessualer Anspruch (zB eine Klageerweiterung oder eine Widerklage) erst im Prozess erhoben, tritt Rechtshängigkeit mit Geltendmachung in der mündlichen Verhandlung oder mit Zustellung eines entsprechenden Schriftsatzes ein (§ 261 II ZPO).

Die wirksame Klageerhebung ist echte Prozessvoraussetzung (sofern die Klage an gravierenden Mängeln leidet, wird sie nicht zugestellt, ein Prozessrechtsverhältnis entsteht nicht) und Zulässigkeitsvoraussetzung, dh sie muss der Bestimmung des § 253 ZPO genügen. Allein die Klageschrift entscheidet, wer Kläger und wer Beklagter ist (formeller Parteibegriff) und gibt den Rahmen der Entscheidungskompetenz des Gerichts vor (§ 308 ZPO).

II. Aufbau

Der typische Aufbau einer Klageschrift enthält vier Elemente: Rubrum – Anträge – Sachverhaltsschilderung mit Beweisangeboten – Rechtsausführungen.

> Rechtsanwalt Ernst Fleißig
> Bahnhofstraße 4
> 83278 Traunstein
>
> An das
> Amtsgericht Traunstein – Zivilabteilung
> Herzog-Otto-Straße 1
> 83278 Traunstein
>
> **Klage**
>
> In Sachen
>
> Karl Konrad, Schmidhamerstraße 15, 83278 Traunstein
> – Kläger –
> Prozessbevollmächtigter: Unterfertigter
>
> **gegen**
>
> Bertold Blau, Rosenheimerstraße 89, 83278 Traunstein
> – Beklagter –
>
> wegen Schadensersatz
> Streitwert: 3.850 EUR
>
> Namens und im Auftrag des Klägers erhebe ich unter Vorlage einer Vollmacht (Anlage 1) Klage zum Amtsgericht Traunstein und werde in der mündlichen Verhandlung folgende Anträge stellen:
>
> 1. **Der Beklagte wird verurteilt, an den Kläger 3.850 EUR nebst Zinsen hieraus in Höhe von 5 Prozentpunkten über dem jeweiligen Basiszinssatz seit Rechtshängigkeit zu zahlen.**
> 2. **Der Beklagte wird darüber hinaus verurteilt, an den Kläger vorgerichtliche Anwaltskosten in Höhe von 413,65 EUR zu zahlen.**
>
> Sollte der Beklagte nicht rechtzeitig seine Verteidigungsbereitschaft anzeigen, beantrage ich Erlass eines Versäumnisurteils. Der Klageerhebung ist kein Versuch einer Mediation oä vorausgegangen; mit einem solchen Verfahren besteht Einverständnis.
>
> **Begründung**
> I. In tatsächlicher Hinsicht ist auszuführen …
> II. In rechtlicher Hinsicht ist auszuführen …
>
> Unterschrift

Randnotizen:
- *Rubrum*
- *Vertretungsanzeige mit Vollmachtsvorlage und Anträgen*
- *§ 253 III Nr. 1 ZPO*
- *Sachverhaltsschilderung*
- *Rechtsausführungen*

1. Rubrum

Die Klage muss an ein **zuständiges Gericht** adressiert sein. Sind mehrere Gerichte zuständig, kann der Kläger wählen (§ 35 ZPO). Im Mandantenschreiben bzw. Hilfsgutachten ist dann kurz darzulegen, warum welches Gericht ausgewählt wurde, etwa weil auf die Wohnortnähe des Klägers oder die der Zeugen (Reduzierung der Gerichtskosten) abgestellt wurde. Die Angabe der Abteilung/Kammer ist nicht erforderlich, mit Ausnahme der Handelskammer (§ 96 GVG).

Auch wenn im Vorfeld für den Beklagten ein Anwalt tätig war, heißt das nicht, dass dieser auch die gerichtliche Vertretung übernehmen wird; die Klage ist deshalb idR an den **Beklagten persönlich** zu richten. Beklagter ist dabei immer (formeller Parteibegriff!) *die* Person, die in der Klageschrift *als solche* bezeichnet wurde. Bei einer falschen Parteibezeichnung sind die Hürden für eine Rubrumsberichtigung hoch, weshalb Sorgfalt geboten ist (vgl. dazu oben S. 89). Das Gericht wird die Klage nach § 271 I ZPO an den Beklagten zustellen, wofür eine **ladungsfähige Anschrift** benötigt wird. Bei inkorrekter Anschrift besteht die Gefahr, dass § 167 ZPO nicht zur Anwendung kommt (Rückwirkung der Zustellung auf den Eingang der Klage).

Nach § 253 III Nr. 2 ZPO soll die Klageschrift zudem die Angabe des Streitwerts enthalten.

2. Anträge

a) Vertretungsanzeige. Die Antragstellung wird idR mit folgender Vertretungsanzeige angekündigt: *Namens und im Auftrag des Klägers…* Nach § 80 S. 1 ZPO ist die Vollmacht schriftlich zu den Gerichtsakten einzureichen *(… unter Vorlage einer Vollmacht…)*.

> **Hinweise:**
> - Weil die Vorlage bei Anwälten nach § 88 II ZPO nicht von Amts wegen berücksichtigt wird, ist auch ausreichend: *Ich versichere die ordnungsgemäße Vertretung des Klägers. Namens und im Auftrag meines Mandanten…*
> - Hängt der Erfolg der zu erhebenden Klage noch von materiellen Rechtsgeschäften ab (zB Kündigung, Rücktritt, Anfechtung), muss der Anwalt diese Rechtsgeschäfte im Namen des Klägers gegenüber dem Beklagten (über das Gericht als Boten) vornehmen. Ein entsprechendes Vorgehen wird durch die Prozessvollmacht (§ 81 ZPO) gedeckt, wenn es bei vernünftiger Betrachtungsweise zur Rechtsverfolgung innerhalb des Prozesszieles dient. Ist das der Fall, findet § 174 BGB keine Anwendung (BGH VIII ZR 72/02). Deckt die Prozessvollmacht die vorzunehmenden materiellen Rechtsgeschäfte nicht, ist § 174 BGB anwendbar und die entsprechende Vollmacht ist dem Schriftsatz beizufügen. In solchen Fällen findet sich in der Regel ein versteckter Hinweis in der Klausur, wie zB *Der Rechtsanwalt lässt sich von… mehrere Vollmachten unterzeichnen*. Vgl. unten „Anwaltstaktik, S. 207.

b) Einzelheiten. Das Gericht entscheidet von Amts wegen über die Kosten des Rechtsstreits und die vorläufige Vollstreckbarkeit; entsprechende Anträge sind deshalb überflüssig. Die Formulierung des eigentlichen Sachantrags (Ziff. 1) entspricht dem erwünschten Tenor der gerichtlichen Entscheidung (vgl. Teil 1). Anders als im Urteil weiß der Kläger noch nicht, wann die Klage zugestellt werden wird und damit Rechtshängigkeit eintritt; in dem Zinsantrag heißt es daher *(ab Rechtshängigkeit)*. Im Urteil muss dann das Datum der Rechtshängigkeit (ein Tag später wegen § 187 I BGB analog!) eingesetzt werden, ansonsten das Vollstreckungsorgan den Zinsanspruch nicht berechnen kann. Neben dem offensichtlichen Sachwunsch des Mandanten, muss der Anwalt an weitere in Betracht kommende Anträge denken, in den Klausuren sind es regelmäßig fünf: (1) Hat der Kläger auch Anspruch auf Erstattung vorgerichtlicher Anwaltskosten, ist ein entsprechender Antrag zu stellen, der als eigene Ziffer angeführt wird (obiges Beispiel Ziff. 2), da er als Nebenforderung iSd § 4 ZPO nicht streitwerterhöhend wirkt. (2) Wird auf Herausgabe geklagt, kann das mit einem Antrag auf Fristsetzung und Schadensersatz wegen Nichterfüllung verbunden werden (§ 255 ZPO). (3) Bei einer Zug-um-Zug Verurteilung ist der Annahmeverzug festzustellen, vgl. Fall 8, S. 18. (4) Androhung von Ordnungsmittel (§ 890 II ZPO). (5) Feststellung, dass die Forderung auf einer vorsätzlich begangenen unerlaubten Handlung beruht (§ 850f II ZPO).

Zuletzt wird im Examen erwartet, dass der entsprechende Prozessantrag (Versäumnisurteil) gestellt wird. Sofern der Rechtsstreit vor dem Landgericht spielt, soll nach § 253 III ZPO auch eine Äußerung dazu erfolgen, ob einer Entscheidung der Sache durch den Einzelrichter Gründe entgegenstehen: *Einer Entscheidung durch den Einzelrichter stehen keine Gründe entgegen.*

> **Einschub: Vorgerichtliche Anwaltskosten**
> - **Allgemeines:** Für die vorgerichtliche Tätigkeit des Anwalts fällt nach Nr. 2300 VV-RVG eine **Geschäftsgebühr** in Höhe von 0,5 bis 2,5 Gebühren an (für Schreiben einfacher Art greift die 0,3 Gebühr aus Nr. 2301 VV-RVG). Diese Gebührenart (von… bis…) bezeichnet man als **Rahmengebühr** (§ 14 RVG.) Im Regelfall sind 1,3 Gebühren anzusetzen (vgl. 2300 VV-RVG). Nach § 14 I RVG kann der Anwalt aber die konkrete Gebühr unter Berücksichtigung aller Umstände festsetzen, wobei das Gericht, will es der Einschätzung des Anwalts nicht folgen, ein Gutachten der Anwaltskammer einholen muss (§ 14 II RVG). Ist der Anwalt zB der Ansicht, dass die zu bearbeitende Sache außergewöhnlich schwierig ist und daher nicht 1,3 Gebühren sondern 2,0 Gebühren anzusetzen sind, darf das Gericht ohne Einholung eines Gutachten hiervon nicht abweichen.
> - **Berechnung:** Legt man in obigem Beispiel einen Gebührenstreitwert von 3.850 EUR zugrunde, ergeben sich folgende vorgerichtliche Anwaltskosten: 1,3 Gebühren · 252 EUR (Anlage 2 zum RVG) + Post- und Telekommunikationspauschale (Nr. 7002 VV-RVG) + Umsatzsteuer (Nr. 7008 VV-RVG) = 327,60 EUR + 20 EUR + 19 % = 413,65 EUR.
> - Eine **Erstattung** (und damit eine Antragstellung) kommt nur in Betracht, wenn eine entsprechende Anspruchsgrundlage einschlägig ist und der Mandant seinen Anwalt bezahlt hat (andernfalls hat er einen Freistellungsanspruch).
>   **Beispiel 1:** Anwalt A wird von B mandatiert, Schadensersatzansprüche aus einem Verkehrsunfall geltend zu machen. Er prüft die Rechtslage und verfasst ein entsprechendes Schreiben, mit dem er die gegnerische Versicherung zur Regulierung

der Kosten auffordert. – Der Unfallgegner bzw. seine Versicherung haftet B auf Ersatz der vorgerichtlichen Anwaltskosten (**Rechtsverfolgungskosten, materieller Kostenerstattungsanspruch**) aus § 7 StVG (bzw. 18 StVG) iVm § 249 BGB, weil die Verpflichtung zum Schadensersatz auch *die* Unkosten erfasst, die dem Geschädigten zur *Durchsetzung* seines Anspruchs entstehen (Kosten für die Begutachtung des Schadens durch einen Sachverständigen, Telefon- und Portokosten, Unfallkostenpauschale, usw). Der Anwalt wird bereits im Schreiben an die Versicherung auch diesen Betrag fordern und den Betrag in der Klageschrift geltend machen.

Beispiel 2: Anwalt A wird von B mandatiert, eine Kaufpreisforderung durchzusetzen. Er prüft die Rechtslage und verfasst ein entsprechendes Schreiben an den Vertragspartner des B und fordert ihn unter Fristsetzung zur Begleichung der Kaufpreisforderung auf. – B hat gegen seinen Vertragspartner keinen Anspruch auf Erstattung der vorgerichtlichen Anwaltskosten. Die Anspruchsgrundlage des § 433 II BGB umfasst allein den Primäranspruch, so dass als denkbarer Schadensersatzanspruch für die Anwaltskosten nur §§ 280 II, 286 BGB in Betracht kommt. Die Kosten für die In-Verzug-Setzung sind aber *kein* Verzögerungsschaden (Schadensersatz erst *ab* Verzug!).

- **Anrechnung:** Die Geschäftsgebühr für die vorgerichtliche Tätigkeit wird auf die spätere *Verfahrensgebühr* zur Hälfte, höchstens zu 0,75 Gebühren angerechnet (Vorbemerkung 3, Absatz 4, abgedruckt vor Nr. 3100 VV-RVG). Mit der Anrechnung möchte der Gesetzgeber letztlich die doppelte Vergütung der im Wesentlichen gleichen Tätigkeit verhindern. In der Klausur empfiehlt sich die Geltendmachung der vollen Geschäftsgebühr (es rechnet sich dann leichter!).

3. Begründung: Sachvortrag

Nach § 253 II Nr. 2 ZPO muss der Anwalt den Sachverhalt angeben, der den Klageantrag rechtfertigt. Dieser Sachvortrag ist im Gegensatz zu den Rechtsausführungen zwingender Bestandteil der Klageschrift und wird eingeleitet mit der Wendung: *In tatsächlicher Hinsicht ist folgendes auszuführen: ...*; anschließend wird in chronologischer Reihenfolge samt entsprechenden Beweisangeboten das Geschehen vorgetragen, das eine das Klagebegehren rechtfertigende Anspruchsgrundlage erfüllt.

a) Schilderung des Sachverhalts. Der Sachvortrag ist, ähnlich dem Tatbestand beim Urteil, frei von rechtlichen Wertungen und ohne Normzitate zu fertigen. Bei der Korrektur entsprechender Examensklausuren wird überprüft, ob die Klage **schlüssig** ist; Schlüssigkeit bedeutet: Bei Wahrunterstellung des Sachvortrags des Klägers ist zumindest eine Anspruchsgrundlage erfüllt, die den Klageantrag rechtfertigt. Damit ist die Herangehensweise an solche Klausuren vorgezeichnet: Der Anwalt prüft im Rahmen einer Vorüberlegung die materielle Rechtslage (welche Anspruchsnorm ist einschlagig? Welche Voraussetzungen erfordert die Norm?) und fertigt anschließend einen schlüssigen Vortrag.

Beispiel: Der Mandant hat einen Wohnwagen erworben; vier Monate nach Übergabe springt der Wohnwagen nicht mehr an. Der Mandant wünscht die Rückzahlung des Kaufpreises.

Lösungsskizze (Vorarbeit): Anspruchsgrundlage für den Mandanten ist § 346 I BGB iVm §§ 433, 437 Nr. 2, 323 BGB. Voraussetzungen dieser Anspruchsgrundlage:

- Kaufvertrag
- Sachmangel bei Übergabe: Hier vier Monate nach Übergabe (Beweislastumkehr: § 476 BGB!); der Mandant muss Verbraucher (§ 13 BGB) und der Vertragspartner Unternehmer (§ 14 BGB) sein.
- Erfolglose Fristsetzung zur Nacherfüllung (oder Entbehrlichkeit einer Fristsetzung).
- Rücktrittserklärung

Sachvortrag: Die Lösungsskizze beinhaltet das Gerüst für den zu fertigenden Sachvortrag. Der Anwalt formuliert in etwa:

1. In tatsächlicher Hinsicht ist auszuführen: *Der Kläger erwarb am 24.4. vom Beklagten, der in Traunstein in der Rosenheimerstraße 29 einen Gebrauchtwagenhandel betreibt, in dessen Filiale für den Privatgebrauch einen Wohnwagen (Typ ...) für insgesamt 12.490 EUR.* *Beweis: Schriftlicher Kaufvertrag vom 24.4. als Urkunde, vorgelegt in Abschrift, vgl. Anlage K1*	Voraussetzung Nr. 1: Abschluss des Kaufvertrags, Inhalt und nähere Umstände; Hinweis auf Unternehmereigenschaft des B.
Entsprechend der Vereinbarung wurde der Wohnwagen in der Filiale des Beklagten eine Woche später, dh am 1.5., gegen Zahlung des Kaufpreises übergeben.	Voraussetzung Nr. 2: Übergabe der Kaufsache
Bereits am 1.9. war der Kläger nicht mehr in der Lage, den Wagen zu starten. Er ließ den Wohnwagen daraufhin in eine Fachwerk-	und Vorliegen eines Sachmangels.

2. Kapitel: Klageschrift

stätte abschleppen. Der Privatgutachter Meister stellte bei seiner Untersuchung fest, dass der Motor des Wohnwagens defekt ist (... vollständige Mängelbeschreibung); insoweit wird auf das Privatgutachten des Sachverständigen vom 5.9. (Anlage K2) Bezug genommen. Im Bestreitensfalle Beweis: Erholung eines Gutachtens eines vom Gericht zu beauftragenden öffentlich bestellten Kfz-Sachverständigen Herbert Meister, Hochfellnstraße 1, 83278 Traunstein als sachverständiger Zeuge	Problem der Bezugnahme (vgl. unten „Anlagen").
Der Kläger zeigte dem Beklagten am 4.9. den Sachmangel an und forderte ihn auf, den Wohnwagen zu reparieren, verbunden mit dem Angebot, den Wohnwagen zum Geschäft des Beklagten zu verbringen. Für die Durchführung der Reparatur setzte er ihm eine Frist bis zum 1.10. Der Beklagte ließ die Frist ohne Vornahme der Reparatur verstreichen.	Voraussetzung Nr. 3: Fristsetzung zur Nacherfüllung (in Form der Nachbesserung).
Daraufhin erklärte der Kläger mit Schreiben vom 6.10. den Rücktritt vom Kaufvertrag und forderte den Beklagten auf, den Kaufpreis Zug-um-Zug gegen Rückgabe des Wohnwagens zurückzuzahlen. Nachdem der Beklagte den Kaufpreis bis heute nicht rückerstattet hat, war Klageerhebung geboten.	Voraussetzung Nr. 4: Rücktrittserklärung.

Erläuterungen zum Aufbau:

- Macht der Kläger im Wege der Klagehäufung **mehrere Ansprüche** geltend, erfolgt die Schilderung des Sachvortrags entsprechend, zB: *In tatsächlicher Hinsicht ist auszuführen: Zu Antrag Ziff. I: ... .*
- Setzt sich der geforderte Betrag aus mehreren Einzelposten zusammen, sollte zum Abschluss des Sachvortrags klarstellend – das wird häufig übersehen – nochmals aufgeschlüsselt werden: *Dem Kläger sind daher insgesamt folgende Schäden entstanden: Sachschaden am Pkw in Höhe von 2.500 EUR (Beweis:...); Gutachterkosten in Höhe von 800 EUR (Beweis: ...); Unfallkostenpauschale in Höhe von 25 EUR. Der Gesamtschaden, der dem Klageantrag entspricht, beläuft sich auf 3.325 EUR.*
- Zuletzt sind die **Nebenforderungen** zu begründen, etwa: *„Der Kläger hat den Beklagten mit Schreiben vom 23.4. aufgefordert, den Klagebetrag bis zum 23.5. zu zahlen; eine Zahlung ist nicht eingegangen. Zinsen sind daher ab 24.5. zu zahlen".*

> **Weiterführende Hinweise:**
> - **Anlagen:** In der Praxis ist es üblich, Anlagen zu nummerieren, für den Kläger mit Anlage K1, K2, K3..., für den Beklagten mit Anlage B1, B2, B3... In der Klausur übergibt der Mandant dem Anwalt regelmäßig diverse Unterlagen; dieser muss dann prüfen, welche er dem Gericht vorlegen will. **Bezugnahmen auf Anlagen** sind grundsätzlich nicht zulässig: Der Inhalt, der sich aus einer Anlage ergibt, muss in eigenen Worten im Sachvortrag zusammengefasst werden; lediglich zur Ergänzung darf auf Anlagen verwiesen werden.
> - **Anwaltstaktik:** Es wird erwartet, dass der Klausurbearbeiter in die Rolle des Anwalts „schlüpft", also nichts vorträgt, was dem Mandanten schadet (das gehört ins Mandantenschreiben oder Hilfsgutachten); auch muss er sich „als Anwalt" immer bewusst sein, dass sich idR nicht alles nachweisen lässt und deshalb überlegen, welches hilfsweise Vorbringen den Klageantrag stützen könnte. Zuletzt: Ist das Vorliegen materieller Voraussetzungen zweifelhaft, aber heilbar oder nachholbar, ist ein entsprechender erneuter Vortrag erforderlich, zB: *Sollte das Gericht der Auffassung sein, dass die Erklärung des Mandanten nicht als Anfechtung ausgelegt werden kann, erkläre ich für meinen Mandanten nochmals ausdrücklich die Anfechtung wegen arglistiger Täuschung.* Oder: *Sollte das Gericht der Auffassung sein, dass die Erklärung meines Mandanten nicht als Zurückweisung iSd § 174 S. 1 BGB ausgelegt werden kann, weise ich für meinen Mandanten erneut die Kündigung zurück, da der angebliche Vertreter bei Vornahme der Kündigung keine Vollmachtsurkunde vorgelegt hat.*
> **Achtung:** Sind materiellen Erklärungen (Anfechtung, Kündigung, Zurückweisung, etc) erforderlich, ergibt sich aus § 81 ZPO, ob der Anwalt eine *gesonderte Vollmacht benötigt (vgl. oben).* Ist das der Fall, ist eine entsprechende Bevollmächtigung beizulegen. Bedient sich der Anwalt dabei des Gerichts (Argument ist die Nachweisbarkeit!), muss er bedenken, dass § 167 ZPO nicht greift, sein Mandant also das Risiko verzögerter Zustellung trägt. Bei Eilbedürftigkeit muss er selbst zustellen; insoweit bietet sich, um Nachweisrisiken zu minimieren – oft geht es nicht nur um den Nachweis, *dass* etwas zugestellt wurde, sondern *was* zugestellt wurde – die Zustellung über den Gerichtsvollzieher an (vgl. auch § 132 BGB!).
> - **Erklärungsumfang:** Der Anwalt muss nach § 138 I ZPO die tatsächlichen Umstände vollständig und der Wahrheit gemäß erklären.

b) Beweismittel. Der Anwalt muss in seiner Klageschrift Beweismittel (§§ 355 ff. ZPO) für *den* Sachvortrag anbieten, für den er die Beweislast trägt und den der Gegner bestreiten wird (prognostisches Element). Ein zulässiges Beweisangebot setzt voraus: a) die Schilderung der zu beweisenden Tatsache, weshalb sich die Beweisangebote unmittelbar an den zu beweisenden Sachvortrag anschließen; b) die Benennung eines der fünf *Strengbeweismittel* der ZPO, also Augenschein, Zeugen, Sachverständige, Urkunden, Partei (im Einzelfall kann das Gericht nach § 284 S. 2 ZPO mit Zustimmung der Parteien oder im Bagatellverfahren gem. § 495a ZPO vom Strengbeweisverfahren absehen). Das Beweismittel ist so konkret zu bezeichnen, dass das Gericht in der Lage ist, es zu erheben.

> **Weiterführende Hinweise:**
> - Die gerichtliche Beweiserhebung ist grundsätzlich davon abhängig, dass die Partei, die das Beweismittel angeboten hat, auf Anforderung durch das Gericht einen entsprechenden **Vorschuss** leistet (§ 379 ZPO oder §§ 402, 379 ZPO).
> - **Beibringungsgrundsatz:** Grundsätzlich ist ein Beweisangebot der beweisbelasteten Partei erforderlich, – es gilt dieser Grundsatz aber nur für den *Zeugenbeweis*; Augenschein, Sachverständigenbeweis, Urkundenbeweis oder Parteieinvernahme kann das Gericht auch von Amts wegen erheben (vgl. §§ 141 ff., § 448 ZPO). Erhebt das Gericht Beweis von Amts wegen, kann die Beweiserhebung, zB durch Begutachtung, nicht von der Leistung eines entsprechenden Vorschusses abhängig gemacht werden!
> - **Beweisvereitelung:** Macht der Gegner dem Beweisführer die Führung eines Beweises schuldhaft unmöglich – er verhindert zB den Zutritt zur Einholung eines Augenscheins –, kann das im Einzelfall zu einer Beweislastumkehr führen (Einzelheiten Reichold in Thomas/Putzo, 39. Auflage 2018 § 286 Rn. 17 ff.).

aa) Augenschein, §§ 371 ff. ZPO. Der Augenschein soll dem Gericht die Überzeugung durch gegenständlich sinnliche (akustisch, optisch, taktil oder sensorisch) Wahrnehmung vermitteln; taugliche Augenscheinsobjekte sind zB die Unfallörtlichkeit, Tonaufzeichnungen oder Videodateien. Sind Gegenstand des Augenscheins elektronische Dokumente, wird nach § 371 I 2 ZPO der Beweis durch Vorlage oder Übermittlung der Datei angeboten. Befindet sich der Gegenstand nicht im Besitz des Mandanten, kann der Anwalt nach § 144 I 2 ZPO eine Anordnung des Gerichts anregen; ist der Gegenstand im Besitz des Gegners, gelten §§ 422 ff. ZPO analog (vgl. unten, Urkundenbeweis).

Will der Anwalt zB das Aussehen des Mandanten oder dessen Unterschrift nachweisen, kann er den Reisepass mit Lichtbild und Unterschrift vorlegen: *Beweis: Reisepass mit Foto und Unterschrift meines Mandanten als Augenschein.*

bb) Zeugenbeweis, §§ 373 ff. ZPO. Er wird durch Benennung des Zeugen angetreten, dh Voraussetzung ist die Angabe einer ladungsfähigen Anschrift. Zeuge ist nur eine am Verfahren nicht beteiligte Person oder deren gesetzlicher Vertreter: zB der Kommanditist, der nicht vertretungsberechtigte Gesellschafter oder der einfache Streitgenosse; *Beweis: Herbert Meister, Hochfellnstraße 1, 83278 Traunstein als Zeuge.* Für Minderjährige vgl. § 455 ZPO.

> **Weiterführende Hinweise:**
> - **Aussage in anderen Verfahren:** Wurde ein Zeuge bereits in einem anderen Verfahren vernommen, etwa in einem Strafverfahren, können Vernehmungsprotokolle als Urkundenbeweis verwertet werden; sie sind zum Gegenstand der mündlichen Verhandlung zu machen. Die Parteien haben aber das Recht, die unmittelbare (§ 355 ZPO) Anhörung des Zeugen zu beantragen!
> - **Beweiswürdigung:** Der Zeugenbeweis ist sicherlich das „schlechteste" Beweismittel der ZPO. Das liegt nicht etwa daran, dass Zeugen zur Lüge neigen, vielmehr ist ihr Erinnerungsbild anfällig für Veränderungen durch Wahrnehmungs-, Erinnerungs- oder Reproduktionsmängel (bereits die Diskussion über Vorkommnisse verändert die gespeicherten Informationen im Gedächtnis!). Auch fühlen sich manche Zeugen aufgrund des Umstands, dass sie Zeugen sind, verpflichtet, *alle* Fragen zu beantworten und entsprechende Erklärungen zu „finden". Im **Examen** sollte der Referendar zumindest vier Begrifflichkeiten im Zusammenhang mit dem Zeugenbeweis beherrschen:
> *Glaubwürdigkeit:* „Glaubwürdig" ist immer nur die **Person** (Urteilsfähigkeit, Wahrheitsliebe etc) und nicht ihre Aussage, so dass die Frage der Glaubwürdigkeit nur von *dem* beurteilt werden kann, der den Zeugen vernommen hat. Wird also die Aussage des Zeugen Z über eine Urkunde eingeführt, kann seine Glaubwürdigkeit regelmäßig nicht beurteilt werden.
> *Glaubhaftigkeit:* „Glaubhaft" ist immer nur die **Aussage** (widerspruchsfrei, nachvollziehbar, schlüssig usw), nicht aber der Zeuge.
> *Knallzeuge:* Mit diesem Begriff wird folgende Situation beschrieben: Zeuge Z wird durch einen lauten Knall auf einen Verkehrsunfall aufmerksam; er dreht sich um und sieht, dass ein blauer Golf mit einem roten Audi zusammen gestoßen ist. Obwohl er den Zusammenstoß nicht beobachtet hat, berichtet er in späteren Gerichtsverfahren wie es dazu kam, dass die beiden Fahrzeuge kollidiert sind; subjektiv ist er der Überzeugung, die Wahrheit zu sprechen, obwohl dies objektiv nicht der Fall ist. Das kann ua daran liegen, dass Z über den Unfall nachgedacht, für sich eine Erklärung gefunden und im Gedächtnis als *erlebte* Erinnerung abgelegt hat. Der Richter muss sich solcher Wahrnehmungsmängel stets bewusst sein.
> *Nullhypothese des BGH:* Aufgrund der geschilderten Defizite des Zeugenbeweises, fordert die höchstrichterliche Rechtsprechung eine kritische Würdigung von Zeugenaussagen. Mit der **Nullhypothese** des BGH wird beschrieben, dass ein Zeuge, von dem man nicht weiß, ob er die Wahrheit sagt oder lügt, einer gerichtlichen Überzeugungsbildung nicht zu Grunde gelegt werden darf, – er ist *Null* wert. Nur wenn tatsächliche Anhaltspunkte vorliegen, dass er die Wahrheit spricht, darf der Richter seine Überzeugungsbildung auf die Aussage des Zeugen stützen. **Richtig:** *Der Zeuge Maier, der*

2. Kapitel: Klageschrift

> *den Sachvortrag des Klägers bestätigt hat, ist glaubwürdig, seine Aussage ist glaubhaft. Der Zeuge hat keine persönlichen Beziehungen zum Kläger und kennt diesen nicht. Die Schilderung des Geschehens war widerspruchsfrei und der Zeuge war in der Lage, in seiner Aussage trotz vorhandener Zeitsprünge, die Geschehnisse darzulegen. Auch konnte er sich an Randgeschehen und Nebensächlichkeiten erinnern, wie beispielsweise... Das Gericht ist daher überzeugt, dass der Zeuge das Geschehen erlebt und wahrheitsgemäß geschildert hat.* **Falsch:** *Das Gericht legt seiner Überzeugungsbildung die Aussage des Zeugen Meier zu Grunde. Es gibt keine Anhaltspunkte dafür, dass er gelogen haben könnte.*

cc) Sachverständige, §§ 402 ff. ZPO. Der Sachverständige im Sinn der §§ 402 ff. ZPO ist nur der gerichtlich bestellte Sachverständige (§ 404 ZPO) und nicht der Privatgutachter!

Beweis: Erholung eines Gutachtens durch einen vom Gericht zu beauftragenden öffentlich bestellten Kfz-Sachverständigen.

> **Weiterführende Hinweise:**
> - **Gutachten aus anderen Verfahren:** Sie können als Urkundenbeweis oder über § 411a ZPO eingeführt werden.
> - **Selbständiges Beweisverfahren:** Beruft sich eine Partei auf Tatsachen, über die selbständig nach §§ 485 ff. ZPO Beweis erhoben wurde, steht die selbständige Beweiserhebung einer Beweisaufnahme vor dem Prozessgericht gleich; dh das Gutachten aus dem selbständigen Beweisverfahren wird nicht über § 411a ZPO eingeführt, sondern es gelten über § 493 I ZPO unmittelbar die §§ 402 ff. ZPO
> - **Privatgutachten** können im Examen erhebliche Schwierigkeiten bereiten. Problemschwerpunkte:
>
>   **Beweisangebot:** Das Privatgutachten ist, subsumiert man es unter die Beweisvorschriften der ZPO, eine *Privaturkunde*, die *keinen* Beweis für die streitige Behauptung liefert. Konsequenz: Weil das Gutachten des privaten Sachverständigen Meister *keinen* Beweis für die streitige Behauptung liefert, dass der „Motor defekt ist", muss es als *Parteivortrag* geschildert werden (sog. **qualifiziertes Vorbringen**) samt Vorlage des Privatgutachtens als Anlage (damit soll in erster Linie erreicht werden, dass der Gegner den Vortrag nicht bestreitet, um keine unnützen Prozesskosten zu verursachen!). Richtiges Beweisangebot ist allein ein durch das *Gericht* zu erholendes Sachverständigengutachten *und* ggf. der Privatgutachter als sachverständiger Zeuge, da er den Motor des Wagens in beschädigtem Zustand gesehen hat.
>
>   *Der Kläger ließ den Wohnwagen in eine Fachwerkstätte abschleppen. Privatgutachter Meister stellte bei seiner Untersuchung fest, dass der Motor des Wohnwagens defekt ist (... vollständige Mängelbeschreibung); insoweit wird auf das Privatgutachten des Sachverständigen vom 5.9. (Anlage K2) Bezug genommen. Im Bestreitensfalle*
>
>   *Beweis: Erholung eines Gutachtens eines vom Gericht zu beauftragenden öffentlich bestellten Kfz-Sachverständigen*
>   *Herbert Meister, Hochfellnstraße 1, 83278 Traunstein als sachverständiger Zeuge*
>
>   **Kosten des Privatgutachtens:** Der Kläger kann uU einen Anspruch auf Erstattung der Kosten des Privatgutachters haben; Anspruchsgrundlage ist zB § 280 I BGB iVm § 249 BGB (Rechtsverfolgungskosten). Allerdings fehlt ihm das *Rechtsschutzbedürfnis* für eine klageweise Geltendmachung der Kosten, wenn hierfür ein einfacherer Weg zur Verfügung steht. Ein solcher „einfacherer Weg" ist das Kostenfestsetzungsverfahren nach § 103 ff. ZPO, *wenn die Kosten des Privatgutachtens Kosten des Rechtsstreits im Sinne der §§ 91 ff. ZPO sind*. Vorgerichtlich erholte Gutachten fallen dabei nach der Rechtsprechung **ausnahmsweise** unter §§ 91 ff. ZPO, wenn sie zu einem Zeitpunkt erholt wurden, als sich bereits ein **konkreter** Rechtsstreit abgezeichnet hat. Ist der Weg über das Kostenfestsetzungsverfahren nicht gangbar, müssen die Gutachterkosten eingeklagt werden; sie stellen einen eigenständigen Schadensposten dar und sind Hauptforderung und nicht Nebenforderung iSd § 4 ZPO.
>
>   **Quotierung:** A und B hatten einen Verkehrsunfall. A lässt seinen Schaden durch einen Privatgutachter schätzen, weshalb 800 EUR an Kosten für die Begutachtung anfallen. In einem späteren Rechtsstreit kommt das Gericht zum Ergebnis, dass B nicht zu 100 %, sondern zu 75 % haftet. In welchem Umfang schuldet B die Sachverständigenkosten? – A wird argumentieren: Egal ob B zu 100 % oder zu 75 % (oder weniger) haftet, musste ich zur Bezifferung meines Schadens ein Gutachten erholen; ich kann schwerlich als Auftrag erteilen: *Begutachte mein Fahrzeug zu 75 %*; B schuldet daher immer 100 %! Der BGH ist diesem Argument nicht gefolgt. Ergibt sich eine Haftungsquote, werden auch die Kosten eines Privatgutachtens nur in diesem Umfang, also zu 75 % erstattet, weil der Geschädigte durch die Begutachtung den Vorteil hat, dass er die *gesamten* Schäden am Fahrzeug kennt.

dd) Urkundenbeweis, §§ 415 ff. ZPO. Die Vorlage von Urkunden wurde in § 131 ZPO im Hinblick auf die kommende elektronische Akte neu gefasst. Danach darf die Urkunde nur noch in Abschrift (nicht mehr im Original!) den Schriftsätzen beigefügt werden. Auf die Klassifizierung des Beweisangebots darf dennoch nicht verzichtet werden. Wird der Urkundenbeweis erhoben, erfolgt dies durch Vorlegung der Urkunde nach § 420 ZPO.

Beispiel: *Beweis: Kaufvertrag über einen Pkw BMW 318i vom 3.2. als Urkunde, vorgelegt in Abschrift (Anlage K1)*

Die ZPO kennt zwei Arten von Urkunden – **öffentliche Urkunden** (§ 415 ZPO) und **Privaturkunden** (§ 416 ZPO) –, die sich in der Beweisrichtung unterscheiden: Die öffentliche Urkunde bietet Beweis für deren *Inhalt*; die Privaturkunde beweist demgegenüber lediglich, dass der *Aussteller* die in der Urkunde enthaltene Erklärung *abgegeben* hat, nicht aber die inhaltliche Richtigkeit der aufgenommenen Erklärung oder deren Zugang (Reichold in Thomas/Putzo, 39. Auflage 2018, § 416 Rn. 3). Für die **Echtheit** von Urkunden gelten nach §§ 437–440 ZPO *Vermutungen* und nach §§ 441 bis 442 ZPO *Beweisverfahrensregeln*.

Das Gericht kann nach § 142 I 1 ZPO die Vorlage von Urkunden anordnen, wenn sich eine Partei hierauf bezogen hat. Sofern die Urkunde im Besitz des Gegners ist, kann der Beweisführer nach §§ 421 ff. ZPO Vorlage verlangen. Im Examen ist zumeist § 422 ZPO iVm § 424 ZPO einschlägig. Danach kann der Beweisführer die Vorlegung beantragen, wenn er einen zivilrechtlichen Anspruch auf Herausgabe hat (§ 422 ZPO) und diesen glaubhaft macht (§§ 424 Nr. 5, 294 ZPO).

Beispiel: Der Kläger hat nach § 2362 II BGB einen Anspruch auf Herausgabe einer Kaufvertragsurkunde, die im Besitz des Beklagten ist (§ 2362 BGB ist ein Auskunftsanspruch, der nach § 260 BGB erfüllt wird und im Einzelfall zu einem Herausgabeanspruch werden kann). – In der Klageschrift formuliert man in etwa: *Der Beklagte veräußerte unter Vorlage eines Erbscheins im Dezember aus der Erbmasse einen Pkw Audi A 3, amtliches Kennzeichen TS-HG 854, an Herbert Gut für insgesamt 20.500 EUR.*
Beweis: *Herbert Gut, Jahnstraße 34, 83278 Traunstein als Zeuge.*

Schriftlicher Kaufvertrag zwischen dem Beklagten und Herbert Gut als Privaturkunde, dessen Vorlage nach §§ 421, 422, 424 ZPO beantragt beziehungsweise nach § 142 ZPO angeregt wird. Zur Darstellung des Grundes, der die Verpflichtung des Beklagten auf Vorlage der Urkunde begründet, wird auf obige Ausführungen Bezug genommen. Glaubhaftmachung: Eidesstattliche Versicherung von ...

> **Weiterführende Hinweise:**
> - Lässt das Gesetz eine **Glaubhaftmachung** ausreichen, darf *kein Beweis* angeboten werden, sondern es erfolgt eine *Glaubhaftmachung*. Zudem: Finden sich im Klausursachverhalt „Glaubhaftmachungen" oder lässt sich der Anwalt etwas „an Eides statt versichern", weiß der geübte Bearbeiter, dass Normen geprüft werden müssen (insbesondere Wiedereinsetzung nach §§ 233 ff. ZPO, einstweiliger Rechtsschutz oder Anträge auf einstweilige Einstellung der Zwangsvollstreckung nach §§ 707, 719 ZPO), bei denen eine Glaubhaftmachung in Betracht kommt.
> - Die **Fotokopie** ist keine Urkunde, sondern als Anlage und damit Teil des Sachvortrags der Partei Gegenstand der freien Beweiswürdigung nach § 286 ZPO.
> - **Fotografien** oder **Ausdrucke** von EDV-Vorgängen (zB Email) sind Augenscheinsobjekte.
> - Vgl. zu weiteren Einzelheiten die lehrreiche Entscheidung des BGH unten, examensrelevante Rechtsprechung.

ee) Parteivernehmung, §§ 445 ff. ZPO. Die Parteivernehmung ist eine häufige Fehlerquelle im Examen, da § 445 ZPO nicht beachtet wird: Gegenstand der Parteivernehmung ist nicht der eigene Mandant, sondern der *Gegner*! Die Vernehmung des eigenen Mandanten kommt nur ausnahmsweise in Betracht (§§ 447, 448 ZPO). Nach § **447** ZPO, wenn beide Parteien einverstanden sind und nach § **448** ZPO, wenn das bisherige Beweisergebnis zu einer **non-liquet**-Situation führt: Damit wird eine prozessuale Lage beschrieben (non liquet: „es ist nicht klar"), in der weder der Sachvortrag der einen noch der anderen Partei bewiesen werden konnte. Als weitere Voraussetzung des § 448 ZPO ist allerdings erforderlich, dass das Gericht eine sog. **Anfangswahrscheinlichkeit** von der Richtigkeit eines Parteivorbringens hat (es muss mehr dafür als dagegen sprechen). Weil diese Voraussetzungen in der Anwaltsklausur oft schwer darzulegen sind, empfiehlt es sich, auf das Beweismittel des § 448 ZPO erst im Mandantenschreiben oder im Hilfsgutachten einzugehen.

4. Begründung: Rechtsausführungen

Rechtsausführungen sind nach § 253 ZPO kein notwendiger Bestandteil der Klageschrift; in der Anwaltsklausur ist dieser Teil im Examen gleichwohl regelmäßig der Schwerpunkt der Bewertung. Sie werden üblicherweise eingeleitet mit dem Satz: *„In rechtlicher Hinsicht ist auszuführen..."*. Der Aufbau ähnelt den Entscheidungsgründen beim Urteil: Zulässigkeit der Klage, Begründetheit der Klage, Nebenforderungen, Unterschrift.

Zulässigkeit der Klage: Die Ausführungen sind knapp zu halten bzw. im Hilfsgutachten zu bringen. In der Praxis fehlen sie idR gänzlich.

Begründetheit der Klage: Ähnlich den Entscheidungsgründen ist bereits im ersten Satz die maßgebliche Anspruchsgrundlage zu zitieren: *Der Kläger hat gegen den Beklagten einen Anspruch auf Zahlung von Schadensersatz aus § 823 I BGB.* Bei den Ausführungen sollte man sich stets seiner Rolle als Anwalt bewusst sein, also nichts „bringen", was für den Mandanten nachteilig ist. Zudem: Es kann sein, dass das Gericht der vorgetragenen Rechtsansicht nicht folgt, weshalb den Klageantrag stützende Hilfsausführungen anzustellen sind: *Sollte das Gericht dem nicht folgen, ergibt sich ein Anspruch gleichwohl aus...*

Nebenforderungen, Unterschrift: Werden Zinsen nicht lediglich ab Rechtshängigkeit gefordert, sind sie zu begründen; ihre Höhe ergibt sich aus § 288 I 2 BGB oder § 288 II BGB. Unterschrift nicht vergessen!

5. Streitverkündung

Die Möglichkeit einer Streitverkündung muss geprüft werden. Achten Sie insoweit auf den *Bearbeitervermerk* in Klausuren, deren Sachverhalt neben dem Beklagten noch eine weitere Person als potentiellen Anspruchsgegner aufweist: Heißt es „Mögliche Ansprüche gegen den Dritten sind nicht zu erörtern", ist keine Streitverkündung erforderlich; fehlt diese Einschränkung, ist zu prüfen, ob eine Streitverkündung in Betracht kommt (Einzelheiten im Kapitel „Streitverkündung").

6. Mandantenschreiben

Das Mandantenschreiben bereitet Schwierigkeiten aufgrund der Unsicherheiten über den erforderlichen Inhalt. Es gilt: Zunächst bedankt man sich für das Mandat, weist auf den an das Gericht gefertigten Schriftsatz hin, den man als Anlage dem Mandantenschreiben beifügt, und fasst – das ist im Examen meist erlassen! – den Sachverhalt zusammen, der bei der Prüfung zugrunde gelegt wurde. Da der Mandant den Schriftsatz nunmehr kennt, darf *keinesfalls wiederholt werden*, was *dort steht*; der weitere Inhalt des Schreibens berücksichtigt vielmehr neben der Darlegung, warum so und nicht anders vorgegangen wurde, folgende Gesichtspunkte:

- Fragen. Im Klausursachverhalt richtet der Mandant in der Regel Fragen an den Anwalt, etwa: *Kann ich als gesetzlicher Vertreter des Beklagten trotzdem als Zeuge gehört werden? Nach welchen Regeln wird eine minderjährige Partei vernommen? Kann ich es erreichen, dass der Gegner für den Prozess erforderliche Urkunden vorlegt?* Sofern diese Fragen nicht im gerichtlichen Schriftsatz beantwortet werden, müssen sie im Mandantenschreiben aufgegriffen werden.

  Fragen des Mandanten übersieht man leicht bei der Fertigung des Mandantenschreibens. Sie sollten sie sich deshalb bei der Sachverhaltserfassung, unter dem Stichpunkt „Hinweise und Auffälligkeiten" notieren!

- Hinweise auf weitere mögliche Ansprüche. Der Anwalt schuldet Beratung, muss also prüfen, ob sich für seinen Mandanten im Hinblick auf den vorgetragenen Sachverhalt weitere mögliche Ansprüche (Schadensersatzansprüche, Unterlassungsansprüche usw) ergeben.

- Besondere Prozessrisiken. Der Anwalt muss als Nebenpflicht aus dem Anwaltsvertrag über Prozessrisiken aufklären, am besten schriftlich, eben im Mandantenschreiben; etwa: *Die Ausführungen stützen sich auf eine für Sie günstige Mindermeinung; das Problem ist höchstrichterlich noch nicht geklärt.*

- Taktik. Das Vorgehen in taktischer Hinsicht ist zu erläutern. Erfolgt beispielsweise eine Streitverkündung, eine bedingten Widerklage oder wird zwischen mehreren in Betracht kommenden Gerichtsständen einer ausgewählt, erklärt man kurz die Gründe für das Vorgehen.

> **Häufige Fehlerquelle:** Das Mandantenschreiben ist im Urteilsstil abzufassen; erforderliche rechtliche Prüfungen sind – auch wenn das Schreiben an einen Nichtjuristen gerichtet ist – präzise darzulegen.

III. Examensrelevante Rechtsprechung

1. BGH NJW 2017, 3304 (vereinfacht): K klagt einen vertraglichen Anspruch ein und legt die schriftliche Vertragsurkunde vor. Der Beklagte B bestreitet die Echtheit der Unterschrift. – Was wird sich der zuständige Richter überlegen?

Die Entscheidung bietet eine gute Hilfestellung zum Verständnis des Beweisrechts, dem Zusammenspiel der Normen des Strengbeweises und den Vorschriften für die Vorbereitung der mündlichen Verhandlung.

Die vorgelegte Vertragsurkunde ist eine Privaturkunde (§ 416 ZPO) und bietet damit „nur" Beweis dafür an, dass der Aussteller diese Aussage getroffen hat. Nachdem B die Echtheit bestreitet, muss er sich nach § 439 I ZPO dazu gem. § 138 ZPO erklären; nach Abs. 2 auch zur Echtheit der Unterschrift (bei fehlender Erklärung greift die Echtheitsvermutung des Abs. 3). Hat sich B entsprechend erklärt, muss K die Echtheit beweisen, § 440 I ZPO, da er die Urkunde in Erfüllung seiner Beweislast für den erhobenen Anspruch vorgelegt hat. Erforderlich ist ein Vollbeweis auf Echtheit der Urkunde (nicht: auf die Fälschung der Unterschrift), der durch eine Schriftvergleichung (§ 441 Abs. 1 ZPO) geführt werden kann. Die Schriftvergleichung (§ 442 ZPO) führt das Gericht nach pflichtgemäßem Ermessen durch Augenschein (§ 371 ZPO) oder durch Hinzuziehung eines Schriftsachverständigen durch (dann: Beweiserhebung nach § 402 ff. ZPO).

> **Fallfortführung:** Das Gericht ordnet vom Beklagten die Vorlage der Prozessvollmacht, der Kreditkarte und des Reisepasses an, um eine Schriftvergleichung durchzuführen. – Kann die Anordnung auf § 441 ZPO gestützt werden?

Die Anordnung kann nicht auf § 441 II ZPO oder § 432 ZPO gestützt werden, da sich die Urkunden nicht beim Kläger und bzw. bei Behörden befinden, sondern beim Beklagten. Damit wäre § 441 III ZPO einschlägig (käme B seiner Vorlagepflicht nicht nach, greift § 441 Abs. 3 S. 1 ZPO), es hat aber K hat keinen Antrag gestellt (was wiederum B rügen müsste, § 295 ZPO). Streitig ist zudem ob die Vorlagepflicht an weitere Voraussetzungen gebunden ist. Der BGH schlussfolgert aus dem Verweis in § 441 III 2 ZPO auf §§ 421 ff. ZPO, dass eine Urkundenvorlage nur beantragt werden kann, wenn ein materieller Anspruch auf Herausgabe besteht (§ 422 ZPO) oder der Gegner sich hierauf bezogen hat (§ 423 ZPO), also die §§ 421 ff. ZPO gelten. Die Gegenauffassung, die mit „Beweisnot" argumentiert, lehnt der BGH wegen der Erklärungspflicht gem. § 138 Abs. 2 ZPO ab.

> **Fortführung:** Kann die Vorlage auf weitere Vorschriften gestützt werden?

Die Befugnis zur Vorlage könnte sich auch aus den allgemeinen Vorschriften für die Prozessvorbereitung (§ 273 ZPO iVm §§ 142 ff ZPO, hier: § 142 und § 144 ZPO) ergeben:

- § 142 I ZPO: Die Vorschrift (kein Antragserfordernis!) ist neben § 441 III 1 ZPO anwendbar; aus den unterschiedlichen Rechtsfolgen (§ 441 III 1: § 441 III 3 ZPO / § 142: §§ 286, 427 S. 2 ZPO) ergeben sich keine Wertungswidersprüche. Voraussetzung für eine Vorlage nach § 142 I ZPO ist, dass eine Partei sich auf die Urkunde bezogen hat. Die Bezugnahme ist weit auszulegen, – es muss die Urkunde aber identifizierbar sein. Nach diesen Maßstäben kann die Vorlage der Prozessvollmacht gefordert werden, da mit der Vertretungsanzeige eine entsprechende Bezugnahme iSd § 142 I ZPO erfolgte. Die Vorlage der weiteren Unterlagen kann nicht auf § 142 ZPO gestützt werden.

- § 144 I ZPO: Die Urkunden werden für eine Schriftvergleichung benötigt und nicht wegen ihres Inhalts, dh sie werden zum Augenscheinsobjekt; anders als bei § 142 ZPO ist nicht Voraussetzung, dass sich eine Partei hierauf bezogen hat. Gleichwohl greift die Vorschrift nach Ansicht des BGH im Hinblick auf ihren Sinn und Zweck nicht: Sie zielt darauf ab, ein tieferes Verständnis des Gerichts durch Anschauung zu vermitteln, will aber keine Tatsachengrundlage für eine Überzeugungsbildung schaffen, hierfür ist § 441 III ZPO die speziellere Norm.

2. Zu § 255 ZPO: BGH NJW 2018, 786, Leitsätze: *1. Beantragt ein Gläubiger, den Schuldner zur Herausgabe einer Sache zu verurteilen, diesem eine Frist zur Herausgabe der Sache zu setzen und ihn weiter zu verurteilen, nach fruchtlosem Ablauf der Frist Schadensersatz statt der Leistung zu zahlen, liegt in diesem Antrag ein Verlangen auf Schadensersatz statt der Leistung, wenn der Gläubiger nicht deutlich macht, sein Wahlrecht erst künftig ausüben zu wollen.*

2. Wird ein Schuldner verurteilt, eine Sache an den Gläubiger herauszugeben und nach fruchtlosem Ablauf einer ihm zur Herausgabe gesetzten Frist Schadensersatz statt der Leistung zu zahlen, ist mit Eintritt der Bedingungen des Fristablaufs der im Urteil titulierte Herausgabeanspruch ausgeschlossen und der Schuldner nur noch zur Zahlung des ausgeurteilten Schadensersatzes verpflichtet, wenn sich nicht aus dem Urteil ergibt, dass die Verurteilung zur Zahlung von Schadensersatz unter der weiteren aufschiebenden Bedingung eines künftigen Schadensersatzverlangens des Gläubigers steht.

3. Kapitel: Klageerwiderung

Inhaltsverzeichnis

I. Klausurtechnik: Ausrichtung an der Arbeitsweise des Anwalts 213
   1. Analyse des Klägervorbringens 213
   2. Erwiderung des Anwalts 213
   3. Wahrung von Fristen und Termine 214
II. Aufbau der Klageerwiderungsschrift 214
   1. Rubrum 215
   2. Anträge 215
      a) Anerkenntnis 215
      b) Widerklage, Einspruch 215
   3. Begründung 215
      a) Zulässigkeit 215
      b) Tatsachenvortrag und Beweisangebote 215
      c) Rechtsausführungen 216
   4. Formulierungsbeispiel zum Sachvortrag und zu den Rechtsausführungen 216
   5. Streitverkündung, Mandantenschreiben 217
III. Besondere Klausurkonstellationen 217
   1. Einspruch gegen ein Versäumnisurteil/Wiedereinsetzung 217
      a) Einspruchseinlegung 217
      b) Begründung 218
   2. Widerklage 219

I. Klausurtechnik: Ausrichtung an der Arbeitsweise des Anwalts

Die Klausurbearbeitung bei einer Klageerwiderung spiegelt das Vorgehen des Anwalts wider. Der Fassung des Klageerwiderungsschriftsatzes gehen drei Arbeitsschritte voraus:

> 1. Analyse des Klägervorbringens (= Prüfung der Klage)
>
> 2. Angriff gegen Klage
>   a) unter Zugrundelegung des Mandantenvorbringens und
>   b) unter Berücksichtigung der Beweislastverteilung
>
> 3. Wahrung von Fristen und Terminen.

1. Analyse des Klägervorbringens

Mit der Klageerwiderung soll die Klage abgewehrt werden. Eine solche Abwehr – aus tatsächlichen oder rechtlichen Gründen – setzt denknotwendig voraus, dass man die Klageschrift (ggf. samt Ergänzungen) analysiert, also prüft, ob die Klage zulässig und schlüssig ist. **Zulässigkeit.** Auch die von Amts wegen zu beachtenden Zulässigkeitsvoraussetzungen werden geprüft. **Schlüssigkeit.** Der Anwalt muss die *Anspruchsgrundlage*, die das Klagebegehren trägt, erkennen und daraufhin überprüfen, ob der klägerische Vortrag die *jeweiligen Tatbestandsmerkmale* erfüllt, bei einem Anspruch auf Schadensersatz also zB die Merkmale des § 823 I BGB. Kommt er zum Ergebnis, dass ein Merkmal (zB „vorsätzlich oder fahrlässig") fehlt, der Anspruch aus unerlaubter Handlung also nicht schlüssig ist, darf er es dabei nicht belassen, sondern muss in Betracht ziehen, dass das Gericht (iura novit curia!) zum Schluss kommt, dass dem Klageanspruch aus Gefährdungshaftung stattzugeben ist. MaW: Der Anwalt muss das klägerische Begehren unter *allen denkbaren Anspruchsgrundlagen* prüfen.

2. Erwiderung des Anwalts

Im Anschluss an die Analyse des Klägervorbringens ist zu prüfen, ob sich das Ergebnis der Klageanalyse *unter Berücksichtigung des Beklagtenvorbringens* und der *Beweislast* ändert. Je nach dem Ergebnis kann der Anwalt dann reagieren: bestreiten, ergänzend vortragen, anerkennen usw.

Abstrakt betrachtet, ist die Bandbreite an anwaltlichen Reaktionen groß: Bestreiten (unter entsprechenden Beweisangeboten), teilweise zugestehen, Einreden erheben (Verjährungseinrede, Mängeleinrede ua), eine Aufrechnung erklären (ggf. nur hilfsweise), Widerklage erheben (ggf. nur hilfsweise), einem Dritten Streit verkünden, usw usw. Im jeweiligen *konkreten Fall* „schrumpft" diese Bandbreite allerdings erheblich und bleibt für den Klausurbearbeiter überschaubar.

Bei dieser Prüfung sind folgende Gesichtspunkte maßgebend:

- **Wahrunterstellung.** Das *Vorbringen des Beklagten* ist als *wahr zu unterstellen* (bei Beachtung der Wahrheitspflicht des § 138 I ZPO). Und: Gibt es hierfür Beweismittel?
- **Beweislast.** Der Kläger kann *keinen Nachweis* für Behauptungen führen, für die er die Beweislast trägt.
- **Zulässigkeit:** Unabhängig davon, ob Zulässigkeitsvoraussetzungen von Amts wegen oder nur auf Rüge beachtet werden, rügt man diese, es sei denn, es stehen Zweckmäßigkeitserwägungen oder der ausdrückliche Mandantenwunsch entgegen: Zum einen könnte das Gericht sie übersehen, zum anderen könnten Zulässigkeitsmängel vielfach im Laufe des Prozesses geheilt werden (maßgeblicher Zeitpunkt für die Beurteilung der Zulässigkeit ist der Schluss der mündlichen Verhandlung!).
- **Begründetheit:** *Alle* Anspruchsgrundlagen, die nach der Klageanalyse das Klagepetitum tragen, werden hinsichtlich *aller* Tatbestandsmerkmale erneut geprüft, – diesmal allerdings unter der Prämisse, dass das Beklagtenvorbringen zutrifft (vgl. obige „Wahrunterstellung").

3. Wahrung von Fristen und Termine:

Muss die Frist zur Erklärung der Verteidigungsbereitschaft (§ 276 II 1 ZPO: zwei Wochen) beachtet werden? Bis wann läuft die Klageerwiderungsfrist (§ 276 I 2 ZPO, mindestens zwei Wochen)? Gegebenenfalls ist der Mandant im Mandantenschreiben über die Fristen aufzuklären.

II. Aufbau der Klageerwiderungsschrift

Rechtsanwalt Ernst Fleißig
Bahnhofstraße 4
83278 Traunstein
 	
An das
Amtsgericht Traunstein – Zivilabteilung
Herzog-Otto-Straße 1
833278 Traunstein
 	
Az.: 312 C 485/18
 	
In Sachen
 	
Karl Konrad / Bertold Blau
 	
zeige ich unter Vollmachtsvorlage (Anlage B1) an, dass ich den Beklagten vertrete. Namens und im Auftrag meines Mandanten kündige die Stellung folgenden Antrags an
 	
Die Klage wird abgewiesen.
 	
Begründung
   I. In tatsächlicher Hinsicht ist auszuführen:
      1. Unstreitig ist …
      2. Ergänzend und berichtigend ist auszuführen …
   II. In rechtlicher Hinsicht ist auszuführen …
 	
Unterschrift
	Rubrum
	
	Vertretungsanzeige mit Vollmachtsvorlage und Anträgen
	
	Sachverhaltsschilderung: Unstreitig stellen und ergänzende Ausführungen
	
	Rechtsausführungen
	
	Unterschrift

1. Rubrum

Im Rubrum der Klageerwiderung muss das entsprechende Aktenzeichen angeführt werden (anders bei der Klageerhebung). Die Parteien werden in der üblichen Kurzform angeführt: *In Sachen Kläger/Beklagter.* Abschließend erfolgt die Vertretungsanzeige mit Vollmachtsvorlage.

2. Anträge

Dem Rubrum folgen etwaige Prozesserklärungen (Anerkenntnis, Erledigung) und der Antrag auf Klageabweisung. Wie bei der Klageschrift gilt auch hier: Das Gericht entscheidet von Amts wegen über die *Kosten* des Rechtsstreits und die *vorläufige Vollstreckbarkeit*; entsprechende Anträge sind deshalb überflüssig.

a) Anerkenntnis. Man formuliert in etwa: *Der Beklagte erkennt von der Klageforderung einen Betrag in Höhe von 2.000 EUR an.* In der mündlichen Verhandlung werde ich beantragen:

  I. *Die Klage wird im Übrigen abgewiesen.*
  II. *Der Kläger trägt die Kosten des Rechtsstreits.*

Das Anerkenntnis ist *vor* dem Klageantrag zu Ziff. I zu erklären, da ansonsten der Antrag „im Übrigen" nicht verständlich ist. Über die Kosten wird von Amts wegen entschieden, so dass Ziff. II entbehrlich scheint. Weil aber im Hinblick auf § 93 ZPO Ausführungen dazu erfolgen müssen, dass der Beklagte durch sein Verhalten keinen Anlass zur Klageerhebung gegeben hat, empfiehlt sich bereits beim Antrag eine entsprechende Ankündigung.

b) Widerklage, Einspruch. Diese beliebten Klausurkonstellationen werden unten (Ziff. III) ausführlich erläutert.

3. Begründung

a) Zulässigkeit. Sind Zulässigkeitsrügen geboten, ist hinsichtlich der „Einbettung" der Zulässigkeit in die Begründung zu differenzieren: Ist die Zulässigkeit offensichtlich nicht gegeben, etwa weil die vor dem LG erhobene Klage zur Zuständigkeit des AG gehört oder weil der Einwand der Rechtskraft entgegensteht, wählt man als Aufbau Beispiel (1). Ist die Zulässigkeit aus tatsächlichen und rechtlichen Gründen zu verneinen, wählt man Beispiel (2).

Begründung (1)	Begründung (2)

I. Die Klage ist bereits unzulässig. Ich rüge…
 	
II. In tatsächlicher Hinsicht ist auszuführen:
  1. Unstreitig ist…
  2. Ergänzend und berichtigend ist auszuführen…
 	
III. In rechtlicher Hinsicht ist auszuführen…
	I. Die Klage ist bereits unzulässig.
	  1. Insoweit ist in tatsächlicher Hinsicht vorzutragen…
	  2. In rechtlicher Hinsicht ist auszuführen.
	
	II. In tatsächlicher Hinsicht ist auszuführen:
	  1. Unstreitig ist…
	  2. Ergänzend und berichtigend ist auszuführen…
	
	III. In rechtlicher Hinsicht ist auszuführen…

b) Tatsachenvortrag und Beweisangebote. Tatsachenvortrag: § 138 ZPO ist zu beachten. Deshalb – nach § 138 I ZPO muss man sich zu den Erklärungen des Gegners äußern – legt man zunächst in (maximal) ein bis drei Sätzen den unstreitigen Sachverhalt dar *(Unstreitig werden die Ausführungen des Klägers zu… gestellt).* **Beweisangebote** kommen nur bei **Gegenbehauptungen** des Beklagten in Betracht, für die dieser die Beweislast trägt. Dabei ist darauf zu achten, dass die angebotenen Beweise auch erhoben werden können: Die ladungsfähige Anschrift der Zeugen ist anzugeben; die erforderlichen Urkunden sind in Abschrift vorzulegen. Zudem sind sie zu klassifizieren: *als Zeuge, als Partei, als Augenschein…* Ist der Mandant nicht beweisbelastet, bringt man das zum Ausdruck: *Unter Verwahrung gegen die Beweislast…* Dabei schätzt ein Korrektor (praxiserfahrener Richter oder Anwalt!) auch die Beachtung von Kleinigkeiten, wie das richtige Nummerieren von Anlagen mit B1, B2, usw für den Beklagten.

Zwei häufige Fehlerquellen: (1) Zugestandene oder nicht ausdrücklich bestrittene Tatsachen dürfen nicht unter Beweis gestellt werden, weil das Gericht ohnehin von ihrem Vorliegen ausgeht. (2) Für ein Bestreiten mit *Nichtwissen* kann man naturgemäß keinen Beweis anbieten.

c) **Rechtsausführungen.** Rechtsausführungen sind in der Klageerwiderung zwar prozessual nicht zwingend geboten, es ist der Klausursachverhalt jedoch regelmäßig daraufhin angelegt, dass entsprechende Darlegungen im Sinne des Mandanten geboten sind. Wie bei der Klageschrift werden die Rechtsausführungen üblicherweise eingeleitet mit: *In rechtlicher Hinsicht ist auszuführen...* Abschließend erfolgt der Angriff auf die Nebenforderungen (zB keine wirksame In-Verzug-Setzung) und zuletzt kommt die Unterschrift.

Zwei häufige Fehlerquellen: (1) Rechtsausführungen können begrifflich nicht *bewiesen* werden. (2) Ein Klageerwiderungsschriftsatz **beschränkt sich** seinem Wesen nach auf **das Vorbringen, das die Klage zu Fall bringen soll**.

Beispiel: Eine Klageforderung stützt sich mit näherer Begründung auf eine fahrlässige Pflichtverletzung des Beklagten aus § 280 I BGB; aus dem Beklagtenvorbringen im Mandantengespräch ergibt sich, dass er jedenfalls nicht fahrlässig gehandelt hat. Falsch wäre die Formulierung: *Eine Pflichtverletzung des Beklagten liegt darin, dass er...; die Verletzung geschah jedoch nicht fahrlässig, weil...*". Richtig vielmehr: *Ob tatsächliche eine Pflichtverletzung vorliegt, kann offenbleiben, da diese nicht fahrlässig war.* (Im Hilfsgutachten kann dann die Rechtsfrage der Pflichtverletzung, falls problematisch, geprüft werden).

4. Formulierungsbeispiel zum Sachvortrag und zu den Rechtsausführungen

Kläger K macht Ansprüche aus einem Verkehrsunfall auf einem Privatgrundstück nach einer Feierlichkeit geltend (keine Haftung aus dem StVG!). Der Beklagte B sei beim Ausparken mit seinem Pkw VW Golf an sein Fahrzeug, einen Audi A 3, gestoßen; dadurch seien Kratzer am Lack entstanden und es wären Spur und Sturz verstellt worden. Beim Ausparken habe er B mit Winkzeichen unterstützt.

I. In **tatsächlicher** Hinsicht ist auszuführen:

... Es wird bestritten, dass der Unfall, soweit Spur und Sturz beim klägerischen Fahrzeug verstellt wurden, für den Schaden ursächlich war. Klarstellend: Die Schäden, die der Privatgutachter festgestellt hat, werden nicht bestritten; das Bestreiten beschränkt sich auf die Frage der Ursächlichkeit zwischen den festgestellten Schäden und dem Unfallereignis.

Es wird ebenfalls bestritten, dass durch die Berührung der Fahrzeuge ein Schaden entstanden ist. Das Fahrzeug des Klägers war an der Stelle, an der sich die Fahrzeuge berührt haben, bereits beschädigt und erheblich verbeult. Unter Verwahrung gegen die Beweislast

Beweis: Reinhard Meister, zu laden über VW Traunstein,
Chiemseestraße 23, 83278 Traunstein als Zeuge

II. In rechtlicher Hinsicht ist auszuführen: Der Kläger hat aus dem Verkehrsunfall keinen Anspruch aus § 823 I BGB.

1. Es ist nicht ersichtlich, dass der Unfall kausal für die geltend gemachten Schäden war. Nachdem der Beklagte mit äußerst geringer Geschwindigkeit ausgeparkt ist und sich die Fahrzeuge beim Ausparken lediglich „berührt" haben, ohne dass es zu einem nennenswerten Schaden kam, ist es ausgeschlossen, dass sich hierdurch Spur und Sturz verstellt haben. Soweit der Kläger meint, dass das erholte Privatgutachten als Nachweis dient, ist dies nicht zutreffend: Das Privatgutachten belegt nur, dass Spur und Sturz verstellt wurden, nicht aber, **wann** dies passiert ist.

2. Der Beklagte hat den Unfall nicht verschuldet; er hat auf die Winkzeichen des Klägers vertraut und damit weder vorsätzlich noch fahrlässig das klägerische Fahrzeug beschädigt.

3. Sollte das Gericht dennoch von einem Anspruch dem Grunde nach ausgehen, ist das Mitverschulden des Klägers durch die

---

*Das Bestreiten der Kausalität ist auch Bestandteil des Sachvortrags. Die Schadenshöhe an Spur und Sturz wird aus taktischen Gründen nicht bestritten: Sollte das Gericht eine Haftung annehmen, ist der Schaden unstreitig und ein uU teures gerichtliches Gutachten wird nicht erholt. (Diese Erwägung ist im Hilfsgutachten darzulegen).
Der Geschädigte muss die konkrete Schadenshöhe beweisen. Deshalb: „unter Verwahrung gegen..."*.

Rechtsausführungen: Die gegebenen Voraussetzungen des Anspruchs (Eigentumsverletzung usw) werden übersprungen. Dargelegt werden detailliert nur die Voraussetzungen, die nicht erfüllt sind: Der Unfall war nicht kausal; sollte das Gericht dem nicht folgen: hilfsweise kein Verschulden (letzteres ist zwar zweifelhaft, weil das Vertrauen auf Winkzeichen anderer gefährlich ist, – das wird dann aber im Hilfsgutachten genauer erläutert!). Sollte das Gericht auch

> Gabe der irreführenden Winkzeichen derart gravierend, dass eine Haftung des Beklagten ausgeschlossen ist.
>
> 4. Auch die geltend gemachten Schäden liegen nicht vor. Nachdem sich das klägerische Fahrzeug vor dem Unfall bereits in einem desolaten Zustand befand und sich an der Stelle, an der sich die Fahrzeuge berührt hatten, bereits ein Altschaden vorhanden war, führt ein weiterer Kratzer nicht zu einer Verschlechterung der Vermögenslage. Dem Kläger ist, vergleicht man den Wert des Fahrzeugs vor und nach dem Unfall, kein wirtschaftlicher Schaden entstanden.
>
> ...
>
> Unterschrift

dem nicht folgen: hilfsweise überwiegendes Mitverschulden. Sollte das Gericht auch dem nicht folgen: kein Schaden

5. Streitverkündung, Mandantenschreiben
Es gilt das zur Klageschrift Ausgeführte: S. 210 f.

III. Besondere Klausurkonstellationen

1. Einspruch gegen ein Versäumnisurteil/Wiedereinsetzung

Bei diesem anspruchsvollen Klausurtyp müssen die Besonderheiten des Säumnisverfahrens berücksichtigt und drei zusätzliche Prüfungspunkte durchlaufen werden: Einspruchseinlegung ggf. mit Antrag auf Wiedereinsetzung – § 344 ZPO – Schutzanträge auf einstweilige Einstellung der vorläufigen Vollstreckbarkeit.

a) Einspruchseinlegung:

Rechtsgrundlage: § 340 ZPO

Die Einlegung des Einspruchs muss den Anforderungen des § 340 ZPO genügen. Danach ist der Einspruch beim Prozessgericht einzulegen (Abs. 1) und die Einspruchsschrift muss enthalten (Abs. 2): die Bezeichnung des Urteils, gegen das der Einspruch gerichtet wird; die Erklärung, dass gegen dieses Urteil Einspruch eingelegt wird (bei einer Teilanfechtung auch die Bezeichnung des Umfangs der Anfechtung). Zudem (Abs. 3) sind die Angriffs- und Verteidigungsmittel sowie Rügen, die die Zulässigkeit der Klage betreffen, vorzubringen.

> An das Landgericht Traunstein
> Herzog-Otto-Straße 1
> 83278 Traunstein
>
> **Az: 8 O 458/18**
>
> In Sachen...
>
> zeige ich unter Vorlage der Vollmacht die Vertretung des Beklagten an und lege namens und im Auftrag des Beklagten
>
> **Einspruch**

Das Aktenzeichen ist anzugeben.

§ 340 II ZPO

> gegen das Versäumnisurteil des Landgerichts Traunstein vom 24.5. (Az: 8 O 458/18) ein.
>
> Sofern das Gericht der Auffassung ist, dass die Einspruchsfrist versäumt wurde, beantrage ich hilfsweise,
> 1. **Wiedereinsetzung** in den vorigen Stand hinsichtlich der Versäumung der Einspruchsfrist gegen oben genanntes Versäumnisurteil zu gewähren und
> 2. lege **Einspruch** gegen das Versäumnisurteil des Landgerichts Traunstein vom 24.5. (Az: 8 O 458/15) ein.
>
> Ferner wird beantragt, die Zwangsvollstreckung aus dem oben genannten Versäumnisurteil ohne Sicherheitsleistung, hilfsweise gegen Sicherheitsleistung, einstweilig einzustellen
>
> In der mündlichen Verhandlung werde ich folgende Anträge stellen:
>
> **I. Das Versäumnisurteil des Landgerichts Traunstein vom 24.5. (Az. 8 O 458/18) wird aufgehoben.**
> **II. Die Klage wird abgewiesen.**

Kommt hilfsweise Wiedereinsetzung in den vorigen Stand in Betracht, ist sie zu beantragen (Ziff. 1). Nach § 236 II 2 ZPO ist die versäumte Prozesshandlung (die Einspruchseinlegung) nachzuholen (Ziff. 2).

Weitere Anträge; hier § 719 I 2 ZPO

Neben der Aufhebung des Versäumnisurteils ist Klageabweisung zu beantragen.

b) Begründung. Die Begründung der Einspruchsschrift muss mit der Zulässigkeit des Einspruchs beginnen. Sodann erfolgen die typischen Bausteine der Klageerwiderung: Sachvortrag (unstreitig wird gestellt...; ergänzend und berichtigend wird ausgeführt) – Rechtsausführungen – Unterschrift.

Zulässigkeit des Einspruchs: Ist die Einspruchsfrist gewahrt, legt man das unter Angabe der einschlägigen Daten und Angabe der Rechtsgrundlagen knapp dar. Weitere Ausführungen zur Zulässigkeit sind idR entbehrlich, da sich die formwirksame Einspruchseinlegung bereits aus der Einspruchsschrift ergibt.

> **Begründung**
>
> I. Der Einspruch ist zulässig. Das Versäumnisurteil wurde meinem Mandanten am 4.6. zugestellt, dh die Einspruchsfrist läuft nach § 222 I ZPO iVm § 187 I, 188 II BGB vom 5.6. bis zum 18.6.
> II. In tatsächlicher Hinsicht ist auszuführen ...
> III. In rechtlicher Hinsicht ist auszuführen ...
>
> Unterschrift

Detaillierte Darlegung der einschlägige Daten und Vorschriften.

Ist die Wahrung der Einspruchsfrist problematisch, sind nähere Ausführungen geboten. Das Risiko, dass das Gericht der eigenen Einschätzung nicht folgt, sichert man mit einem hilfsweisen Antrag auf Wiedereinsetzung ab.

> **Begründung**
>
> I. Der Einspruch ist zulässig; das Versäumnisurteil wurde nicht wirksam zugestellt, weshalb die Einspruchsfrist nicht zu laufen begann.
> 1. Insoweit ist in tatsächlicher Hinsicht vorzutragen:
>   Beweis: ...

Obersatz

Sachverhaltsdarstellung zur Zulässigkeit des Einspruchs.

> 2. Der Einspruch war damit fristgerecht, weil die Einspruchsfrist nicht zu laufen begann. Grundsätzlich beträgt die Einspruchsfrist nach § 339 I ZPO zwei Wochen. Fristbeginn ist die wirksame Zustellung des Versäumnisurteils...
> 3. Zum Hilfsantrag auf Wiedereinsetzung in den vorigen Stand: Sollte das Gericht von einer wirksamen Zustellung und damit einer Fristversäumung ausgehen, gilt: Die Versäumung der Einspruchsfrist war nicht schuldhaft...
> Glaubhaftmachung:...
>
> II. ...

Rechtsausführungen zur Zulässigkeit des Einspruchs.

Ausführungen zum Hilfsantrag: Nach § 236 II 1 ZPO sind die entsprechenden Tatsachen glaubhaft zu machen (= es dürfen keine Beweise angeboten werden).

Zulässigkeit und Begründetheit der Klage, Ausführungen zu den weiteren Anträgen: Es gilt im Wesentlichen das zur Klageerwiderung ausgeführte. Allerdings muss in tatsächlicher Hinsicht *der* Sachverhalt geschildert werden, der entsprechende „Nebenanträge" rechtfertigt.

> **Begründung**
>
> I. Zulässigkeit des Einspruchs (vgl. oben)
> II. In tatsächlicher Hinsicht ist auszuführen:
>   1. Unstreitig ist...
>   2. Ergänzend und berichtigend ist auszuführen...
>   3. Zu den Anträgen... ist auszuführen...
>
> III. In rechtlicher Hinsicht ist auszuführen...
>   1. Zulässigkeitsrügen
>   2. Unbegründetheit der Klage...
>   3. Antrag auf einstweilige Einstellung der Zwangsvollstreckung
>   4. Hinweis auf Kostenentscheidung
>
> Unterschrift

Bei den Sachausführungen sind zuletzt (Ziff. II.3.) die Gesichtspunkte anzuführen, die für die weiteren Anträge erforderlich sind. Wird zB wegen unverschuldeter Säumnis der Antrag nach § 719 I 2 ZPO gestellt, sind diese Gesichtspunkte darzulegen und glaubhaft zu machen.

- **Zu Ziff. III. 3, §§ 719 I 2, 707 ZPO:** Danach kann die einstweilige Einstellung der Zwangsvollstreckung aus dem Versäumnisurteil beantragt werden. Grundsätzlich erfolgt die Einstellung nur gegen Sicherheitsleistung; ausnahmsweise auch ohne, wenn das Versäumnisurteil nicht in gesetzlicher Weise ergangen ist oder die Partei glaubhaft macht, dass die Säumnis unverschuldet war. Zum Prüfungsmaßstab vgl. S. 57.
- **Zu Ziff. III. 4, § 344 ZPO:** Die Säumniskosten können dem Beklagten als Säumigen dann nicht auferlegt werden, wenn das Versäumnisurteil *„nicht in gesetzlicher Weise"* ergangen ist. Mit seinem „Hinweis" (Ziff. III. 4.) bezweckt der Beklagte die Überprüfung der Gesetzmäßigkeit des Versäumnisurteils. (Im Examen sind das regelmäßig die fehlende Schlüssigkeit der Klage oder das fehlende Verschulden der Säumnis: Kapitel „Versäumnisurteil".)

2. Widerklage

Die Einarbeitung in die Klageerwiderung bereitet regelmäßig keine Schwierigkeiten:

An das Landgericht Traunstein
Herzog-Otto-Straße 1
83278 Traunstein

Az: 8 O 458/18

In Sachen ...

        Klageerwiderung und Widerklage

zeige ich unter Vorlage der Vollmacht die Vertretung des Beklagten an. Ich werde in der mündlichen Verhandlung beantragen:

        Die Klage wird abgewiesen.

Ferner erhebe ich
        Widerklage

mit folgendem Antrag:

        Der Kläger wird verurteilt, an den Beklagten 3.500 EUR zu zahlen.

Begründung

  I. In tatsächlicher Hinsicht wird vorgetragen
    1. Unstreitig ist ...
    2. Ergänzend und berichtigend ist auszuführen ...

  II. In rechtlicher Hinsicht ist auszuführen
    1. Zum Klageabweisungsantrag
    2. Zum Widerklageantrag (mit § 33 ZPO)

Unterschrift

Das Aktenzeichen ist anzugeben

Beruhen Klage und Widerklage auf einem identischen Lebenssachverhalt, erfolgen die tatsächlichen Ausführungen gemeinsam. Der Sachvortrag muss (vgl. § 253 ZPO) den Widerklageantrag rechtfertigen, also umfassend und schlüssig vorgetragen werden.

Sollten Klage und Widerklage auf unterschiedlichen Sachverhalten beruhen, ist entsprechend zu trennen: (1) Klage: Sachvortrag, Rechtsausführungen. (2) Widerklage: Sachvortrag, Rechtsausführungen.

4. Kapitel: Berufung

Inhaltsverzeichnis

```
I. Allgemeines .................................................................... 221
   1. Rechtsbehelf und Rechtsmittel ............................................... 221
   2. Funktion .................................................................... 221
II. Berufungsschrift, Berufungsbegründungsschrift und Berufungsurteil ............. 222
III. Fertigung einer Berufungs- und Berufungsbegründungschrift ..................... 222
   1. Ausgangsbeispiel ............................................................ 222
   2. Prüfungsschema ............................................................. 224
   3. Die Zulässigkeit ............................................................ 225
      a) Statthaftigkeit .......................................................... 225
      b) Form, § 519 ZPO ......................................................... 225
      c) Frist .................................................................... 225
      d) Beschwer ................................................................ 226
      e) Berufungssumme, Zulassung der Berufung, § 511 II ZPO ..................... 226
      f) Klausurtipp zur Zulässigkeitsprüfung .................................... 226
   4. Begründetheit .............................................................. 226
      a) Allgemeines zu Ziff. II. 2 des Prüfungsschemas .......................... 227
         aa) Die beiden Berufungsgründe des § 513 I BGB .......................... 227
         bb) Angriffsmöglichkeiten des Anwalts .................................... 227
         cc) Form der Geltendmachung der vier Angriffsmöglichkeiten ............... 228
      b) Angriff auf Rechtsfehler (so Ziff. II. 2a des Prüfungsschemas; § 520 III 2 Nr. 2 ZPO) ... 228
         aa) Materielles Recht .................................................... 228
         bb) Verfahrensrecht ...................................................... 228
      c) Angriff auf fehler- oder lückenhafte Tatsachenfeststellungen
         (zu Ziff. II. 2b des Prüfungsschemas, § 520 III 2 Nr. 3 ZPO) ............ 229
      d) Vorbringen neuer Angriffs- und/oder Verteidigungsmittel
         (zu Ziff. II. 2c des Prüfungsschemas, § 520 III 2 Nr. 4 ZPO, sog. Novenrecht) ... 231
      e) Zusammenfassendes Beispiel für Angriffe auf Tatsachen und Vorbringen neuer Angriffsmittel ..... 231
      f) Klageänderung, Aufrechnung und Widerklage (zu Ziff. II. 3 des Prüfungsschemas, § 533 ZPO) .... 232
      g) Fortführung des Ausgangsbeispiels ....................................... 232
   5. Berufungsbegründung – der Anwaltsschriftsatz ............................... 233
      a) Rubrum und Anträge ..................................................... 233
         aa) Teilanfechtung ....................................................... 234
         bb) Anträge .............................................................. 234
      b) Begründung ............................................................. 234
IV. Berufungsurteil ............................................................... 237
   1. Prüfungsvorgang ............................................................ 238
   2. Entscheidung ............................................................... 238
   3. Fortsetzung des Ausgangsbeispiels .......................................... 239
   4. Abwandlung des Ausgangsbeispiels ........................................... 241
V. Sonderfall: Berufung gegen Zweites Versäumnisurteil ............................ 244
VI. Examensrelevante Rechtsprechung .............................................. 245
```

I. Allgemeines

1. Rechtsbehelf und Rechtsmittel

Mit Rechtsbehelfen werden in der ZPO gerichtliche Entscheidungen (Beschlüsse und Urteile) angefochten. Unter den Oberbegriff *Rechtsbehelf* fallen *Rechtsmittel* (Berufung, § 511 ZPO; Revision, § 542 ZPO, sofortige Beschwerde, § 567 ZPO) und *sonstige Rechtsbehelfe* (Einspruch, § 338 ZPO; Widerspruch, § 924 ZPO; Erinnerung, § 573 ZPO, usw). Rechtsmittel sind im Gegensatz zu den sonstigen Rechtsbehelfen in zweifacher Weise charakterisiert: Das Verfahren wird in der höheren Instanz anhängig (**Devolutiveffekt**) und es wird regelmäßig der Eintritt der formellen Rechtskraft gehemmt (**Suspensiveffekt**). Die ZPO-Reform 2002 hat das Berufungsverfahren (§§ 511–541 ZPO) – in der ZPO ursprünglich als umfassende *zweite Tatsacheninstanz* ausgestaltet – in seiner Funktion grundlegend geändert.

2. Funktion

Während die Revision zum Zweck der Wahrung der Einheitlichkeit der Rechtsprechung das Urteil der Vorinstanz allein in rechtlicher Hinsicht überprüft (§§ 545 I, 546 ZPO), hat die Berufung seit der Reform (2002) eine **Doppelfunktion**:

- In erster Linie wird das Urteil der Vorinstanz, vergleichbar einer Revision, auf mögliche **rechtliche Fehler** überprüft (§ 513 I Alt. 1 iVm § 546 ZPO), dh die Prüfungskompetenz beschränkt sich auf die *Anwendung* der Vorschriften des materiellen Rechts und des Verfahrensrechts. Dabei ist das Gericht an die in der 1. Instanz getroffenen Tatsachenfeststellungen grundsätzlich gebunden.
- Erst in zweiter Linie und in engem Rahmen werden die **tatsächlichen Feststellungen** der Vorinstanz daraufhin überprüft (ergänzt, wiederholt oder neu erhoben), ob sie eine andere Entscheidung rechtfertigen (§ 513 I Alt. 2 iVm § 529 ZPO).

Kurz gesagt: Die zweite Instanz (das Berufungsgericht) überprüft grundsätzlich nur die richtige Anwendung des geltenden Rechts auf die vom Erstgericht festgestellten Tatsachen, – darf aber ausnahmsweise neue Tatsachen berücksichtigen.

> **Rechtsgrundlagen:** Für die Examensklausur haben §§ 513, 520, 529, 530, 531 und § 533 ZPO zentrale Bedeutung.

II. Berufungsschrift, Berufungsbegründungsschrift und Berufungsurteil

Examensklausuren haben entweder eine Berufungs- samt Berufungsbegründungsschrift des Anwalts oder ein Berufungsurteil nach eingelegter anwaltlicher Berufung zum Gegenstand. Ein Berufungsurteil wird aus den unten genannten Gründen nur ausnahmsweise verlangt, – regelmäßig wird eine Berufungs- und Berufungsbegründungschrift zu fertigen sein. Sie ist bei Examenskandidaten „gefürchtet". Dies zu Recht, weil es – auch in der Praxis – keine einfache Aufgabe aufgrund mehrerer Besonderheiten ist. Die nachfolgenden Ausführungen tragen dem Rechnung, indem in diese Besonderheiten schrittweise eingeführt wird, dies mit den erforderlichen Aufbauhinweisen und Formulierungsbeispielen. Zugrunde gelegt wird dabei ein Ausgangsbeispiel, denn mit abstrakten Darstellungen ist dieser komplexen Aufgabe nur schwer nachzukommen.

> **Hinweis:** In Examensklausuren findet sich häufig folgender Fehler: Obwohl eine Berufungsschrift erwartet wird, fertigt ein erheblicher Teil der Bearbeiter eine Vollstreckungsabwehrklage (und umgekehrt). Finden Sie also im Klausursachverhalt eine gerichtliche Entscheidung vor, führen Sie sich kurz die unterschiedlichen Situationen vor Augen: Mit der Vollstreckungsabwehrklage hat sich nach Rechtskraft etwas ereignet, was dem titulierten Anspruch entgegengehalten werden kann, während mit der Berufung eine bereits fehlerhafte Entscheidung vor Rechtskraft angegriffen wird (Ausnahme: Wiedereinsetzung).

Zur Terminologie: In der Praxis erfolgen Berufungseinlegung (Berufungsschrift) und Berufungsbegründung in zwei getrennten Schriftsätzen. Im Examen sind die beide Schriftsätze in einem Schriftsatz zu fertigen, weshalb es im Bearbeitervermerk zB heißt: *Soweit nach Ansicht des Bearbeiters ein gerichtliches Vorgehen Aussicht auf Erfolg verspricht, ist der (sind die) von Rechtsanwalt Fleimer zu fertigende Schriftsatz (zu fertigenden Schriftsätze) an das Gericht zu entwerfen... In einem Anschreiben an den Mandanten ist das anwaltliche Vorgehen zu rechtfertigen, soweit...".* Korrekterweise müsste es deshalb auf den folgenden Seiten zur Berufung des Anwalts immer heißen: „In der Berufungs- und Berufungsbegründungsschrift...". Der Autor verwendet dafür kurz den Terminus „Berufungsschrift" oder „Berufungsbegründungsschrift", weil für den Leser klar ist, dass es sich dabei um zwei Schriftsätze in einem handelt: Berufungsschrift plus Berufungsbegründungsschrift.

III. Fertigung einer Berufungs- und Berufungsbegründungsschrift

1. Ausgangsbeispiel

Der Fall nach BGH NZV 2013, 339 zeigt eine typische Klausursituation für die Fertigung eines Berufungsschriftsatzes: Das Landgericht Traunstein (Az. 3 O 4587/17) weist die Klage mit Urteil vom 24.2.2018 ab. Im Urteil heißt es ua:

> *Tatbestand*
>
> *Die Parteien streiten um die Rückabwicklung eines Pkw-Kaufs.*
>
> *Der Kläger, ein Autohändler, erwarb vom Beklagten am 14.1.2013 einen VW Passat für 42.000 EUR und nahm hierbei dessen vierjährigen Audi A6 mit einer Laufleistung von 116.000 km*

für 19.000 EUR in Zahlung. Im Ankaufsschein wurde unter der vorgedruckten Rubrik „Das Fahrzeug hat keine/folgende Unfallschäden erlitten" das Wort „keine" eingekreist und unterstrichen. Tatsächlich hatte der Beklagte im November 2012 mit dem Wagen einen Unfall: Beim Rückwärtsfahren aus einer Parklücke stieß er gegen eine geöffnete Fahrzeugtüre. Der entstandene Streifschaden an der hinteren rechten Tür und an der Seitenwand des Audi belief sich einem eingeholten Gutachten zufolge auf 3.000 EUR. Der Beklagte ließ das Fahrzeug anschließend für 800 EUR nicht fachgerecht reparieren; der Abschluss der Reparaturarbeiten erfolgte am 10.1.2013.

Der Kläger veräußerte den Audi A 6 in der Folgezeit (8.3.2013) für 19.500 EUR weiter und gab gegenüber dem Käufer an, das Fahrzeug sei „laut Vorbesitzer unfallfrei". Kurze Zeit (im April) nach der Übergabe verlangte der Käufer, nachdem der Unfallschaden bei einer Inspektion aufgefallen war, Rückabwicklung des Kaufvertrags, was der Kläger verweigerte. Im nachfolgenden Prozess wurde er rechtskräftig (4.8.2017) verurteilt, das Fahrzeug gegen Zahlung von 19.000 EUR nebst Zinsen in Höhe von 6.000 EUR zurückzunehmen. Der Kläger erklärte am 6.7.2017 unter Berufung auf den Unfallschaden den Rücktritt.

Der Kläger ist der Ansicht, der Beklagte hafte für den nicht angegebenen Mangel wie ein Verkäufer. Wegen der Nichtoffenbarung des Mangels könne er Rückabwicklung des Pkw-Kaufs verlangen. Zudem seien ihm wegen des Rechtsstreits mit dem Folgekäufer Schäden in Höhe von 11.000 EUR entstanden (Zinsen, Prozesskosten, ...).

Der Kläger beantragt:

Der Beklagte wird verurteilt, Zug-um-Zug gegen Rückgabe des Fahrzeugs Audi A6 (...) 30.000 EUR zu zahlen nebst Zinsen in Höhe von 5 Prozentpunkten über dem Basiszinssatz seit Klagezustellung.

Der Beklagte beantragt:

Die Klage wird abgewiesen.

Der Beklagte behauptet, er habe den Unfallschaden am Audi gegenüber dem Geschäftsführer des Klägers offen gelegt. Zudem ist er der Ansicht, dass zwischen den Parteien die Sachmängelhaftung konkludent ausgeschlossen wurde.

(...)

Entscheidungsgründe

Die zulässige Klage ist vollumfänglich begründet:

(...) Der Kläger hat aus § 365 BGB iVm §§ 437 Nr. 3, 311a BGB gegen den Beklagten Anspruch auf Rückzahlung des Kaufpreises Zug-um-Zug gegen Rückgabe des Pkw: Die In-Zahlung-Gabe des Fahrzeugs ist rechtlich eine Ersetzungsbefugnis nach § 364 BGB, wobei der Käufer bei Mängeln nach § 365 BGB entsprechend den Vorschriften über einen Kaufvertrag haftet. Der Beklagte hat dem Kläger den Mangel arglistig verschwiegen: Er hat im Ankaufsschein über seinen Audi A6 unter der vorgedruckten Rubrik „Das Fahrzeug hat keine/folgende Unfallschäden erlitten" das Wort „keine" eingekreist und unterstrichen, obwohl im bewusst war, dass der Wagen eine Unfallschaden erlitten hatte. Es konnte deshalb offen bleiben, ob die Parteien einen Gewährleistungsausschluss vereinbart haben (§ 444 BGB). Soweit der Beklagte behauptet, er habe den Unfallschaden gegenüber dem Geschäftsführer des Klägers offen gelegt, ist er beweispflichtig, konnte aber einen entsprechenden Beweis nicht führen.

Die weitergehenden Ansprüche beruhen auf § 365 BGB iVm §§ 437 Nr. 3, 280 I BGB (...).

Der Beklagte wechselt den Anwalt und beauftragt am 3.3. Rechtsanwalt Fleimer mit der Einlegung der Berufung. Er will, dass das Urteil, das ihn zur Zahlung des Kaufpreises Zug um Zug gegen Rückgabe des Pkw an den Kläger verpflichtet, aufgehoben und die Klage abgewiesen wird. Dabei gibt er an: *Das Urteil des Landgerichts wurde mir am 28.2. zugestellt. Ich habe am 1.3. durch Zufall einen Herrn H. Reich getroffen; da wir beide Kunden des Klägers sind, sind wir ins Gespräch gekommen. Dabei hat sich herausgestellt, dass Herr Reich bei meinem Kauf des VW-Passat in den Geschäftsräumen des Klägers mit anwesend war und bezeugen kann, dass ich den Geschäftsführer des Klägers auf den Unfall am Audi A6 aufmerksam gemacht habe. Von einem arglistigen Verschweigen kann also keine Rede sein. Auf Rückfrage des Anwalts, wie sich erklären lasse, dass der Beklagte einerseits im Formular angegeben habe, der Audi sei unfallfrei, andererseits aber den Kläger bzw. dessen Geschäftsführer auf den Unfall aufmerksam gemacht habe, antwortet dieser: Am Tag vor dem Kaufabschluss habe ich die Vertragsunterlagen mit nach Hause genommen, um sie nochmals durchzulesen. Dabei habe ich das Wort „keine" im Passus hinsichtlich der Unfallschäden im Formular unterstrichen und eingekreist. Ich war der Meinung, dem Formular gehe es nur um gravierende Unfälle im Straßenverkehr, nicht aber um Blechschäden beim Parken. Am nächsten Tag ging ich in die Geschäftsräume des Klägers, um die unterschriebenen Vertragsunterlagen abzugeben. Dabei traf ich nicht, wie bislang, den Kläger persönlich an, sondern dessen Geschäftsführer Herrn Holz. Zwischenzeitlich waren mir Bedenken gekommen, ob meine Angaben hinsichtlich der Unfallfreiheit wirklich in Ordnung sind. Deshalb berichtete ich Herrn Holz den Parkunfall. Er reagierte nicht weiter und nahm die Vertragsunterlagen entgegen. Ich gehe davon aus, dass Herr Holz den Kläger über meine Angaben nicht unterrichtet hat, sonst hätte dieser mich ja kaum verklagt. Im Prozess hat mein Anwalt alles geschildert, konnte jedoch den Kläger nicht überzeugen; dieser meinte, wenn sein Geschäftsführer vom Unfall gewusst hätte, hätte er ihm dies sicherlich mitgeteilt. Als Zeugen konnte mein Anwalt Herrn Holz nicht angeben, weil dieser zwischenzeitlich einen tödlichen Unfall erlitten hatte.*

2. Prüfungsschema

Rechtsanwalt Fleimer wird seine Überlegungen, wie er dem Wunsch seines Mandanten nachkommen kann, an folgendem Prüfungsschema ausrichten:

> **I. Zulässigkeit**
> 1. Statthaftigkeit, § 511 I ZPO
> 2. Form, § 519 ZPO
> 3. Frist
>   a) Berufungseinlegung, § 517 ZPO
>   b) Berufungsbegründung, § 520 II ZPO
> 4. Beschwer
> 5. Berufungssumme/Zulassung der Berufung, § 511 II ZPO
>
> **II. Begründetheit**
> 1. Einleitungssatz mit Verweis auf Umfang der Berufung (Voll- oder Teilberufung)
> 2. § 520 III 2 ZPO
>   a) Angriff auf Rechtsfehler: § 520 III 2 Nr. 2 iVm §§ 513 Alt. 1, 546 ZPO
>   b) Angriff auf fehler- oder lückenhafte Tatsachenfeststellungen: § 520 III 2 Nr. 3 iVm §§ 513 I Alt. 2, 529 I Nr. 1 Hs. 2 ZPO
>   c) Vorbringen neuer Angriffs- und/oder Verteidigungsmitte: § 520 III 2 Nr. 4 iVm §§ 513 I Alt. 2, 529 I Nr. 2, 531 II ZPO
> 3. Klageänderung, Widerklage und Aufrechnung (§ 533 ZPO)
>
> **III. Nebenentscheidungen**
> 1. Kosten des Rechtsmittels/der Hauptsache
> 2. Vorläufige Vollstreckbarkeit

Erläuterung: Der Berufungsführer muss in seiner Berufungsschrift mindestens einen der in § 520 III 2 ZPO genannten Berufungsgründe geltend machen (Ziff. II.2), möglichst mit ausdrücklicher Angabe der betreffenden Variante; zB: *Das angefochtene Urteil beruht auf Verletzung materiellen Rechts (§ 520 III 2 Nr. 2 iVm §§ 513 I Alt. 1, 546 ZPO): Der Pkw-Kaufvertrag ist aufgrund erfolgter Anfechtung nach § 123 BGB nichtig; diese Rechtsverletzung war für das angefochtene Urteil zugleich erheblich.* Heißt es dagegen einfach: *Der Berufungskläger erhebt die Einrede der Verjährung*, ist das für den Korrektor nicht falsch (er weiß, dass sichtlich § 520 III 2 Nr. 4 ZPO gemeint ist), aber unbefriedigend, weil es an dem ausdrücklichen Hinweis auf die Vorschrift – und die damit in Zusammenhang stehenden §§ 513 I Alt. 2, 529 I Nr. 2 ZPO – fehlt. (Achtung: § 529 I Nr. 2 ZPO verweist mit dem Wort „zulässig" auf § 531 II ZPO; bei der Geltendmachung der Verjährung findet § 531 II ZPO jedoch unter gewissen Voraussetzungen *keine* Anwendung; dazu später.) Wird § 520 III 2 ZPO nicht beachtet, ist die Berufung **unzulässig**.

Das ist die **erste Besonderheit** einer Berufungsbegründungsschrift. Die Zulässigkeit (Ziff. I) findet im Rahmen einer *Vorüberlegung* des Anwalts statt, ob also eine Berufung überhaupt möglich ist. In der Berufungsbegründsschrift werden Zulässigkeitsfragen hingegen, das ist gängige Praxis, grundsätzlich nicht erörtert (Ausnahme: bei Fristversäumung ist ggf. eine Wiedereinsetzung zu beantragen). Die Ausführung hierzu gehören ins *Hilfsgutachten*. **Zweite Besonderheit:** Erfolgt der Angriff gegen das Ersturteil nicht in der Form des § 520 III 2 ZPO, ist die Klage als unzulässig abzuweisen. Gleichwohl findet die Erörterung der Norm nicht im Rahmen der Zulässigkeit statt, sondern bei der Begründetheit (zu Einzelheiten vgl. unten).

3. Die Zulässigkeit

Rechtsanwalt Fleimer wird zunächst prüfen, ob die Anfechtung des Urteils mittels Berufung überhaupt zulässig ist:

a) Statthaftigkeit: Statthaft ist ein Rechtsbehelf, wenn er vom Gesetz zur Überprüfung der angefochtenen Entscheidung vorgesehen ist. Nach § 511 I ZPO ist die Berufung statthaft gegen die *im ersten Rechtszug erlassenen Endurteile* des Amtsgerichts und Landgerichts, also auch gegen Teil-, Vorbehalts-, Grund- und Scheinurteile sowie Zwischenurteile über die Zulässigkeit der Klage. Nicht statthaft ist die Berufung insbesondere gegen Beschlüsse, Versäumnisurteile (§ 514 I ZPO, – Ausnahme: Zweites Versäumnisurteil nach § 345 ZPO: § 514 II ZPO, – dazu unten Ziff. V) oder Kostenurteile; ebenso nicht allein gegen eine Kostenentscheidung, ohne dass zugleich Berufung in der Hauptsache eingelegt wird (§ 99 I ZPO).

b) Form, § 519 ZPO: Die Berufung erfolgt nach § 519 I ZPO durch Einreichung einer **Berufungsschrift** beim **Berufungsgericht**. Wird die Berufung *mehrfach* eingereicht – Anwalt A legt erneut Berufung ein, weil ihm Zweifel kommen, ob er die eingelegte Berufungsschrift unterschrieben hat oder neben dem Beklagten B legt auch dessen Streithelfer S Berufung ein – liegt *eine einheitliche* Berufung vor, verkörpert in zwei Schriftsätzen, über die das Gericht einheitlich zu entscheiden hat. **Berufungsgericht.** Das Berufungsgericht gegen Endurteile des Amtsgerichts ist das *Landgericht* (§ 72 I S. 1 GVG; Ausnahme: Abs. 1 S. 1 Alt. 2 iVm § 119 GVG) und gegen Endurteile des Landgerichts ist das *Oberlandesgericht* (§ 119 I Nr. 2 GVG; man spricht insoweit allein von der instanziellen/funktionellen Zuständigkeit). **Berufungsschrift.** Ihren Inhalt regelt § 519 II ZPO: Es muss das Urteil bezeichnet werden, gegen das Berufung eingelegt wird und die Erklärung enthalten sein, dass Berufung eingelegt wird. Daneben verlangt die Rechtsprechung die Angabe, für und gegen wen die Berufung eingelegt wird. Eine Ausfertigung oder beglaubigte Abschrift des Urteils *soll* vorgelegt werden (§ 519 III ZPO: bloße Ordnungsvorschrift, deren Nichtbeachtung keine Folgen hat).

c) Frist: Die Berufung ist fristgerecht einzulegen und fristgerecht zu begründen. Fristen sind im Examen zu berechnen. **Berufungseinlegung.** Die Berufungsschrift mit dem Inhalt des § 519 II ZPO ist nach § 517 I ZPO binnen einer Frist von einem Monat ab Zustellung des Urteils (§ 317 ZPO, Amtszustellung) einzulegen (sog. Ereignisfrist, die sich nach § 222 ZPO iVm §§ 187 I, 188 II BGB berechnet). Wurde das Urteil nicht oder nicht in vollständiger Form zugestellt, greift die Höchstfrist des § 517 Alt. 2 ZPO. Achtung: Die Vorschrift verschiebt den *Fristbeginn* für die einmonatige Berufungsfrist, so dass die Höchstfrist für eine Berufungseinlegung insgesamt sechs Monate betragen kann! **Berufungsbegründung.** Die Frist beträgt zwei Monate und beginnt mit Zustellung des Urteils (§ 520 II 1 Alt. 1 ZPO, – vgl. aber auch die Höchstfrist in § 520 II 1 Alt. 2 ZPO); die Fristen für die Berufungseinlegung und die Berufungsbegründung laufen damit bis auf einen Monat parallel.

Hinweis: Sind im Vorprozess zwei Parteien aufgetreten und ist im Examen **ein** Berufungsschriftsatz (ein Schriftsatz zur Berufungseinlegung und Berufungsbegründung: vgl. oben II. „Zur Terminologie") für den Kläger oder Beklagten zu fertigen, können Sie sich darauf verlassen: Wenn immer auch der Sachverhalt eine Versäumung der Frist für die Einlegung von Berufung und Berufungsbegründung nahelegt, sie liegt *nicht* vor (bzw. eine Wiedereinsetzung kommt in Betracht)!

Beispiele: Die Frist endet an einem Samstag; die Büroangestellte des Anwalts wirft den Schriftsatz versehentlich beim falschen Gericht ein. In ersterem Fall, weisen Sie im Hilfsgutachten auf § 222 II ZPO hin (der lex specialis ist zu § 193 BGB). Wird in letzterem Fall die Frist trotz Weiterleitung des unzuständigen Gerichts versäumt, ist eine *Wiedereinsetzung* nach § 233 ZPO gerechtfertigt (BGH NJW-RR 2009, 408 f). In diesem Fall müssen Sie neben der Berufungseinlegung und Begründung gleichzeitig den Antrag auf Wiedereinsetzung stellen. Im Berufungsschriftsatz heißt es dann – vgl. unten, Ziff. 5, Ausgangsbeispiel – nach der Zeile „Beschwerdewert: 30.000 EUR": *beantrage ich namens und im Auftrag des Beklagten und Berufungsklägers Wiedereinsetzung in die abgelaufene Berufungseinlegungs- und Berufungsbegründungsfrist. Gleichzeitig lege ich namens des Beklagten und Berufungsklägers gegen das…"*. Die Begründung der Wiedereinsetzung erfolgt zu Beginn in etwa so: *Der Beklagte und Berufungskläger war ohne Verschulden daran gehindert, die Berufungs- sowie die Berufungsbegründungsfrist einzuhalten…* (Darlegung der einzelnen Umstände, warum die Fristen nicht eingehalten wurde, jeweils unter Glaubhaftmachung; Mittel der Glaubhaftmachung gem. § 294 ZPO sind zB anwaltliche Versicherung, eidesstattliche Versicherungen…).

Anders, wenn der Kläger etwa zwei Beklagte als Gesamtschuldner verklagt hat und beide in Berufung gehen (zu letzterer Fallgestaltung vgl. die von Hinrichs sehr informativ besprochene Original-Examensklausur „Berufung, die begeistert" in JA 2017, 289). Dann kann es durchaus sein, dass die Berufung des Beklagten zu 1) an der Frist (und vergeblichem Wiedereinsetzungsgesuch) scheitert, während die des Beklagten zu 2) erfolgreich ist. Eine solche Fallgestaltung wird aber nur erfolgen, wenn – wie bei der genannten Original-Examensklausur – ein *Berufungsurteil* zu fertigen ist; eine Examensklausur, die die Fertigung von zwei *Berufungsschriftsätzen* fordert, ist kaum vorstellbar.

d) Beschwer: Ein Rechtsmittel kann grundsätzlich nur einlegen, wer durch die Entscheidung beschwert ist (die Beschwer ist ein vertypter Fall des Rechtsschutzbedürfnisses): „Gegen" eine Entscheidung kann nicht vorgehen, wer gewonnen hat! Der Kläger muss **formell beschwert** sein, dh das Urteil muss von seinem *Antrag* nachteilig abweichen; unerheblich ist ein Abweichen allein in der *Begründung*. Der Beklagte muss **materiell beschwert** sein (er hat in erster Instanz keinen Sachantrag gestellt, sondern nur den Prozessantrag auf Klageabweisung); das ist der Fall, wenn in seine Rechtsposition eingegriffen wurde, kurz: er *verurteilt* wurde.

Hinweis: Bei **unbezifferten Anträgen** in erster Instanz – K klagt gegen B auf Zahlung von Schmerzensgeld, dessen Höhe er *in das Ermessen des Gerichts* stellt; in der Klagebegründung schreibt er, dass er etwa 9.000 EUR für angemessen halte –, ist zu unterscheiden: Keine Beschwer liegt vor, wenn das Gericht nur 8.500 EUR zuspricht; K hat eine Ermessensentscheidung beantragt und diesem Antrag wurde entsprochen! Dagegen liegt eine Beschwer ua vor: Bei Klageabweisung; bei Stattgeben der Klage unter eindeutigem Verlassen der vorgegebenen Bandbreite (der Kläger führt in der Klagebegründung aus, er stelle sich einen Betrag zwischen 8.000 EUR und 10.000 EUR vor, das Gericht spricht lediglich 7.000 EUR zu); bei Unterschreiten des im Klageantrag angegebenen Mindestbetrags (K beantragt Schmerzensgeld, dessen Höhe er in das Ermessen des Gerichts stellt, „mindestens jedoch 7.000 EUR"; das Gericht spricht lediglich 6.200 EUR zu).

e) Berufungssumme, Zulassung der Berufung, § 511 II ZPO: Nach § 511 II Nr. 1 ZPO muss die Beschwer 600 EUR übersteigen oder die Berufung muss im Urteil zugelassen worden sein (Abs. 2 Nr. 2).

Hinweise 1. **Streitwertfestsetzung:** Die Ansicht des Erstgerichts ist für die Berufungssumme ohne Bedeutung: K klagt gegen B vor dem Amtsgericht auf Herausgabe einer bestimmten Briefmarke; das Amtsgericht verurteilt B zur Herausgabe und setzt den Streitwert auf 450 EUR fest. – Die ZPO kennt keine verbindliche Festsetzung des Beschwerdewerts, so dass die Berufung nicht von der Streitwertfestsetzung der ersten Instanz abhängt (Reichold in Thomas/Putzo, 39. Auflage 2018 § 511 Rn. 11). B kann danach Berufung einlegen, muss aber in seiner Begründung unter Glaubhaftmachung (zB durch ein Privatgutachten) neue Tatsachen vortragen, aus denen folgt, dass der Wert der Briefmarke über 600 EUR liegt (§ 511 III ZPO).
2. **Gesamtschuldner:** A und B sind als Gesamtschuldner zur Zahlung von 800 EUR verurteilt worden. Begleicht A seinen Anteil von 400 EUR gegenüber dem Kläger, kann B gleichwohl Berufung einlegen. Seine Beschwer ist durch die Zahlung des A nicht entfallen (BGH NJW-RR 2011, 488 f.). Dazu, dass jeder Gesamtschuldner für sich Berufung einlegen kann, vgl. bereits oben den Hinweis beim Stichwort „Frist".

Rechtsanwalt Fleimer wird also zum Ergebnis kommen, dass eine Berufung zulässig ist.

f) Klausurtipp zur Zulässigkeitsprüfung:

aa) Ist im Examen ein Berufungs- **und** Berufungsbegründungsschriftsatz zu fertigen, sind Ausführungen zur Zulässigkeit im Schriftsatz verfehlt. Die entsprechenden Darlegungen gehören ins Hilfsgutachten, wobei keine bestimmte Reihenfolge einzuhalten ist, man also das Prüfungsschema in Ziff. I auch „durcheinanderwürfeln kann. Etwa so:

Die Berufung ist gem. § 511 I ZPO gegen alle Endurteile des erstinstanzlichen Gerichts statthaft. Das LG Traunstein hat die Klage in erster Instanz durch Urteil abgewiesen; damit ist die Berufung zum OLG München statthaft (§ 119 I Nr. 2 GVG). Der Kläger ist aufgrund der Klageabweisung formell beschwert; die Beschwer beträgt 30.000 EUR, da die Klage über diesen Betrag in vollem Umfang abgewiesen wurde. Die nach § 511 II Nr. 2 ZPO erforderliche Berufungssumme von 600 EUR ist damit überschritten. Das Urteil wurde am 28.2.2018 zugestellt. Die Berufungseinlegungsfrist läuft daher bis zum 28.3.2018 (§ 517 ZPO iVm §§ 222 I ZPO, 188 II BGB; Hinweis: nicht bis zum 31.3.: BGH NJW 1984, 1358!) und die Berufungsbegründungsfrist (§ 520 II ZPO iVm §§ 222 I ZPO, 188 II BGB) bis zum 30.4.2018, da das eigentliche Fristende mit dem 28.4.2018 auf einen Samstag fällt (§ 222 II ZPO). Achtung: Auf das Formerfordernis (oben Ziff. 3. b) der Berufung ist im Hilfsgutachten nicht einzugehen: Es wird in der Klausur durch den vom Bearbeiter angefertigten Schriftsatz erfüllt; die Kenntnis der entsprechenden Vorschriften erweist sich durch ihre Umsetzung im Rubrum.

Der Klausurbearbeiter in der Rolle des Anwalts Fleimer kommt also nach dem Rubrum und den Anträgen unmittelbar zur Sache (= zum Angriff).

bb) Anders, wenn – vgl. bereits oben die Erläuterungen zum Prüfungsschema – ein **Rechtsgutachten** zu fertigen ist, es also im Bearbeitervermerk zB heißt: Wie wird das OLG München entscheiden? In einem Rechtsgutachten ist auf alle aufgeworfenen Rechtsfragen einzugehen. Im Rahmen des Gutachtens untersucht man zunächst die Zulässigkeit und führt in etwa obiges zur Zulässigkeit entsprechend aus, wobei man aber auch auf das Formerfordernis des § 519 ZPO und § 520 ZPO knapp eingeht.

4. Begründetheit

Rechtsanwalt Fleimer wird gemäß dem obigen Schema weiterprüfen, ob eine Berufung auch in der Sache Erfolg verspricht.

a) Allgemeines zu Ziff. II. 2 des Prüfungsschemas

aa) Die beiden Berufungsgründe des § 513 I BGB. Eine Berufung kann nur in zwei Fällen begründet sein:

- Es liegt eine **Rechtsverletzung** vor (§§ 513 I Alt. 1, 546 ZPO), auf der die Entscheidung beruht, dh das Erstgericht hat Rechtsnormen falsch angewandt. Bei der Verletzung *materiellen Rechts* (= die Tatsachen, von denen das Erstgericht ausgegangen ist, rechtfertigen eine andere Entscheidung) ist ein Beruhen gegeben, wenn dessen richtige Anwendung zu einem anderen Ergebnis geführt hätte und bei der Verletzung einer *Verfahrensnorm*, wenn die Möglichkeit einer anderen Entscheidung nicht ausgeschlossen werden kann. Wäre das Urteil trotz einer Rechtsverletzung gleich geblieben, fehlt es am Erfordernis des Beruhens. *Achtung:* Die Berufung kann nicht auf eine Rechtsverletzung gestützt werden, die zur Unzuständigkeit des Erstgerichts geführt hat (§ 513 II ZPO).

  Beispiele: *Ich rüge, soweit der Anspruch des Klägers auf Zahlung des Kaufpreises aus dem Kaufvertrag vom 20.2. wegen angeblicher Verjährung abgewiesen wurde, die Verletzung materiellen Rechts (§ 520 III 2 Nr. 2 iVm §§ 513 I Alt. 1, 546 ZPO). Der Fehler ist erheblich, da bei rechtlich zutreffender Betrachtung keine Verjährung eingetreten ist, da diese durch Klageerhebung rechtzeitig gehemmt wurde (§ 204 I Nr.1 BGB). Der Klage wäre daher stattzugeben gewesen. Oder: Ich rüge, soweit der Anspruch des Klägers auf Zahlung des Kaufpreises aus dem Kaufvertrag vom 20.2. abgesprochen wurde, die Verletzung formellen Rechts (§ 520 III 2 Nr. 2 iVm §§ 513 I Alt. 1, 546 ZPO), da das Gericht den hinsichtlich der Beweislast des Klägers nach § 139 I ZPO gebotenen Hinweis unterlassen hat. ...*

- **Neue Tatsachen**, die nach § 529 ZPO zugrunde zu legen sind, **rechtfertigen eine andere Entscheidung** (§ 513 I Alt. 2 ZPO). Die in der 1. Instanz getroffenen Tatsachenfeststellungen sind für das Berufungsgericht bindend (§ 529 I Nr. 1 Hs. 1 ZPO: *Das Berufungsgericht hat... 1. die vom Gericht des ersten Rechtszuges festgestellten Tatsachen...*). Andere Tatsachen dürfen nur zugrunde gelegt werden, wenn

  - nach § 529 I Nr. 1 Hs. 2 ZPO (*... soweit nicht...*) eine erneute Tatsachenfeststellung geboten ist oder
  - nach § 531 II ZPO neue Tatsachen (neue Angriffs-und Verteidigungsmittel) zuzulassen sind (§ 529 I Nr. 2 ZPO verweist mit den Worten „soweit deren Berücksichtigung zulässig ist" auf § 531 II ZPO!).

  Beispiele: Das Erstgericht ist zB aufgrund einer unzutreffenden oder – obwohl gebotenen – nicht vorgenommenen Beweisaufnahme von einem falschen Sachverhalt ausgegangen, so dass eine Beweisaufnahme in 2. Instanz für eine erneute Tatsachenfeststellung geboten ist (§ 529 I Nr. 1 Hs. 2 ZPO). Der Berufungskläger bringt ein neues Beweismittel vor, dessen Geltendmachung ihm in 1. Instanz nicht möglich war (§§ 529 I Nr. 2, 531 II Nr. 3 ZPO)

  Grund für diese Beschränkung (vgl. dazu auch oben I. 2., „Funktion"): Die Parteien werden wegen der Bindungswirkung und der Präklusionsgefahr gezwungen, bereits umfassend sorgfältig in der ersten Instanz zu agieren: Das Berufungsgericht ist revisionsrechtlich ausgestaltet, prüft also regelmäßig nur, ob die vom Erstgerichts festgestellten Tatsachen in *rechtlicher Hinsicht* zutreffend gewürdigt wurden. An die vom Erstgericht festgestellten Tatsachen ist es gebunden (§ 529 I Nr. 1 Hs. 1 ZPO), soweit nicht eine erneute Feststellung geboten ist (§ 529 I Nr. 1 Hs. 2 ZPO) oder ausnahmsweise neue Tatsachen eingeführt werden dürfen (§§ 529 I Nr. 2, 531 II ZPO ZPO).

bb) Angriffsmöglichkeiten des Anwalts

Fächert man die beiden Berufungsgründe nach ihren jeweiligen Varianten auf, ergeben sich für den Rechtsanwalt des Berufungsführers vier Angriffsmöglichkeiten. Er kann

- die materielle Rechtsanwendung des Erstgerichts rügen: § 513 I Alt. 1 iVm § 546 ZPO;
- die formelle Rechtsanwendung des Erstgerichts rügen: § 513 I Alt. 1 iVm § 546 ZPO (in der Klausur nur selten);
- die fehler- oder lückenhaften Tatsachenfeststellungen des Erstgerichts rügen mit der Konsequenz, dass diese erneut vorgenommen werden müssen: § 513 I Alt. 2 iVm § 529 I Nr. 1 Hs. 2 ZPO);
- neue Tatsachen einführen mittels neuer Angriffs- und Verteidigungsmittel: § 513 I Alt. 2 iVm §§ 529 I Nr. 2, 531 II ZPO.

> **Klausurtipp:** Schreiben Sie diese Punkte auf einem Blatt Papier stichwortartig auf und notieren Sie beim (zweiten) Durchlesen des Aktenauszugs der Examensaufgabe zu den einzelnen Punkten, welche Teile des dargelegten Sachverhalts jeweils einschlägig sind (vgl. dazu auch die Erläuterungen zur Musterbegründung).

cc) Form der Geltendmachung der vier Angriffsmöglichkeiten. §§ 513, 529, 531 ZPO regeln die **Gründe**, die eine erfolgreiche Berufung tragen; § 520 III 2 ZPO regelt **Form** und **Inhalt** der Geltendmachung dieser Gründe. § 520 III 2 ZPO ist der Ausgangspunkt für die Fertigung Ihrer Berufungsschrift, weil sie festlegt, in welcher Form und mit welchem Inhalt die Gründe für eine Berufung geltend zu machen sind. Die Vorschrift ist an § 513 I ZPO ausgerichtet: Wird die *rechtliche Würdigung* des Urteils erster Instanz angegriffen, entweder im Hinblick auf materielle oder auf prozessuale *Rechtsfehler*, ist § 520 III 2 Nr. 2 ZPO zu beachten; wird die *Tatsachenfeststellungen* gerügt, ist § 520 III 2 Nr. 3 ZPO einschlägig und beim Vorbringen *neuer Angriffs- und Verteidigungsmittel* § 520 III 2 Nr. 4 ZPO.

Verstoß. Die Rechtsfolge eines Verstoßes gegen Form und Inhalt der Berufung festlegenden Norm des § 520 III 2 ZPO hängt davon ab, ob die Berufung *insgesamt* den Anforderungen nicht genügt; wenn ja, wird die Berufung als **unzulässig** verworfen (vgl. dazu auch die Anmerkungen zum Prüfungsschema). Dagegen reicht es zB aus, wenn der Streitgegenstand in der Berufung mehrfach angegriffen wird (zB materielle Fehler, neue Tatsachen ...), aber nur *eine* Rüge den Formerfordernissen entspricht. Nicht ordnungsgemäßen Rügen können zudem geheilt, vergessene Rügen nachgeschoben werden, *wenn* eine zulässige Berufung vorliegt und die Präklusionsbestimmung des § 530 ZPO nicht entgegensteht.

Als Zulässigkeitsvoraussetzung muss die Begründung nach § 520 III 2 ZPO weder schlüssig noch vertretbar sein, aber deutlich machen, aus welchen tatsächlichen und/oder rechtlichen Gründen das Urteil erster Instanz unrichtig sein soll. Stützt das Urteil seine Entscheidung auf mehrere Erwägungen (= Haupt- und Hilfserwägung, zB: *der Anspruch des Klägers ergibt sich zudem aus deliktischen Anspruchsgrundlagen)*, muss eine Berufungsbegründung in der Klausur auch die *Hilfserwägungen* rügen: Die Entscheidung erster Instanz könnte ja auch aufgrund der nur hilfsweise vorgebrachten Erwägung gerechtfertigt sein!

Abschließender Hinweis zu § 520 III 2 ZPO: Ob Nr. 2, 3 oder 4 ZPO: in allen Fällen reichen **Formalbegründungen** bzw. **Pauschalbegründungen** nicht aus; etwa (vgl. Reichold in Thomas/Putzo, 39. Auflage 2018 § 520 Rn. 20 und 27): Die *Rechtsansicht der Vorinstanz ist verfehlt*; die *Beweiswürdigung erfolgte unzutreffend* bzw. *einseitig*; *eine bestimmte Norm wurde nicht richtig angewandt*. Unzulässig auch: *Auf das gesamte erstinstanzliche Vorbringen wird Bezug genommen*; *die Akten des Amtsgerichts... wurden nicht beigezogen, weshalb sich ein unrichtiges Bild vom Unfallgeschehen ergibt"*.

Für die Klausur ist § 520 III 2 ZPO die zentrale Einstiegsnorm in die Berufungsbegründung, weshalb ihre einzelnen Alternativen im Folgenden näher behandelt werden.

b) Angriff auf Rechtsfehler (so Ziff. II. 2a des Prüfungsschemas; § 520 III 2 Nr. 2 ZPO)

Rechtsfehler, § 520 III 2 Nr. 2 ZPO. Hat das Gericht erhebliche **rechtliche Fehler** gemacht (= eine Rechtsnorm nicht oder nicht richtig angewendet, § 546 ZPO)?

aa) Materielles Recht. Erforderlich ist zunächst (1) „die **Bezeichnung der Umstände**", also die Darlegung, in welchen Punkten und aus welchen materiellen Gründen der Berufungskläger das Urteil der Vorinstanz für unrichtig hält. Insoweit ist der vom Gericht festgestellte Sachverhalt zugrunde zu legen und einer eigenen rechtlichen Bewertung zu unterziehen. Bei mehreren selbständig tragenden Urteilsbegründungen muss jede angegriffen werden (BGH NJW 2011, 2367). Beim Angriff gegen eine Ermessensentscheidung (zB Höhe des Schmerzensgeldes oder des Mitverschuldens) muss der Ermessensfehler dargelegt werden. (2) Anschließend ist die **Erheblichkeit der Rechtsverletzung für die angefochtene Entscheidung** darzulegen: Inwiefern hätte das Erstgericht anders entschieden. Zuletzt zur Darstellungsweise: Liegen, wie regelmäßig, mehrere Rechtsverletzungen vor, sind sie getrennt abzuhandeln.

Beispiele: Beim zuerkannten Darlehensrückzahlungsanspruch wurde übersehen, dass die Kündigungsfrist nicht eingehalten worden ist; ein Anspruch aus § 823 II BGB wurde bejaht, weil bestimmte DIN-Normen verletzt wurden (DIN-Normen sind keine Rechtsnormen und damit kein „Schutzgesetz iSd Vorschrift: BGH 139, 16).

bb) Verfahrensrecht. Für die Berufung teilt man die verfahrensrechtlichen Bestimmungen in zwei Gruppen ein:

- Verfahrensrechtliche Bestimmungen, die der Tatsachengewinnung dienen. Sie werden üblicherweise *nicht* als Rechtsfehler gerügt, sondern mit dem Ziel der Neufeststellung von Tatsachen nach §§ 520 III 2 Nr. 3 ZPO (= der Verfahrensfehler begründet „Zweifel an der Richtigkeit"). Eine Rüge als *Rechtsfehler* ist denkbar, aber nur mit dem Ziel der Aufhebung und Zurückverweisung).

- Sonstige verfahrensrechtliche Bestimmungen (sog. prozessrechtliche Maßstabsnormen): zB das Erfordernis zur Güte zu verhandeln; Normen, die den Verfahrensablauf regeln, aber nicht der Beweisgewinnung dienen (etwa die Anordnung des schriftlichen Vorverfahrens). Ihre Verletzung wird als *Rechtsfehler* gem. § 520 III 2 Nr. 2 ZPO gerügt. In Examensklausuren kommen sie nur selten zum tragen. Liegt ein solcher Fehler vor und macht er eine umfangreiche Beweisaufnahme notwendig, wird das Urteil aufgehoben und der Rechtsstreit zurückverwiesen (§ 538 II Nr. 1 ZPO).

4. Kapitel: Berufung

Beispiele: Die Verletzung der richterlichen Hinweispflicht, § 139 ZPO ist eine verfahrensrechtliche Bestimmung, die der Beweisgewinnung dient und ist daher mit einem Angriff auf die Tatsachenfeststellung (§ 520 III Nr. 3 ZPO) anzuführen. War der erkennende Richter nach § 41 ZPO ausgeschlossen, ist die Verletzung von § 41 ZPO keine Verfahrensvorschrift, die der Beweisgewinnung dient. In der Berufung ist dieser Rechtsfehler im Rahmen des § 520 III 2 Nr. 2 ZPO zu rügen.

> **Gliederung für Angriffe auf Rechtsfehler:**
> 1. Verletzung von materiellem Recht nach § 520 III 2 Nr. 2 iVm §§ 513 I Alt. 1, 546 ZPO
>   a) Rechtsverletzung durch das Erstgericht
>   b) Zutreffende Rechtslage
>   c) Entscheidungserheblichkeit
> 2. Verletzung von Verfahrensrecht nach § 520 III 2 Nr. 2 iVm §§ 513 I Alt. 1, 546 ZPO
>   a) Rechtsverletzung durch das Erstgericht (die nicht der Tatsachengewinnung dient)
>   b) Zutreffendes Recht
>   c) Entscheidungserheblichkeit

Man geht also so vor: *Begründung. I. Das Urteil des Landgerichts Traunstein hat zu Unrecht den Klageantrag abgewiesen, welchen der Kläger mit seiner Berufung in vollem Umfang weiter verfolgt. Gerügt wird die Verletzung materiellen und formellen Rechts. II.1. Verletzung von materiellem Recht, § 520 III 2 Nr. 2 iVm §§ 513 I Alt. 1, 546 ZPO. a) Rechtsverletzung durch das Erstgericht. ... (exakte Darlegung, welcher Umstand rechtlich unzutreffend gewürdigt wurde, zB das Bestehen eines Mietverhältnisses, das Vorliegen eines Kaufvertrags). b) Zutreffende Rechtslage. ... (exakte Darlegung, warum zB das Mietverhältnis nicht mehr bestand oder der Kaufvertrag durch Anfechtung weggefallen ist.) c) Entscheidungserheblichkeit dieser Rechtsverletzung. ... (Darlegung, dass das angefochtene Urteil ohne die Rechtsverletzung für den Kläger günstiger ausgefallen wäre.). II.2. Verletzung von Verfahrensrecht, § 520 III 2 Nr. 2 iVm §§ 513 I Alt. 1, 546 ZPO ...*

Hinweis: Hier wird obige Gliederung in das Prüfungsschema samt der jeweiligen Überschrift eingearbeitet, damit sich der Klausurbearbeiter vor Augen hält, was und in welcher Reihenfolge er darzulegen hat; so zeigt er auch dem Korrektor, dass er die einschlägigen Vorschriften kennt.

Zwingend ist das selbstverständlich nicht. Man kann auch auf „Ziff. I (Einleitung mit Hinweis auf den Umfang der Berufung") und die jeweilige Überschrift zu „Ziff. II" verzichten. Dazu ein Beispiel, dem folgende Konstellation zugrunde liegt: Das Gericht hat eine vom Kläger in Höhe von 5.000 EUR geltend gemachte Werklohnforderung, die sich aus zwei Einzelposten (3.000 EUR plus 2.000 EUR) zusammensetzte, lediglich in Höhe von 2.000 EUR zuerkannt, weil die Teilforderung von 3.000 EUR verjährt ist (Teilanfechtung!): *Begründung. I. Soweit das Erstgericht den Anspruch des Klägers auf Zahlung des Werklohns in Höhe von 3.000 EUR aus dem Vertrag vom... wegen angeblicher Verjährung zurückgewiesen hat, rüge ich die Verletzung materiellen Rechts (§ 520 III 2 Nr. 2 iVm §§ 513 I Alt. 1, 546 ZPO). Bei richtiger Betrachtung ist keine Verjährung eingetreten, so dass der Werklohnanspruch in vollem Umfang gerechtfertigt ist. 1. Das Erstgericht hat zutreffend dargestellt, dass am... ein wirksamer Werkvertrag zu einem Werklohn in Höhe von 3.000 EUR zwischen Kläger und Beklagtem geschlossen wurde. Es ist jedoch zu Unrecht von einer Verjährung des Anspruchs ausgegangen, weil es... (Rechtsverletzung durch das Erstgericht = Darlegung, welcher Umstand vom Erstgericht unzutreffend gewürdigt wurde). 2. Eine Verjährung ist entgegen der Ansicht des Erstgerichts nicht eingetreten, weil... (zutreffende Rechtslage = Darlegung der Umstände, warum keine Verjährung eingetreten ist). 3. Mangels einer Verjährung besteht der Anspruch nach wie vor, so dass der Kläger den restlichen Werklohn, der der Höhe und dem Grund nach unbestritten ist, verlangen kann (Entscheidungserheblichkeit der Rechtsverletzung). II. Weitere Berufungsgründe... .*

c) Angriff auf fehler- oder lückenhafte Tatsachenfeststellungen (zu Ziff. II. 2b des Prüfungsschemas, § 520 III 2 Nr. 3 ZPO)

Kann die Entscheidungsgrundlage angegriffen werden (womit zwingend die rechtliche Wertung neu vorzunehmen ist)? § 520 III 2 **Nr. 3** ZPO (Unrichtigkeit oder Unvollständigkeit der Tatsachenangaben) ist **im Zusammenhang mit §§ 513 I Alt. 2, 529 I Nr. 1 ZPO zu sehen**. Der Prüfungsumfang (die Prüfungskompetenz) des Berufungsgerichts hinsichtlich der Entscheidungsgrundlage des erstinstanzlichen Urteils *beschränkt* sich auf die durch *§ 513 I Alt. 2 iVm § 529 ZPO festgelegten Grenzen*. Das bedeutet: Das Berufungsgericht legt seiner Entscheidung *die vom Gericht des ersten Rechtszuges festgestellten Tatsachen zu Grunde, soweit nicht konkrete Anhaltspunkte Zweifel an der Richtigkeit oder Vollstän-*

digkeit der entscheidungserheblichen Feststellungen begründen und deshalb eine erneute Feststellung gebieten (§ 529 I Nr. 1 ZPO). Die Bindungswirkung erfasst dabei nur die festgestellten Tatsachen und nicht deren rechtliche Bewertung; erneute Feststellungen sind nur möglich, sofern konkrete Zweifel an der Richtigkeit oder Vollständigkeit bestehen.

Hinweise: 1. Wie bereits oben betont, geht es bei § 520 III 2 Nr. 3 ZPO nicht um die Feststellung *neuer* Tatsachen – dafür ist § 520 III 2 Nr. 4 iVm § 531 II ZPO einschlägig –, sondern um die *erneute* Feststellung der Tatsachen, die vom Erstgericht lücken- oder fehlerhaft angenommen wurden. 2. Rechtsfolge ist die erneute Feststellung der Tatsachen durch das Berufungsgericht. Ein sog. „Umdrehen" von Beweisen ist unzulässig, zB: Das Erstgericht ist der Ansicht, der Zeuge ist glaubwürdig. Hat das Berufungsgericht hieran konkrete Zweifel, darf der Zeuge nicht als unglaubwürdig behandelt werden, sondern er ist erneut zu vernehmen.

Der Anwalt muss folglich im Rahmen seiner formgerechten Begründung nach § 520 III 2 Nr. 3 ZPO darlegen: Zum einen die konkrete Angabe, *inwieweit* er die Tatsachengrundlage rügt; zum anderen die Gründe, aus denen sich die Unrichtigkeiten oder Unvollständigkeiten der Tatsachenfeststellungen ergeben: zB in welchen Punkten und warum eine Beweiswürdigung unzutreffend ist; in welchen Punkten und weshalb eine Tatsachenfeststellung falsch ist. Oder (wichtiger Sonderfall des Angriffs auf die tatsächlichen Grundlagen des Ersturteils!): Ein Beweis wurde nicht erhoben, obwohl er hätte erhoben werden müssen (eine entscheidungserhebliche Tatsache war streitig). Aufgrund der Zweifel an der Tatsachenfeststellung muss sich die *Notwendigkeit erneuter Feststellungen* ergeben, § 529 I Nr. 1 Hs. 2 ZPO und die Tatsache muss *entscheidungserheblich* sein.

> **Gliederung für Angriffe auf Angriff auf fehler- oder lückenhafte Tatsachenfeststellungen, § 520 III 2 Nr. 3 iVm §§ 513 I Alt. 2, 529 I Nr. 1 Hs. 2 ZPO:**
>
> 1. Angabe der vom Erstgericht festgestellten Tatsachen, deren Richtigkeit oder Vollständigkeit zu bezweifeln sind
> 2. Konkrete Anhaltspunkte für diese Zweifel
> 3. Notwendigkeit einer erneuten Tatsachenfeststellung
> 4. Entscheidungserheblichkeit der erneuten Tatsachenfeststellung, § 529 I Nr. 1 Hs. 2 ZPO

Beispiel 1. Das Amtsgericht legt seiner Entscheidung die Aussage des Zeugen Z zu Grunde. Es hat sich nach dem Ersturteil herausgestellt, dass der Zeuge an einer Rot-Grün-Blindheit leidet. – Der Anwalt (Klausurbearbeiter) muss darlegen: *Ich rüge die fehler- bzw. lückenhafte Tatsachenfeststellungen des Ersturteils, §§ 520 III 2 Nr. 3 iVm §§ 513 I Alt. 2, 529 I Nr. 1 Hs. 2 ZPO:* (1) Angabe der vom Erstgericht in den Urteilsgründen festgestellte Tatsache, deren Richtigkeit/Vollständigkeit angegriffen wird: *Nach den fehlerhaften Feststellungen des Ausgangsgerichts ist der Berufungskläger bei Rot über die Kreuzung gefahren.* (2) Darlegung konkreter Anhaltspunkte für den Zweifel: *Die Feststellung des Ersturteils beruht auf der Angabe des Zeugen Z; dieser leidet aber an einer Rot-Grün-Blindheit, die nicht berücksichtigt wurde* plus *Beweisangebot:* zB *Vorlage eines ärztlichen Gutachtens, eidesstattliche Versicherung.* (3) Notwendigkeit einer erneuten Tatsachenfeststellung bzgl. der vom Erstgericht zu (1) festgestellten Tatsache: *Die vom Erstgericht fehlerhaft festgestellte Tatsache, wonach der Berufungskläger bei Rot über die Kreuzung gefahren ist, macht es notwendig, den Zeugen Z, dessen Aussage das Gericht seiner Entscheidung zugrunde gelegt hat, erneut zu vernehmen, um die Frage seiner Rot-Grün-Blindheit zu klären. ... Dabei wird sich der angenommene Rotlichtverstoß nicht bewahrheiten.* (4) Entscheidungserheblichkeit der neu festgestellten Tatsachen: *Die Frage eines möglichen Rotlichtverstoßes ist entscheidungserheblich. Die Beweisaufnahme wird ergeben, dass der Zeuge an einer Rot-Grün-Blindheit leidet; damit ist seine Aussage hinsichtlich des angeblichen Verkehrsverstoßes des Berufungsklägers, auf die sich das Ersturteil in seinen Gründen allein gestützt hat, ohne Bedeutung.*

Beispiel 2. Das Erstgericht hat sich zum Beweis der Tatsache, dass bei den Verhandlungen über einen Mietvertragsschluss vom Vermieter Versprechungen – die Gestattung der Benutzung eines seiner Parkplätze – gemacht worden sind, auf die Aussage des Zeugen Z gestützt ohne sich mit dessen Glaubwürdigkeit auseinanderzusetzen. – Der Anwalt (Klausurbearbeiter) muss darlegen: *Ich rüge die fehler- bzw. lückenhafte Tatsachenfeststellungen des Ersturteils, §§ 520 III 2 Nr. 3 iVm §§ 513 I Alt. 2, 529 I Nr. 1 Hs. 2 ZPO.* (1) Die zu bezweifelnden Tatsachen, die das Erstgericht aufgrund der Aussagen des Zeugen Z seiner Entscheidung zugrunde gelegt hat, also die Zusage, er dürfe einen seiner Parkplätze benutzen. (2) Die Umstände, aus denen die Glaubwürdigkeit des Zeugen angegriffen wird: zB Verwandtschaft oder Freundschaft mit dem Vermieter plus Beweisangebot, zB Vorlage einer eidesstattlichen Versicherung, Vernehmung eines weiteren Zeugen. (3) Notwendigkeit einer erneuten Vernehmung des Z, ggf. auch die Vernehmung eines neuen Zeugens, um die Frage seiner Glaubwürdigkeit zu klären. (4) Entscheidungserheblichkeit: Ist der Zeuge nicht glaubwürdig, entfällt auch die Zusage des Vermieters hinsichtlich der Benutzung eines Parkplatzes, von denen das Ersturteil ausgegangen ist, weil diese Zusage allein auf der Zeugenaussage beruht.

Hinweis zur Zitierung: § 529 I Nr. 1 ZPO, an dem § 520 III 2 Nr. 3 ZPO ausgerichtet ist, enthält zwei konträre Aussagen: Die vom Erstgericht festgestellten Tatsachen sind bindend (**Hs. 1**), ausnahmsweise dürfen neue Tatsachen unter bestimmten Voraussetzungen eingeführt werden (**Hs. 2**). In Klausuren genügt die Zitierung des § 529 I Nr. 1 ZPO = ohne „Hs. 2") wenn die Tatsachenfeststellung des Erstgerichts angegriffen werden soll, weil sich das aus dem Kontext Ihrer Darlegung zwingend ergibt. Hier wird § 529 I Nr. 1 ZPO mit Halbsatzangabe zitiert, um Ihnen vor Augen halten: Ausgangspunkt jeglicher rechtlichen Prüfung in der Klausur ist immer der Gesetzestext; Prüfungsschemata „ordnen" lediglich die Reihenfolge, in der gesetzliche Vorschriften zu prüfen sind. MaW: Gliederungsschema muss man sich nicht „einhämmern", man trainiert sie mit einem sorgfältigen Lesen des Gesetzestextes.

4. Kapitel: Berufung

d) Vorbringen neuer Angriffs- und/oder Verteidigungsmittel (zu Ziff. II. 2c des Prüfungsschemas, § 520 III 2 Nr. 4 ZPO, sog. Novenrecht):

§ 520 III 2 Nr. 4 ist im Zusammenhang mit §§ 513 I Alt. 2, 529 I **Nr. 2**, 531 II ZPO zu sehen. Die Norm erfordert neue Angriffs- und Verteidigungsmittel, deren Bezeichnung und die Darlegung (vgl. den Wortlaut des § 520 III 2 Nr. 4!) warum sie nach § 531 II ZPO zuzulassen sind (häufigste Klausurvariante ist § 531 II Nr. 3 ZPO). Neue Angriffs- und Verteidigungsmittel sind zB: neues Bestreiten oder Behaupten, neue Beweismittel, neue Einwendungen, der Antrag auf Anhörung eines Sachverständigen, die Geltendmachung von (ausgeübten) Gestaltungsrechten, die Geltendmachung der (vorprozessual erklärten) Aufrechnung. Nicht aber: Klageänderung, Aufrechnung und Widerklage; sie behandelt § 233 ZPO (vgl. unten Ziff. 6.). Ausgeschlossen sind nach 531 I ZPO die zu Recht präkludierten Angriffs- und Verteidigungsmittel, dh das Berufungsgericht wird bei der Geltendmachung neuer Angriffs- und Verteidigungsmittel zunächst überprüfen, ob das Ausgangsgericht die Präklusionsbestimmungen zutreffend angewandt hat.

Beispiel: Das Gericht erster Instanz hat nach § 139 ZPO einen irreführenden Hinweis gegeben, so dass der Kläger davon ausging, er müsse keinen Beweis antreten. Das Gericht weist die Klage ab, weil die klägerische Behauptung nicht bewiesen wurde. Der Kläger kann diesen Fehler in seiner Berufung mit § 520 III 2 Nr. 4 iVm 531 II Nr. 2 ZPO rügen. Beachten Sie: Hauptfall eines „Verfahrensmangels" iSd § 531 II Nr. 2 ZPO) sind gerichtliche Hinweise nach § 139 ZPO, die – obwohl erforderlich – unterblieben oder sind oder die irreführend erfolgten.

Gliederung für Vorbringen neuer Angriffs- und/oder Verteidigungsmittel, § 520 III 2 Nr. 4 iVm §§ 513 I Alt. 2, 529 I Nr. 2, 531 II ZPO:

1. Bezeichnung der neuen Angriffs- und Verteidigungsmittel
2. Anführung der Tatsachen (Gründe) für die Zulassung der neuen Angriffs- und Verteidigungsmittel nach § 531 II ZPO, ggf. mit Beweisangeboten

---

e) Zusammenfassendes Beispiel für Angriffe auf Tatsachen und Vorbringen neuer Angriffsmittel:

Ausgangssituation: Das erstinstanzliche Urteil hat die Widerklage des Beklagten in Höhe von 1.000 EUR abgewiesen. Der Beklagte hatte dargelegt, der Kläger habe den ausgeliehenen Pkw-Anhänger des Beklagten an beiden Seitenwänden beschädigt. Das Erstgericht hat die Abweisung damit begründet, dass die durchgeführten Parteivernehmungen das Gericht nicht mit der erforderlichen Gewissheit von der Richtigkeit des Sachvortrags des Beklagten zu überzeugen vermochte und dass sich keine Hinweise fänden, die auf eine gesteigerte Glaubwürdigkeit einer Partei im Vergleich mit der jeweils anderen Partei schließen ließe. Ein entsprechendes Beweisangebot des Beklagten auf Vernehmung des Zeugen Z, der die Beschädigung durch den Kläger bei dessen Rangiermanöver beobachtet haben soll, wurde als verspätet zurückgewiesen. Die Berufung wendet sich gegen die Verspätung und erweitert die Widerklage um 2.000 EUR, da sich erst nachträglich herausgestellt habe, dass auch der Rahmen des Anhängers durch die Beschädigung des Klägers verzogen worden sei. In der Berufungsschrift wird dies wie folgt gerügt:

Begründung

I. Die Berufung richtet sich allein gegen die Abweisung der Widerklage, nicht aber gegen die Begründetheit der Klageforderung. Der Beklagte rügt mit seiner Berufung die Abweisung des mit der Widerklage geltend gemachten Anspruchs auf Schadensersatz wegen Beschädigung seines Pkw-Anhängers, Marke…, Kennzeichen… – in vollem Umfang und erhöht seine Widerklage um weitere 2.000 EUR.

II. 1. Ich rüge die lückenhafte Tatsachenfeststellungen des Ersturteils, §§ 520 III 2 Nr. 3 iVm §§ 513 I Alt. 2, 529 I Nr. 1 Hs. 2 ZPO zur Frage der Unfallverursachung und dem Unfallhergang wegen Nichtvernehmung des den Unfall beobachtenden Zeugen Z: Die Zurückweisung der Einvernahme des Zeugen erfolgte zu Unrecht. Das Gericht hätte den Zeugen vernehmen müssen.	Angabe der festgestellten Tatsachen
2. Das Gericht hat die Vorschrift des § 296 ZPO falsch angewandt, da der vom Gericht angenommene Fristverstoß mangels Übersehens des § 193 BGB nicht vorlag. Der Fristablauf fiel auf den 16.3., also einen Feiertag. Die Frist endete folglich erst am 17.3. Zu diesem Zeitpunkt war der Beweisantrag auf Vernehmung des Zeugen bei Gericht eingegangen.	Konkrete Anhaltspunkte für diese Zweifel
3. Da das Gericht von einer non-liquid Situation ausging, ist die neue Tatsachenfeststellung notwendig zur Klärung der Unfallursache und wird die Verursachung der Beschädigung durch den Kläger ergeben. Der Zeuge wird bekunden, dass an beiden Längsseiten des Pkw-Anhängers Eindellungen vorlagen, deren Beseitigung und Neulackierung einen Betrag von 1.000 EUR erforderten. ***Beweis:*** *Einvernahme des Hubert Ross, zu laden über die Firma Moser, Kfz-Reparaturen, 83278 Traunstein, Wolferstrasse 7 als sachverständigen Zeugen bzw. die Einholung eines Sachverständigengutachtens.*	Notwendigkeit erneuter Feststellung

> *4. Die neue Tatsachenfeststellung ist auch entscheidungserheblich, da die Haftung nach § 823 I BGB oder § 7 StVG von der Unfallursächlichkeit abhängt und damit den mit der Widerklage geltend gemachten Schadensersatzanspruch rechtfertigt.*
>
> *III. 1. Neues Angriffsmittel, § 520 III 2 Nr. 4 iVm §§ 513 I Alt. 2, 529 I Nr. 2, 531 II ZPO. Der mit der Widerklage begehrte Betrag von 1.000 EUR wird aufgrund neuen Vorbringens um 2.000 EUR erhöht, auf insgesamt also 3.000 EUR.*
>
> *2. Bei einer neuerlichen Untersuchung des Anhängers hat sich ergeben, dass der Kläger bei seinem Rangieren mit dem Anhänger nicht nur die Seitenwände beschädigt hat, sondern auch den Rahmen. Hierfür fallen Reparaturkosten in Höhe von 2.000 EUR an.*
>
> > **Beweis:** Hubert Ross, ..., als sachverständigen Zeugen; Einholung eines Sachverständigengutachtens.
>
> *Der Zeuge wird bekunden, dass er am... beim Anhänger die Reifen gewechselt und dabei festgestellt hat, dass sich der Rahmen am Anhänger verzogen hat. Ebenso wird er die anfallenden Kosten in Höhe von 2.000 EUR bestätigen.*
>
> *Diese Umstände sowie die angebotenen Beweismittel konnten im Verfahren der 1. Instanz nicht vorgetragen werden, da sie im Zeitpunkt des Schlusses der mündlichen Verhandlung noch nicht bekannt waren. Folglich beruht der unterlassene Sachvortrag nicht auf Nachlässigkeit meines Mandanten.*

Randbemerkungen:
- Entscheidungserheblichkeit
- Bezeichnung des neuen Verteidigungsmittels
- Tatsachenanführung für das neue Vorbringen mit Beweisangebot
- Gründe für die Zulassung der neuen Verteidigungsmittel.

Hinweise:

1) Gerade in Berufungsklausuren wenden Bearbeiter die Präklusionsvorschrift des § 296 I ZPO oft vorschnell an. Die Norm ist zB *nicht einschlägig*, wenn das Gericht verkannt hat, dass die gesetzte Frist tatsächlich eingehalten wurde (Übersehen des § 193 BGB). Oder: Ist ein Schriftsatz mit einem Beweisangebot zur Zeugenvernehmung zwar verspätet eingegangen, liegt aber zwischen Eingang des Schriftsatzes und dem anberaumten Termin noch ein ausreichender Zeitraum zur Vernehmung des Zeugen, wenn dieser *unverzüglich* geladen wird, ist § 296 I ZPO ebenfalls nicht einschlägig: Eine Verzögerung iSd § 296 I ZPO liegt nur dann vor, wenn der Zeuge nicht mehr rechtzeitig geladen werden konnte (BGH NJW 1987, 502).

2) Man kann darüber streiten, ob das neue Vorbringen in Ziff. III. 2. (= Erhöhung des Widerklageantrags bei gleich bleibendem Sachvortrag) in der Hauptsache als stets zulässige Klageänderung iSd § 264 Nr. 2 ZPO anzusehen ist und folglich nicht in den Anwendungsbereich des § 533 ZPO fällt (so die obige Lösung, die der hM folgt, vgl. BGH NJW-RR 2006, 390 und Reichold in Thomas/Putzo 39. Auflage 2018, § 533 Rn. 11). Nach aA ist § 533 ZPO einschlägig. Am Ergebnis ändert das nichts, weil dann von Sachdienlichkeit auszugehen ist (§ 533 Nr. 1 ZPO).

f) Klageänderung, Aufrechnung und Widerklage (zu Ziff. II. 3 des Prüfungsschemas, § 533 ZPO):

Die Bindung an die bisherigen Tatsachenfeststellungen und die Einschränkungen hinsichtlich der Zulassung neuer Tatsachen wird in **§ 533 ZPO** logisch ergänzt, wonach eine Klageänderung, Aufrechnung oder Widerklage nur möglich ist, wenn insoweit keine neuen Tatsachen erforderlich sind (Nr. 2 iVm § 529 ZPO) und der Gegner einwilligt bzw. die Zulassung sachdienlich ist (Nr. 1). Zu beachten ist: Die Zulassung einer Klageänderung, Aufrechnung oder Widerklage setzen jeweils eine **zulässige Berufung voraus**, dh einen *anderweitigen Angriff* auf das erstinstanzliche Urteil. Macht also der Kläger, dessen Klage auf Zahlung von 5.000 EUR in 1. Instanz abgewiesen wurde, in der Berufung zusätzliche 3.000 EUR (nachträgliche Klagehäufung) geltend, ist eine Erörterung des § 533 ZPO erst angebracht, wenn die Berufung gegen die abgewiesene Klage zulässig ist.

Oder: Der Beklagte kann gegen das klagezusprechende Ersturteil erstmalig Widerklage unter den Voraussetzungen des § 533 ZPO nur erheben, wenn seine Berufung gegen die Abweisung der Klage zulässig ist. Anders, wenn das Ersturteil der Klage stattgegeben und eine vom Beklagte erhobene Widerklage abgewiesen hat und dieser mit seiner Berufung beides angreift, wobei er gleichzeitig den mit der Widerklage geltend gemachten Betrag von 3.000 EUR bei gleichbleibendem Sachverhalt auf 5.000 EUR erhöht. Dann ist nach ganz hM nicht § 533 ZPO einschlägig, sondern § 264 ZPO (vgl. zu dieser Fallgestaltung das obige „Formulierungsbeispiel").

g) Fortführung des Ausgangsbeispiels:

Rechtsanwalt Fleimer überprüft das landgerichtliche Urteil im Hinblick auf Rechtsverletzungen, auf mögliche Angriffe der Tatsachenfeststellungen des Erstgerichts und der Möglichkeit, ob der Zeuge Reich als neues Verteidigungsmittel benannt werden kann. Er kommt zum Ergebnis: Der Anspruch des Klägers ist verjährt; der Beklagte kann beweisen, dass er den Kläger auf den Unfallschaden beim Audi A6 hingewiesen hat; das Landgericht hat nicht berücksichtigt, dass beim Ankauf des Audi A6 nach höchstrichterlicher Rechtsprechung von einem Gewährleistungsausschluss auszugehen ist. Er wird daher einen entsprechenden Berufungsschriftsatz fertigen:

4. Kapitel: Berufung

5. Berufungsbegründung – der Anwaltsschriftsatz

In der Praxis werden regelmäßig für die fristwahrende Einlegung und die Begründung der Berufung unterschiedliche Schriftsätze gefertigt. Den Anforderungen der Examensklausur wird im nachfolgenden Muster vorgestellt, wie eine Berufungseinlegung und -begründung in einem gemeinsamen Schriftsatz vorgenommen wird. In den Erläuterungen wird deutlich gemacht, welche Elemente wohin (Berufungseinlegung bzw. Berufungsbegründung) gehören.

a) Rubrum und Anträge:

Absender:
Rechtsanwalt Ernst Fleimer
Bahnhofstraße 4
83278 Traunstein
 	
An das
Oberlandesgericht München
…
 	
In Sachen
 	
K. Konrad, Schmidhamerstraße 15, 83278 Traunstein
– Kläger und Berufungsbeklagter –
 	
Prozessbevollmächtigter: Dr. Emsig, Hochgernstraße 23,
83278 Traunstein
 	
gegen
 	
Bertold Blau, Rosenheimerstraße 89, 83278 Traunstein
– Beklagter und Berufungskläger –
 	
Prozessbevollmächtigter: Unterfertigter
 	
wegen Rückabwicklung
Beschwerdewert: 30.000 EUR
 	
lege ich namens des Beklagten und Berufungsklägers gegen das in **beglaubigter Abschrift beigefügte Endurteil** des Landgerichts Traunstein vom 24.2.2015 (Az.: 3 O 4587/17), zugestellt am 28.2.2018,
 	
Berufung
 	
zum Oberlandesgericht München ein und stelle folgende Anträge:
 	
  I. Das Urteil des Landgerichts Traunstein vom 24.2.2018 wird aufgehoben.
  II. Die Klage wird abgewiesen.
  III. Der Kläger trägt die Kosten beider Rechtszüge.
  IV. Die Zwangsvollstreckung aus dem Urteil des Landgerichts Traunstein, Az 3 O 4587/1, wird, ggf. gegen Sicherheitsleistung, einstweilen eingestellt.
 	
Mit einer Übertragung der Entscheidung auf den Einzelrichter besteht Einverständnis.
	*Die Berufung ist beim **Berufungsgericht** einzulegen*
	
	Die Parteirollen sind zu ergänzen. Weil der Beklagte Berufung einlegt, ist er Berufungskläger. In den Gründen spricht man dagegen nur vom Beklagten.
	
	§ 520 IV Nr. 1 ZPO
	
	§ 519 III ZPO
	
	§ 519 II ZPO
	
	§ 520 III 1 ZPO
	
	Die Kostenentscheidung ergeht von Amts wegen und ist als Antrag verzichtbar.
	
	§ 520 IV Nr. 2 ZPO

Erläuterungen:
Die Berufung ist beim zuständigen Berufungsgericht einzulegen; im Rubrum sind die Parteirollen entsprechend zu ergänzen. Nach § 519 II ZPO muss das angefochtene Urteil bezeichnet werden und die Erklärung enthalten sein, dass hiergegen Berufung eingelegt wird. § 519 III ZPO (Beilegung einer beglaubigten Abschrift des angefochtenen Urteils), § 520 IV Nr. 1 ZPO (Angabe des Beschwerdewerts) und § 520 IV Nr. 2 ZPO (Äußerung dazu, ob einer Entscheidung der Sache durch den Einzelrichter Gründe entgegenstehen) beinhalten zwar *Sollvorschriften*, so dass ihre Nichtbeachtung in der *Praxis* keine Rolle spielt. Anders im Examen: Hier zeigt man, dass einem diese Bestimmungen geläufig sind!

In der Praxis sind die **Anträge** (Ziff. I, II) Teil der Berufungsbegründung (§ 520 III 2 Nr. 1 ZPO), die in einem eigenen Schriftsatz erfolgen. Entsprechend den Anforderungen im Examen – Berufungseinlegung und Berufungsbegründung in *einem* Schriftsatz – werden sie hier an dieser Stelle gebracht. Ziff. I, II werden dabei so formuliert, wie der Tenor des stattgebenden Berufungsurteils lauten würde.

aa) Teilanfechtung. Die Berufung kann ganz oder teilweise eingelegt werden. Hier will Rechtsanwalt Fleimer entsprechend dem Mandantenwunsch, dass das Urteil der Erstinstanz in vollem Umfang aufgehoben und die Klage abgewiesen wird (Vollberufung). Anders, wenn der Mandant (Beklagter) erkennen lässt, dass er zB nur gegen einen der mehreren dem Kläger zuerkannten Ansprüche vorgehen will bzw. (Mandant als Kläger), dass er nur einen von mehreren abgewiesenen Ansprüchen weiterverfolgen will (Teilberufung): **Der Antrag lautet dann zB** *Das Urteil des... wird teilweise abgeändert: Der Beklagte wird verurteilt... Begründung. Im Einleitungssatz bringt man die Teilanfechtung zum Ausdruck, ebenso, ob das Urteil in tatsächlicher und/oder rechtlicher Hinsicht angegriffen wird. I. Umfang der Anfechtung. Das Landgericht Traunstein hat die Klageanträge auf Zahlung von Krankheitskosten und Schmerzensgeld abgewiesen. Die Abweisung der Klage von Schmerzensgeld wird in tatsächlicher und rechtlicher Hinsicht angegriffen, nicht aber die Abweisung der Klage auf Zahlung von Krankheitskosten. II. Rechtsverletzung nach § 520 III 2 Nr. 2 iVm §§ 513 I Alt. 1, 546 ZPO...*

bb) Anträge:

- **Beklagter:** Vgl. obiges Beispiel. Greift er ein teilweise klagezusprechendes Urteil an, lautet der Antrag: *Unter teilweiser Abänderung des Urteils des... vom... wird die Klage in vollem Umfang abgewiesen.*
- **Kläger:** *Das Urteil des... vom... wird aufgehoben und der Beklagte verurteilt, ...;* bei einem teilweise klageabweisenden Urteil: *Unter teilweiser Abänderung des Urteils des... vom... wird der Beklagte verurteilt...*
- Der Antrag zur **Kostenentscheidung** (Ziff. III.) ist an und für sich entbehrlich. Weil aber in Examensklausuren spätestens im Hilfsgutachten darzulegen ist, dass bei der Kostenentscheidung über die Kosten *beider* Instanzen zu befinden ist, ist es zweckmäßig, den Kostenantrag hier aufzunehmen.
- Zuletzt (Ziff. IV) muss der Berufungsführer prüfen, ob ein Antrag auf **einstweilige Einstellung der Zwangsvollstreckung** zu stellen ist (§§ 719 I 1, 707 ZPO). Hier ist das geboten.

b) Begründung:

Begründung:

Auf die zulässige Berufung hin ist das Urteil des Landgerichts Traunstein in vollem Umfang aufzuheben, Der Berufungskläger erhebt die Einrede der Verjährung (I 1). Schon daher ist die Klage abzuweisen. Zudem kann der Zeuge Reich angeben, dass bei den entsprechenden Verhandlungen auch der Unfall erörtert wurde (I 2). Letztlich hat das Landgericht übersehen, dass die Parteien einen Gewährleistungsausschluss vorgenommen haben (II).

I. Es wird mit der Einrede der Verjährung ein neues Verteidigungsmittel, § 520 III 2 Nr. 4 iVm §§ 513 I Alt. 2, 529 I Nr. 2 ZPO geltend gemacht.

Einleitung/Umfang (II. 1 des Prüfungsschemas)

4. Kapitel: Berufung

1. Der Anspruch des Klägers ist **verjährt**. Der Berufungskläger erhebt die Einrede der Verjährung, §§ 214, 438 I Nr. 3 BGB. Die Klage ist daher abzuweisen.

Die Verjährungsfrist begann mit der Übergabe des Fahrzeugs am 14.1.2013 zu laufen (§ 438 II BGB) und endete am 14.1.2015 (§§ 187 I, 188 II BGB). Diese Daten sind unstreitig. Zum Zeitpunkt der Rücktrittserklärung des Klägers am 6.7.2017 waren seine Mängelansprüche deshalb verjährt.

Die Verjährungseinrede kann erstmalig in der Berufungsinstanz erhoben werden (BGH GS), selbst wenn die die Verjährung begründenden Umstände (Daten), wie hier, in erster Instanz unstreitig waren; § 531 II ZPO, auf den § 520 III 2 Nr. 4 ZPO explizit verweist, findet keine Anwendung.

Die genaue Fundstelle von „BGH GS" muss nicht angegeben werden. Der Korrektor kennt die Entscheidung

Hilfsweise: Auch wenn das Berufungsgericht davon ausgeht, dass – was nicht der Fall ist – der Beklagte arglistig gehandelt hat, ist Verjährung eingetreten. Die Verjährungsfrist richtet sich im Falle der Arglist (§ 438 III BGB) nach § 199 BGB, dh entscheidend ist die Kenntnis bzw. grob fahrlässige Unkenntnis des Klägers. Dieser wurde im April 2013 seitens des späteren Käufers des Audi A6 auf den Unfallschaden aufmerksam gemacht. Damit beginnt die dreijährige (§ 195 BGB) Frist mit Ablauf des 31.12.2013 und endet mit Ablauf 2016 (§§ 187 I, 188 II BGB). Diese Daten sind unstreitig.

Im Anwaltsschriftsatz müssen Hilfserwägungen vorgetragen werden, weil das Gericht die Ansicht des Anwalts nicht teilen muss.

2. Aufgrund neu zu berücksichtigender **Verteidigungsmittel** wird sich in der Berufungsinstanz ein geänderter Sachverhalt ergeben (§ 520 III 2 Nr. 4 iVm §§ 513 I Alt. 2, 529 I Nr. 2, 531 II ZPO): Der Beklagte hat den Kläger bzw. dessen Geschäftsführer Holz bei den Verkaufsverhandlungen in dessen Geschäftsräumen ausdrücklich darauf hingewiesen, dass ein entsprechender Streifschaden vorhanden ist. So kann der weitere Kunde Reich angeben, dass bei der Übergabe der Kaufunterlagen der Beklagte den Unfall erwähnt hat.

   Beweis: Harald Reich, Leonrodstraße 12, 83278 Traunstein als Zeuge

Der Zeuge Reich konnte in erster Instanz nicht benannt werden, da der Mandant nicht wusste, dass andere Personen das Gespräch mitbekommen haben (§ 531 II Nr. 3 ZPO). Erst nach Erlass des Urteils hat mein Mandant zufällig den ihm bekannten Zeugen getroffen und mit diesem über die Vorgänge gesprochen. Hierbei gab der Zeuge an, dass er bei der maßgeblichen Verkaufsverhandlung zufällig als Kunde anwesend war.

Aufgrund der Kenntnisse des Klägers bzw. dessen Geschäftsführer Holz (§ 166 II BGB) vom Mangel ist eine Haftung nach § 442 BGB ausgeschlossen.

II. Ich rüge die Verletzung materiellen Rechts, § 520 III 2 Nr. 2 iVm §§ 513 I Alt. 1, 546 ZPO.

Zuletzt ist die Entscheidung aufzuheben, da das Gericht materielles Recht nicht zutreffend angewandt hat.

Noch zutreffend hat das Gericht das In-Zahlung-Geben als Annahme an Erfüllungs statt gewertet; ein Anspruch aus § 365 BGB iVm § 437 Nr. 3, 311a BGB ist aber nicht gegeben.

Der Beklagte hat den Geschäftsführer Holz des Klägers bei Übergabe der unterschriebenen Vertragsunterlagen ausdrücklich auf

Auszugehen ist von dem Sachverhalt, den das Gericht seiner Entscheidung zu Grunde gelegt hat. Dieser Sachverhalt ist rechtlich neu zu bewerten.

den Unfallschaden hingewiesen. Dieser nahm die Unterlagen entgegen, ohne auf die Erklärung des Beklagten bezüglich des Unfalls einzugehen. In diesem Vorgang kann nur ein konkludenter Gewährleistungsausschluss gesehen werden, andernfalls Herr Holz nach aller Lebenserfahrung darauf hingewiesen hätte, dass der Ankaufspreis für den Audi A6 angesichts des Unfallschadens entsprechend herabgesetzt oder/und der eingekreiste Passus bzgl. eventueller Unfallschäden im Ankaufsformular („keine") korrigiert werden müsse.

*Dabei steht (wie immer bei Subsumtionen) an erster Stelle die mögliche **Anspruchsgrundlage**; sodann folgen die Ausführungen, warum sie nicht greift.*

Auch wenn das Berufungsgericht nicht von einem konkludenten Gewährleistungsausschluss ausgeht, ist doch nach der höchstrichterlichen Rechtsprechung bei einer In-Zahlung-Gabe regelmäßig ein solcher Ausschluss anzunehmen. Zwar wurde ein Haftungsausschluss nicht im schriftlichen Vertrag aufgenommen; die stillschweigende Vereinbarung eines solchen Ausschlusses ergibt sich jedoch aus den besonderen Umstände: Zum Abschluss des Kaufvertrags über den Audi A6 kam es nur deshalb, weil der Beklagte den vom Kläger angebotenen VW-Passat erwerben wollte und erwarb. Beide Verträge standen in einem inneren Zusammenhang: Der Kaufvertrag über den Passat wäre nicht geschlossen worden, wenn der Beklagte seinen Pkw nicht hätte veräußern können. Damit sollte der Kaufvertrag über den VW-Passat nur Bestand haben, wenn der Beklagte seinen Audi A6 (zur Finanzierung) endgültig veräußern konnte. Vor diesem Hintergrund waren sich die Parteien stillschweigend einig, dass die Sachmängelhaftung ausgeschlossen werden sollte. Der Audi A6 war ein 4-jähriges Gebrauchtfahrzeug mit einer Laufleistung von etwa 116.000 Kilometern, so dass es nahelag, dass einzelne Mängel vorhanden waren, die zu Gewährleistungsansprüchen führen können. Nach dem Parteiwillen sollte sich dies nicht auf den Abschluss der beiden Kaufverträge auswirken. Es ist daher davon auszugehen, dass die Klägerin bereit war, auf die Sachmängelhaftung zu verzichten und die Parteien deshalb stillschweigend einen Haftungsausschluss vereinbart hatten. Das gilt umso mehr, als der Kläger als Kfz-Händler ohne weiteres in der Lage war, das zu erwerbende Fahrzeug auf Vorliegen von Mängeln zu untersuchen. Wenn er das nicht tat, kann er sich redlicherweise nicht darauf berufen, der Beklagte hafte für alle Mängel, die bei Übergabe vorlagen. Vielmehr muss er hinnehmen, dass es den wohl verstandenen Interessen beider Parteien entspricht, für Sachmängel einen Haftungsausschluss anzunehmen.

Der Rechtsfehler ist **erheblich**. Nachdem ein Gewährleistungsausschluss vorliegt, kann der Kläger keine entsprechenden Gewährleistungsrechte geltend machen.

Unterschrift

Erläuterungen:
- **Lösungsskizze.** Obigen Schriftsatz kann der Examenskandidat erst fertigen, wenn er sich eine Lösungsskizze erarbeitet hat. Diese Skizze sollte von den Angriffsmöglichkeiten des Anwalts in einer Berufung ausgehen, die sich der Bearbeiter nach dem zweiten Durchlesen des Sachverhalts auf einem eigenen Blatt notiert hat (vgl. den Klausurtipp auf S. 228) und sollte sich streng an die oben gezeigten einzelnen Gliederungen zu § 520 III 2 ZPO halten: sie geben den Weg vor und zeigen die einzelnen Schritte auf, die zu gehen sind. Welche Reihenfolge man dann in der Begründungsschrift einhält, ist zwar überwiegend „Geschmackssache", eine gewisse „Gewichtung" erfreut jedoch den Korrektor. Hier sollte man mit dem Einwand der Verjährung als dem „schlagendsten" Berufungs-

grund beginnen. Greift er, ist das Ersturteil, das den Klageantrag allein auf den Schadensersatzanspruch aus Mängelhaftung gestützt hat, aufzuheben. Als Anwalt – und diese „Taktik" wird im Examen verlangt – muss aber jeder denkbare weitere Berufungsgrund genutzt werden, allein um der eigenen Haftung zu entgehen, sollte das Gericht an bestimmten Stellen eine abweichende Rechtsansicht haben.

- **Einleitung.** Man beginnt klarstellend mit dem *Umfang* der Berufung (wird das Ersturteil im Ganzen oder nur in Teilen angegriffen). Anschließend gibt man einen Überblick über alle Berufungsgründe, die man geltend macht. Zwingend ist das nicht, so dass man damit keine Zeit verschwenden sollte, wenn die Formulierung bei komplexeren Sachverhalten Schwierigkeiten macht.
- **Verjährung.** Die Entscheidung des Großen Senats (GS) des BGH muss man kennen (Reichold in Thomas/Putzo, 39. Auflage 2018, § 531 Rn. 1). Dazu ist das Referendariat ua da. Im Beschluss vom 23.06.2008 heißt es „Die erstmals im Berufungsrechtszug erhobene Verjährungseinrede ist unabhängig von den Voraussetzungen des § 531 II 1 Nrn. 1 bis 3 ZPO zuzulassen, wenn die Erhebung der Verjährungseinrede und die den Verjährungseintritt begründenden tatsächlichen Umstände zwischen den Prozessparteien unstreitig sind" (siehe auch unten, Examensrelevante Rechtsprechung).
- **Der Zeuge Reich fällt unter §§ 520 III 2 Nr. 4, 531 II ZPO** (neue Angriffs- und Verteidigungsmittel), **nicht unter § 520 III 2 Nr. 3 ZPO** (fehlerhafte Tatsachenfeststellung). Das Gericht ist bei der Bejahung des Schadensersatzanspruchs aus Mängelhaftung von folgenden Tatsachen ausgegangen (vgl. den Tatbestand des Urteils): Angabe als unfallfrei (= Umkreisung und Unterstreichung des Wortes „keine" in der vorgedruckten Rubrik „Das Fahrzeug hat keine/folgende Unfallschäden erlitten"), obwohl der Beklagte 2012 mit dem Wagen einen Unfall erlitten hatte, bei dem Schäden in Höhe von 3.000 EUR entstanden waren. Zwar kann man unterstellen, dass der Beklagte in seiner Klageerwiderung darauf hingewiesen hat, er habe den Unfallschaden offen gelegt, er konnte aber, obwohl beweispflichtig, den entsprechenden Beweis nicht führen, weil ihm zu dieser Zeit die Anwesenheit des Zeugen Reich nicht bekannt war. Das Gericht hat im Zeitpunkt seiner Entscheidung aufgrund dieser *nicht fehlerhaften Tatsachengrundlage* den Schluss gezogen, dass ein arglistiges Verschweigen des Beklagten vorlag; § 520 III 2 Nr. 3 ZPO ist damit nicht einschlägig. Darüber verliert man kein Wort, weil sich das bereits aus der zutreffenden Einordnung unter § 520 III 2 Nr. 4 ZPO ergibt.
- **Ausschluss der Mängelhaftung.** Der Anwalt des Berufungsklägers (hier: Beklagter) muss alles versuchen, den Angriff zu rechtfertigen. Beim Angriff auf einen Gewährleistungsanspruch – die Mängel am Audi sind ja nicht zu bestreiten – bleibt als Möglichkeit (neben der Verjährung) nur ein Haftungsausschluss, entweder konkludent und/oder stillschweigend vereinbart. Diese Überlegung ist zwingend, hat doch das Erstgericht in seinen Gründen einen Gewährleistungsanspruch ausdrücklich abgelehnt. Der Klausurbearbeiter in der Rolle des Anwalts muss also alles an Argumenten für einen konkludenten bzw. stillschweigenden Haftungsausschluss „zusammentragen". Die bloße *Möglichkeit, dass sie tragen könnten*, vielleicht auch aus weiteren oder gar anderen Gründen – das Berufungsgericht prüft umfassend aus eigener Kompetenz! – reicht aus.

Zuletzt: Die Erklärung des Beklagten, warum er im Ankaufsformular das Wort „keine" eingekreist und unterstrichen hat, ist als Mandantenschilderung für den Anwalt grundsätzlich als wahr zu unterstellen (Dallmayer, Zivilrechtliche Musterklausuren für die Assessorprüfung, Abschnitt 2 „Anwaltsklausuren").

IV. Berufungsurteil

Examensklausuren, die die Fertigung eines Berufungsurteils fordern, sind im Hinblick auf den erforderlichen Umfang des darzustellenden Sachverhalts (vollständige Wiedergabe des Urteils 1. Instanz, Berufungsbegründungsschrift mit Anlagen, Gegenschrift mit Anlagen) und die unten genannten Schwierigkeiten für den Klausurersteller die große Ausnahme. Sollten Sie mit einer solchen Klausur gleichwohl konfrontiert werden, können sie sicher sein, dass sie jedenfalls in stark vereinfachter Form vorliegt. Für komplexere Aufgabenstellungen reicht einfach die Zeit von 5 Stunden nicht.

Anders als ein Urteil erster Instanz folgt ein Berufungsurteil nicht dem klassischen und in § 313 ZPO vorgeschriebenen Aufbau von Tenor, Tatbestand und Entscheidungsgründen, sondern verzichtet nach § 540 I ZPO sowohl auf den Tatbestand als auch auf Entscheidungsgründe: An die Stelle des Tatbestands treten lediglich „*Bezugnahmen*" nebst „*Ergänzungen*" (Abs. 1 Nr. 1), an die Stelle der Entscheidungsgründe tritt eine „*kurze Begründung*" (Abs. 1 Nr. 2), – es können aber auch Tatbestand und Entscheidungsgründe ganz entfallen (Abs. 2). Angesichts der vielen Varianten der im freien Ermessen stehenden Fassung von „Bezugnahmen", „Ergänzungen" und „kurzer Begründung" ist allein schon die

Erstellung einer Klausur „Berufungsurteil" schwierig, – erst recht gilt das für eine Korrektur: Welche von den vielen möglichen Fassungen ist wie zu bewerten? Die folgenden Ausführungen geben daher lediglich einen Überblick zur Arbeitsweise des Berufungsgerichts; so wird auch die Funktion der Berufungsbegründung deutlicher.

1. Prüfungsvorgang

Bindung an die Anträge; Verschlechterungsverbot: Nach § 528 S. 1 ZPO unterliegen allein die **Berufungsanträge** einer Prüfung und Entscheidung. Sind die Gründe des Ersturteils deshalb unzutreffend, ist das Urteil aber aus anderen Gründen richtig, erfolgt keine Aufhebung. Nach § 528 S. 2 ZPO darf das Gericht nicht mehr und nichts anderes zusprechen, als beantragt wurde: K hat in erster Instanz gegen B 20.000 EUR eingeklagt, es wurden ihm lediglich 8.000 EUR zugesprochen; legt er in Höhe von 4.000 EUR Berufung ein, können ihm insgesamt nur 12.000 EUR zugesprochen werden, auch wenn sich die gesamte Zahlungsklage als begründet erweist. Die Entscheidung darf aber auch nicht dahin gehen, dass die gesamte Klage abgewiesen wird, ihm also Null zugesprochen wird (Verbot der reformatio in peius, Verschlechterungsverbot), es sei denn, B hat Anschlussberufung eingelegt.

Prüfungskriterien. Die Überprüfung des erstinstanzlichen Urteils durch das Berufungsgericht beschränkt sich nicht auf die in der Berufungsbegründungsschrift vorgetragenen „Fehler". Das Gericht überprüft das Urteil vielmehr umfassend – unter Heranziehung des gesamten Akteninhalts – auf mögliche Fehler; auch auf solche, die der Berufungskläger nicht gerügt hat. Zentrale Vorschriften sind dabei §§ 513, 529, 531 ZPO, wonach die Berufung nur auf **zwei Kriterien** gestützt werden kann: Es liegt eine Rechtsverletzung vor oder es rechtfertigen die Tatsachen, die nach § 529 ZPO zugrunde zu legen sind, eine andere Entscheidung (zu Einzelheiten vgl. oben Ziff. III. 4a).

Reihenfolge der Prüfung: Die Berufung ist erfolgreich, wenn sie zulässig und begründet ist, dh wenn entweder beachtliche Verfahrensfehler vorliegen oder das Ausgangsgericht die Zulässigkeit oder Begründetheit falsch beurteilt hat und sich das Ergebnis (der Tenor der Entscheidung erster Instanz) als nicht zutreffend erweist.

- **Verfahrensfehler** beim erstinstanzlichen Urteil. Ein beachtlicher Verfahrensfehler liegt vor, wenn es sich um einen wesentlichen Mangel handelt (§ 538 II 1 Nr. 1 ZPO, – Nr. 7 ZPO beinhaltet einen Unterfall!). Ein *Verfahrensmangel* ist ein Fehler, der dem Gericht auf dem „Weg zum Urteil" unterläuft; *wesentlich* ist der Mangel, wenn er für das Urteil ursächlich und für das Ergebnis erheblich ist (Reichold in Thomas/Putzo, 39. Auflage 2018 § 538 Rn. 9).

- **Zulässigkeit der erstinstanzlichen Klage.** Die Zulässigkeit der Klage ist ein Aspekt der Begründetheit. Hat das Gericht erster Instanz beispielsweise die Zulässigkeit der Klage zu Unrecht mangels eines Feststellungsinteresses oder eines Rechtsschutzbedürfnisses des Klägers verneint, ist die Berufung begründet, weil das Urteil erster Instanz aufgehoben werden muss (§ 538 II 1 Nr. 3 ZPO). Maßgeblicher Zeitpunkt für die Beurteilung der Zulässigkeit der Klage ist der Schluss der mündlichen Verhandlung der Berufung (neue Erkenntnisse sind also zu berücksichtigen!). **Achtung:** Nach § 513 II ZPO (vgl. auch § 17a GVG) ist die Zuständigkeit des Gerichts erster Instanz (in örtlicher, sachlicher und funktioneller Hinsicht) nicht zu prüfen.

- **Begründetheit der erstinstanzlichen Klage.** Das Berufungsgericht ist an die Bewertung des Erstgerichts nicht gebunden (§ 529 II 2 ZPO wiederholt nur diese Selbstverständlichkeit), sondern nimmt eine eigene rechtliche Bewertung des maßgeblichen Tatsachenstoffs vor. Kommt es zu einem Ergebnis, das mit dem der ersten Instanz identisch ist, sind mögliche Fehler der Rechtsanwendung irrelevant und die Berufung hat keinen Erfolg.

2. Entscheidung

Sie hat die Elemente Rubrum (§ 313 ZPO); Tenor mit Kosten (§§ 91 ff., 97 ZPO) und vorläufige Vollstreckbarkeit (insbesondere nach §§ 708 Nr. 10, 711, 713 ZPO); Gründe (Tatbestand und Entscheidungsgründe sind verzichtbar, § 540 ZPO, – vgl. oben den einführenden Hinweis zum Berufungsurteil). Mögliche Entscheidungen:

- Ist die Berufung *unzulässig*, wird sie ohne mündliche Verhandlung durch Beschluss oder nach mündlicher Verhandlung durch Urteil verworfen (§ 522 I ZPO); Kosten: § 97 ZPO.

- Ist die Berufung *zulässig*, aber *unbegründet*, wird sie ohne mündliche Verhandlung durch Beschluss zurückgewiesen (§ 522 II 1 Nr. 1 ZPO, – vgl. auch Nr. 2 und Nr. 3!); dabei ist § 522 II 2 ZPO zu beachten (vorheriger Hinweis an die Parteien). Nach mündlicher Verhandlung erfolgt die Zurückweisung durch Urteil. Kosten jeweils: § 97 ZPO.

- Ist die Berufung *zulässig und begründet*, wird das Urteil der Vorinstanz aufgehoben und es ergeht eine neue Entscheidung; Kosten: §§ 91 ff. ZPO. Ausnahmsweise kann das Berufungsgericht die Entscheidung der Vorinstanz auch aufheben und an diese zurückverweisen (§ 538 ZPO). Eine Kostenentscheidung unterbleibt, weil noch nicht feststeht, wer den Rechtsstreit gewinnt.
- Ist die Berufung nur *teilweise* zulässig und begründet, muss sowohl die Klage „im Übrigen" als auch die Berufung „im Übrigen" zurückgewiesen werden. *Kostenentscheidung*. Rechtsgrundlage: §§ 97, 92 ZPO; die Entscheidung ist zweckmäßigerweise für bei beide Instanzen zu trennen; zB: *Die Kostenentscheidung des angefochtenen Urteils wird aufgehoben. Die Kosten des Rechtsstreits erster Instanz trägt der Kläger; die Kosten der zweiten Instanz tragen der Kläger und der Beklagte je zu 1/2.* Rechtsgrundlage für die *vorläufige Vollstreckbarkeit*: § 708 Nr. 10 iVm § 711 ZPO.

3. Fortsetzung des Ausgangsbeispiels

Der Kläger reagiert auf die Berufung des Beklagten mit einer Anschlussberufung und beantragt, festzustellen, dass der Beklagte sich im Annahmeverzug befindet (wird näher begründet). Ein mögliches Urteil könnte lauten:

OLG München 8 U 1540/18 Im Namen des Volkes Urteil in dem Rechtsstreit K. Konrad, Schmidhamerstraße 15, 83278 Traunstein – Kläger und Berufungsbeklagter – Prozessbevollmächtigter: Rechtsanwalt Dr. Emsig, Hochgernstraße 23, 83278 Traunstein **gegen** Bertold Blau, Rosenheimerstraße 89, 83278 Traunstein – Beklagter und Berufungskläger – Prozessbevollmächtigter: Rechtsanwalt Ernst Fleißig; Bahnhofstraße 4; 83278 Traunstein wegen Rückabwicklung erlässt das Oberlandesgericht München, 8. Zivilsenat, durch den Vorsitzenden Richter am Oberlandesgericht Dr. Herzog und die Richter am Oberlandesgericht Dreher und Fischer auf Grund der mündlichen Verhandlung vom … folgendes **Endurteil** I. Auf die Berufung des Beklagten wird das am 24.2.2018 verkündete Urteil des Landgerichts Traunstein, 3. Zivilkammer, aufgehoben. II. Die Klage wird abgewiesen. III. Die Anschlussberufung des Klägers wird zurückgewiesen. IV. Die Kosten des gesamten Rechtsstreits hat der Kläger zu tragen. V. Das Urteil ist vorläufig vollstreckbar. Der Kläger darf die Vollstreckung des Beklagten durch Sicherheitsleistung in	*Das Rubrum unterscheidet sich nicht wesentlich vom Urteil erster Instanz* *Geänderte Parteirollen* *oder: Richter am Oberlandesgericht Dreher als Einzelrichter*

Höhe von 110 % des aus diesem Urteil vollstreckbaren Betrages abwenden, wenn nicht der Beklagte vor der Vollstreckung Sicherheit in Höhe von 110 % des jeweils zu vollstreckenden Betrages leistet.

Gründe
I.

Der Kläger (ein Autohändler) veräußerte dem Beklagten am 14.1.2013 einen VW Passat für 42.000 EUR und nahm hierbei einen Audi A6 mit einer Laufleistung von 116.000 km für 19.000 EUR in Zahlung... (Kernsachverhalt)

Der Kläger verlangt vom Beklagten gegen Rückgabe des Fahrzeugs Zahlung des Kaufpreises und der an den Folgekäufer geleisteten Zahlungen sowie der ihm entstandenen Prozesskosten mit dem Folgekäufer in Höhe von insgesamt 30.000 EUR.

Wegen der weiteren Einzelheiten wird auf den Tatbestand des angefochtenen Urteils ergänzend Bezug genommen.

Das Landgericht hat den Beklagten antragsgemäß verurteilt, weil...

Gegen das ihm am 28.2.2018 zugestellte Urteil richtet sich der Beklagte mit seiner am... eingelegten und begründeten Berufung.

Der Beklagte meint, bei einer In-Zahlung-Nahme sei die Gewährleistung ausgeschlossen; ein arglistiges Verhalten habe nicht vorgelegen, ... Zudem seien Gewährleistungsansprüche verjährt...

Der Beklagte beantragt,
> unter Aufhebung des angefochtenen Urteils die Klage abzuweisen.

Der Kläger beantragt,
> die Berufung zurückzuweisen.

Der Kläger verteidigt das angefochtene Urteil.

Mit Schriftsatz vom 28.5.2018 hat der Kläger die Klage erweitert und beantragt,
> festzustellen, dass sich der Beklagte mit der Rücknahme des Pkws Audi A 6... seit dem 30.07.2017 in Verzug befindet.

Der Beklagte beantragt,
> die Anschlussberufung zurückzuweisen.

Wegen des weiteren Vorbringens der Parteien im Berufungsrechtszug wird auf die von ihnen eingereichten Schriftsätze Bezug genommen.

Der Senat hat am... mündlich verhandelt; auf die Sitzungsniederschrift vom 9.8.2018 wird Bezug genommen.

II.
A.

I. Die Berufung des Beklagten ist **zulässig**...

II. Sie hat in der Sache schon deshalb **Erfolg**, weil etwaige Mängelansprüche jedenfalls verjährt sind. Die Verjährung konnte erstmals in der Berufungsinstanz erhoben werden (1). Die Ansprüche sind verjährt (2).

Das Urteil enthält keinen Tatbestand oder Entscheidungsgründe, sondern „Gründe". Ziff. I bringt den für die Entscheidung maßgeblichen Sachverhalt, – aber nur den „Kern"; iÜ erfolgt eine Bezugnahme nach § 540 I 1 Nr. 1 ZPO.

Schilderung des Ausgangs des Rechtsstreits 1. Instanz.

Darlegung des für die Zulässigkeit der Berufung maßgeblichen Sachverhalts.
Wiedergabe der Berufungsrechtfertigung des Beklagten.

Anschlussberufung des Klägers

Beim OLG entscheiden Senate, beim LG Kammern.

(1) In der Rspr. ist anerkannt, dass die Verjährungseinrede auch dann erstmalig in der Berufungsinstanz geltend gemacht werden kann, wenn die der Verjährung zugrunde liegenden Umstände unstreitig bereits in 1. Instanz vorlagen. Dies unabhängig von den Zulassungsvoraussetzungen des § 531 ZPO. Aus der den Zweck des Zivilprozesses und der Präklusionsvorschriften berücksichtigenden Auslegung der § 529 Abs. 1 Nr. 2, § 531 ZPO ergibt sich, dass unter „neue Angriffs- und Verteidigungsmittel" im Sinne des § 531 ZPO lediglich streitiges und damit beweisbedürftiges Vorbringen fällt. Nicht beweisbedürftiges Vorbringen hat das Berufungsgericht gemäß § 529 Abs. 1 ZPO seiner Entscheidung ohne weiteres zugrunde zu legen.

(2) Die Verjährungsfrist begann mit der Übergabe des Pkw am 14.1.2013 zu laufen und endete am 14.1.2015 (§§ 187 I, 188 II BGB). Zum Zeitpunkt der Rücktrittserklärung des Klägers am 30.6.2017 waren seine Mängelansprüche deshalb verjährt.

III. Der im Berufungszug erstmals angebotene Zeuge war nicht zu vernehmen, da aufgrund der Verjährung die unter Beweis gestellte Tatsache nicht entscheidungserheblich war.

B.

Die in der Klageerweiterung liegende Anschlussberufung des Klägers ist **zulässig**, in der Sache aber schon unbegründet, weil der Kläger keine durchsetzbaren Ansprüche hat (vgl. oben).

Anschlussberufung:
I. Zulässigkeit: §§ 524 I, II,
III ZPO. II. Begründetheit

III.

Die Kostenentscheidung beruht auf § 91 I ZPO, die Entscheidung über die vorläufige Vollstreckbarkeit auf den §§ 708 Nr. 10, 711, 709 Satz 2 ZPO.

Kosten und vorläufige
Vollstreckbarkeit

Die Revision war nicht zuzulassen, weil die Entscheidung auf einer Würdigung von Tatsachen im Einzelfall unter Zugrundelegung der höchstrichterlichen Rechtsprechung beruht und der Sache auch sonst keine grundsätzliche Bedeutung zukommt.

Zulassung der Revision

Unterschriften

Erläuterungen:
Tenor: Bei einer erfolgreichen Berufung wird das Urteil aufgehoben (Ziff. I: **kassatorisches Element**) und es erfolgt eine eigene Sachentscheidung (Ziff. II: **reformatorisches Element**). *Kostenentscheidung.* Rechtsgrundlage ist § 91 ZPO und nicht § 97 ZPO, weil das Rechtsmittel erfolgreich ist; der Kläger trägt die Kosten erster und zweiter Instanz (*„gesamten* Kosten"). *Vorläufige Vollstreckbarkeit.* Der Beklagte kann wegen der Kosten vollstrecken; Rechtsgrundlage: §§ 708 Nr. 10, 711 ZPO. § 713 ZPO? Unabhängig davon, ob die Revision zugelassen wird oder nicht (§ 543 ZPO), gibt es die Möglichkeit einer Nichtzulassungsbeschwerde; § 713 ZPO greift deshalb nicht. *Revisionszulassung.* Die Zulassung der Revision erfolgt im Tenor (*Die Revision wird zugelassen),* die Nichtzulassung wird in den Entscheidungsgründen dargelegt.

4. Abwandlung des Ausgangsbeispiels

Es ist zu unterstellen, dass keine Verjährung eingetreten ist (zB weil Verhandlungen nach § 203 BGB stattfanden). Ferner: Das Berufungsgericht hat den Zeugen Reich vernommen. Dabei hat sich herausgestellt: Der Beklagte hatte am Vormittag des 14.1.2013 die Vertragsunterlagen dem Geschäftsführer des Klägers ausgehändigt, während der Zeuge erst am Nachmittag des 14.1. in den Geschäftsräumen des

Klägers erschienen war. Zu diesem Zeitpunkt hatte ein weiterer Kunde mit dem Kläger über den Verkauf eines VW gegen Inzahlungnahme seines Gebrauchtwagens verhandelte und den Kläger dabei auf Unfallschäden hingewiesen. Der Zeuge war irrtümlich davon ausgegangen, bei diesem weiteren Kunden habe es sich um den Beklagten gehandelt. Zuletzt: Eine Anschlussberufung wurde nicht eingelegt.

...
 	
Endurteil
 	
I. Auf die Berufung des Beklagten gegen das am 24.1.2018 verkündete Urteil des Landgerichts Traunstein, 3. Zivilkammer, wird das Urteil des Landgerichts abgeändert:
Der Beklagte wird verurteilt, dem Kläger 19.000 EUR zu zahlen Zug-um-Zug gegen ...
Im Übrigen werden Klage und Berufung zurückgewiesen.
II. Die Kosten des gesamten Rechtsstreits tragen der Kläger zu 11/30 und der Beklagte zu 19/30.
V. Das Urteil ist vorläufig vollstreckbar. Der Beklagte kann die Vollstreckung des Klägers durch Sicherheitsleistung in Höhe von 110 % des aus diesem Urteil vollstreckbaren Betrages abwenden, wenn nicht der Kläger vor der Vollstreckung Sicherheit in Höhe von 110 % des jeweils zu vollstreckenden Betrages leistet. Der Kläger kann die Vollstreckung des Beklagten durch Sicherheitsleistung in Höhe von 110% des aus diesem Urteil vollsteckbaren Betrags abwenden, wenn nicht der Beklagte vor der Vollstreckung Sicherheit in Höhe von 110% des jeweils zu vollstreckenden Betrages abwendet.
 	
Gründe
I.
...
Der Beklagte meint, bei einer In-Zahlung-Nahme sei die Gewährleistung ausgeschlossen; ein arglistiges Verhalten habe nicht vorgelegen, ...
Der Beklagte beantragt,
    unter Aufhebung des angefochtenen Urteils die Klage abzuweisen.
Der Kläger beantragt,
    die Berufung zurückzuweisen.
Der Kläger verteidigt das angefochtene Urteil.
Der Senat hat Beweis erhoben durch Vernehmung des Zeugen Reich und am ... mündlich verhandelt; auf die Sitzungsniederschrift vom 9.8.2018 wird Bezug genommen. Wegen des weiteren Vorbringens der Parteien im Berufungsrechtszug wird auf die von ihnen eingereichten Schriftsätze Bezug genommen.
 	
II.
I. Die Berufung des Beklagten ist **zulässig** ...
II. Sie hat in der Sache nur teilweise **Erfolg**, weil dem Kläger ein Schadensersatzanspruch aufgrund Sachmängelhaftung zusteht, allerdings nicht in dem Umfang wie gefordert. Dieser Anspruch ist nicht verjährt.
	vgl. oben
	
	Klausurempfehlung: Am einfachsten ist die Formulierung „wird abgeändert:" und anschließender Neufassung der Verurteilung (die Praxis wählt hier einen anderen Weg als bei der Tenorierung gem. § 343 ZPO).
	
	„Kern" des Sachverhalts

1. Zutreffend ist das Landgericht davon ausgegangen, dass der Kläger gegen den Beklagten Anspruch auf Rückzahlung des Kaufpreises Zug-um-Zug gegen Rückgabe des Pkws hat. Allerdings stellt sich der Vertrag mit dem Audi A6 als selbständiger Kaufvertrag dar, so dass die einschlägige Anspruchsgrundlage §§ 437 Nr. 3, 311a II BGB ist...

Der Kläger hat daher Anspruch auf Schadensersatz statt der Leistung in Höhe von 19.000 EUR (Kaufpreis) nebst Zinsen.

a) Das Fahrzeug war im Hinblick auf den erlittenen Unfallschaden mit einem anfänglichen unbehebbaren Sachmangel behaftet. Die Parteien haben die Gewährleistung hierfür – entgegen der Auffassung des Berufungsklägers – nicht durch einen (konkludenten bzw. stillschweigenden) Haftungsausschluss abbedungen.

Das verkaufte Fahrzeug war mit einem Sachmangel behaftet, weil es bei Gefahrübergang nicht die vereinbarte Beschaffenheit aufwies. Denn die Parteien haben im Kaufvertrag eine **Beschaffenheitsvereinbarung** (§ 434 I 1 BGB) über die Unfallfreiheit des Fahrzeugs getroffen, indem sie im Formular ausdrücklich festgehalten haben, dass das Fahrzeug keine Unfallschäden erlitten habe. Der Beklagte ist mit seiner Behauptung, er habe bei Übergabe der Vertragsunterlagen ausdrücklich auf einen Unfallschaden hingewiesen und somit die Beschaffenheitsvereinbarung widerrufen, beweispflichtig, konnte aber eine entsprechenden Nachweis nicht führen. ... Bei der Beurteilung, ob ein Unfallwagen vorliegt, ist nicht auf die nicht fachgerechte Reparatur abzustellen, sondern auf das Ergebnis des Gutachtens, das den Schaden mit 3.000 EUR beziffert hat. Ein solcher Schaden wirkt sich – unabhängig ob er fachgerecht beseitigt wurde – nach der Verkehrssitte auf den am Markt erzielbaren Preis aus, da vielfach Käufer aufgrund der Befürchtung eines noch vorhandenen und verborgenen Mangels vom Kaufpreis Abzüge vornehmen. Das Fahrzeug ist daher als Unfallwagen anzusehen und weist einen nicht behebbaren Sachmangel auf.

§ 529 II 2 ZPO: Das Berufungsgericht ist in seiner rechtlichen Prüfung frei und nicht an das Vorbringen des Berufungsklägers gebunden!

b) Ein konkludent bzw. stillschweigend vereinbarter Ausschluss der Gewährleistung kommt nicht in Betracht: Im Fall einer vertraglichen Beschaffenheitsvereinbarung gilt ein Gewährleistungsausschluss nicht für das Fehlen der vereinbarten Beschaffenheit, sondern nur für sonstige Mängel.

2. Allerdings besteht kein Anspruch auf Erstattung der Kosten des Vorprozesses sowie der an den Folgekäufer gezahlten Zinsen (§§ 437 Nr. 3, 280 I BGB). Diese Schäden beruhen darauf, dass der Kläger sich auf einen erkennbar aussichtslosen Prozess mit dem Folgekäufer eingelassen hat und können dem Beklagten deshalb nicht mehr zugerechnet werden.

Vgl. dazu auch die lesenswerte Entscheidung des OLG Frankfurt 15 U 258/10, die vom BGH in diesem Punkt bestätigt wurde.

3. Die Ansprüche des Klägers sind auch nicht verjährt. Die Verjährung konnte zwar erstmals in der Berufungsinstanz erhoben werden, es fehlt aber den Voraussetzungen der Verjährung... – (hier zu unterstellen).

III.

Die Kostenentscheidung beruht auf § 92 I ZPO, die Entscheidung über die vorläufige Vollstreckbarkeit auf den §§ 708 Nr. 10, 711, 709 Satz 2 ZPO.

Kosten und vorläufige Vollstreckbarkeit

> Die Revision war nicht zuzulassen, weil die Entscheidung auf einer Würdigung von Tatsachen im Einzelfall unter Zugrundelegung der höchstrichterlichen Rechtsprechung beruht und der Sache auch sonst keine grundsätzliche Bedeutung zukommt.
>
> Unterschriften

Zulassung der Revision

Erläuterungen:

Ob die einschlägige Anspruchsgrundlage § 437 Nr. 3 iVm § 311a II BGB ist oder § 365 BGB iVm §§ 437 Nr. 3, 311a II BGB ist, ist streitig: Wird beim Erwerb eines Fahrzeugs ein anderes in Zahlung gegeben, kann man (Erstgericht) von einer Leistung an Erfüllung statt ausgehen oder (Berufungsgericht) vom Vorliegen zweier gesonderter Kaufverträge, die über eine Verrechnungsabrede miteinander verbunden sind. Welche Gestaltung gewollt ist, ist durch Auslegung zu ermitteln.

> **Hinweis:** 1. Die Frage der Arglist spielte in obiger Entscheidung keine Rolle (es geht um eine Beschaffenheitsvereinbarung und nicht um ein arglistiges Verschweigen des Unfallschadens!), ist aber bei Gewährleistungsansprüchen vielfach entscheidungserheblich. Vgl. hierzu die lesenswerten Ausführungen in BGH NJW 2011, 1279: *„Zwar trägt der Käufer – so die Vertragsparteien wie hier einen Haftungsausschluss vereinbart haben – nach § 444 BGB grundsätzlich die Darlegungs- und Beweislast für das Vorliegen sämtlicher Umstände, die den Arglisttatbestand ausfüllen (...), wozu bei einer Täuschung durch Verschweigen auch die fehlende Offenbarung gehört (...). Nicht bedacht hat das BerGer. jedoch, dass es sich bei der behaupteten unterbliebenen Offenbarung um eine negative Tatsache handelt und dem Käufer bei dieser Sachlage Erleichterungen nach den Grundsätzen der **sekundären Darlegungslast** zugute kommen. Er muss lediglich die von dem Verkäufer in räumlicher, zeitlicher und inhaltlicher Weise zu spezifizierende Aufklärung ausräumen (...).* 2. Der Kläger hätte unproblematisch dem Beklagten den Streit verkünden können (Kettenfälle); dann wäre es ohne das Risiko der Verjährung möglich gewesen, zunächst im Vorprozess die Rechtslage zum Folgekäufer zu klären.

V. Sonderfall: Berufung gegen Zweites Versäumnisurteil

§ 514 ZPO regelt den Sonderfall einer Berufung gegen ein Versäumnisurteil. Danach ist eine Berufung nur statthaft, wenn sie sich gegen ein *Zweites* (technisches) Versäumnisurteil richtet (§ 514 II ZPO); die Berufungssumme kommt nicht zum Tragen (Abs. 2 S. 2); das Berufungsgericht darf nur prüfen, ob tatsächlich ein Fall der schuldhaften Säumnis vorlag.

Eine anspruchsvolle Klausurvariante ergibt sich für diese Fallgestaltung: K hat gegen B einen fälligen Kaufpreisanspruch in Höhe von 4.000 EUR. Da B trotz mehrfacher Mahnung nicht zahlt, erwirkt K einen Mahnbescheid, und, B legt keinen Widerspruch ein, einen Vollstreckungsbescheid. Gegen diesen legt B Einspruch ein. Das Gericht gibt den Rechtsstreit an das im Mahnbescheid bezeichnete Amtsgericht Rosenheim ab. Im Termin ist B säumig. Auf Antrag des K verwirft das Gericht den Einspruch des B gegen den Vollstreckungsbescheid durch Versäumnisurteil. B legt gegen das Urteil Berufung beim Landgericht Traunstein ein, die er damit begründet, dass der Kaufpreisanspruch nicht schlüssig sei; zu seiner Säumnis trägt er nichts vor. – Ist die Berufung zulässig?

Das Urteil des Amtsgerichts Rosenheim, mit dem der Einspruch verworfen wurde, ist ein Zweites Versäumnisurteil iSd § 345 ZPO: Der Vollstreckungsbescheid gegen B steht einem Versäumnisurteil gleich (§ 700 I ZPO), weshalb hiergegen Einspruch eingelegt werden kann (§ 338 ZPO). Im daraufhin anberaumten Termin war B säumig, so dass die Entscheidung des Amtsgerichts nach §§ 700 VI, 345 ZPO ein Zweites Versäumnisurteil beinhaltet (erstes Versäumnisurteil ist der Vollstreckungsbescheid). Dagegen ist nur Berufung möglich (§ 514 II ZPO). Nach dem Wortlaut des Gesetzes (... *„unterliegt der Berufung... insoweit, als sie darauf gestützt wird, dass der Fall der verschuldeten Versäumnis nicht vorgelegen habe"*) wäre die Berufung unzulässig, weil B zum Nichtverschulden seiner Säumnis nichts vorgetragen hat.

Der BGH (NJW 1991, 43) legt hingegen § 514 II 1 ZPO erweiternd aus: Ein Zweites Versäumnisurteil nach einem Vollstreckungsbescheid unterliegt der Berufung nicht nur für den Fall, dass sie auf ein *Nichtverschulden der Säumnis* gestützt wird, sondern auch dann, wenn sie darauf gestützt wird, dass die *Klage nicht schlüssig* ist. Argument: Für die Prüfungspflicht erster und zweiter Instanz gilt der **Grundsatz der Prüfungsparallelität:** Was Gegenstand der Prüfungspflicht erster Instanz ist, muss auch Gegenstand der Prüfungspflicht zweiter Instanz sein. Wenn danach die erste Instanz (das Amtsgericht Rosenheim) der Prüfungspflicht des § 700 VI ZPO iVm § 331 I, II Hs. 1 ZPO unterliegt (Schlüssigkeitsprüfung!), unterliegt auch die zweite Instanz (das Landgericht Traunstein) dieser Pflicht, – unabhängig davon, ob die Vorinstanz ihrer Prüfungspflicht nachgekommen ist. Nach dieser (im Schrifttum nicht unbestrittenen) Ansicht ist die Berufung zulässig.

VI. Examensrelevante Rechtsprechung

> **1. BGH, 23.06.2008, GSZ 1/08**: Der Beklagte hat erstmals in der Berufungsinstanz die Einrede der Verjährung erhoben. Die der Verjährung zugrunde liegenden Tatsachen waren bereits in 1. Instanz unstreitig.

Das Kernproblem ist die Reichweite des § 531 ZPO. Die Erhebung der Verjährungseinrede ist zweifellos ein neues Verteidigungsmittel und als solches unterfällt es dem Anwendungsbereich des § 531 II ZPO. Weil die Vorschrift nun § 529 I Nr. 2 ZPO ergänzt, fragt sich: Kann ein erstmals in 2. Instanz geltend gemachtes Verteidigungsmittel nach § 531 II ZPO präkludiert sein, wenn die für seine Anwendung erforderlichen Tatsachen bereits unstreitig in 1. Instanz vorlagen?

Der große Senat hat sich für eine Berücksichtigung der Verjährungseinrede entschieden: *„Nach gefestigter Rechtsprechung des Bundesgerichtshofs sind unstreitige Tatsachen, die erstmals in der Berufungsinstanz vorgetragen werden, unabhängig von den Zulassungsvoraussetzungen des § 531 ZPO zu berücksichtigen. Aus der den Zweck des Zivilprozesses und der Präklusionsvorschriften berücksichtigenden Auslegung der § 529 Abs. 1 Nr. 2, § 531 ZPO ergibt sich, dass unter „neue Angriffs- und Verteidigungsmittel" im Sinne des § 531 ZPO lediglich streitiges und damit beweisbedürftiges Vorbringen fällt. Nicht beweisbedürftiges Vorbringen hat das Berufungsgericht gemäß § 529 Abs. 1 ZPO seiner Entscheidung ohne weiteres zugrunde zu legen. … Entscheidend ist allein der Umstand, dass die Berufung nach geltendem Prozessrecht die Möglichkeit eröffnet, auf einer unstreitigen Grundlage eine andere Entscheidung zu finden. Ebenso wie eine gerichtsbekannte Tatsache gehört unstreitiger Tatsachenvortrag zu dem Prozessstoff, den das Berufungsgericht seiner Entscheidung zugrunde zu legen hat, ohne an entgegenstehende erstinstanzliche Feststellungen gebunden zu sein".*

> **2. BGH, 3.01.2012 – V ZR 183/10**: Der Beklagte erhebt in zweiter Instanz **Widerklage** und stützt sie auf Tatsachen, die Gegenstand des Ausgangsverfahrens waren. Das Vorgericht hat diese Tatsachen als nicht entscheidungserheblich angesehen und deshalb auch keinerlei entsprechende Feststellungen getroffen, geschweige denn Beweis erhoben.

Die Frage, ob die Widerklage in der Berufungsinstanz zulässig ist, hängt von der Auslegung der Bestimmungen des § 533 ZPO ab. Danach ist eine Widerklage nur zulässig, *„wenn 1. der Gegner einwilligt oder das Gericht dies für sachdienlich hält und 2. **diese auf Tatsachen gestützt werden können**, die das Berufungsgericht seiner Verhandlung und Entscheidung über die Berufung ohnehin nach § 529 zugrunde zu legen hat"*. In § 529 I Nr. 1 ZPO wiederum heißt es, dass das Berufungsgericht seiner Verhandlung und Entscheidung zugrunde zu legen hat *„Nr. 1: die vom Gericht des ersten Rechtszuges festgestellten Tatsachen, soweit nicht konkrete Anhaltspunkte Zweifel an der Richtigkeit oder Vollständigkeit der entscheidungserheblichen Feststellungen begründen und deshalb eine erneute Feststellung gebieten"*.

Problem ist daher: Das Ausgangsgericht hat zu den Tatsachen, die Gegenstand der späteren Widerklage sind, keinerlei Feststellungen (Beweise) erhoben, da dieser Sachverhalt nicht entscheidungserheblich war. Soll das Berufungsgericht nun erstmalig diese Tatsachen erheben? Gilt die Forderung des § 529 I Nr. 1 Hs. 2 ZPO, wonach die **entscheidungserheblichen Tatsachen vollständig** erhoben werden müssen auch für die Tatsachen, die erst in der Berufungsinstanz entscheidungserheblich werden? Der BGH hat dies bejaht und wie folgt begründet:

„Nach der Rechtsprechung des BGH gelangt der gesamte in erster Instanz vorgetragene Tatsachenstoff in die Berufungsinstanz, auch wenn ihn das erstinstanzliche Gericht als unerheblich ansieht und es daher keine Feststellungen trifft… Hierfür spricht zunächst die einfache Überlegung, dass Vortrag nicht deshalb neu ist, weil er in erster Instanz für unerheblich befunden wurde… In diesem Fall ist es Aufgabe des BerGer., die erforderlichen Feststellungen zu treffen… Wird die Widerklage – wie hier – auf Vorbringen gestützt, das bereits in erster Instanz erfolgt und deshalb nach § 529 I Nr. 1 ZPO beachtlich ist, sind die Voraussetzungen von § 533 Nr. 2 ZPO erfüllt…

Entgegen der in der Revisionserwiderung vertretenen Rechtsauffassung enthält § 533 Nr. 2 ZPO keine weiteren Anforderungen an die Zulässigkeit der Widerklage. Insbesondere kommt es nicht darauf an, ob das Vorbringen (auch) für die Klage erheblich ist. Eine solche zusätzliche Einschränkung kann schon dem Wortlaut des § 533 Nr. 2 ZPO nicht entnommen werden. Zwar heißt es dort, die Widerklage könne nur auf Tatsachen gestützt werden, die „das BerGer. seiner Verhandlung und Entscheidung über die Berufung ohnehin nach § 529 ZPO zu Grunde zu legen hat". Diese Formulierung knüpft aber wörtlich an den Eingangssatz von § 529 I ZPO an; schon daraus folgt, dass das Tatsachenvorbringen, auf das die Widerklage gestützt wird, (nur) die in jener Norm enthaltenen Anforderungen erfüllen muss. Dies war auch die erklärte Absicht des Gesetzgebers. § 533 Nr. 2 ZPO soll verhindern, dass über die Widerklage neuer Tatsachenstoff eingeführt wird, der nach § 529 ZPO nicht zu Grunde zu legen ist; umgekehrt soll der Tatsachenstoff ausreichen, um über die Widerklage entscheiden zu können. Nur durch die Bezugnahme auf § 529 ZPO soll eine „Flucht in die Widerklage" mit dem Ziel der Verfahrensverzögerung in der Berufungsinstanz verhindert werden... Wird eine aufwendige Beweisaufnahme über im ersten Rechtszug vorgetragene Tatsachen ausschließlich im Hinblick auf die in zweiter Instanz erhobene Widerklage erforderlich, kann dies bei fehlender Einwilligung des Gegners allenfalls dazu führen, dass die Sachdienlichkeit gemäß § 533 Nr. 1 ZPO zu verneinen ist."

> **3. BGH vom 19.5.2010, IV ZR 14/08 (abgewandelt):** Der Kläger erwirkt ein Urteil gegen den Beklagten und stellt dieses im Parteibetrieb am 04.05. zu. Die vom Gericht nach § 317 ZPO veranlasste Zustellung von Amts wegen erfolgt erst am 14.05. – Welcher Zeitpunkt ist für die Berechnung der Berufungsfrist maßgeblich?

Die Berufungsfrist nach § 517 ZPO beginnt mit der Zustellung des Urteils von Amts wegen (§ 317 iVm §§ 166 ff. ZPO). Kann die frühere Zustellung im Parteibetrieb über die Heilungsvorschrift des § 189 ZPO die Zustellung des Urteils bewirken? Der BGH hat die Frage verneint und insoweit ausgeführt:

„Zu der Frage, ob § 189 ZPO auch dann Anwendung findet, wenn ein förmliches Dokument, das von Amts wegen zugestellt werden muss, im Parteibetrieb zugestellt wird, werden in Rechtsprechung und Literatur unterschiedliche Auffassungen vertreten... Eine Meinung hält diese Vorschrift auch dann für anwendbar, wenn einer Partei ein von Amts wegen förmlich zuzustellendes Dokument im Wege der Parteizustellung tatsächlich zugegangen ist oder wenn ein im Parteibetrieb zuzustellendes Dokument von Amts wegen zugestellt wird... Nach aA können Verstöße gegen die Art der Zustellung gemäß § 189 ZPO nicht geheilt werden... Der Senat teilt die zuletzt genannte Auffassung...

*Dem Wortlaut des § 189 ZPO ist zwar nicht unmittelbar zu entnehmen, dass eine Verletzung zwingender Zustellungsvorschriften nicht auch in der Wahl der falschen Zustellungsart liegen kann, zumal gemäß § 191 ZPO die Vorschriften über die Zustellung von Amts wegen auf die Zustellung im Parteibetrieb entsprechende Anwendung finden. Allerdings spricht der Zweck des § 189 ZPO dagegen, ihn auch bei Wahl der falschen Zustellungsart anzuwenden. Die Heilung von Mängeln, die bei der Ausführung der Zustellung unterlaufen sind, soll nach dem Willen des Gesetzgebers von Gesetzes wegen eintreten, wenn der Zustellungszweck erreicht ist... Die danach gebotene weite Auslegung des § 189 ZPO darf aber nicht dazu führen, dass ein vollständiges Außerachtlassen des vorgeschriebenen förmlichen Zustellungsverfahrens als unschädlich angesehen wird, wenn nur das Dokument dem Empfänger irgendwie zugeht. Diese Einschränkung findet sich im Wortlaut des § 189 ZPO mittelbar wieder, soweit das Dokument „der Person, an die die Zustellung dem Gesetz gemäß gerichtet war oder gerichtet werden konnte", zugegangen sein muss. Daraus folgt, dass eine förmliche Zustellung wenigstens angestrebt worden sein muss... Auch der Gesetzgeber hat vorausgesetzt, dass das zuzustellende Schriftstück tatsächlich zugestellt werden sollte, und einen entsprechenden **Zustellungswillen** hervorgehoben... Der Wille zur Zustellung muss sich auf die – zwar mit Mängeln behaftete, aber durchgeführte – Zustellung beziehen; es genügt nicht, dass der Zugang des Dokuments letztendlich dem früher, etwa bei einem fehlgeschlagenen Zustellversuch, zum Ausdruck gekommenen Willen des zuständigen Organs entspricht.*

> **4. BGH NJW 2017, 2288:** K zahlt den vom Gericht geforderten Vorschuss für ein von ihm beantragtes Sachverständigengutachten aufgrund eines (fehlerhaften) rechtlichen Hinweises nicht. Nach Klageabweisung legt K Berufung ein und beantragt die Erholung genau des Sachverständigengutachtens, für das er in der ersten Instanz den Vorschuss trotz Anforderung nicht bezahlt hatte.

4. Kapitel: Berufung

Die Entscheidung zeigt auf, wie wichtig die Unterscheidung für den Berufungsführer ist, ob die Tatsachenangriffe unter § 520 III 2 Nr. 3 ZPO oder unter § 520 III 2 Nr. 4 ZPO fallen. Letztere haben als sog. Noven deutlich höhere Hürden (vgl. §§ 529 I Nr. 2, 531 II ZPO) als die „reine" Neufeststellung. Der BGH hat in seiner Entscheidung wichtige Abgrenzungskriterien entwickelt und klargestellt:

- Hat eine Partei in erster Instanz auf ein Beweismittel verzichtet (§ 399 ZPO) und beruft sich in der Berufung erneut auf dieses Beweismittel, unterfällt es dem Novenrecht und die Zulassung bemisst sich nach §§ 529 I Nr. 2, 531 II ZPO.
- Wurde das Beweisangebot nach § 296 II ZPO zurückgewiesen wegen Nichtbeachtung der Frist zur Zahlung des Auslagenvorschusses (§§ 402, 375 ZPO), bemisst sich die Zulassung nach § 529 I Nr. 1, 531 I ZPO.
- Wurde das Beweismittel wegen Nichtzahlung des Vorschusses nicht erhoben (wie im vorliegenden Fall, – eine förmliche Zurückweisung ist nicht erforderlich), gilt: *„Die bloße Nichtzahlung eines geforderten Vorschusses kann grundsätzlich nicht als Verzicht auf das Beweismittel angesehen werden; zudem hat die Kl. die unterbliebene Vorschusszahlung hier ausdrücklich mit dem Hinweis auf die vom LG … geäußerte (unrichtige) Rechtsauffassung begründet, so dass auch aus diesem Grund von einem Verzicht auf das Beweismittel keine Rede sein kann."* Damit ist § 529 I Nr. 1 ZPO einschlägig, das Gutachten ist zu erholen, da der unrichtige Hinweis konkrete Anhaltspunkte liefert, um Zweifel an der Vollständigkeit der getroffenen Feststellungen zu wecken.

Sachverzeichnis

§ 255 ZPO 205
§ 29 ZPO 34, 36, 55
Abgabe einer Willenserklärung 45, 71, 76
Abgeltungsklausel 177
Abrechnung 142
Abschlusserklärung 193
Abschrift 6
Abtretung 85
Abwendung der Säumnis 171
Abwendungsbefugnis 11
Aktivlegitimation 148
Amtsprüfung 32
Androhung von Ordnungsmitteln 198, 205
Anerkenntnis 46, 65
– Klageerwiderung 215
Anerkenntnisurteil 47
Anfangswahrscheinlichkeit 210
Angriff 97
Angriffs- und Verteidigungsmittel 22, 80
Angriffsmittel 100
Anhängigkeit 63
Anlage 207
Annahmeverzug 205
Anschlussberufung 11, 17
Anspruchsgrundlagen 25
Antragstellung 36
Anwaltshaftung
– Streitverkündung 173
Anwaltstaktik 201, 207
Anwaltsvergleich 175
Anwaltsvertrag 8
Arglist 26
Arglistige Täuschung 73
Arrest 182
– Abwendungsbefugnis 186
– Abwendungssumme 186
– Anordnung der Klageerhebung 187
– Anspruch 185
– Anwaltszwang 184
– Entscheidung 186
– Forderungspfändung 188
– Gericht 184
– gerichtliche Entscheidung 186
– Gesuch 184
– Grund 184, 185
– Hinterlegung 186
– Lösungssumme 186
– Pfandrecht 188
– Prüfungsläufer 183
– Rechtsbehelfe 187
– Rechtsschutzbedürfnis 184
– Sicherheitsleistung 187
– Sicherungsbedürfnis 184

– Streitwert 187
– Subsidiarität 184
– veränderte Umstände 187
– Verfahren bis zum Erlass einer gerichtlichen Entscheidung 183
– Verschlechterung der Vermögenslage 185
– Verschleuderung 185
– Verschwendung 185
– Vollziehung 188
– vorläufige Vollstreckbarkeit 187
– Widerspruch 187
– Zustellung 188
Arrestverfahren 97
Aufklärungspflicht 26
Aufrechnung 44, 98, 146
– Berufung 232
– Erledigung 128
– Tatbestand 21
Aufrechnungseinrede 98
Augenschein 208
Ausfertigung 6
Außergerichtliche Kosten 8
Außergerichtlicher Vergleich 175
Aussetzung
– Rechtskraft 101

Bauhandwerkersicherungshypothek 195
Baumbach'sche Formel 41
Bauvertrag 35
Beförderung 76
Beglaubigte Abschrift 6
Beibringungsgrundsatz 208
Berufung
– Anschlussberufung 238
– Anträge 234
– Aufrechnung 232
– Begründetheit der erstinstanzlichen Klage 238
– Begründung 234
– Berufungsurteil 237
– Klageänderung 232
– Muster 233
– neue Angriffs- und Verteidigungsmittel 231
– Nichtzahlung des Vorschusses 247
– Novenrecht 231
– Präklusion 231
– Prüfungskompetenz 230
– Teilanfechtung 234
– Tenor 241
– Umdrehen von Beweisen 230
– Verfahrensfehler 238
– Verjährung 237, 245
– Verschlechterungsverbot 238
– Verzicht auf Beweismittel 247

- Widerklage 232, 245
- Zulässigkeit der erstinstanzlichen Klage 238
- Zustellung 246
- zweites Versäumnisurteil 244
- Begründetheit 227
- Berufungsschrift 222
- Berufungssumme 226
- Beschwer 226
- Form 225
- Frist 225
- Funktion 221
- neue Tatsachen 227
- Prüfungsschema 224
- Rechtsfehler 228
- Rechtsverletzung 227
- Statthaftigkeit 225
- Tatsachenfeststellung 229
- Wiedereinsetzung 225
- Zulässigkeit 225

Berufungssumme 15
- Rechtskraft 140

Beschränkte Gesamtwirkung 180
Beschwerdewert 125
Besitzentziehung 196
Besitzmittlungsverhältnis 152
Besitzschutz 197
Besitzschutzklage 197
Beständigkeitserwartung 16
Bestreiten mit Nichtwissen 21
Beteiligung Dritter
- Allgemeines 163
- Grundfälle 163

Beweisangebot 215
Beweisaufnahme 52
Beweiserhebungstheorie 99
Beweisgebühr 8
Beweislastverteilung
- negative Feststellungsklage 146

Beweismittel 208
Beweisrecht
- Tatbestand 21

Beweisvereitelung 208
Beweisverfahren 32
Beweiswürdigung 208
Bezifferungsgebot 76
Bezugnahme 22
Bezugnahme auf Anlagen 207
Bindungswirkung 167
- des § 318 ZPO 48

Dachstuhl 195
Darlehen 145
Darlehensvertrag 142
Doppelrelevante Tatsache 36
Doppelte Gutgläubigkeit 150
Drittwiderklage 116
- isolierte 117

Druckklausel 177

Echtheit der Unterschrift 211
Echtheitsvermutung 211
Eilverfahren 182
Einfaches Bestreiten 20
Einheitlichkeit des Anspruchs 34
Einigungsgebühr 8
Einseitige Erledigung
- Allgemeines 126
- Aufbau in der Klausur 128
- Feststellungsinteresse 127
- Gebührenstreitwert 127
- Klageänderung 127
- Klageänderungstheorie 127
- perpetuatio fori 127
- Prüfungsschema 127
- Rechtshängigkeit 127
- Rechtsmittel 127
- Widerruf der Erledigungserklärung 129
- Wirkung 127

Einspruch 64
- Klageerwiderung 217
- Nebenintervenient 170

Einstweilige Einstellung der Zwangsvollstreckung 56, 219
Einstweilige Verfügung 182, 188
- Abschlusserklärung 193
- Androhung von Ordnungsmitteln 198
- Anordnung der Klageerhebung 198
- Anwaltszwang 190
- Bauvertragsrecht 190
- Erledigung 198
- gerichtliche Entscheidung 190
- Individualanspruch 189
- Leistungsanspruch 190
- Regelungsanspruch 189
- Schadenersatzpflicht 192
- Schutzschrift 192
- Sequestration 191
- Streitwert 191
- Subsidiarität 189
- Verfahren bis zum Erlass einer gerichtlichen Entscheidung 189
- Verfügungsanspruch 189, 191
- Verfügungsbefehl 191
- Verfügungsgesuch 189
- Verfügungsgrund 189, 190
- Vollziehung 191
- Vormerkung 190
- Widerspruch 190, 191
- Wiederholungsgefahr 198
- Zuständigkeit 189
- Zustellung 191

Einzelrichter 36
Einzelwirkung 179
Entscheidung im schriftlichen Verfahren 5
Entscheidung nach Lage der Akten 5, 53
Entscheidungsgründe
- Aufbau 23
- Begründetheit 23

Sachverzeichnis

– Entscheidung über die vorläufige Vollstreckbarkeit 24
– Feststellungsinteresse 23
– Kostenentscheidung 24
– Muster 23
– Nebenentscheidung 24
– Nebenforderungen 24
– Nebenintervention 170
– Obersatz 23
– parteibezogene Zulässigkeitsvoraussetzungen 23
– Rechtsbehelfsbelehrung 24
– Unterschriften 24
– Zinsen 24
– Zulässigkeit 23
– Zuständigkeit 23
Entscheidungsschuldner 8
Erbbau 172
Erfüllung 137
Erfüllungsschaden 93
Erhebung der Hauptsacheklage 198
Erlasshindernisse 53
Erlassklausel 177
Erledigung
– Aufrechnung 128
– Aufrechnung 136
– Belehrung 136
– Erfüllung 137
– Teilerledigung 130
– Verjährung 128
– Verjährung 136
– Widerruf der Erledigungserklärung 129
– Eventualaufrechnung 106
Erledigung der Hauptsache 83
– Arten 122
– Begriff 121
– Erledigungsereignis 122
– Erledigungserklärung 122
– Erledigungszeitpunkt 122
– Funktion 122
– Hauptsache 122
– übereinstimmende 122
Ersetzungsbefugnis 223
Eventualaufrechnung 98
– Aufbau in der Klausur 104
– Aufrechnung 99
– Aufrechnungseinrede 99
– Erledigung 106
– Folgen 101
– Gebührenstreit 105
– Gegenaufrechnung 107
– Kollisionsregel 103
– Kostenentscheidung 104
– mangelnde Individualisierung 103
– mangelnde Schlüssigkeit 103
– Primäraufrechnung 99
– Prozessaufrechnung 99
– Prüfungsschema 100
– Rechtshängigkeit 101

– Rechtsweg 101
– Voraussetzungen 99
– Erledigung 137
Eventualwiderklage 118

Fehleridentität 73
Feststellungsinteresse 32
– Leistungswiderklage 38
Feststellungsklage 45
– § 29 ZPO 35
– Erbrecht 159
Fiktiver Gebührenstreitwert 17, 42, 48
Firma
– Rubrum 4
Folgeprozess 166
Formelle Rechtskraft 139
Formeller Parteibegriff 37
– konstellationsfähig 37
– parteifähig 37
– prozessfähig 37
– Prozessführungsbefugnis 37
Fotokopie 210
Fristen 214
Früher erster Termin 52
Funktionelle Zuständigkeit 36

Gebührensprung 15
Gebührenstreitwert 9
– einseitige Erledigung 127
– Eventualaufrechnung 105
– Feststellungsantrag 16
– fiktiver 17
– Haupt- und Hilfsantrag 74
– Herausgabeanspruch 16
– negative Feststellungsklage 16
– Stufenklage 95
– Widerklage 114
– Zug um Zug 18
Gegenaufrechnung 107
Gerichtskosten 8
Gerichtskostenvorschuss 9
Gerichtsstandsvereinbarung 34, 107
Gesamtgläubiger 161
Gesamtschuldner 40, 179
– Streitverkündung 173
Gesamtwirkung 179
Geschäftsgebühr 8
Gesellschaften
– Rubrum 4
Gestaltungsklage 45
Geständnisfiktion 21
Gewillkürter Parteiwechsel 153
Glaubhaftigkeit 208
Glaubhaftmachung 185, 210
Glaubwürdigkeit 208
Großer Schadensersatz 92
Gutgläubig im doppelten Sinn 144
Gutgläubigkeit 150

Haftungsalternativität 164
Haftungsketten 163
Handelsfirma § 17 HGB
– Rubrum 4
Haupttermin 52
Hemmungseinwand 108
Herausgabe 205, 210
Hilfsantrag 16, 71
Hilfskündigung 94
Hilfsweise Mängeleinwendung 48
Hinterlegung 11

Immaterielle Schäden 45
In Streit befangene Sache 144
Inkorrekte Entscheidung 126
Interventionswirkung 165
In-Verzug-Setzung 206
In-Zahlung-Gabe 223
Inzidenzantrag– privilegierte Widerklage 10
Isolierte Drittwiderklage 117

Kammer für Handelssachen 36
Kassatorisches Element 241
Klageänderung
– § 4 ZPO 134
– § 5 ZPO 134
– Arten 79
– Aufbau in de Klausur 84
– Begriff 79
– Berufung 232
– Beschränkung 82
– Erweiterung 82
– Funktion 80
– Klageauswechslung 85
– nachträgliche Klagehäufung 87
– Parteiänderung 88
– perpetuatio fori 81
– privilegierte 82
– Rechtsfolgen 81
– Surrogatsfälle 83
Klageerhebung 33
Klageerwiderung
– Analyse des Klägervorbringens 213
– Einspruch 217
– Rechtsausführungen 216
– Widerklage 219
Klageerwiderungsschrift
– Anerkenntnis 215
– Anträge 215
– Aufbau 214
– Einspruch 215
– Rubrum 215
– Widerklage 215
– Zulässigkeitsrüge 215
Klagehäufung 91
– § 260 ZPO 68
– Arten 67
– Eventualklagehäufung 71
– Funktion 68

– kumulative Klagehäufung 68
– Terminologie 68
Klagerücknahme 82, 91, 132
Klageschrift
– Allgemeines 203
– Anlage 207
– Anträge 205
– Aufbau 203
– Erklärungsumfang 207
– Rubrum 204
– Sachvortrag 206
– Streitverkündung 210
– Vertretungsanzeige 205
Klauselgegenklage 150
Kleiner Schadensersatzanspruch 92
Knallzeuge 208
Kollisionsregel 103
Kommentare 25
Konnexität 72
Kontradiktorisches Gegenteil 197
Kopflastige Klausur 24, 30
Kostenentscheidung
– § 91a ZPO 123
– Einheitlichkeit 7
– Gegenstand 7
– geringfügige 15
– Grundentscheidung 7
– prozessualer Kostenerstattungsanspruch 9
– Zuvielforderung 15
Kostenerstattungsanspruch 9
Kostenfestsetzung 9
Kostenfestsetzungsbeschluss 9
Kostengrundentscheidung 9
Kostenschuldner 8
Kündigung, hilfsweise 93

Landesschlichtungsgesetz 32
Leihvertrag 150

Mahnbescheid 63
Mahnverfahren 63, 92
Mandantenschreiben 211
Mangelfolgeschaden 35
Märchenklausur 24
Materielle Rechtskraft 140
Materieller Kostenerstattungsanspruch 9, 206
Meistbegünstigungsgrundsatz 126
Mietkette 166
Mietmangel 166
Minderjährige 3
– Parteivernehmung 4
– Zeugenvernehmung 4
Minus 93
Mitgläubiger 161
Mündliche Verhandlung 36

Nachverfahren 47
Namensschilder 24
Nebenforderungen 7

Sachverzeichnis

Nebenintervention
- Entscheidungsgründe 170
- Folgen 164
- Interventionswirkung 165
- Rubrum 169
- Tatbestand 170
- Tenor 169
- Voraussetzungen 164
Negatives Interesse 93
Nichtfälligkeit 142
Non liquet 210
Notarielle Unterlassungserklärung 198
Notwendige Streitgenossenschaft 158
Novenrecht 231
Nullhypothese des BGH 208

Öffentliche Urkunde 209
Örtliche Zuständigkeit 34

Parteiänderung 88
Parteierweiternde Drittwiderklage 116, 157
Parteierweiterung 90
Parteivernehmung 210
Parteiwechsel 89
Passivlegitimation 148
Perpetuatio fori 81, 127
Petitorische Rechte 197
Pferd
- Ankaufsuntersuchung 179
Pflegeleistung 86
Positives Interesse 93
Possessorischer Anspruch 197
Präjudiz 141
Präklusion 57, 232
- von Tatsachenbehauptung 141
Privatgutachten 216
- Kosten 209
- Quotierung 209
Privaturkunde 209, 211
Prorogation 55
Prozessantrag 52
Prozessart 68, 96
Prozessaufrechnung 98
Prozessführungsbefugnis 37, 150
Prozessrechtliche Maßstabsnormen 229
Prozessrisiken 211
Prozessstandschaft 37, 149
Prozessualer Kostenerstattungsanspruch 9
Prozessurteil 32
Prozessvergleich 175
- Anfechtung 178
- Auflassung 176
- Beispiele 177
- Beitritt 176
- Doppelnatur 175
- Doppeltatbestand 178
- Dritter 176
- Gesamtschuldner 179
- Inhalt 177

- Kosten 178
- materielle Mängel 178
- Protokollierung 176
- prozessuale Mängel 178
- prozessuale Voraussetzungen 176
- Vollstreckungstitel 178
- Widerrufsvorbehalt 177
- Wirksamkeitsmängel 178
Prozessvollmacht 205
Prüffähigkeit der Rechnung 142
Prüfung von Amts wegen 32
Punkteschmiede 25

Qualifiziertes Bestreiten 22
Quittung 64

Räumung 93
Räumungsfrist 93
Rechtsbehelfe 221
- Anerkenntnisurteil 47
Rechtsbehelfsbelehrung
- Anwendungsbereich 26
- fehlerhafte Belehrung 27
- Form 27
- Formulierungsbeispiel 27
- Inhalt 27
- Streitwertfestsetzung 39
- Urteilsbestandteil 27
- Wiedereinsetzung 27
Rechtshängigkeit 63, 148
- formeller Parteibegriff 203
Rechtskraft
- Aufrechnung 143
- Begriff 139
- Beschluss 140
- Bürgschaft 143
- Einrede 143
- Einwendungen 143
- Erstreckung auf Dritte 144
- formelle 139
- Funktion 139
- Gegenrechte 143
- inter partes 143
- kontradiktorisches Gegenteil 141
- materielle Rechtskraft 140
- neue Entwicklung 143
- Präjudiz 141
- Präklusion von Tatsachen 141
- Prozessvergleich 140
- rechtliche Beurteilung 143
- subjektive Grenzen 143
- subjektive Rechtskrafterstreckung 144
- Tatsachenpräklusion 147
- Verfügung 140
- Versäumnisurteil 140
- Versäumnisurteil 146
- Vollstreckungsbescheid 140
- vorgreifliche Rechtsverhältnisse 143
- zeitliche Grenzen 143

Rechtskrafterstreckung 161
Rechtsmittel 221
Rechtsmittelstreitwert 10
Rechtsnachfolgeklausel 144, 150
Rechtsnachfolger 144
Rechtsschein 25
Rechtsschutzbedürfnis 38
Rechtsverfolgungskosten 9, 13, 206
Reformatio in peius
– Entscheidung 238
Reformatorisches Element 241
Relevanztheorie 149, 151
Restitutionsgrund 64
Richterlicher Hinweis 231
Rot-Grün-Blindheit 230
Rotlichtverstoß 230
Rubrum
– Nebenintervention 169
– Streitgenossenschaft 155
Rubrumsberichtigung 89
Rügelose Einlassung 34, 36
Rügelose Verhandlung 36

Sachantrag 52
Sachliche Zuständigkeit 34
Sachstand 20
Sachurteil 32
Sachverständige 209
Sanktionsgedanke 15
Säumniskosten 219
Schadensberechnung 92
Schlichtungserfordernis 77
Schlichtungsverfahren 77
Schluss der letzten mündlichen
    Verhandlung 32
Schlüssigkeit 206
Schmerzensgeld 33, 45
Schriftlicher Kaufvertrag 210
Schriftliches Versäumnisurteil 62
Schriftvergleichung 211
Schutzschrift 192
Selbständiges Beweisverfahren 49, 209
– Streitverkündung 173
Sicherheitsleistung 10
Sicherungshypothek 195
Skizze 183
Sofortige Beschwerde 125
Sozialleistungen 152
Starre Kostenregeln 122
Streitbefangenheit 148
– Anspruch auf Lieferung 151
Streitgegenstand
– Begriff 92
– Mietvertrag 80
– Verkehrsunfall 80
Streitgenossenschaft 90, 117
– einfache 154
– Einspruch 157
– Entscheidungsgründe 156

– Erbenfeststellung 159
– Folgen 155
– Fristen 157
– Gläubigern 161
– Rubrum 155
– Tatbestand 156
– Versäumnisurteil 157
– Voraussetzungen 155
Streitrubrum 3
Streitstand 20
Streitverkündung
– gegen Anwalt 172
– Anwaltshaftung 173
– Anwaltsklausur 171
– Folgen 165
– Gesamtschuldner 173
– Klageschrift 210
– selbständiges Beweisverfahren 173
– Streitverkündungsgrund 165
– Streitverkündungsgrund 167
– Überholung 165
– Verjährung 168
– Voraussetzungen 165
Streitverkündungsempfänger 172
Streitverkündungsgrund 165, 167
Streitwertbeschluss 38
Strengbeweisverfahren 32
Stufenklage 76, 94
Subjektive Klagehäufung 40
Substantiiertes (qualifiziertes) Bestreiten 20
Subsumtionstechnik 25
Summenantrag 69

Tatbestand 18
– Angriffs- und Verteidigungsmittel 22
– Antrag 20
– Aufbau 19, 28
– Bestreiten mit Nichtwissen 21
– Beweisrecht 21
– einfaches Bestreiten 20
– Einleitungssatz 19
– einseitige Erledigung der Hauptsache 30
– Einspruch nach Versäumnisurteil 28
– Fehlerquellen 22
– Funktion 19
– Gliederung 22
– Hilfsaufrechnung 30
– Hinweisbeschluss 22
– Klageänderung 30
– Klagehäufung 29
– Kosten 20
– Leugnen 20
– Lücken 22
– Mahnverfahren 22
– Muster 19
– Nebenintervention 21, 170
– Normalfall 28
– kleine Prozessgeschichte 19
– große Prozessgeschichte 20

Sachverzeichnis

- Prozessgeschichte 21, 22
- Prozesskostenhilfe 22
- qualifiziertes Bestreiten 22
- Rechtsansicht 22
- Rechtsbegriff 22
- Rechtsmeinung 19
- Replik 21
- Rücknahme 22
- Sachstand 20
- schlichtes Bestreiten (Leugnen) 20
- streitiger Klägervortrag (Klägerstation) 19
- streitiger Beklagtenvortrag (Beklagtenstation) 20
- Streitstand 20
- Streitverkündung 22
- substantiiertes (qualifiziertes Bestreiten) 20
- Tatsachenbehauptung 19
- unstreitiger Sachverhalt 20
- unstreitiges Vorbringen 19
- Verjährung 22
- Vollstreckungsabwehrklage 21
- vorläufige Vollstreckbarkeit 20
- Vorprozess 21
- Wertung 22
- Widerklage 29
- Zustellrecht 22
- Zustellung der Klage 22
- Zwangsvollstreckung 21

Tatsachenpräklusion 147
Täuschung
- durch Unterlassen 25

Teileinspruch 65
Teilgläubiger 161
Teilklage 34
- offene 140
- verdeckte 140

Teilurteil 95
Teleologische Reduktion 75
Tenor
- Hauptsacheentscheidung 6
- Kostenentscheidung 7
- Mischentscheidung 6
- Nebenintervention 169
- Summe 6

Termine 214
Termingebühr 8
Terrier 25
Tilgung
- Reihenfolge 108

Tod 152
Tragende Feststellung 165
Tragende Feststellung 167

Übereinstimmende Erledigung 122
- Aufbau in der Klausur 124
- Fiktion des § 91a I 2 ZPO 123
- Prozessvergleich 124
- Rechtsfolgen 123
- Rechtskraft 124

- Rechtsmittel 125
- Umdeutung 127
- Voraussetzungen 123
- Widerruf der Erledigungserklärung 129

Unbezifferte Anträge 33
Unbezifferter Klageantrag 34
Uneigentliche Eventualklare 76
Unstreitiger Sachverhalt 20
Unterbrechung 37
Unterlassungserklärung 198
Unvermögenseinwand 150
Urkundenbeweis 209
Urkundenprozess 47, 96
Urteil 2
- Parteien 3
- Parteirolle 4
- Rubrum 3

Urteilsstil 25

Veranlasser 8
Veräußerung der in Streit befangenen Sache
- Einführung 148
- Erledigung 149
- Regelungsgegenstand 148
- Relevanztheorie 149
- Voraussetzungen 148

Verbindungsverbot 68
Verbotene Eigenmacht 196
Verfahrensart, Wechsel 97
Verfahrensgebühr 8
Verfallklausel 177
Verfügungsverfahren 97
Verhandlungstermin 52
Verjährung 22, 92, 108, 245
- Erledigung 128
- Streitverkündung 168

Verjährungshemmung 103
Verkehrsunfall 80, 85, 216
Verkündungstermin 5
Vermächtnis 183
Versäumnisurteil 44, 51
- echtes 55
- Einspruch 56
- Einspruchstermin 57
- Entscheidung 57
- Erlasshindernisse 53
- gesetzmäßiges 56
- Nebenintervention 54
- Präklusion 57
- Reifenpanne 54
- Säumnis im Beweistermin 52
- Säumnis im Fortsetzungstermin 53
- Säumniskosten 57
- Schlüssigkeit 55
- Schneesturm 54
- Stufenklage 95
- Teilversäumnisurteil 59
- unechtes 55
- unverschuldete Säumnis 54

– Voraussetzungen 52
– Zulässigkeit 54
– zweites Versäumnisurteil 58
Verschlechterungsverbot 238
Verteidigungsmittel 100
Vertrauensschaden 93
Verzögerungsschaden 206
Vollstreckbare Ausfertigung 6
Vollstreckungsabwehrklage 45, 76, 82, 146, 150
Vollstreckungsbescheid 58, 63
Vollstreckungshindernis 45
Vorbehaltsurteil 47, 101
Vorgerichtliche Anwaltskosten 9, 205
– Tenor 7
Vorläufige Vollstreckbarkeit 10
– Abwendungsbefugnis 11
– Beschluss 125
– Formulierung 12
– Schadensersatzanspruch 10
– Sicherheitsleistung 10
– Willenserklärung 11
Vormerkung 195
Vorprozess 170
Vorsätzliche unerlaubte Handlung 205
Vorschäden 216
Vorschuss 10

Wechsel 142
Werkvertrag 48
Wertvorschriften 9
Widerklage 43
– Aufbau in der Klausur 112
– Begriff 110
– Berufung 232
– Besitzschutz 197
– Drittwiderklage 116
– Funktion 110
– Gebührenstreitwert 114
– Klageerwiderung 219
– Konnexität 111
– Kostenentscheidung 114
– Parteiidentität 111
– Prozessart 111
– Rechtsfolgen 112
– Voraussetzungen 111
– Zuständigkeit 111
Widerrufsvorbehalt 177
Widerspruch 64
Wider-Widerklage 119
Wiedereinsetzung 27, 225
Willenserklärung 11
Winkzeichen 216

Zedent 108
Zession 108
Zeugenbeweis 208
Zinsen 12
Zug um Zug 205
– Feststellungsantrag 18
– Ansprüche 92
Zulässigkeit 30
– Amtsermittlung 33
– Amtsprüfung 32
– Betreuung 37
– Beweislast 33
– Beweisverfahren 32
– Fehlen der Kostenerstattung 31
– Feststellungsinteresse 32, 38
– bei Geltendmachung 31
– Gewichtung 31
– Hinweise 33
– Klageerhebung 33
– objektive Klagehäufung 134
– Parteifähigkeit 32
– Prozessfähigkeit 32
– Prozesskostensicherheit 31
– Prozessstandschaft 37
– Prüfung von Amts wegen 32
– Prüfungsschema 31
– Rechtsschutzbedürfnis 38
– Schiedsgerichtsvereinbarung 31
– Schmerzensgeld 33
– Tod 37
– Verfahrensvorschriften 31
– Zeitpunkt der Prüfung 32
– Zuständigkeit 31, 34
– Zuständigkeitsstreitwert 31
– ausschließliche und § 5 ZPO 75
– doppelrelevante Tatsache 36
– Einzelrichter 36
– funktionelle Zuständigkeit 36
– Kammer für Handelssachen 36
– rügelose Einlassung 36
– Bauvertrag 35
Zuständigkeitsstreitwert 10
– Herausgabe 14
– Hilfsantrag 17
– Stufenklage 95
– Zug um Zug 18
Zustellung
– Rückwirkung 168
Zweckmäßigkeitserwägungen 201
Zweites Versäumnisurteil
– Berufung 244
Zwingender Sinnzusammenhang 142
Zwischenfeststellungsklage 108
Zwischenfeststellungswiderklage 118